GEOGRAPHIE

PREMIÈRE

France/Europe

...emont

Francis BEAUCIRE
Professeur a...
Assistant à ...ité Pa...

Jacqueline BE...
Professeur ag.égé...
au Lycée Jea... Perrin...

Jean-Michel BREUIL
Professeur agrégé
au Lycée français de Tunis

Georges HAREND
Professeur agrégé
Assistant à l'Université Paris X

Michel SIVIGNON
Professeur à l'Université
de Paris-Nord

équipe animée par
Jacques BETHEMONT
Professeur à l'Université
de Saint-Étienne

Bordas

Un exemple de cheminement...

L'espace rhénan

Objectifs

De l'échelle régionale (Alsace, Ruhr), à l'échelle nationale (Pays-Bas) et à l'espace inter-national (ensemble de l'espace rhénan).

Part des données naturelles et part de l'activité humaine dans la genèse d'un grand foyer de peuplement.

Notion d'ensemble culturel, ici la « civilisation rhénane ».

Cheminements

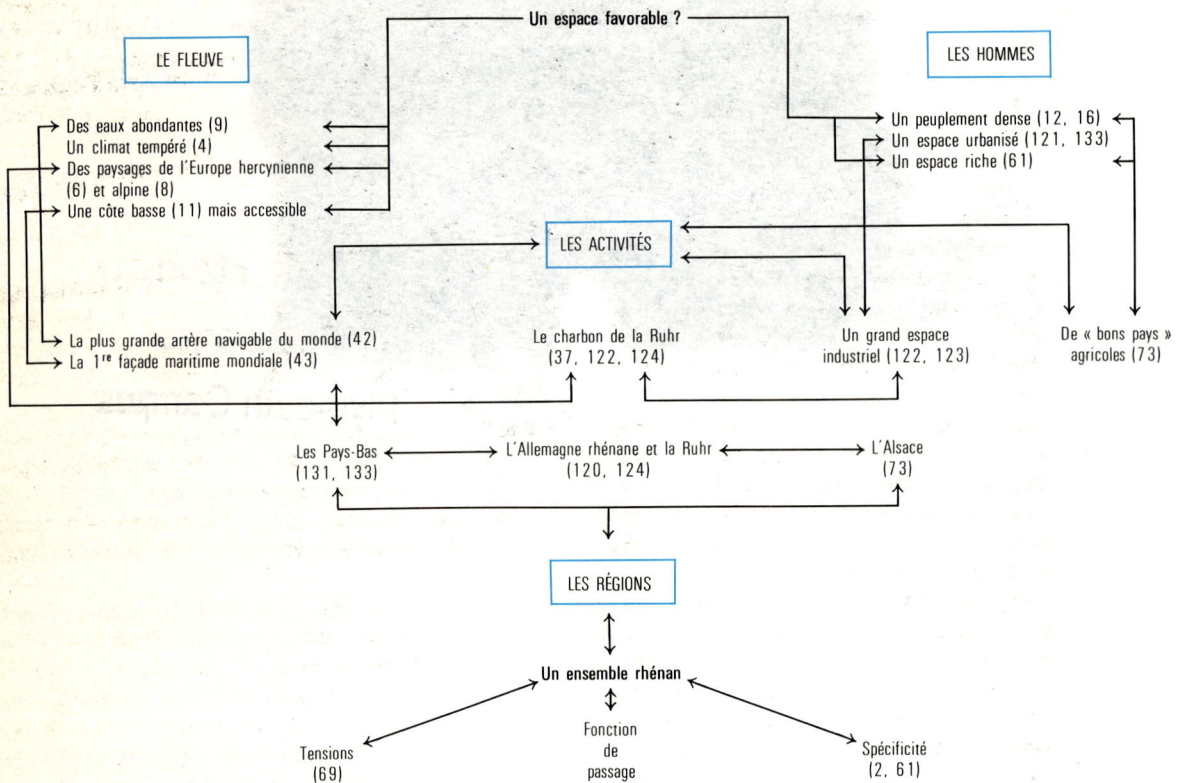

Un espace favorable ?

LE FLEUVE — LES HOMMES

- Des eaux abondantes (9)
- Un climat tempéré (4)
- Des paysages de l'Europe hercynienne (6) et alpine (8)
- Une côte basse (11) mais accessible

- Un peuplement dense (12, 16)
- Un espace urbanisé (121, 133)
- Un espace riche (61)

LES ACTIVITÉS

- La plus grande artère navigable du monde (42)
- La 1re façade maritime mondiale (43)

Le charbon de la Ruhr (37, 122, 124)

Un grand espace industriel (122, 123)

De « bons pays » agricoles (73)

Les Pays-Bas (131, 133) — L'Allemagne rhénane et la Ruhr (120, 124) — L'Alsace (73)

LES RÉGIONS

Un ensemble rhénan

Tensions (69)

Fonction de passage

Spécificité (2, 61)

Commentaire

L'ensemble des pays rhénans est évidemment remarquable par sa richesse, la multiplicité de ses activités et la densité de son peuplement. Ces caractéristiques générales ne sont d'ailleurs pas exclusives d'une grande diversité régionale, étendue à la Suisse. Le problème est de savoir si ces caractéristiques remarquables résultent d'une accumulation de données naturelles favorables (un fleuve navigable, d'importantes ressources charbonnières, une façade littorale bien située à l'échelle planétaire) ou si ce sont les hommes qui sont à l'origine d'une fortune bien plus ancienne que la prospérité née du charbon et de l'industrie. La caractéristique essentielle dans ce cas serait la fonction de voie de passage. Mais comment l'intensité de cette fonction a-t-elle laissé subsister des entités régionales aussi originales les unes par rapport aux autres, que la Suisse, l'Alsace ou la Hollande ? Et comment expliquer la division politique de cet ensemble dont la cohérence semble pourtant évidente ? On mesure là l'importance des contingences de l'Histoire et c'est dans cette perspective historique qu'il faut replacer la situation actuelle. Quel changement implique la dynamique unitaire de l'Europe actuelle ?

© Bordas, Paris 1982
ISBN 2-04-015015-3

France/Europe

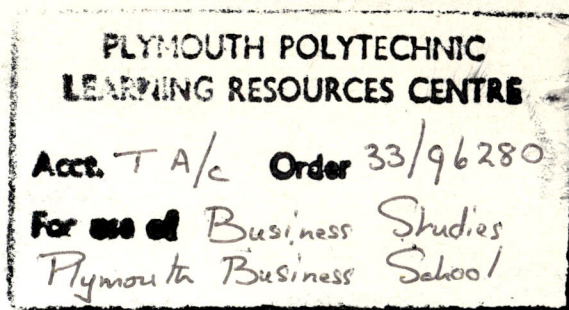

Qu'il plaise ou non, le temps n'est plus — à supposer qu'il ait jamais existé — où il était possible d'étudier la France en soi, comme une sorte d'absolu dégagé de toute contingence spatiale. Trop d'échanges, de contrats et de solidarités européennes s'y opposent. En replaçant la France dans son contexte européen d'ouverture, de concurrence et pour partie d'intégration, le nouveau programme de Géographie n'a fait que transcrire une sensibilité nouvelle et prendre en compte les nouvelles données de la Géographie française.

La réflexion amorcée à partir du libellé du programme nous a amenés non pas à développer l'étude de l'Europe au détriment de l'intérêt porté à la France, mais à évaluer l'Europe et nos partenaires de la C.E.E. en termes de comparaison : c'est par rapport à eux que se définit maintenant la spécificité de la France, que ressort sa personnalité, que se dégagent les constantes qui conditionnent son avenir. Amorcée de façon incidente, cette méthode comparative s'est bien vite imposée comme démarche fondamentale. On ne trouvera donc pas dans cet ouvrage de chapitres consacrés aux problèmes européens : qu'il s'agisse de l'agriculture, de l'industrie ou des paysages, l'échelle européenne apparaît comme un terme de comparaison, ou plus exactement comme un miroir où se reflète le thème traité à l'échelle de la France. En adoptant ce parti, nous pensons au demeurant être restés fidèles à la lettre et à l'esprit du programme.

Cette méthode comparative s'est imposée aux auteurs, de façon d'autant plus forte qu'elle était également conforme à cette recherche d'intégration systémique qui sous-tend l'ensemble des nouveaux programmes de Géographie. On a donc considéré la France comme un système spatial dont tous les éléments ou régions sont solidaires, lui-même faisant partie d'un vaste système en formation constitué par les nations européennes.

Cette conception intégrée des rapports existant entre les régions, la France et l'Europe, excluait toute césure, toute omission, chaque pays apparaissant comme un élément indissociable de l'ensemble étudié. Voilà pourquoi nous avons choisi de présenter, au prix d'une grande concision, tous les pays de la C.E.E., et non pas l'un d'entre eux choisi arbitrairement. Ce faisant, nous pensons également avoir préservé la liberté de choix de nos collègues, dont l'intérêt ne se portera pas forcément sur le même pays d'une année à l'autre, ou d'une région à l'autre.

Pour soutenir sans redites ni omissions ce double parti de comparaison et de choix, nous avons eu recours, comme dans notre ouvrage de Seconde, à l'utilisation de corrélats permettant de saisir l'essentiel des interférences entre problèmes régionaux, français et européens. Simple ajout à une méthode qui a reçu un accueil des plus favorables, nous avons envisagé un cheminement passant par l'étude des problèmes de la Communauté européenne et facilité cette démarche en affectant du signe Ⓔ tous les modules d'intérêt européen se rattachant aux titres I et VI du programme. Il va de soi qu'au niveau de synthèse, l'utilisation des corrélats permet d'aborder quelques thèmes supranationaux, comme celui du Rhin que nous proposons en exemple.

Un double souci de continuité et de rigueur nous a également amenés à enrichir le répertoire des mots-clés amorcé dans notre ouvrage de Seconde, en introduisant soit des références spécifiquement françaises et européennes comme *décentralisation* ou *déséquilibres régionaux*, soit des termes plus précis comme *ria*, soit enfin des concepts plus élaborés comme celui *d'intégration*. Pour éviter des répétitions peut-être fastidieuses mais ô combien nécessaires, nous renvoyons par le signe (R_2) aux éléments de vocabulaire déjà définis en classe de Seconde. Qu'il nous soit permis à ce propos de suggérer la confection d'un fichier de classe reprenant et complétant ces bases à partir des sources disponibles.

On retrouvera enfin, dans les pages qui suivent, la suggestion de travaux et démarches signalés par la lettre Ⓣ. La plupart sont volontairement simples, mais certains d'entre eux comme *le calcul et la cartographie de l'écart moyen* peuvent être repris à titre d'exemple en classe de Mathématiques. A cette fin, nous avons inséré dans le corps de l'ouvrage de nombreuses séries statistiques conçues dans une double optique : comparaisons entre régions à l'échelle de la France, comparaisons entre nations à l'échelle de l'Europe.

Ce sont en effet les comparaisons entre régions et nations qui rythment cet ouvrage et lui donnent sa cohérence. Et c'est le concept de région entendu à diverses échelles qui doit être dégagé et affiné tout au long de cette année de Première, quitte pour chacun à situer sa propre expérience régionale dans l'ensemble que nous proposons, l'espace vécu servant de référence fondamentale.

Pour l'équipe des auteurs,
Jacques BETHEMONT.

TABLE DES MATIÈRES

Dans les textes des séquences, l'astérisque*

renvoie à un corrélat placé en marge.

ROYAUME-UNI

Ecosse

DANEMARK

Ouest du
Grand Be

Irlande
du Nord

Nord

Schleswi
Holstei

EIRE • Dublin

Nord-
Ouest

Yorkshire
et Humberside

Bremerhaven

Brêm

PAYS-BAS

2

1

Basse-Saxe

3

Pays
de Galles

Midlands
occidental

Midlands
oriental

East
Anglia

Amsterdam •

5

4

6

Rhénanie-du-Nor
Westphalie

R.F.A

Sud-Est

8

7

9

Londres •

10

BELG

Nord-Pas-de-Calais

Sud-Ouest

3

2

1

11

Bruxelles •

• 5

4

Bonn •

Hess

7

Rhénanie-

Haute-
Normandie

Picardie

8

6

Sarre

Palatinat

9

Luxembourg •

Basse-
Normandie

Région

Lorraine

Bretagne

• Paris
parisienne

Champagne

Alsace

Bac

Pays-
de-la-Loire

Centre

Bourgogne

Franche-
Comté

SUISSE

FRANCE

Val
d'Aoste

Poitou-
Charentes

Limousin

Auvergne

Rhône-Alpes

Piémo

Aquitaine

Provence-
Côte-d'Azur

Midi-Pyrénées

Languedoc-
Roussillon

PORTUGAL

ESPAGNE

SUÈDE

0   500 km   1 000 km

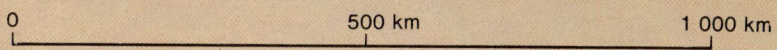

Copenhague
Grand Copenhague
st du Grand Belt

Hambourg

Berlin-Ouest

R.D.A.

Bavière

urtemberg

AUTRICHE

Trentin-
Haut Adige

Frioul-Vénétie
Julienne

mbardie

Vénétie

Emilie-Romagne

gurie

ITALIE

Toscane

Marches

Ombrie

Abruzzes

Rome

Latium

Molise

Corse

Campanie

Pouilles

Basilicate

Sardaigne

Calabre

Sicile

PAYS-BAS

noms des Provinces

1 Groningue
2 Frise
3 Drenthe
4 Overijssel
5 Hollande septentrionale
6 Gueldre
7 Utrecht
8 Hollande méridionale
9 Brabant septentrional
10 Zélande
11 Limbourg

BELGIQUE

noms des Provinces

1 Anvers
2 Flandre orientale
3 Flandre occidentale
4 Limbourg
5 Brabant
6 Liège
7 Hainaut
8 Namur
9 Luxembourg

BULGARIE

YOUGOSLAVIE

TURQUIE

Thrace

Macédoine

ALBANIE

Thessalie

Iles

Epire

GRÈCE

Grèce Centrale

Athènes

de

Iles
Ioniennes

l'Egée

Péloponnèse

Crète

7

1-Les problèmes géographiques de la France

région : 55, 56
grande puissance : 51, 63
cadre de vie : 47, 48

La France est souvent présentée comme un pays moyen, plus vaste que l'Allemagne fédérale, le Royaume-Uni et les Pays-Bas réunis, mais vingt-deux fois plus petite que l'Union soviétique, de sorte que ses dimensions, considérables à l'échelle européenne, sont médiocres à l'échelle planétaire. On dit aussi de la France qu'elle bénéficie d'une situation favorable dans la zone tempérée avec l'avantage de deux façades maritimes et d'une répartition équilibrée des plaines et montagnes, ce qui facilite la circulation et les échanges. On dit enfin que cette vieille nation, lentement constituée par le rassemblement de provinces très diverses, est particulièrement unie en dépit de cette diversité des pays et des hommes. Les Français sont d'ailleurs peu nombreux et les densités françaises très inférieures à la moyenne européenne, alors que la proportion des personnes âgées est l'une des plus fortes du monde.

Tout cela est exact mais insuffisant parce qu'un pays ne se définit pas seulement par un certain nombre de caractéristiques, mais aussi par les problèmes qui se posent à lui et par la façon dont ses habitants les affrontent, de génération en génération. Pour notre époque et dans le domaine de la Géographie défini par les relations entre l'homme et l'espace, quatre problèmes peuvent être retenus et seront analysés dans cet ouvrage.

Rester une grande puissance.* Après avoir été le pays le plus peuplé et le plus puissant d'Europe à la fin du XVIIIe siècle, après avoir constitué et perdu un vaste Empire colonial, la France se maintient au rang des grandes puissances économiques en développant son appareil productif et en misant sur les technologies de pointe : industries aérospatiale, nucléaire, électronique, bio-industrie, etc. Elle est actuellement la cinquième puissance économique du globe, son P.N.B. est également le cinquième du monde et les Français tiennent la dixième place pour le P.N.B. par habitant.

Trouver un équilibre entre région*et nation. Nous sommes les héritiers de deux traditions. L'une accorde la priorité aux problèmes nationaux, à l'uniformité administrative des régions et à la centralisation parisienne. L'autre met l'accent sur la richesse et la diversité de traditions régionales attestées par le maintien de langues autres que le français, d'architectures ou de systèmes d'organisation de l'espace. Le respect de ces différences pourrait offrir un correctif à l'uniformisation engendrée par le développement des technologies modernes, sans remettre en cause l'unité nationale.

Élargir le cadre national sans perdre notre identité. Ni la taille de notre territoire ni l'importance de notre population ne permettent le développement de certaines industries ou l'organisation de vastes marchés. Ce problème est celui de tous les pays européens et certains se sont groupés en vue de le résoudre. Reste à savoir si la construction de cette Europe ne se fera pas au détriment des indépendances ou des identités nationales, celle de la France notamment : n'y a-t-il pas contradiction entre la construction européenne et le maintien de la France en tant que grande puissance autonome ?

Préserver et améliorer le cadre de vie.* Le développement des technologies a bouleversé les paysages traditionnels, qu'il s'agisse du remembrement rural, de l'expansion urbaine, de la création de nouveaux ports, de nouvelles voies ferrées, etc. Ces changements et l'accroissement du risque de pollution risquent de provoquer ou provoquent déjà de graves ruptures d'équilibre. La lutte contre cette dégradation des cadres de vie et pour le maintien des équilibres naturels tend à devenir un problème fondamental en France comme ailleurs.

C'est en fonction de ces problèmes que doivent être étudiés le milieu naturel, les régions, les potentiels économiques et humains de la France, replacée dans le cadre européen qui tend à devenir le sien.

Un pays moyen...
Pays du juste milieu. Que recouvre ce cliché aujourd'hui ? Voici deux opinions, l'une allemande, l'autre française.

... **Quand je pense à la France :** « Quand je pense à la France, je pense à une famille heureuse. Le dimanche. Gâteaux et champagne. On a encore son toit sur la tête, son toit solide qui brille au soleil en bleu, blanc et rouge. La vieille maison France a résisté aux siècles. Comme on discute avec naturel dans la grande famille de nos voisins ! Étonnant, tout ce qu'ils ont à se dire ! Apparemment, leur langue est si accomplie qu'elle parle toute seule. Chacun sait jouer de sa précision fleurie.
Bref, enviable pays que la France ! Et pourquoi est-elle heureuse ? Sans doute parce qu'elle a eu sa révolution, un accouchement, suivi d'un siècle de véritable développement. »

Martin Walser, *Le Monde*, 7/12/80.

Trouver d'autres voies... « La France est pauvre en matières premières, elle est riche d'un équilibre qui a toujours fondé son autosuffisance, elle est stable, centralisée et, de ce fait, conservatrice et révolutionnaire. Les Français sont casaniers et insatisfaits... Toutes ces réflexions peuvent paraître relever de la philosophie, mais en réalité ce sont autant de bonnes raisons de n'être pas à égalité de chances sur le marché international avec l'Allemagne, le Japon, la Hollande et la Suisse. D'où notre constante tentation de revenir à nos bonnes vieilles pratiques et de redevenir hexagonaux ! Nous ne le pouvons car :
— nous sommes obligés d'importer l'essentiel de l'énergie et des matières premières dont nous avons besoin. Et ces biens nous sommes obligés de les payer...
— pour un certain nombre de productions plus élaborées, notre marché intérieur est trop étroit...
— le monde moderne est celui de la communication... aucun régime démocratique, aucun régime de liberté n'a survécu dans l'histoire à la fermeture des frontières.
Cela ne veut pas dire que les frontières n'existent plus, cela veut dire qu'il faut organiser son ouverture au monde pour ne pas avoir l'impossible tentation de se replier sur soi. Nous ne pouvons plus cultiver notre "complexe", il nous faut trouver d'autres voies. »

E. Pisani, *La France dans le conflit économique mondial*, Hachette, 1979.

grande puissance
nation

La France vue de satellite

Cette vue d'ensemble de la France a été réalisée par l'assemblage de plusieurs enregistrements LANDSAT effectués à des saisons très diverses au cours des années 1975 à 1977, de sorte que des vues hivernales (Poitou, Alsace), coexistent avec des scènes estivales.

Les vues par satellites ne correspondent pas à des photographies mais à des images radiométriques qui doivent être décodées et interprétées : les massifs montagneux couverts de neige, les terres fraîchement labourées et les nuages apparaissent en blanc ; les cultures annuelles en jaune-orange ; les prairies et les bois de feuillus en rouge et rouge foncé ; les forêts de résineux en couleur sombre (voir la forêt des Landes). Les grandes métropoles, notamment Paris et la région urbaine franco-belge, apparaissent comme des taches bleu sombre. Enfin, on voit les eaux fluviales, bleu cyan, se mélanger progressivement aux eaux marines.

Cette vue générale offre l'intérêt de rendre sensibles les grandes lignes du relief et de l'occupation des sols : montagnes des Alpes et des Pyrénées, chaînons plissés et parallèles du Jura, structure radiale des volcans du Massif central, lignes de hauteurs bretonnes et même rebord des côtes dans le Bassin parisien ; vallées principales et chevelu hydrographique des affluents ; îles rocheuses ou cultivées ; caps et rias : tout cela ressort avec une netteté parfois étonnante.

Pourtant, il ne s'agit là que d'une vue d'ensemble et chacun des clichés qui composent cette image peut être agrandi de telle façon qu'un point visible et bien différencié correspond à une superficie de 40   ares. De plus, ces images peuvent être observées à travers des filtres qui permettent de faire ressortir tel ou tel élément, cultures, forêts ou habitat. La télédétection constitue donc un instrument d'observation d'une extraordinaire efficacité. Ces images seront pourtant démodées dans quelques années avec l'apparition des images transmises par SPOT, le satellite qui sera mis en orbite par Ariane : chaque point différenciable correspondra alors à une superficie de moins de 10   ares, de sorte que la télédétection pourra être utilisée par les urbanistes, les agronomes, les statisticiens, les hydrologues, etc. Bon exemple des retombées économiques de la recherche scientifique conjuguée avec la production de matériel militaire.

2-Quelle Europe ?

L'Europe correspond à l'avancée occidentale de la grande masse eurasiatique, limitée vers l'est par l'Oural, au sud par le Caucase et la rive nord de la Méditerranée, vers l'ouest par l'Islande. L'ensemble s'étend seulement sur 10,2 millions de km² mais constitue l'un des grands foyers de peuplement humain avec 700 millions d'habitants.

L'Europe a toujours été caractérisée par **l'extrême division et la grande diversité des groupes humains** qui y sont établis de longue date et qui diffèrent par leurs caractéristiques physiologiques, leurs langues, leurs religions, sans qu'aucun État ait jamais pu rassembler un groupe culturel uniforme : tous les pays européens abritent des minorités culturelles, linguistiques et religieuses. En dépit de cette diversité, certains traits supra-nationaux, notamment l'appartenance religieuse, permettent de vastes regroupements.

Les Européens ne manquent pourtant pas de traits communs. Entre le XVᵉ et le XIXᵉ siècle, ils ont connu une expansion démographique considérable et sans précédent dans l'histoire mondiale. Cette expansion s'est accompagnée de la mise au point de nombreuses techniques dans les domaines les plus divers et a permis une expansion spatiale telle, qu'on a pu parler d'une européanisation de la planète par l'occupation d'espaces peu peuplés (Amérique, Sibérie, Australie), la colonisation, la domination technologique et culturelle, ainsi que par l'organisation des échanges. Actuellement, les Européens constituent le plus vaste groupe de pays riches dans le monde. Mais ils sont également caractérisés par la faiblesse de leur expansion démographique et le vieillissement de leur population. Cette caractéristique, jointe à la disparition des empires coloniaux et au recul de l'influence européenne (à l'exception de la Russie) dans le monde, impose l'idée d'un déclin de l'Europe.

Ce déclin, accéléré par le coût matériel et humain des deux dernières guerres et accentué par l'émergence des superpuissances, États-Unis et Union soviétique, a été consacré par le partage effectif de l'Europe entre une zone d'économie socialiste à l'est et une zone d'économie libérale à l'ouest. Cette division est si bien admise qu'on parle souvent de deux Europe.

Six États de l'Europe de l'Est se sont regroupés autour de l'Union soviétique, dans un double cadre économique (Conseil d'Aide Économique Mutuelle, C.A.E.M.) et militaire (pacte de Varsovie). Mais deux États socialistes, la Yougoslavie et l'Albanie, font partie des pays non alignés.

La diversité est aussi grande dans l'Europe de l'Ouest, où certains États (Suisse, Autriche, Suède, Finlande) ont des statuts de neutralité, alors que d'autres restent économiquement indépendants et qu'un vaste regroupement s'opère dans le cadre de la Communauté économique européenne (C.E.E.). Par ailleurs, un certain nombre d'États ont intégré leurs forces militaires avec celles des États-Unis dans le cadre du traité de l'Atlantique Nord (O.T.A.N.). La France ne fait pas partie de cette organisation pour des raisons d'indépendance nationale, tout en étant membre de l'Alliance atlantique.

La Communauté économique européenne, instaurée par le traité de Rome **en 1957,** a d'abord réuni 6 pays, rejoints par le Royaume-Uni, le Danemark et l'Irlande, lors du traité de Bruxelles en 1972. En 1981, la Grèce est entrée dans la Communauté élargie à dix membres et on peut prévoir que l'Espagne et le Portugal se joindront à cette Europe, déjà forte de 210 000 millions d'habitants.

Épisode d'un déclin ou renouveau ? L'intégration de la France dans la C.E.E. justifie l'importance que nous accorderons à celle-ci, mais ne doit pas faire oublier les véritables dimensions et les problèmes communs à toute l'Europe et à tous les Européens.

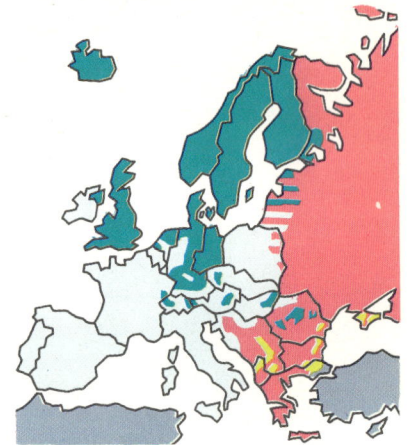

Aires culturelles religieuses traditionnelles en Europe.

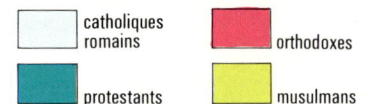

- catholiques romains
- orthodoxes
- protestants
- musulmans

Opposition de trois aires culturelles de l'Europe du Nord à dominante réformée, de l'Europe méridionale à dominante catholique romaine et de l'Europe orientale à dominante orthodoxe. Si les limites culturelles et politiques coïncident dans certains cas de façon approximative (Scandinavie luthérienne, Pologne catholique, Grèce orthodoxe), il existe tout de même des minorités religieuses dans chaque pays et des pays où règne une grande diversité comme la Yougoslavie où coexistent chrétiens et musulmans et où sont reconnues officiellement 6 langues.

C.E.E.
groupe culturel

L'européanisation du monde dans les premières années du 20ᵉ siècle.

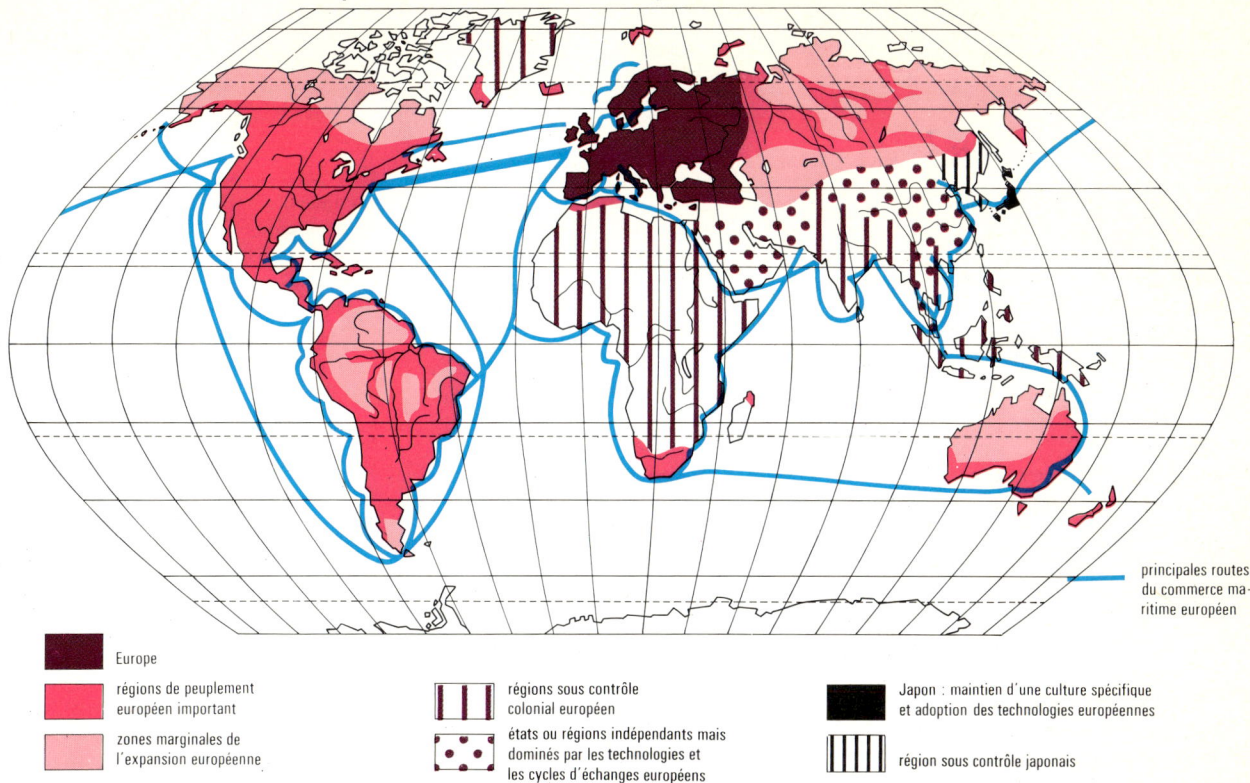

principales routes
du commerce ma-
ritime européen

Europe

régions de peuplement
européen important

zones marginales de
l'expansion européenne

régions sous contrôle
colonial européen

états ou régions indépendants mais
dominés par les technologies et
les cycles d'échanges européens

Japon : maintien d'une culture spécifique
et adoption des technologies européennes

région sous contrôle japonais

Actuellement stable, la population européenne a connu un prodigieux essor au
cours du XIXᵉ siècle, passant de 180 millions d'habitants en 1800 à 460 en 1914
(la population du globe s'élevait à 1 milliard d'hommes à cette dernière date). Cet
essor démographique, provoqué et soutenu par une forte avance technologique,
explique l'expansion spatiale des Européens et leur mainmise sur l'économie de
nombreux pays, la conquête militaire
relayant souvent l'expansion économique. La fin du colonialisme ne signifie
pas toujours la fin de toute influence
européenne, qu'il s'agisse des langues
parlées dans le monde, des modes ou des
technologies. On observe tout de même
de vigoureuses réactions contre cette
influence, notamment dans les pays musulmans.

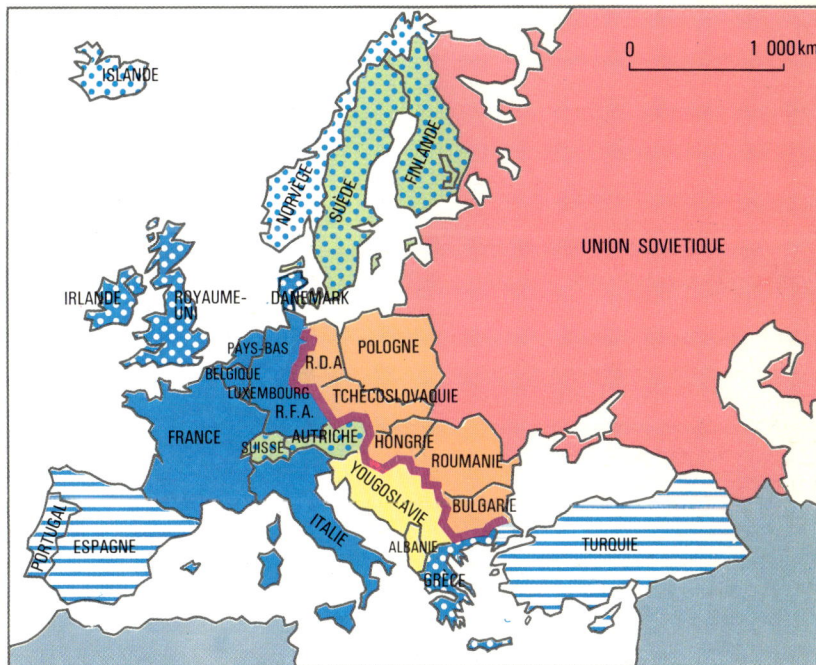

L'Europe :
divisions et intégrations.

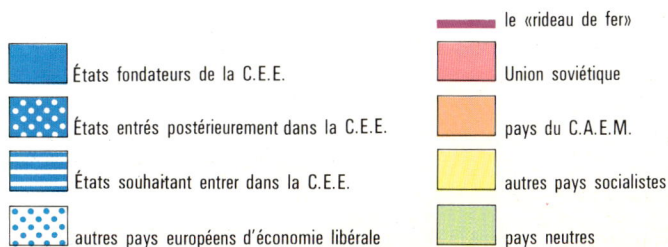

le «rideau de fer»

États fondateurs de la C.E.E.

États entrés postérieurement dans la C.E.E.

États souhaitant entrer dans la C.E.E.

autres pays européens d'économie libérale

Union soviétique

pays du C.A.E.M.

autres pays socialistes

pays neutres

Complexité d'un ensemble dont la taille
est très faible à l'échelle planétaire, par
rapport à celle des autres continents. ▶

11

Ⓔ

3-Les grands traits du relief de l'Europe

Le continent européen couvre 10 millions de km². A l'ouest (Islande, Iles britanniques, Scandinavie) et au sud (péninsules ibérique, italienne, balkanique), il se fragmente en ensembles insulaires ou péninsulaires ; vers l'est, au contraire, il devient de plus en plus massif, tandis que se résorbent et se marginalisent les espaces marins (mers Baltique, Blanche, Noire, Caspienne).

Quatre grandes zones de relief prennent l'Europe en écharpe :

– **Au nord-ouest,** des bourrelets montagneux constituent l'ossature de la péninsule scandinave et des régions britanniques nord-occidentales ; plus élevés en Scandinavie, plus modestes dans les Iles britanniques, ils sont fortement marqués par l'empreinte glaciaire (fjords, lacs, dépôts morainiques). A l'ouest, ils surplombent l'océan par des littoraux très rocheux et insulaires (Hébrides écossaises), tandis qu'à l'est, les précèdent des plates-formes cristallines (Suède), souvent recouvertes de sédiments (Angleterre). Cette zone appartient aux systèmes orogéniques les plus anciens (plissement calédonien*), dont les formes, usées, ont été rajeunies ultérieurement par de gigantesques mouvements cassants.

– **Plus au sud,** les grandes plaines et bas plateaux correspondent à trois types de structures régionales : à l'ouest s'épanouissent des bassins sédimentaires* (Bassins aquitain, londonien, parisien, souabe-franconien), avec leur relief caractéristique, rythmé par une succession de plateaux, de cuestas, de dépressions et de vallées. A l'est s'étend l'immense plate-forme russe, vieux socle précambrien cassé par de grandes failles et caché sous des sédiments plus ou moins épais (lœss). Au centre, enfin, s'intercale la grande plaine germano-polonaise, au modelé hérité des glaciations quaternaires (moraines, grandes vallées).

– **Au cœur de l'Europe,** le dispositif montagneux hercynien* se caractérise par des sommets lourds, l'existence de plateaux étendus, incisés par des vallées parfois profondes ; il admet la présence de nombreux fossés d'effondrement (Limagne, fossé rhénan) souvent accompagnés de reliefs volcaniques (Massif central, Massif schisteux rhénan), qui témoignent du rajeunissement orogénique tertiaire de la plupart de ces vieux massifs arasés à la fin de l'ère primaire. Au pied de ces massifs, des chapelets de gisements houillers se succèdent, de la Grande-Bretagne à la Russie.

– **Au sud,** le relief de l'Europe alpino-méditerranéenne* rassemble des topographies de haute montagne, avec des sommets hardis et majestueux (mont Blanc, 4 807 m) portant neiges éternelles et glaciers, aérées par de grandes dépressions allongées, d'origine tectonique et érosive (vallées glaciaires), et précédées de vastes piémonts (dauphinois, piémontais, bavarois). Issues des orogenèses tertiaires, ces montagnes dessinent des arcs qui serpentent depuis l'Afrique du Nord jusqu'à l'Asie Mineure (Atlas, Sierra Nevada, Pyrénées, Alpes, Apennins, Alpes dinariques, Pinde, Carpates, Balkan, Caucase) et enserrent dans leurs sinuosités quelques bassins (bassins de l'Èbre et du Pô, plaines hongroise et roumaine). De fréquents séismes révèlent l'instabilité tectonique de ces régions.

Couvrant l'isthme ultime du continent, l'espace français déploie ses larges façades maritimes sur les mers les plus fréquentées du globe, et il rassemble l'essentiel des grands types de reliefs de l'Europe occidentale et méditerranéenne.

Bref aperçu sur l'évolution du relief européen.

Ère primaire :
– Début : formation des chaînes calédoniennes (Scandinavie, Écosse, Irlande).
– Milieu : formation des chaînes hercyniennes en plusieurs phases successives.
– Fin : constitution des gisements houillers et érosion totale des reliefs existants (« pénéplaine post-hercynienne »).
Ère secondaire :
Épaisse sédimentation triasique, jurassique et crétacée dans les grands bassins envahis par des mers ou des lacs (Bassins parisien, aquitain, londonien, souabe-franconien).
Ère tertiaire :
– Poursuite de la sédimentation dans certains bassins (Bassin parisien).
– Formation des chaînes alpines et rajeunissement inégal des anciens édifices montagneux par des mouvements verticaux cassants (failles et volcanisme).
– Sédimentation détritique au pied des nouveaux reliefs (piémonts).
Ère quaternaire :
– Creusement des vallées.
– Grandes glaciations (Europe septentrionale, montagnes).

bassin sédimentaire (R₂)
faille et bassin tectonique (R₂)

glaciations quaternaires : *dans les Alpes, on a pu individualiser l'existence de quatre glaciations successives (désignées par le nom de quatre cours d'eau : Günz, Mindel, Riss, Würm), mais les plaines de l'Europe septentrionale ne portent la trace que de trois glaciations distinctes. Lors de la plus ancienne, les glaces issues de l'énorme inlandsis scandinave se sont avancées jusqu'au pied des montagnes hercyniennes de l'Europe centrale, tandis que la plus récente n'a intéressé, outre la Scandinavie, que les régions littorales de la mer Baltique et le nord des Iles britanniques. Depuis la disparition de l'épaisse calotte glaciaire qui pesait sur le socle scandinave, celui-ci connaît un relèvement continu : certains ports de mer du Moyen Age se trouvent maintenant à l'intérieur des terres !*

orogenèse : *formation d'une montagne.*

orogénie : *période au cours de laquelle se forme une montagne.*

système orogénique : *ensemble des phénomènes liés à la formation d'une montagne, et caractérisés par le style (plissement, soulèvement, failles...), la chronologie et l'amplitude orogénique.*

Relief et structure de l'Europe.

Labels on the map:

Islande — Hekla 1491 △ — ▲ 2119
Alpes scandinaves — 2469
Finlande
Ecosse — ▲ 1343
Collines baltes
MER DU NORD
Suède
MER BALTIQUE
Irlande
Galles — ▲ 1085
Bassin londonien
OCEAN ATLANTIQUE
Dvina
Niemen
Rhin
Elbe — Plaine germano-polonaise — Vistule
Oder
Ukraine
Dniepr
Massif armoricain
Bassin parisien
Massif schisteux rhénan — ▲ 1142
Seine
Bassin souabe franconien
Bohême — 1603 ▲
Dniestr
Loire
Massif central — ▲ 1886
Alpes — 3757 ▲
Carpathes
Bassin pannonien
Mts Cantabriques — 2615 ▲
Bassin aquitain
Garonne
Pyrénées — 3404 ▲
4807 ▲
Rhône
Pô
Danube — 2543 ▲
Mts de Castille
Ebre
Apennins
Alpes dinariques
Balkan
MER NOIRE
Taje
Corse
2914 ▲
2751 ▲
Rhodope
Sierra Morena
Guadalquivir
Baléares
Sierra Nevada — 3481 ▲
MER MÉDITERRANÉE
Sardaigne
Vésuve △
Stromboli △
Sicile
Etna 3323 △
Santorin △
Crète
Rif
Moyen Atlas
Atlas tellien ☀
Haut Atlas
Atlas saharien
Aurès
MER MÉDITERRANÉE

Scale: 0 — 500 — 1 000km

Légende:

- plateaux et plaines sur les vieux socles primaires, plus ou moins recouverts de dépôts sédimentaires
- vieilles montagnes calédoniennes rajeunies par des mouvements verticaux et par l'érosion glaciaire (fjords)
- massifs hercyniens plus ou moins rajeunis par les mouvements verticaux consécutifs à l'orogenèse alpine
- bassins sédimentaires secondaires et tertiaires (plateaux, vallées, cuestas, dépressions)
- montagnes alpines (moyennes et hautes montagnes)
- principales chaînes de hauteurs
- volcanisme généralisé (Islande)
- ▲ volcans actifs
- ☀ zones séismiques
- failles et escarpements
- bassins intérieurs (plaines et collines)
- piémonts (plateaux, collines, vallées)
- limites méridionales de la dernière glaciation quaternaire (l'échelle de la carte n'a pas permis de préciser ces limites pour les régions montagneuses)
- montagnes, plateaux et plaines à modelé glaciaire récent (vallées, vallées glaciaires, moraines jeunes)
- plateaux et plaines à modelé glaciaire ancien (épandage sableux, collines effacées, marécages et tourbières)
- plaines de remblaiement littoral, polders, deltas

4-Les grands ensembles bioclimatiques européens

L'originalité la plus remarquable des climats européens est la pénétration en profondeur des influences océaniques : alors que dans les autres continents et aux mêmes latitudes, celles-ci sont rapidement arrêtées, elles ne connaissent en Europe qu'une dégradation extrêmement lente, du fait de la configuration littorale très ouverte, de la présence de vastes mers intérieures relayant les flux océaniques, d'un dispositif orographique peu étanche. Ces flux sont de deux ordres : il s'agit, d'une part, des perturbations atmosphériques naissant au contact des masses d'air polaires et tropicales, et balayant le continent selon des trajectoires plus méridionales en saison froide et plus septentrionales en saison chaude, qu'accompagnent précipitations et vents ; d'autre part, des remontées d'eaux chaudes océaniques issues du golfe du Mexique (Gulf Stream et dérive nord-atlantique), qui tiédissent les climats jusqu'au cap Nord. A ces influences océaniques s'opposent les influences continentales asiatiques et africaines : le continent asiatique est le siège d'un énorme anticyclone hivernal dont la dilatation repousse fréquemment jusque sur l'Europe occidentale des masses d'air froid très stable ; par ailleurs, l'air d'origine africaine, chaud et sec, peut pousser des incursions estivales sur le Bassin méditerranéen et ses marges. Enfin, par sa seule présence, associée à sa position en latitude et aux facilités de déplacements qu'elle offre aux masses d'air tropicales, la Méditerranée induit dans son vaste bassin et sur ses abords une ambiance climatique très originale.

L'Europe relève donc de trois grands domaines climatiques : océanique, continental et méditerranéen ; dans les trois cas, le climat régional peut se trouver modifié par les reliefs. Le climat océanique* pur est, en fait, limité aux régions littorales et insulaires les plus occidentales. Il se caractérise par des amplitudes thermiques très faibles, l'absence de froids rigoureux, la fréquence des précipitations – pas nécessairement très abondantes – , un temps très instable et des vents relativement forts ; le moindre relief accentue les précipitations et la violence des vents, contrariant la végétation arbustive au profit des landes d'ajoncs, de genêts, de bruyères et de fougères. En direction de l'intérieur, les vents s'affaiblissent rapidement, les précipitations se font moins obsédantes, tandis que croissent les amplitudes thermiques et que s'affirment les contrastes saisonniers (climat de type parisien ou lorrain) ; la forêt caducifoliée, où dominent généralement les chênes et les hêtres, prend son plein développement.

Si certaines tendances plus nettement continentales apparaissent déjà dans l'est de la France (et même dans le Bassin aquitain oriental), avec des amplitudes thermiques plus marquées et des maxima pluviaux d'été (orages), et si localement ces tendances sont renforcées par la disposition des reliefs, ce n'est qu'à partir des régions orientales de l'Europe que triomphent le climat continental* et les formations végétales adaptées (steppes).

Enfin, le climat méditerranéen* doit sa réputation à la douceur de ses hivers (qui n'exclut pas de brusques coups de froid) et à son ensoleillement estival, l'automne étant marqué par des précipitations orageuses. La végétation doit s'adapter à la sécheresse des étés ; la plupart du temps, la brutalité du climat conjuguée au système des pentes et à l'action destructrice des hommes a dégradé à l'extrême le tapis végétal naturel (forêt de chênes verts et de chênes-lièges), réduit au maquis et à la garrigue.

climat océanique : 76, 126
climat continental : 70, 120
climat méditerranéen : 93, 134, 138

Quelques stations représentatives des principaux types de climats.

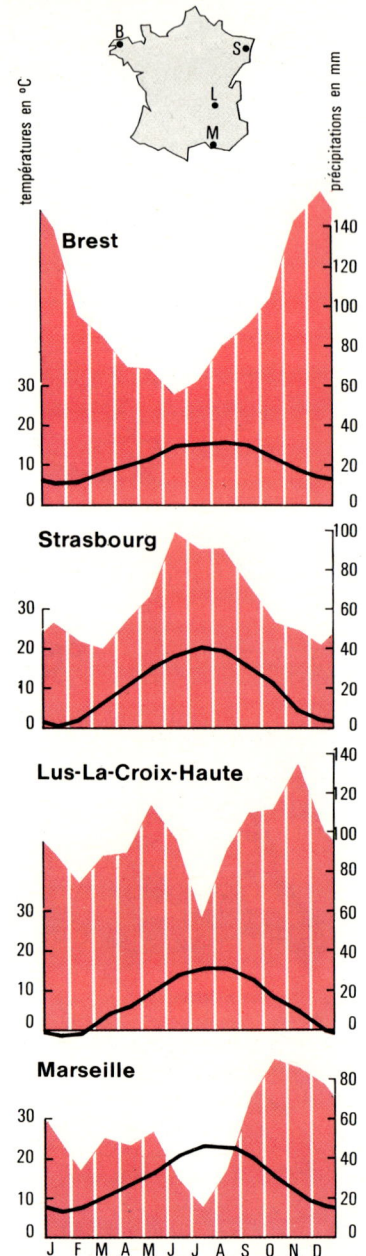

Les diagrammes ombrothermiques de Brest (climat océanique pur), Strasbourg (climat à tendance continentale déjà marquée), Marseille (climat méditerranéen) et Lus-la-Croix-Haute (climat montagnard) font parfaitement apparaître la relative simplicité des trois grands types fondamentaux, ainsi que la complexité des influences qu'introduisent l'altitude et le relief.

climat océanique
climat continental
climat méditerranéen

Juillet / **Janvier**

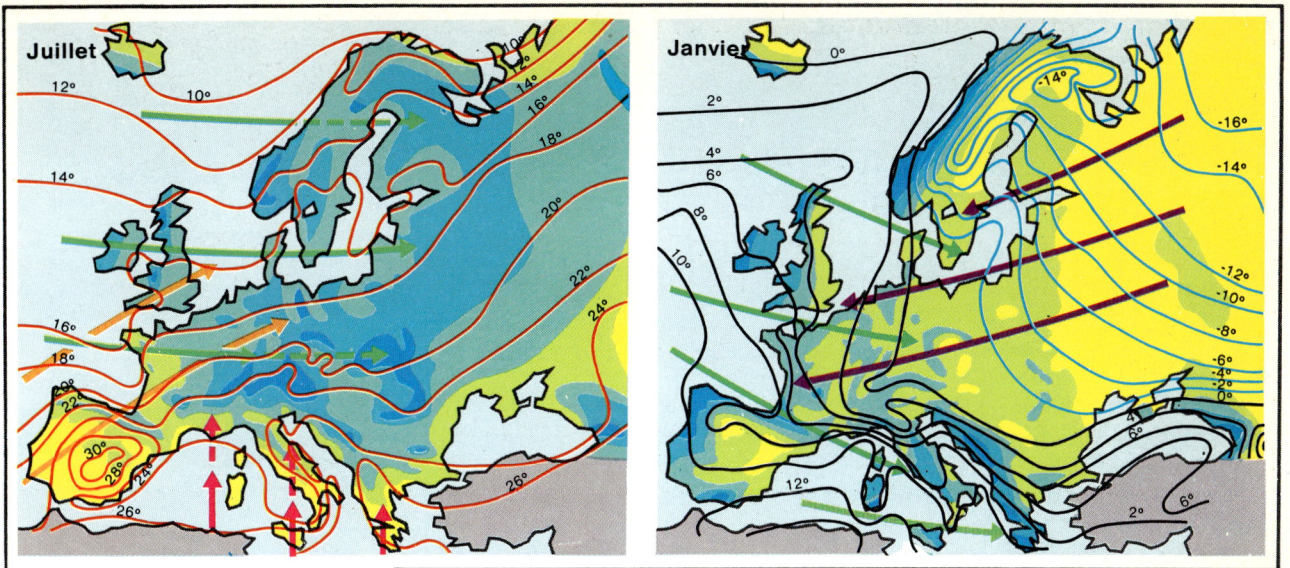

L'été et l'hiver en Europe.

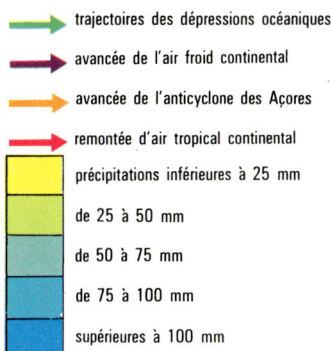

→ trajectoires des dépressions océaniques
→ avancée de l'air froid continental
→ avancée de l'anticyclone des Açores
→ remontée d'air tropical continental

précipitations inférieures à 25 mm
de 25 à 50 mm
de 50 à 75 mm
de 75 à 100 mm
supérieures à 100 mm

R_2 Climats et temps
R_2 Lecture de carte météorologique

L'aire d'une espèce correspond à l'espace géographique où cette espèce est présente. Les quatre espèces choisies ici traduisent des conditions écologiques caractéristiques des différents grands types climatiques de l'Europe occidentale et méridionale : le genêt anglais *(Genista anglica)* est adapté aux températures modérées et à l'humidité des régions océaniques, alors que l'olivier *(Olea europaea)* est l'arbre méditerranéen par excellence. L'aire du dryas à huit pétales *(Dryas octopetala)* exprime l'adaptation au froid de cette plante, tandis que son morcellement (on dit que l'aire est disjointe) résulte de l'histoire climatique quaternaire : originaire des régions septentrionales d'Europe, cette plante a progressé vers le sud au moment des grandes glaciations, puis, le climat se réchauffant, l'aire principale a régressé vers le nord, tandis qu'une partie de la population de dryas trouvait refuge dans les montagnes de l'Europe méridionale.

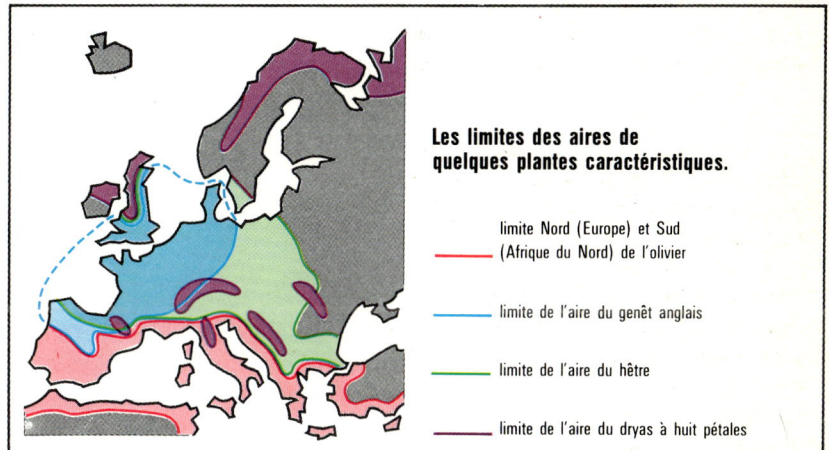

Tout au long de l'année, les masses d'air océaniques et les dépressions d'origine atlantique font régner sur l'Europe occidentale des types de temps généralement doux et humides. Cependant, en hiver, les hautes pressions orientales peuvent s'avancer jusque sur l'Europe occidentale, accompagnées de types de temps plus froids et secs. En été prédominent fréquemment les influences du sud-ouest, marquées par un temps humide et doux (« été pourri » dû à des remontées d'air tropical océanique) ou sec, lorsque l'anticyclone des Açores aborde le continent, tandis que l'air tropical continental entretient un temps chaud et sec sur l'ensemble du Bassin méditerranéen.

Les limites des aires de quelques plantes caractéristiques.

— limite Nord (Europe) et Sud (Afrique du Nord) de l'olivier
— limite de l'aire du genêt anglais
— limite de l'aire du hêtre
— limite de l'aire du dryas à huit pétales

Les grandes régions climatiques de l'Europe résultent de la lente dégradation continentale des influences océaniques combinée aux effets de la position en latitude.

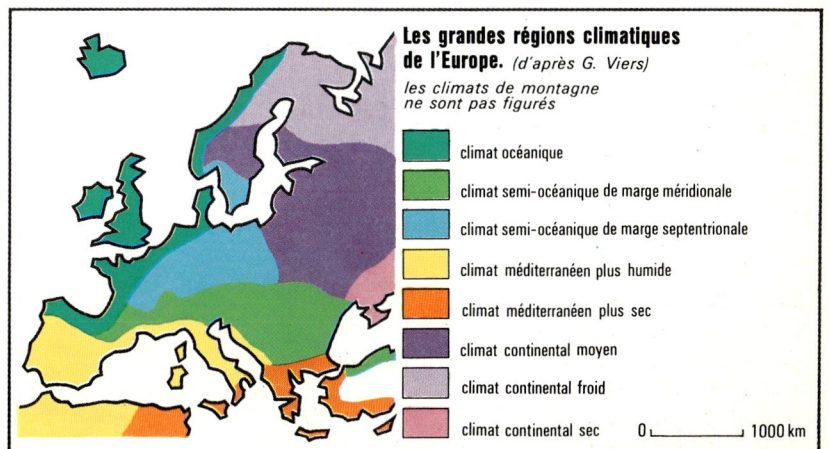

Les grandes régions climatiques de l'Europe. *(d'après G. Viers)*
les climats de montagne ne sont pas figurés

climat océanique
climat semi-océanique de marge méridionale
climat semi-océanique de marge septentrionale
climat méditerranéen plus humide
climat méditerranéen plus sec
climat continental moyen
climat continental froid
climat continental sec   0 |_____| 1000 km

cuvette sédimentaire : 82
massif ancien : 70, 76, 107
chaînes : 105, 126

5-Le relief de la France

Le territoire français est un carrefour de milieux naturels, où se rencontrent et se mêlent climats et paysages végétaux, et où se côtoient les domaines hercynien et alpin.

Tous les types de reliefs sont représentés : plaines littorales (Camargue) et continentales (plaines de la Saône), régions de collines (Bassin aquitain méridional et oriental), bas plateaux à la topographie fuyante et peu accidentée (Massif armoricain, plateaux sédimentaires du Bassin parisien central), plateaux plus élevés et accidentés (Jura occidental, Causses), moyennes montagnes aux formes arrondies (Vosges, Cévennes) ou plus hardies (Haut-Jura, Auvergne volcanique, massifs préalpins et chaînons provençaux), hautes montagnes alpines (Alpes centrales, Pyrénées).

Une opposition majeure distingue un ensemble septentrional et occidental, aux altitudes modérées, aux formes topographiques plus effacées (plaines, bas-plateaux), **et un ensemble méridional et oriental**, plus montagneux et contrasté, où voisinent moyennes et hautes montagnes, plaines et plateaux, élevés et heurtés. Cette disposition générale calque les grands traits de la structure : la France septentrionale est centrée sur un vaste ensemble structural de premier plan : le Bassin parisien. Cette cuvette sédimentaire*, rythmée par la succession de plateaux, de cuestas et de dépressions, s'appuie sur une demi-couronne de massifs anciens*, usés, puis inégalement rajeunis par les mouvements tertiaires (Massif armoricain, Massif central et Morvan, Vosges, Ardennes) ; à l'ouest, elle s'ouvre largement sur la Manche dont la formation l'a séparée du Bassin londonien voisin. Le réseau hydrographique centripète de la Seine et de ses affluents assure l'essentiel du drainage superficiel, auquel échappent cependant quelques secteurs littoraux, et surtout les marges orientales (Meuse, Moselle) et méridionales (Loire).

La France méridionale et orientale présente une disposition plus complexe et davantage morcelée : à l'ouest, le Bassin sédimentaire aquitain, drainé en gouttière par le réseau garonnais, est flanqué au nord et à l'est par les Massifs armoricain et central, et au sud par la chaîne* pyrénéenne. Puis vient s'intercaler l'énorme Massif central, avec ses plateaux granitiques (Limousin, Margeride) ou sédimentaires inclus (Causses), ses montagnes volcaniques (Auvergne, Velay), ses bassins intérieurs (Limagnes), ses bordures orientales relevées, disloquées et disséquées (Cévennes, Montagne Noire). D'autres massifs cristallins plus exigus (Vosges, Maures) et des chapelets de fossés d'effondrement comblés de sédiments détritiques (Alsace, plaines de la Saône, Roussillon) manifestent la présence de structures hercyniennes. A l'est enfin, la chaîne alpine et ses satellites (Jura, Préalpes) déroulent leurs topographies de hauts plateaux, de moyennes et hautes montagnes plissées, coupées de dépressions allongées d'origine tectonique (Grésivaudan) ou érosive (vallées glaciaires).

Ce dispositif topographique, dissymétrique mais harmonieux, **s'articule sur des seuils** (seuils du Poitou, du Lauragais ou de Naurouze, de Bourgogne) et des couloirs (vallée du Rhône, porte de Bourgogne), dont le rôle est primordial dans le développement de la vie de relation interrégionale. Par ailleurs, le triple amphithéâtre des Bassins parisien, aquitain, et des régions bordant la Méditerranée, adossé à des reliefs élevés et heurtés, contribue puissamment à moduler la répartition des grands ensembles climatiques et à nuancer leurs caractères, faisant de l'espace français le principal carrefour bioclimatique de l'Ouest européen.

Quelques grands types de relief.

dans les terrains sédimentaires à structure monoclinale

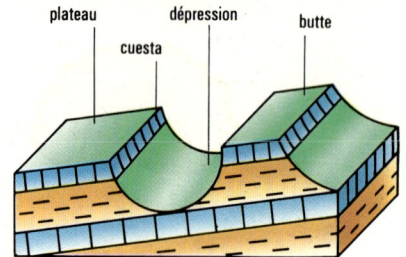

en structure faillée

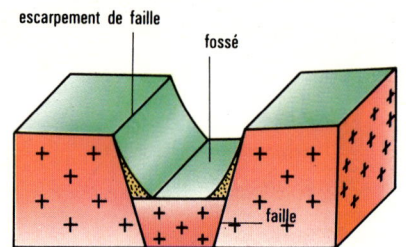

en structure plissée

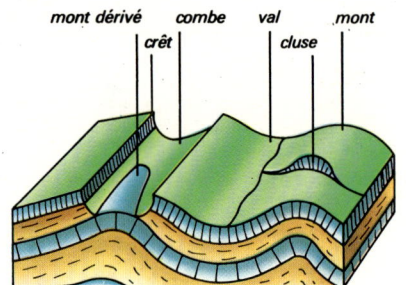

A ces types de reliefs représentatifs des grands bassins sédimentaires (plateaux, talus, dépressions et buttes), des régions hercyniennes (plateaux, escarpements de failles, fossés) et des régions péri-alpines (reliefs jurassiens et préalpins), il convient d'ajouter les plaines de remblaiement, les régions de collines ainsi que les paysages des hautes montagnes alpines, dont les structures géologiques sont les plus complexes et où l'action de l'érosion est la plus intense.

fossé d'effondrement
haute montagne alpine
moyenne montagne alpine
plaine
plateau
cuesta (R_2)
dépression (R_2)

Le relief de la France.

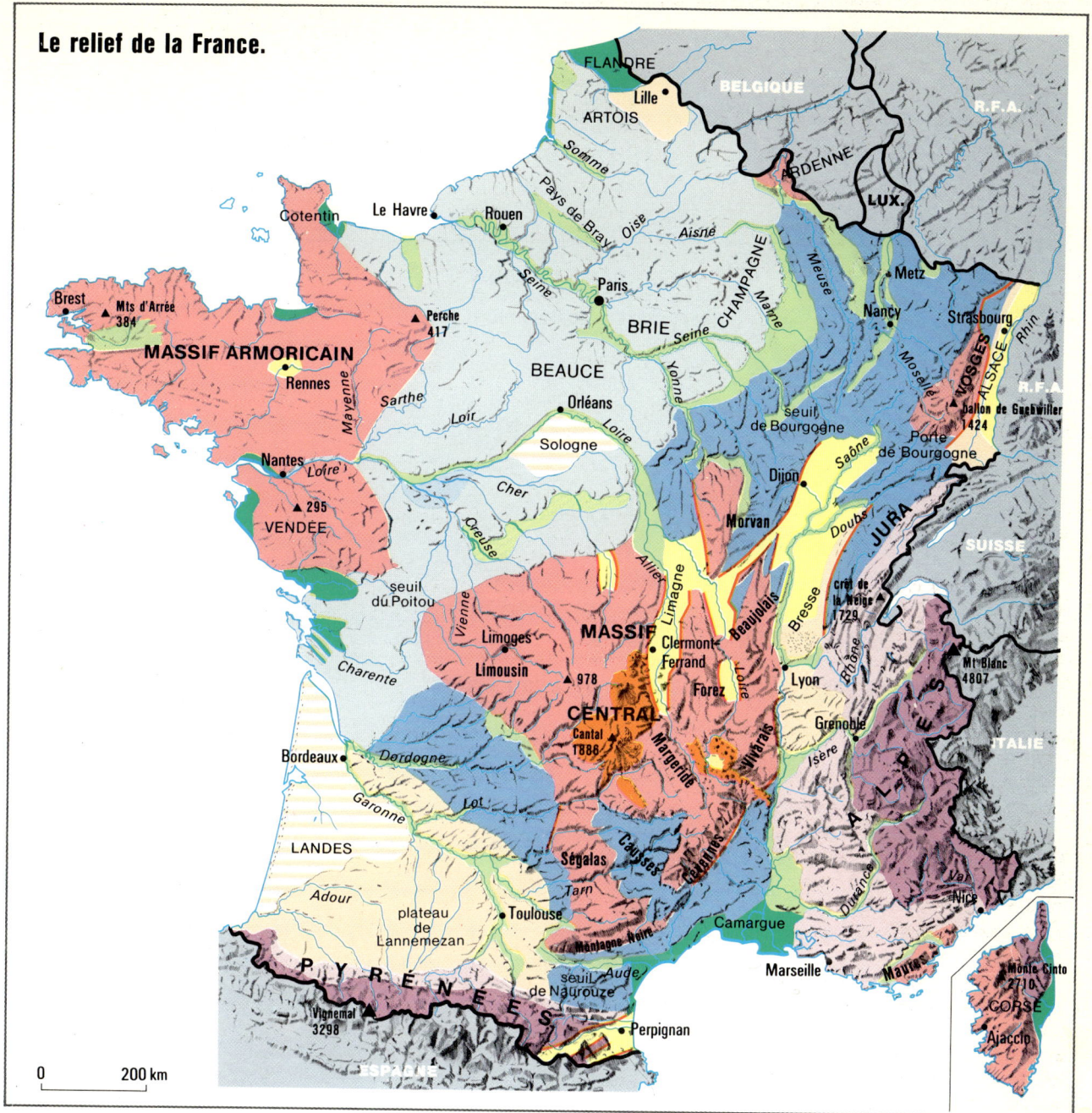

Map labels (régions, reliefs, villes, fleuves):

FLANDRE · BELGIQUE · R.F.A. · Lille · ARTOIS · ARDENNE · LUX. · Cotentin · Le Havre · Rouen · Pays de Bray · Somme · Oise · Aisne · Metz · Nancy · Strasbourg · Brest · Mts d'Arrée 384 · Perche 417 · Seine · Paris · BRIE · CHAMPAGNE · Marne · Meuse · Moselle · Rhin · VOSGES · ALSACE · Ballon de Guebwiller 1424 · R.F.A. · MASSIF ARMORICAIN · Rennes · Mayenne · Sarthe · Loir · BEAUCE · Orléans · Yonne · Seine · seuil de Bourgogne · Saône · Porte de Bourgogne · Nantes · Loire · Sologne · Cher · Dijon · Morvan · Doubs · JURA · SUISSE · VENDÉE 295 · Creuse · Vienne · Limoges · Limousin · 978 · MASSIF CENTRAL · Clermont-Ferrand · Allier · Limagne · Forez · Beaujolais · Bresse · crêt de la neige 1729 · Mt Blanc 4807 · seuil du Poitou · Charente · Cantal 1886 · Margeride · Loire · Lyon · Rhône · Grenoble · Isère · ITALIE · Bordeaux · Dordogne · Garonne · Lot · Vivarais · ALPES · LANDES · Adour · plateau de l'Annemezan · Tarn · Ségalas · Causses · Cévennes · Durance · Val · Nice · Toulouse · Montagne Noire · Camargue · Marseille · Maures · Aude · seuil de Naurouze · PYRÉNÉES · Vignemal 3298 · Perpignan · ESPAGNE · Monte Cinto 2710 · CORSE · Ajaccio

0   200 km

Légende

- haute montagne alpine
- moyenne montagne alpine
- massifs anciens et socle (moyennes montagnes, plateaux)
- reliefs volcaniques
- fossés d'effondrement à remblaiement détritique (plaines et terrasses alluviales, collines)
- failles principales et escarpements
- plateaux sédimentaires secondaires et tertiaires (bas et hauts-plateaux) *l'intensité de la couleur traduit la vigueur du relief*
- bas-plateaux recouverts de matériaux détritiques sableux
- vallées et dépressions dégagées dans des roches tendres
- collines (piémonts, matériaux détritiques)
- plaines de colmatage littoral

Zones altimétriques de la France continentale (Corse exclue).

Altitudes	Superficies (km²)	% du territoire
0 à 100 m	135 500	25
100 à 250 m	192 000	36
250 à 500 m	110 500	21
500 à 1 000 m	65 000	11
1 000 à 2 000 m	29 000	5,5
plus de 2 000 m	8 500	1,5

Altitudes moyennes des grandes régions naturelles.

Bassin parisien	178 m	Bassin aquitain	135 m	Massif armoricain	104 m
Vosges	530 m	Corse	570 m	Massif central	715 m
Jura	660 m	Pyrénées	1 008 m	Alpes	1 121 m

Longueur des littoraux.
Les estimations varient entre 3 100 et 6 200 km !

6-Paysages de l'Europe océanique et moyenne

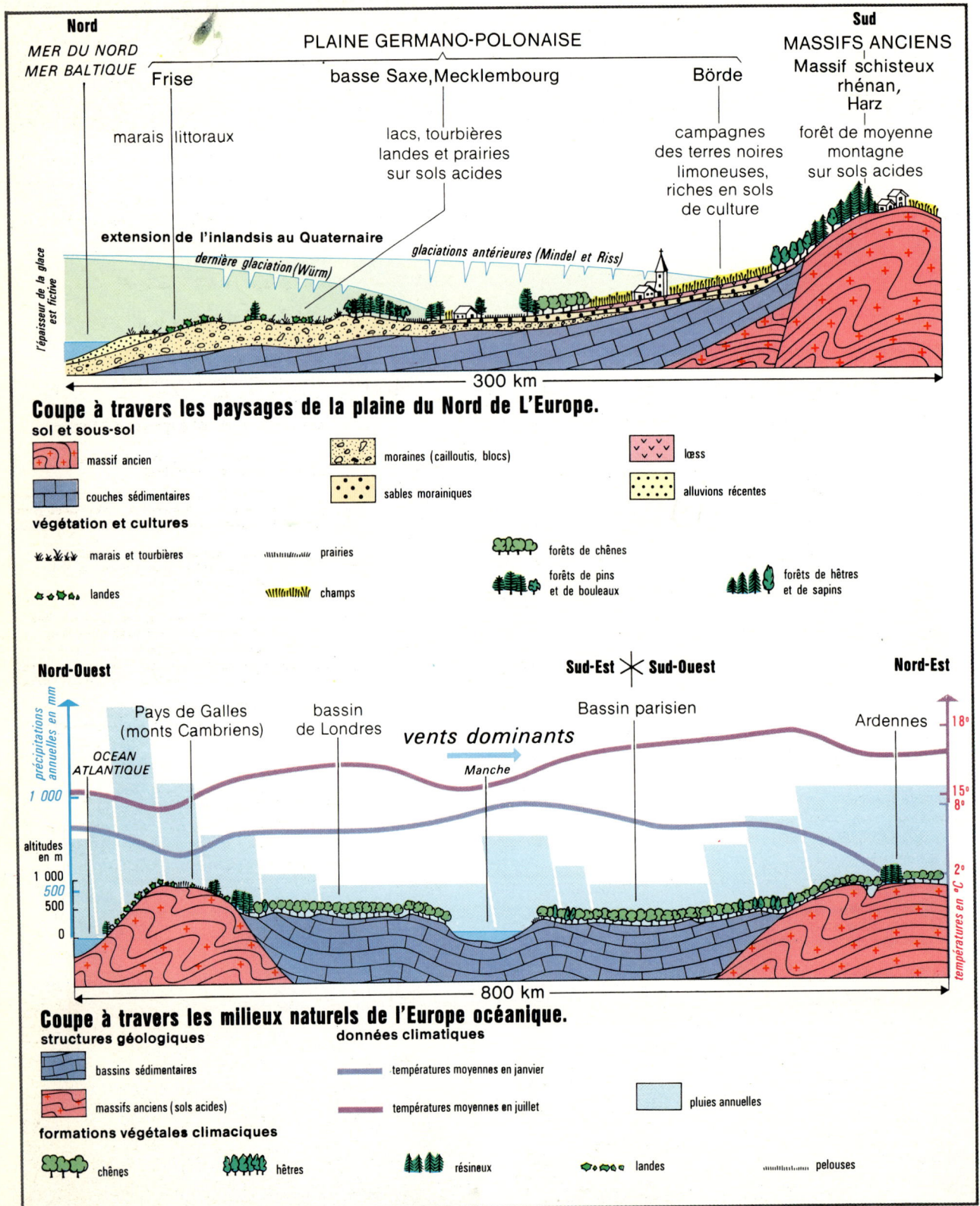

Nord
MER DU NORD
MER BALTIQUE
Frise

PLAINE GERMANO-POLONAISE
basse Saxe, Mecklembourg
Börde

Sud
MASSIFS ANCIENS
Massif schisteux rhénan, Harz

marais littoraux

lacs, tourbières
landes et prairies
sur sols acides

campagnes
des terres noires
limoneuses,
riches en sols
de culture

forêt de moyenne
montagne
sur sols acides

extension de l'inlandsis au Quaternaire

glaciations antérieures (Mindel et Riss)

dernière glaciation (Würm)

l'épaisseur de la glace est fictive

300 km

Coupe à travers les paysages de la plaine du Nord de L'Europe.

sol et sous-sol

- massif ancien
- couches sédimentaires
- moraines (cailloutis, blocs)
- sables morainiques
- lœss
- alluvions récentes

végétation et cultures

- marais et tourbières
- landes
- prairies
- champs
- forêts de chênes
- forêts de pins et de bouleaux
- forêts de hêtres et de sapins

Nord-Ouest

Pays de Galles
(monts Cambriens)

bassin
de Londres

Sud-Est ✕ Sud-Ouest

Bassin parisien

Nord-Est

Ardennes

vents dominants

OCEAN
ATLANTIQUE

Manche

précipitations annuelles en mm

1 000

altitudes en m
1 000
500
500
0

températures en °C
18°
15°
8°
2°

800 km

Coupe à travers les milieux naturels de l'Europe océanique.

structures géologiques

- bassins sédimentaires
- massifs anciens (sols acides)

données climatiques

- températures moyennes en janvier
- températures moyennes en juillet
- pluies annuelles

formations végétales climaciques

- chênes
- hêtres
- résineux
- landes
- pelouses

Le paysage végétal irlandais dans les monts de Kerry (n° 1).

La lande de bruyères et de genêts couvre les hauteurs et les sols secs ; les tourbières tapissent les fonds. Sur le continent, on trouverait à cette altitude une forêt de chênes et de hêtres à l'état naturel.

Le Vexin français à proximité de Pontoise - Val d'Oise (n° 2).

Les éléments qui composent ce paysage se retrouvent fréquemment dans les bassins sédimentaires : vaste plateau où subsistent des lambeaux de bois et des forêts, openfield (ici remembré), vallées aux versants boisés où s'alignent les villages.

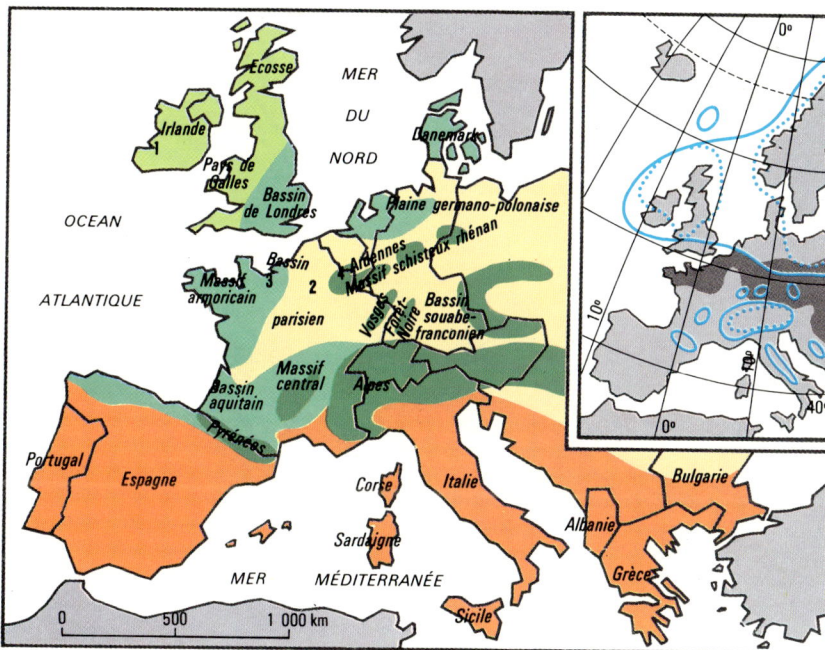

Un héritage glaciaire : le lœss.

- épandages de limons (lœss)
- extension maximale des glaciers au cours du quaternaire
- extension des glaciers lors de la dernière glaciation (Würm)

Les grands types de paysages en Europe.

- paysages de landes et de prairies clôturées à habitat dispersé (élevage)
- paysages de champs clos (bocages, semi-bocages, pays d'enclos..) à habitat dispersé où prédominent les prairies (élevage et cultures); forêt initiale entièrement disparue
- paysages d'openfield avec habitat groupé où prédominent les labours (céréaliculture...) ; massifs forestiers résiduels
- paysages montagnards étagés où dominent la forêt et les clairières de culture à habitat regroupé en villages ou en hameaux, et pâturages extensifs de haute ou moyenne montagne (plateaux) ; association de l'élevage, de la culture et de l'exploitation forestière
- paysages méditerranéens, opposition fréquente entre plaines et collines cultivées et montagnes incultes
- ——— frontière d'Etats

Le bocage normand - Calvados (n° 3).

Les bocages constituent une famille de paysages agraires très variée où dominent des traits constants ici bien visibles : parcelles encloses de haies et habitat dispersé. Les traces du paysage végétal originel sont ténues et la forêt climacique a disparu.

Le massif d'Ardenne dans la région de Givet (n° 4).

Sommets aplanis vers 500 mètres, vallées très profondément encaissées (Meuse, Semoy), couverture forestière seulement trouée de clairières. On comparera le paysage de ce massif ancien à celui d'Irlande, sous climat plus océanique.

19

7-Paysages de l'Europe méditerranéenne

Des Alpes aux rivieras

Montagnes

– Adrets autrefois cultivés et pâturés, aujourd'hui peu à peu abandonnés aux broussailles et reboisés en pins sylvestres.

– Ubacs forestés (arbres de l'Europe moyenne : hêtres, sapins).

– Grandes vallées (par exemple vallée de la Durance) : couloirs le long desquels remontent les influences bioclimatiques méditerranéennes (cultures et espèces végétales méditerranéennes).

C'est dans ces grandes vallées que se maintiennent le mieux les activités rurales traditionnelles.

Vastes retenues lacustres artificielles (exemple : le barrage et la retenue de Serre-Ponçon, sur la Durance).

Arrière-pays

– La forêt d'origine ne subsiste que sous la forme de quelques lambeaux de forêt claire, dominée par les chênes-verts ou les chênes-liège.

– Les faciès de dégradation de la végétation naturelle ont une très grande extension : maquis sur sols siliceux, garrigue sur sols calcaires.

– La forêt y apparaît le plus souvent sous la forme de peuplements de résineux (pins sylvestres, pins-parasols, pins d'Alep, pins maritimes) proie de gigantesques incendies.

– L'agriculture s'est orientée vers les cultures spéciales (fruitières, florales).

– L'urbanisation gagne peu à peu ces régions.

La Riviera (« Côte d'Azur »)

– Littoral rocheux à calanques.

– Climat méditerranéen pur.

– Activités liées essentiellement au tourisme et à la villégiature.

– Urbanisation généralisée et envahissante (« mitage urbain »).

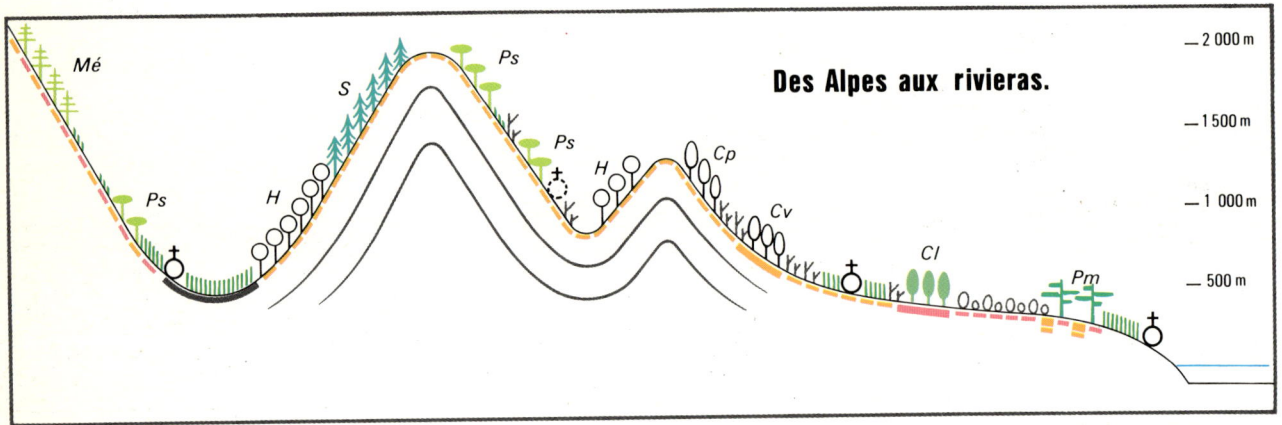

Des Alpes aux rivieras.

Légende :
- garrigue
- maquis
- pelouses
- *Mé* mélèzes
- *Ps* pins sylvestres
- *S* sapins
- *H* hêtres
- *Cp* chênes pubescents
- *Cv* chênes-verts
- *Cl* chênes-liège
- *Pm* pins parasols et autres pins méditerranéens

Plaines et collines

Plaines intérieures

– Défrichement très ancien et irrigation organisée depuis l'Antiquité.

– Polyculture traditionnelle associant les vocations complémentaires des trois types de terroirs : l'*ager* (champs), le *saltus* (pâturages : friches et garrigue), la *sylve* (forêt).

– Cultures intensives traditionnelles, souvent juxtaposées ou étagées (*coltura promiscua* en Italie), cultures légumières et fruitières.

– Cultures maraîchères et fruitières modernes, accompagnées d'une dispersion de l'habitat.

Chaînons et collines

– Très grande extension des faciès de dégradation de la couverture végétale (garrigue et maquis).

– Cultures en terrasses (cultures vivrières, fruitières, vigne), souvent en cours d'abandon.

– Vieux villages perchés, dépeuplés et parfois abandonnés (exemple : les Baux-de-Provence).

Plaines littorales

– Hautes terrasses : terres sèches (*secano*), laissées à la garrigue pâturée (moutons) ou aux cultures sèches (cultures arbustives, vigne).

– Basses terrasses et plaines : terres humides ou irriguées (*regadio*), ces plaines et deltas, autrefois marécageux et paludéens (Camargue), ont été assainis et mis en valeur (cultures maraîchères et fruitières, vigne, riz).

– Littoral bas et sableux avec lagunes (marais salants), récemment conquis par le grand tourisme (complexes balnéaires).

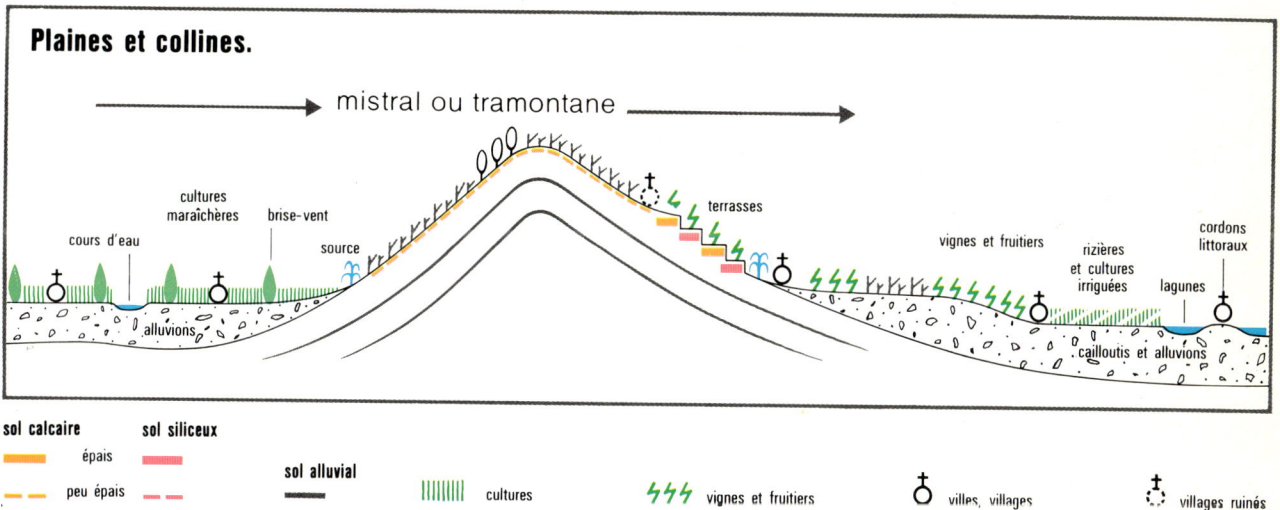

Plaines et collines.

mistral ou tramontane

cultures maraîchères / brise-vent / terrasses / vignes et fruitiers / rizières et cultures irriguées / cordons littoraux / cours d'eau / source / alluvions / lagunes / cailloutis et alluvions

sol calcaire — épais / peu épais
sol siliceux — épais / peu épais
sol alluvial
||||||| cultures
↯↯↯ vignes et fruitiers
♂ villes, villages
⚲ villages ruinés

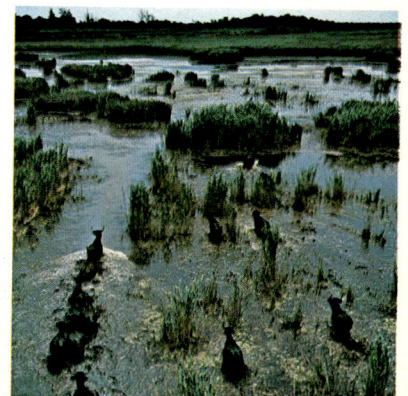

8-Les hautes montagnes de l'Europe

Un tronçon de la haute vallée de l'Isère, entre Bourg-Saint-Maurice et Moûtiers (extrait de la carte topographique de l'I.G.N. de Bourg-St-Maurice) : opposition adret-ubac, étagement de la végétation (limite pelouse-forêt), position des villages, hameaux et chalets d'estive, clairières... Tous ces éléments, également présents sur la photo ci-contre, sont représentés en plan. On pourra, à partir de la photo et de la carte, faire une coupe en indiquant le relief, la couverture végétale, l'occupation humaine et même figurer schématiquement les ressources des terroirs et les relations qui existent ◀ entre eux.

De l'ouest vers l'est, se succèdent les Préalpes sédimentaires où dominent les terrains calcaires et argileux, plissés par le soulèvement des massifs cristallins externes situés plus à l'est (Belledonne). Entre les massifs cristallins externes et les massifs internes (Grand Paradis), tout à fait à l'est, les terrains métamorphiques représentent les nappes de charriage (non détaillées), qui résultent de la compression et de la transformation par contact des terrains sédimentaires constituant la couverture du socle en surrection (on se reportera aux notions de géosynclinal et de plaque). ▼

Coupe géologique à travers les Alpes du Nord.

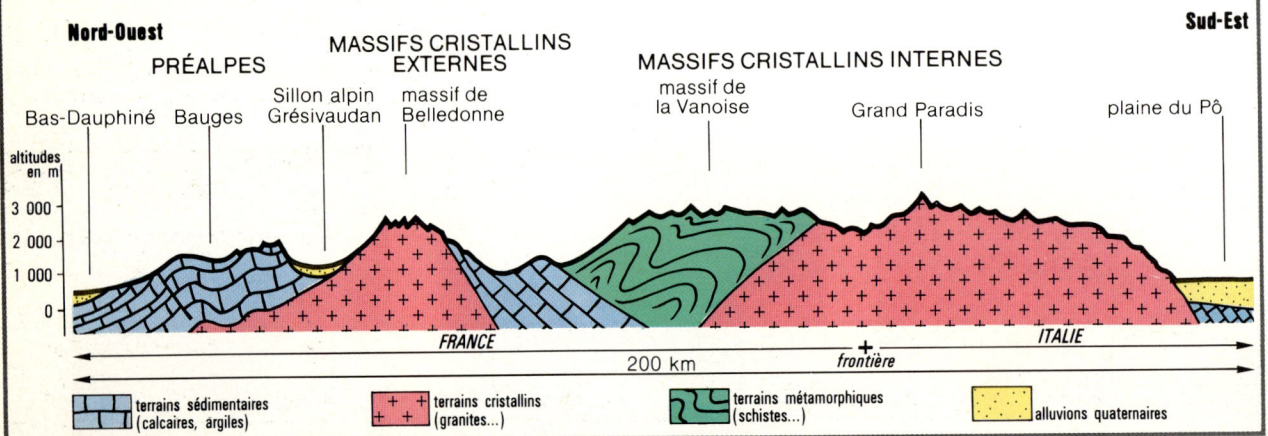

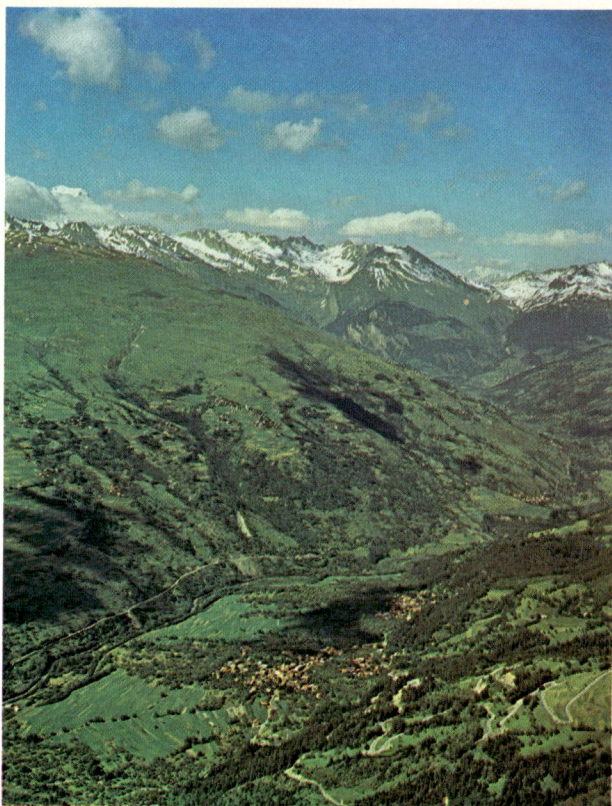

Vallée de l'Isère et massif de Beaufort (Savoie). ▲

Cette vue met en évidence l'étagement de la végétation et des installations humaines le long d'un grand versant : neiges éternelles et pierriers, pelouse d'altitude au-dessus de la forêt, qui remonte le long des torrents. Le versant offre ainsi des ressources complémentaires dans le sens vertical, dont l'exploitation a donné lieu à des déplacements saisonniers entre le fond et la pelouse (« vie de remue »).

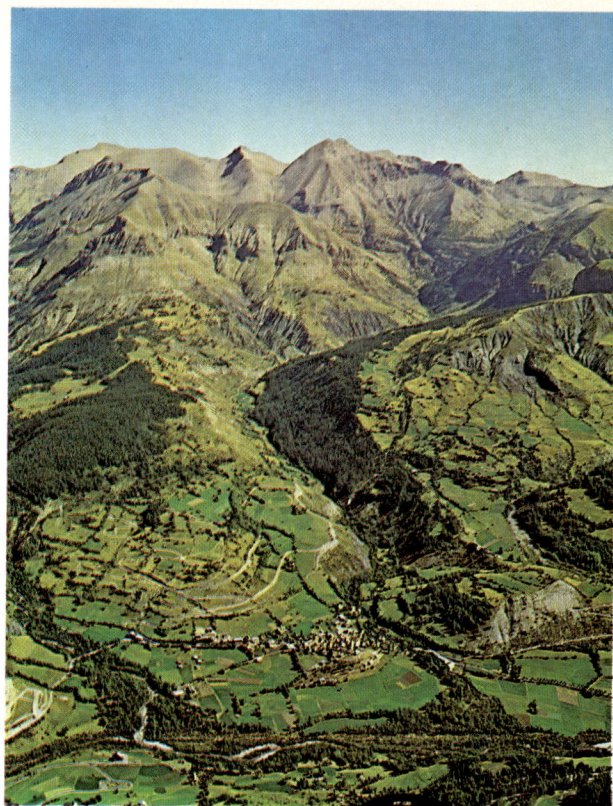

Opposition adret-ubac dans les Alpes du Sud. ▲

Lorsque les vallées sont orientées est-ouest, l'un des deux versants, tourné vers le nord (ubac), reçoit moins d'énergie solaire que l'autre (adret). Il est plus froid, plus humide et ses aptitudes agricoles sont médiocres. Il est alors souvent couvert par la forêt. On observera également l'érosion intense sur les reliefs non protégés par une couverture végétale continue.

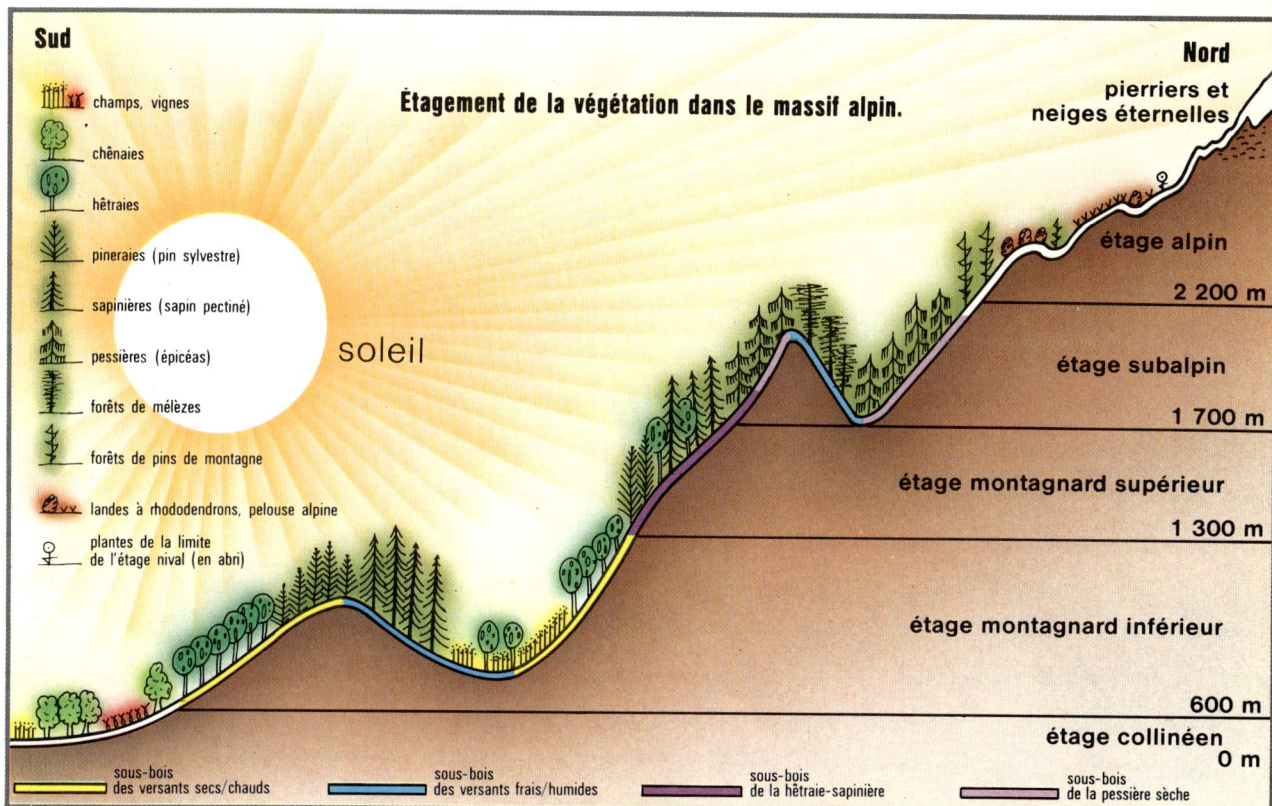

Étagement de la végétation dans le massif alpin.

Sud — Nord

pierriers et neiges éternelles

champs, vignes

chênaies

hêtraies

pineraies (pin sylvestre)

sapinières (sapin pectiné)

pessières (épicéas)

forêts de mélèzes

forêts de pins de montagne

landes à rhododendrons, pelouse alpine

plantes de la limite de l'étage nival (en abri)

soleil

étage alpin

2 200 m

étage subalpin

1 700 m

étage montagnard supérieur

1 300 m

étage montagnard inférieur

600 m

étage collinéen

0 m

sous-bois des versants secs/chauds

sous-bois des versants frais/humides

sous-bois de la hêtraie-sapinière

sous-bois de la pessière sèche

9-Les grands cours d'eau de l'Europe occidentale

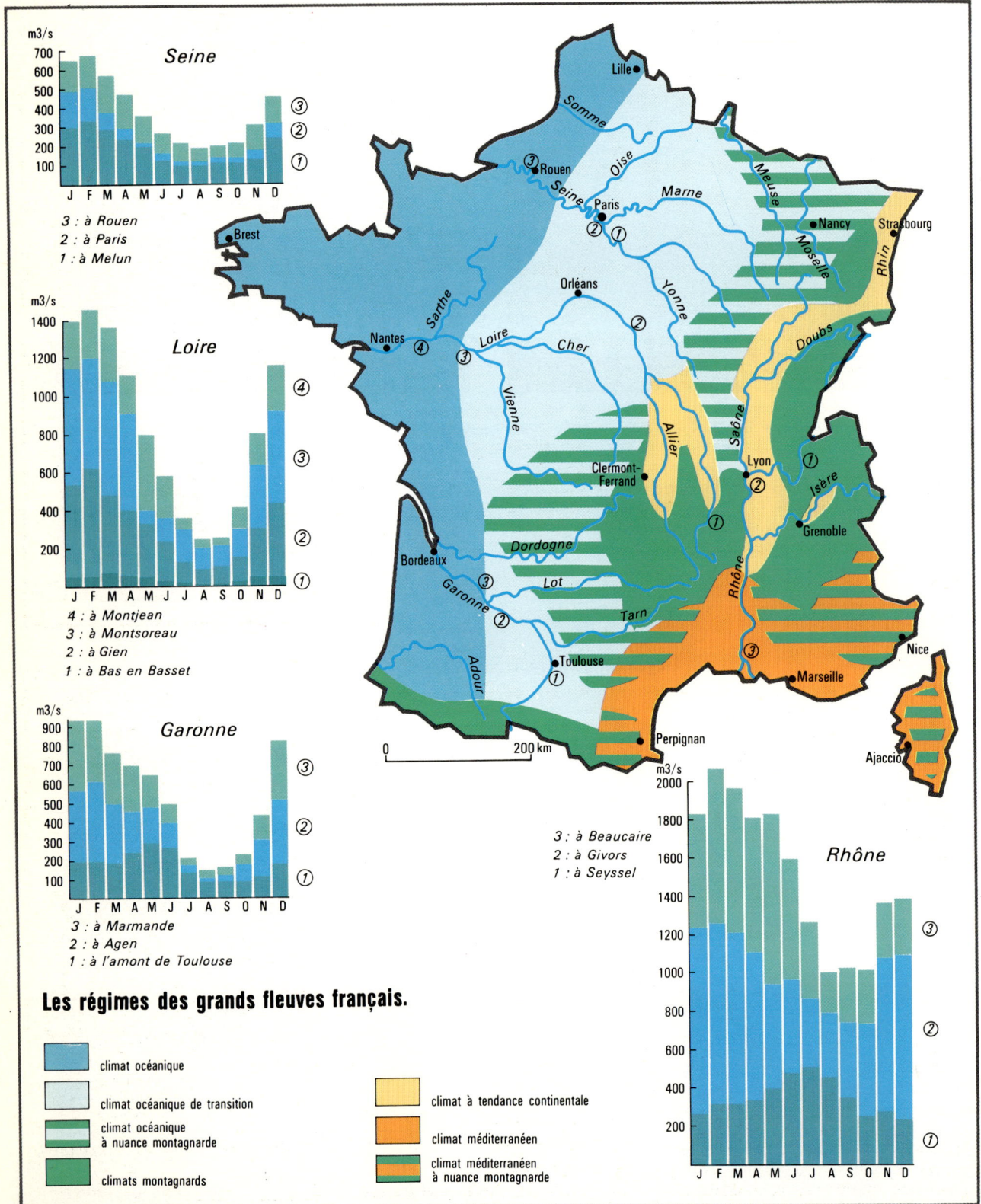

Seine

m3/s

3 : à Rouen
2 : à Paris
1 : à Melun

Loire

m3/s

4 : à Montjean
3 : à Montsoreau
2 : à Gien
1 : à Bas en Basset

Garonne

m3/s

3 : à Marmande
2 : à Agen
1 : à l'amont de Toulouse

Rhône

m3/s

3 : à Beaucaire
2 : à Givors
1 : à Seyssel

Les régimes des grands fleuves français.

- climat océanique
- climat océanique de transition
- climat océanique à nuance montagnarde
- climats montagnards
- climat à tendance continentale
- climat méditerranéen
- climat méditerranéen à nuance montagnarde

Le fleuve le plus actif d'Europe : le Rhin.

m3/s — chart axis: 2800, 2600, 2400, 2200, 2000, 1800, 1600, 1400, 1200, 1000, 800, 600, 400, 200, 0 — months: J F M A M J J A S O N D

3
2
1

RANDSTAD HOLLAND
RHIN-RUHR
18° (12,5°)
Lippe
Ruhr
Rhin
Lahn
RHIN-MAIN
19,5° (13,5°)
Main
NUREMBERG
Moselle
LORRAINE LUXEMBOURG
RHIN-NECKAR
SARRE
Meurthe
Neckar
HAUT-NECKAR
BÂLE-Hte-ALSACE
16° (14,5°)
Aar
lac de Constance
0   100 km

Légende :
- régions montagneuses
- prélèvements et rejets d'eau
- débit annuel inférieur à 1000 m3/s
- principales centrales thermiques
- 1000 à 1500 / 1500 à 2000 / supérieur à 2000 m3/s
- centrales électronucléaires en activité
- pollution modérée
- 16° température moyenne actuelle du cours d'eau
- pollution forte
- (14,5°) température «naturelle» du cours d'eau
- pollution très forte
- principales concentrations humaines et industrielles

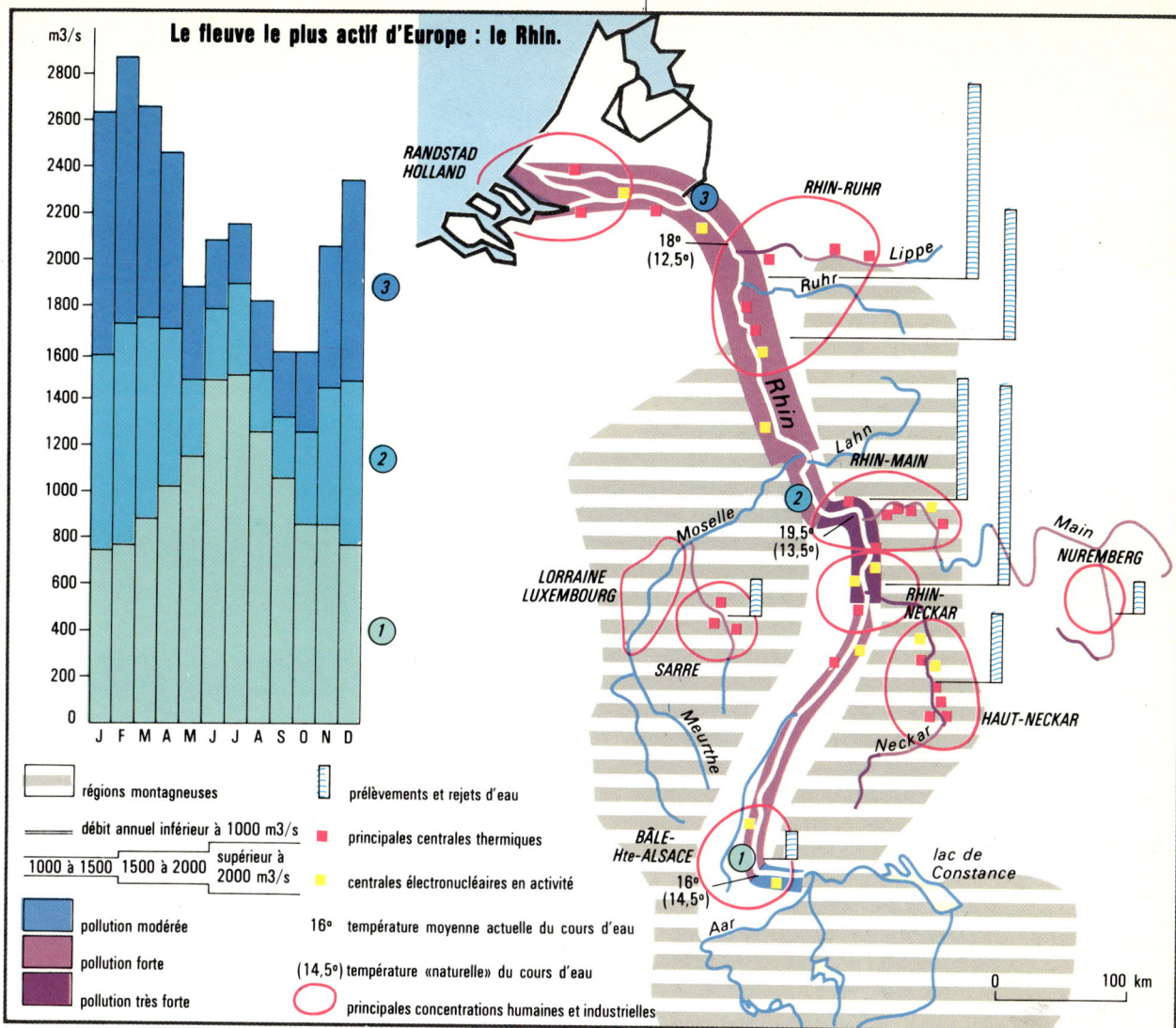

Par son importance naturelle et son rôle économique, le Rhin est sans conteste le fleuve majeur d'Europe occidentale. De ses origines alpines, son régime – comme celui du Rhône – conserve longtemps des caractères originaux, partiellement oblitérés par la confluence des grands affluents du cours moyen (Neckar, Main, Moselle).

Le régime de la Loire, simple dans l'ensemble, reflète la relative homogénéité d'un bassin baigné d'influences océaniques, malgré des nuances liées aux altitudes et surtout aux différences lithologiques. Ses débits excessifs ainsi que l'absence de concentrations humaines et industrielles importantes l'ont tenue à l'écart des grands aménagements. ▶

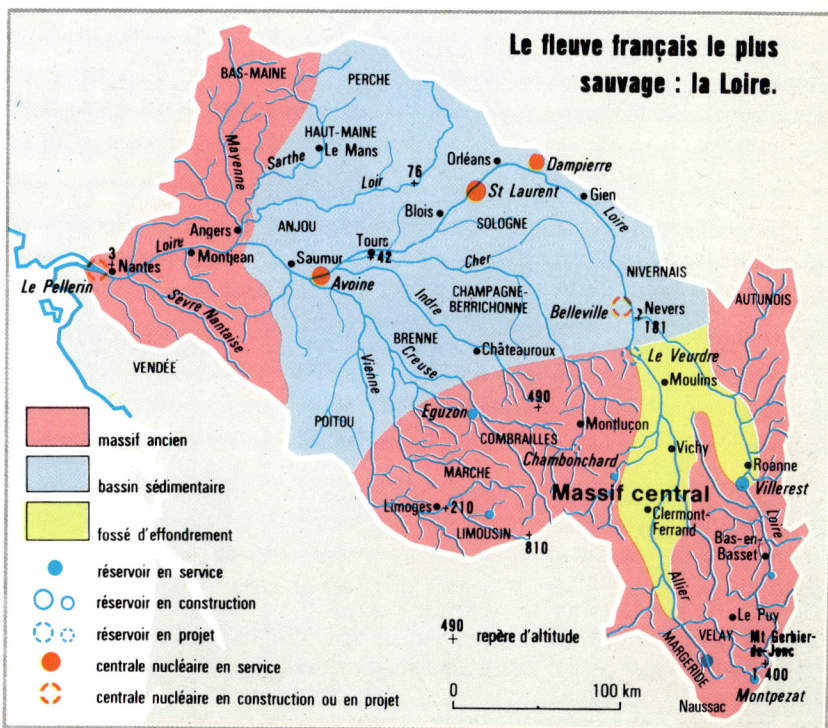

Le fleuve français le plus sauvage : la Loire.

BAS-MAINE
PERCHE
HAUT-MAINE
Le Mans
Mayenne
Sarthe
Loir
Orléans
Dampierre
76
St Laurent
Gien
Angers
ANJOU
Blois
SOLOGNE
Loire
Le Pellerin
Loire
Nantes
Montjean
Saumur
Tours ≠42
Cher
NIVERNAIS
Avoine
Indre
CHAMPAGNE-BERRICHONNE
Belleville
Nevers
181
Sèvre Nantaise
BRENNE
Châteauroux
Le Veurdre
AUTUNOIS
VENDÉE
Creuse
Moulins
POITOU
Vienne
Eguzon
490 +
COMBRAILLES
Montluçon
Vichy
Roanne
MARCHE
Chambonchard
Villerest
Limoges +210
Massif central
Clermont-Ferrand
LIMOUSIN
810
Bas-en-Basset
Allier
MARGERIDE
Loire
Le Puy
VELAY
Mt Gerbier-de-Jonc
≠400
Naussac
Montpezat

Légende :
- massif ancien
- bassin sédimentaire
- fossé d'effondrement
- réservoir en service
- réservoir en construction
- réservoir en projet
- centrale nucléaire en service
- centrale nucléaire en construction ou en projet
- 490 + repère d'altitude
- 0   100 km

irrigation : 23, 83, 93
pollution : 47

10-L'eau en France

L'eau est longtemps apparue comme une ressource inépuisable. Il est bien vrai que la France dispose globalement des quantités suffisantes pour sa consommation. Pourtant, la consommation d'eau augmente vite et il n'y a pas toujours, localement, correspondance entre les bassins et les ressources.

Les ressources proviennent d'abord des eaux de surface. On estime à 440 milliards de m³ le volume des précipitations sur le territoire français. Sur ce total, environ 250 milliards sont rendus à l'atmosphère par évaporation, après avoir servi à la croissance des végétaux. Le reste s'infiltre pour moitié dans le sol, et pour l'autre moitié rejoint le réseau hydrographique, qui écoule 95 milliards de m³.

On a vu par ailleurs les conditions d'écoulement des eaux de surface par l'étude du régime de quelques grands fleuves. Les ressources en eau des fleuves et rivières varient cependant beaucoup d'une région à l'autre et d'une saison à l'autre.

Les eaux souterraines comprennent les nappes fluviatiles, qui se trouvent à faible profondeur dans le lit majeur des fleuves et rivières et qui, filtrées par les alluvions, sont généralement d'excellente qualité. Comme la plupart des grandes villes sont situées dans des vallées fluviales, elles tirent la plus grande partie de leur approvisionnement des captages dans les nappes fluviatiles. Étant proches de la surface, ces nappes sont également sensibles à la pollution*. Viennent ensuite **les nappes retenues dans les formations superficielles** recouvrant les massifs anciens. Elles sont étendues, mais peu abondantes et très sensibles à la sécheresse estivale. Viennent enfin des **nappes captives dans les terrains sédimentaires**, surtout ceux du Bassin parisien et du Bassin aquitain, profondes et très abondantes, provenant du cheminement très lent d'eaux qui sont tombées depuis plusieurs siècles (il leur faut 100 000 ans pour progresser de 100 km). Une partie de ces nappes est utilisable pour l'énergie géothermique.

La consommation annuelle actuelle d'eau est de l'ordre de 25 à 30 milliards de m³, soit le tiers des ressources disponibles. Mais la consommation domestique croît avec l'urbanisation et l'élévation du niveau de vie : 70 % des logements ont une salle de bain et la proportion des ménages possédant une machine à laver le linge est passée de 17 % en 1957 à 76 % en 1978.

Les besoins industriels sont également importants (papeterie, textiles synthétiques, sidérurgie, refroidissement des centrales thermiques, classiques ou nucléaires). Mais les progrès du recyclage des eaux usées ont permis de restreindre l'accroissement des besoins. Les besoins en eau de l'agriculture se sont accrus d'une manière imprévue avec l'extension de l'irrigation* jusque dans le Bassin parisien (culture du maïs et des légumes de plein champ).

Enfin l'eau est utilisée pour les loisirs, les sports aquatiques, la pêche : il faut donc que cette eau soit propre et abondante.

La concentration géographique des grandes agglomérations et des grandes industries rend indispensable le recours à des sources d'approvisionnement lointaines et pose le problème de la concurrence pour l'eau (l'eau de la Loire pour Paris par exemple).

D'autre part, les besoins domestiques et ceux de l'agriculture sont plus importants en été, saison où les déplacements touristiques viennent également accroître les besoins dans les régions côtières. Il faut donc constituer des réserves au moyen de barrages-réservoirs de manière à régulariser les débits et gérer les ressources en eau (consommation et stockage) grâce à une politique d'ensemble.

Répartition des surfaces irriguées en ha.
(en 1979)

Maïs	341 000
Légumes	81 000
Plantes maraîchères	46 000
Cultures fourragères	81 000
Surface en herbe	70 000
Arbres, vigne	137 000
Cultures industrielles	41 000

Usages de l'eau domestique.

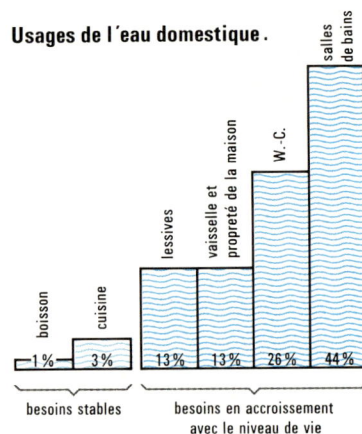

boisson	cuisine	lessives	vaisselle et propreté de la maison	W.-C.	salles de bains
1 %	3 %	13 %	13 %	26 %	44 %

besoins stables — besoins en accroissement avec le niveau de vie

Les besoins en eau de l'agriculture dépendent comme cela apparaît sur la carte de l'abondance et de la régularité des précipitations et du type d'agriculture. Toutefois les nouvelles techniques agricoles entraînent un développement des arrosages : les prélèvements effectués dans les nappes et dans les cours d'eau vont tripler dans les dix ans à venir et les surfaces arrosées passeraient de 600 000 hectares aujourd'hui à 15 millions en l'an 2000.

bassin : *ce mot a des significations nombreuses et fort différentes en Géographie : bassin de Paris, bassin de main-d'œuvre, bassin portuaire... Mais le bassin est également l'unité fondamentale de toute étude hydrologique, lorsqu'il est défini comme l'aire d'alimentation d'un fleuve (ou d'une rivière, voire d'un ruisseau pour l'unité élémentaire). Depuis 1966, le Bassin est l'unité de gestion des Agences de bassin qui assurent l'équilibre entre ressources et besoins en eau, travaillent à l'amélioration de la qualité de l'eau et luttent contre le risque d'inondation. Il existe en France six agences : Artois-Picardie, Seine-Normandie, Loire-Bretagne, Adour-Garonne, Rhône-Méditerranée-Corse et Rhin-Meuse.*

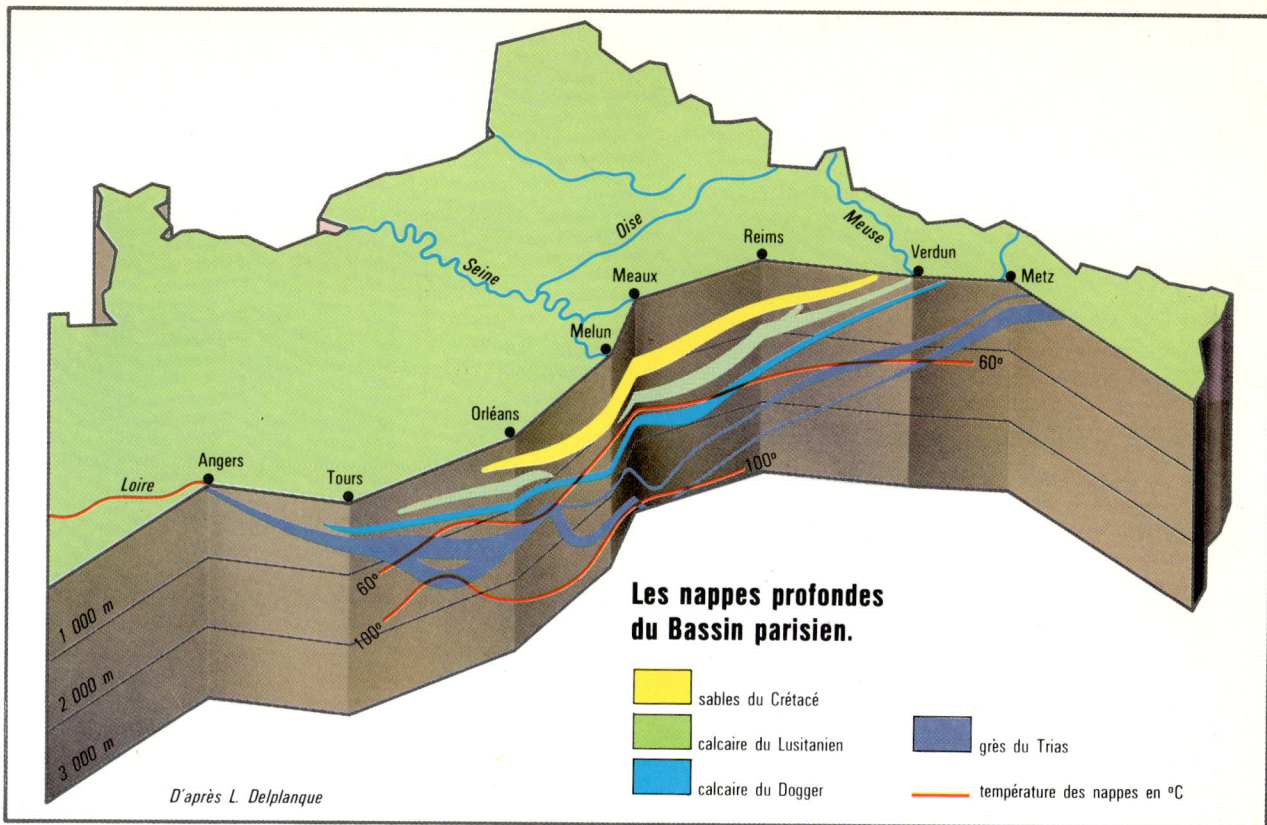

Les nappes profondes du Bassin parisien.

D'après L. Delplanque

- sables du Crétacé
- calcaire du Lusitanien
- calcaire du Dogger
- grès du Trias
- température des nappes en °C

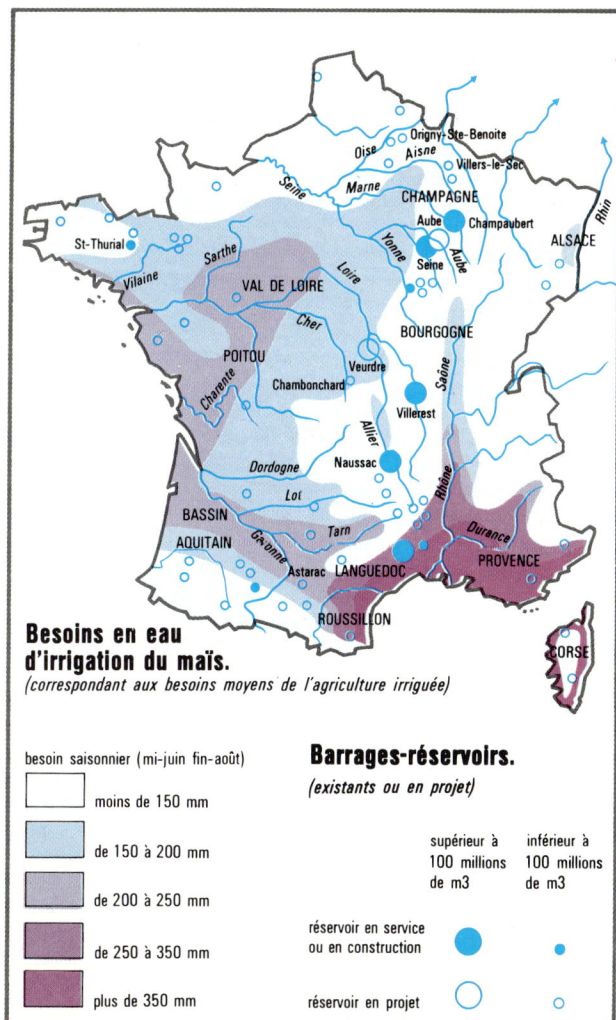

Besoins en eau d'irrigation du maïs.
(correspondant aux besoins moyens de l'agriculture irriguée)

besoin saisonnier (mi-juin fin-août)

- moins de 150 mm
- de 150 à 200 mm
- de 200 à 250 mm
- de 250 à 350 mm
- plus de 350 mm

Barrages-réservoirs.
(existants ou en projet)

	supérieur à 100 millions de m3	inférieur à 100 millions de m3
réservoir en service ou en construction	●	•
réservoir en projet	○	○

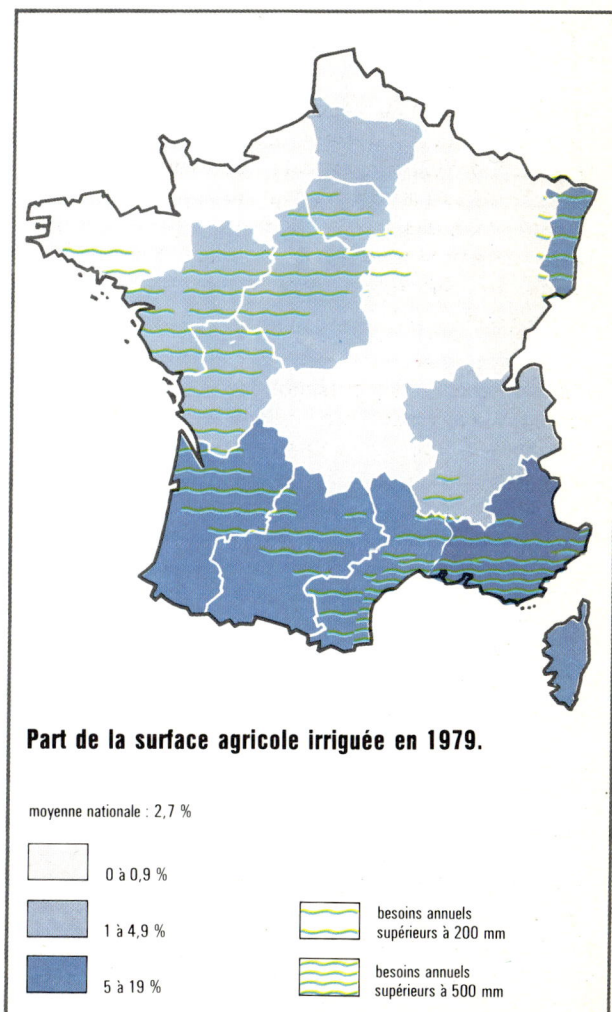

Part de la surface agricole irriguée en 1979.

moyenne nationale : 2,7 %

- 0 à 0,9 %
- 1 à 4,9 %
- 5 à 19 %

- besoins annuels supérieurs à 200 mm
- besoins annuels supérieurs à 500 mm

27

façade océanique : 78, 129, 131
Méditerranée : 98, 134, 138

11-Littoraux et mers bordières

Le contact entre la masse océanique de l'Atlantique et le continent européen présente une grande variété de milieux littoraux et marins. En effet, **la configuration géographique de l'extrême ouest européen**, constitué de caps et de baies prononcés et doublé d'îles étendues, **individualise plusieurs unités marines**. Au sud, la Méditerranée* est une mer presque fermée où les échanges d'eau avec l'océan sont limités et où la faune révèle de nombreuses espèces endémiques, faute d'une large interpénétration avec les faunes atlantiques depuis le tertiaire.

La façade océanique* est elle-même très variée, en dépit de l'unité que lui donne par rapport au grand large la présence d'**un plateau continental de faible profondeur**. Les Iles britanniques isolent la Manche et la mer du Nord d'une influence atlantique directe ; le golfe de Gascogne est un cul-de-sac dont les eaux sont moins agitées que celles de la mer Celtique, entre l'Irlande et la Bretagne. Là, rien ne vient freiner les fortes houles d'ouest mises en œuvre par les dépressions cycloniques. Toutefois, la mer du Nord n'est pas à l'abri de violentes tempêtes liées à des dépressions et des houles de nord-ouest qui, en raison de la faible profondeur, sont capables d'élever la masse d'eau de un ou deux mètres. Ces tempêtes entraînent alors sur les côtes basses de la Hollande des catastrophes comme celle de 1953, où la rupture des digues avait déclenché des inondations au bilan humain et économique très lourd.

La proximité des terres et l'existence de grands organismes fluviaux assurent aux mers bordières **un apport abondant en éléments minéraux**. En outre, la faible profondeur et le brassage auquel la masse d'eau est soumise par les courants et les houles expliquent **la grande richesse de la mer du Nord et de la mer Celtique en plancton et en poissons**.

En revanche, la Méditerranée et le golfe de Gascogne, dotés de talus continentaux moins larges, sont des mers pauvres au plan biologique.

Les reliefs et les structures géologiques du continent sont également à l'origine **d'une grande variété dans la nature et le tracé de détail des côtes : côtes basses** à cordon et marais des régions du nord de l'Europe recouvertes par les moraines (Allemagne, Pays-Bas) ou des plaines littorales de la Méditerranée (Languedoc) ; **côtes rocheuses** très découpées à pointes et criques des massifs anciens comme la Bretagne ou la Cornouaille ; **côtes à falaises** calcaires des bassins sédimentaires comme en Picardie ou dans le sud-est du bassin de Londres ; longs estuaires et grands deltas des fleuves majeurs du continent (Seine, Gironde, Rhône).

Ces conditions variées ont été très tôt exploitées par les hommes pour la pêche et la navigation. Aujourd'hui, ces mers sont parmi les plus fréquentées du globe. La densité de circulation et la multiplicité des modes d'exploitation représentent **de nouveaux dangers** : les flux de circulation NE-SO, de loin les plus importants, sont croisés par des flux secondaires SE-NO (relations entre le continent et la Grande-Bretagne), là où l'activité de pêche côtière est intense en raison de la richesse biologique. Les naufrages de pétroliers entre Bretagne et Cornouaille et les accidents liés à l'exploitation du gaz et du pétrole s'ajoutent aux pollutions permanentes dues aux ports, aux industries ou aux villes et à la surexploitation biologique de la mer, pour faire de ces zones riches et attractives de Méditerranée ou de l'Atlantique des égouts et des mers mortes en puissance.

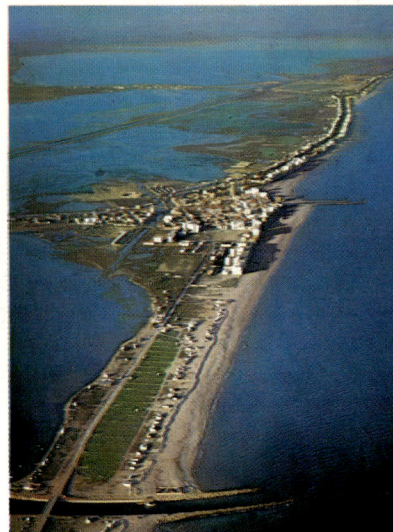

▲

Côte basse à lagune et cordon littoral en Languedoc (Palavas-les-Flots, Hérault). *Le cordon littoral, dû aux dépôts effectués par des courants de direction est-ouest, sépare la mer des lagunes aux eaux saumâtres et bordées de marais (ici, étang de Pérols). Le cordon est interrompu par des passages, les graus, qui font communiquer les deux masses d'eau. L'exploitation de ce type de milieu par le tourisme est récente.*

endémisme : *les espèces endémiques n'occupent qu'une petite partie de la zone climatique à laquelle elles sont adaptées, en raison de particularités locales ou régionales du milieu de vie : haute montagne, îles, mers fermées, qui ont empêché leur diffusion et favorisé le développement ou le maintien de caractères originaux.*

Côte à falaise calcaire en Pays de Caux (Étretat).
La ligne de côte tranche le plateau et les vallons perpendiculaires à la côte (valleuses).

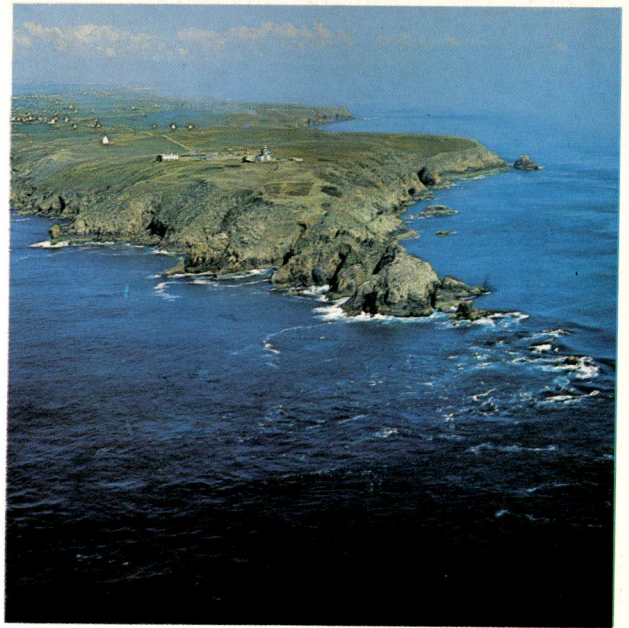

La pointe du Raz (Finistère).
Côte rocheuse de massif ancien, très découpée, où alternent des criques sableuses et des pointes.

Littoraux et mers bordières.

les fonds marins

plateau continental et son talus

principaux reliefs en creux sur le plateau continental

les côtes

côtes basses (sableuses ou à marais et cordon)

côtes rocheuses élevées

côtes à falaises calcaires

les mouvements de la masse d'eau

1 m amplitude des marées (en m)

principaux courants de surface

direction des houles dominantes

zones de grandes tempêtes

zones de danger maximum pour la navigation (conjonction de côtes rocheuses à écueils, violentes houles d'ouest et des courants de surface)

quelques accidents de pétroliers mémorables

la richesse biologique

très grande richesse

richesse moyenne

richesse faible

la richesse énergétique

secteurs des plates-formes d'exploitation du gaz et du pétrole

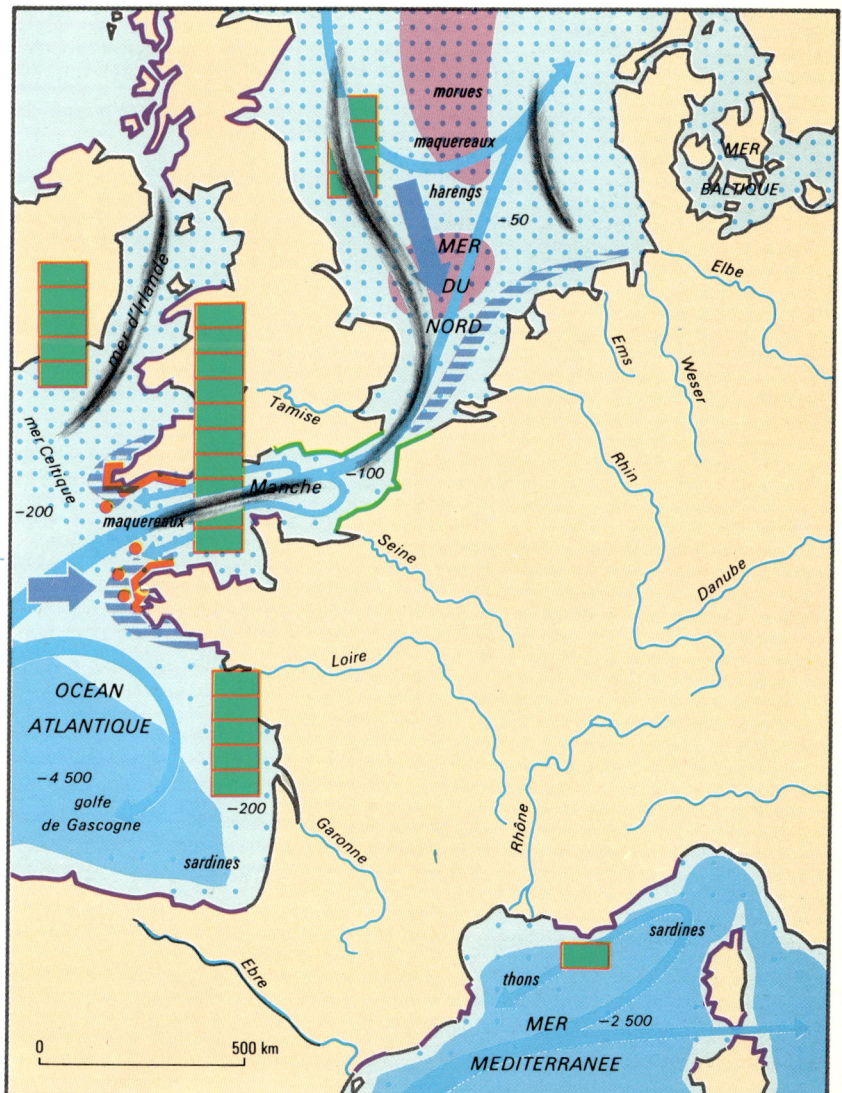

morues

maquereaux

harengs

MER BALTIQUE

Elbe

− 50

MER DU NORD

Ems

Weser

mer d'Irlande

Tamise

Rhin

Manche

− 100

Danube

Seine

mer Celtique

− 200

maquereaux

Loire

OCEAN ATLANTIQUE

Garonne

Rhône

− 4 500

golfe de Gascogne

− 200

sardines

sardines

Ebre

thons

MER MEDITERRANEE

− 2 500

0   500 km

montagnes vides : 107, 106
migrations régionales : 58, 59, 60

12-Le peuplement de la France

Au 1er janvier 1982, la population de la France s'élevait à 54 millions d'habitants. La densité de population (97 hab./km²) est plus faible que celle de tous les pays d'Europe occidentale (Pays-Bas 414, Belgique 323, République fédérale d'Allemagne 246, Royaume-Uni 229, Italie 189) à l'exception de celles de l'Espagne (73) et de l'Irlande (48).

Mais à l'intérieur de la France, les contrastes régionaux de densité sont très forts. Ces contrastes correspondent pour une part au degré de l'urbanisation.

Au recensement de 1975, la population rurale ne représentait plus que 27,1 % du total, tandis que la part de population urbaine s'élevait à 72,9 %. Encore cette dernière est-elle nettement plus forte si l'on considère l'ensemble des zones de peuplement industriel et urbain (83 %).

Dans l'ensemble, la France de l'Est, au-delà d'une ligne Marseille-Le Havre, possède des densités plus contrastées : le fort peuplement des vallées, parsemées de grosses agglomérations, s'oppose aux montagnes et aux plateaux souvent presque vides*. La France de l'Ouest possède au contraire des densités moyennes ponctuées par un semis régulier de villes moins nombreuses. Il existe de vastes zones rurales presque vides : la forêt des Landes, les hautes et moyennes montagnes de la France méridionale (Pyrénées, Massif central, Alpes) et aussi de grandes étendues dans l'est du Bassin parisien. Partout cependant, quoique à des degrés divers, les vallées constituent la trame du peuplement.

La répartition actuelle de la population est le **fruit d'une longue évolution**. Les campagnes françaises ont toujours été très peuplées. Mais depuis le milieu du XIXe siècle, leur population a beaucoup diminué : en 1866, 26,5 millions d'habitants ; en 1975 : 14,2 millions. Cette déprise, fruit de l'exode rural, a été particulièrement marquée dans les montagnes de la France méridionale.

Inversement, la population urbaine n'a cessé d'augmenter, passant de 5,4 millions d'habitants en 1806 à 38 millions en 1975.

L'augmentation est particulièrement rapide depuis 1945. Cette augmentation s'est faite d'abord par gonflement des vieux centres urbains dont la plupart sont d'origine très ancienne, romaine ou médiévale. Mais cette croissance s'est faite aussi au XIXe siècle par transformation de villages en villes, comme dans les bassins houillers du Nord (Lens) ou du Massif central (Decazeville) et aussi dans les régions touristiques (Cabourg, Deauville en Normandie, Cannes et Menton sur la Côte d'Azur) ou encore près des dépôts ferroviaires et des gares de triage.

La croissance la plus importante a été celle de l'agglomération parisienne : l'ensemble de la région Ile-de-France avait 3,3 millions d'habitants en 1876 et 9,8 millions en 1976.

L'augmentation de la population a été très inégale selon les régions. Dans ces inégalités, le rôle des **migrations régionales*** est essentiel. Depuis un siècle, on a vu se vider certaines régions rurales (Massif central, Bretagne) au profit des régions industrielles et urbaines. Plus récemment, de vieilles régions industrielles comme le Nord et la Lorraine sont devenues terres d'émigration, au profit de Paris et de la France du Sud-Est (Rhône-Alpes et région méditerranéenne).

Les migrations intéressent les actifs à la recherche d'un emploi et les retraités désireux de changer de région au moment de leur retraite, si bien que certaines régions, comme l'Ile-de-France, ont un solde positif pour les vingt à trente ans, mais largement négatif pour les plus âgés, par exemple les retraités qui partent en province.

Solde migratoire par département entre 1968 et 1975.

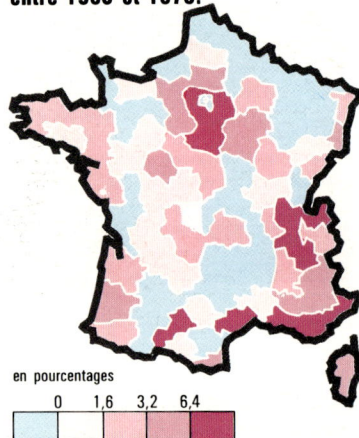

en pourcentages

| 0 | 1,6 | 3,2 | 6,4 |

Le solde migratoire (différence entre les arrivées et les départs durant la période entre deux recensements) est très variable selon les régions. Il est négatif pour Paris, pour les vieilles régions industrielles du Nord et de l'Est et pour beaucoup de départements ruraux. Le solde migratoire positif des actifs se concentre principalement dans la région parisienne et dans le Sud-Est, ce qui est un peu inquiétant pour les autres régions.

population urbaine : *celle des communes de plus de 2 000 habitants.*
migrations intérieures

agglomération : *ensemble d'habitations tel qu'aucune ne soit séparée de la plus proche par plus de 200 m. Si l'agglomération a plus de 2 000 habitants, elle forme une unité urbaine (62,8 % de la population française).*

exode rural
Zone de Peuplement Industriel et Urbain : *regroupe avec les unités urbaines, des communes rurales ne vivant pas de l'agriculture, des communes-dortoirs, etc. Les Z.P.I.U. composent 83 % de la population française.*

Population rurale et population urbaine.

évolution depuis 1850
en pourcentages

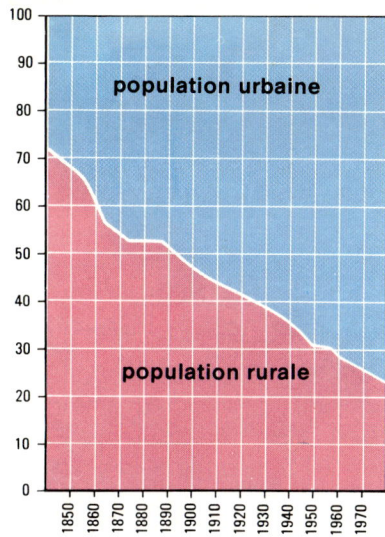

Rôle traditionnel des conditions naturelles : grandes vallées qui ont fixé les villes-carrefours des voies de circulation, piémonts d'échanges entre plaine et montagne, littoraux marchands, d'agriculture spécialisée ou touristique. Poids démographique des régions industrielles et urbaines situées à l'est d'une ligne Le Havre-Marseille. ▶

Le peuplement de la France. La densité de population et les villes.

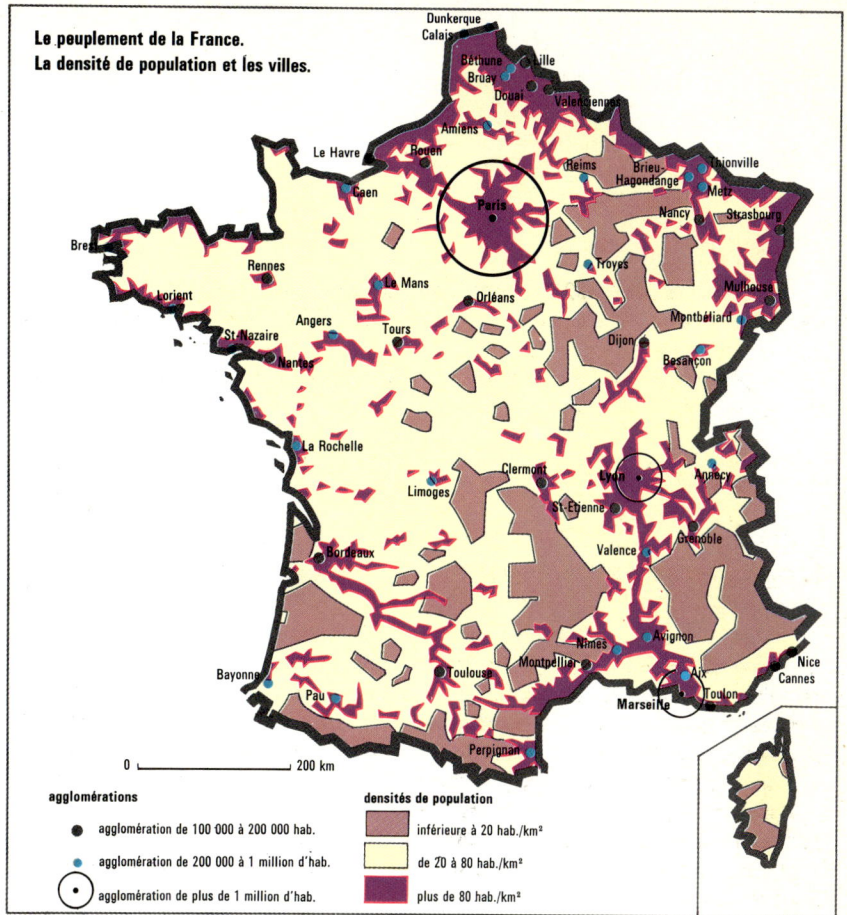

agglomérations

- ● agglomération de 100 000 à 200 000 hab.
- ● agglomération de 200 000 à 1 million d'hab.
- ⊙ agglomération de plus de 1 million d'hab.

densités de population

- inférieure à 20 hab./km²
- de 20 à 80 hab./km²
- plus de 80 hab./km²

0 _____ 200 km

Evolution de la population par département de 1968 à 1975.

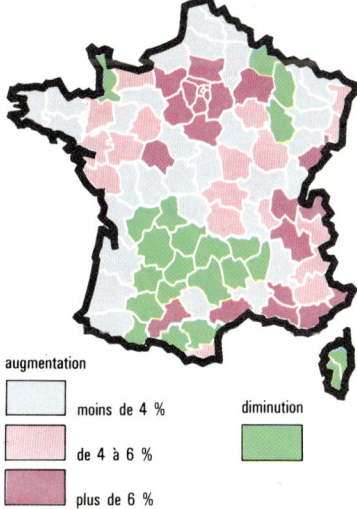

augmentation

- moins de 4 %
- de 4 à 6 %
- plus de 6 %

diminution

Cette carte de la bordure S-E des Vosges montre le rôle du relief dans la répartition du peuplement. Les reliefs sont vides et occupés par la forêt, cependant que la population se groupe dans les vallées où se trouvent à la fois les terres cultivables et l'industrie textile installée là depuis le XIXe siècle, à la recherche de l'eau courante et d'une main-d'œuvre disponible. ▶

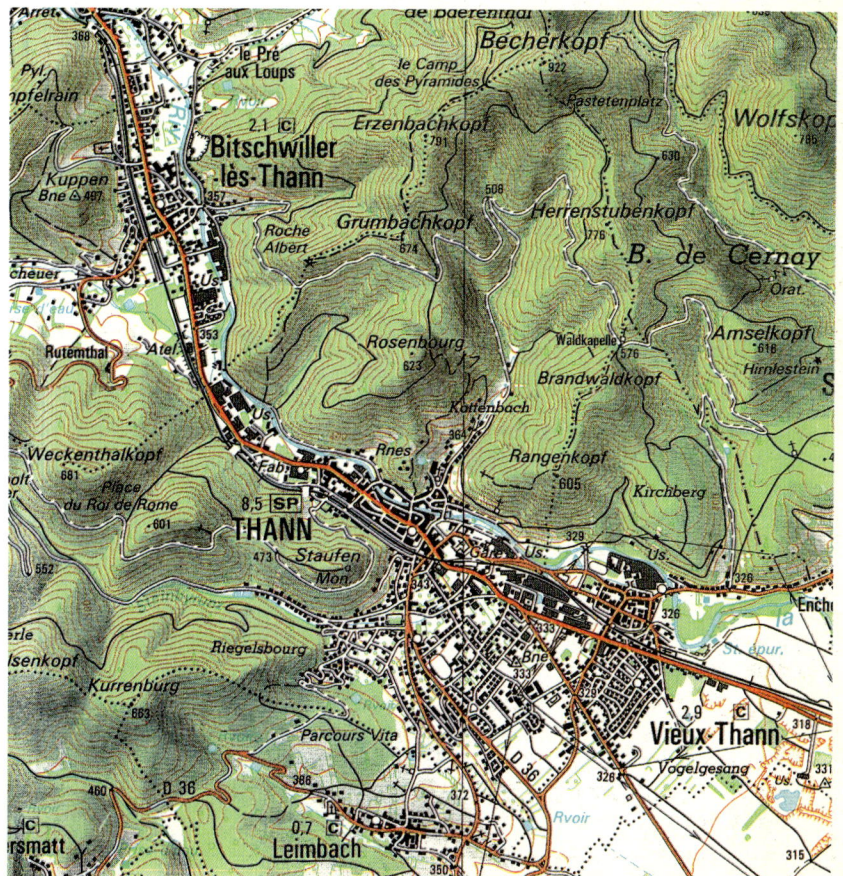

13-Les comportements démographiques des Français

La population de la France est passée de 25 millions d'habitants en 1750 à 54 millions en 1982. Cette augmentation provient essentiellement de l'excédent des naissances sur les décès. En outre, la venue d'une main-d'œuvre étrangère nombreuse, depuis le milieu du XIXᵉ siècle, a contribué à l'augmentation de la population totale.

Mais la progression de la population française a été beaucoup plus lente que celle des autres pays européens ; du premier rang en Europe au XVIIIᵉ siècle, la population française est tombée au cinquième rang aujourd'hui : le taux de natalité s'est abaissé beaucoup plus vite en France que dans les pays voisins, tandis que le taux de mortalité demeurait élevé, si bien que dans les années 1930, il advint que les décès fussent plus nombreux que les naissances.

Après 1945, la situation se rétablit et l'excédent naturel se maintint jusqu'en 1973 à 300 000 par an, grâce à un relèvement inattendu du taux de natalité, et à un abaissement considérable du taux de mortalité infantile : 100 enfants sur 1 000 mouraient dans l'année suivant leur naissance en 1900, encore 71 en 1935 mais moins de 10 aujourd'hui. Depuis 1971, le taux de natalité a amorcé une courbe descendante : 879 000 naissances en 1970, 730 000 en 1971 avec, il est vrai, une remontée en 1980 à 805 000, soit un taux de natalité de 14,8‰.

La famille de deux enfants tend à devenir la règle. Or, le renouvellement des générations implique que la moyenne par famille soit de 2,3 enfants. Cette moyenne est actuellement de 1,9. Le renouvellement des générations n'est donc, à terme plus assuré.

De son côté, le taux de mortalité générale a atteint un palier entre 10 et 11‰ (550 000 décès en moyenne). Les variations d'une année à l'autre dépendent désormais du climat et des épidémies de grippe. Ce taux ne s'abaisse plus, par suite du vieillissement progressif de la population. Le taux de mortalité infantile, très faible, rapproche la France des pays les plus favorisés dans ce domaine.

L'aspect de la **pyramide des âges résulte de l'évolution** des taux de natalité et mortalité, et aussi des pertes directes des guerres, comme des pertes indirectes dues aux naissances qui n'ont pas eu lieu, les couples étant séparés. Le vieillissement progressif se traduit par une proportion croissante de personnes âgées. Celles qui ont plus de 65 ans étaient 8,5 % du total en 1901 et 14,1 % en 1975. Inversement, la proportion des moins de 20 ans a décru à partir de 1835, pour passer par un minimum en 1946 (29,5 %), s'accroître un peu ensuite et demeurer stationnaire jusque vers 1975 (30,4 %).

Les comportements démographiques présentent en outre de grandes différences régionales. Le nord de la France est plus prolifique que le sud. Il est également plus jeune, avec une plus forte proportion de moins de 20 ans, tandis que le sud apparaît vieilli, avec une part importante de gens de plus de 65 ans. Ces différences sont d'origine ancienne. Dans le nord de la France, on se marie plus jeune et par conséquent la période de fécondité réelle est plus longue. Dans le sud, la proportion des célibataires est plus forte, ce qui contribue à expliquer une fécondité plus faible. Le sud de la France bénéficie également d'une mortalité plus faible. Les causes des différences régionales de la mortalité sont complexes. Le mode de vie (alimentation, consommation d'alcool) contribue à augmenter la mortalité dans l'Ouest, dans le Nord et en Alsace. La surmortalité masculine (écart entre les durées moyennes de vie des hommes et des femmes) atteint dix ans en Bretagne. Mais on peut aussi évoquer la densité de l'équipement médical par rapport à la population : forte dans la France méridionale et à Paris, elle est plus faible ailleurs, où la durée moyenne de la vie est plus courte.

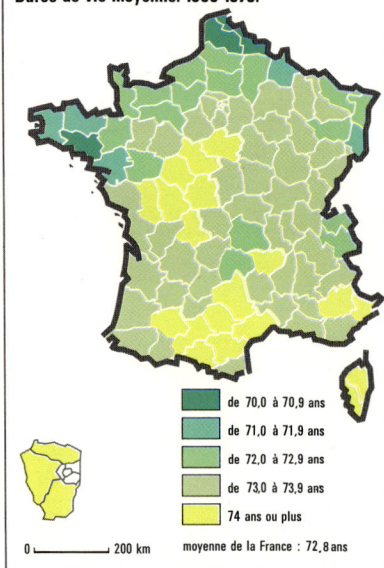

Durée de vie moyenne. 1966-1970.

de 70,0 à 70,9 ans
de 71,0 à 71,9 ans
de 72,0 à 72,9 ans
de 73,0 à 73,9 ans
74 ans ou plus

0 — 200 km   moyenne de la France : 72,8 ans

Dans l'ensemble la France méridionale est avantagée, tandis qu'une zone allant de la Bretagne à l'Alsace souffre d'une mortalité plus élevée. Les causes de cette inégalité résident dans les habitudes alimentaires : il existe une correspondance entre la mortalité et les maladies qui, comme la cirrhose du foie, sont en relation directe avec la consommation d'alcool.

croît naturel / renouvellement des générations : *le croît naturel est la différence, mesurée pour une année entre le nombre des naissances et celui des décès. Le croît naturel dépend de la fécondité de la population et aussi de sa structure par âge.*
Le renouvellement des générations est assuré si durant sa période féconde (15 à 49 ans) une génération de femmes d'une population donnée donne naissance à un nombre égal de filles. Pour que le renouvellement des générations soit assuré il faut que chaque couple donne la vie à un peu plus de deux enfants en moyenne (pour tenir compte de la mortalité).

Le taux de mortalité est à peu près stabilisé. Après 1971, le taux de natalité s'abaisse rapidement. Cette baisse précède la crise économique de 1973. Elle avait débuté antérieurement aux États-Unis et dans les deux Allemagnes. Tous les pays européens ont une évolution parallèle. La diffusion des moyens anticonceptionnels et la législation de l'interruption volontaire de grossesse ont joué un rôle dans cette diminution, mais aussi le désir, et souvent le besoin de plus en plus répandu parmi les femmes, de garder une activité professionnelle et la volonté d'accéder aux consommations nouvelles (loisirs, voyages) qu'un troisième enfant rend difficile. La crainte du chômage doit également peser dans la restriction des ▶ naissances.

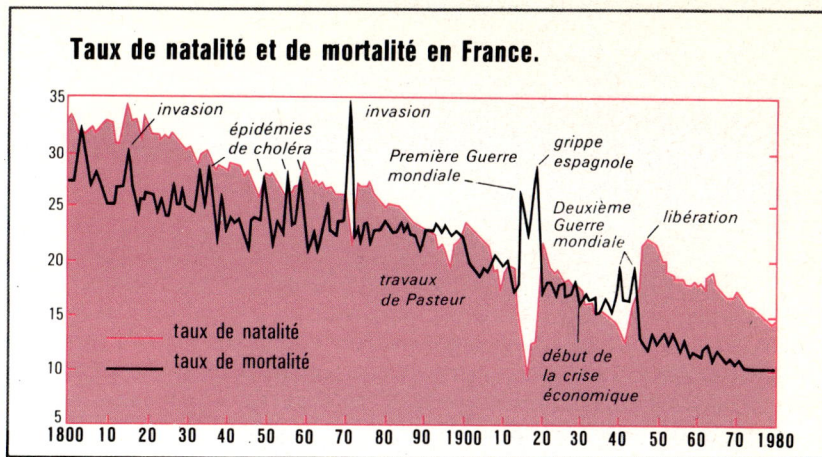

Taux de natalité et de mortalité en France.

invasion
épidémies de choléra
invasion
Première Guerre mondiale
grippe espagnole
Deuxième Guerre mondiale
libération
travaux de Pasteur
début de la crise économique

— taux de natalité
— taux de mortalité

La pyramide des âges exprime l'histoire de la population d'un pays. Sa disposition a aussi des implications économiques : elle influe sur la proportion respective des actifs et des inactifs dans la population : or ce sont les actifs qui nourrissent les inactifs : c'est ainsi que ceux qui cotisent aujourd'hui pour leur retraite paient en fait celle des retraités d'aujourd'hui. On ne peut donc souhaiter un vieillissement progressif de la population. Cependant, si le renouvellement satisfaisant des générations est un objectif souhaitable, il convient d'en assurer les conditions matérielles (équipement en crèches, congés de maternité de longue durée, garantie de ▶ retrouver l'emploi après une maternité, relèvement des allocations familiales).

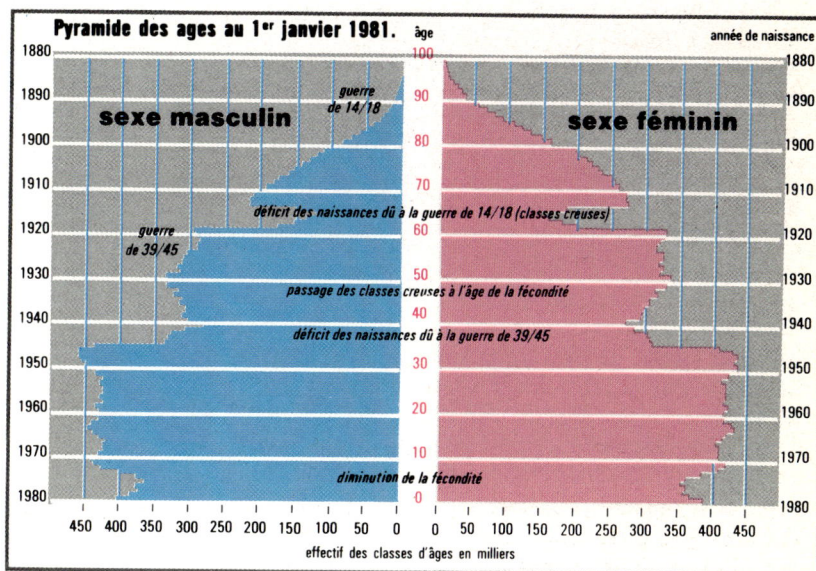

Pyramide des ages au 1er janvier 1981.

âge — année de naissance

sexe masculin — guerre de 14/18

sexe féminin

guerre de 39/45

déficit des naissances dû à la guerre de 14/18 (classes creuses)

passage des classes creuses à l'âge de la fécondité

déficit des naissances dû à la guerre de 39/45

diminution de la fécondité

effectif des classes d'âges en milliers

Taux brut de reproduction par région. 1974 - 1976.

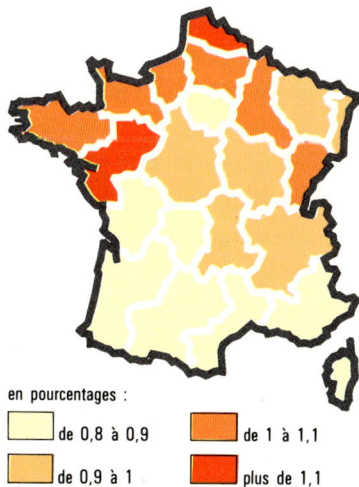

en pourcentages :
- de 0,8 à 0,9
- de 0,9 à 1
- de 1 à 1,1
- plus de 1,1

Les moins de 25 ans, dans la population totale.

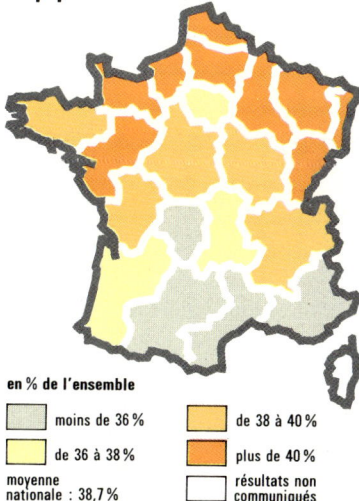

en % de l'ensemble
- moins de 36 %
- de 36 à 38 %
- de 38 à 40 %
- plus de 40 %

moyenne nationale : 38,7 %
résultats non communiqués

Les plus de 65 ans, dans la population totale.

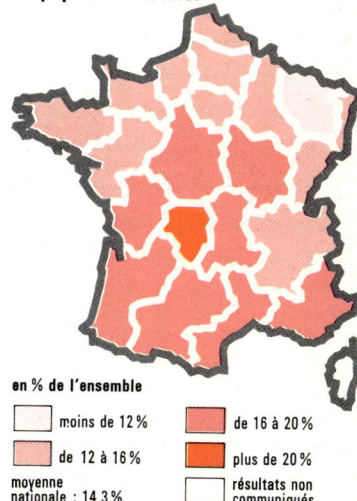

en % de l'ensemble
- moins de 12 %
- de 12 à 16 %
- de 16 à 20 %
- plus de 20 %

moyenne nationale : 14,3 %
résultats non communiqués

La France du Nord, plus prolifique, s'oppose à la France du Sud (à la seule et très notable exception de la région parisienne).

La France du Nord, plus féconde, possède en conséquence une population plus jeune. La France méridionale doit sa forte proportion de personnes âgées au départ des jeunes vers Paris et au retour des retraités vers le Midi.

14-Les actifs

La population active comprend les personnes qui déclarent exercer, ou chercher à exercer une activité professionnelle rémunérée. Dans la population active sont donc incluses les personnes sans emploi mais qui en recherchent un ; en sont exclus – outre les retraités – les étudiants et les femmes au foyer.

Stable (aux environs de 20 millions de personnes) du début du siècle jusque vers 1960, notre population active s'est accrue depuis lors, passant de 19,5 millions en 1962 à 20,3 millions en 1968 et 22,3 millions en mars 1975. Cette croissance est due à l'arrivée sur le marché de l'emploi des générations nombreuses de l'après-guerre, mais aussi à l'augmentation de l'activité féminine (37,8 % des femmes de plus de 15 ans travaillent en 1954, 41,2 % en 1976) et à l'immigration.

La répartition de la population active* s'est sensiblement modifiée au cours de ces vingt dernières années. Alors que la modernisation de l'agriculture a provoqué la suppression de nombreux emplois dans cette branche, le nombre des emplois offerts par le développement de toutes les activités de service augmentait fortement ; en revanche, les emplois du secteur secondaire ont conservé une proportion presque stable.

La comparaison avec les autres pays développés fait apparaître une double originalité ; d'une part, un assez fort pourcentage d'emplois agricoles (9,2 %) comparé à celui de pays à développement économique semblable comme le Royaume-Uni (2,7 %), les États-Unis (3,8 %) ou la République fédérale allemande (3,8 %) ; d'autre part, notre secteur industriel (38,5 %) apparaît moins fort que celui de nos principaux partenaires (République fédérale allemande 46,1 %, Italie 41,0 %, Royaume-Uni 40 %).

Dans la population active de la France, **la part des femmes est restée stable jusqu'à une période récente**. Elle était de 37,2 % en 1906 et de 38,4 % en 1976. Mais, au début de ce siècle, 43 % des femmes actives travaillaient dans l'agriculture, et 14,9 % dans l'habillement, tandis qu'en 1975 ces parts respectives sont tombées à 7,5 % et 3,5 %. Autrement dit, la plus grande partie des femmes actives travaillait à la maison, alors que de nos jours l'essentiel de la population féminine active est composé de salariées travaillant au dehors. Cette évolution (38,4 % en 1976, 40 % en 1980) reflète une tendance profonde de la société de tous les pays industrialisés, qui remet en cause le rôle de la femme au foyer.

Depuis une dizaine d'années, on assiste à une **extension** de plus en plus rapide **du chômage***, comparable à celui des autres pays industriels (2,4 % des actifs en 1974, 5,7 % en 1979). En 1981 le nombre des demandeurs d'emploi avoisine 2 000 000. Dans un premier temps, avant 1975, le chômage a particulièrement frappé les régions méridionales, déjà peu industrialisées et qui n'avaient que peu bénéficié des décentralisations industrielles. En 1980 le Languedoc-Roussillon reste la région la plus défavorisée, mais le chômage a beaucoup progressé dans les vieilles régions industrielles de la France du Nord.

Cette croissance du chômage s'explique en partie par la crise qui frappe depuis 1973 les vieux pays industriels d'économie libérale, réduisant l'embauche, spécialement celle des jeunes et des femmes. Mais il existe des causes plus profondes. D'une part, le nombre élevé des demandeurs d'emploi correspond à l'arrivée sur le marché du travail des générations nombreuses de l'après-guerre, ainsi qu'au développement du travail féminin ; d'autre part, les progrès techniques amènent des suppressions d'emploi dans de nombreuses branches. Enfin beaucoup de pays récemment industrialisés, bénéficiant d'une main-d'œuvre peu coûteuse, nous font une dure concurrence.

Structure de la population active française.

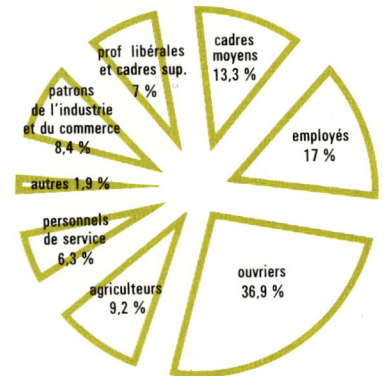

prof. libérales et cadres sup. 7 %
cadres moyens 13,3 %
patrons de l'industrie et du commerce 8,4 %
employés 17 %
autres 1,9 %
personnels de service 6,3 %
agriculteurs 9,2 %
ouvriers 36,9 %

T On peut transformer un tableau statistique exprimé en pourcentages en un « fromage » à condition qu'on ait la totalité des composants aboutissant à 100 %.

Taux de chômage par région en 1980

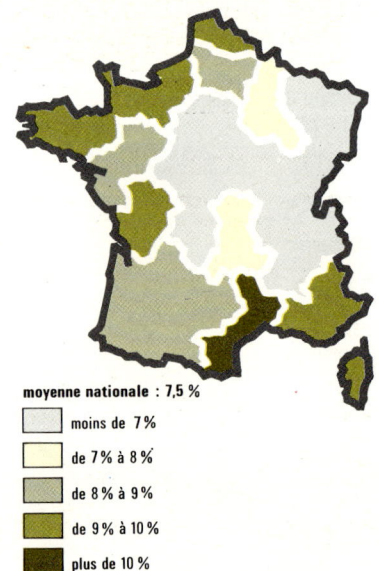

moyenne nationale : 7,5 %
- moins de 7 %
- de 7 % à 8 %
- de 8 % à 9 %
- de 9 % à 10 %
- plus de 10 %

population active

Taux d'activité par âge de 1957 à 1979.

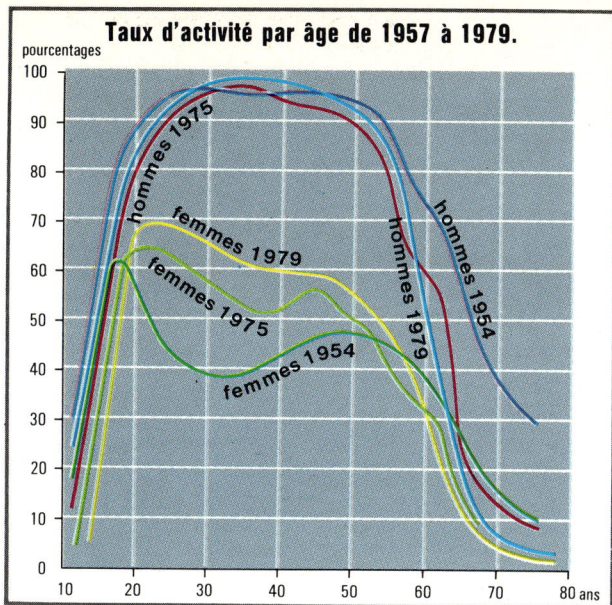

Durant les vingt dernières années, le nombre des femmes qui travaillent a particulièrement augmenté dans la tranche d'âge de 25 à 45 ans. Au-delà de 65 ans, hommes et femmes prennent plus tôt leur retraite dans les régions rurales.

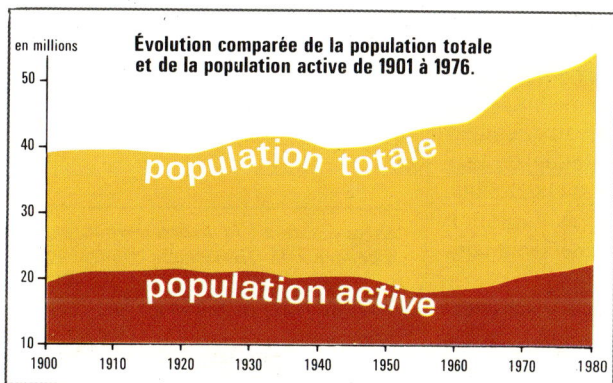

Pourcentage des femmes dans quelques métiers.

- agriculture 30 %
- employées de bureau qualifiées 50,3 %
- comptables 52,1 %
- enseignement secondaire 54 %
- ouvrières de filatures et tissages 63,7 %
- enseignement primaire 67,2 %
- employées de bureau non qualifiées 71 %
- aides comptables 77,1 %

A l'intérieur de chaque profession, les femmes sont plus nombreuses aux emplois les plus modestes et moins bien représentées dans le haut de la hiérarchie : effet d'une formation professionnelle moins développée et d'une tradition qui considère leur apport financier dans le ménage comme secondaire.

Il a fallu attendre la décennie 60-70 pour voir la population active recommencer à croître, sous l'effet de la croissance démographique enregistrée après la Seconde Guerre mondiale, et de la croissance économique amplifiant l'immigration et sollicitant l'emploi féminin.

Évolution comparée de la population totale et de la population active de 1901 à 1976.

Les régions de forte activité féminine sont, dans l'Ouest, les régions agricoles où la femme participe aux travaux des champs. Ce sont aussi les régions urbaines comme l'Ile-de-France où les emplois dans le secteur tertiaire sont nombreux. Inversement, le Midi méditerranéen, où le nombre de femmes salariées est traditionnellement plus faible, souffre de surcroît d'un manque général d'emplois qui pèse particulièrement sur les femmes.

Composition de la population active des pays européens (en 1979, en %).

Pays \ Emploi	Agriculture	Industrie	Services
Belgique	3,2	36,7	60,7
Danemark	8,3	30,2	61,5
France	8,8	36,3	54,9
Grèce	30,8	30,0	39,2
Irlande	21,0	31,9	47,1
Italie	14,8	37,7	47,5
Luxembourg	6,1	44,7	49,2
Pays-Bas	4,8	32,7	62,4
R.F.A.	6,2	44,9	48,9
Royaume-Uni	2,6	39,9	58,4

Les grandes différences entre pays proviennent du très grand nombre de salariés dans les pays socialistes, tandis que les femmes restent à la maison ou dans l'exploitation agricole dans les pays sous-développés.

Population disponible à la recherche d'un emploi.

(en milliers)	HOMMES		FEMMES	
	1968	1979	1968	1979
Moins de 25 ans	65	203	68	322
De 25 à 49 ans	79	274	59	278
50 ans et plus	50	119	29	86
Total	214	596	156	686

T Transformer un tableau en diagramme triangulaire.

Taux d'activité des femmes dans divers pays (en %).

Égypte	3,1
Italie	19,6
France	30,3
R.F.A.	30,9
États-Unis	33,9
R.D.A.	42,0
Tchécoslovaquie	42,3
U.R.S.S.	45,3

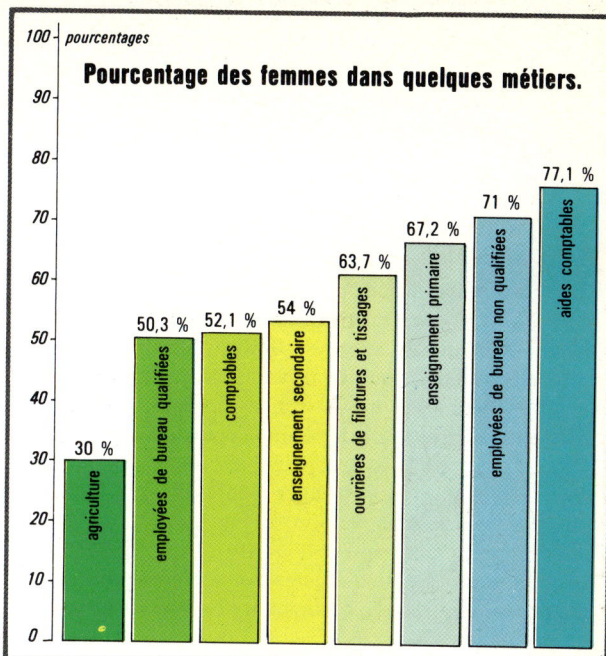

Part des femmes actives dans la population féminine totale.

- moins de 26 %
- de 26 à 30 %
- de 30 à 35 %
- plus de 35 %

milieu de travail : 91, 98, 112
Italiens : 134

15-Les étrangers en France

La France accueille depuis longtemps une population étrangère importante. L'accroissement naturel de la France a été relativement faible au XIXᵉ siècle, quand le pays s'industrialisait rapidement, et l'exode rural ne suffisait pas à alimenter en travailleurs les industries nouvelles. Aussi, Italiens*, Belges, Polonais sont-ils venus nombreux en France depuis la fin du XIXᵉ siècle ; à eux se sont joints depuis d'autres étrangers, originaires pour la plupart des pays méditerranéens et plus récemment de l'Afrique noire.

De nos jours, **les étrangers représentent 4 200 000 personnes**, soit un peu plus de 7,5 % de la population et à peu près 9 % du nombre des actifs. Les enfants des étrangers représentent 8 % de l'effectif scolarisé dans le premier degré.

Le nombre des étrangers évolue en fonction du nombre des naissances et des décès au sein de ce groupe, du nombre des arrivées et des départs, ainsi que du nombre des naturalisations (25 000 par an). Si le solde des naissances et des décès demeure largement positif, celui des arrivées et des départs est devenu à peu près nul, du fait de la crise économique.

Pour les étrangers qui viennent en France, notre pays est à la fois un milieu de travail et un milieu de vie.

Milieu de travail*, la France offre surtout à ces étrangers des postes dont les Français ne veulent pas dans les industries (sidérurgie, mines, automobile) et dans le secteur des services (ramassage des ordures ménagères) et qu'ils trouvent insuffisamment rémunérés. La main-d'œuvre étrangère provient de pays où les niveaux de vie sont plus bas qu'en France et le sous-emploi plus répandu. Les étrangers acceptent donc des postes de qualification médiocre. En ce sens, le recours à la main-d'œuvre étrangère dévalorise les travaux pénibles dans l'esprit des Français, en même temps qu'il permet le maintien de leur rétribution à un niveau modeste. Le grand nombre des travailleurs clandestins, travaillant de façon illégale et secrète a longtemps accentué cette dévalorisation et créé une concurrence malsaine avec les travailleurs bénéficiant des conditions de travail légales.

Milieu de vie, la France offre à la main-d'œuvre étrangère les quartiers défavorisés de nos villes. Les étrangers sont en effet peu nombreux dans les campagnes, sauf les Portugais qui s'adaptent bien à la vie rurale. Il en résulte une concentration de population étrangère dans certaines banlieues, concentration qui pose localement des problèmes d'école et de logement. L'alphabétisation devient difficile lorsque la proportion d'enfants dont la langue maternelle n'est pas le français dépasse 50 %, voire 80 %. Faut-il souhaiter le maintien de la langue et de la culture d'origine de ces étrangers, ou au contraire œuvrer à leur assimilation, puisque la plupart d'entre eux souhaitent s'établir définitivement chez nous ? Ensuite, le chômage touche particulièrement les fils d'immigrés.

Toutefois, le bilan économique de cette présence est largement positif : le coût de la formation des immigrants, qui arrivent à l'âge adulte, n'est pas à la charge de la France, tandis que la plus-value qui provient de leur travail est à son bénéfice. Il faut pourtant ajouter que la France accueille surtout une main-d'œuvre sans qualification et que le coût social qui résulte de la venue des familles va croissant.

Les étrangers ne sont pas uniformément répartis sur le territoire national. Leur distribution est dans l'ensemble calquée sur celle des industries : la plus grande partie est établie à l'est d'une ligne Le Havre-Marseille. Les concentrations principales sont celles de la région Ile-de-France, du Nord et de la Lorraine, de Rhône-Alpes et de Provence-Côte d'Azur. Cette dernière région constitue de surcroît le point d'arrivée des Maghrébins. En revanche, les étrangers sont peu nombreux dans l'Ouest, où les industries sont plus rares, et la main-d'œuvre locale disponible plus abondante.

D'où viennent-ils ?
Nationalité des étrangers résidant en France en 1979.

Portugal	874 000
Algérie	819 000
Italie	496 000
Espagne	479 000
Maroc	386 000
Tunisie	180 000
Afrique noire	101 000
Turquie	86 000
Pologne	83 000
Yougoslavie	78 000

Que font-ils ?
Part des étrangers dans la population active de diverses branches d'activité.

Agriculture	3,4 %
Bâtiment	17,4 %
Industrie	8,5 %
Tertiaire	4,0 %

naturalisation : *la naturalisation permet d'acquérir la citoyenneté française. On peut être naturalisé du fait du mariage avec un Français (ou une Française). On peut aussi acquérir la « nationalité » après un séjour plus ou moins long en France. Le recensement de 1975 a dénombré 1 392 000 naturalisés. Il y a environ 30 000 naturalisations par an.*

ségrégation raciale : *séparation absolue réglementée de la population de couleur d'avec les blancs (apartheid en Afrique du Sud). Mais en dehors de cette ségrégation organisée s'établit progressivement une ségrégation de fait, par exemple dans tel quartier d'une ville, des populations immigrées. Le rassemblement des nouveaux venus issus d'un même pays leur facilite la vie quotidienne dans un milieu qu'ils ne connaissent pas encore. Mais elle rend plus difficile le contact avec le pays d'accueil et à terme leur assimilation, c'est-à-dire leur intégration à la société française. La ségrégation des populations immigrées n'est qu'une des formes de la ségrégation sociale, qui, dans les grandes villes tend à séparer l'habitat des plus pauvres de celui des plus riches, ou celui des plus jeunes, de celui des plus vieux (ségrégation par l'âge).*

Pourcentage des travailleurs étrangers par rapport à la population active totale en 1975.

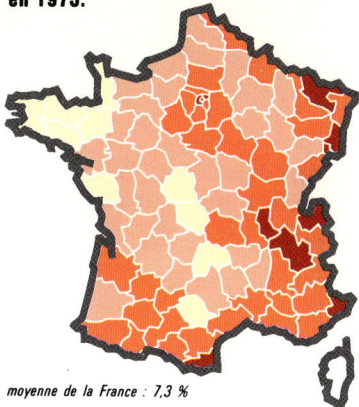

moyenne de la France : 7,3 %

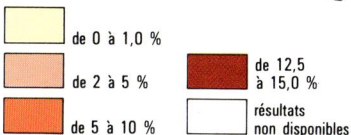

de 0 à 1,0 %	
de 2 à 5 %	de 12,5 à 15,0 %
de 5 à 10 %	résultats non disponibles

La carte montre la concentration des étrangers, dans les régions industrielles de la France de l'Est. Toutefois, comme la plus grande partie de ces étrangers est d'origine méditerranéenne, ils se fixent nombreux dans le Midi. Peu nombreux dans les régions rurales de l'Ouest et du Massif central, ils se sont au contraire répandus avant 1939 dans le Sud-Ouest démographiquement affaibli. La plus grande partie des étrangers résidant en France sont des travailleurs manuels. Mais il y a aussi parmi eux le personnel des ambassades, les représentants des grandes sociétés étrangères qui sont rassemblés principalement à Paris.

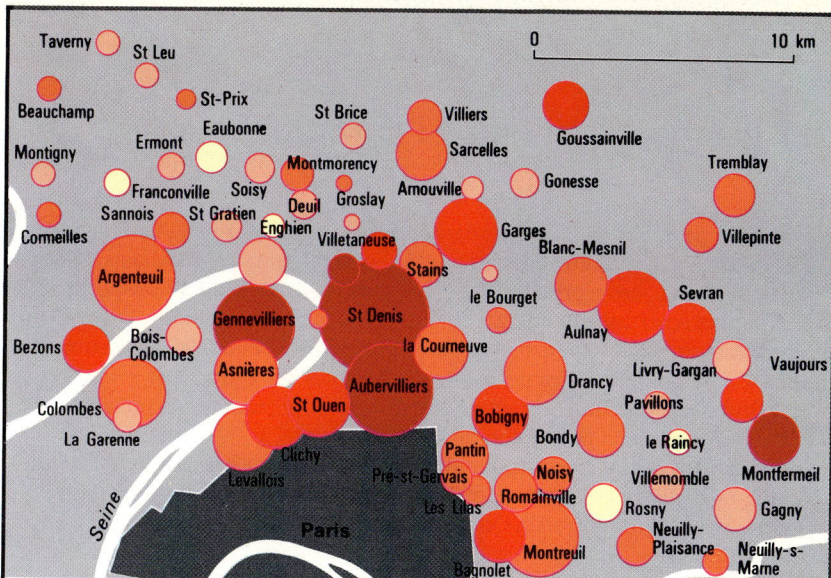

Les travailleurs étrangers dans la banlieue Nord de Paris.

étrangers en pourcentage

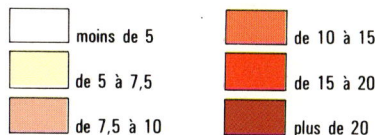

moins de 5	de 10 à 15
de 5 à 7,5	de 15 à 20
de 7,5 à 10	plus de 20

nombre d'étrangers recensés

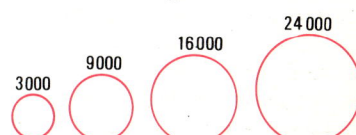

3000 9000 16000 24000

Dans le département de la Seine St-Denis, la proportion des étrangers représente en moyenne 14,4 % de la population totale. Les étrangers sont particulièrement nombreux dans les communes de la « petite couronne », les plus proches de Paris, où leur part dans la population totale dépasse 20 % (26 % à Gennevilliers). Comme ces étrangers viennent ici pour travailler, leur proportion est plus importante encore dans la population active, et aussi dans les écoles car il s'agit d'une population jeune et souvent prolifique.

Pour la plupart, ce sont des ouvriers d'industrie et ils se regroupent dans les communes qui déjà avant leur arrivée abritaient le plus grand nombre d'ouvriers. Cette concentration pose aux municipalités intéressées de redoutables problèmes dans le domaine de l'habitat, de l'école, de la protection sanitaire, car il s'agit d'une population pauvre et qui envoie dans son pays d'origine une partie notable de ses revenus. De surcroît, la proportion des étrangers s'accroît dans des municipalités dont le chiffre de population a tendance à décroître. Cette décroissance provient d'un mouvement des habitants en direction de la grande banlieue, où ceux qui en ont la possibilité financière tentent d'accéder à la maison individuelle, dans un cadre plus proche de la nature.

De 1950 jusqu'à 1973, la France a reçu 150 000 étrangers par an environ. Le solde migratoire (une fois déduits les départs) a compté pour un tiers environ dans l'accroissement annuel de la population. Dès 1975, les sorties équilibrent les arrivées qui ont brutalement décru du fait de la baisse de l'emploi, en liaison avec la crise économique, et du fait des mesures gouvernementales d'incitation au départ des travailleurs étrangers.

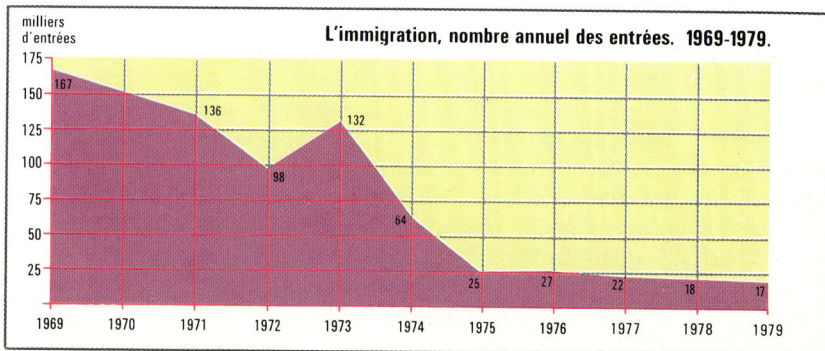

L'immigration, nombre annuel des entrées. 1969-1979.

milliers d'entrées

1969	1970	1971	1972	1973	1974	1975	1976	1977	1978	1979
167	136		98	132	64	25	27	22	18	17

Ⓔ

16-Les populations de l'Europe

Les pays de la Communauté économique européenne regroupent 270 millions d'habitants. L'Espagne et le Portugal, qui sont candidats à l'entrée dans la C.E.E. en représentent 47 millions. Les pays de l'Europe de l'Est d'économie socialiste comptent 134 millions d'habitants et l'U.R.S.S. 264 millions, dont les deux tiers dans la partie européenne. Les autres pays européens ne totalisent que 31 millions d'habitants. Au total, les Européens sont à l'ouest de l'Oural 662 millions, soit environ 14 % de la population mondiale, contre 25 % de cette même population en 1900.

Les Européens ont effectué avant tous les autres peuples leur évolution démographique* : les progrès de l'hygiène, de la médecine et du bien-être ont fait baisser la mortalité au XIXᵉ siècle, cependant que la natalité commençait plus lentement à décroître. La part de l'Europe dans la population mondiale s'accrut alors et les Européens furent à même de peupler les pays neufs : 50 millions d'hommes partirent peupler l'Amérique, une partie de l'Afrique et l'Océanie.

Au XXᵉ siècle, les Européens ont été saignés par deux guerres meurtrières qui se sont déroulées sur leur continent : la guerre de 1914-1918 a causé la mort de 8 millions d'Européens et la grippe espagnole qui l'a suivie, de 4,7 millions. La Seconde Guerre mondiale a été plus meurtrière encore (38 millions de morts, pour la très grande majorité européens). Elle fut suivie du refoulement vers la R.F.A. des populations germaniques d'Europe orientale, soit 13 millions de personnes.

Depuis 1945 cependant, les pays européens ont abordé une nouvelle phase de leur histoire démographique : la natalité s'est sensiblement relevée, même dans des pays neutres pendant le conflit, comme la Suède et la Suisse.

Dans le même temps, en effet, la mortalité infantile diminuait et laissait d'appréciables excédents. C'est ainsi que les Pays-Bas sont passés de 7,9 millions d'habitants en 1930 à 14 millions en 1980.

Partout, **cette période de forte natalité prend fin après 1965. On peut même parler d'un effondrement,** dans certains pays, après 1970. De nos jours, la R.F.A. a le taux de natalité le plus bas du monde et le nombre des décès y dépasse régulièrement celui des naissances. Il en est de même en Autriche et dans la plupart des pays de l'Europe de l'Ouest, où la population reste stationnaire. La France a l'accroissement naturel le plus élevé de toute l'Europe de l'Ouest (4,7‰ en 1980). La situation est plus favorable en Irlande et dans la plupart des pays méditerranéens, sauf l'Italie, dont le comportement est maintenant identique à celui de ses voisins du Nord.

Les pays européens ne peuvent plus compter sur un abaissement sensible de leur taux de mortalité. Plusieurs pays (Scandinavie, Suisse, Pays-Bas) ont déjà les taux de mortalité infantile les plus bas du monde et le vieillissement progressif des populations accroît le taux de mortalité générale. C'est pourquoi **la part des Européens dans la population mondiale doit encore diminuer :** probablement pas plus de 10 % en l'an 2000 et 4 % pour les pays de l'actuelle C.E.E.

A partir de 1955 et jusque vers 1975, l'Europe occidentale a accueilli des émigrants nombreux ; cette émigration vers l'Europe déjà très peuplée est un fait nouveau (si l'on excepte la France et la Suisse) car jusqu'alors c'est l'Europe occidentale qui fournissait les émigrants. Au début, ces émigrants provenaient d'Italie et d'Espagne, puis ils vinrent du Maghreb, de Yougoslavie, de Turquie. Les anciens pays colonisateurs (France et Grande-Bretagne) accueillent des populations de leurs anciennes colonies (Maghrébins en France, Indiens et Pakistanais en Grande-Bretagne). En outre, l'indépendance des anciennes colonies a amené le retour des colons européens dans leurs métropoles respectives (1,5 million de Français du Maghreb sont rentrés chez eux).

Au XIXᵉ siècle, les Européens ont peuplé le monde. Au XXᵉ siècle, l'Europe est devenue terre d'immigration.

Evolution séculaire du taux de mortalité infantile en Europe.

mortalité infantile en ‰

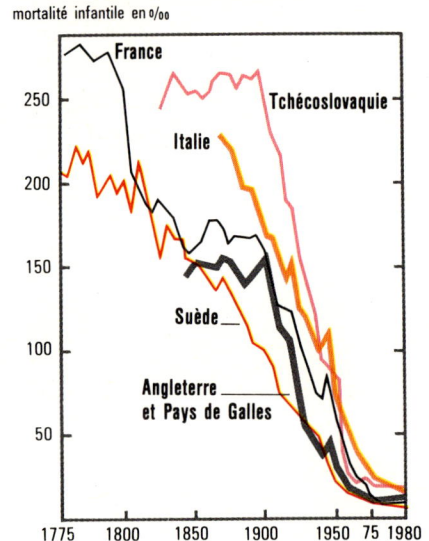

Population des principaux pays d'Europe.
(en millions)

	1930	1979
Autriche	6,6	7,5
Belgique	8,0	9,8
Danemark	3,5	5,1
Espagne	23,5	37,1
France	41,6	53,4
Grèce	6,3	9,4
Irlande	2,3	3,3
Italie	41,0	56,9
Luxembourg	0,30	0,36
Pays-Bas	7,9	14,0
Portugal	6,8	9,8
R.F.A.	—	61,3
Royaume-Uni	45,8	55,8
Suisse	4,0	6,3

démographie européenne

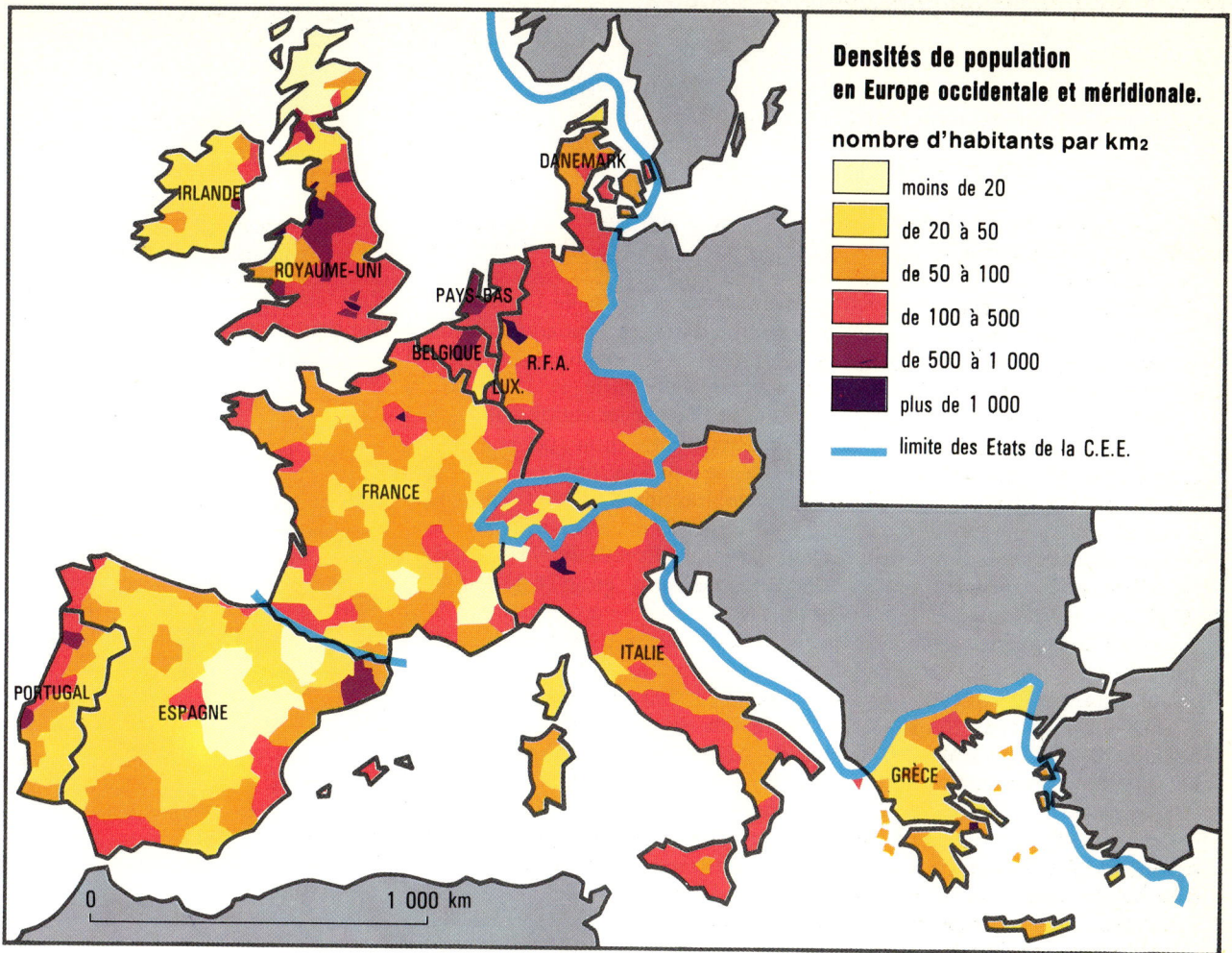

Densités de population en Europe occidentale et méridionale.

nombre d'habitants par km₂

- moins de 20
- de 20 à 50
- de 50 à 100
- de 100 à 500
- de 500 à 1 000
- plus de 1 000
- limite des Etats de la C.E.E.

0   1 000 km

Les taux de reproduction sont plus ou moins élevés selon les pays. ▶ Mais les différences entre pays de même niveau de développement sont faibles et leurs comportements démographiques sont tout à fait parallèles. Les taux inférieurs à 100 indiquent que le renouvellement des générations n'est plus assuré.

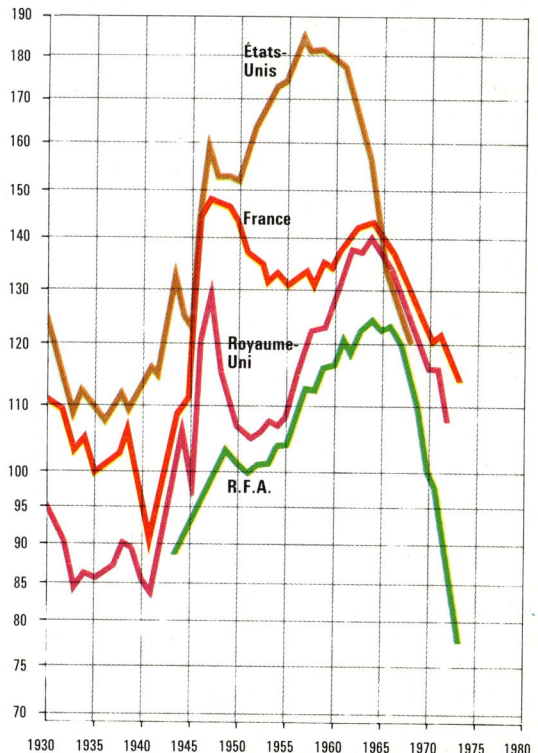

Natalité et mortalité de quelques pays européens.

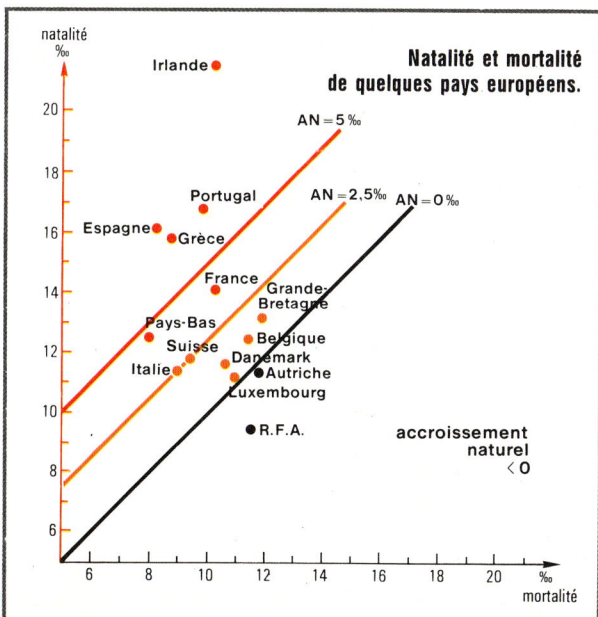

Taux brut de reproduction.

17-Reconstruction, croissance et crise

La situation de la France était catastrophique à la fin de la Seconde Guerre mondiale. Celle-ci n'a fait qu'accélérer un lent déclin démographique (le nombre des décès était supérieur à celui des naissances depuis 1935), économique (l'indice de la production française industrielle en 1938 était inférieur à celui de 1911) et moral, ce dernier attesté par les conditions de la défaite de 1940. Aux yeux de ses alliés, la France de 1945, ruinée par la guerre et l'occupation allemande, était l'« homme malade » de l'Europe.

La rapidité et la vigueur du redressement français n'en sont que plus surprenantes. Redressement démographique*, avec le maintien prolongé de taux de fécondité supérieurs à ceux des autres pays de l'Europe du Nord-Ouest, mais aussi redressement économique avec le maintien jusqu'en 1974 de taux de croissance annuelle supérieurs ou égaux à 5 %. Durant toutes ces années, la France a reconstitué puis modernisé son appareil productif, devenant ainsi une des premières puissances économiques du monde. Simultanément, la France a pu surmonter les crises de la décolonisation et accueillir sur son territoire les 1,3 millions de rapatriés d'Afrique du Nord. Enfin, elle a renoncé à une longue tradition de protectionnisme étriqué pour élargir ses échanges dans le cadre du Marché commun.

Plusieurs facteurs ont concouru à cette réussite, le plus difficile à faire comprendre étant cette **prise de conscience**, ce sursaut national qui se manifeste au moment de la Libération et qui permettra de rattraper le niveau économique d'avant-guerre dès 1950. Mais il faut également mettre en valeur le **rôle de l'État**, qui a su stimuler les entreprises privées tout en nationalisant totalement ou partiellement certains secteurs clés, dans les domaines de l'énergie, des transports et de la banque, et en inventant une double politique de planification et d'aménagement du territoire. Il faut enfin tenir compte **d'un contexte économique national et international extrêmement favorable**. Sur le plan national, l'industrie a été stimulée par la demande liée à la reconstruction et au rattrapage des années de guerre. Sur le plan international, la France a été entraînée comme tous les pays riches dans un système de production et de consommation de masse soutenu par la demande d'équipements nouveaux, voitures, équipements électro-ménagers, nouvelles habitudes de consommation stimulées par la facilité du crédit.

A cette longue période d'euphorie a succédé, depuis 1973, une crise généralisée qui n'est pas propre à la France mais qui ne l'a pas épargnée. Les principaux éléments de cette crise sont le réajustement des coûts énergétiques, qui défavorise les pays importateurs comme la France ; le ralentissement de la demande sur un marché saturé ; l'apparition de nouveaux producteurs comme la Malaisie et la Corée du Sud, qui sont bien équipés mais versent des salaires très faibles. Peut-être enfin faut-il tenir compte de nouveaux modes de vie qui tendent à réduire la consommation.

Face à la crise*, deux attitudes politiques étaient possibles : libéralisme ou interventionnisme planificateur. Jusqu'en 1981, le recours au libéralisme (la crise n'élimine que les entreprises faibles et mal adaptées), assorti d'une gestion budgétaire stricte (restrictions de crédit afin de réduire l'endettement des entreprises), a incité les industriels à différer le renouvellement de leurs équipements, particulièrement dans les secteurs les plus menacés, sidérurgie et textile. Ce n'est sans doute pas par hasard que la crise a surtout frappé ces secteurs, épargnant relativement les industries de pointe. Le succès de l'alternative socialiste est fondé sur l'échec de cette politique. Il implique le recours aux formules qui avaient fait le succès de la France dans les années de la reconstruction : planification et nationalisations. Mais quelle est la valeur de ces solutions dans le contexte international actuel ?

La planification
Un bilan des sept premiers Plans
La planification « à la française » a été définie au lendemain de la Seconde Guerre mondiale, par une petite équipe animée par un homme exceptionnel, Jean Monnet. Depuis cette date, cinq Plans se sont succédés avec des objectifs différents.
Premier Plan (1947-1953) : faciliter la reconstruction de l'économie d'après-guerre, en développant la production de charbon, d'électricité et d'acier.
Deuxième Plan (1954-1957) : développement de la recherche scientifique, modernisation des entreprises et organisation des marchés.
Troisième Plan (1958-1961) : problèmes scolaires, équilibre des échanges.
Quatrième Plan (1962-1966) : problèmes de la mise en valeur régionale, plus particulièrement dans les zones déshéritées.
Cinquième Plan (1966-1970) : problèmes posés par l'entrée de la France dans le Marché commun, meilleure répartition des revenus.
Sixième Plan (1971-1975) : équilibre Paris-Province ; priorité aux investissements dans l'Ouest.
Septième Plan (1976-1980) : amélioration de la qualité de la vie dans l'ère postindustrielle (ce plan était inadapté à la situation de crise).
Plan intérimaire (1982-1983) : priorité à la création d'emplois, aux réformes de structure (extension du secteur public, décentralisation), au développement d'activités productives, notamment de technologies nouvelles et réduction de la dépendance énergétique. Il vise également à une plus grande solidarité entre Français.

planification
plan

▲   ▲

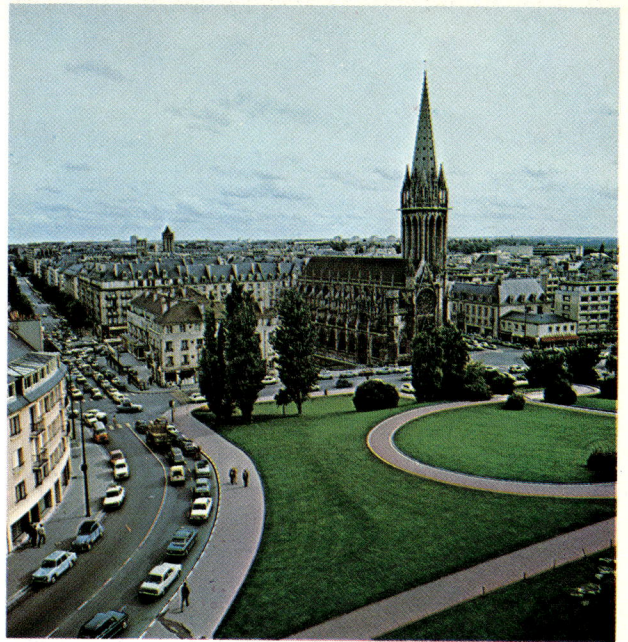

La reconstruction de Caen.

Image symbolique de la France en 1944 : proche des plages du débarquement, la ville de Caen brûlera, onze jours durant, en juin 1944 et ses ruines seront disputées entre Alliés et Allemands jusqu'à la fin du mois de juillet. Libérée, la ville n'est plus que ruines. Sa reconstruction sera l'occasion d'une nouvelle définition de la voirie, adaptée à la circulation automobile et d'un desserrement de l'espace bâti, au profit d'espaces verts et d'avenues dégagées qui mettent en valeur les principaux monuments épargnés par la bataille ou restaurés.

Cas extrême, la destruction de Caen est pourtant loin de constituer une exception. A l'échelle nationale, un bilan établi en 1944 permet de mesurer la catastrophe : la France a perdu 600 000 hommes, son réseau de transports est en grande partie détruit, notamment les ponts ferroviaires et routiers, 200 000 habitations sont totalement détruites, 900 000 le sont partiellement. La population est sous-alimentée : chaque Français a droit à 300 grammes de pain par jour, 160 grammes de viande par semaine, 500 grammes de sucre par mois. Cette situation de disette explique la remontée de la mortalité infantile à plus de 100 ‰. Moralement, l'occupation, la collaboration et l'épuration ont laissé des traces douloureuses. L'ampleur du désastre explique peut-être la rapidité du redressement en 1945 : dès le mois de décembre, le commissariat au Plan est créé, la plupart des nationalisations réalisées et la production industrielle relancée. Tout cela semblait impossible, un an plus tôt.

🅣 Interview et enquête auprès des personnes qui ont vécu ces événements.

Quelques évolutions caractéristiques.

base 100 en 1938

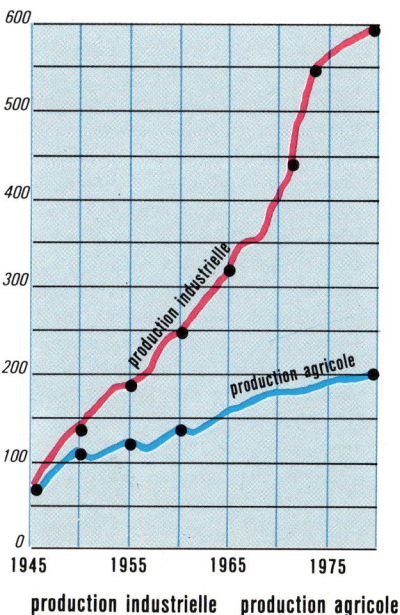

production industrielle

production agricole

production industrielle   production agricole

base 100 en 1956

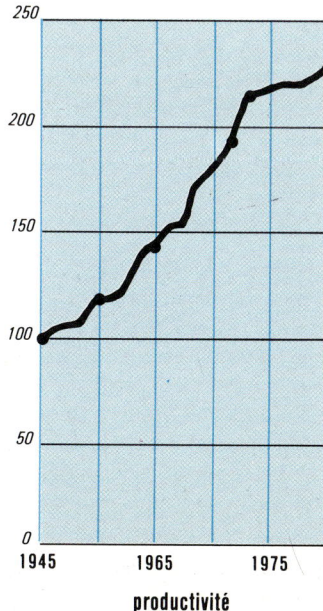

productivité

en milliards de francs en 1959

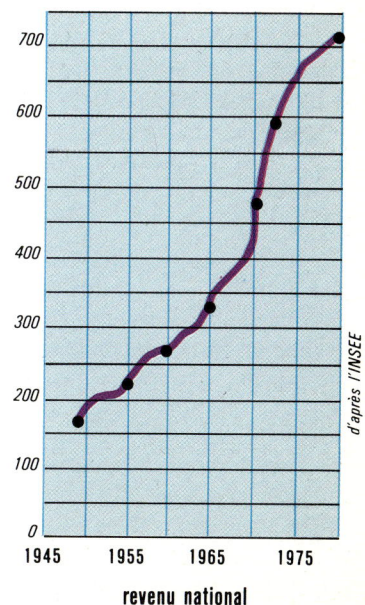

d'après l'INSEE

revenu national

agriculture : 23
industrie : 29
appareil commercial : 39

18-Les structures économiques

L'économie française reste une économie de marché. Malgré l'influence croissante de l'État, les principes de base du capitalisme libéral sont toujours en vigueur dans l'économie française : propriété privée de la plupart des moyens de production, liberté d'entreprendre, libre fonctionnement des mécanismes du marché, etc. Tout au plus peut-on dire que la nationalisation totale du crédit (la France est le seul pays de la C.E.E. dans ce cas) diminue la marge de manœuvre des entreprises. L'importance des entreprises publiques industrielles ou bancaires ne doit pas faire oublier que des secteurs économiques aussi vastes que l'agriculture, la distribution ou le transport routier relèvent exclusivement de l'entreprise privée. L'initiative individuelle reste donc à la base de notre économie, mais elle doit tenir compte plus qu'avant de l'existence d'un fort secteur public et étatique. La France s'oriente ainsi vers une **économie mixte**.

La France est encore un pays de petites et moyennes entreprises. C'est vrai de son industrie* malgré la constitution de grands groupes au cours des quinze dernières années. C'est vrai de son agriculture* où prédomine l'exploitation familiale de taille moyenne. C'est vrai enfin de son appareil commercial* aux structures très émiettées, où les grandes chaînes succursalistes n'occupent qu'une place encore modeste. Cette résistance du petit entrepreneur et du capitalisme familial face aux grands groupes distingue la France des autres pays de l'Europe du Nord-Ouest (Royaume-Uni, Benelux) où le grand capitalisme national ou international tient une place plus importante.

La planification fixe de grands objectifs et s'efforce pour les atteindre de coordonner les initiatives privées et les interventions grandissantes de l'État dans la vie économique. Les objectifs des plans peuvent être de nature économique (renforcer ou sauvegarder telle ou telle branche industrielle), sociale (assurer un minimum de justice sociale, lutter contre le chômage, etc.) ou régionale (diversifier l'industrie des vieux bassins houillers et sidérurgiques, industrialiser l'Ouest, désenclaver le Massif central, renforcer le Sud-Ouest face à l'Espagne...). Cette planification française est assez souple et indicative, elle ne revêt jamais le caractère impératif de la planification socialiste des pays d'Europe de l'Est. D'ailleurs, l'État n'a pas entre les mains tous les outils nécessaires à une stricte application du plan. « Ardente obligation » à ses débuts, lorsqu'il s'agissait dans les années 1945-1970 de diriger le redressement de l'économie française après la guerre et de s'engager dans la grande aventure de l'expansion industrielle, le plan a peu à peu perdu de l'importance pour ne devenir qu'un exercice de prévision. Depuis 1981, on s'efforce de lui redonner le contenu volontariste qu'il avait au départ.

L'équilibre entre les différents secteurs de la vie économique française s'est profondément modifié au cours des vingt dernières années. La France n'est plus un pays avant tout agricole et rural. Mais pour des raisons à la fois historiques, électorales et économiques (l'espace agricole est un des rares atouts naturels de la France), le monde paysan pèse dans la vie française d'un poids supérieur au pourcentage (8 %) des actifs qu'il représente. Moins prépondérante qu'en Allemagne, l'industrie a vu sa part de l'emploi total diminuer au cours des dernières années, au terme d'adaptations successives (sidérurgie, textile, chantiers navals, etc.) qui n'ont pas signifié un déclin de l'industrie mais qui ont été très coûteuses en emplois. L'économie française est désormais pour plus de 50 % une économie de services, suivant en cela les traces des États-Unis, du Royaume-Uni et du Benelux.

Évolution des secteurs d'activité de 1928 à 1975, d'après la répartition de la population active.

	I Agriculture	II Industrie	III Services
1928	37 %	31 %	32 %
1954	28 %	36 %	36 %
1962	20 %	39 %	41 %
1968	16 %	39 %	45 %
1975	9,6 %	38 %	54,4 %

Les 3 grands secteurs de la vie économique et leur poids en France.

(1979)	Part de l'emploi	Part du produit intérieur brut	Part des investissements productifs
Agriculture et sylviculture	8,7 %	5,9 %	8 %
Industrie, y compris bâtiment et travaux publics	34,6 %	46,4 %	44,3 %
Services	56,7 %	47,7 %	47,7 %
	100 %	100 %	100 %

économie de marché : *dans une économie de marché, la production et la circulation des richesses sont réglées par le marché c'est-à-dire par la confrontation de l'offre (de produits, de services rendus, etc.) et de la demande (clientèle). Celle-ci arbitre par les choix qu'elle fait, par les prix qu'elle accepte ou refuse de payer. Pour que cet arbitrage du marché soit réel, il faut naturellement qu'un choix existe, donc que l'offre soit diversifiée. Les particuliers doivent pouvoir choisir entre plusieurs sortes d'autos ou de restaurants, les entreprises entre plusieurs sortes de machines, etc. Il n'y a plus économie de marché lorsque la production et la distribution des richesses sont décidées de façon autoritaire et rigide, sans arbitrage des consommateurs, sans diversité ni concurrence entre les producteurs (économie de type soviétique). Mais il n'y a pas en principe contradiction entre l'économie de marché et la socialisation d'une partie des moyens de production (Yougoslavie). Si toute économie capitaliste libérale est donc une économie de marché, la réciproque n'est pas forcément vraie.*

T **Calcul et utilisation de l'écart moyen.**

Chaque région étant définie par plusieurs valeurs (ici le pourcentage des activités primaires, secondaires et tertiaires), le calcul de l'écart moyen permet de faire ressortir les caractères originaux de certaines régions, où domine telle ou telle activité. Prenons le cas de l'agriculture. Au niveau national, 9,6 % des actifs sont occupés par cette branche mais certaines régions dépassent ce chiffre : on dit qu'elles ont un écart positif par rapport à la moyenne. L'écart moyen $\bar{E}$ est égal à la somme de ces écarts divisé par le nombre de régions concernées :
$\bar{E} = 74,9 : 12 = 6,2$. Toutes les régions occupant une proportion d'actifs égale à la moyenne plus l'écart moyen soit $9,6 + 6,2 = 15,8$ sont caractérisées par la prédominance des activités agricoles. Un calcul analogue pour les secteurs secondaire et tertiaire fait ressortir d'autres prédominances par rapport à la situation moyenne en France. Il arrive d'ailleurs que certaines régions (Franche-Comté pour le secteur secondaire, Ile-de-France pour le secteur tertiaire) atteignent deux écarts moyens, ce qui signifie une prépondérance marquée de l'activité correspondante.

Graphiquement, les résultats peuvent être reportés sur une carte par bandes réservées à chaque secteur d'activité. On voit dans l'exemple choisi que les activités agricoles prédominent dans l'Ouest, les activités industrielles dans le Nord et l'Est, les activités de services restant concentrées sur Paris, avec une exception pour Provence-Côte d'Azur. Beaucoup de régions (Aquitaine, Rhône-Alpes, etc.) sont assez proches de l'équilibre national et ne ressortent donc pas.

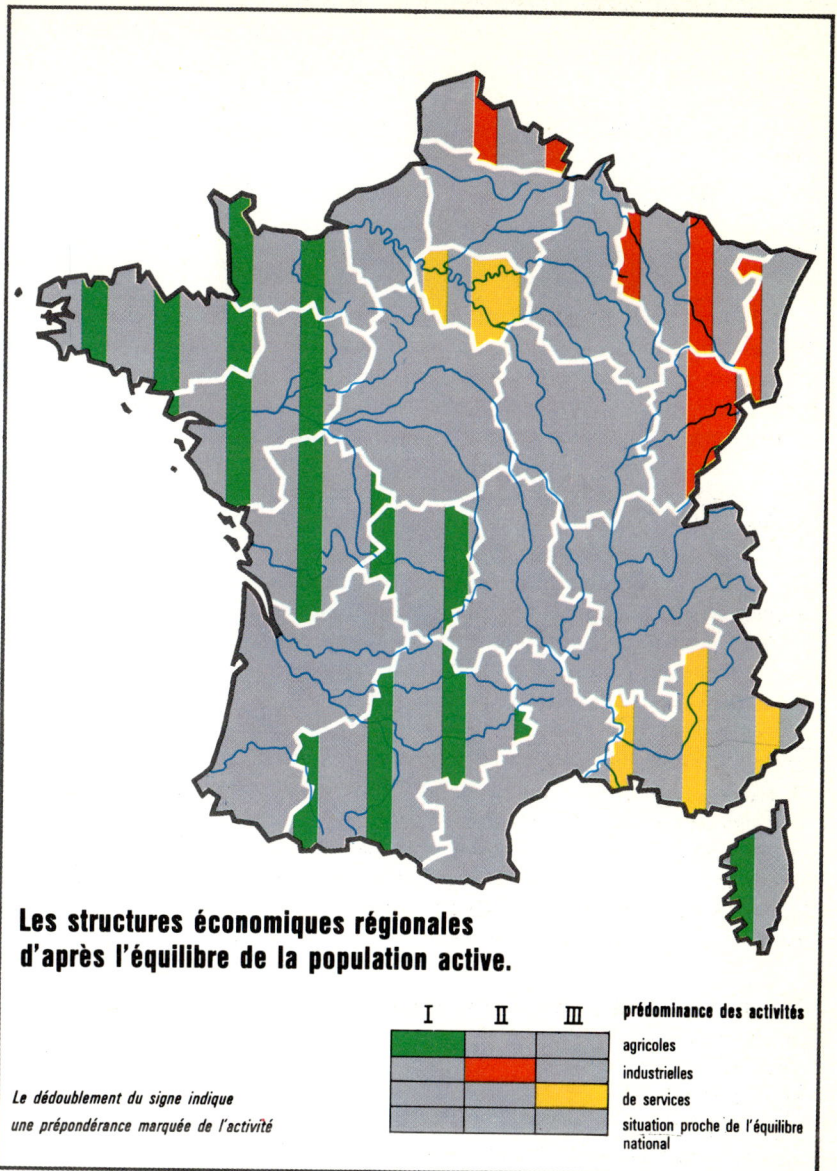

Les structures économiques régionales d'après l'équilibre de la population active.

Le dédoublement du signe indique une prépondérance marquée de l'activité

Région	Secteur I (%)	Écart + par rapport à la moyenne	Moyenne + $\bar{E}$ = 15,8	Secteur II (%)	Écart + par rapport à la moyenne	Moyenne + $\bar{E}$ = 42,5	Secteur III (%)	Écart + par rapport à la moyenne	Moyenne + $\bar{E}$ = 59,3
Ile-de-France	0,8	–		32,7	–		66,4	14	+ +
Champagne-Ardennes	10,7	1,1		39,9	1,9		49,4	–	
Picardie	9,6	–		41,7	3,7		48,7	–	
Haute-Normandie	7,1	–		41,1	3,1		51,9	–	
Centre	11,7	2,1		38,9	0,9		49,4	–	
Basse-Normandie	19,4	9,8	+	33,3	–		47,3	–	
Bourgogne	11,9	2,3		37,6	–		50,5	–	
Nord-Pas-de-Calais	5,1	–		44,2	6,2	+	50,7	–	
Lorraine	5,0	–		43,5	5,5	+	51,6	–	
Alsace	4,3	–		43,5	5,5	+	52,2	–	
Franche-Comté	8,3	–		48,6	10,6	+ +	43,1	–	
Pays de la Loire	16,5	6,9	+	36,8	–		46,7	–	
Bretagne	19,9	10,3	+	28,8	–		51,3	–	
Poitou-Charentes	17,4	7,8	+	32,8	–		49,8	–	
Aquitaine	15,6	6,0		30,3	–		54,1	1,7	
Midi-Pyrénées	16,8	7,2	+	30,4	–		52,9	0,5	
Limousin	19,9	10,3	+	32,5	–		47,6	–	
Rhône-Alpes	6,7	–		41,5	3,5		51,8	–	
Auvergne	5,6	–		36,6	–		47,7	–	
Languedoc-Roussillon	13,8	3,8		27,1	–		59,1	6,7	
Provence-Côte d'Azur	6,0	–		28,4	–		64,6	12,2	+
Corse	16,9	7,3	+	14,4	–		58,7	6,3	
France	9,6	$\dfrac{\Sigma^I = 74,9}{12}$	$\bar{E}^I = 6,2$	38,0	$\dfrac{\Sigma^{II} = 40,9}{9}$	$\bar{E}^{II} = 4,5$	52,4	$\dfrac{\Sigma^{III} = 414}{6}$	$\bar{E}^{III} = 6,9$

43

19-Le rôle de l'État

Depuis 1945, l'État occupe dans l'économie française une place qui n'a pas cessé de grandir. Les étapes de cette évolution sont les nationalisations de la Libération, la mise au point des premiers plans et, plus près de nous, en 1981-1982, une nouvelle vague de nationalisations. Désormais premier client, premier propriétaire, premier employeur et premier investisseur, l'État tient des rôles multiples sur la scène économique. Aux 2,6 millions de fonctionnaires s'ajoutent les 1,9 million de salariés des entreprises publiques, soit plus de 20 % des actifs. En Europe occidentale, seuls le Royaume-Uni, l'Italie et l'Autriche connaissent des chiffres équivalents.

L'État a souvent joué un rôle d'entraînement* dans le sens de la modernisation. Il a souvent été un catalyseur. Par ses directives et au travers du Plan et des entreprises publiques, il a dirigé et accompagné le renouveau économique des années 1945-1950. Par le traité de Rome, il a poussé le pays à l'ouverture, tournant devant lequel bien des milieux économiques privés étaient réticents. Plus tard, dans les années 60, l'État a encouragé la naissance de grands groupes industriels dans les secteurs en pleine expansion (pétrole, etc.), modernisé radicalement les infrastructures routières, ferroviaires ou portuaires, mis sur pied un programme nucléaire civil d'envergure.

Le dynamisme de ce capitalisme d'État contredit l'image assez négative qui s'attache traditionnellement au fonctionnariat. Les noms de S.N.C.F., R.A.T.P., Elf, Renault ou E.D.F. évoquent incontestablement de grands programmes d'investissement (Airbus, RER, TGV, centrales électriques) et une forte compétence technique, d'ailleurs internationalement reconnue : ce sont des filiales d'entreprises publiques qui construisent des métros ou cherchent pétrole et minerais dans de nombreux pays du monde.

L'État a récemment renforcé son rôle d'entrepreneur, en nationalisant plusieurs groupes industriels de dimension internationale. Son intervention déborde désormais le cadre des secteurs clés (transport, énergie, crédit) pour s'étendre à presque tous les secteurs de l'industrie proprement dite. Très controversée, cette évolution a pour but de constituer une « force de frappe industrielle » qui sera au service d'intérêts exclusivement nationaux.

L'État a considérablement élargi la gamme de ses moyens d'intervention dans l'économie, ce qui permet à un gouvernement d'appliquer la politique qu'il souhaite. Aux grandes entreprises publiques du domaine industriel ou des transports s'ajoute désormais la maîtrise totale de l'appareil bancaire. Des tarifs essentiels comme ceux de l'énergie, du crédit ou des transports sont donc fixés par l'État qui peut s'en servir pour orienter la vie d'une branche de l'économie ou d'une région. De même, la politique salariale de l'État envers ses millions d'employés ne peut rester sans influence sur le comportement de toutes les autres entreprises. Aidant, distribuant et investissant toujours davantage, l'État doit aussi prélever toujours plus. Certains s'inquiètent de cet élargissement des tâches étatiques. L'État agit dans le sens souhaité par la plupart des citoyens, celui d'une sécurité et d'une protection accrues. Mais ses responsabilités désormais immenses dans la production des richesses doivent l'obliger aussi à se soucier d'efficacité, donc à prendre des risques.

L'État joue un rôle géographique et régional éminent en orientant la répartition sur le territoire de toutes les infrastructures de transport et des grands chantiers. La décentralisation* industrielle des années 1955-1970 se serait peut-être réalisée sans l'État. Mais c'est, par contre, ce dernier qui est à l'origine du TGV Paris-Lyon, du complexe de Fos, des aménagements du Rhin et du Rhône, du développement touristique bas-languedocien, etc., autant d'œuvres de longue haleine qui ont profondément marqué les régions intéressées et qui n'étaient pas à la mesure du capitalisme privé français.

nationalisations/entreprises nationalisées : *c'est l'appropriation d'une entreprise privée par l'État qui agit comme représentant de toute la nation, de toute la collectivité. Une entreprise nationalisée est donc la propriété collective de tous les citoyens. Selon le pays ou la période, les nationalisations sont faites sous une forme et dans un esprit qui peuvent être très variés. Les nationalisations diffèrent par leur ampleur (ponctuelles ou massives en économie socialiste), leur forme (avec ou sans indemnisation), leurs résultats (entreprises plus ou moins autonomes dans leur fonctionnement par rapport au gouvernement) et enfin par les motifs qui les inspirent : sanction (usines Renault à la Libération), secteur économique jugé trop fondamental pour être laissé au seul capitalisme privé (l'énergie et les grandes banques en France à la Libération), souci du gouvernement de se doter d'outils industriels puissants pour appliquer sa politique, nécessité de pallier la défaillance du capitalisme privé dans certains secteurs à rentabilité difficile (sidérurgie française), etc. Dans tous les pays d'économie libérale qui ont procédé ou qui procèdent à des nationalisations (Italie, Royaume-Uni, France, etc.), le bien-fondé du phénomène est toujours très controversé. Il peut y avoir inversement dénationalisation si l'État revend une entreprise publique à des intérêts privés (cas de plusieurs grandes entreprises britanniques en 1981/82). Dans la mesure où elle touche la propriété privée, qui est un des piliers des pays occidentaux, la nationalisation est un acte grave qui nécessite en général une décision souveraine du pouvoir législatif (Parlement).*

économie mixte, société d'économie mixte : *une société d'économie mixte est une société dont le capital associe des intérêts et des capitaux publics (ceux de l'État ou des collectivités locales, région, département, etc.), à des intérêts et capitaux privés (personnes ou entreprises privées), dans des proportions variables. C'est le cas en France de beaucoup de sociétés vouées à des tâches d'aménagement régional. Par extension, on peut appeler économie mixte l'ensemble de l'économie d'un pays où un très important secteur public coexiste avec des entreprises et des mécanismes caractéristiques du capitalisme libéral (liberté d'entreprendre, liberté des prix, etc.). Intermédiaire entre une économie socialiste et le règne du capitalisme privé, cette qualité d'économie mixte peut s'appliquer à l'Autriche, et éventuellement à la France au terme des changements survenus en 1981/82.*

La préfecture de Cergy-Pontoise. ▶

Cergy-Pontoise est une ville nouvelle qui dispose de nombreux atouts : elle peut s'appuyer sur l'équipement de la vieille cité de Pontoise ; elle est reliée directement à la gare St-Lazare par une nouvelle voie ferrée ; elle a été promue préfecture (le nouveau bâtiment sur la photo) du département du Val d'Oise. Cependant, bien des nouveaux habitants de la ville nouvelle travaillent à Paris, en dépit des nombreuses usines et bureaux qui sont venus s'installer à Cergy.

LE ROLE DE L'ETAT DANS L'ECONOMIE FRANÇAISE.

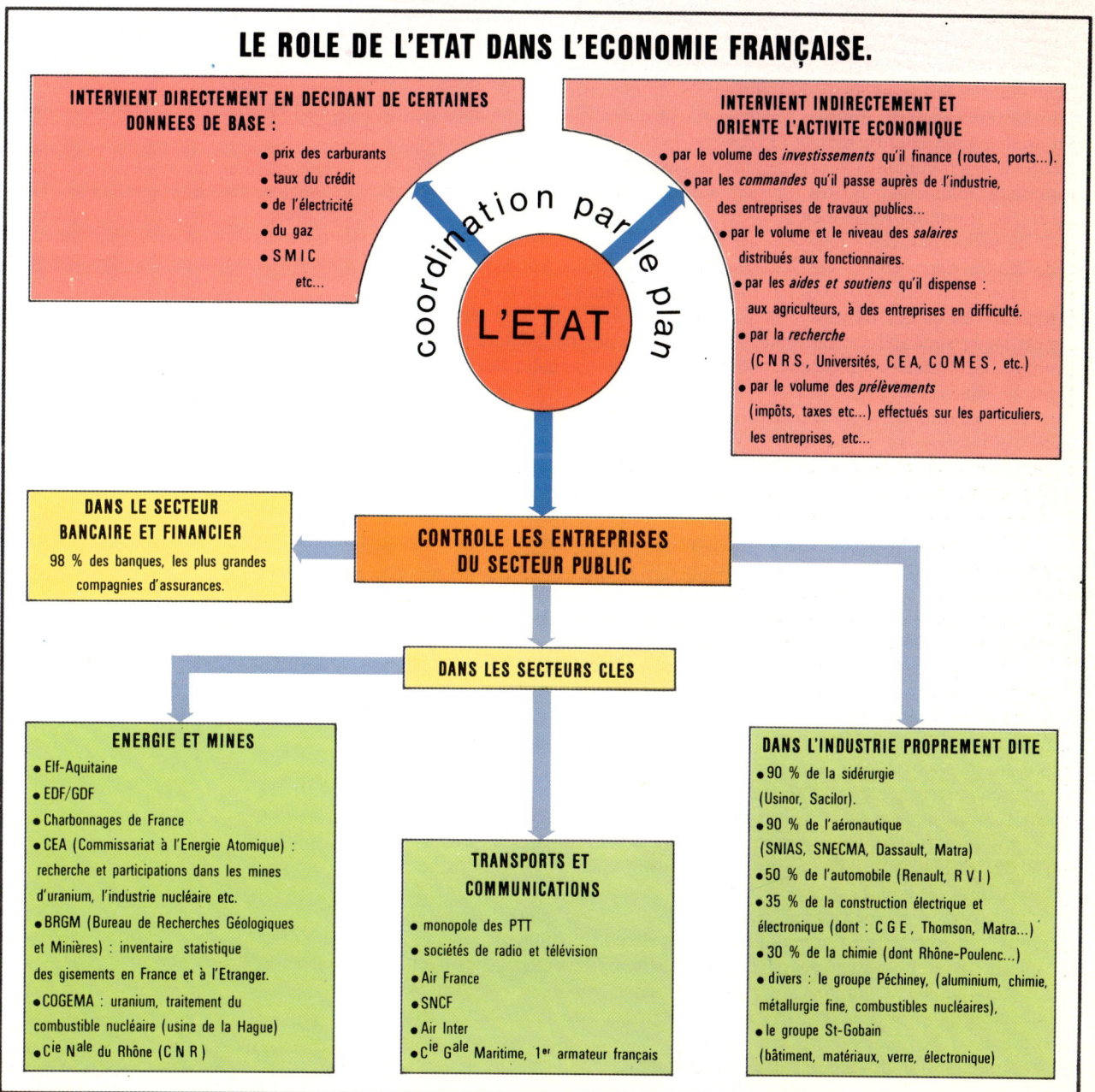

INTERVIENT DIRECTEMENT EN DECIDANT DE CERTAINES DONNEES DE BASE :

- prix des carburants
- taux du crédit
- de l'électricité
- du gaz
- S M I C

etc...

INTERVIENT INDIRECTEMENT ET ORIENTE L'ACTIVITE ECONOMIQUE

- par le volume des *investissements* qu'il finance (routes, ports...).
- par les *commandes* qu'il passe auprès de l'industrie, des entreprises de travaux publics...
- par le volume et le niveau des *salaires* distribués aux fonctionnaires.
- par les *aides et soutiens* qu'il dispense : aux agriculteurs, à des entreprises en difficulté.
- par la *recherche* (C N R S , Universités, C E A , C O M E S , etc.)
- par le volume des *prélèvements* (impôts, taxes etc...) effectués sur les particuliers, les entreprises, etc...

L'ETAT

coordination par le plan

CONTROLE LES ENTREPRISES DU SECTEUR PUBLIC

DANS LE SECTEUR BANCAIRE ET FINANCIER

98 % des banques, les plus grandes compagnies d'assurances.

DANS LES SECTEURS CLES

ENERGIE ET MINES

- Elf-Aquitaine
- EDF/GDF
- Charbonnages de France
- CEA (Commissariat à l'Energie Atomique) : recherche et participations dans les mines d'uranium, l'industrie nucléaire etc.
- BRGM (Bureau de Recherches Géologiques et Minières) : inventaire statistique des gisements en France et à l'Etranger.
- COGEMA : uranium, traitement du combustible nucléaire (usine de la Hague)
- Cie N^{ale} du Rhône (C N R)

TRANSPORTS ET COMMUNICATIONS

- monopole des PTT
- sociétés de radio et télévision
- Air France
- SNCF
- Air Inter
- Cie G^{ale} Maritime, 1er armateur français

DANS L'INDUSTRIE PROPREMENT DITE

- 90 % de la sidérurgie (Usinor, Sacilor).
- 90 % de l'aéronautique (SNIAS, SNECMA, Dassault, Matra)
- 50 % de l'automobile (Renault, R V I)
- 35 % de la construction électrique et électronique (dont : C G E , Thomson, Matra...)
- 30 % de la chimie (dont Rhône-Poulenc...)
- divers : le groupe Péchiney, (aluminium, chimie, métallurgie fine, combustibles nucléaires),
- le groupe St-Gobain (bâtiment, matériaux, verre, électronique)

20-Les transformations de la société

La première des grandes transformations de la société française survenue depuis 1945 est **l'extension du salariat** (84 % en 1975). Les non salariés sont surtout les agriculteurs et les patrons de l'industrie et du commerce.

Les agriculteurs représentaient encore 26 % de la population active (avec les salariés agricoles) en 1954. Ils ne sont plus que 8 % en 1980. La population active agricole est passée de quatre à deux millions de personnes dans le même temps.

Les patrons de l'industrie et du commerce étaient 2,3 millions en 1954. Ils ne sont plus que 1,7 million : artisans et petits commerçants ont vu fondre leurs rangs (diminution respective de 29 % et 27 %). Toutefois, et en l'absence d'un recensement, il semble bien que depuis 1975 cette diminution soit ralentie : le nombre d'agriculteurs avait peu diminué depuis, tandis que celui des non-salariés du secteur secondaire et tertiaire se serait stabilisé. C'est une des conséquences de la crise économique générale que de ralentir l'exode rural et de provoquer la fermeture de petites entreprises du commerce ou de l'artisanat.

La proportion des ouvriers s'était accrue jusqu'en 1975 (37,7 %). Le déclin du secteur industriel l'a réduite (35,3 % en 1980). Mais à l'intérieur de cette catégorie très nombreuse, la part des ouvriers qualifiés continue de s'accroître et représente maintenant quatre ouvriers sur dix : le nombre des manœuvres décroît au contraire rapidement.

La proportion des employés s'est accrue beaucoup plus rapidement que celle des ouvriers : 10,7 % des actifs en 1954 et 17,7 % en 1975.

Les cadres sont les grands bénéficiaires de la transformation de la société française : les cadres moyens sont passés de 5,8 % à 12,7 % tandis que les cadres supérieurs et les professions libérales passaient de 2,8 % à 6,7 %. Le nombre des premiers a plus que doublé, cependant que celui des seconds a presque triplé.

Il existe une correspondance directe entre la catégorie socio-professionnelle* et les revenus.

Ceux-ci sont d'abord constitués par les salaires (67 % des revenus) dont la répartition souligne les inégalités de la société française : un cadre supérieur gagne en moyenne 5,5 fois le S.M.I.C. (Salaire Minimum Interprofessionnel de Croissance) et 3,5 fois plus qu'un ouvrier. Toutefois, il semble que depuis quelques années l'éventail des salaires tende à se réduire : en 1967, ce dernier rapport était de 4,6. Mais ces chiffres ne tiennent compte que des moyennes : l'écart va de 1 à 9 entre les salariés les mieux rémunérés (1 % de l'ensemble) et ceux qui ne perçoivent que le S.M.I.C.

Les écarts sur les revenus sont encore plus considérables, mais difficiles à connaître. On peut les approcher par les déclarations fiscales, mais il est vraisemblable que les non-salariés des professions artisanales et libérales ainsi que les commerçants ont des revenus supérieurs de 50 % à ce qu'ils déclarent, tandis que la sous-évaluation pour le fisc est encore beaucoup plus forte chez les agriculteurs. Cependant, à l'intérieur de ces professions se trouvent effectivement beaucoup de gagne-petit dans des professions en déclin. On estime toutefois que les revenus disponibles par ménage varient de 1 à 20 entre les 10 % d'agriculteurs retraités les plus défavorisés et les 10 % d'industriels et commerçants les plus favorisés.

Les écarts entre patrimoines sont encore plus forts que les écarts entre revenus. Le patrimoine comprend les propriétés immobilières, les actifs financiers (livrets de caisse d'épargne, actions en bourse...) et les biens mobiliers (or, argent liquide...). On peut avoir un patrimoine important et des revenus faibles (cas de certains retraités). Le contraire peut être vrai (cas de jeunes cadres). Pour l'ensemble de la France, 10 % des ménages les plus fortunés posséderaient 50 % de l'ensemble des patrimoines.

**10 % des foyers détiennent
57 % du patrimoine.**

(résultats de l'enquête par le centre de recherche économique sur l'épargne en mai-juin 1975 auprès de 2 800 ménages.)

Déciles	Ménages (en %)
1	»
2	0,2
3	0,5
4	1,3
5	2,9
6	5,4
7	8,5
8	12,6
9	18,5
10	50,2
Ensemble	100

Pour mesurer la concentration, il est d'usage de répartir la population étudiée en déciles ou groupes correspondants à un effectif de 10 % de la population. Le tableau se lit donc de la façon suivante : les 40 % des ménages les moins riches (en patrimoine) de la population, c'est-à-dire les quatre premiers déciles, possèdent 2 % de ce patrimoine selon le CREP et 4,5 % selon la direction de la prévision. Les 40 % de foyers les moins riches en possèdent 3 %.

Pyramide des salaires en 1980.

salaires mensuels nets en francs
après déduction
des cotisations au 1.1.81

*20 % = pourcentage de
la population salariée
dans l'industrie et le commerce*

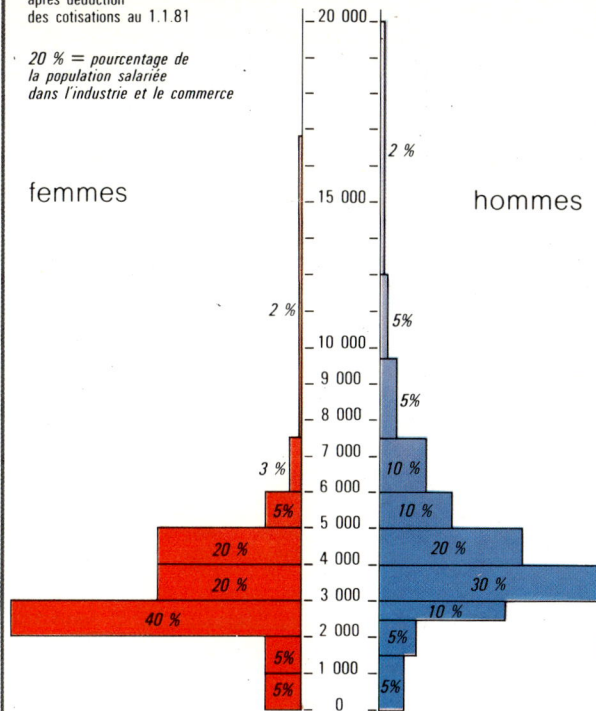

femmes   hommes

	20 000	
	15 000	
2 %		5%
	10 000	5%
	9 000	
	8 000	5%
3 %	7 000	10 %
5%	6 000	10 %
20 %	5 000	20 %
20 %	4 000	30 %
40 %	3 000	10 %
5%	2 000	5%
5%	1 000	5%
	0	

Répartition par catégorie socio-professionnelle de l'impôt sur le revenu payé, du nombre de foyers fiscaux (1975) imposés ou non, et proportion de foyers imposés dans l'ensemble des foyers d'une catégorie socio-professionnelle.

	1975	
	Proportion de foyers imposés	Répartition de l'impôt (%)
Exploitants agricoles	28,2	1,5
Indépendants non agricoles	85,2	31,6
dont : Industriels	91,8	3,1
Artisans	84,0	3,9
Gros commerçants	89,3	6,4
Petits commerçants	81,4	6,9
Professions libérales	96,1	8,3
Salariés	74,9	56,5
dont : Salariés agricoles	38,9	0,2
Cadres supérieurs	95,8	20,8
Cadres moyens	91,9	16,5
Employés	76,1	8,1
Ouvriers	65,2	10,9
Inactifs	29,5	10,4
Ensemble	58,4	100

Structure par âge de quelques professions.

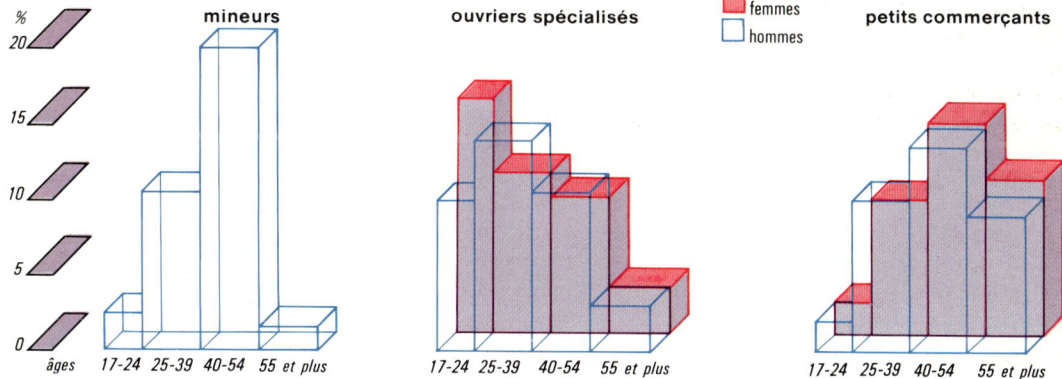

mineurs   ouvriers spécialisés   petits commerçants

femmes / hommes

17-24 25-39 40-54 55 et plus

Combien gagnent les salariés à temps complet ?

	Salaire mensuel net en 1981 (en F.)	
	Hommes	Femmes
Cadres supérieurs	14 512	9 719
dont : ingénieurs	13 279	10 342
cadres administratifs supérieurs	15 224	10 546
Cadres moyens	7 451	5 806
dont : techniciens	6 834	5 251
instituteurs	5 232	4 343
cadres administratifs moyens	8 362	6 589
Employés	5 027	3 990
Contremaîtres	6 746	5 696
Ouvriers	4 207	3 095
dont : ouvriers qualifiés	4 495	3 511
ouvriers spécialisés	3 797	3 014
manœuvres	3 169	2 634
Toutes catégories	5 670	4 077

consommation : 39, 58
écarts de revenus : 59

21-Le niveau de vie

Au cours des trente dernières années, le niveau de vie des Français s'est considérablement accru : le salaire annuel moyen est quinze fois plus élevé en 1980 qu'en 1950, et même après la correction tenant compte de la hausse correspondante des prix, le rapport est encore de 2,9 à 1.

Cette élévation se traduit par l'accroissement de la consommation* des ménages. Si la part de l'alimentation est moindre qu'autrefois (22,4 % contre 33,8 % en 1963), tout comme celle de l'habillement, certain; postes comme celui de la santé, des transports et des voyages ont connu un accroissement notable. Un des phénomènes les plus marquants est le progrès des niveaux d'équipement ménagers et la diffusion de l'automobile. C'est surtout à ce niveau que l'on peut dire de la société actuelle, qu'elle est une société de consommation, ou plus précisément une société saturée de biens de consommation.

L'élévation des niveaux de vie se traduit également sur le plan du logement : on a construit 8,5 millions de logements entre 1960 et 1980, contre 1,7 million entre 1919 et 1939. Simultanément, les niveaux de confort de ces appartements progressaient, qu'il s'agisse du chauffage collectif ou des installations sanitaires, la proportion des logements disposant de tous les éléments de confort passant de 16 % en 1968 à 45 % en 1978.

L'élévation des niveaux de vie se traduit enfin sur le plan collectif, par l'allongement moyen de la durée de la scolarité et par l'accroissement du nombre des étudiants (on compte 215 000 bacheliers en 1980 contre 137 000 en 1969). Plus remarquable encore est l'accroissement des dépenses de santé et de protection sociale qui atteignaient 45 % du P.I.B. en 1980 et pourraient atteindre 47 % en 1982.

Il est vrai que tous ne profitent pas également de l'élévation globale du niveau de vie. En 1980 encore, la part de l'alimentation dans le budget des catégories sociales les plus défavorisées s'élève à 36 %, contre 14 % pour les couches de la population les mieux nanties. On retrouve ici la transcription des inégalités de revenus, mais il existe globalement d'autres inégalités d'ordre spatial. Ces inégalités ressortent sur une carte représentant les contributions directes moyennes par habitant : les écarts vont de moins de 1 000 francs par contribuable en Corse, à près de 5 000 francs par habitant dans la région parisienne. Quelles que soient les inégalités du prélèvement fiscal, on voit apparaître de cette façon les contours d'une France pauvre.

Depuis longtemps, l'État s'est efforcé de réduire les écarts de revenus* et de niveaux de consommation, par l'aménagement du territoire dont il sera ultérieurement question, ainsi que par le salaire social et l'impôt. Le salaire social est constitué par l'ensemble des multiples prestations, allocations familiales ou de vieillesse, allocations logement, salaire unique, allocation de rentrée scolaire... qui sont dégressives et profitent davantage aux salariés les plus modestes ; d'autres compensations existent au niveau des régimes de retraite. Il va de soi que ce système de répartition repose sur des prélèvements qui sont plus ou moins proportionnels aux revenus.

Dans les circonstances économiques actuelles, la redistribution sociale joue un rôle essentiel en atténuant les effets immédiats du chômage par les allocations chômage et le financement des mises à la retraite anticipées. Se posent tout de même quelques problèmes : quelle est la limite supportable de la pression fiscale, limite au-delà de laquelle un contribuable aisé estime ne plus avoir intérêt à travailler ? Le prélèvement fiscal est-il équitable ou bien affecte-t-il plus les salaires que les autres revenus, ce qui ne va pas sans de graves conséquences à terme ? Quelle est enfin la proportion de retraités que peut supporter une population dont la moyenne d'âge est particulièrement élevée ?

Structure du patrimoine des Français.
(en milliards de F)

Biens immobiliers	3 180
(66,5 %)	1 120
Épargne	
(23,5 %)	
Biens mobiliers	447
(10,0 %)	

▶ Le revenu disponible additionne des ressources d'origines différentes, les membres d'un même ménage apportant, soit en fonction de leur activité, soit en fonction de leur situation (retraité, enfant, malade, chômeur) des rémunérations directes ou des revenus sociaux. Pour chaque catégorie de ménage, il y a un revenu dominant. Les salaires forment environ 90 % du revenu primaire des salariés, les bénéfices 70 % du revenu primaire des non salariés.

rôle de l'impôt
biens d'équipement
biens de production
biens de consommation
biens durables
niveau de vie

patrimoine : *le patrimoine d'un ménage est constitué par ce qui peut être accumulé et légué : biens immobiliers (résidences, immeubles de rapport), biens mobiliers (bijoux, meubles) épargne et actions.*

La redistribution sociale par l'impôt et par les allocations.
(gains bruts et gains nets après redistribution, d'un cadre et d'un ouvrier).

	Cadre 1 enfant	Ouvrier ou employé 1 enfant
+ Salaire brut	**107 000**	**38 500**
+ Allocations familiales	3 903	3 903
+ Allocations logement	–	3 200
+ Allocations salaire unique	–	933
+ Allocations rentrée scolaire	–	926
– Cotisations sociales	9 137	3 960
– Impôt sur le revenu	7 553	0
	94 213	43 502

Nombre d'heures de travail nécessaires pour l'achat d'un objet.
(gain horaire moyen en 1925 : 3 F)

	1925	1977
Alimentation		
– beurre (1 kg)	6 h 10 mn	1 h 15 mn
– huile (1 l)	2 h 50 mn	29 mn
– lait (1 l)	22 mn	7 mn
– œufs (12)	1 h 48 mn	28 mn
– pain (1 kg)	32 mn	8 mn 45 s
– viande (1 kg)	2 h 30 mn	49 mn
– sucre (1 kg)	1 h 04 mn	12 mn
Habillement		
– chaussures-homme	50 h	14 h 34 mn
Transports		
– essence (1 l)	40 mn	8 mn 40 s
– automobile (Peugeot 5 CV)	609 jours	1 404 h
Divers		
– aspirine	40 mn	21 mn
– appareil photo	106 h	16 h
– radio	48 jours	60 h
– aspirateur	50 jours	37 h
– réfrigérateur	14 mois	100 h

Evolution de l'équipement des ménages.

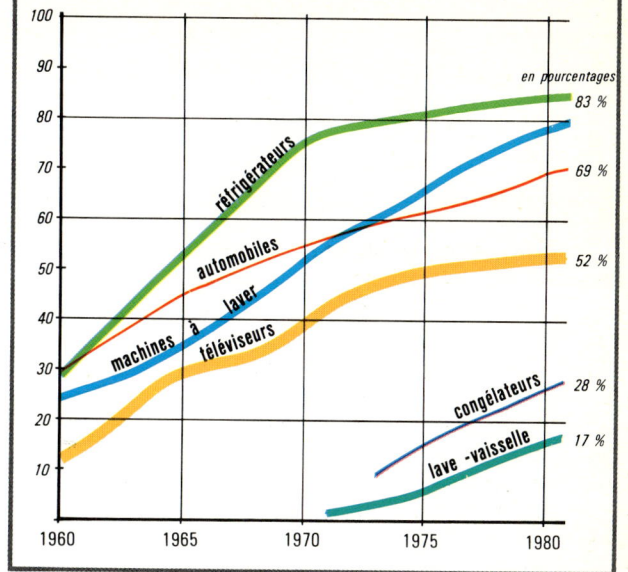

en pourcentages

réfrigérateurs — 83 %
automobiles — 69 %
machines à laver — 52 %
téléviseurs
congélateurs — 28 %
lave-vaisselle — 17 %

Equipement des ménages.
(possession simultanée d'un réfrigérateur, d'un téléviseur, d'une machine à laver)

1957	1973	1980
1,9 %	57 %	74 %

Revenu disponible annuel moyen en 1980.

	Par personne (en francs)	Par ménage (en francs)
Professions indépend. non agricoles	59 700	191 700 [1]
Cadres supérieurs	58 000	185 100
Cadres moyens	38 500	118 700
Inactifs	37 850	70 600
Employés	34 400	93 500
Ouvriers	26 500	90 900
Exploitants agricoles	24 800	93 600
Salariés agricoles	22 900	79 300
Ensemble	36 200	100 000 [2]

1. Ordre de classement différent par personne et par ménage.
2. Ce chiffre est de 108 400 avant impôts.

Biens de production, biens de consommation.

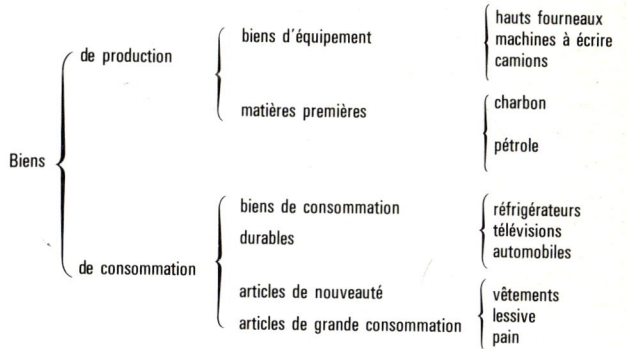

Biens
- de production
  - biens d'équipement : hauts fourneaux, machines à écrire, camions
  - matières premières : charbon, pétrole
- de consommation
  - biens de consommation durables : réfrigérateurs, télévisions, automobiles
  - articles de nouveauté
  - articles de grande consommation : vêtements, lessive, pain

Evolution du salaire moyen.

— salaire moyen
— salaire ouvrier
— S.M.I.C.
- - - indice des prix de détail

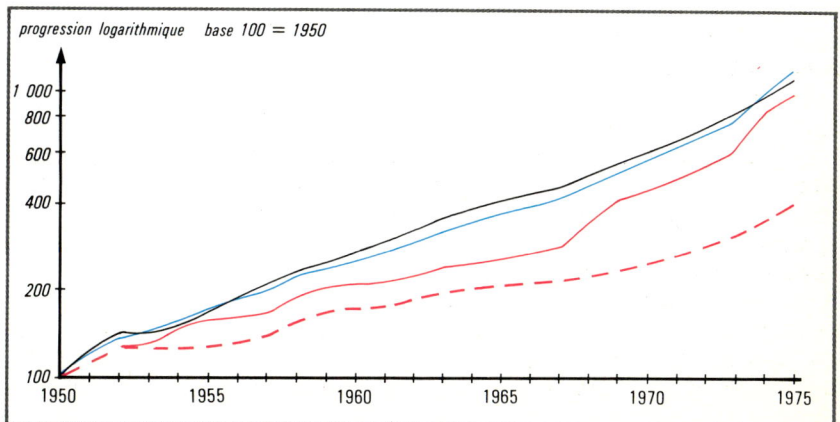

progression logarithmique   base 100 = 1950

développement industriel : 37
crise économique : 63, 31

22-Évolution économique et sociale de l'Europe

Les transformations économiques et sociales dont la France a bénéficié depuis 1945 ne lui sont pas propres. D'une part, le mouvement d'industrialisation rapide a touché l'ensemble des pays européens avec les changements sociaux qui l'accompagnent, et d'autre part la constitution, puis l'élargissement de la Communauté économique européenne, ont amené le renforcement d'une sorte d'autorité publique supérieure, en fonction de laquelle les différents États doivent organiser leur politique monétaire, le contrôle de leurs prix, leur organisation économique d'ensemble.

Les États de l'Europe occidentale étaient loin de se ressembler tous en 1945. L'Italie et surtout l'Allemagne sortaient vaincus, exsangues, de la guerre, tandis que la Belgique avait été beaucoup moins touchée. La Grande-Bretagne pouvait prétendre partager avec les États-Unis et l'U.R.S.S. des responsabilités à l'échelle de la planète.

D'autre part, si l'Allemagne, les Pays-Bas, la Belgique, la Grande-Bretagne avaient participé au premier rang à l'aventure industrielle capitaliste, l'Italie était liée aux sociétés patriarcales de la Méditerranée (à un degré moindre toutefois que la Grèce, l'Espagne, le Portugal). La France se situait dans une position intermédiaire avec une industrie encore inégalement développée et une forte tradition administrative centralisatrice. En outre, la France, l'Angleterre, la Belgique, les Pays-Bas conservaient encore en 1945 l'essentiel de leurs possessions coloniales. L'abandon des formes coloniales de la domination ne se fit pas sans heurt (guerres d'Indochine et d'Algérie).

Mais, désormais **les États d'Europe occidentale s'engagent dans un développement industriel* accéléré**, dont la rapidité et la continuité jusqu'aux environs de 1973 sont inconnues jusque-là dans l'histoire de l'Europe. Partout, la part de la main-d'œuvre employée dans l'industrie augmente : en Allemagne fédérale, qui reçoit alors les réfugiés de la partie est de l'ancien Reich allemand, le nombre des emplois industriels passe de 8,7 millions en 1950 à 13,2 millions en 1965, ce qui constitue une progression énorme : la transformation de l'économie entraîne celle de la société. Cette expansion bénéficie particulièrement à l'Italie et aux Pays-Bas, tandis que la Grande-Bretagne et la Belgique voient s'abaisser leur pourcentage dans la production industrielle européenne.

Parallèlement, la part de l'emploi agricole dans la population active diminue partout : elle se maintient au-dessus de 20 % en Espagne, Grèce, Irlande, Portugal, mais elle est inférieure à 10 % partout ailleurs, sauf en Italie. Cependant, la production augmente et les pays de la C.E.E. se suffisent largement en blé, en sucre, en vin, en produits laitiers.

L'accroissement de l'emploi industriel et la diminution de l'emploi agricole conduisent à des migrations internes de travailleurs les pays méridionaux de l'Europe de l'Ouest étant progressivement relayés par ceux d'Afrique du Nord et d'Europe orientale (Yougoslavie, Grèce, Turquie) en tant que fournisseurs de main-d'œuvre de l'Europe de l'Ouest industrielle.

La crise économique* vient brutalement troubler cette euphorie vers 1973. Désormais, les chiffres de production tendent à stagner : l'exploitation charbonnière, la sidérurgie, les constructions navales, le textile sont des secteurs où la capacité de production de l'Europe excède de beaucoup l'activité industrielle présente. Les pays européens sont d'autant plus sensibles à cette crise qu'ils sont devenus de très grands importateurs et exportateurs.

Comme la crise, le chômage s'est généralisé et il frappe, inégalement il est vrai, toute l'Europe de l'Ouest : à la fin de 1981, on approche de 10 millions de chômeurs soit 9 % de la population active. C'est probablement le problème le plus difficile posé à l'Europe contemporaine.

Les 20 plus gros chiffres d'affaires en Europe et les 10 plus gros chiffres d'affaires français.

Rang	Raison sociale	Pays
1	Royal Dutch / Shell Group	Pays-Bas / G.-B.
2	British Petroleum	Grande-Bretagne
3	Unilever	Pays-Bas / G.-B.
4	Philips	Pays-Bas
5	Siemens	Allemagne
6	Volkswagenwerk	Allemagne
7	Renault (nationalisé)	France
8	ENI (nationalisé)	Italie
9	Française des Pétroles	France
10	Daimler-Benz	Allemagne
11	Hoechst	Allemagne
12	Bayer	Allemagne
13	Nestlé	Suisse
14	Badische Anilin und Soda Fabrik	Allemagne
15	Peugeot-Citroën	France
16	Thyssen	Allemagne
17	Elf-Aquitaine (nationalisé)	France
18	Imperial Chemical Industries	Grande-Bretagne
19	BAT Industries	Grande-Bretagne
20	Saint-Gobain-Pont-à-Mousson (nationalisé)	France
21	Générale d'Électricité (nationalisé)	France
25	Pechiney Ugine Kuhlmann (nationalisé)	France
30	Rhône-Poulenc (nationalisé)	France
35	Thomson-Brandt (nationalisé)	France
42	Schneider	France

Mise en place d'une politique sociale européenne.
Un certain nombre de réglementations européennes ont été adoptées dans divers domaines, en harmonisant les législations nationales, notamment :
– *la protection des intérêts des travailleurs* en cas de licenciement et le respect des avantages acquis, en cas de fusion de sociétés ;
– *la sécurité sur le lieu de travail et la protection sanitaire des travailleurs* (protection des travailleurs du nucléaire, limitation du temps de travail des routiers) ;
– *la suppression des discriminations* entre hommes et femmes sur le lieu de travail.

Répartition par secteurs d'activités
de la population active
dans l'Europe des Dix.

en %	Agriculture	Industrie	Services
Belgique	3	35	62
Danemark	8	32	60
France	8	37	55
Grèce	30	30	40
Irlande	19	33	48
Italie	14	38	48
Luxembourg	6	38	56
Pays-Bas	5	32	63
R.F.A.	6	45	49
Royaume-Uni	3	38	59
Ensemble	8	38	54

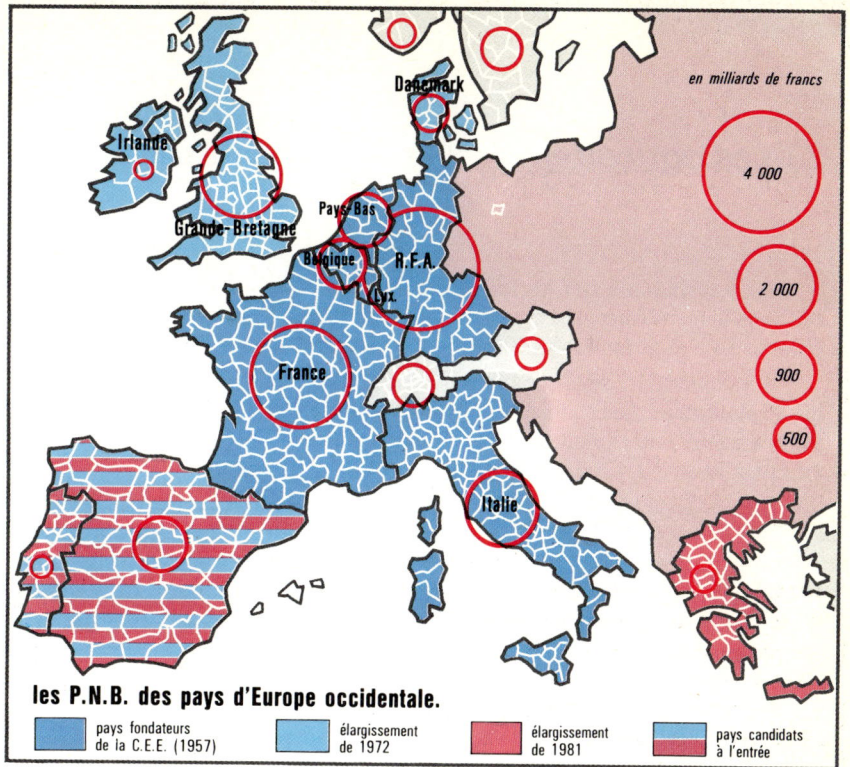

les P.N.B. des pays d'Europe occidentale.

en milliards de francs

4 000
2 000
900
500

pays fondateurs de la C.E.E. (1957) — élargissement de 1972 — élargissement de 1981 — pays candidats à l'entrée

Des destins convergents.

« J'admirerai pourtant la façon dont une Europe écrasée sous les bombes, après l'avoir été sous la botte de rudes vainqueurs, s'est relevée à l'issue de la Seconde Guerre mondiale. Et plus encore la manière dont ce continent exigu, désormais menacé d'être broyé, vainqueurs et vaincus mélangés, entre deux géants irréductibles, a trouvé les voies d'une croissance sans précédent qui excédait de fort loin la simple remise en ordre de sa reconstruction. Dès 1950, ruines à peine déblayées, commence le temps du "miracle". Les succès des deux décennies de 1950 à 1970 chassent le mythe – déjà vieux d'une trentaine d'années – du déclin de notre continent. Le miracle de l'Europe est la somme de divers miracles nationaux dont les modalités diffèrent notablement. L'Italie est la première à prendre le chemin, les autres nations d'Europe s'élanceront plus tard, sauf la Grande-Bretagne qui suit le chemin inverse, et l'Allemagne, dont le miracle est presque aussi précoce que celui de l'Italie. Étonnante priorité : les deux grands vaincus de la guerre !...

L'Europe possède non point un dynamisme personnel, mais des dynamismes parfois heureusement convergents. Rien de monolithique en elle, mais une faculté permanente de mouvement et de dépassement de soi-même.

On comprend ainsi la vanité des arguments avancés pour la redécouvrir en temps de crise. On comprend aussi la difficulté où l'on est actuellement, non seulement de l'institutionnaliser, mais de la circonscrire : il fut impossible de faire entrer la Norvège dans la Communauté, il est malaisé d'y retenir la Grande-Bretagne, il est peut-être prématuré d'y faire entrer la Grèce, le Portugal, l'Espagne... Pour l'Europe, acquérir de la dimension n'est pas, ipso facto, inscrire de nouveaux adhérents. »

M. Le Lannou, *Europe terre promise*, Seuil, 1977. ▶

Les 10 principaux pays marchands dans le monde.
(en milliards de francs 1979)

	Importations	Exportations
États-Unis	1 193,50	979
R.F.A.	863,50	940,50
Japon	605	566,50
France	583	539
Grande-Bretagne	561	500,50
Italie	423,50	396
Pays-Bas	368,50	346,50
U.R.S.S.	275	286
Belgique-Luxembourg	264	242
Canada	236,50	253
Europe des Dix	3 267	3 091

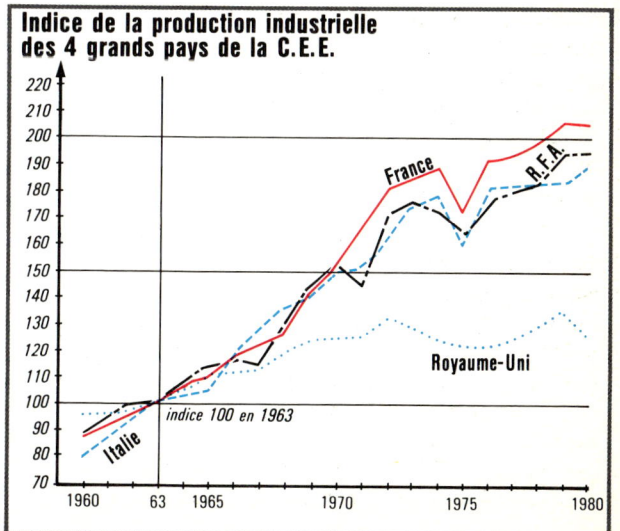

Indice de la production industrielle des 4 grands pays de la C.E.E.

indice 100 en 1963

France
R.F.A.
Royaume-Uni
Italie

23-Les agriculteurs et leurs exploitations

La population active agricole* représente, au recensement de 1975, **deux millions de personnes,** soit à peu près 9 % du total des actifs. Cette proportion était de 50 % à la fin du XIXe siècle et encore de 25 % en 1954.

La diminution de la population agricole tient d'abord à **la concentration des exploitations,** liée elle-même à la mécanisation : un agriculteur suffit de nos jours à mener une exploitation de cent hectares dans le Bassin parisien, là où il en fallait quatre il y a cinquante ans.

Les exploitations trop petites ne donnent qu'un revenu médiocre, faute de capitaux et faute de terres, et bien souvent le fils, lorsqu'il revient du service militaire, ou lorsqu'il se marie, quitte la ferme pour un travail en ville. Si le propriétaire exploitant a plusieurs enfants, il faut que celui qui reste à la terre dédommage ses frères et sœurs : s'il n'a pas les fonds nécessaires, il ne peut reprendre l'exploitation.

Aussi, beaucoup de chefs d'exploitations n'ont-ils pas de successeur, ce qui entraîne **le vieillissement progressif de la population agricole** : 17 % seulement des chefs d'exploitations ont moins de 40 ans. Pour favoriser l'accès des exploitants plus jeunes, on a institué l'indemnité viagère de départ, qui peut être attribuée à des agriculteurs âgés qui cessent leur activité et dont l'exploitation vient en grossir une autre qu'elle rend viable.

Le nombre des exploitants décroît rapidement, en liaison avec l'évolution économique générale. La France compte en 1980 environ 1 200 000 exploitations agricoles. Il y en avait 4 millions en 1929. A cette date, la surface agricole utile par exploitation était de 8 ha. Elle est aujourd'hui de 25 ha.

Ce mouvement de concentration continue à raison de 50 000 disparitions par an, affectant surtout les exploitations de petite taille. Le nombre des exploitations de 20 à 50 ha se maintient tandis qu'augmente celui des exploitations de 50 à 100 ha. Les exploitations de plus de 100 ha (2 % du total) demeurent exceptionnelles. La règle, c'est **l'exploitation familiale,** ne faisant pas appel à la main-d'œuvre extérieure.

La surface de l'exploitation n'est pas le seul critère de sa valeur économique. Dans le Midi méditerranéen on peut, avec 10 ha irrigués, obtenir un bien meilleur revenu qu'avec 50 ha dans le Massif central. De surcroît se développent, pour la production des volailles ou des porcs, les élevages « hors-sol » dans lesquels la surface ne compte pas puisque la nourriture des bêtes est achetée à l'extérieur. Dans les élevages de ce type, l'agriculteur apporte seulement son travail et le local où il élève ses animaux.

50 % des terres agricoles sont possédées par les paysans. Aussi, 52 % des exploitations sont-elles en **faire-valoir direct,** c'est-à-dire exploitées directement par leur propriétaire. Le faire-valoir direct domine au sud de la Loire. Le **fermage** concerne 42 % des exploitations, lesquelles sont prises en location par l'exploitant moyennant un prix officiel chaque année. Le **métayage*** (partage des fruits de la terre entre propriétaire et exploitant) n'est plus qu'une survivance.

Le fait d'être propriétaire de la terre qu'on cultive ne suffit pas à assurer un revenu satisfaisant : les fermiers des grandes exploitations du Bassin parisien, qui ne possèdent pas la terre mais seulement les animaux et le matériel, sont plus riches que les petits exploitants propriétaires de la France méridionale.

Il existe en fait deux paysanneries* : dans le Bassin parisien, le Nord et l'Est, vit une catégorie d'exploitants jeunes, instruits et bien équipés ; dans le reste du pays, un groupe de jeunes agriculteurs dont le niveau technique et la compétence ne le cèdent en rien aux meilleurs à l'intérieur de la C.E.E. coexiste avec bon nombre d'exploitants qui ne peuvent que survivre.

Le célibat dans l'agriculture.
% d'hommes de 40 à 49 ans célibataires en 1968.

4 % exploitants agricoles de 50 ha et plus

7 % exploitants agricoles de 20 à 50 ha

11 % exploitants agricoles de 10 à 20 ha

22 % exploitants agricoles de moins de 10 ha

33 % salariés agricoles

aides familiaux agricoles 67 %

4 % *cadres moyens*

7 % *artisans et petits commerçants*

11 % *ouvriers spécialisés et manœuvres*

La part des hommes célibataires est d'autant plus faible qu'on s'élève dans l'échelle sociale. Les agriculteurs des régions d'accès malaisé et de petites exploitations trouvent difficilement une épouse car le confort de l'habitation est souvent médiocre et la tâche de la femme d'autant plus rude qu'elle participe activement aux travaux de l'exploitation.

exploitation agricole
actifs-doubles : *agriculteurs qui exercent, en outre, une profession non agricole. Leur activité agricole peut être secondaire. Ils sont surtout ouvriers, artisans et commerçants, cadres moyens et employés.*

Une ferme dans le Puy-de-Dôme.
Les agriculteurs disposent d'un cadre de vie dont les citadins peuvent envier quelques éléments (espace, qualité de l'eau, de l'alimentation), mais le niveau de confort (équipement électro-ménager et sanitaire) est moins bon, surtout pour les petits exploitants.

Le remembrement, par région. Opérations terminées.

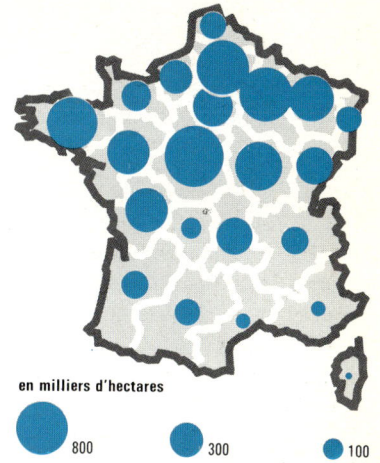

en milliers d'hectares

Le remembrement foncier a d'abord touché le Bassin parisien (exploitations très morcelées) puis les bocages de l'Ouest. Dans la France du Sud, il est exclu des vergers et vignobles et sans grand intérêt dans les montagnes.

Nombre de cotisants à la Sécurité Sociale pour 1 retraité.

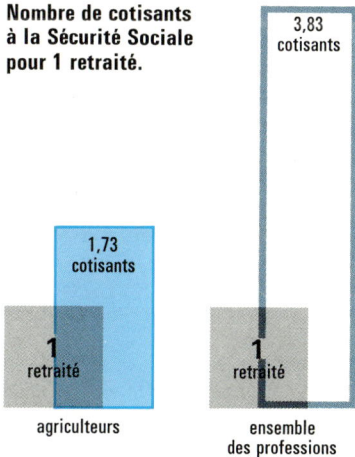

Famille et exploitation.
Famille et exploitation agricole forment un ensemble indissoluble.
L'agriculteur est à la fois chef d'entreprise et chef de famille.
Il choisit les cultures selon les conditions naturelles, mais aussi selon la quantité de travail disponible dans sa famille. Cette quantité de travail varie à mesure que les enfants grandissent, que certains quittent l'exploitation, que les parents vieillissent. L'argent gagné est pour une part consommé par la famille, et pour une part réinvesti dans l'exploitation, pour la moderniser ou pour acheter de nouvelles terres. Beaucoup réduisent leur consommation pour investir davantage. Ils peuvent avoir un patrimoine important et de faibles ressources : on a pu dire qu'ils vivent pauvres et meurent riches.

Taille moyenne des exploitations agricoles en 1979.

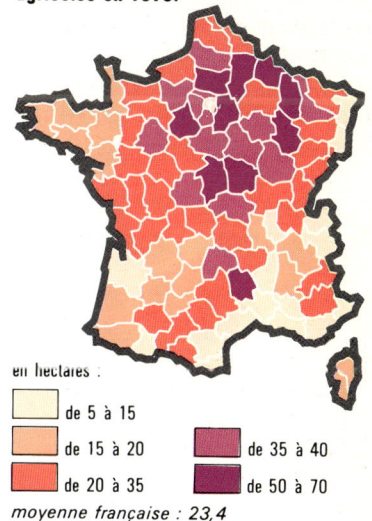

en hectares :

de 5 à 15	de 35 à 40
de 15 à 20	de 50 à 70
de 20 à 35	

moyenne française : 23,4

La taille moyenne des exploitations françaises est d'environ 25 ha. Mais si le Bassin parisien et une partie du Massif central ont des exploitations vastes, la France méridionale mais aussi l'Alsace en ont de beaucoup plus petites, de plus intensives aussi. Le mode de faire-valoir oppose fortement les pays du fermage dans la moitié Nord aux pays du faire-valoir direct dans la moitié Sud.

5 millions d'agriculteurs en 1954 ; 2 millions en 1975. Entre temps, la part des agriculteurs dans la population active est passée de 26 % à 9 %. Beaucoup d'anciens agriculteurs exercent d'autres métiers. Mais beaucoup aussi sont retraités, ce qui rend difficile l'équilibre financier de la Sécurité sociale agricole, puisque aujourd'hui un nombre faible d'exploitants cotise pour un grand nombre de retraités.

Superficie moyenne des exploitations agricoles (en ha).

Belgique	14,5
Danemark	23,5
France	25,4
Grèce	3,4
Irlande	20,5
Italie	7,8
Luxembourg	25,4
Pays-Bas	15,0
R.F.A.	14,4
Royaume-Uni	65,6

24-La modernisation et l'encadrement

Étant de moins en moins nombreux, mais cultivant toujours à peu près la même surface agricole totale, les paysans français ont dû s'équiper et **mécaniser leurs activités**. D'une part, la machine produit beaucoup plus vite que l'homme : on laboure plus vite avec un tracteur qu'avec une paire de bœufs. D'autre part, à mesure que le coût horaire du travail humain s'élève, il devient rentable de faire ce travail avec une machine (par exemple la traite des vaches).

Presque chaque opération peut désormais se faire avec une machine adaptée : épandage des engrais, arrachage des pommes de terre, récolte des betteraves, etc. Mais ces machines très spécialisées ne servent qu'un nombre d'heures restreint dans l'année. Il faut donc, pour être rentables, qu'elles soient utilisées dans une grande exploitation, ou bien qu'elles soient acquises en commun par plusieurs exploitants.

A côté de cette mécanisation, la modernisation se traduit par l'usage de **techniques nouvelles** dans tous les domaines. Dans les exploitations d'élevage, c'est la déshydratation des fourrages verts, la nourriture du bétail à l'aide d'aliments composés. Dans les exploitations de grande culture, c'est l'usage massif de l'engrais chimique, celui des pesticides et des désherbants, ailleurs l'emploi des plastiques pour hâter la croissance des cultures. La modernisation passe aussi par la sélection des espèces, grâce à l'insémination artificielle pour les animaux et à l'achat de semences choisies pour les végétaux.

Le temps n'est plus où le paysan français était laissé à lui-même. L'exploitation est désormais solidement encadrée.

Les coopératives agricoles* sont nombreuses. Elles n'ont pas toutes la même finalité. Il y a d'abord des coopératives de services qui permettent d'améliorer le fonctionnement des exploitations. Il existe aussi des coopératives réunissant quelques exploitations voisines ; telles sont les C.U.M.A. (Coopérative d'Utilisation du Matériel Agricole) grâce auxquelles les agriculteurs achètent en commun des machines ; tels aussi les Centres de Gestion, groupements qui aident les agriculteurs à tenir la comptabilité de leur exploitation, ainsi que les C.E.T.A. (Centres d'Études Techniques Agricoles) qui les conseillent. Les G.A.E.C. (Groupements Agricoles d'Exploitation en Commun), où quelques exploitants (deux ou trois le plus souvent) travaillent en commun leurs terres, vont plus loin dans la coopération : ce sont des coopératives de production. Mais les coopératives les plus importantes ont pour objet la transformation des produits agricoles et leur vente (vinification, conditionnement des produits laitiers, abattage et conditionnement des viandes, etc.). Elles gèrent de véritables industries. La coopération agricole occupe 125 000 salariés et regroupe plus d'un million de coopérateurs, soit 80 % des chefs d'exploitation.

Toute modernisation suppose **le recours au crédit** : le temps n'est plus où le paysan économisait sou par sou pour acheter une vache ou une terre. Ces investissements sont aujourd'hui permis par le recours au **Crédit Agricole**, banque dont la fonction prédominante est le prêt aux agriculteurs.

Pour éviter les fluctuations brutales des prix agricoles, les **groupements de producteurs** concluent des accords avec les ministères intéressés (Agriculture, Finances), s'engageant à ce que la production respecte les normes de qualité et de quantité (échelonnement des livraisons) moyennant des subventions et des aides diverses aux producteurs. Cette **politique contractuelle** bénéficie de l'aide d'offices nationaux, l'Office National Interprofessionnel des Céréales (O.N.I.C.), l'Office National Interprofessionnel du Bétail et des Viandes (O.N.I.B.E.V.), etc.

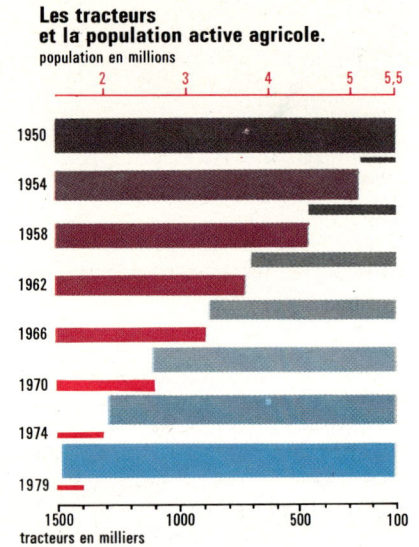

Les tracteurs et la population active agricole.

Le tracteur s'est substitué au cheval et à l'homme : avec 1 330 000 tracteurs, la France dispose du 4e parc mondial.

agriculture intégrée : *l'agriculture est intégrée, aussi bien du côté de l'amont (du côté de la production d'aliments pour le bétail) que du côté de l'aval (par exemple avec un abattoir de poulets de chair). L'agriculteur qui passe un contrat avec une grande société recherche un revenu à la fois stable et rémunérateur. Il tente d'obtenir des prix garantis, en échange de quoi il garantit lui-même la quantité produite et la régularité de l'approvisionnement. Dans ces contrats où le petit paysan se trouve confronté à une grosse entreprise, les conditions inégales peuvent être atténuées quand une coopérative agricole négocie les contrats avec l'industrie.*

endettement : *l'agriculteur qui a recours au crédit s'endette et doit donc rembourser les prêts qui lui ont été consentis. Il a donc ses revenus diminués. En Normandie un agriculteur qui possède 12 vaches et qui n'a pas modernisé son exploitation a le même revenu que celui qui a 40 vaches et a beaucoup investi. Les agriculteurs qui s'endettent sont les jeunes, ou ceux qui savent qu'un de leurs enfants reprendra à leur suite leur exploitation. Certains vivent dans l'angoisse du lendemain, car ils dépendent alors beaucoup des aléas de la production (climat, épidémies) et des variations des prix agricoles.*

	Chiffre d'affaires (milliards de F)
BSN Gervais Danone	16,4
*Union Laitière Normande	6,5
*Sodima - Yoplait.	6,0
Beghin - Say	5,5
Pernod-Ricard.	5,2
Sopad Nestlé	3,8
Groupe Lesieur	3,8
Olida-Caby	3,2
Général Biscuit	2,9
Générale sucrière.	2,8
Fromageries Bel - Vache qui rit	2,3
Moët et Cie	2,3
*Socopa France	2,1

(Les astérisques indiquent les entreprises coopératives).

Le stockage et le conditionnement des produits alimentaires demande des capitaux de plus en plus importants. C'est pourquoi les industries agro-alimentaires se concentrent aux mains de très grosses sociétés qui rachètent les plus petites et en dirigent les usines tout en conservant les marques anciennes des produits. C'est ainsi que la BSN-Gervais-Danone, société française, commercialise en France des marques aussi variées qu'Amora, Savora (moutardes) Vandamme (pain d'épice) Francorusse (desserts) Pie qui chante (bonbons), Kronenbourg (bières) Evian (eau minérale), Panzani (pâtes alimentaires). Dans cette concentration, les capitaux étrangers jouent un rôle important (la société suisse Nestlé est au deuxième rang mondial de l'agro-alimentaire).

Les unions de coopératives réussissent elles aussi, en se regroupant, à monter de grosses industries qui parviennent à concurrencer les sociétés privées, particulièrement dans le domaine des produits laitiers et de la viande.

Exploitation agricole près de Dreux. ▲

Dans cette grosse ferme près de Dreux (Eure) on distingue clairement la maison d'habitation au fond, les bâtiments d'exploitation anciens répartis autour de deux cours, puis un atelier récent, d'embouche, de bœufs charolais (robe blanche). A droite, les tas de paille qui proviennent des cultures céréalières de l'exploitation. A gauche, les silos métalliques contenant les aliments (achetés ou produits sur place) destinés aux bœufs. Toutes les terres alentour sont en labour.

Nombre de moissonneuses-batteuses par région.

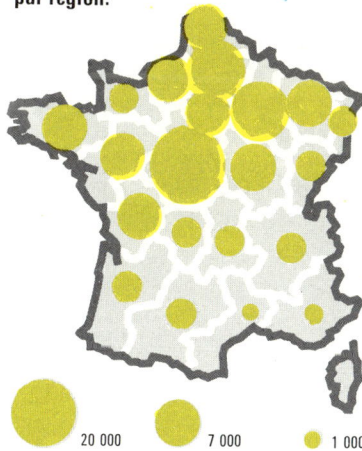

20 000   7 000   1 000

Moisson et battage étaient autrefois deux opérations séparées exigeantes en temps et main-d'œuvre. Désormais les 160 000 moissonneuses-batteuses traitent la totalité de la récolte de céréales. ▲

Les GAEC agréés en 1975.

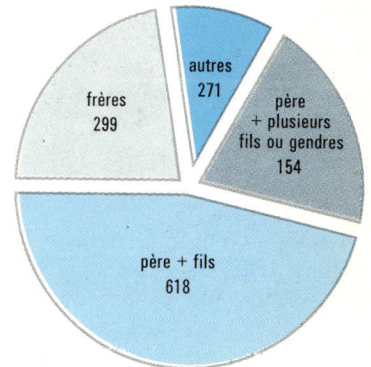

frères 299
autres 271
père + plusieurs fils ou gendres 154
père + fils 618

Les G.A.E.C. (groupements d'agriculture en commun) sont les coopératives qui s'approchent le plus d'une agriculture collective puisque tout le travail est effectué en commun et que la rémunération du travail est égale pour tous. Mais les G.A.E.C. restent le plus souvent à fondement familial (frères, père et fils).
Il y a en France environ 16 000 G.A.E.C. ▲

Consommation d'engrais par région.

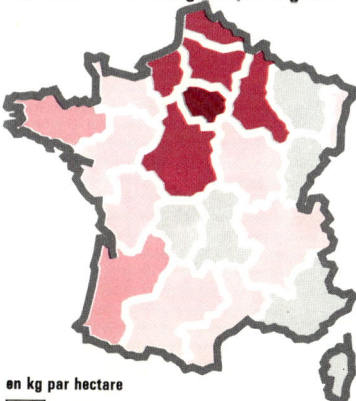

en kg par hectare

- de 50 à 110
- de 110 à 170
- de 170 à 210
- de 210 à 330
- plus de 300

L'usage des techniques nouvelles fait de l'agriculture moderne une grande consommatrice d'énergie soit directement pour mouvoir les machines, soit indirectement par la consommation d'industries comme celle des engrais ou des pesticides. L'augmentation des prix de l'énergie remet en cause certaines consommations, comme celle des engrais. A quoi correspondent les variations régionales dans la consommation d'engrais ?

paysages : 82, 112
labours/herbages : 80, 82
cultures spécialisées : 68, 95

25-L'espace rural

La France est très variée dans ses paysages* ruraux. L'écrivain Jean Giraudoux a écrit que le paysage rural français est semblable, avec la multitude de ses parcelles, à un manteau tout rapiécé parce qu'il a beaucoup servi. Le paysage agraire est effectivement une sorte de parchemin où s'est inscrit l'effort millénaire des hommes pour aménager champs, prés, bois et maisons.

Les paysages agraires français se divisent en trois grands ensembles, chacun d'eux se partageant en bien des nuances.

L'openfield est un paysage de champs ouverts, sans haies ni clôtures, où tous les habitants sont rassemblés en un village. Les prés sont rares et regroupés dans les parties humides. Les bois sont disposés aux limites de la commune. Les pays de champs ouverts couvrent la France du Nord-Est et du Nord, la plus grande partie du Bassin parisien, en Aquitaine, les vallées.

A l'openfield s'oppose le **bocage**. Celui-ci couvre les pays de l'Ouest et le nord du Massif central. Ici les parcelles, de forme plus massive, sont encloses de haies. Le paysan habite une ferme isolée au milieu de ses terres ; l'habitat est dispersé. Quoique les bois soient rares, le pays est très verdoyant.

Aux champs ouverts et au bocage s'opposent **les paysages de la France du Sud-Est**. Les pays méditerranéens offrent de violents contrastes entre les régions basses cultivées, souvent irriguées, et les pentes incultes.

L'agriculture française est **très variée dans ses productions**. Cette variété traduit d'abord la variété des **conditions naturelles** : les sols profonds du centre du Bassin parisien conviennent bien au blé et à la betterave. L'herbe, grâce à l'importance des précipitations, est abondante en Normandie comme dans les régions montagneuses. Le Midi de la France, avec son climat plus chaud, est propice à la monoculture de la vigne et, dans les régions irriguées, aux cultures de primeurs.

Si les cultures sont très variées, elles se regroupent selon une logique, celle des **systèmes de culture des exploitations agricoles**, dont la finalité est de **vendre** un certain nombre de produits. Le premier système de culture est celui des pays de labours* livrés aux cultures annuelles (céréales et plantes industrielles). Les produits (blé, betterave...) sont vendus directement. C'est le cas des plateaux limoneux du Bassin parisien, du Bassin aquitain et de quelques plaines plus exiguës (Alsace, Limagne, plaine de Valence). Ce système exige un gros équipement mécanique.

A l'opposé, le second système est celui des herbages* en prairie permanente : c'est celui de la Normandie, des montagnes et de leurs abords dans l'est de la France. Les revenus sont fournis par la vente des produits laitiers ou de la viande provenant de l'élevage bovin.

Mais il existe des systèmes intermédiaires : ainsi la Bretagne et, dans une moindre mesure, le pourtour du Massif central sont des terres d'herbages et de labours pour des cultures fourragères destinées à un élevage de vaches laitières : les produits de la terre ne sont donc pas vendus directement, mais transformés.

Enfin, les régions voisines de la Méditerranée, le couloir Rhodanien, le Val de Loire et les pays de la Garonne vivent de cultures spécialisées* intensives : vigne, fruits et légumes, auxquelles convient leur climat.

Les systèmes de culture liés aux aptitudes naturelles comme aux conditions foncières donnent des régions agricoles, plus ou moins étendues et homogènes. Ces régions agricoles ne sont pas toutes également riches. Le revenu brut par exploitation est 5,6 fois plus élevé dans l'Ile-de-France que dans le Limousin. Les différences entre les régions recoupent les différences entre les tailles d'exploitations et les systèmes de cultures. Le revenu dégagé par travailleur est six fois plus élevé dans les exploitations de grandes cultures (céréales, betteraves) que dans les exploitations viticoles ou laitières.

Utilisation du territoire.
(en millions d'ha, en 1979)

Terres labourables*	16,3
Surfaces toujours en herbe	11,4
Vignes	1,08
Cultures fruitières	0,21
Cultures maraîchères	0,04
Total S.A.U.	29,5
Surfaces boisées	14,3
*dont : céréales	9,7
(blé tendre : 4,0)	
plantes sarclées	1,0
cultures fourragères	4,7
cultures industrielles	0,4

T Disposer sur un graphique les pourcentages de chaque culture dans la surface agricole utile.

Les paysages ruraux se sont mis en place il y a très longtemps. Les paysages de champs ouverts remontent à l'Antiquité, tandis que le bocage est probablement plus récent. Le bocage couvre le Massif armoricain et le déborde. Ce bocage rejoint presque une autre région bocagère qui englobe l'ouest et le nord du Massif central. Les pays de bocage sont pays d'habitat dispersé où l'agriculteur est isolé sur son exploitation. Les paysages de champs ouverts sont ceux de la France du Nord et du Nord-Est. Mais les paysages de champs ouverts se glissent par le seuil de Poitou jusque dans les vallées du Bassin aquitain, où partout ailleurs l'habitat est le plus souvent dispersé et les parcelles massives avec quelques lignes d'arbres. Dans le Midi méditerranéen, les vignobles sont des pays de champs découverts avec de gros villages groupés tandis que les parcelles des régions irriguées depuis longtemps (Vaucluse) sont encloses (roseaux et cyprès).

openfield
bocage

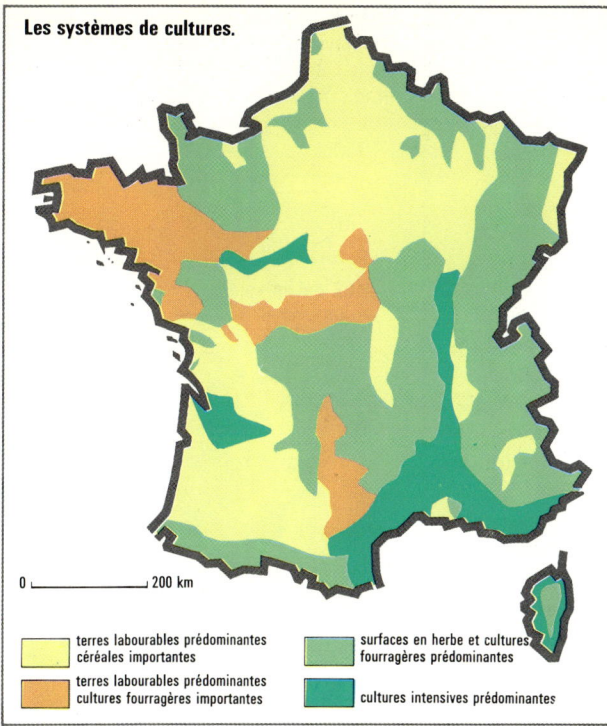

Les systèmes de cultures.

0 ————— 200 km

terres labourables prédominantes céréales importantes

terres labourables prédominantes cultures fourragères importantes

surfaces en herbe et cultures fourragères prédominantes

cultures intensives prédominantes

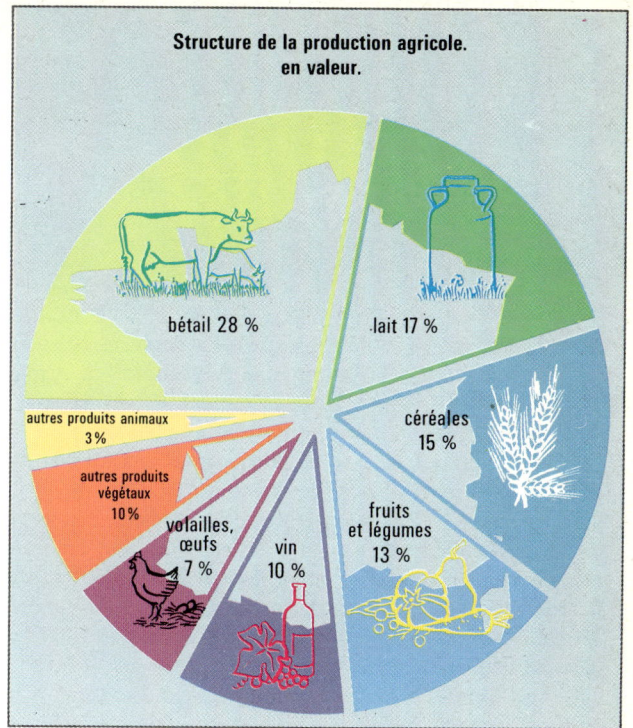

Structure de la production agricole. en valeur.

bétail 28 %

lait 17 %

céréales 15 %

autres produits animaux 3 %

autres produits végétaux 10 %

volailles, œufs 7 %

vin 10 %

fruits et légumes 13 %

▲
La carte de l'utilisation des terres simplifie beaucoup la réalité. On a regroupé avec le Bassin parisien les pays à labours dominants. Toutefois, le Bassin aquitain et l'Alsace ont une production beaucoup plus variée : céréales, tabac, vigne, arbres fruitiers, élevages. Les régions de prairie permanente sont : Boulonnais, pays de Bray et Basse-Seine, Normandie occidentale, Ardenne, Lorraine et la plus grande partie des régions montagneuses (Jura, Alpes, Massif central, Pyrénées, Corse). La Bretagne, la bordure nord du Massif central et le Rouergue sont aussi des pays d'élevage, mais nourrissent leurs animaux de leurs cultures fourragères. Vignobles, vergers et jardins maraîchers se regroupent dans la catégorie des systèmes d'agriculture intensive.

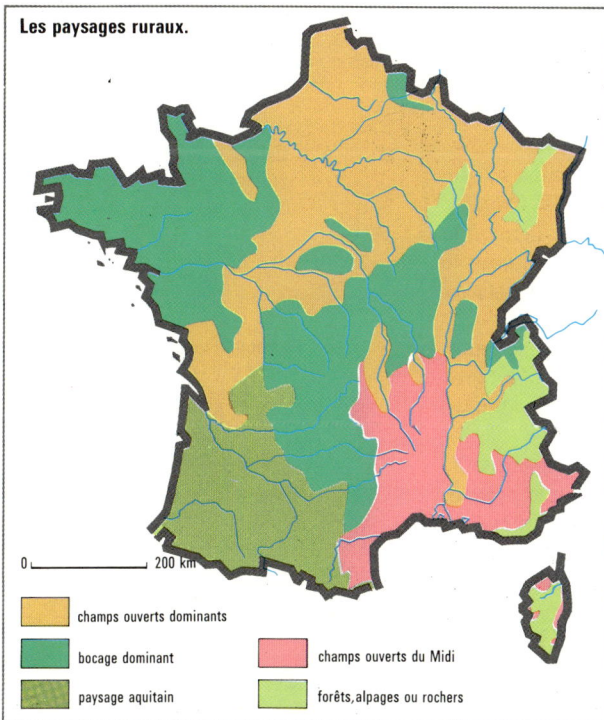

Les paysages ruraux.

0 ————— 200 km

champs ouverts dominants

bocage dominant

champs ouverts du Midi

paysage aquitain

forêts, alpages ou rochers

Le remembrement dans les bocages de l'Ouest (*ici dans le Morbihan*).
Il pose des problèmes particuliers : l'agrandissement des parcelles et les échanges de terres sont gênés par la présence des haies qu'on est souvent amené à araser (voir au centre de la photo). Mais on change ainsi complètement le milieu naturel. ▶

céréales : 83
betteraves, plantes sarclées : 68
vigne : 84, 94
forêt : 71

26-Les productions végétales

A l'origine, les pays de « grande culture » étaient limités au centre du Bassin parisien. **Ce type d'exploitation tend à progresser** vers l'ouest en Normandie, vers le sud en Sologne et en Berry, et aussi dans le Bassin aquitain.

Depuis 1950, **la production céréalière*** a triplé, passant de 14 à 42 millions de tonnes. Avec seulement 0,7 % de la surface agricole utile mondiale, la France est le 5ᵉ producteur de blé (après l'U.R.S.S., les États-Unis, la Chine et l'Inde), le 3ᵉ pour l'orge (après la Chine et l'U.R.S.S.), et selon les années, le 4ᵉ ou le 5ᵉ pour le maïs.

Le blé est la plus importante de ces céréales, à la fois par les surfaces et par les tonnages. Près de la moitié de la production est fournie par le centre du Bassin parisien. Mais on en produit même dans les régions d'élevage, pour l'alimentation du bétail. **L'orge,** qui succède parfois au blé sur le même champ, est lui aussi en gros progrès, et plus encore le **maïs,** dont la production a décuplé depuis 1950.

Les plantes sarclées* accompagnent les céréales dans la rotation des cultures : on cultive souvent betterave ou pomme de terre sur le champ où l'on a l'année précédente récolté du blé. Ces plantes sont très cultivées dans les régions d'exploitations moyennes.

La betterave* à sucre est beaucoup plus concentrée géographiquement que le blé, parce que ses exigences en matière de sol sont grandes et que sa culture n'est rentable qu'à proximité des sucreries : Bassin parisien, Alsace, Limagne, nord de la plaine de la Saône. La production a doublé depuis 1953.

La pomme de terre joue le même rôle dans l'assolement que la betterave, mais elle est répandue sur l'ensemble du territoire (avec au premier rang le Nord et la Picardie). Sa production est beaucoup plus faible qu'avant la guerre, par suite des modifications des habitudes alimentaires des Français.

Certaines cultures (vigne, fruits, légumes) réclament de la part de ceux qui les pratiquent une stricte spécialisation ; elles conduisent à des « métiers » particuliers au sein de la profession agricole.

La vigne* est la plus importante de toutes ces cultures. Elle occupe 4 % de la surface agricole utile, au sud-est d'une ligne passant par Nantes, Orléans, Reims, Metz. Plus de 600 000 exploitants cultivent la vigne, mais seulement le tiers de ces agriculteurs en vit. L'essentiel du vignoble fournit du raisin pour le vin. La France est le premier producteur mondial de vin, devant l'Italie et l'Espagne.

Les vignobles de crus fournissent d'une part des vins d'appellation contrôlée, dont la qualité est garantie, les prix élevés et l'écoulement sans gros problèmes ; d'autre part des vins délimités de qualité supérieure, de moindre réputation, qui se vendent assez bien.

En revanche, **les vignobles de masse** fournissent des vins de qualité courante dont le degré alcoolique est faible. Bien que le Français soit le premier consommateur de vin du monde, il tend à en boire moins qu'autrefois et à en boire de meilleur : c'est une des raisons de la crise chronique de surproduction du Languedoc dont le vignoble de masse est le plus gros du monde.

Les fruits et légumes donnent de gros tonnages de forte valeur.

Les vergers sont nombreux dans les régions du Midi (vallée du Rhône, Comtat et Roussillon) et de l'Aquitaine.

Les légumes de primeur sont produits par le Midi et la Bretagne littorale. Ceux de plein champ par l'Ouest intérieur et le nord du Bassin parisien.

Le marché des fruits et légumes est difficile à organiser car le volume de la production et la date de mise sur le marché varient beaucoup en fonction des aléas du climat. Les prix sont donc irréguliers et les agriculteurs ne peuvent se fonder sur un revenu fixe. La France est le premier exportateur de fruits et légumes de la Communauté économique européenne.

Taux de boisement.
par département.

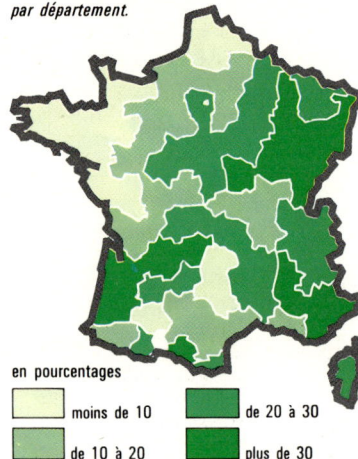

en pourcentages

moins de 10	de 20 à 30
de 10 à 20	plus de 30

La branche bois.
(en milliards de F)

Commerce extérieur 1978		
	Exportations	Importations
Papiers, cartons	4,77	8,98
Bois et meubles	3,80	6,59

Bien qu'ayant la forêt* la plus importante de la C.E.E., la France est lourdement déficitaire par suite d'une production de bois et d'une industrie trop peu développées.

La propriété des forêts.

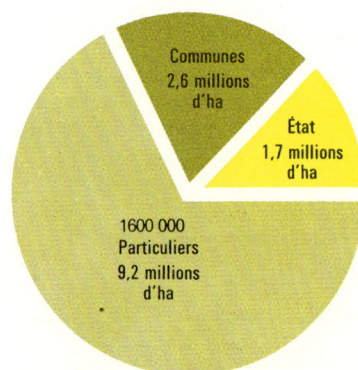

Communes 2,6 millions d'ha

État 1,7 millions d'ha

1 600 000 Particuliers 9,2 millions d'ha

Si les forêts de l'État et la plupart des forêts communales sont gérées par l'Office national des forêts, beaucoup de forêts privées, morcelées, n'ont qu'une faible production.

La vigne en France.

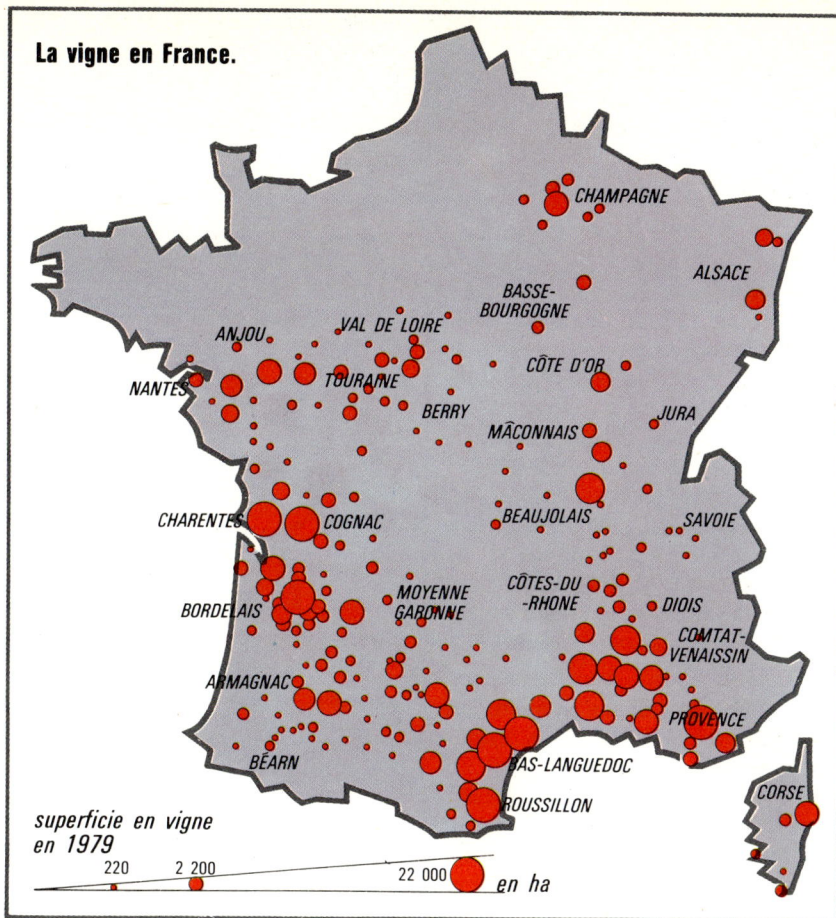

superficie en vigne
en 1979

220   2 200   22 000   en ha

Les vins de table constituent la grande masse de la production française : 53 % de la production contre 19 % pour les Appellations d'origine contrôlée (A.O.C.) et 9 % aux vins délimités de qualité supérieure et vins de pays dont la commercialisation se fait sans problèmes majeurs. Les changements dans les habitudes de consommation jouent un rôle important dans les difficultés du vignoble du Midi, qui fournit surtout des vins de faible degré alcoolique, qui doivent être coupés à l'aide de vins plus alcoolisés.

Production de blé tendre par région.

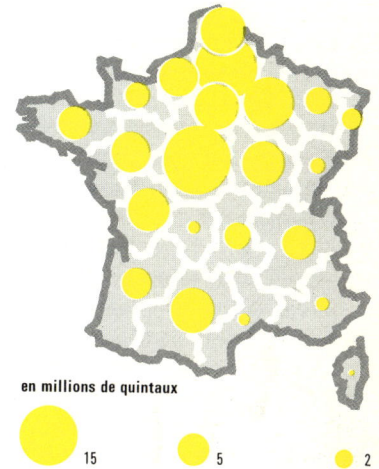

en millions de quintaux

15   5   2

Le Bassin parisien est en France le grand producteur de blé tendre mais la production progresse, en même temps que le système de grandes cultures, vers le Sud-Ouest.

Production de maïs-grain par région.

en millions de quintaux

8   5   1

culture de maïs « de pays » avant 1948

Le maïs grain était la spécialité du Sud-Ouest jusqu'à l'introduction du maïs hybride. Cette région reste un pays de maïs, mais la plante a beaucoup progressé dans le sud du Bassin parisien.

Cultures légumières (1979).

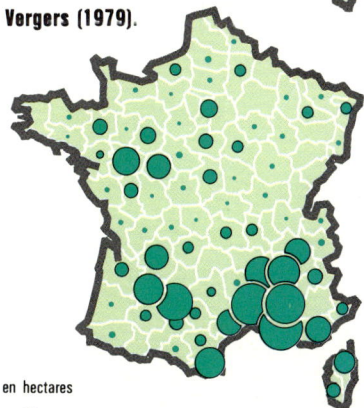

Vergers (1979).

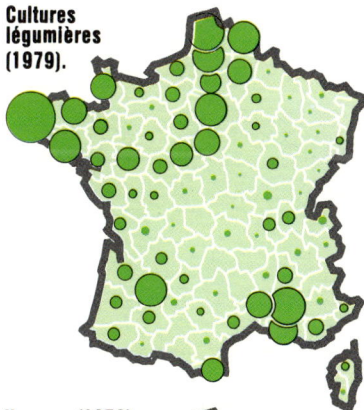

en hectares

25000 20000 15000 10000 5000 1000

Le vignoble demande des sols bien égouttés. Dans le Midi méditerranéen, où l'été est sec et chaud, il s'accommode de toutes les localisations. On retrouve encore des vignobles de plaine dans le Bordelais et la vallée de la Loire en Touraine. Mais les vignobles de qualité sont souvent des vignobles de coteau, bien exposés à l'est et au sud-est et sur des sols secs, d'où une disposition en guirlande de vignobles peu étendus : Côtes du Rhône, Beaujolais, Bourgogne, Champagne, Alsace.

🅣 Enquête sur les besoins et techniques de quelques productions : maïs, blé, betterave. Rechercher les limites de cette analyse.

La production légumière s'effectue de deux façons : en Picardie, dans le Nord et en Bretagne, les cultures de petits pois ou de haricots succèdent au blé dans les champs et sont destinées à la conserve. Dans le Midi méditerranéen, au contraire, et dans d'autres régions spécialisées (Val de Loire, Bretagne littorale) les légumes sont cultivés intensivement dans de petites exploitations employant beaucoup de main-d'œuvre ; ils sont destinés à être consommés frais, sinon en primeurs.

élevage : 69, 80, 106, 108
pêche : 79

27-Les productions animales

Les productions animales représentent au moins 55 % du revenu agricole. Près des trois cinquièmes de la surface agricole utile concourent à l'alimentation du bétail. Par son troupeau bovin, la France occupe de loin le 1er rang en Europe. Elle a le 3e troupeau européen de porcs, le 4e pour les moutons. La production de viande place la France au 4e rang mondial, celle de lait au 3e, celle de beurre au 2e.

On pratique l'élevage* dans les petites et moyennes exploitations de 10 à 50 ha. Dans celles de 100 ha et plus, on abandonne les activités d'élevage car celles-ci exigent une trop importante main-d'œuvre. De petites exploitations de moins de 1 ha pratiquent un élevage « hors sol », où veaux, porcs et volailles sont nourris avec des aliments composés achetés à l'extérieur et traités sur un mode industriel (il existe des « batteries » de 10 000 poules pondeuses).

L'élevage bovin est le plus important de tous. Le troupeau a beaucoup augmenté, passant de 15 millions de têtes en 1946 à 24 millions en 1976. Les pays de l'Ouest et du Nord regroupent la moitié des vaches laitières. Les régions de montagne des Alpes et du Massif central sont également des pays laitiers. En revanche, le nord du Massif central et le Midi-Pyrénées ont un élevage de veaux qui à quelques mois sont envoyés à l'abattoir, ou engraissés jusqu'à dix-huit mois ou deux ans pour fournir de la viande de bœuf. Mais la distinction entre élevage laitier et élevage pour la viande n'est pas aussi nette. Les vaches laitières de plus de sept ans finissent aussi à la boucherie : ces « vaches de réforme » font de l'Ouest un gros producteur de viande bovine.

L'élevage du mouton (11 millions de têtes) est pratiqué dans les moyennes montagnes (Alpes du Sud, Pyrénées, Massif central) et les plateaux qui les entourent.

L'élevage du porc (12 millions de têtes) est très répandu pour la consommation familiale des agriculteurs et pour la vente. Les élevages industriels utilisent les résidus de l'industrie laitière, mais aussi les productions végétales de la ferme. Les régions de grand élevage sont l'Ouest et le Nord.

La pêche* maritime met la France au 6e rang en Europe après la Norvège, le Danemark, l'Islande, l'Espagne et la Grande-Bretagne. Avec 700 000 t, la France ne suffit pas à sa consommation (déficit de 2,6 milliards de francs).

Les pays de la C.E.E. ont créé une zone maritime communautaire de 200 milles marins au large de la mer du Nord. Une bande côtière de 6 à 12 milles est réservée aux pêcheurs locaux. Les pêcheurs français tirent 27 % de leurs prises de la zone française, 47 % de la zone communautaire (surtout anglaise) et 27 % des pays tiers. Ce partage ne va pas sans conflits avec la Grande-Bretagne, ou les pays tiers comme l'Espagne.

Boulogne est le premier port pour le tonnage débarqué. Il expédie les poissons de marée vers Paris. Les autres ports de la Manche (Port-en-Bessin, Cherbourg, Dieppe) sont moins importants. L'armement pour la morue (St-Malo, Fécamp) est presque arrêté. La principale zone de pêche est la côte Atlantique, de Douarnenez à La Rochelle. Lorient est le premier port français pour la valeur des prises. La pêche en Méditerranée (sardine) est secondaire.

La pêche est en état de crise profonde. Les effectifs des pêcheurs diminuent. Les fonds locaux ne suffisent pas et s'appauvrissent. Les pêcheurs français rencontrent la concurrence de nos voisins européens dans la zone communautaire. Ils vont beaucoup plus loin : pour le thon albacore et la langouste sur la côte occidentale de l'Afrique et même aux Antilles et dans l'océan Indien. Mais les pays riverains, soucieux de protéger leurs ressources, en réduisent l'accès. Les pêcheurs des pays de l'Est, ceux de Corée et du Japon leur font une rude concurrence.

Cheptel bovin par région

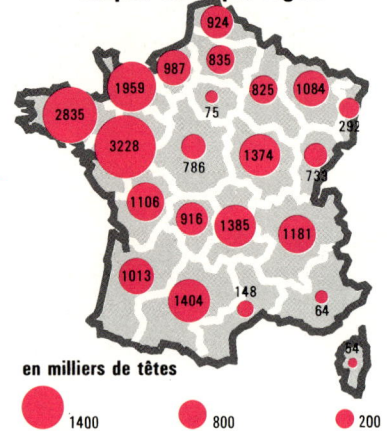

en milliers de têtes

1400   800   200

Proportion dans la SAU de la superficie fourragère totale (1979).

en pourcentages

moins de 25   de 65 à 85

de 25 à 65   plus de 85

La carte met en valeur les zones de montagne où la part de la S.A.U. en cultures fourragères dépasse 85 % et aussi la Normandie. A l'inverse, deux zones pratiquent peu les cultures fourragères : le centre et le sud du Bassin parisien (céréales) d'une part, et d'autre part une bande de terrain partant du Midi méditerranéen vers la vallée du Rhône et vers la vallée de la Garonne (vergers et vignobles).

Part de la production animale dans la production totale.

moyenne nationale : 53,7

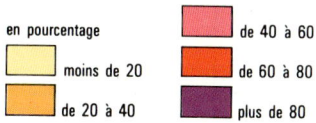

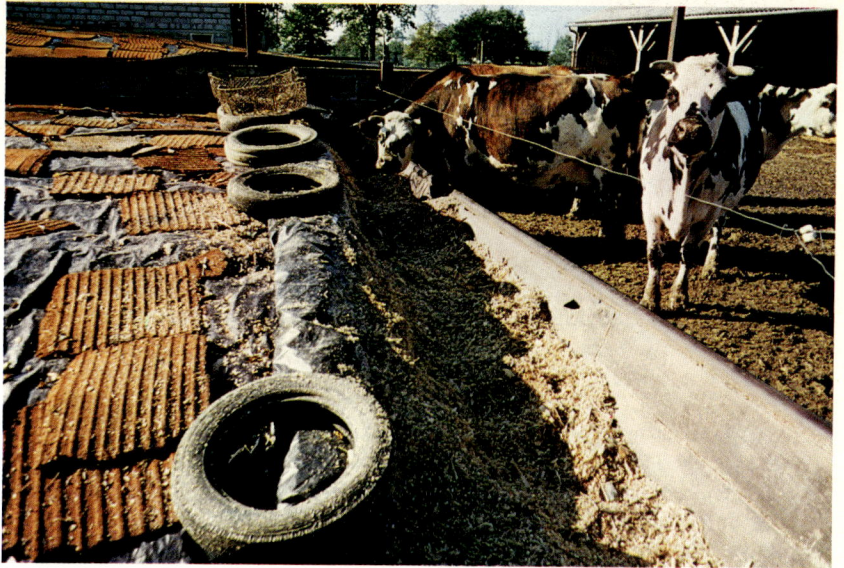

en pourcentage
- moins de 20
- de 20 à 40
- de 40 à 60
- de 60 à 80
- plus de 80

Les productions animales.

Dans cette ferme normande, les vaches laitières sont en stabulation libre. Au premier plan le maïs a été ensilé, on fait rouler des tracteurs sur le maïs pour le tasser puis on le recouvre de bâches en plastique que maintiennent de vieux pneus. Au fur et à mesure des besoins, on découvre le maïs que les vaches viennent manger. Ensilage et stabulation libre permettent de grosses économies de main-d'œuvre.

La crise de la pêche.

Elle se trouve aggravée par la fixation de quotas de prises imposés par la raréfaction de la plupart des espèces. Ceci entraîne une sous-utilisation des bateaux particulièrement préjudiciable à la pêche industrielle : un bateau de 50 mètres immobilisé à quai coûte 250 000 F par mois. La crise s'étend aux conserveries (175 entreprises en 1964, 52 en 1978) et aux chantiers navals (les dernières commandes de chalutiers remontent à 1973). Seule paraît se développer la pêche intégrée dans de puissants groupes (Saupiquet, Pêcheurs de France, Pêche et Froid) possédant bateaux-usines, conserveries, fabriques de surgelés.

L'essentiel des prises est le fait des ports qui s'échelonnent depuis l'estuaire de la Gironde jusqu'à la pointe du Raz. Il s'agit de surcroît de ports spécialisés dans le poisson frais, de forte valeur. A l'inverse, Boulogne s'est tourné vers la pêche industrielle par chalutiers-congélateurs : c'est le premier port français par les tonnages débarqués. Le reste de la côte de la Manche est très secondaire, de même que la côte méditerranéenne.

La pêche française.

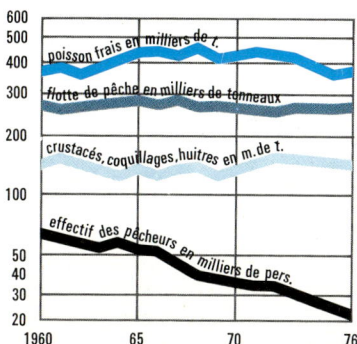

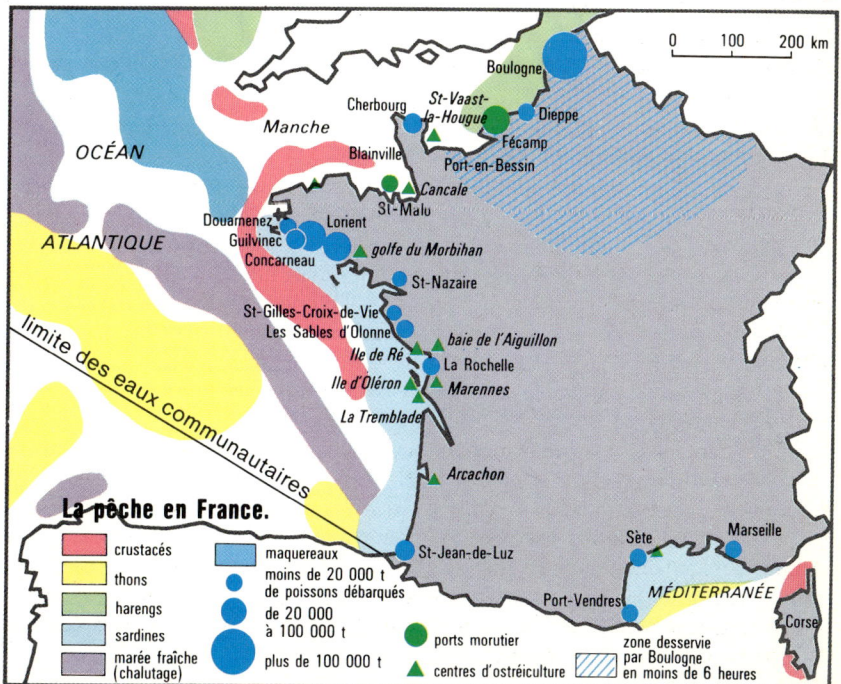

La pêche en France.

- crustacés
- thons
- harengs
- sardines
- marée fraîche (chalutage)
- maquereaux
- moins de 20 000 t de poissons débarqués
- de 20 000 à 100 000 t
- plus de 100 000 t
- ports morutier
- centres d'ostréiculture
- zone desservie par Boulogne en moins de 6 heures

politique agricole : 125, 129
fonctionnement : 52

Ⓔ

28-L'Europe verte

L'ensemble des pays européens de la C.E.E. constitue une grande puissance agricole. Les Européens de la C.E.E. représentent 6,2 % de la population mondiale, mais ils produisent 10 % du blé mondial, 13 % des pommes de terre, du sucre, de la viande de bœuf, 15 % de celle de porc, 25 % du lait, 46 % du vin. Les Pays-Bas et la France occupent après les États-Unis les 2e et 3e rangs parmi les exportateurs mondiaux de produits alimentaires.

Le Marché commun agricole est l'expression de la politique agricole de la C.E.E. Il fonctionne d'abord grâce à un **tarif extérieur commun** qui frappe les produits importés de droits de douane identiques, quelles que soient les frontières par lesquelles ils pénètrent à l'intérieur de la C.E.E. Ces droits de douane, ou « prélèvements à l'importation », sont destinés − pour les produits entrant en concurrence avec la production interne de la C.E.E. − à garantir les ventes des producteurs locaux. Ils sont destinés aussi à alimenter des « restitutions à l'exportation » : il peut se faire, en effet, que la production locale excède la consommation mais qu'on se trouve dans l'impossibilité d'écouler les excédents au dehors parce que les prix mondiaux sont inférieurs aux prix de la C.E.E. ; dans ce cas, les « restitutions à l'exportation » permettent d'exporter au prix mondial tout en garantissant les revenus des paysans européens (ce fut le cas du beurre en 1977). Le seul effet très important de la C.E.E. dans le domaine agricole a été cette organisation des marchés.

Les prix de base sont fixés par le Conseil des ministres de l'Agriculture. Mais les marchés ne sont pas tous strictement organisés : si le marché des céréales est très rigide, à l'inverse, celui des denrées périssables, comme les fruits et légumes, est très fluctuant. Et si les prix du beurre et de la poudre de lait sont soutenus, celui des œufs et volailles l'est moins...

C'est le F.E.O.G.A. (Fonds Européen d'Orientation et de Garantie Agricoles) qui gère le système.

La politique agricole* de la C.E.E. constitue dans l'ensemble une réussite. Cependant, un certain nombre de problèmes demeurent. Le système de garantie des prix conduit à pérenniser la surproduction dans certains domaines alors que d'autres demeurent déficitaires : trop de blé et pas assez de maïs, trop de produits laitiers et de vin. Si bien que faute de pouvoir garder indéfiniment des stocks, la C.E.E. est amenée à les brader.

En outre, **le fonctionnement* du Marché commun agricole ne va pas sans heurts.** Les intérêts et les habitudes des pays de la communauté diffèrent beaucoup. Le système de prix plus élevés que ceux du marché mondial, qui garantit le niveau de vie des agriculteurs, convient aux pays qui comme la France ont une paysannerie nombreuse, mais ne séduit guère la Grande-Bretagne, où les agriculteurs ne représentent qu'un faible nombre et qui avait l'habitude de s'approvisionner à bon prix à l'intérieur du Commonwealth : le gigot de mouton congelé de Nouvelle-Zélande arrive à Londres à un prix inférieur à celui de la même viande originaire du continent européen.

D'autre part, aussi bien en France que chez nos voisins, l'agriculture n'est plus une activité isolée. Elle fait partie du complexe agro-alimentaire, comprenant les industries d'amont et d'aval, les artisans ruraux, l'encadrement de l'agriculture. Plus une agriculture est avancée, plus elle est intégrée dans un complexe agro-alimentaire. C'est ainsi que l'agriculture des Pays-Bas, 2e exportateur mondial de produits alimentaires après les États-Unis, est le modèle même de cette intégration. Ce tout petit pays, très peuplé, exporte 40 % de produits alimentaires de plus qu'il n'en importe. Cela signifie qu'il est désormais impossible de traiter les prix agricoles indépendamment de ceux de l'énergie, des engrais et des produits industriels en général.

Schéma d'un marché agricole communautaire.

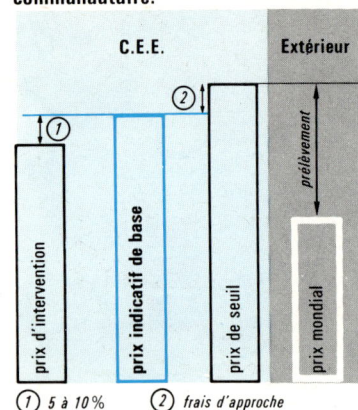

C.E.E. | Extérieur

① 5 à 10 % ② frais d'approche

prix d'intervention — prix indicatif de base — prix de seuil — prix mondial — prélèvement

▲
Les prix à l'intérieur de la C.E.E. doivent osciller autour du *prix indicatif de base* fixé par le Conseil des ministres de l'Agriculture de la C.E.E. Si les prix s'effondrent, le Fonds européen d'organisation et de garantie agricole intervient pour les maintenir au niveau du *prix d'intervention* (achats, stockage). Pour les relations avec les pays tiers la C.E.E. fixe le prix de seuil. La plupart des prix du marché mondial sont inférieurs à ceux de la C.E.E. On ne peut importer des produits extérieurs moins chers qu'après avoir acquitté une taxe qui les met au niveau du prix de seuil. En cas d'excédents exportables, les produits vendus à l'extérieur reçoivent une subvention à l'exportation.

Revenu agricole et coût de production.

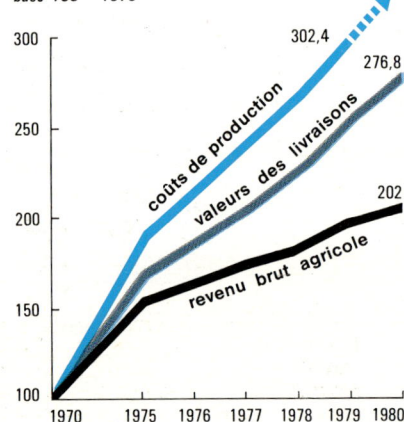

base 100 - 1970

coûts de production 302,4
valeurs des livraisons 276,8
revenu brut agricole 202

300 · 250 · 200 · 150 · 100

1970 1975 1976 1977 1978 1979 1980

marché agricole/production agricole
Marché commun agricole

Les prix à la production

Avant l'organisation des marchés.

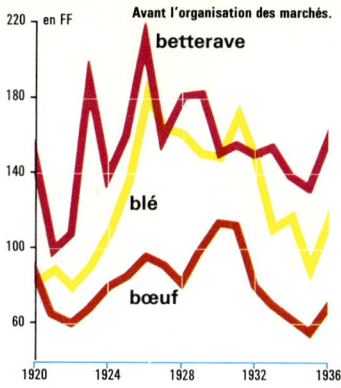

220 en FF
180
140
100
60

betterave
blé
bœuf

1920 1924 1928 1932 1936

Depuis l'organisation des marchés.

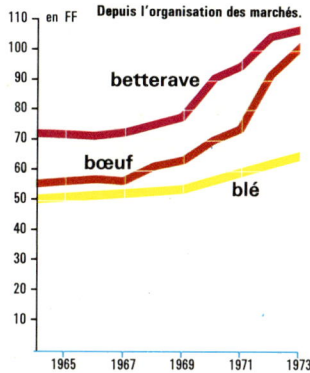

110 en FF
100
90
80
70
60
50
40
30
20
10

betterave
bœuf
blé

1965 1967 1969 1971 1973

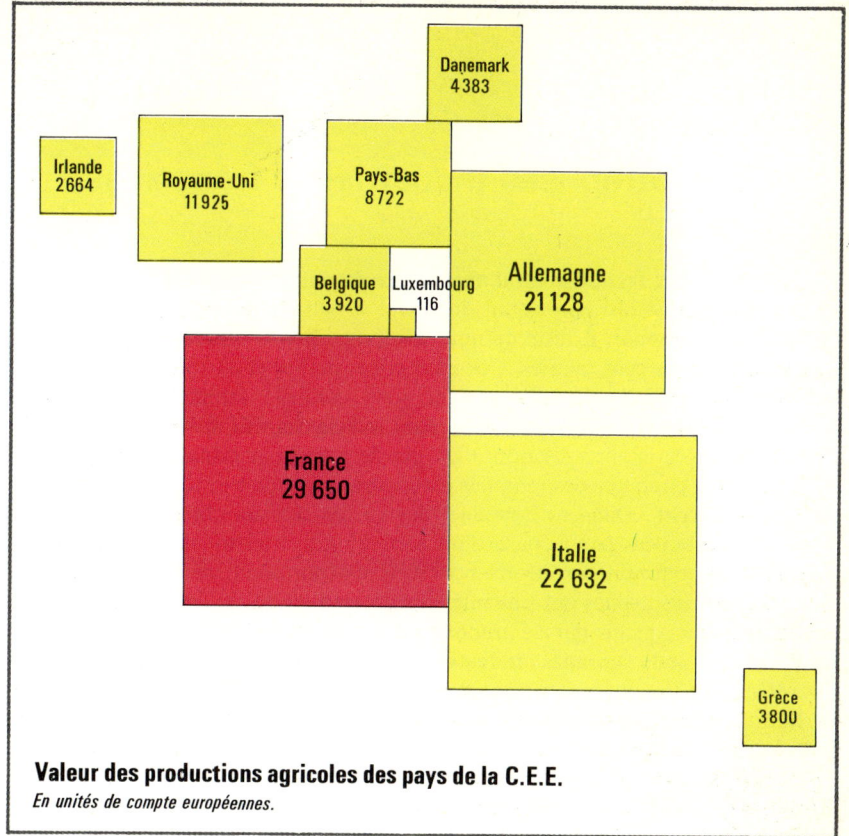

Irlande 2664
Royaume-Uni 11 925
Pays-Bas 8 722
Danemark 4 383
Belgique 3 920
Luxembourg 116
Allemagne 21 128
France 29 650
Italie 22 632
Grèce 3800

Valeur des productions agricoles des pays de la C.E.E.
En unités de compte européennes.

▲

Avant la guerre de 1939-1945, les prix étaient très irréguliers, à court terme, ce qui amplifiait les conséquences des variations climatiques (en 1930 les prix s'étaient effondrés lors de la grande crise). La politique des prix mise en œuvre par la C.E.E. a stabilisé les cours.

▲

La France possède grâce à sa vaste surface agricole utile et à la qualité moyenne de ses sols et de son climat l'agriculture la plus importante de la C.E.E. Toutefois, sa productivité est relativement faible par rapport à quelques-uns de ces concurrents comme les Pays-Bas.

Le complexe agro-alimentaire.

De nos jours *l'agriculture* est de plus en plus *intégrée* dans le complexe agro-alimentaire. En amont, la construction mécanique fournit les machines, la chimie, les engrais et insecticides... En aval, la vie urbaine favorise l'usage d'aliments rapidement cuisinés, cependant que le développement des magasins à grande surface rend plus compliqués le stockage et le conditionnement des produits : ceci implique la croissance des industries agro-alimentaires (celles des produits frais : boulangerie, laiterie, boucherie, charcuterie et celles des produits de longue conservation). L'agriculture est cliente de ces industries (aliments pour le bétail). Le complexe comprend encore toutes les activités de distribution aussi bien dans le pays que pour l'étranger.

Le fonctionnement régulier des industries agro-alimentaires suppose un approvisionnement régulier. Une laiterie conditionnant le lait et fabriquant des yaourts doit s'assurer chaque jour une certaine quantité de lait. Elle passe donc contrat avec des agriculteurs qui doivent lui livrer leur production en échange d'un prix garanti. Il existe des contrats identiques pour l'élevage des volailles, des veaux, des porcs. On a donc pu se demander si tout pouvoir de décision n'échappe pas de ce fait à l'agriculteur. D'où l'intérêt de la coopération agricole ; les coopératives peuvent signer des contrats au nom de leurs adhérents en France.

Le complexe agro-alimentaire en France.

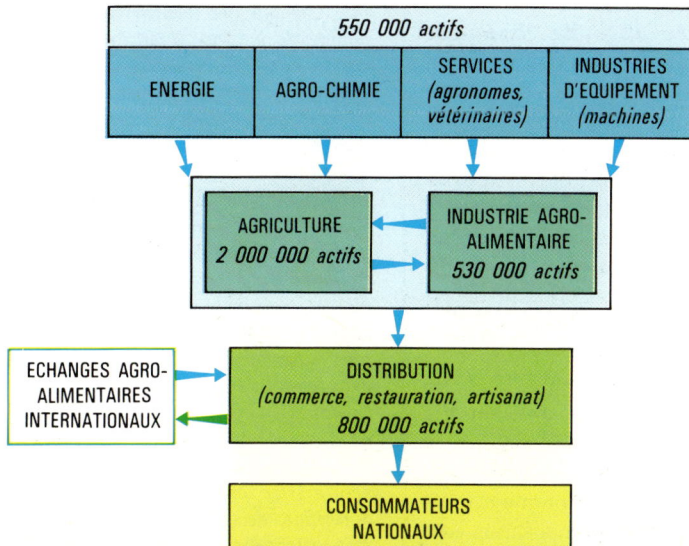

550 000 actifs

| ENERGIE | AGRO-CHIMIE | SERVICES (agronomes, vétérinaires) | INDUSTRIES D'ÉQUIPEMENT (machines) |

AGRICULTURE 2 000 000 actifs

INDUSTRIE AGRO-ALIMENTAIRE 530 000 actifs

ECHANGES AGRO-ALIMENTAIRES INTERNATIONAUX

DISTRIBUTION (commerce, restauration, artisanat) 800 000 actifs

CONSOMMATEURS NATIONAUX

LE COMPLEXE AGRO-ALIMENTAIRE OCCUPE AU MOINS 18 % DE LA POPULATION ACTIVE FRANÇAISE.

◀

rôle de l'État : 19
implantations à l'étranger : 51
capitaux étrangers : 49, 50

29-Les entreprises industrielles françaises

L'industrie française est d'abord faite de milliers de petites et moyennes entreprises. Même si l'on exclut du calcul le bâtiment et les travaux publics, secteur très atomisé, il reste qu'une entreprise industrielle seulement sur dix emploie plus de cent salariés. Ces entreprises petites et surtout moyennes (de 100 à 500/1 000 salariés), souvent sous contrôle familial, ne sont pas condamnées à la disparition si elles sont judicieusement spécialisées. Mais la contrepartie de la spécialisation, c'est que le marché national est parfois trop étroit. Or, la conquête des marchés extérieurs est risquée et coûteuse pour une petite entreprise. Dans ce domaine, des succès ont été obtenus lorsque des P.M.I., regroupées sur la base d'un secteur industriel ou d'une région, ont financé en commun des efforts ponctuels d'exportation, partageant ainsi les risques, ou lorsqu'elles ont travaillé en sous-traitance à l'exécution de contrats d'exportation conclus par de grands groupes déjà implantés à l'étranger.

Les grands groupes industriels français se sont constitués assez tardivement. Ils sont aujourd'hui de taille respectable, mais sans jamais figurer vraiment parmi les géants de l'industrie mondiale ni même européenne, à quelques exceptions près (Compagnie Française des Pétroles, Elf-Aquitaine, Renault, Michelin, dans leur domaine respectif). Et il n'y a que 11 entreprises françaises parmi les cent plus grandes du monde. Il faudrait trois fois Thomson ou deux fois la C.G.E. pour atteindre la taille de leurs homologues européens Philips et Siemens, il faudrait deux fois Rhône-Poulenc, première entreprise chimique française, pour atteindre la taille de l'allemand Hoechst. Malgré cela, et c'est la preuve que le gigantisme n'est pas indispensable, les grandes entreprises industrielles françaises ont manifesté au cours des dix dernières années un dynamisme équivalent à celui de leurs concurrents européens.

L'État occupe désormais une position dominante* dans la plupart des branches industrielles, depuis la nouvelle vague de nationalisations et de prises de participation de 1981. Désormais, la chimie, l'aluminium, l'informatique et la construction électrique sont dominées par des entreprises publiques. Parmi les grandes branches industrielles, seuls le bâtiment, les travaux publics, l'agro-alimentaire, la mécanique, le textile et, plus partiellement, l'automobile et l'industrie du pétrole, restent dans la mouvance du capitalisme privé. Les entreprises industrielles contrôlées par la puissance publique pèsent plus que leur part dans l'emploi industriel total (20 %) : elles représentent 30 % de la valeur ajoutée et surtout 75 % des investissements de l'industrie.

Les capitaux étrangers* contrôlent moins de 15 % de l'industrie française. Leur place est plus forte dans des domaines précis : raffinage et chimie du pétrole (Esso, Mobil, Shell, BP), chimie des produits de grande consommation (Unilever, Colgate), informatique, composants électroniques, machines agricoles. Ce mouvement d'implantation de firmes étrangères, très vif dans les années de la grande expansion, s'est fortement ralenti depuis 1975.

Ce sont désormais les groupes industriels français qui s'implantent à l'étranger* et qui sont devenus de véritables multinationales, soit en créant leurs propres usines, soit en rachetant des entreprises d'autres pays. C'est ainsi que Rhône-Poulenc et Saint-Gobain, groupes nationalisés en 1981, ont réalisé respectivement 30 et 50 % de leur chiffre d'affaires à l'étranger. Rhône-Poulenc joue un grand rôle dans l'industrie chimique et pharmaceutique brésilienne, Péchiney de même dans la bauxite et l'aluminium en Grèce. Depuis 1975, les firmes françaises, tant publiques que privées, ont surtout cherché à pénétrer le marché nord-américain : Michelin a construit plusieurs usines, Renault s'est associé à American Motors, Lafarge est un des principaux cimentiers d'Amérique du Nord, Elf-Aquitaine a racheté une compagnie chimique texane. Le débat est ouvert entre les partisans de cette multinationalisation des entreprises françaises et ceux qui la trouvent excessive.

Que signifient les sigles et abréviations qui désignent certaines entreprises françaises ?

R.N.U.R. Régie Nationale des Usines Renault. Entreprise nationalisée à la Libération.

C.D.F. Charbonnages de France, entreprise publique.

E.C.M. Entreprise chimique et minière. Entreprise publique, exploite les mines de potasse d'Alsace.

C.F.P. Compagnie Française des Pétroles (groupe Total).

C.G.E. Compagnie Générale d'Électricité, nationalisée en 1982.

P.U.K. Péchiney-Ugine-Kuhlman, nationalisée en 1982. Provient de la fusion intervenue en 1971 de Péchiney (aluminium), Ugine (électro-chimie et électro-métallurgie) et Kuhlman (chimie).

S.N.I.A.S. Société Nationale Industrielle Aérospatiale, entreprise publique, plus communément appelée « Aérospatiale ». Née en 1970 du regroupement des Sociétés Nord-Aviation et Sud-Aviation.

C.E.A. Commissariat à l'énergie atomique.

groupe industriel : ensemble d'entreprises industrielles juridiquement distinctes, avec leur propre direction, leur propre domaine d'activité, mais qui ont en commun d'être contrôlées financièrement, c'est-à-dire d'avoir comme principal actionnaire, une société de gestion unique, au nom en général peu connu, et qui se contente de gérer des participations dans chacune des sociétés. Derrière cette société de gestion se cache parfois une famille et ses descendants, ou une grande banque. Un exemple : le groupe Schneider est une constellation de sociétés indépendantes : Creusot-Loire (métallurgie fine, ingénierie) Framatome (chaudronnerie nucléaire), Spie-Batignolles (Travaux publics), Merlin-Gerin (construction électrique), Jeumont-Schneider (électro-mécanique), Dunkerque-Normandie (sidérurgie et construction navale), Speichim (ingénierie) etc. Toutes ces entreprises sont contrôlées par une société de gestion dans laquelle les intérêts prédominants de la famille Empain ont été supplantés récemment par la Banque de Paris et des Pays-Bas. Dans un groupe industriel, il peut exister une politique, c'est-à-dire la définition de grands objectifs (axes de diversification, spécialisation des sociétés etc.).

Les grandes entreprises industrielles, évolution 1971-1980.

1971		1980			
	Chiffre d'affaires (milliards de F)		Chiffre d'affaires (milliards de F)	Effectifs	% du C.A. réalisé à l'export. et à l'étranger
1 Renault*	14	1 Cie Française des Pétroles	101	44 000	56 %
2 Rhône-Poulenc	11	2 Renault*	80	232 000	47 %
3 Cie Française des Pétroles	10,8	3 Elf-Aquitaine*	77	37 000	23 %
4 Saint-Gobain-Pont-à-Mousson	8,9	4 Peugeot	71	245 000	50 %
5 Péchiney	8,7	5 Cie Générale d'Électricité*	46	180 000	30 %
6 Denain-Nord-Est-Longwy	8,6	6 Saint-Gobain	43	163 000	60 %
7 Cie Générale d'Électricité	8,6	7 Péchiney-Ugine-Kuhlmann*	38	90 000	53 %
8 ELF-Erap*	8,1	8 Thomson*	36	128 000	46 %
9 Citroën	7,9	9 Michelin	33	115 000	59 %
10 Peugeot	7,7	10 Groupe Schneider	32	117 000	46 %
11 Ugine-Kuhlmann	6,3	11 Rhône-Poulenc*	30	95 000	59 %
12 Wendel-Sidelor	5,9	12 Générale Occidentale	29	60 000	80 %
13 Thomson	5,7	13 Usinor*	21	34 000	29 %
14 Usinor	5,3	14 BSN-Gervais-Danone	18	48 000	32 %
15 Cie Française de Raffinage	4,6	15 SNIAS (Aérospatiale)*	13	34 000	48 %

*Firmes appartenant au secteur public (en 1971 ou en 1980)

Dans quelle mesure l'évolution récente des différentes branches de l'industrie française se lit-elle à travers ce tableau ? Quelles sont les branches industrielles les plus représentées ? A quoi cela correspond-il ? Quels sont les déclins ou les ascensions, que l'on peut observer ? Quel est le rôle des regroupements de grandes entreprises dans les modifications apportées à la hiérarchie des firmes françaises ?

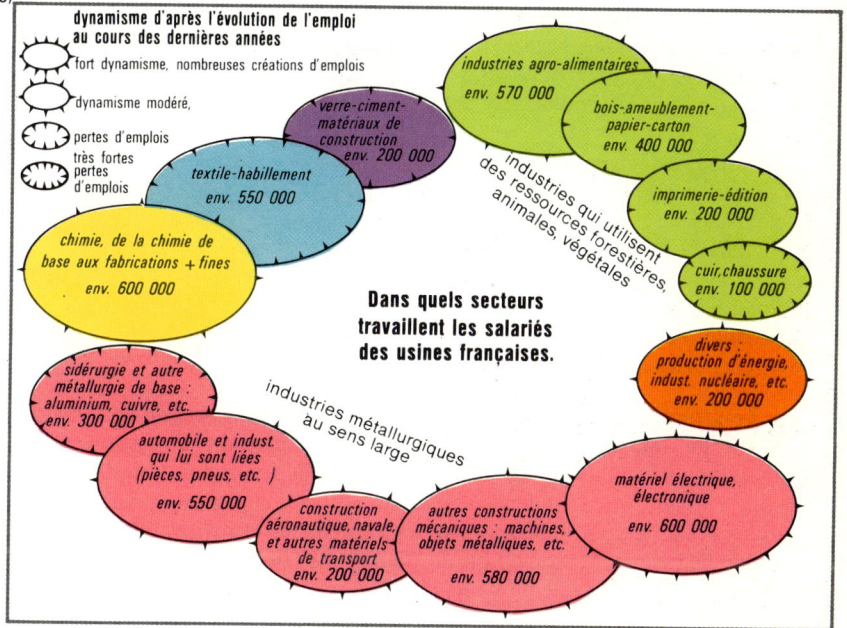

dynamisme d'après l'évolution de l'emploi au cours des dernières années

fort dynamisme, nombreuses créations d'emplois

dynamisme modéré,

pertes d'emplois

très fortes pertes d'emplois

Dans quels secteurs travaillent les salariés des usines françaises.

verre-ciment-matériaux de construction env. 200 000

textile-habillement env. 550 000

chimie, de la chimie de base aux fabrications + fines env. 600 000

industries qui utilisent des ressources forestières, animales, végétales

industries agro-alimentaires env. 570 000

bois-ameublement-papier-carton env. 400 000

imprimerie-édition env. 200 000

cuir, chaussure env. 100 000

divers : production d'énergie, indust. nucléaire, etc. env. 200 000

sidérurgie et autre métallurgie de base : aluminium, cuivre, etc. env. 300 000

automobile et indust. qui lui sont liées (pièces, pneus, etc.) env. 550 000

industries métallurgiques au sens large

construction aéronautique, navale, et autres matériels de transport env. 200 000

autres constructions mécaniques : machines, objets métalliques, etc. env. 580 000

matériel électrique, électronique env. 600 000

Le dynamisme contrasté des différentes branches industrielles.

évolution de la production et de l'emploi dans quelques grandes industries de 1970 à 1980

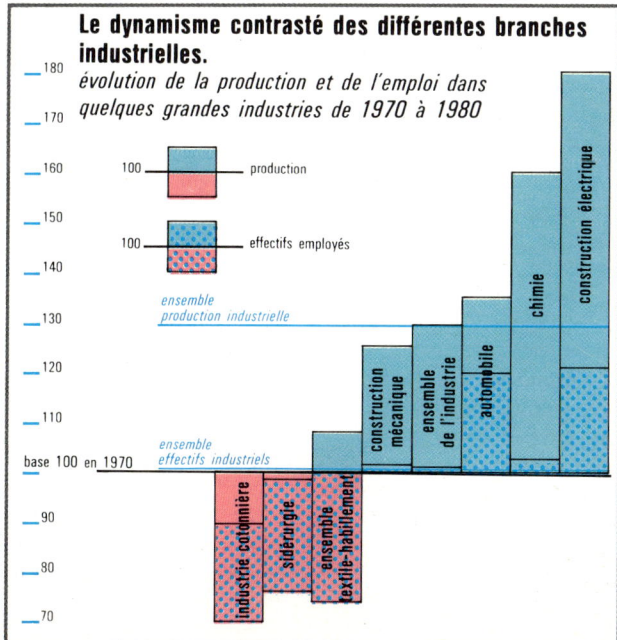

production

effectifs employés

ensemble production industrielle

ensemble effectifs industriels

base 100 en 1970

industrie cotonnière

sidérurgie

ensemble textile-habillement

construction mécanique

ensemble de l'industrie

automobile

chimie

construction électrique

Les entreprises industrielles françaises, répartition par taille.
(en 1978, bâtiment, travaux publics et industries agricoles et alimentaires exclus)

	Taille de l'entreprise	Nombre	% du nombre total d'entreprises	Effectifs employés en % du total	% des ventes réalisé
Petites entreprises	10 à 19 personnes	9 800	29 %	3 %	2 %
	20 à 49 personnes	12 600	38 %	9 %	7 %
	50 à 99 personnes	4 800	14 %	7 %	6 %
Moyennes entreprises	100 à 499 personnes	5 000	15 %	22 %	17 %
Grandes entreprises	500 personnes et +	1 200	4 %	59 %	68 %
	Total	33 400	100 %	100 %	100 %

La petite entreprise apparaît comme l'entreprise française-type, mais une majorité assez nette de salariés dépend des grandes entreprises. A l'échelle nationale, les petites et moyennes entreprises emploient donc 41 % des actifs industriels. Ce chiffre est une moyenne entre des secteurs où la place des PME est encore plus forte (mécanique : 55 %, textile : 62 %, bois et ameublement : 83 %) et d'autres concentrés par nécessité (aéronautique et construction navale : 12 %, chimie : 35 %).

65

30-L'industrie dans l'espace français

La distribution régionale de l'industrie reste contrastée et l'opposition des deux moitiés du territoire français de part et d'autre d'une diagonale Le Havre-Marseille demeure grossièrement valable. Toutefois, il y a désormais quelque abus à qualifier de « rurale » la France de l'Ouest et du Sud-Ouest. Rurale, cette partie du pays l'est en effet au sens où l'industrie n'y marque pas les paysages, les villes, les mentalités comme à Lyon ou en Lorraine. Mais l'industrie y est tout de même présente. Il serait plus exact de dire qu'il s'agit des régions les moins industrialisées d'un pays industriel.

Sans qu'on puisse parler de bouleversement géographique, **les contrastes entre grands ensembles régionaux se sont atténués** au cours des vingt dernières années. Certes, les espaces forts de l'industrie française restent ceux que nous a légués la révolution industrielle du XIXe siècle : Nord, régions parisienne et lyonnaise, Nord-Est. Mais une redistribution du phénomène industriel se produit insensiblement. La carte du dynamisme des effectifs industriels révèle un découpage nouveau. Si l'Ile-de-France ou la région Rhône-Alpes conservent leur position, il n'en va pas de même des bassins ou des vallées industriels bâtis sur le charbon, le fer, l'acier ou le textile, dans le Nord, en Lorraine, dans les Vosges. Inversement, les effectifs industriels ont beaucoup augmenté à la périphérie du Bassin parisien et dans une partie de l'Ouest. Dans cette redistribution des usines, la politique d'aménagement du territoire a joué un rôle, encourageant les implantations dans l'Ouest.

Le grand essor industriel des années 60 s'est accompagné de nouveaux facteurs de localisation*. Les branches en expansion de cette période, construction mécanique et électrique, ont multiplié les usines dans des régions encore rurales, où existaient de véritables bassins de main-d'œuvre bon marché. Ainsi se sont industrialisées les campagnes et petites villes de Basse-Normandie (usines Moulinex) ou de Bourgogne (électronique). Dans d'autres cas, l'agrément d'une ville ou d'une région a pu être un facteur d'industrialisation : villes moyennes du Val de Loire, villes des Alpes du Nord. Quant aux industries de base, elles ont glissé des bassins intérieurs vers les littoraux ou les grands axes fluviaux, puisqu'elles fonctionnent de plus en plus avec des matières premières importées (Dunkerque, Basse-Seine, Marseille-Fos, rives de la Moselle, du Rhin, du Rhône).

C'est à l'échelle plus fine de chaque région, de chaque ville, que **la répartition et les paysages de l'industrie* française ont changé**. Si l'industrie reste liée à la ville, elle en est de plus en plus distincte. Le paysage de la zone industrielle spécialisée s'est généralisé. L'industrie fuit Paris mais aussi les villes de la proche banlieue (St-Denis). Elle essaime ses bâtiments le long des axes routiers, parfois en rase campagne, de moins en moins liée par des contraintes physiques.

Plusieurs régions ont une forte proportion d'usines en milieu rural. Dans certains cas, la diffusion du phénomène industriel est ancienne et repose sur un tissu dense de petites entreprises et d'initiatives locales : Franche-Comté, Jura, Rhône-Alpes, Choletais, pays charentais. Les cas de la Bourgogne et de la Basse-Normandie, cités plus haut, sont différents : les usines sont venues d'ailleurs, brutalement, et ont créé des emplois sans grande qualification. L'industrie en milieu rural* a des avantages : elle diversifie les ressources locales tout en préservant l'essentiel du cadre de vie. Mais ce sont parfois d'autres motivations qui président à sa venue, telles que la docilité ou le faible coût de la main-d'œuvre, souvent féminine.

L'industrie à la campagne : la fabrication du petit appareillage électrique dans la région de Limoges.

Limoges est le berceau de la grande entreprise Legrand, qui emploie plus de 8 000 personnes, dont la moitié en Limousin, et fabrique près de 50 % du petit appareillage électrique d'installation (prises de courant, interrupteurs etc.) consommé en France. A l'origine, l'entreprise ne fabriquait que de la porcelaine de table. C'est par ce biais qu'elle en est venue à l'isolation électrique puis au matériel électrique. Le siège de l'entreprise, ainsi que le principal établissement, sont toujours à Limoges. Mais 10 autres établissements sont installés à la campagne dans un rayon de 30 à 60 km.

« En 1964, la première des 10 "usines à la campagne" s'installe à Châlus, à une trentaine de kilomètres de Limoges. A l'époque, on parlait assez peu d'enrichissement des tâches, et encore moins d'écologie ; plus prosaïquement, Legrand allait à la rencontre d'une main-d'œuvre devenue rare à Limoges. Autre intérêt de cet exil : les diverses primes à l'aménagement du territoire qui représentent dans cette région jusqu'à 25 % d'un investissement. Aujourd'hui, (...) les maires s'arrachent les usines Legrand. Celui de Peyrat-de-Bellac, un gros bourg d'un millier d'habitants, lui réserve un terrain depuis 1974, dans l'espoir d'être un jour récompensé pour tant de constance. (...) Legrand entretient soigneusement cette image de dispensateur d'emplois en continuant, par exemple, à fournir du travail à domicile à 150 habitants de Limoges, pour le seul respect d'une tradition bien ancrée localement. Mais la stabilité du personnel s'explique autant par l'absence d'autres employeurs que par la satisfaction réelle des salariés. Autre avantage de ces usines à la campagne, que la direction ne cherche pas à cacher : elles permettent un cloisonnement de la main-d'œuvre en petites unités d'environ 200 personnes, ce qui limite les conséquences d'éventuels mouvements sociaux. (...) Leur personnel (essentiellement des ouvrières d'origine rurale) y trouve d'ailleurs certains avantages : un temps de transport diminué, des emplois sur place, une vie de famille améliorée. (...) Heureux également ce jeune chef d'établissement, tout surpris d'être devenu un notable, que le maire du village vient consulter. (...) »

L'Expansion, nº 118, mai 78.

bassin de main-d'œuvre
industrie en milieu rural

L'évolution de la population active industrielle de 1962 à 1975

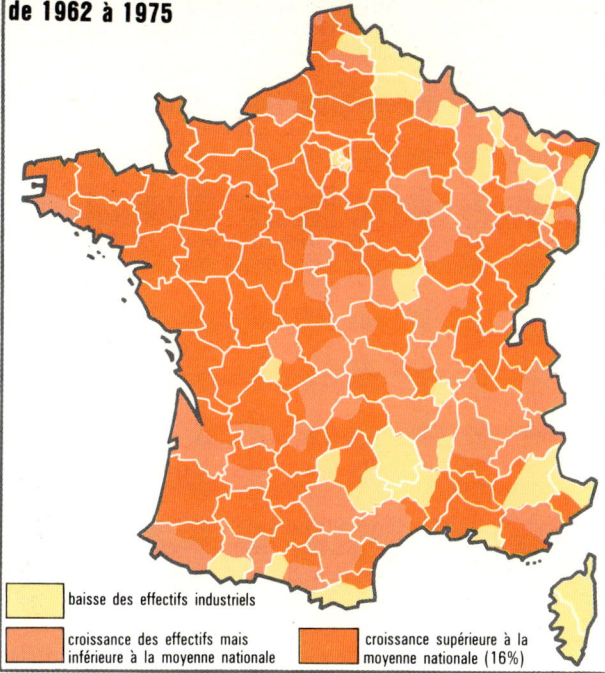

baisse des effectifs industriels

croissance des effectifs mais inférieure à la moyenne nationale

croissance supérieure à la moyenne nationale (16%)

La population active dans le secteur secondaire par arrondissement en 1975.

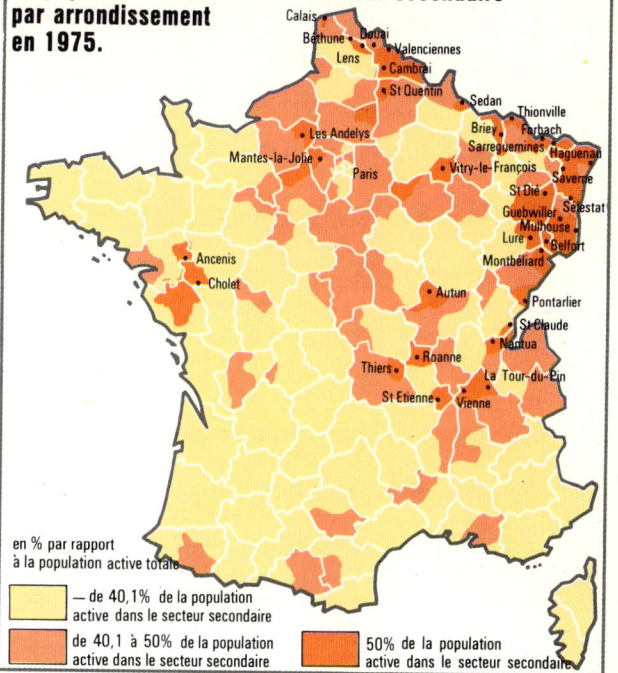

en % par rapport à la population active totale

− de 40,1% de la population active dans le secteur secondaire

de 40,1 à 50% de la population active dans le secteur secondaire

50% de la population active dans le secteur secondaire

T **Le rôle de l'histoire, son étude à travers des cartes rétrospectives.** La cartographie d'un phénomène à des intervalles de plusieurs dizaines d'années permet de mesurer une évolution et surtout d'apprécier ce qui dans une situation présente relève de conditions passées. On s'aperçoit alors que certaines localisations industrielles sont des héritages, ou que des régions autrefois réputées pour leur métallurgie ne comptent plus beaucoup aujourd'hui. Effectuer la même opération (cartes successives), mais sur un autre thème, et à l'échelle de votre région, ou de votre ville. On peut également mesurer la place de ce qui est hérité, les permanences et les changements, dans un paysage urbain par exemple, en confrontant des photographies successives prises au même endroit. Les phénomènes de persistance vont souvent de pair avec des problèmes d'adaptation aux conditions économiques naturelles : textile vosgien, fonderie ardennaise, outillage stéphanois, ganterie de Millau, etc. Dans tous ces cas, le seul facteur positif est le savoir-faire d'une main-d'œuvre hautement spécialisée.

Les industries en France vers 1780.

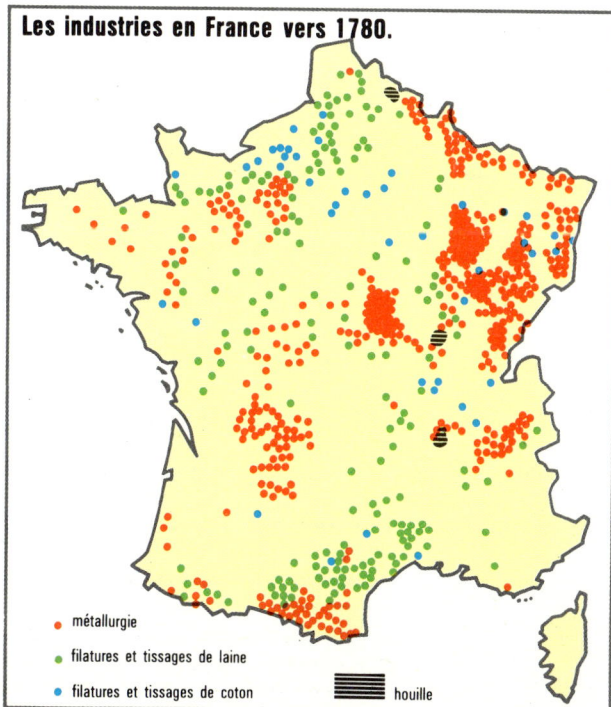

• métallurgie

• filatures et tissages de laine

• filatures et tissages de coton

houille

Evolution des localisations industrielles de 1960 à nos jours.

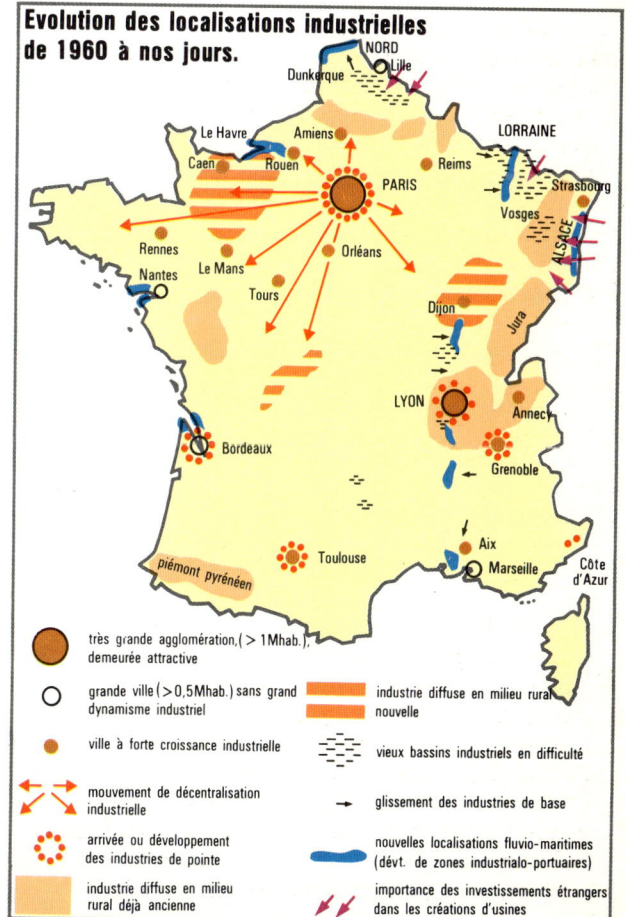

très grande agglomération, (> 1 Mhab.), demeurée attractive

grande ville (> 0,5 Mhab.) sans grand dynamisme industriel

ville à forte croissance industrielle

mouvement de décentralisation industrielle

arrivée ou développement des industries de pointe

industrie diffuse en milieu rural déjà ancienne

industrie diffuse en milieu rural nouvelle

vieux bassins industriels en difficulté

glissement des industries de base

nouvelles localisations fluvio-maritimes (dévt. de zones industrialo-portuaires)

importance des investissements étrangers dans les créations d'usines

31-Des secteurs menacés

Des branches industrielles aussi importantes que la sidérurgie, le textile ou la construction navale* **connaissent de graves difficultés.** Depuis plusieurs années, la presse attire l'attention sur les fermetures d'usines et les licenciements qui les frappent. Pourquoi ces industries autrefois prospères sont-elles en crise ?

Ce sont des secteurs où la concurrence étrangère est particulièrement dure. D'abord celle des pays à bas salaires ou récemment industrialisés : chantiers navals de la R.D.A., de la Pologne, de la Corée du Sud, textiles du Sud-Est asiatique ou d'Afrique du Nord, sidérurgie d'Espagne ou des pays de l'Est. Mais cette concurrence n'explique pas tout. La menace vient aussi des autres pays industrialisés, parfois même de l'intérieur de la C.E.E. Le textile italien ou américain, les navires japonais ou l'acier italien et allemand sont aussi redoutables pour les producteurs français que ceux des pays en voie d'industrialisation. Dans le textile* et la sidérurgie, on a modernisé tardivement de nombreuses usines vétustes. Et ces transformations s'effectuent depuis 1974 dans un contexte difficile de crise et de stagnation de la demande. Dans le textile, certaines entreprises ont préféré investir à l'étranger. La crise du textile, de la sidérurgie ou des chantiers navals est d'autant plus durement ressentie qu'il s'agit d'activités concentrées dans quelques régions mono-industrielles où la fermeture d'une usine provoque un drame social.

Les mutations techniques nécessaires et la concurrence étrangère ont poussé à la concentration financière : Usinor et Sacilor produisent 95 % de l'acier. Dans le textile, traditionnellement plus émietté, se sont formés de grands groupes : Prouvost-Masurel, D.M.C., Agache-Willot-Boussac-St-Frères. Plusieurs chantiers navals ont diversifié leurs activités en fabriquant des plates-formes pétrolières ou des équipements industriels complets.

Toutefois, ces industries, même en crise, ne doivent pas être sacrifiées au nom d'une nouvelle division internationale du travail. D'ailleurs elles demeurent importantes, et parfaitement efficaces dans les domaines où la technique et la puissance financière priment sur le coût de la main-d'œuvre (aciers spéciaux, navires spécialisés etc.). Ne serait-ce que pour des raisons d'indépendance nationale, ces industries peuvent être défendues par un protectionnisme sélectif défini à l'échelle européenne.

La crise profonde de la sidérurgie* en 1975-1980 illustre tout cela. Elle est venue de la conjonction malheureuse de plusieurs phénomènes : d'abord, dès 1975, une chute brutale de la demande d'acier sous l'effet de la crise économique générale, alors que dans les années précédentes, les sidérurgistes avaient, peut-être imprudemment, beaucoup augmenté les capacités de production. De plus, on avait repoussé l'inéluctable modernisation des vieilles aciéries. Il en est résulté un énorme endettement qui a conduit l'État à convertir ses créances en participations majoritaires dans Usinor et Sacilor, puis à les nationaliser pour les sauver de la faillite. Au terme de cette évolution, la sidérurgie française, même si elle n'est plus une industrie conquérante, reste puissante et désormais moderne.

La hiérarchie des régions sidérurgiques s'est peu à peu modifiée. La Lorraine reste en tête, mais moins nettement. Toutes les usines lorraines ne sont pas vétustes, et deux complexes en bordure de la Moselle sont même ultra-modernes. Dans le Nord, le centre de gravité s'est déplacé du bassin houiller vers Dunkerque. C'est en effet en position littorale, « sur l'eau », qu'ont été installés les deux complexes intégrés les plus puissants des vingt dernières années, à Dunkerque et à Fos. Car la sidérurgie française consomme de plus en plus de matières premières importées par voie de mer : coke, minerai de fer à haute teneur, qui se substituent peu à peu aux fournitures nationales.

La crise de l'industrie textile en France et en Allemagne fédérale.

		1970	1980
France	Emplois	767 000	570 000
	Nombre d'entreprises	8 790	5 800
	Indice de la production	100	110
R.F.A.	Emplois	881 000	553 000
	Nombre d'entreprises	5 540	4 850
	Indice de la production	100	110

Sidérurgie ancienne, sidérurgie nouvelle : des vallées lorraines à Fos-sur-Mer.

« De quelque côté qu'ils se tournent, vers le paysage marin, vers les machines bourrées d'automatismes, vers une hiérarchie qui ne s'appuie plus sur les structures familiales d'antan, les Lorrains émigrés à Fos ne retrouvent rien des habitudes qui leur paraissaient impérissables au début de la décennie (...). La composition du personnel révèle un autre aspect du phénomène : 250 ingénieurs et cadres, 4 382 ETAM (agents de maîtrise), proportion énorme, inconnue en Lorraine, et qui s'explique par l'invasion de l'électronique, des systèmes-contrôles, etc. ; et seulement 2 497 ouvriers et employés, dont à peine quelques centaines n'ont pas de qualification. C'est une population technicienne, informatisée. (...) On n'entre pas à la Solmer à 16 ans, après l'école, mais nettement plus tard, vers 22 ans, puisqu'il faut s'être constitué un solide bagage technique et avoir acquis la maturité requise par le matériel sophistiqué de l'usine. (...) Ils savent que pour longtemps encore, les implantations portuaires, maritimes et fluviales feront la loi sur le marché mondial, que la concurrence des pays en voie de décollage économique sera lente. Certes, n'importe qui peut fabriquer des ronds à béton, mais on ne fait pas de ronds à béton à Fos et il faut une histoire socio-culturelle déjà longue pour utiliser efficacement la machinerie de Fos. »

L'Expansion, avril 79.

sidérurgie sur l'eau : *usine sidérurgique implantée au bord de la mer ou le long d'une grande voie navigable pour recevoir directement par grands minéraliers les matières premières souvent importées de pays lointains (coke, fer, manganèse etc.) qu'elle utilise. Ce type de localisation est devenu très intéressant grâce aux progrès du transport maritime. Il a permis la constitution de fortes sidérurgies dans des pays mal pourvus en fer et en charbon, comme les Pays-Bas, l'Italie ou le Japon.*

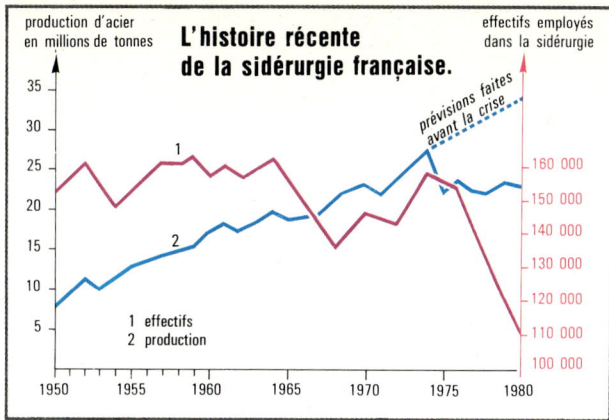

production d'acier en millions de tonnes

L'histoire récente de la sidérurgie française.

effectifs employés dans la sidérurgie

prévisions faites avant la crise

1 effectifs
2 production

1950 1955 1960 1965 1970 1975 1980

En 1981, la sidérurgie française emploie moins de 100 000 personnes. Il en résulte une productivité désormais satisfaisante (7 h de travail par tonne d'acier) et très proche de celle de la R.F.A. souvent citée en exemple. D'autre part, les aciers électriques et à l'oxygène représentent 95 % du total. Mais 70 % seulement de la capacité de production sont utilisés et il subsiste de grosses disparités dans la productivité des installations, entre les petits hauts fourneaux lorrains (moins de 400 000 t en moyenne) et les usines ultra-modernes de Dunkerque ou Fos.

Ⓣ Comment cartographier une activité industrielle ?

On peut négliger les établissements secondaires et se contenter des implantations principales, des régions dominantes. Si l'on veut être exhaustif, il faut utiliser des symboles proportionnels. On peut employer des figurés précis, ponctuels (carrés, cercles, etc.) lorsque les établissements sont peu nombreux et très importants : c'est le cas d'une industrie de base comme la sidérurgie (il y a assez peu d'aciéries). Lorsque les établissements sont nombreux, petits, dispersés, il vaut mieux employer des plages de couleur : c'est le cas de l'industrie textile, avec quelques exceptions (concentrations lilloise, lyonnaise, etc.).

La carte de la sidérurgie figure également les conditions de fonctionnement (origine des matières premières, moyens de transport lourds) parce que ce sont des facteurs importants pour une industrie lourde, qui expliquent éventuellement certaines localisations passées ou présentes. Mais pour une industrie de biens de consommation, il serait inutile de figurer les moyens de transport puisque les branches de ce type y sont indifférentes et se contentent d'une desserte routière ou ferroviaire ordinaire.

La carte de l'industrie textile combine deux variables au niveau de chaque région :
— l'une exprime l'importance en valeur absolue du textile, et mesure donc la plus ou moins forte concentration géographique de cette industrie.
— l'autre mesure la place du textile dans l'industrie régionale c'est-à-dire le degré de spécialisation. Comme le textile emploie en France 9 % des effectifs industriels, on peut considérer comme significatifs d'une certaine « sur-représentation » les chiffres supérieurs à 10 %.

Toutes les combinaisons sont possibles : le textile-habillement parisien compte en France, mais il pèse relativement peu dans l'ensemble de l'industrie parisienne. A l'opposé, le textile languedocien ou limousin compte peu en France, mais il représente tout de même une fraction non négligeable de l'emploi industriel régional parce que celui-ci est globalement faible.

La représentation et l'analyse seraient encore plus fines si les données concernaient les départements, et pas seulement les régions.

La sidérurgie française.

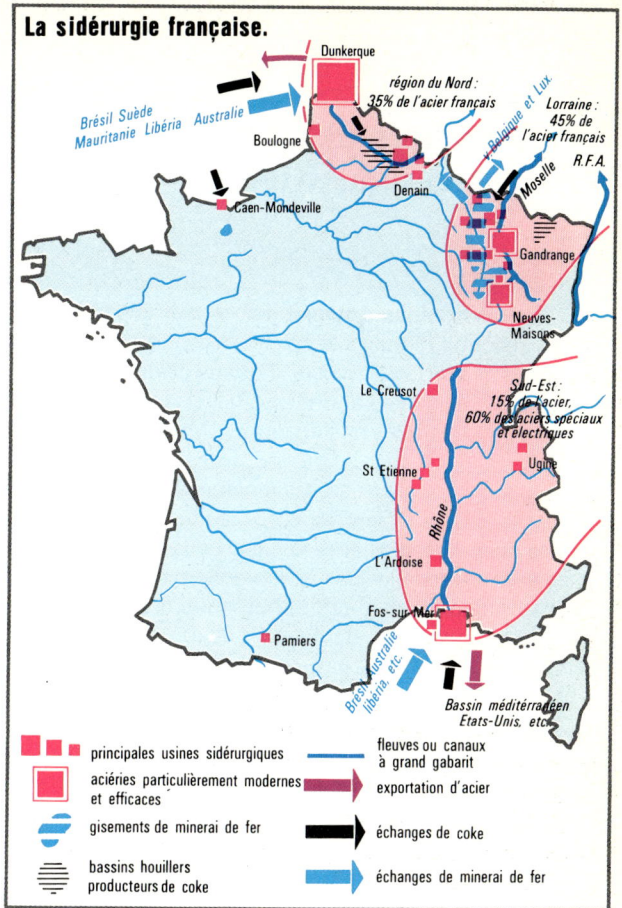

Brésil Suède Mauritanie Libéria Australie

région du Nord : 35% de l'acier français

Belgique et Lux.

Lorraine : 45% de l'acier français

Dunkerque
Boulogne
Caen-Mondeville
Denain
Moselle
R.F.A.
Gandrange
Neuves-Maisons

Le Creusot
St Étienne
Ugine

Sud-Est : 15% de l'acier, 60% des aciers spéciaux et électriques

Rhône

L'Ardoise

Fos-sur-Mer
Pamiers

Brésil, Australie, Libéria, etc.

Bassin méditerranéen Etats-Unis, etc.

■■■ principales usines sidérurgiques
▢ aciéries particulièrement modernes et efficaces
⊜ gisements de minerai de fer
≡ bassins houillers producteurs de coke
— fleuves ou canaux à grand gabarit
➜ exportation d'acier
➜ échanges de coke
➜ échanges de minerai de fer

L'industrie du textile-habillement.

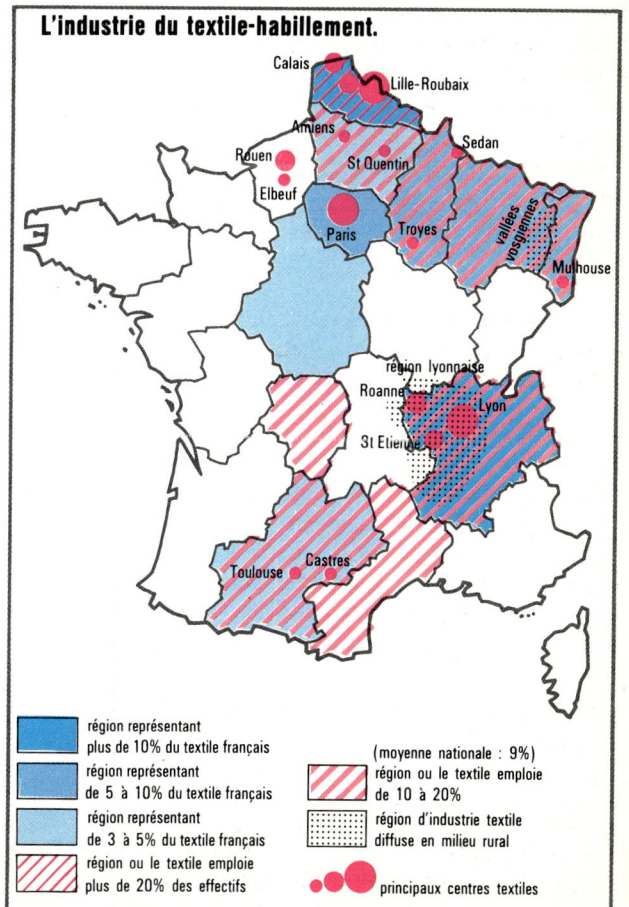

Calais
Lille-Roubaix
Amiens
Sedan
Rouen
St Quentin
Elbeuf
Paris
Troyes
vallées vosgiennes
Mulhouse

région lyonnaise
Roanne
Lyon
St Étienne

Toulouse
Castres

■ région représentant plus de 10% du textile français
■ région représentant de 5 à 10% du textile français
■ région représentant de 3 à 5% du textile français
▨ région où le textile emploie plus de 20% des effectifs

(moyenne nationale : 9%)
▨ région où le textile emploie de 10 à 20%
⋮ région d'industrie textile diffuse en milieu rural
● principaux centres textiles

69

construction automobile : 72, 86, 90, 109
industries électriques et électroniques : 77, 102
chimie : 67, 86, 98, 104

32-Les piliers de la seconde révolution industrielle

La construction automobile* est un des piliers de l'industrie française, bien qu'elle soit réduite à la défensive depuis 1980. Elle est au 4ᵉ rang mondial, derrière l'industrie allemande. Fortement exportatrice, elle tient assez bien le marché national. Dans son sillage, des secteurs comme la fabrication des pièces (groupe Valeo) ou les pneumatiques (Michelin) ont prospéré. On peut estimer qu'environ 15 % de l'industrie française dépendent de ce « phénomène automobile » qui a été l'un des moteurs de la croissance industrielle des années 1960-1973. Depuis, la crise économique, le ralentissement de la demande, la hausse des carburants et la vigueur de la concurrence étrangère placent notre industrie automobile devant des exigences nouvelles : économies d'énergie, rationalisation des gammes, robotisation des chaînes, introduction de l'électronique dans la voiture, etc. Le coût de ces adaptations technologiques conduira certainement l'industrie européenne à des regroupements et à des alliances. Nos deux grands constructeurs, Renault et Peugeot, sont de taille internationale et paraissent capables, surtout le premier, d'affronter un marché mondial sans cesse plus disputé. Mais dans ces conditions l'automobile ne crée plus d'emplois et n'est plus l'outil privilégié de l'aménagement du territoire qu'elle fut pendant quinze ans, qu'il s'agisse d'industrialiser les régions faibles (l'Ouest), ou de reconvertir et diversifier l'industrie du Nord-Pas-de-Calais. Actuellement, en Lorraine, les constructeurs freinent les projets qu'on leur avait demandés pour compenser les effets de la crise sidérurgique.

Les industries électriques et électroniques* connaissent encore une solide expansion et sont désormais l'un des points forts de notre appareil industriel, en particulier dans les domaines de l'électromécanique (C.G.E.-Alsthom, matériel ferroviaire électrique, etc.), des télécommunications et de l'électronique militaire (Thomson, Matra). Moins connues, d'autres entreprises (T.R.T., Crouzet, Télémécanique, Radiotechnique...) ont participé à l'essor de cette branche dont certaines fabrications relèvent des technologies de pointe. Comme l'ensemble des constructions mécaniques, les industries électriques et électroniques ont largement contribué à l'industrialisation de l'Ouest et du Bassin parisien.

La chimie* française est dans l'ensemble assez puissante et complète. Elle ne peut tout de même pas rivaliser avec la chimie allemande et toutes ses branches sont inégalement prospères. La pétrochimie a considérablement souffert du renchérissement de sa matière première ; l'industrie des fibres synthétiques subit dans toute l'Europe la concurrence des producteurs asiatiques. La chimie n'est donc plus l'industrie conquérante qu'elle fut dans les années 1960-1975, au temps des grands développements de la chimie organique. Aujourd'hui, on ne construit plus de grands complexes chimiques et beaucoup d'usines sont mêmes sous-employées. Les secteurs de pointe de la chimie fine, appelés à un grand développement (génie biologique et médical), n'en sont qu'à leurs débuts en France. La chimie est financièrement concentrée car seules de grandes sociétés peuvent réaliser les investissements en usines et en recherche d'une industrie dont les produits et les méthodes de fabrication évoluent très vite. A côté des grandes firmes nationalisées et du secteur public (Rhône-Poulenc, Aquitaine-Total, E.C.M., etc.) subsistent quelques grandes entreprises privées (Air liquide) et étrangères (pétrochimie). La chimie obéit à des facteurs de localisation très variés selon les fabrications : cela va de l'environnement universitaire nécessaire à la chimie fine aux contraintes physiques plus nettes (eau, espace, oléoduc) qui affectent la chimie de base dont les produits (gaz, acides...) sont souvent dangereux à fabriquer et à transporter.

La construction automobile en Europe : anciennes et nouvelles hiérarchies.

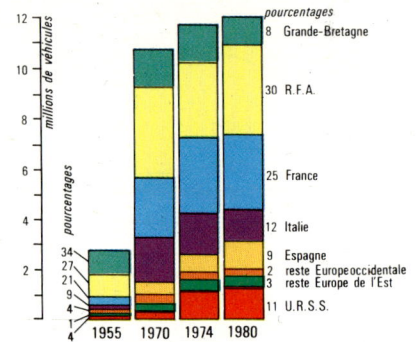

Les quatre grands constructeurs automobiles européens en 1980.

(en millions de véhicules)	Production dans leur pays d'origine	Production hors de leur pays (usines, filiales, participations)	Total
Volkswagen-Audi	1,515	0,700	2,215
Renault	1,490	0,510	2,000
Fiat	1,180	0,850*	2,030
Peugeot	1,445	0,350	1,795

*Non compris les Lada de l'U.R.S.S.

Les groupes européens[1] dans la hiérarchie mondiale.
(millions de véhicules)

1. General Motors (E.U.)		6,000
2. Ford (E.U.)		2,900
3. Toyota (Japon)		2,300
4. Volkswagen (R.F.A.)		2,200
5. Fiat (Ital.)		2,000
6. Nissan (Datsun) (Jap.)		2,000
7. Renault (Fr.)		2,000
8. Peugeot (Fr.)		1,800
9. Honda (Jap.)		0,850
10. Chrysler (E.U.)		0,850
11. Mazda (Jap.)		0,740
12. Mitsubishi (Jap.)		0,660
13. Leyland (G.B.)		0,450
14. Mercedes-Benz[2] (R.F.A.)		0,440
15. BMW (R.F.A.)		0,330
16. Volvo (Suède)		0,250

1. Non compris les entreprises soviétiques.
2. Le classement sur la base du nombre de véhicules désavantage ce groupe.

seconde révolution industrielle : *elle s'amorce entre les deux guerres mondiales et s'épanouit dans les années 1950/1980. C'est un ensemble de techniques, de secteurs, de sources d'énergie (l'électricité, le pétrole, la chimie, l'aluminium, l'automobile) qui sont aujourd'hui l'ossature des grands pays industriels. A leur tour, ils sont relayés par des secteurs nouveaux (nucléaire, informatique, etc.) qui sont l'amorce d'une « troisième révolution industrielle », la première ayant été celle du charbon, du rail et de la machine à vapeur.*

La diversité des facteurs de localisation de l'industrie chimique.

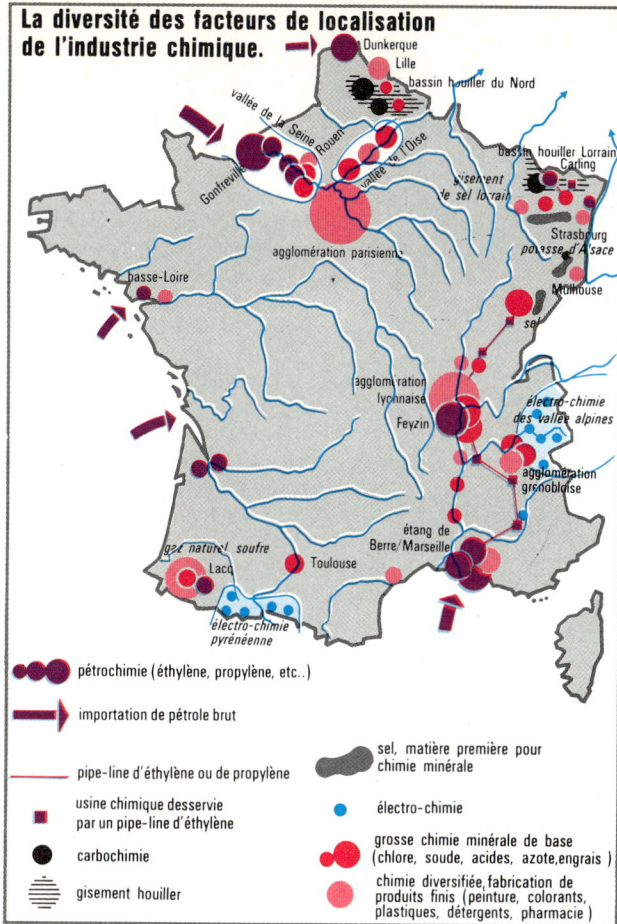

Labels on map:
- Dunkerque
- Lille
- bassin houiller du Nord
- vallée de la Seine
- Rouen
- vallée de l'Oise
- Gonfreville
- bassin houiller Lorrain
- Carling
- gisement de sel lorrain
- Strasbourg
- potasse d'Alsace
- agglomération parisienne
- basse-Loire
- Mulhouse
- sel
- agglomération lyonnaise
- Feyzin
- électro-chimie des vallées alpines
- agglomération grenobloise
- gaz naturel soufre
- Lacq
- Toulouse
- étang de Berre/Marseille
- électro-chimie pyrénéenne

Légende :
- pétrochimie (éthylène, propylène, etc..)
- importation de pétrole brut
- pipe-line d'éthylène ou de propylène
- usine chimique desservie par un pipe-line d'éthylène
- carbochimie
- gisement houiller
- sel, matière première pour chimie minérale
- électro-chimie
- grosse chimie minérale de base (chlore, soude, acides, azote, engrais)
- chimie diversifiée, fabrication de produits finis (peinture, colorants, plastiques, détergents, pharmacie)

L'industrie automobile en France.

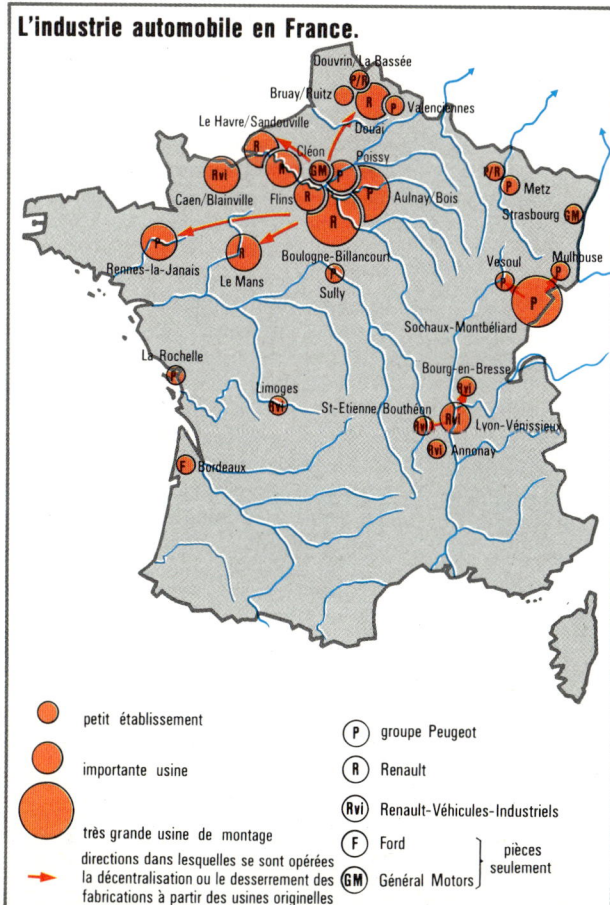

Labels on map:
- Douvrin/La Bassée
- Bruay/Ruitz
- Valenciennes
- Le Havre/Sandouville
- Douai
- Cléon
- Poissy
- Metz
- Caen/Blainville
- Flins
- Aulnay/Bois
- Strasbourg
- Rennes-la-Janais
- Boulogne-Billancourt
- Vesoul
- Mulhouse
- Le Mans
- Sully
- Sochaux-Montbéliard
- La Rochelle
- Bourg-en-Bresse
- Limoges
- St-Etienne/Bouthéon
- Lyon-Vénissieux
- Annonay
- Bordeaux

Légende :
- petit établissement
- importante usine
- très grande usine de montage
- directions dans lesquelles se sont opérées la décentralisation ou le desserrement des fabrications à partir des usines originales
- (P) groupe Peugeot
- (R) Renault
- (Rvi) Renault-Véhicules-Industriels
- (F) Ford — pièces seulement
- (GM) Général Motors

Usine d'engrais à Chasse (Isère).
Les diverses unités de production sont reliées entre elles par des systèmes de tuyauterie et occupent un vaste espace récupéré après endiguement sur une zone inondable bien situées par rapport au Rhône, à la voie ferrée et à l'autoroute.

Evolution des effectifs des industries électriques et électroniques à Paris et en province.

	1957	1970	1977	dont ingénieurs et cadres	dont emplois administratifs
Région parisienne % du total	160 000 (62 %)	175 000 (44 %)	200 000 (37 %)	26 000 (65 %)	40 000 (57 %)
Province % du total	100 000 (38 %)	225 000 (56 %)	340 000 (63 %)	14 000 (35 %)	30 000 (43 %)
Total	260 000	400 000	540 000	40 000	70 000

Hiérarchie des régions après la région parisienne : 1. Rhône-Alpes (70 000) 2. Centre (35 000) 3. Pays de la Loire (30 000) 4. Haute-Normandie (30 000) 5. Nord (25 000) 6. Bourgogne et Basse-Normandie (20 000) 8. Bretagne (18 000).
Ce classement fait bien apparaître les régions qui ont gagné à la décentralisation. L'industrialisation de la province est donc nette. Mais la région parisienne reste majoritaire pour les emplois les plus qualifiés et les mieux rémunérés. La province n'a souvent reçu que des unités de fabrication de grande série, avec des postes de travail de type O.S.

Atelier de montage du T.G.V. à l'Alsthom de Belfort.
Vastes hangars, matériel sophistiqué. Le travail est moins répétitif et contraignant que celui des chaînes de montage d'automobiles.

33-Forces et faiblesses de l'industrie française

Les industries de base françaises sont suffisamment puissantes. Quand elles existent, leurs difficultés sont financières et ne concernent ni les techniques, ni les capacités de production. La sidérurgie, l'industrie de l'aluminium (Péchiney), la cimenterie, le raffinage du pétrole, la chimie lourde ou l'industrie du verre (Saint-Gobain) assurent correctement l'indépendance du pays dans leur domaine respectif.

C'est dans l'ensemble des industries d'équipement et de biens de consommation qu'alternent forces et faiblesses, brillantes réussites et carences manifestes. Dans le domaine des biens de consommation durables, aux succès de l'automobile répond la carence du matériel électrique et électronique « grand public ». En matière d'équipement, notre réputation pour le matériel ferroviaire, l'électromécanique (turbo-alternateurs Alsthom, etc.), la chaudronnerie (Creusot-Loire-Framatome), l'armement ou l'aéronautique contraste avec notre effacement dans les secteurs des machines et instruments en tout genre (appareils de mesure...), des poids lourds, du matériel de travaux publics... Naturellement, il ne saurait être question pour l'industrie française de tout fabriquer dans de bonnes conditions. Mais la conquête, ou la reconquête, d'au moins une fraction du marché intérieur serait souhaitable à la fois pour l'équilibre de notre appareil industriel et pour celui du commerce extérieur*. C'est même une perspective très normale pour toutes les industries dérivées du bois (papier, meubles, etc.) puisqu'il s'agit d'une matière première nationale disponible. Pour l'équilibre de la balance commerciale en effet, une industrie capable de résister sur son propre marché à la concurrence extérieure est aussi efficace qu'une industrie exportatrice.

Le domaine fondamental des industries de pointe n'échappe pas à ce bilan contrasté. D'un côté, de l'avance et des réussites : l'industrie nucléaire* française est au tout premier rang mondial, à tous les stades, qu'il s'agisse du traitement des combustibles ou de la construction des centrales. **L'industrie aéronautique* est désormais la 2ᵉ du monde occidental,** depuis l'effacement de l'industrie britannique. Seule ou en association avec des partenaires européens (programmes Airbus, Ariane, etc.), elle parvient à résister dans quelques domaines précis (hélicoptères, aviation d'affaires, moyens courriers Airbus, avions de chasse) à la toute-puissance américaine. C'est une industrie fortement exportatrice, ce qui signifie aussi dépendance et fragilité car les marchés extérieurs sont toujours enlevés de haute lutte, au terme de marchandages qui ne sont pas exclusivement techniques ou commerciaux. D'autant que le matériel militaire, dont les marchés sont encore plus sensibles que ceux des avions civils, représente 70 % de la production totale : la S.N.I.A.S. exporte 70 % de ses avions, 80 % de ses hélicoptères, 90 % de ses missiles. Au travers de la S.N.I.A.S. et de la S.N.E.C.M.A. (moteurs), et après contrôle de Dassault et Matra, l'État a la haute main sur une industrie dont il a toujours financé les études et dont il est à la fois le premier client et le premier vendeur.

En revanche, dans l'informatique* ou la fabrication des composants électroniques, la France est dépendante, soit d'importations, soit de firmes étrangères qui produisent en France (I.B.M.-France, Texas Instruments, Motorola) ou auxquelles nous sommes liés (association CII-Honeywell-Bull). Au terme de longues années d'hésitation entre les solutions nationales, la coopération européenne et l'alliance avec les États-Unis, le marché informatique français est surtout occupé par des produits américains, et demain japonais. Quant à la chimie de pointe et à ses applications médicales et biologiques riches d'avenir, elle démarre avec un temps de retard sur l'Amérique. C'est donc dans une position moyenne que la France aborde cette 3ᵉ révolution industrielle qui s'épanouira vers la fin du siècle.

Le problème des industries de pointe. Le développement des technologies de pointe coûte très cher, et le succès n'est jamais tout à fait garanti. Dans un premier temps, le développement industriel se traduit par un endettement énorme : Électricité de France, maître d'œuvre du programme nucléaire national, est aussi endettée que la Pologne... Même pour un pays industriel riche comme la France, il est pratiquement impossible de développer avec succès et en toute indépendance tous les secteurs industriels de pointe. Il faut donc, soit faire des choix, soit coopérer avec d'autres pays. Dans l'industrie aéronautique, on est parvenu à un équilibre satisfaisant entre les différentes formules qui connaissent chacune leur part de réussite : hélicoptères ou chasseurs français, Airbus européen, moteurs franco-américains (coopération Snecma-General Electric). C'est pourtant un secteur sensible où les problèmes de défense nationale et de souveraineté tiennent une grande place. Dans l'industrie nucléaire, l'abandon d'une filière nationale a été suivi de l'adoption d'une filière américaine qui est désormais « francisée ». Par contre, cet équilibre n'a pas été trouvé dans l'informatique. L'échec du projet européen Unidata, qui rassemblait Siemens, Philips et la C.I.I. française face aux géants américains leur a laissé le champ libre. En 1981, le seul producteur européen de gros matériel informatique encore totalement autonome, le britannique I.C.L. (Intern. Computers Ltd) a passé un accord avec le groupe japonais Fujitsu. Il n'y a donc plus de grosse informatique ni européenne ni française. Le succès des industries de pointe françaises passe enfin par l'exportation, seule capable d'amortir les coûts initiaux de la recherche. En effet, ni pour les avions, ni pour les centrales nucléaires, ni pour les ordinateurs le marché français n'est assez vaste. Pour atteindre des séries suffisamment longues, il faut trouver des clients étrangers. C'est ce qui fait la force des industries de pointe américaines : elles peuvent s'appuyer d'emblée sur un marché intérieur immense. Quand Boeing fabrique un nouvel avion, il sait déjà que les compagnies américaines en achèteront plusieurs centaines...

industrie de pointe
3ᵉ révolution industrielle

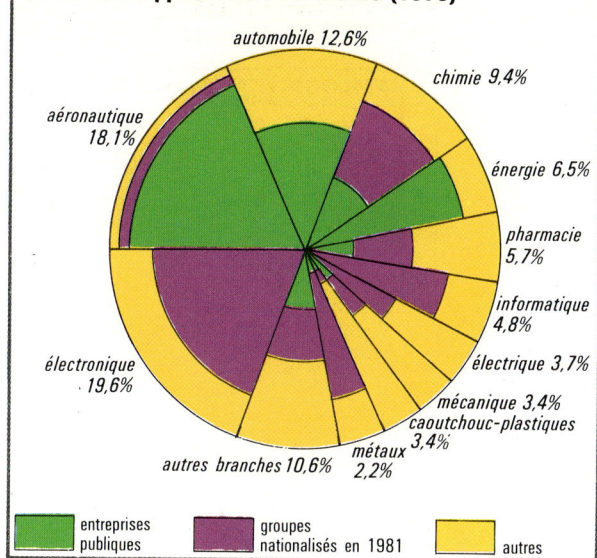

Les dépenses de recherche et de développement de l'industrie (1979)

automobile 12,6 %
chimie 9,4 %
aéronautique 18,1 %
énergie 6,5 %
pharmacie 5,7 %
informatique 4,8 %
électrique 3,7 %
mécanique 3,4 %
caoutchouc-plastiques 3,4 %
électronique 19,6 %
métaux 2,2 %
autres branches 10,6 %

entreprises publiques | groupes nationalisés en 1981 | autres

T *Ce graphique par secteurs* est affiné, car il permet l'approche d'un phénomène (ici la recherche industrielle française) à partir de deux entrées différentes : soit la répartition entre les branches industrielles, soit la distinction privé/public ancien/public récent. Le phénomène est donc analysé exactement comme dans un tableau à double entrée, mais avec l'avantage d'une combinaison visuelle immédiate des données, qui sont beaucoup plus parlantes de cette façon. La réalisation exacte des divisions à l'intérieur de chaque secteur pose un petit problème de calcul : il faut déterminer avec exactitude les fractions successives de chaque secteur d'angle que l'on va hachurer ou colorier.
Autre utilisation possible de ce type de graphique : les bilans énergétiques en fonction de l'énergie utilisée d'une part, de sa fraction importée d'autre part, etc.

Le graphique montre d'abord que la recherche industrielle est fortement concentrée sur quelques secteurs de pointe. Des branches industrielles entières, employant pourtant des centaines de milliers de personnes, n'apparaissent même pas. L'automobile, avec 13 % tient une forte place, alors qu'elle ne passe pas pour une industrie de pointe. C'est qu'elle est à la convergence de plusieurs industries de pointe (électronique, robotique, etc.) et qu'elle aborde une phase nouvelle de son histoire, caractérisée par l'application de nouvelles technologies, à la fois au produit lui-même, l'auto, et à la façon de le produire.
Avant 1981, l'État réalisait déjà par ses entreprises 1/4 de la recherche industrielle. Avec les nouvelles nationalisations, cette part est passée à 55 %. En réalité, c'est une fraction encore bien plus importante de l'effort de recherche que l'État contrôle (de l'ordre de 80 %) car il faudrait ajouter à ce graphique toute la recherche effectuée dans les organismes publics (C.N.R.S., C.E.A., etc.) et préciser qu'une partie de la recherche privée s'effectue sur des aides publiques.

Quelques secteurs industriels où la fabrication française est inexistante ou très insuffisante.
1. Biens de consommation
– appareils de radio, de photo, chaînes hi-fi, magnétoscopes, calculatrices de poche, c'est-à-dire tout ce qui relève des fabrications électriques et électroniques « grand public ».
– grosses motos.
– petit matériel agricole et matériel de jardinage.
Dans tous ces cas, il s'agit pourtant de marchés assez récents, qui sont encore en pleine expansion en France, et qui le resteront certainement pendant longtemps. Le groupe Thomson essaie de reconquérir ce terrain perdu.
2. Biens d'équipement
– beaucoup d'appareils scientifiques (de mesure, etc.), appareillage médical.
– beaucoup de machines employées dans l'industrie.
– une partie du matériel de bureau : machines à écrire, photocopieurs, calculatrices, produits de la micro-informatique.
– de nombreux équipements des industries agro-alimentaires, alors qu'on souhaite précisément développer ces industries : les caves coopératives bas-languedociennes achètent une partie de leur matériel en Italie.
Là encore (micro-informatique, bureautique, etc.) des secteurs appelés à tenir une place grandissante.

L'industrie aéronautique française depuis 10 ans.

(en milliards de francs de 80)	1970	1972	1974	1976	1978	1980
Chiffre d'affaires	21	22	27	29	30	35
dont exportations	34 %	44 %	41 %	52 %	55 %	58 %
Effectifs	103 000	109 000	107 000	107 000	103 000	111 000

Les chiffres d'affaires sont indiqués en francs de 1980 : pour corriger l'effet de l'érosion monétaire, on a multiplié le chiffre d'affaires de chaque année par un coefficient ; par exemple 2,8 environ pour 1970, 2,1 pour 1974, 1,25 pour 1978, etc. Si l'on ne procédait pas ainsi, on aurait une croissance trompeuse, gonflée par le phénomène de l'inflation.
Calculer le montant du chiffre d'affaires (en francs de 1980) réalisé sur le marché intérieur. Que peut-on en conclure sur les causes du développement de l'aéronautique française ?
Que dire de l'évolution des effectifs ?

La sidérurgie européenne.

Production d'acier en millions de tonnes	1960	Part dans l'Europe des 9	1974	Part dans l'Europe des 9	1980	Part dans l'Europe des 9
Belgique	7	7 %	16	10 %	12	9 %
France	17	17 %	27	17 %	23	18 %
Italie	8	8 %	24	16 %	26	21 %
Luxembourg	4	4 %	6	4 %	5	4 %
Pays-Bas	2	2 %	6	4 %	5	4 %
R.F.A.	34	35 %	53	34 %	44	34 %
Royaume-Uni	25	26 %	22	14 %	12*	9 %
Autres pays	1	1 %	1	1 %	1	1 %
Total C.E.E. à 9	98	100 %	155	100 %	128	100 %
Part des 9 dans la production mondiale	28 %		22 %		18 %	

*Ce chiffre anormalement bas est dû à d'importants arrêts de travail dans la sidérurgie britannique en 1980.

34-Consommation et ressources

La consommation française d'énergie est celle d'un pays tempéré, industrialisé, à haut niveau de vie. C'est dire que les principaux demandeurs d'énergie sont les usines, les transports, le chauffage et le confort domestique. Mais la France est déjà relativement économe : notre consommation par habitant est inférieure à celle de plusieurs pays européens comme la R.F.A., les Pays-Bas ou la Belgique.

Or, les ressources nationales, sans être nulles, sont modestes, ou déjà mobilisées, ou difficiles à exploiter donc coûteuses. Malgré les recherches entreprises sur terre et en mer, les ressources et la production de pétrole sont dérisoires. Le gaz naturel du piémont pyrénéen (Lacq) a été la seule découverte importante d'hydrocarbures sur le sol français. Mais la production plafonne, les réserves sont faibles et l'épuisement du gisement surviendra vers la fin du siècle. La France importe déjà les 3/4 du gaz qu'elle consomme.

De 1960 à 1980, la production française de charbon* n'a fait que décliner, passant de 57 à moins de 20 Mt. A quelques exceptions près (certains puits lorrains, petits bassins de l'Aumance et de Provence) nos gisements sont difficiles. Les veines profondes, minces, discontinues rendent l'extraction malaisée, exigeante en hommes et coûteuse. Ces conditions ont fait reculer le charbon national, de plus en plus cher, devant le pétrole et le charbon importés, à l'époque très bon marché. Cette **retraite des houillères**, avec son cortège de fermetures de puits et de reconversions obligatoires, a été douloureuse dans des régions où la mine, plus qu'une ressource, était un métier et un genre de vie dont on était fier. Mais face aux prix actuels de l'énergie, la compétitivité des Charbonnages de France n'est plus aussi mauvaise qu'il y a dix ans. Nos réserves n'ont rien de commun, ni en quantité ni en qualité, avec celles de la Pologne, de la R.F.A. ou du Royaume-Uni, mais elles sont notre seule richesse en combustible classique. Inéluctable à terme, le déclin des houillères a peut-être été hâtif. Même si elle doit rester modeste, une **relance charbonnière** est à l'ordre du jour. Mais seul le Bassin lorrain, le plus riche, pourrait en profiter.

Relief et climat donnent à la France un bon potentiel hydro-électrique*. Mais l'équipement des montagnes et des fleuves est déjà remarquable et ne peut plus guère progresser. Seuls quelques sites de haute chute restent à exploiter. Contrairement à certaines idées reçues, le harnachement des rivières par des séries de micro-centrales, outre qu'il serait coûteux et dommageable à bien des égards, n'apporterait aucune contribution décisive. Au total, la marge des progrès est d'environ 10 % pour l'hydro-électricité.

La France est riche en uranium. Avec 2 à 3 % des réserves mondiales, les gisements de l'Ouest et du Massif central ne couvriront pourtant pas la totalité des besoins des centrales nucléaires dès 1982. L'électricité nucléaire* n'est donc pas entièrement nationale, même s'il est vrai que le coût de l'uranium n'entre que pour une faible part dans le prix final d'un kW/h d'origine nucléaire. Mais nos ressources en uranium seraient un véritable trésor énergétique si la technique du surrégénérateur venait à se développer.

Enfin, sous l'angle des énergies dites nouvelles, la France occupe une position moyenne. Elle possède en particulier de vastes superficies forestières, et, grâce à l'étendue des bassins sédimentaires, un des principaux gisements géothermiques* d'Europe pour la fourniture d'eau à basse température. De même, la dimension du territoire national, ses aptitudes agricoles, son peuplement de densité modeste, permettent d'envisager qu'une fraction de l'espace cultivé soit un jour consacrée à des « cultures énergétiques ». En fin de compte, **la France produit autant d'énergie qu'il y a vingt ou trente ans. Ce sont nos besoins qui ont changé** et qui ne peuvent plus être satisfaits par des ressources nationales, même bien mobilisées.

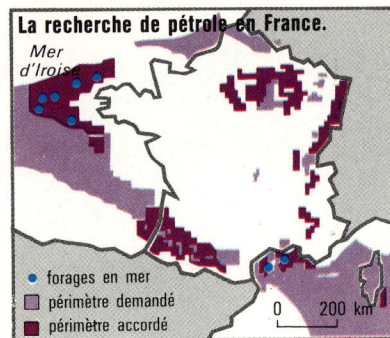

La recherche de pétrole en France.
Mer d'Iroise

- forages en mer
- périmètre demandé
- périmètre accordé

0   200 km

L'effort d'exploration en France	1977	1979
Mètres forés (milliers)	86,9	115,3
Superficie des permis (milliers km²)	111,6	121,4*
Forages réalisés	33	44

*Dont la moitié en mer.

L'exploration se développe en Aquitaine, dans le Bassin parisien (qui sont jusqu'ici les deux seules zones productrices) en Alsace, en mer d'Iroise, en Méditerranée et dans le Nord-Pas-de-Calais. Les résultats ont été jusqu'ici décevants.

Qui consomme l'énergie primaire en France ?

Les particuliers dans leur résidence et le secteur tertiaire (magasins, bureaux etc.)	Chauffage	25 %	} 35 %
	Autres usages	10 %	
L'industrie, les usines.	Sidérurgie, aluminium, électro-chimie, chimie.	11 %	} 32 %
	Autres secteurs industriels	21 %	
Transports	Transports routiers	8 %	} 19 %
	Autres moyens	11 %	
Production et transport d'électricité		12 %	
Agriculture		2 %	

potentiel hydro-électrique : *quantité théorique d'énergie qu'on pourrait obtenir en utilisant au mieux l'écoulement de toutes les eaux tombées sur un pays, une région ou un bassin fluvial. Cette quantité varie donc avec le climat et le relief. En fait, on ne peut que s'approcher du potentiel théorique qui demeure une valeur abstraite. En combinant au maximum barrages, conduites forcées, captures de cascades, lacs d'altitude et usines au fil de l'eau, on peut considérer que les Alpes approchent d'une utilisation optimale de leur potentiel hydro-électrique. Mais il existe dans la plupart des pays tropicaux humides de forts potentiels qui ne sont pratiquement pas encore sollicités.*

Le charbon en France.

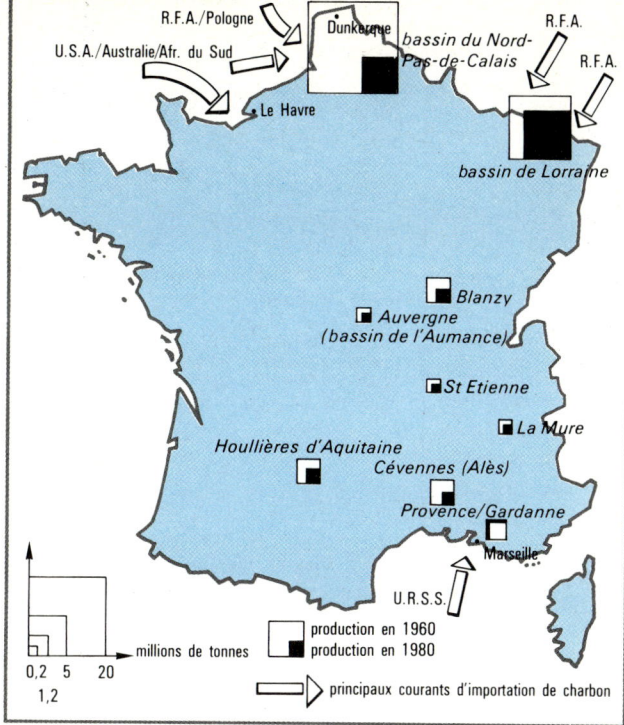

Le charbon en France.

Légende carte:
- R.F.A./Pologne → Dunkerque
- U.S.A./Australie/Afr. du Sud → Le Havre
- bassin du Nord-Pas-de-Calais — R.F.A.
- bassin de Lorraine — R.F.A.
- Blanzy
- Auvergne (bassin de l'Aumance)
- St Etienne
- La Mure
- Houllières d'Aquitaine
- Cévennes (Alès)
- Provence/Gardanne
- Marseille
- U.R.S.S.

millions de tonnes
0,2 5 20
1,2

□ production en 1960
■ production en 1980
⇨ principaux courants d'importation de charbon

L'évolution de la production d'électricité et son origine.

(en TWh)	1960		1970		1980	
Production hydraulique	40	56 %	57	40 %	66	27 %
Production thermique classique	31	43 %	79	56 %	124	50 %
Production thermique nucléaire	1	1 %	5	4 %	56	23 %
TOTAL	72	100 %	141	100 %	246	100 %

Comment augmenter la production hydro-électrique ?

En année moyenne, c'est-à-dire dans des conditions climatiques « normales », les équipements actuels fournissent environ 66 TWh. Les limites de ce qu'il est possible de faire à la fois sur le plan économique et sur le plan technique se situent vers 75 TWh. Ce progrès d'environ 10 à 15 % sera obtenu par EDF, vraisemblablement avant 1990, de la façon suivante :
- équipement des quelques sites importants qui restent : Rhône en amont de Lyon, Grand-Maison et Super-Bissorte dans les Alpes, quelques sites moyens des Pyrénées et du Massif central. Ces chantiers sont parfois déjà engagés. Ils représentent 5 à 6 TWh ;
- aménagement de quelques micro-centrales le long des rivières, 1 à 2 TWh maximum ;
- amélioration du rendement des installations existantes : on peut retailler les aubes des turbines, modifier les pales, coordonner le fonctionnement des chutes, des centrales et du réseau grâce à l'automatisation et à la télécommande des centrales.
- développer la pratique du « pompage », c'est-à-dire remonter avec la puissance disponible aux heures creuses de l'eau déjà turbinée pour la stocker dans les réservoirs d'amont et reconstituer ainsi une réserve d'énergie disponible aux heures de forte demande. Beaucoup de sites déjà équipés de façon classique pourraient être adaptés au pompage.

Ce surcroît de production hydraulique est destiné aux pointes de la consommation, journalières ou saisonnières. On s'aperçoit que la marge de progrès n'est pas considérable : ces 8 à 10 TWh nouveaux ne représentent que 2 millions de tep.

Le charbon en France.

(en millions de t)	1950	1960	1970	1973	1980
Production	51	56	38	28	20
Part de la prod. nationale dans la consommation totale d'énergie.	56 %	45 %	17 %	11 %	7 %
Importations	17	13	19	15	32
Part de la consommation totale de charbon dans la consommation totale d'énergie	75 %	55 %	26 %	17 %	18 %

Les bassins des Charbonnages de France.

	1960				1980			
	Production	% du total national	Rendement-fond t/h/jour	Effectifs	Production	% du total national	Rendement-fond t/h/jour	Effectifs
Houillères du Nord-Pas-de-Calais	28,9	50,5 %	1,550	130 000	4,5	23 %	1,970	23 400
Lorraine	14,7	26 %	2,350	45 000	9,8	50 %	4,375	23 900
Houillères du Centre-Midi	13,4	23,5 %	1,750	60 000	5,4	27 %	3,050	17 700
Total	57	100 %	1,750	235 000	19,7	100 %	3,330	65 000

Les ressources énergétiques non renouvelables en France.

en millions de tep	Réserves connues et exploitables aux conditions de 1980	Durée de ces réserves au rythme de la production de 1980
Charbon	300 à 500	23 ans à 38 ans
Gaz naturel	130	17 ans
Pétrole	10	10 ans
Uranium	600 à 1 000	30 ans à 50 ans

Ne sont pas pris en compte les couches de charbon très profondes susceptibles d'être gazéifiées, ni, pour la conversion de l'uranium en tep, les rendements des surrégénérateurs. Ces derniers multiplieraient par 50 les chiffres ici retenus.
Pour les réserves d'uranium, le taux de conversion retenu est 1 t d'uranium naturel = 10 000 tep. Malgré ces imprécisions, on peut dire que la France a les plus importantes réserves de la C.E.E. : 2 à 3 % des réserves mondiales.
A titre de comparaison, voici les ressources énergétiques classiques non renouvelables des 3 autres grands pays de la CEE :

	Royaume-Uni		R.F.A.		Italie	
	Réserves connues	Durée de ces réserves	Réserves connues	Durée de ces réserves	Réserves connues	Durée de ces réserves
Charbon	30 000 M tep	350 ans	18 000 M tep	180 ans	L'extraction a cessé	
Gaz naturel	900 M tep	25 ans	200 M tep	10 ans	180 M tep	15 ans
Pétrole	3 000 M tep	30 ans	200 M tep	40 ans	30 M tep	20 ans

balance commerciale : 49
nucléaire : 47, 101

35-La dépendance et ses problèmes

La dépendance énergétique française est parmi les plus fortes des grands pays industrialisés. Ce déficit provient essentiellement du pétrole puisque c'est la source d'énergie que nous utilisons le plus et celle dont nous sommes le plus démunis. Mais le bilan est également déficitaire pour les deux autres grandes sources d'énergie classiques que sont le charbon et le gaz naturel, et ce dans une proportion grandissante. En encourageant la consommation de charbon ou de gaz au détriment du pétrole, on ne réduit pas la dépendance énergétique française. Mais cela permet, et c'est important, de diversifier nos fournisseurs d'énergie car ce ne sont pas les mêmes pays qui nous vendent pétrole, gaz et charbon.

Une telle dépendance énergétique a de gros inconvénients. A la limite, elle compromet l'indépendance nationale, puisque des secteurs essentiels de la vie du pays sont à la merci d'événements susceptibles d'affecter la sécurité de quelques grandes voies maritimes ou de décisions prises par quelques États. Les 2/3 de nos importations pétrolières proviennent de deux pays seulement, l'Arabie Saoudite et l'Irak. Surtout, **le déficit énergétique pèse terriblement sur notre balance commerciale*** depuis les hausses successives du prix des hydrocarbures. Supportables quand l'énergie était très bon marché, jusqu'en 1973, les importations d'énergie représentent une part sans cesse grandissante de nos achats à l'étranger : 13 % en 1972, 22 % en 1978, 30 % en 1981. Il en résulte une véritable ponction sur la richesse nationale : en 1972, le produit de nos exportations agricoles et alimentaires dépassait le montant des achats d'énergie ; en 1980, malgré les progrès de ce secteur, il n'en représente que la moitié. Et rien ne garantit que demain, le charbon des États-Unis, d'Australie ou d'Afrique du Sud ne coûtera pas très cher à son tour. Déjà les derniers contrats d'importation de gaz naturel avec l'U.R.S.S. et l'Algérie prévoient des prix qui se rapprochent de ceux du pétrole.

En 1974, **le lancement d'un très ambitieux programme de production électrique d'origine nucléaire*** a été la première réponse au défi de l'énergie chère et importée. Le but était de réduire la part du pétrole dans le bilan énergétique et de ramener le taux de dépendance de 76 % à 50 % en 1990. Pour ce faire, une trentaine de centrales nucléaires devaient couvrir en 1990 30 % de la consommation énergétique totale du pays et fournir les 4/5 de son électricité. Ces choix reposent sur le fait que la France possède de l'uranium et surtout maîtrise les différents stades de l'industrie nucléaire. De l'enrichissement de l'uranium aux recherches sur les surrégénérateurs (Creys-Malville) en passant par le retraitement des combustibles (La Hague), l'industrie française n'a rien à envier aux autres puissances nucléaires (États-Unis, U.R.S.S., Grande-Bretagne). Sous la conduite d'E.D.F., la construction des centrales se déroule rapidement. Toutefois, **de vigoureuses critiques du programme électro-nucléaire français ont conduit à la révision en baisse de certains objectifs** et à l'abandon de quelques sites. Les critiques et interrogations portent sur le gigantisme du programme, sur les procédures de choix des sites, sur les conséquences physiques et sociales du fonctionnement d'un nombre aussi important de centrales (effets sur l'environnement, multiplication obligée de mesures de sécurité contraignantes, risques de dissémination du plutonium qu'utiliseraient les surrégénérateurs, production électrique non modulable qui va exiger des usages nocturnes plus massifs donc modifier le rythme de certaines usines, etc.) et enfin sur la sécurité à l'égard de la radio-activité. Mais la remise en cause du tout-nucléaire ne doit pas cacher la contribution déjà très forte du nucléaire au bilan énergétique national : en 1981, 1 kW/h sur 3 et plus de 10 % de toute l'énergie consommée sont nucléaires, chiffres qui font de la France l'un des pays les plus engagés dans cette voie.

En 1980, la France IMPORTE.

99 % du pétrole qu'elle CONSOMME
70 % du gaz naturel »
63 % du charbon »
40 % de l'uranium »
(mais 0 % si l'on considère que les importations servent aussi à la constitution de stocks)

Prix de revient du kWh selon son origine en France (1980)

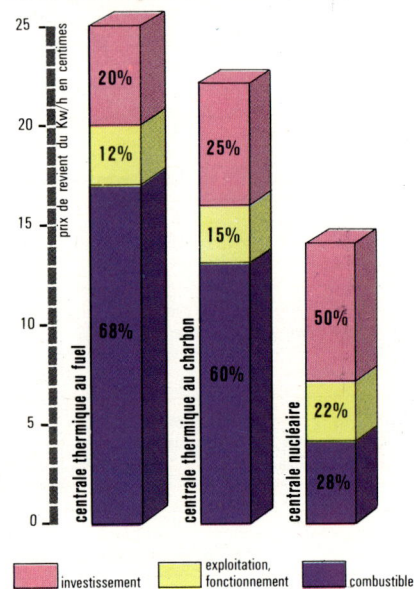

Le graphique montre bien quelles sont les forces et les faiblesses, sous l'angle du prix de revient, de chaque mode de production : lourdeur de l'investissement dans le cas du nucléaire, mais une relative indifférence au coût de l'uranium qui pourrait doubler ou tripler sans trop grever le prix final. Au contraire, les centrales thermiques classiques sont extrêmement sensibles aux augmentations du combustible qui entre pour les 2/3 dans le prix final de leur kWh. Calculez les répercussions sur le prix du kWh d'un éventuel doublement du prix des combustibles dans chacun des 3 cas.

dépendance énergétique

Les importations françaises d'énergie en 1979-80.

Mtep
100 —
75 —
50 —
25 —
0 —

prévisions d'importations pour 1990

importations 79/80

importations pour stockage et exploitation modérée des réserves : progressivement indispensables

pétrole : Arabie Séoudite, Irak, Nigeria, Oman, Abu-Dhabi autres émirats, Algérie, U.R.S.S., Koweit, Libye, Gabon/Congo, Mer du Nord, Venezuela, Mexique

charbon : C.E.E. (R.F.A. surtout), Afrique du Sud, U.S.A., Pologne, Australie, U.R.S.S.

gaz naturel : Pays-Bas, U.R.S.S., Norvège, Algérie

uranium : Niger et Gabon

L'énergie nucléaire en France (1982).

usine de retraitement de combustible de La Hague

Gravelines, Penly, Paluel, Chooz, Cattenon, Flamenville, Brennilis, Plogoff, Nogent/Seine, Fessenheim, Le Pellerin, St Laurent, Chinon, Dampierre, Belleville, *VENDEE*, Blayais, Civaux, *LIMOUSIN*, *FOREZ*, Bugey, St Alban, Creys-Malville, Cruas, Tricastin, Golfech, Marcoule, *usine d'enrichissement de l'uranium*

■ centrales nucléaires en exploitation
■ centrales nucléaires en construction, terminées avant 1985
▨ chantier engagé, mise en service en 1985-90
▢ site contesté, abandonné ou différé, pour les centrales de 1985-1990
● établissement de traitement du combustible
▲ gisement et production d'uranium

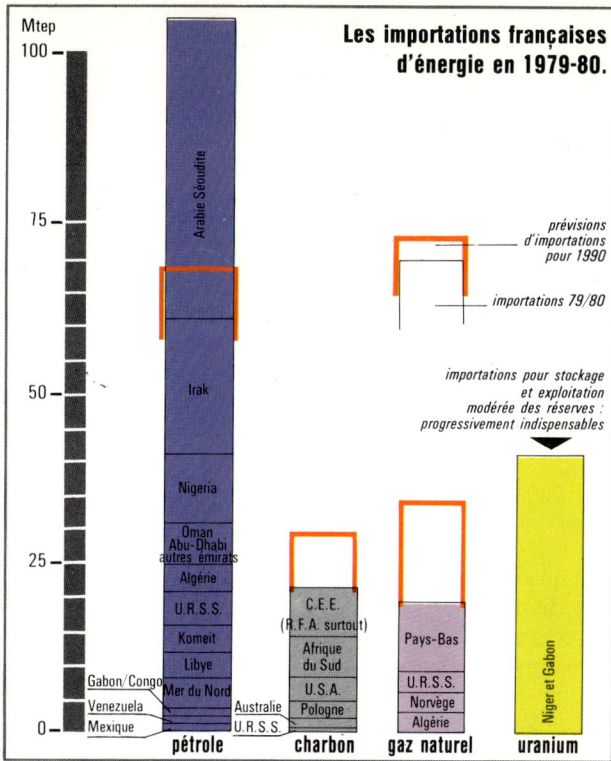

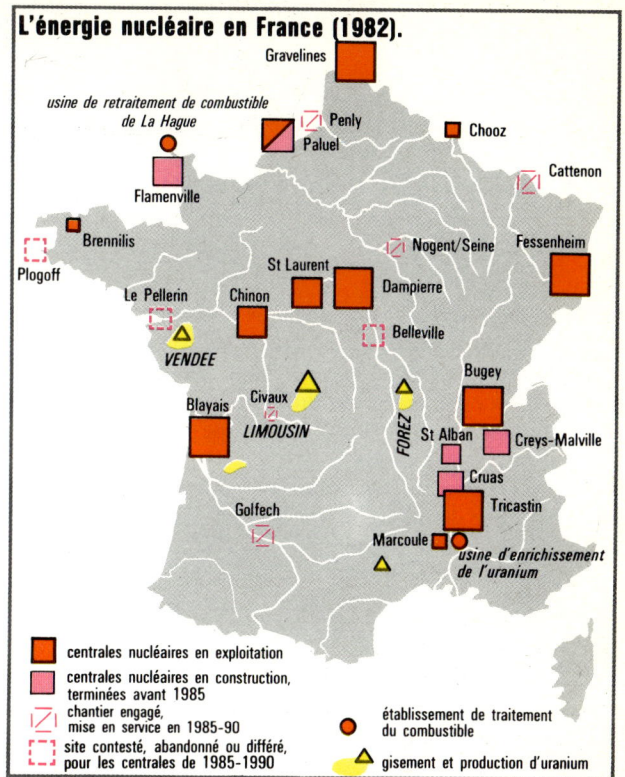

🅣 Comment calculer le taux de dépendance énergétique ? C'est la fraction de la consommation nationale qui n'est pas couverte par la production nationale.

Exemple : si la consommation est 20, et la production 15, le taux de dépendance est $\dfrac{5 \times 100}{20} = 25\ \%$

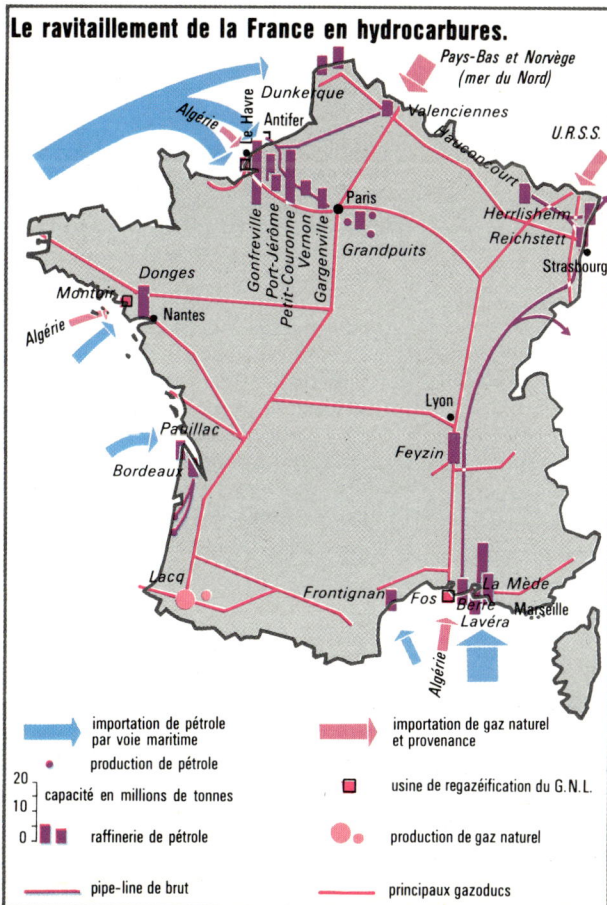

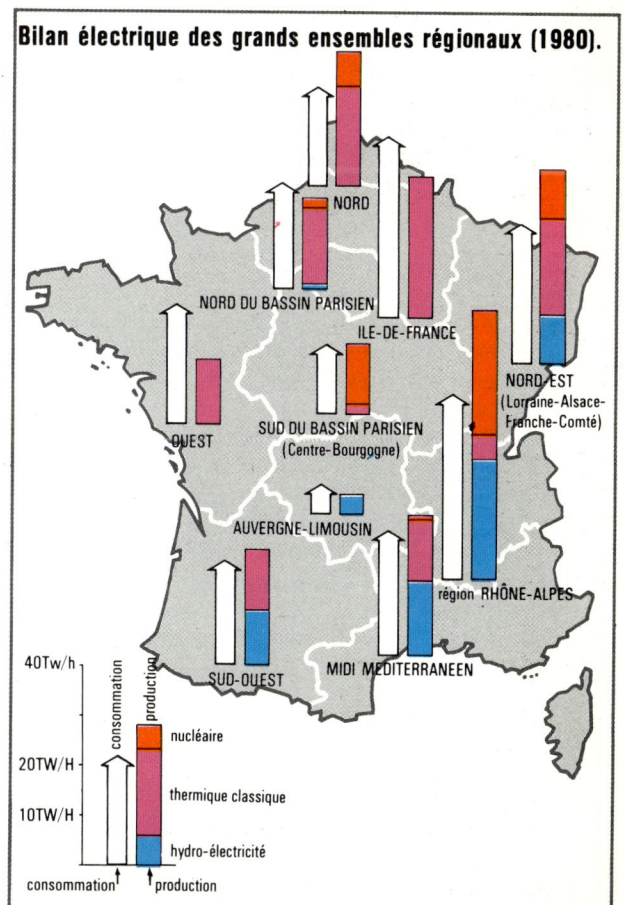

Le ravitaillement de la France en hydrocarbures.

Pays-Bas et Norvège (mer du Nord), Algérie, Dunkerque, Le Havre, Antifer, Valenciennes, Vauconcourt, U.R.S.S., Gonfreville, Port-Jérôme, Petit-Couronne, Vernon, Gargenville, Paris, Grandpuits, Herrlisheim, Reichstett, Strasbourg, Donges, Montoir, Nantes, Algérie, Lyon, Feyzin, Pauillac, Bordeaux, Lacq, Frontignan, Fos, Berre, La Mède, Lavéra, Marseille, Algérie

→ importation de pétrole par voie maritime
• production de pétrole
capacité en millions de tonnes : 20 / 10 / 0
▮ raffinerie de pétrole
→ importation de gaz naturel et provenance
■ usine de regazéification du G.N.L.
● production de gaz naturel
— pipe-line de brut
— principaux gazoducs

Bilan électrique des grands ensembles régionaux (1980).

NORD, NORD DU BASSIN PARISIEN, ILE-DE-FRANCE, NORD-EST (Lorraine-Alsace-Franche-Comté), OUEST, SUD DU BASSIN PARISIEN (Centre-Bourgogne), AUVERGNE-LIMOUSIN, région RHÔNE-ALPES, SUD-OUEST, MIDI MEDITERRANEEN

40TW/h
20TW/H
10TW/H
consommation / production
nucléaire
thermique classique
hydro-électricité
consommation ↑ production ↑

importations : 49
recherche pétrolière : 51

36-Quel système énergétique pour demain ?

Une politique nationale de l'énergie doit avoir trois préoccupations essentielles : le prix de l'énergie, la sécurité d'approvisionnement, les effets sur les différents composants des écosystèmes (eau, air, etc.) et, partant, sur le bien-être des populations. Pour la France, cela signifie échapper à la dépendance en substituant d'autres sources d'énergie au pétrole devenu trop cher. Pour ce faire, notre pays doit :

– **Diversifier son système énergétique** et assurer une relève partielle du pétrole par le charbon, le gaz et l'électricité nucléaire. Déjà, l'industrie cimentière, grosse consommatrice, s'est reconvertie au charbon, et E.D.F. brûle en 1980 cinq fois plus de charbon dans ses centrales thermiques qu'en 1973, tant le fuel est devenu coûteux. L'accroissement des importations charbonnières passe par un développement des infrastructures maritimes et portuaires spécialisées (Le Havre, Dunkerque). Il suppose également de gros investissements dans les équipements anti-pollutions car la combustion du charbon est plus polluante que celle du pétrole. Dès 1984-1985, de grosses quantités de gaz naturel seront achetées au Nigeria et à l'U.R.S.S. qui sera alors notre 1er fournisseur. Cette relève massive du pétrole suppose enfin que rien ne trouble le déroulement du programme nucléaire.

– **Diversifier ses importations* sur le plan géographique.** Il ne faut pas dépendre exclusivement d'une route maritime ou d'un seul ensemble de pays. Des pays comme le Venezuela et le Mexique pourraient tenir une meilleure place dans notre ravitaillement pétrolier.

– **Chercher de l'énergie* en France mais aussi partout dans le monde** où le savoir-faire de nos entreprises minières et pétrolières (C.D.F., B.R.G.M., Elf-Aquitaine, C.F.P., etc.) peut être utile, en particulier dans la mise en valeur des gisements difficiles : pétrole off-shore, pétrole lourd et profond du delta de l'Orénoque. Des entreprises françaises prennent des participations dans des mines (Charbonnages de France en Australie, aux États-Unis et au Canada) ou des sociétés pétrolières étrangères (Elf aux États-Unis).

– **Développer la recherche pour perfectionner l'utilisation de l'énergie classique** et préparer celle de demain, qu'il s'agisse de l'atome, du solaire ou des différentes formes de stockage de l'énergie. De même, les expériences de gazéification souterraine du charbon, entreprises dans le Nord à Bruay pourraient conduire à une valorisation des couches trop profondes.

– **Valoriser toutes nos ressources nationales** même modestes.

– **Mettre en œuvre** résolument, mais sans naïveté, **les énergies nouvelles**, en sachant que leur contribution au bilan national sera longtemps faible (de 6 à 9 % en 2000 ?), voire infime pour certaines (énergie éolienne). Les 9/10 de cette contribution proviendront de l'énergie solaire et de l'exploitation de la biomasse (bois, déchets agricoles, cultures énergétiques de topinambour, canne de Provence...). D'une façon générale, les énergies nouvelles conviennent aux usages où la demande est diffuse (foyers domestiques, agriculture). Mais chaque fois qu'une puissance importante doit être délivrée ponctuellement (usages industriels), les sources classiques demeurent indispensables : il faudrait environ 40 000 éoliennes comme celle d'Ouessant (avant qu'elle ne casse en 1980), ou encore 4 000 centrales électro-solaires comme celle de la C.E.E. en Sicile, pour atteindre la puissance concentrée dans une seule centrale nucléaire de quatre réacteurs.

– **Faire des économies d'énergie.** Cela demande des habitudes et comportements nouveaux, mais aussi des investissements dans la mise au point d'autos, de machines et de procédés industriels plus économes. Dans les années qui viennent, les économies ainsi réalisées soulageront bien plus notre déficit énergétique que toutes les énergies nouvelles réunies.

La dépendance énergétique de la France.

(millions de tep)	1950	1960	1970	1973	1980
Consommation totale d'énergie primaire	58	87	148	175	192
Production nationale	38	51	50	42	52*
Taux de couverture (part de l'énergie consommée produite en France)	66 %	59 %	34 %	24 %	27 % *

*Si on considère tout le nucléaire comme national.

Quels sont les usages du pétrole consommé en France ?

Fuel-oil domestique	29 %
Carburants	29 %
dont :	
- gazole routier	(9 %)
- carburants auto	(17 %)
- carburant avion	(3 %)
Fuels lourds (industrie et centrales EDF)	27 %
Matière première de la pétrochimie	6 %
Butane et propane	3 %
Bitumes	3 %
Lubrifiants	1 %
Divers	2 %
TOTAL	**100 %**

Quels sont les domaines dans lesquels un effort d'économie serait le plus « payant » ?

Quels sont les domaines où le pétrole est pour l'instant irremplaçable ? Ceux qui permettent qu'on lui substitue une autre source d'énergie ? La marge de manœuvre est-elle importante ?

Rappel d'équivalences :

1 tonne de pétrole brut :	1 tep
1 tonne de houille :	0,7 tep
1 000 m³ de gaz naturel :	1 tep
1 000 kWh d'électricité :	0,25 tep

Abréviations :
kWh : kilowatt-heure
GWh : gigawatt-heure = 1 million de kWh
TWh : terawatt-heure = 1 milliard de kWh

Les énergies nouvelles.

L'énergie solaire.

A une durée annuelle d'ensoleillement donnée correspond une quantité annuelle d'énergie reçue. Cette valeur énergétique du rayonnement solaire, mesuré sur un plan incliné à 45° orienté vers le sud, peut s'exprimer en kWh par m^2 et par an. A une durée d'ensoleillement, qui varie en France de 1 600 à 2 900 heures par an, correspond ainsi une énergie moyenne reçue de 800 à 2 500 kWh par m^2 et par an (la valeur moyenne est à 1 500). D'une région à l'autre le potentiel solaire varie donc environ du simple au double. D'autre part, pour déterminer le potentiel solaire d'un lieu, la durée d'ensoleillement ne suffit pas. L'heure, la saison, sont également à considérer.

L'énergie géothermique.

La France dispose de grands et profonds bassins sédimentaires, susceptibles de fournir de l'eau chaude pour le chauffage urbain. Les zones volcaniques (Massif central, mais surtout départements d'outre-mer des Antilles et de la Réunion) se prêteront peut-être à des expériences de géothermie « haute-énergie » (centrale prévue à Bouillante en Guadeloupe, non loin de la Soufrière). Mais les nappes d'eau chaude ne pourront chauffer que 5 % des logements français dans 20 ans dans la meilleure des hypothèses (0,1 % en 1980), soit 2 millions de tep.

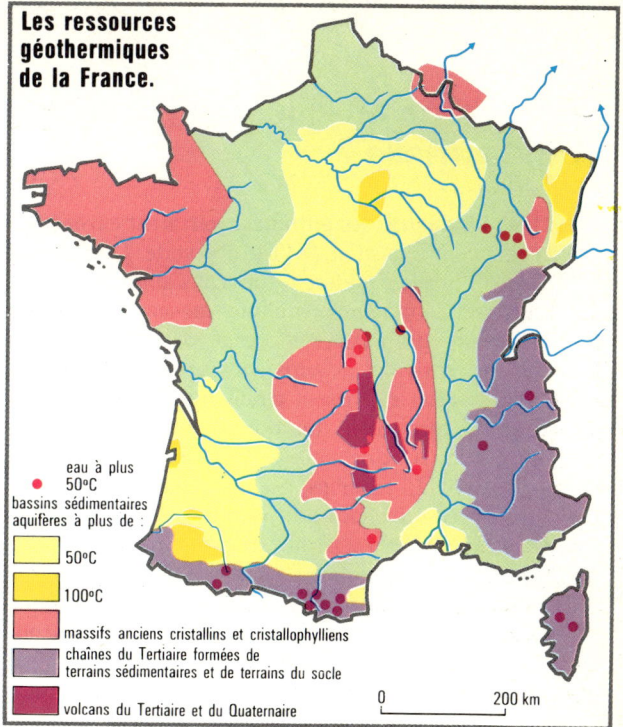

Les ressources géothermiques de la France.

● eau à plus de 50°C
bassins sédimentaires aquifères à plus de :
  ▢ 50°C
  ▢ 100°C
  ▢ massifs anciens cristallins et cristallophylliens
  ▢ chaînes du Tertiaire formées de terrains sédimentaires et de terrains du socle
  ▢ volcans du Tertiaire et du Quaternaire

0   200 km

Transports et consommation d'énergie.

Pour 5 000 t de marchandises			
	Eau	Chemin de fer	Route
Puissance	1 800 CV	7 000 CV	48 600 CV
Longueur du convoi	180 m	750 m	14 000 m
Consommation gazole aux 100 km	5 000 l	7 500 l	25 000 l
V/moyenne	12 km/h	50 km/h	50 km/h

Économies d'énergie : les techniciens demandent aux politiciens d'opérer des choix fondamentaux.

Dans le rapport de la Commission « Énergie et matières premières » 1980, l'on peut relever cette remarque empreinte d'amertume : « Le choix des remèdes à une crise des approvisionnements relève davantage de la politique que de l'économie, et implique nécessairement des arbitrages gouvernementaux :
● partage de la réduction de consommation ;
● partage entre la nécessité de produire, le confort et les loisirs ;
● partage de la charge entre les consommateurs et les contribuables ;
● révision des grands équilibres de l'emploi, des revenus, du commerce extérieur, de la politique monétaire, pour citer les principaux choix qu'il faudrait faire dans un très bref délai.
Il n'a pas paru possible de traiter ce scénario dans le cadre de la Commission. Plusieurs de ses membres l'ont regretté, considérant qu'une telle étude aurait renforcé la détermination de réduire la vulnérabilité énergétique. »

Evolution de la consommation d'énergie primaire en France.

en millions de tep	1960		1973		1980	
Charbon, lignite	47	55 %	30	17 %	34	18 %
Pétrole	27	31 %	116	66 %	102	53 %
Gaz naturel	3	3 %	15	9 %	25	13 %
Hydro-électricité	10	11 %	11	6 %	16	8 %
Électricité d'origine nucléaire	négligeable		3	2 %	14	7 %
Energies nouvelles	—	—	—	—	1	1 %
TOTAL	87	100 %	175	100 %	192	100 %

Prévisions 1990

	Faites en 1980 (électro-nucléaire développé très rapidement)		Faites à partir de 1981 (plus grande diversification électro-nucléaire moins prépondérant)	
Charbon, lignite	30	12 %	43	18,5 %
Pétrole	74	31 %	71	31 %
Gaz naturel	40	16 %	39	17 %
Hydro-électricité	14	6 %	16	7 %
Électricité d'origine nucléaire	73	30 %	48	21 %
Energies nouvelles	11	5 %	13	5,5 %
TOTAL	242	100 %	230	100 %

Économies d'énergie et mode de développement économique.

Jusqu'à la crise pétrolière de 1973-1974, tout accroissement du P.N.B. s'accompagnait d'une augmentation parallèle de la consommation d'énergie. De 1973 à 1980, le P.N.B. français a encore progressé de 20 %, mais notre consommation énergétique n'a augmenté que de 10 %. C'est la preuve que des économies étaient réalisables, que d'autres le sont encore, qu'une vie économique et sociale évoluée peut être plus sobre qu'autrefois. Les nouvelles tendances de la politique énergétique apparues en 1981 ne font que renforcer cette recherche d'une croissance économique plus sobre.

politiques énergétiques : 124, 128, 133, 136

37-L'Europe a-t-elle une politique énergétique et industrielle ?

Dans l'industrie, les attitudes réellement européennes sont rares. Il n'y a pas d'équivalent industriel de l'Europe verte. Les grandes firmes de la C.E.E., publiques ou privées, préfèrent souvent s'allier ou collaborer avec des groupes non européens, même lorsqu'une menace se dessine. Les constructeurs d'automobiles européens s'efforcent d'obtenir du Japon qu'il limite ses exportations, mais des accords sont passés entre British Leyland et Honda, entre Volkswagen et Nissan, tandis que Renault s'allie aux États-Unis avec American Motors. Dans un domaine aussi important que l'informatique, l'Europe est une zone de faiblesse faute d'avoir su rassembler des constructeurs d'ordinateurs (C.I.I., Philips, Siemens) qui individuellement n'avaient pas la dimension nécessaire face aux géants américains (échec du projet Unidata). Inversement, le succès d'Airbus ne doit rien à la C.E.E. en tant qu'institution. Ce programme aéronautique a été voulu par les hommes et des entreprises indépendants des institutions communautaires. L'industrie britannique y a d'ailleurs été raccrochée en 1978 seulement, après abandon du projet en 1969, et sans que les transporteurs aériens britanniques s'engagent à acheter des avions européens. De même, pour des investissements aussi énormes que l'enrichissement de l'uranium, il existe deux procédés distincts : le procédé et l'usine Eurodif de la plaine du Tricastin ne regroupent que la France, l'Italie, la Belgique et l'Espagne. Pays-Bas, R.F.A. et Grande-Bretagne procèdent autrement. La C.E.E. parvient cependant à définir des règles et actions communes dans certaines branches industrielles touchées par des crises graves : négociation avec les pays exportateurs de textiles bon marché pour freiner leur pénétration du marché européen, contingentement de la production dans la sidérurgie.

Les pays de la C.E.E. pourraient avoir une attitude plus solidaire sur la question cruciale de l'énergie. Ils pourraient conduire ensemble les négociations avec les pays exportateurs de pétrole, faire des recherches communes, s'accorder sur le principe de prix et de livraisons préférentiels en cas de rupture des approvisionnements, ou encore construire des réseaux cohérents de transport et de distribution de l'énergie : autant d'objectifs loin d'être atteints.

La C.E.E. formule des recommandations mais n'a guère les moyens de les faire aboutir et certaines pratiques sont en contradiction avec l'élaboration d'une politique commune. Les Dix approchent de l'objectif qu'ils se sont fixés pour 1985, réduire leur dépendance énergétique globale à 50 %. De même, ils se fixent des plafonds d'importations pétrolières et en 1980, ils ont importé moins de pétrole (400 Mt) que la C.E.E. à 6 en 1972 (450 Mt). Mais cela provient surtout de la crise économique et de l'entrée en production des gisements britanniques de la mer du Nord.

Sur bien des points essentiels, chaque pays mène sa propre politique*. En matière nucléaire, aux programmes ambitieux de la France et de la R.F.A. s'oppose l'Italie qui ne se décide vraiment qu'en 1981 à construire quelques centrales puissantes. Dans les négociations sur les prix du gaz soviétique ou d'Afrique du Nord, les grandes sociétés publiques (G.D.F., E.N.I. italienne, etc.) rompent souvent une solidarité qui n'a jamais existé vraiment et escomptent de ce comportement un traitement de faveur. Et au cœur même de la C.E.E., à Rotterdam, fonctionne un marché libre du pétrole dont les à-coups spéculatifs sont gênants.

D'autre part, **sur le plan des ressources énergétiques, les pays de la C.E.E. sont loin d'être dans la même situation**. La France et l'Italie sont très dépendantes, mais la R.F.A., et surtout le Royaume-Uni et les Pays-Bas, sont beaucoup mieux pourvus. Ces deux derniers sont totalement indépendants, exportateurs d'énergie et finalement peu disposés à partager quoi que ce soit. Or, une politique énergétique doit former un tout. Les Dix ne peuvent être intransigeants dans une négociation s'ils ne peuvent pas compter les uns sur les autres en cas de rupture de cette négociation.

La production d'énergie dans la communauté européenne en 1980.

en millions de tep	Charbon + lignite	Pétrole	Gaz naturel	Électricité primaire (hydr. et nucl.)	TOTAL
Belgique	4	0	0	3	7
Danemark	0	0,5	0	0	0,5
France	13	1	8	30	52
Grèce	6	0	0	1	7
Irlande	0	0	0	1	1
Italie	0,5	2	12	12	26,5
Luxembourg	0	0	0	0,1	0,1
Pays-Bas	0	1	88	1	90
R.F.A.	95	5	19	15	134
Royaume-Uni	89	80	41	11	221
Total CEE	207,5	89,5	168	74	539

Part des différentes sources d'énergie dans la consommation des pays de la CEE.

en %	Charbon + lignite	Pétrole	Gaz naturel	Hydro-électricité	Électricité nucléaire
Belgique	25 %	50 %	19 %	—	6 %
Danemark	31 %	69 %	—	—	—
France	18 %	53 %	13 %	8 %	7 %
Grèce	21 %	77 %	—	2 %	—
Irlande	20 %	70 %	9 %	1 %	—
Italie	7 %	66,5 %	18 %	8 %	0,5 %
Luxembourg	51 %	30 %	12 %	7 %	—
Pays-Bas	6 %	45 %	48 %	—	1 %
R.F.A.	31 %	47 %	17 %	1 %	4 %
Royaume-Uni	35 %	40 %	20 %	0,5 %	4,5 %
CEE	24 %	50,5 %	18 %	3 %	4,5 %

L'inégal avancement des programmes de production d'électricité d'origine nucléaire au sein de la CEE.

1970	Production (milliards de kWh)	Part dans la prod. électr. totale (en %)
Belgique	négl.	négl.
France	5	3,5 %
Italie	3	2,5 %
Pays-Bas	négl.	négl.
R.F.A.	6	2,4 %
Royaume-Uni	26	10,4 %

1980	Production (milliards de kWh)	Part dans la prod. électr. totale	Part dans la consommation totale d'énergie
Belgique	12	23 %	6 %
France	56	23,5 %	7,3 %
Italie	2	1 %	0,4 %
Pays-Bas	4	6,5 %	1,4 %
R.F.A.	44	12 %	4 %
Royaume-Uni	38	13 %	4,3 %

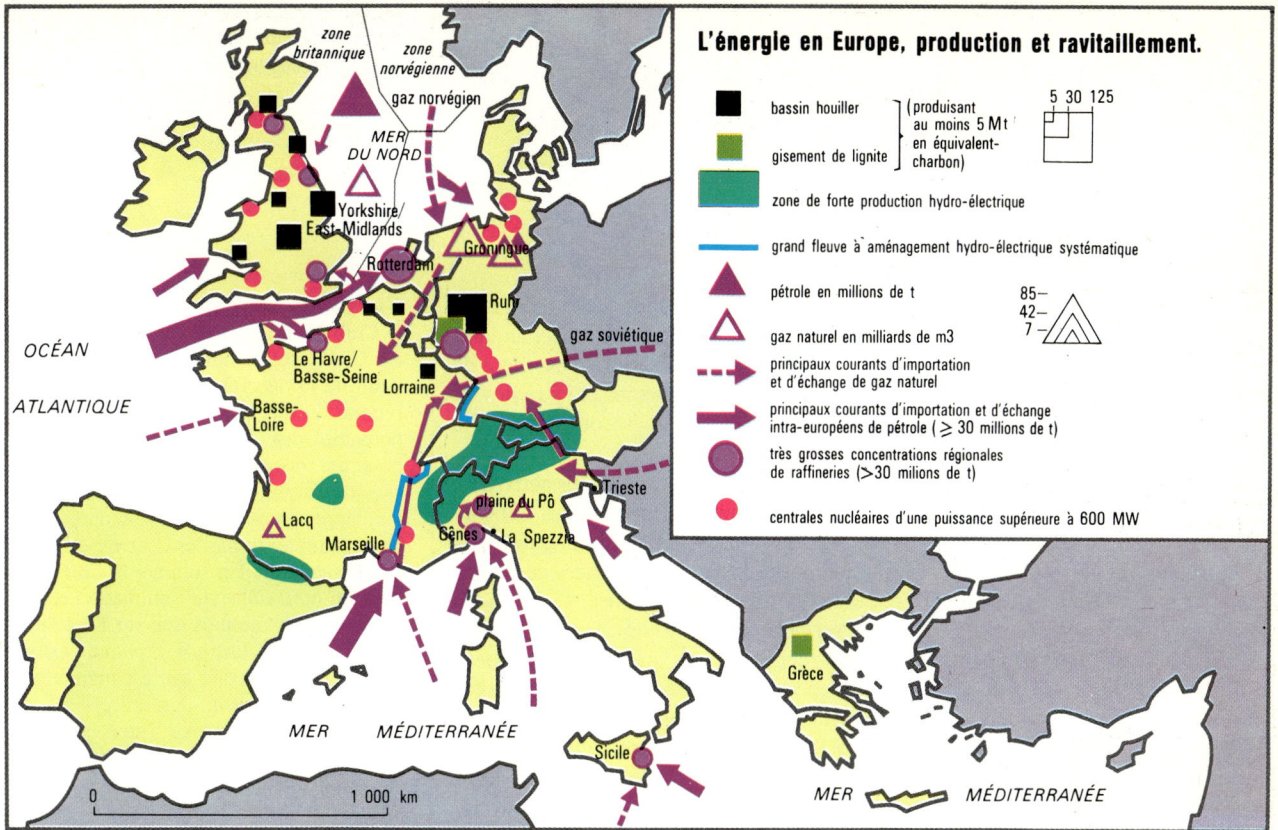

L'énergie en Europe, production et ravitaillement.

- ■ bassin houiller ⎫ (produisant au moins 5 Mt en équivalent-charbon)
- ■ gisement de lignite ⎭
- ▮ zone de forte production hydro-électrique
- ▬ grand fleuve à aménagement hydro-électrique systématique
- ▲ pétrole en millions de t
- △ gaz naturel en milliards de m3
- ⇢ principaux courants d'importation et d'échange de gaz naturel
- ➜ principaux courants d'importation et d'échange intra-européens de pétrole (≥ 30 millions de t)
- ● très grosses concentrations régionales de raffineries (>30 milions de t)
- ● centrales nucléaires d'une puissance supérieure à 600 MW

zone britannique — zone norvégienne — gaz norvégien — MER DU NORD — Yorkshire/East-Midlands — Groningue — Rotterdam — Ruhr — gaz soviétique — OCÉAN ATLANTIQUE — Le Havre/Basse-Seine — Lorraine — Basse-Loire — Lacq — Marseille — Gênes — La Spezzia — plaine du Pô — Trieste — Sicile — MER MÉDITERRANÉE — Grèce

0   1 000 km

La dépendance énergétique des pays de la C.E.E.

en %	Belgique	France	Italie	Luxembourg	Pays-Bas	R.F.A.	C.E.E. à 6	Danemark	Grèce	Irlande	Royaume-Uni	C.E.E. à 10
1956	17	42	58	100	54	2	25	/	/	/	*	/
1968	73	63	77	99	56	43	58	99	/	73	48	/
1973	87	76	82	99	7	55	63	99	76	84	50	64
1979	91	77	83	99	*	60	/	98	70	80	16	54
1980	89	73	81	99	*	55	/	98	70	81	*	49

* = excédent

Rappel : le taux de dépendance énergétique exprime la part (en %) de la consommation qui doit être assurée par des importations.

Le calcul de la dépendance énergétique était relativement facile tant que la consommation reposait pour l'essentiel sur des sources classiques. Avec la montée de l'électricité d'origine nucléaire, on se trouve devant un problème statistique : doit-on considérer l'électricité nucléaire comme entièrement autochtone quelle que soit l'origine de l'uranium, ou la comptabiliser dans les importations lorsqu'elle est produite avec du combustible nucléaire importé ? Le taux global de dépendance de 49 % pour la C.E.E. fourni dans le tableau ci-joint est obtenu avec la deuxième solution. En Europe, en effet, seule la France produit une partie substantielle de l'uranium qu'elle consomme, les autres pays l'importent. Avec la première solution, le taux global de dépendance en 1979 ne serait plus que de 51 %, celui de 1980 s'abaisserait à 45 %. Il faut reconnaître que dans la production électrique d'origine nucléaire, la part de la technologie est tellement importante que l'origine de l'uranium n'est plus finalement qu'un problème secondaire. L'évolution très favorable en 1980 reflète également une baisse de consommation due aux économies d'énergie et au ralentissement de nombreuses activités industrielles en Europe.

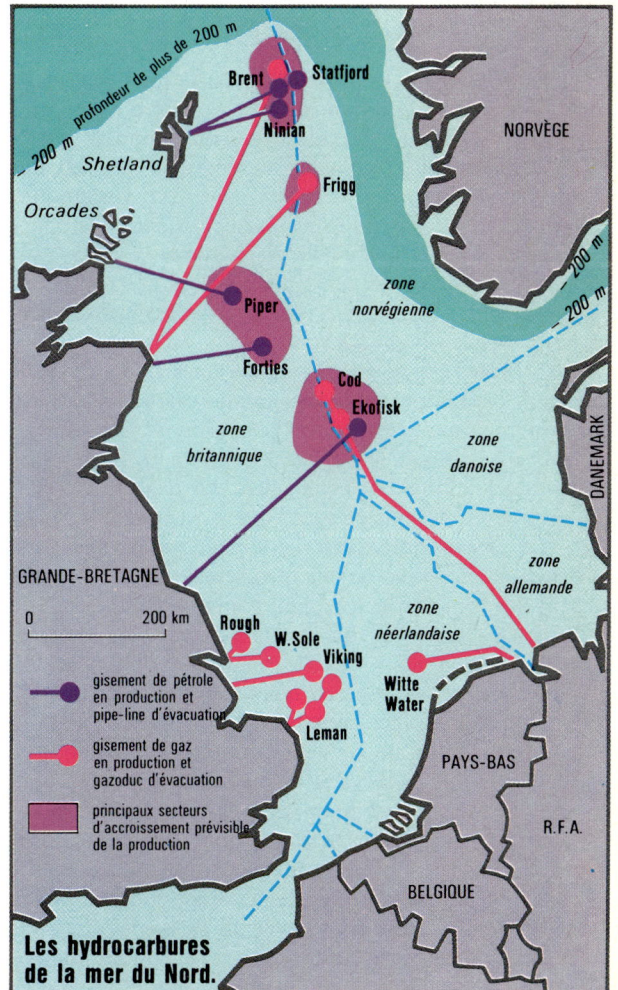

profondeur de plus de 200 m — 200 m — Shetland — Orcades — Brent — Statfjord — Ninian — NORVÈGE — Frigg — zone norvégienne — Piper — Forties — Cod — Ekofisk — zone britannique — zone danoise — DANEMARK — zone allemande — GRANDE-BRETAGNE — Rough — W.Sole — Viking — zone néerlandaise — Witte Water — Leman — PAYS-BAS — R.F.A. — BELGIQUE

0   200 km

- ● gisement de pétrole en production et pipe-line d'évacuation
- ● gisement de gaz en production et gazoduc d'évacuation
- ▮ principaux secteurs d'accroissement prévisible de la production

Les hydrocarbures de la mer du Nord.

81

secteur tertiaire : 14
concentration sur Paris : 89
centres directionnels : 73, 81, 98, 104

38-L'essor des services

Le secteur tertiaire*, regroupement disparate de tous les actifs extérieurs aux secteurs agricoles et industriels, connaît un développement spectaculaire depuis quelques années, puisqu'il occupait 51,3 % des actifs au recensement de 1975 contre 41,8 % en 1962. Cette évolution est celle de tous les pays riches où la formation des individus, la gestion d'espaces économiques complexes et la multiplicité des échanges créent de nombreux emplois.

Cet accroissement numérique n'affecte pas également toutes les activités : à la diminution des services domestiques et au maintien sans plus des effectifs chez les militaires de carrière, correspondent des accroissements marqués dans le commerce et surtout dans la fonction publique. Mais ces tendances générales recouvrent en fait des phénomènes et des mouvements complexes : s'il est facile de comprendre que la régression des services domestiques correspond au développement des équipements électro-ménagers et que l'accroissement numérique de certaines catégories de fonctionnaires correspond à l'amélioration des services (allongement de la scolarité, multiplication des services rendus par les municipalités), il faut observer que l'accroissement global du commerce recouvre des tendances souvent opposées, comme la récession du petit commerce alimentaire face à la progression de nouvelles formes de distribution. Une des caractéristiques essentielles du tertiaire français est l'apparition de nouveaux types de services de pointe, ingénierie, informatique, services de haut niveau rendus aux entreprises, comme la promotion des exportations ou l'organisation du travail.

A l'échelle interrégionale, la distribution des services est assez régulière pour l'encadrement administratif, le commerce ou les services aux particuliers, avec quelques concentrations correspondant aux régions les plus riches ou à des spécificités régionales : la répartition des activités liées au tourisme est assez caractéristique sur ce plan, avec des concentrations marquées sur les littoraux, les montagnes et la région parisienne. Certaines répartitions peuvent être faussées par des habitudes de consommation ou la structure régionale de la population : la comparaison des services hospitaliers est intéressante sur ce point, avec une densité plus forte dans les régions vieillies comme le Languedoc et la Provence-Côte d'Azur.

A l'intérieur de chaque région ou même à l'échelle départementale, les inégalités spatiales sont beaucoup plus marquées avec de fortes concentrations dans les métropoles et les chefs-lieux et des sous-équipements fréquents dans les zones périphériques. Cette inégalité affecte même des services essentiels comme ceux qui sont liés à l'équipement hospitalier. On se gardera toutefois de confondre les notions de sous-équipement et de sous-développement.

La concentration des services de pointe sur Paris* et les principales métropoles pose de sérieux problèmes : la plupart des sièges sociaux des grandes entreprises se trouvent maintenant à Paris et, de ce fait, les décisions affectant l'activité économique et l'emploi dans de nombreuses régions sont prises sans qu'il y ait contact permanent et perception identique des problèmes régionaux chez les décideurs et les exécutants. La politique d'aménagement du territoire s'est efforcée de lutter contre l'excès de centralisation en transférant hors de la capitale un certain nombre de services (administration des chèques postaux à Orléans, services financiers du ministère des Affaires étrangères à Nantes...). Mais les habitudes centralisatrices sont fortes et les résistances à cette politique sensibles. Dans le secteur privé, des efforts analogues ont été entrepris avec la construction de vastes « centres directionnels* » à Lyon, Marseille, Rennes et Strasbourg. Pourtant, l'importance du secteur tertiaire n'a pas sensiblement régressé dans la région parisienne. Le secteur tertiaire témoigne donc de l'attachement des Français à la centralisation.

Une entreprise de services touristiques : le Club Méditerranée.
Le Club Méditerranée est né au lendemain de la Seconde Guerre mondiale. Il répond à un besoin nouveau dans le domaine des loisirs, mais il apporte quelques principes séduisants : suppression de l'argent dans ses installations ou « villages » ; gratuité des prestations sportives ; animation par les G.O. ou « gentils organisateurs ». En somme, le Club propose un nouveau style d'animation centré sur la collectivité plus que sur l'individu. Le succès de la formule explique l'extension d'une entreprise qui est maintenant classée au 15e rang des entreprises de services, peu après Air Inter, avec un chiffre d'affaires de 2,4 milliards de Francs en progression de près de 25 % d'une année sur l'autre. Le Club emploie 12 000 personnes sur ses 80 villages de vacances et reçoit plus de 600 000 touristes par an. Un tel succès et même une telle entreprise auraient paru inconcevables avant les années 50, tout comme le développement des sociétés de travail intérimaire, la restauration standardisée ou la location de voitures, toutes activités de services caractéristiques de notre époque.

Composition et évolution du secteur tertiaire dans la population active.

Activités (cf. comptabilité nationale)	1962		1975	
	en milliers	%	en milliers	%
Transports	769	4	837	4,0
Télécom.	290	1,5	402	1,9
Serv. logement	68	0,4	114	0,5
Services divers	2 005	10,5	2 999	14,3
Commerces	1 942	10,2	2 396	11,5
Banques, assur.	253	1,3	496	2,4
Serv. État	1 005	5,3	1 686	8,1
Armée	372	2,0	314	1,5
Coll. locales	276	1,4	452	2,2
Sécurité sociale	108	0,6	214	1,0
Adm. privées	348	1,8	508	2,4
Serv. domes.	535	2,8	314	1,5
Total tertiaire	7 971	41,8	10 737	51,3
dont femmes	3 536	44,3	5 079	47,3

services

Centre commercial de Cap 3000.

Atmosphère de luxe et d'abondance, conforme à l'implantation stratégique de ce centre commercial sur la Côte d'Azur, en bordure d'une autoroute qui permet de drainer une large clientèle. La concurrence est évidemment très vive avec le commerce traditionnel qui réagit par une politique de réaménagement des centres-villes.

Répartition spatiale des services aux habitants, par région et pour deux départements.

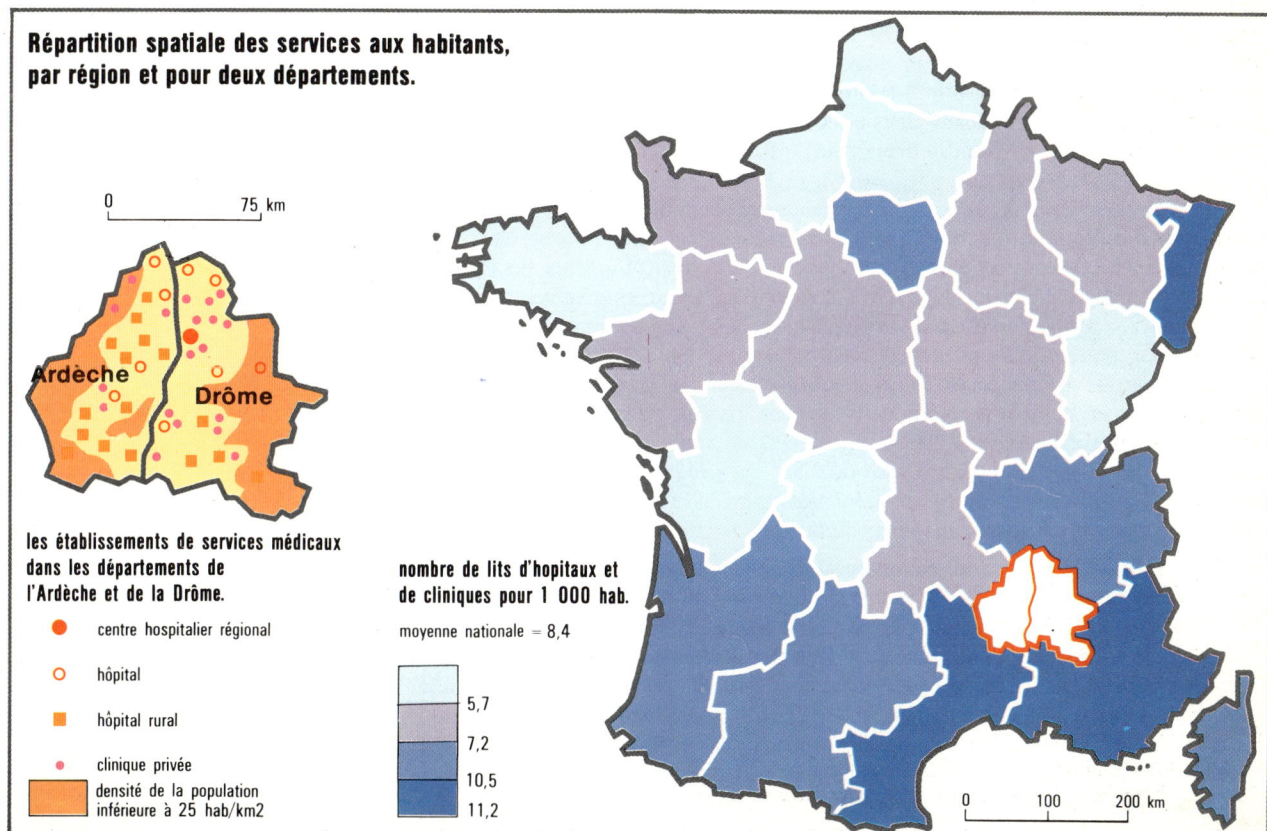

0   75 km

Ardèche   Drôme

les établissements de services médicaux dans les départements de l'Ardèche et de la Drôme.

● centre hospitalier régional

○ hôpital

■ hôpital rural

• clinique privée

▨ densité de la population inférieure à 25 hab/km2

nombre de lits d'hopitaux et de cliniques pour 1 000 hab.

moyenne nationale = 8,4

5,7

7,2

10,5

11,2

0   100   200 km

départ des commerçants : 96, 108
centres commerciaux : 89, 104

39-Les mutations de l'appareil commercial

L'importance des activités commerciales est l'une des caractéristiques fondamentales des économies libérales : alors que 4 % seulement des actifs sont employés dans le commerce en U.R.S.S., on en compte près de 12 % en France, soit 3 millions de personnes qui ne produisent toutefois que 10,5 % du P.I.B. On peut au demeurant discuter sans fin pour savoir si le commerce, grâce à ses multiples supports publicitaires, satisfait des besoins réels ou stimule des besoins superflus et même inutiles. Toujours est-il que le commerce doit aussi s'adapter à l'évolution de la demande, notamment en période de crise, ainsi qu'aux changements dans la répartition spatiale de la clientèle. Cette recherche d'adaptation explique les transformations rapides que connaît actuellement l'appareil commercial.

La concentration de l'appareil commercial dans les villes et surtout dans les grandes villes est une des caractéristiques majeures de l'évolution actuelle. Sans doute, les commerçants n'ont-ils fait que suivre leur clientèle à travers les déplacements de population successifs. Mais le départ des commerçants*, en rendant plus difficile la vie quotidienne, lorsque le boulanger et le boucher sont partis, ou en obligeant à des déplacements plus longs pour acheter chaussures et vêtements, précipite l'exode rural ou le déclin des petites villes. Cet exode des commerçants est sans doute loin d'être achevé : alors qu'on dénombre 110 commerces pour 10 000 habitants dans la région parisienne, il s'en trouve 126 en Auvergne et 115 dans le Limousin, pour desservir une clientèle souvent dispersée et aux revenus peu élevés. Les services commerciaux pourront-ils être longtemps maintenus dans de telles conditions ?

La répartition des commerces urbains a également beaucoup évolué. Traditionnellement, chaque quartier avait ses commerces d'alimentation, alors que les commerces non alimentaires se regroupaient plutôt dans les centres-villes. Depuis quelques années on assiste à un double mouvement qui répond aux problèmes de circulation et de stationnement automobile : les commerces non alimentaires se rassemblent dans des centres commerciaux* situés dans les banlieues ou sur les carrefours d'autoroutes (Parly 2), voire dans des centres urbains rénovés et dotés de vastes parkings (les Halles à Paris, la Part-Dieu à Lyon). Les sites périphériques voient également se multiplier les hypermarchés jouant sur le volume des marchandises distribuées, ce qui leur permet de cumuler les fonctions du commerce de gros et de la distribution au détail en abaissant considérablement les prix. La concurrence entre les diverses formes de distribution est très vive, ce qui explique la recherche de compromis comme les galeries marchandes intégrées à l'architecture des hypermarchés mais animées par le commerce traditionnel qui s'efforce de proposer un service personnalisé et de qualité. Ces deux formes rivales de distribution sont également concurrencées par les établissements de vente par correspondance dont la part sur le marché est passée de 0,8 % en 1962 à 2,4 % en 1980. On observera enfin que le commerce non sédentaire a su s'adapter à tous ces changements et qu'il représente encore plus de 4 % du marché.

L'évolution de l'appareil commercial s'opère également au détriment des commerces alimentaires qui n'occupent plus que 630 000 personnes contre près de 700 000 en 1962. Cette évolution est conforme au changement dans les modes de consommation : au milieu du siècle dernier, les dépenses alimentaires représentaient 70 % du budget des ménages contre 20 % actuellement, avec il est vrai de fortes variations selon les catégories socio-professionnelles. Les reports budgétaires correspondants ne profitent pas intégralement au commerce : la part du logement, des loisirs et de la santé s'accroît dans le budget des ménages, au détriment des achats commerciaux.

Les nouvelles formules commerciales. Au cours des dernières années, sont apparus les supermarchés (plus de 400 m²) et les hypermarchés (plus de 2 500 m²) qui permettent à l'acheteur de payer en un seul passage à la caisse, des articles de nature différentes qui devraient normalement être achetés dans plusieurs magasins, épicerie, droguerie, habillement, etc. De 1969 à 1980, le nombre de ces commerces a évolué comme suit :

	1969	1975	1980
Supermarchés	1 205	2 659	4 180
Hypermarchés	11	75	433

Simultanément, les entreprises de distribution de ce type ont connu un développement considérable :

	Rang dans les entreprises commerciales	Chiffre d'affaires	Effectifs
Carrefour	1	20 milliards	10 800
Auchan	6	10	8 400

Le commerce traditionnel a réagi par le regroupement dans de vastes centres commerciaux dotés de parkings et offrant une diversité de produits et de services beaucoup plus grande, puisqu'elle inclut des cinémas, des commerces de luxe, des centres d'exposition, etc. Mais ces centres restent étroitement localisés dans les grandes villes et s'efforcent de drainer la clientèle d'une vaste région. En 1980, on compte 310 centres commerciaux qui représentent 12,5 % du commerce de détail. Les principaux centres sont concentrés dans la région parisienne :

	Surface en m²	Chiffre d'affaires en milliards de F
Créteil	96 000	890
Rosny 2	95 000	2 990
Lyon Part-Dieu	92 000	860
Belle-Épine	87 000	915
Parinor	87 000	666
Évry 2	67 000	2 786
Les Ulis	60 000	2 700
Cap 3000 (Var)	60 000	640

hypermarché
supermarché
centre commercial

Le centre commercial de Parly II dans la ▶ banlieue ouest de Paris.

Association classique d'un ensemble immobilier résidentiel de haut niveau et d'un centre commercial, Parly II a ouvert ses portes en 1969. A l'image des centres commerciaux américains, il rassemble sur une surface de 55 000 m² entourée d'un vaste parking, un complexe de magasins dits de grande surface, des boutiques, des banques et des cinémas. On estime que dans un rayon de 8 kilomètres, vivent plus de 500 000 personnes dont une forte proportion de cadres jeunes, à haut niveau de consommation. On observe des pointes de fréquentation très nettes en fin de semaine, les achats groupés constituant un substitut aux loisirs traditionnels, ce qui est peut-être une sorte d'idéal dans une société de consommation. Dans les premiers temps, ce type de centre commercial a suscité de vives réactions chez les commerçants des centres-villes qui ont demandé la limitation des grandes surfaces (loi Royer de 1973). Par la suite, les rues piétonnières, les campagnes promotionnelles ont apporté d'autres solutions qui ne suffisent pourtant pas à enrayer le déclin du commerce traditionnel dans certaines branches comme l'alimentation.

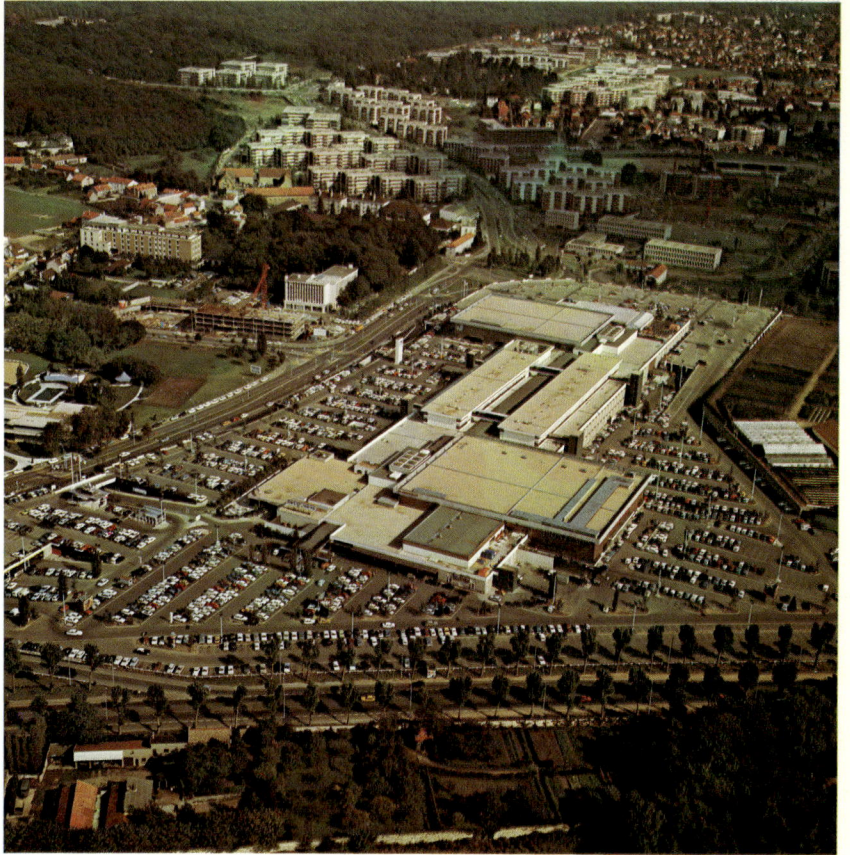

Les établissements économiques des Casinos forment le plus important groupe de **magasins succursalistes**, où de nombreux points de vente sont alimentés par une centrale achetant et conditionnant les produits de la marque. On trouve plus de 2 000 de ces succursales dans de nombreux villages et villes du Midi de la France. Depuis quelques années, il s'y est ajouté des supermarchés et des cafétérias, ce qui prouve que cette formule de vente, née à la fin du siècle dernier, est susceptible d'adaptation. Parmi les autres entreprises succursalistes, Radar, Docks de France, Promodis, les Économats du Centre sont les plus importants. ▼

Le petit commerce a été fortement touché par l'évolution récente de l'appareil commercial, surtout dans le secteur alimentaire (316 000 établissements en 1960, 260 000 en 1975) et celui des cafés, hôtels, restaurants (220 400 en 1960 contre 177 000 en 1975). Ces transformations de l'appareil commercial se lisent également dans l'évolution de la population active commerciale : de 1960 à 1975 le nombre des patrons est tombé de 758 000 à 635 000, alors que celui des salariés est passé de 1 284 000 à 1 975 000. C'est surtout en milieu rural que le petit commerce a régressé ; se maintiennent ceux qui associent plusieurs activités. Ici, le commerçant est à la fois épicier, pompiste, marchand de tabacs, hôtelier et restaurateur. ▼

Une maison d'approvisionnement et d'Alimentation à succursales : Casino-Épargne.

◇ abattoir

■ usine

⊞ entrepôt

① nombre d'hypermarchés par département.

1 nombre de supermarchés par département.

0 ___ 200 km

nombre de succursales par département.

de 1 à 9

de 10 à 29   de 50 à 100

de 30 à 49   plus de 100

Population active du commerce (1978).

(en milliers)	1978	dont salariés
Commerce de gros	863,4	789,3
− alimentaire	273,8	240,4
− non alimentaire	589,6	548,9
Commerce de détail	1 581,9	1 076,3
− alimentaire	575,5	390,4
− non alimentaire	1 006,4	685,9
Ensemble	2 445,3	1 865,6

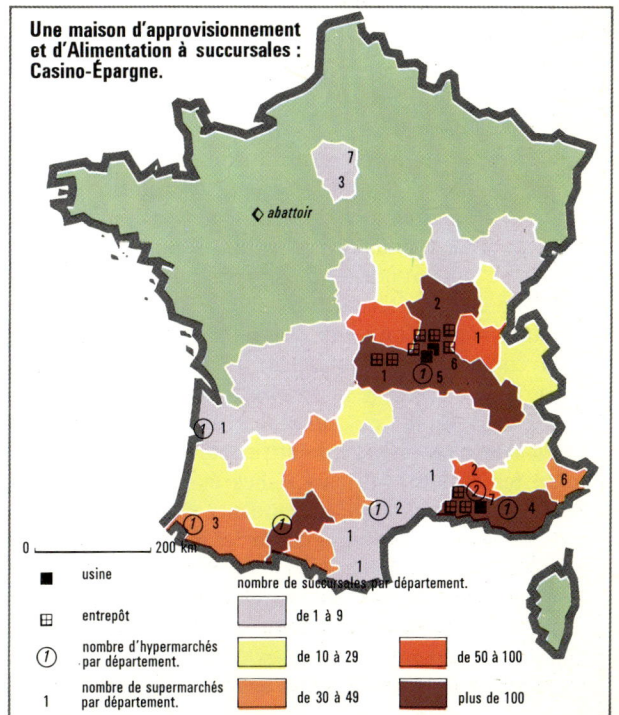

réseaux de diffusion : 57, 58
redistribution des activités : 45, 46

40-De nouveaux outils de communication

L'écriture, le livre, la presse, le téléphone, la télévision, la télématique et les banques de données sont des instruments de communication à distance ou de nouveaux outils qui prolongent l'esprit humain, tout comme d'autres outils ont prolongé la main de l'homme et démultiplié sa force. Comme ils ne servent pas directement à la production, ils sont rattachés au secteur tertiaire, mais ils conditionnent en fait de nombreuses activités, modifient les relations entre l'homme et l'espace et s'intègrent aux secteurs industriels de pointe.

L'information et dans une large mesure les opinions sont conditionnées par la radio et la télévision qui jouent également un rôle économique essentiel en servant de support à la publicité. Si la télévision est à la fois monopole d'État, instrument du pouvoir et véhicule des opinions et des idéologies établies, il n'en va pas de même pour la radio où le monopole d'État a été entamé par de puissants groupes privés (le chiffre d'affaires d'Europe n° 1 s'est élevé à 460 M de francs en 1980), qui contrôlent également des journaux et des stations périphériques de télévision. Ce partage de fait entre l'État et les groupes financiers est maintenant remis en cause par de nouveaux compétiteurs, radios locales, politiques ou simples groupements d'animateurs.

Face aux nouveaux moyens de communication, la presse maintient difficilement ses positions, soit en s'adaptant à une clientèle locale ou régionale, soit en s'adressant à un public bien précis, amateurs de sports, de jardins, de motos... On n'en observe pas moins une double concentration au niveau des moyens, dominés par quelques grands groupes et au niveau spatial avec la prépondérance de Paris, où se trouvent les sièges des principaux quotidiens et de tous les hebdomadaires d'opinion.

La densité téléphonique reste relativement faible en France, avec 29 postes pour 100 habitants contre 50 au Danemark. Pourtant, le rôle du téléphone est essentiel : il rompt l'isolement spatial en milieu rural, accélère les échanges, évite de multiples déplacements. Il permet maintenant de transmettre des documents à distance et d'organiser des conversations à plusieurs interlocuteurs. Pour la transmission rapide de documents écrits, il est maintenant relayé par le réseau télex. En 1981, l'incendie d'un central téléphonique a paralysé durant plusieurs jours toute la vie économique de la ville de Lyon et révélé à la fois l'importance du téléphone et la fragilité de notre système d'information.

La télématique ou transmission sur écran de données stockées dans des mémoires informatiques et susceptibles d'être programmées **va introduire une véritable révolution**, non seulement dans le domaine de la communication mais aussi dans les méthodes de travail au bureau (bureautique) comme dans les écoles, où une grande partie de l'enseignement peut être programmée, ce qui permet à chaque élève de travailler à son rythme propre tout en évaluant ses résultats. Mais selon toute vraisemblance, la télématique restera longtemps un outil coûteux pour l'utilisateur et contrôlé par des groupes de fabricants proprosant à la fois le matériel et des programmes.

L'analyse de ces multiples outils de communication montre qu'ils s'organisent en réseaux de diffusion ou d'utilisation* plus ou moins denses selon les régions, les plus riches étant généralement les mieux desservies, notamment la capitale. Cette tendance à la concentration est compensée par une accessibilité toujours plus grande des individus à ces outils : on peut penser que dans un avenir proche, une personne isolée à la campagne pourra accéder instantanément à des mémoires informatiques, supprimant de nombreux déplacements vers les centres urbains, qu'il s'agisse de consulter un compte en banque, un répertoire d'adresses ou un ouvrage de haute spécialisation. Est-ce l'annonce d'une redistribution spatiale* des activités ?

Niveau d'Informatisation des régions françaises.

	Nombre ordinateurs Population active pour 1 000 travailleurs	Nombre ordinateurs (%) d'une valeur supérieur à 50 KF	Population active %
Région parisienne	2,5	36,57	24,38
Rhône-Alpes	1,7	10,18	9,36
Provence-Côte d'Azur	1,4	5,95	6,46
Nord	1,3	6,15	6,87
Pays de la Loire	1,1	3,41	4,72
Alsace	1,4	2,87	3,20
Lorraine	1,1	3,58	4,47
Haute-Normandie	1,4	2,75	3,30
Midi-Pyrénées	1,3	3,07	3,47
Aquitaine	1,0	3,00	4,29
Centre	1,4	3,02	4,10
Champagne	1,2	2,56	2,57
Bretagne	0,9	2,55	3,91
Bourgogne	1,2	2,32	2,87
Picardie	1,0	2,21	3,29
Auvergne	1,0	1,52	2,23
Languedoc-Roussillon	1,0	2,14	2,68
Poitou-Charentes	0,9	1,91	2,41
Franche-Comté	1,0	1,54	2,00
Basse-Normandie	0,8	1,43	2,25
Limousin	0,9	0,87	1,17
Valeur moyenne	**1,5**		

La répartition des équipements informatiques est à peu près conforme au poids économique des régions mais accentue l'écart entre les régions qui sont bien pourvues et celles qui le sont moins. La concentration parisienne ressort de façon particulièrement nette.

**télex
informatique**

Radio libre.

Instrument de communication, outil cultu-rel, mais aussi moyen de persuasion d'une exceptionnelle efficacité, la radio n'est plus un monopole d'État, sans être libre pour autant. Revendiqué depuis quelques années avec beaucoup d'insistance, un statut relativement libéral est en cours d'élaboration. L'enjeu intéresse aussi bien des groupes régionalistes, culturels, syndi-calistes ou politiques, que la libre entre-prise. Les problèmes qu'affronte actuelle-ment l'Italie, où émettent plus de 2 000 radio-pirates, montrent qu'un excès de libéralisme peut engendrer de véritables catastrophes.

La fusée Ariane.

Cet investissement considérable (3 500 millions de francs) dépasse les capacités d'investissement d'un seul pays et a nécessité la collaboration de plusieurs États européens: France (62,5 % du financement), Allemagne fédérale (20,1 %), Belgique (5 %), Pays-Bas (1 %), Espagne, Italie et Danemark pour le reste. Il s'agit d'un investissement rentable puisqu'il sera utilisé pour la mise sur orbite de satellites d'observation ou de télécommunication. Ariane est aussi le moyen, pour les pays européens, de se maintenir dans le peloton de tête des nations technologiquement avancées. Il s'agit enfin d'un produit d'exportation de services, puisqu'il servira au lancement de satellites dont certains seront américains. ▶

Le niveau d'équipement reste encore très inégal d'une région à l'autre avec des faiblesses inattendues, comme le Nord et l'Est. ▼

Densité régionale des lignes téléphoniques.

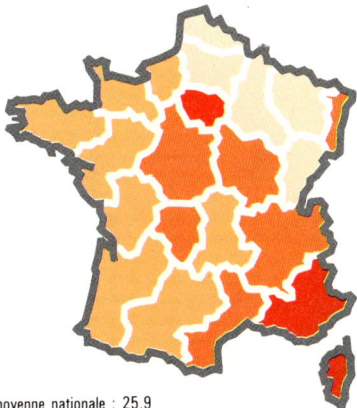

moyenne nationale : 25,9

☐ de 15,5 à 21,6	☐ de 24,2 à 28,0
☐ de 21,6 à 24,2	☐ de 28,0 à 37,6

Les lignes aériennes d'Air Inter en 1979.

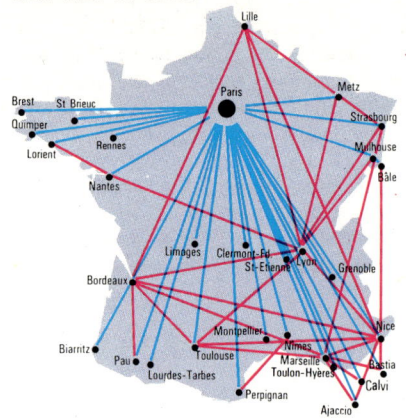

41-Infrastructures et réseaux de transport

En France comme dans bien des pays, **le déplacement des personnes est considéré comme l'un des fondements de la liberté**. **Mais la circulation des marchandises, matières premières et produits finis, est également une nécessité** dans une économie libérale reposant sur la dissociation entre les lieux de fabrication et les lieux de consommation, c'est-à-dire sur le déplacement de la quasi-totalité des biens. Aussi les réseaux de transport sont-ils largement distribués et variés, soit cinq modes : rail, route, air, voie d'eau et tubes. On compte près d'un kilomètre de voie ferrée pour 10 km² (34 500 km de lignes), une voiture de tourisme pour trois personnes (17 millions de véhicules) et 65 villes disposent de relations aériennes avec d'autres agglomérations françaises.

Une grande partie du tracé des infrastructures est aujourd'hui héritée du passé : monarchie absolue et Révolution française pour les routes, révolution industrielle du XIXᵉ siècle pour les chemins de fer. Ces réseaux, à l'exception des canaux, ont été conçus pour converger* vers la capitale politique et administrative, mais leur maillage est serré car les routes et les lignes de chemin de fer devaient desservir commodément préfectures et sous-préfectures. Aujourd'hui, des infrastructures ou des relations récentes comme les autoroutes et les liaisons aériennes renforcent encore la toile d'araignée dessinée au XIXᵉ siècle par les voies ferrées : la région parisienne regroupe en effet 20 % de la population, c'est-à-dire le cinquième des producteurs, des consommateurs et des touristes du pays, ainsi que la presque totalité des pouvoirs administratifs, politiques et financiers. Les meilleures dessertes aériennes relient Paris à Lyon, Marseille, Nice, Bordeaux et Toulouse. Les autoroutes radiales, partant de la capitale, représentent plus de 90 % de la longueur totale des autoroutes. Sur le réseau ferré, la modernisation des équipements a principalement profité aux radiales, et le train à grande vitesse (T.G.V.) va doubler l'artère Paris-Lyon, déjà l'une des mieux équipées du réseau. **Les axes majeurs* au plan des infrastructures cumulent donc une ou deux voies ferrées, l'autoroute et la voie d'eau :** Basse-Seine entre Paris et Le Havre, vallée du Rhône entre Lyon et Marseille, liaison Paris – Nord-Pas-de-Calais.

En revanche, **la voie d'eau moderne ne présente pas un réseau aussi cohérent** que le rail ou la route : elle est handicapée par le relief mais aussi par le peu d'attrait qu'elle a offert aux yeux des aménageurs depuis le début du XXᵉ siècle. De nombreux canaux hérités des XVIIIᵉ et XIXᵉ siècles sont inaptes à la circulation des gros automoteurs ou des trains de barges. Les sections à grand gabarit comparables aux canaux allemands ou néerlandais sont courtes, isolées les unes des autres et simplement reliées entre elles par des canaux à petit gabarit : moins de 300 tonnes pour le vieux canal Rhône-Rhin, contre 4 000 et plus sur les tracés fluviaux du Rhin et du Rhône.

Pour la voie d'eau comme pour la route, les entreprises sont de petite dimension, souvent familiales (63 % des péniches appartiennent à des artisans ne disposant que d'un bateau, d'une capacité souvent voisine de 350 tonnes), ce qui leur confère une remarquable souplesse d'adaptation à la demande. A côté des artisans, de rares compagnies importantes détiennent 10 % des bateaux, mais 22 % de la capacité de la flotte. Sur la route, 77 % des transporteurs ne possèdent pas plus de deux ou trois camions en moyenne.

Face à ces deux modes, le rail oppose le monopole d'une société nationalisée, la S.N.C.F. Sa politique commerciale s'est récemment adaptée à la concurrence de la route et de la voie d'eau : embranchements particuliers, desserte accélérée des marchandises, porte-à-porte routier...

Le réseau autoroutier en 1981.

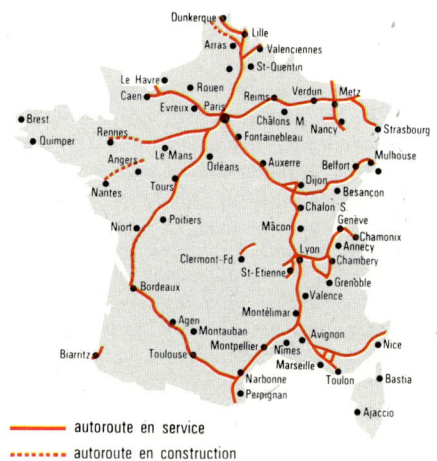

—— autoroute en service
········ autoroute en construction

Canaux et voies navigables.

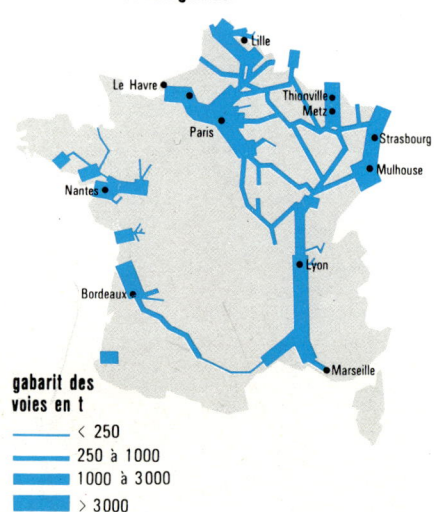

gabarit des voies en t

—— < 250
—— 250 à 1000
—— 1000 à 3000
—— > 3000

**service public
ligne isochrone
concurrence des modes de transport**

Relations ferroviaires entre Paris et les principales villes.

exprimées en temps de parcours en 1981 (meilleurs trains)
la desserte T.G.V. est supposée en service dans sa totalité

d'après La Vie du Rail n° 1682

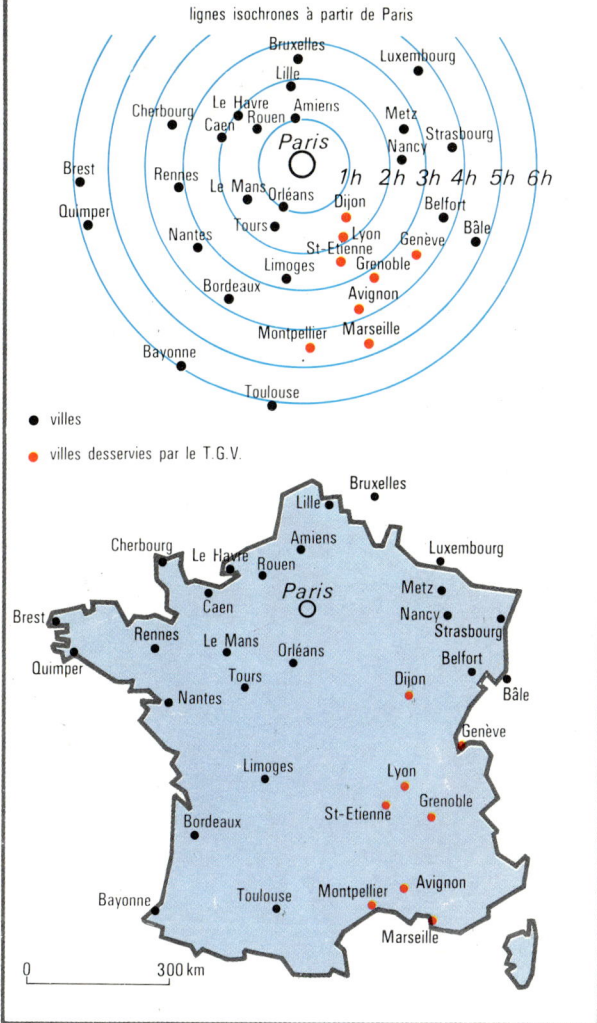

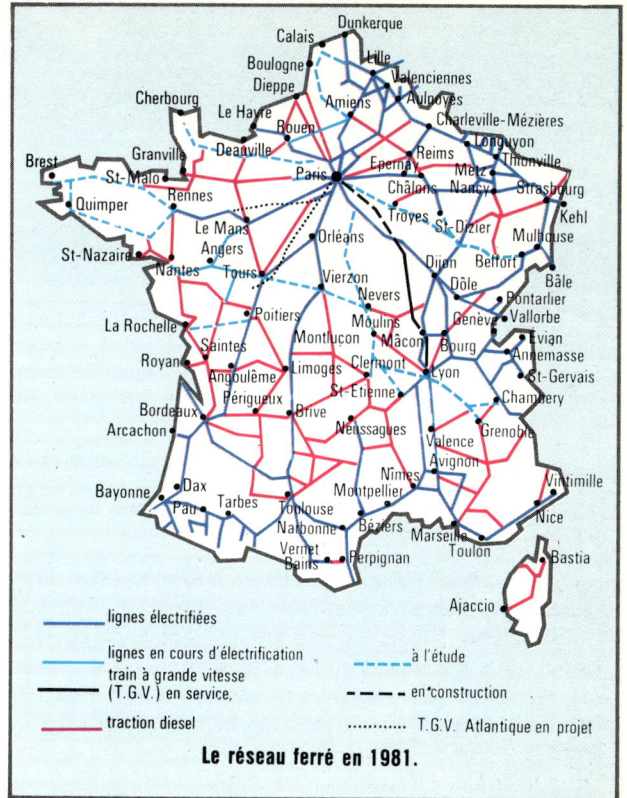

lignes isochrones à partir de Paris

1h 2h 3h 4h 5h 6h

● villes

● villes desservies par le T.G.V.

0   300 km

Le réseau ferré en 1981.

—— lignes électrifiées	
—— lignes en cours d'électrification	- - - à l'étude
—— train à grande vitesse (T.G.V.) en service,	- - - en construction
—— traction diesel	·········· T.G.V. Atlantique en projet

Le canal de Briare près de Montargis (Loiret).
Une ambiance « rétro » pour les peintres et les pêcheurs, que l'on retrouve sur presque tous les canaux à petit gabarit. ▼

Une rame du T.G.V. en pleine vitesse (Saône-et-Loire).
Les caractéristiques de l'infrastructure diffèrent sensiblement de celles des lignes classiques : les déclivités de la voie sont voisines de celles des autoroutes, les courbes ne sont jamais serrées. La ligne historique de Paris à Lyon sinuait au fil des vallées pour éviter les reliefs ; la ligne nouvelle coupe une partie du Morvan et fait ainsi gagner plusieurs dizaines de km sur le trajet, sans éventrer profondément les sommets de collines ni combler les fonds de vallons par de gigantesques remblais. Mais les vitesses pratiquées (260 km/h) imposent de passer loin des habitations (bruit) et de clôturer totalement la ligne (sécurité).
Situés aux deux extrémités de l'éventail et de l'histoire des techniques de transport, la péniche de 350 t et le T.G.V. n'en sont pas moins les deux moyens de transports les plus performants à l'heure actuelle (énergie, nuisances, coût). ▼

flux de marchandises : 61, 72
mouvements pendulaires : 91
vacances : 44
déplacements d'affaires : 89, 98, 104

42-Les courants de trafic

Près de 2 milliards de tonnes de marchandises sont transportées chaque année en France, dont 25 % sont échangées avec l'étranger. Mais le partage est loin d'être égal entre les différents modes : la route vient en tête avec 50 % des tonnes-kilomètres devant le rail : 35 %, les tubes (gazoducs, oléoducs...) : 10 %, et la voie d'eau : 5 %. Entre 1962 et 1978, la part de la route a doublé. Mais les trafics du rail et de la voie d'eau n'ont pas diminué pour autant, car la route a surtout absorbé une grande partie de la forte augmentation du volume transporté entre ces deux dates.

Le partage entre les modes se fait selon plusieurs critères : la distance à parcourir, la rapidité souhaitée, le poids et la nature des marchandises. C'est principalement dans le domaine des industries légères (machines, véhicules, produits manufacturés en général) que la route transporte la plus grande part des marchandises, puisqu'elle assure 62 % du transport dans cette catégorie, contre 38 % pour le rail. De telles industries s'implantent aisément le long des routes à grande circulation ou à proximité des échangeurs autoroutiers, en particulier dans les secteurs de décentralisation. En revanche, le rail et la voie d'eau s'imposent dans le domaine des matériaux lourds en vrac (pondéreux), comme les minéraux (25 % du tonnage de la voie d'eau), les combustibles solides ou les produits métallurgiques, dont 60 % sont transportés par le rail. Des établissements industriels tels les usines sidérurgiques ou les cimenteries sont d'ailleurs installés en bordure de canaux ou de voies ferrées, même quand leur construction est récente.

Les flux de marchandises* font apparaître d'importants déplacements entre les régions industrielles densément peuplées : Nord, Lorraine, région parisienne, Lyon et Marseille. Mais 80 % des déplacements de marchandises sont réalisés à faible distance dans le cadre de la région, (produits agricoles et alimentaires par exemple). Cependant, pour les produits manufacturés à forte valeur ajoutée comme pour les produits lourds très spécialisés utilisés dans la chimie ou la métallurgie, les déplacements interrégionaux sont prédominants.

Le déplacement des personnes répond à trois principaux motifs :

– *Les trajets domicile-travail,* à courte distance, sont effectués par la route ou le rail de façon souvent collective (60 % des voyages en région parisienne). La croissance des villes et la distance entre les centres tertiaires et les périphéries consacrées à l'habitat (villes-dortoirs) ont rendu ces mouvements pendulaires* parfois critiques dans les grandes agglomérations.

– *Les vacances** sont également à l'origine de migrations de masse, mais à longue distance cette fois, entre les grandes villes et les littoraux ou les montagnes selon les saisons. Le rail connaît alors des pointes de trafic que la S.N.C.F. surmonte en louant des rames aux réseaux étrangers. Les routes nationales et les autoroutes sont à cette occasion, pour quelques jours dans l'année, pratiquement saturées et le gabarit de nombreuses voies routières est calculé en fonction de cet afflux très temporaire.

– *Enfin, les déplacements d'affaires* ou de travail* sont effectués en voiture individuelle, en train ou encore en avion lorsqu'il s'agit de relier rapidement un établissement industriel ou tertiaire de province à son siège parisien. La superposition de ces deux derniers motifs de voyage explique **la prédominance d'un axe de trafic Paris-Lyon-Méditerranée,** jalonné par les trois plus grandes agglomérations françaises et donnant accès aux deux plus grandes aires touristiques du pays : la façade méditerranéenne et les Alpes.

Flux interrégionaux de marchandises.
machines, véhicules, objets manufacturés

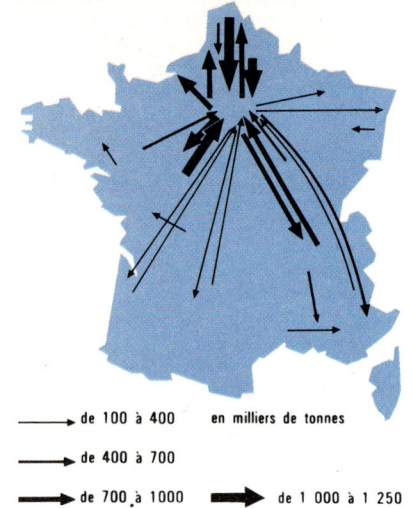

→ de 100 à 400   en milliers de tonnes
→ de 400 à 700
→ de 700 à 1000   ➡ de 1 000 à 1 250

d'après M. Chesnais

produits métallurgiques

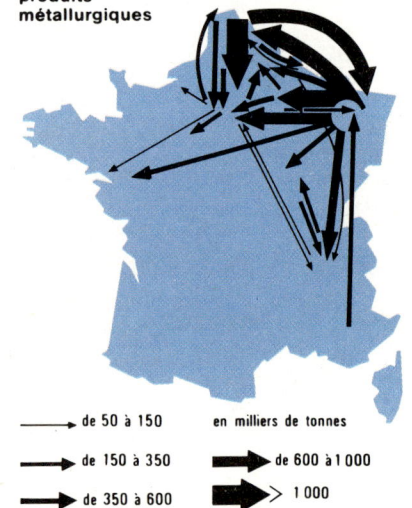

→ de 50 à 150   en milliers de tonnes
→ de 150 à 350   ➡ de 600 à 1000
→ de 350 à 600   ➡ > 1 000

Les flèches représentent les plus importants courants de déplacement intérieurs pour quelques produits ou marchandises. Les flux ainsi tracés permettent d'identifier les relations économiques essentielles entre régions, et peuvent être utilisés à l'appui de l'étude des disparités interrégionales en France.

tonne/kilomètre : *pour mesurer les flux de transport, les spécialistes utilisent une unité de mesure abstraite, la tonne/ kilomètre, qui permet de tenir compte à la fois du tonnage et de la distance parcourue. Elle est le produit du tonnage par la distance. On procède de la même façon pour les voyageurs (voyageurs/kilomètres).*

migrations pendulaires
flux

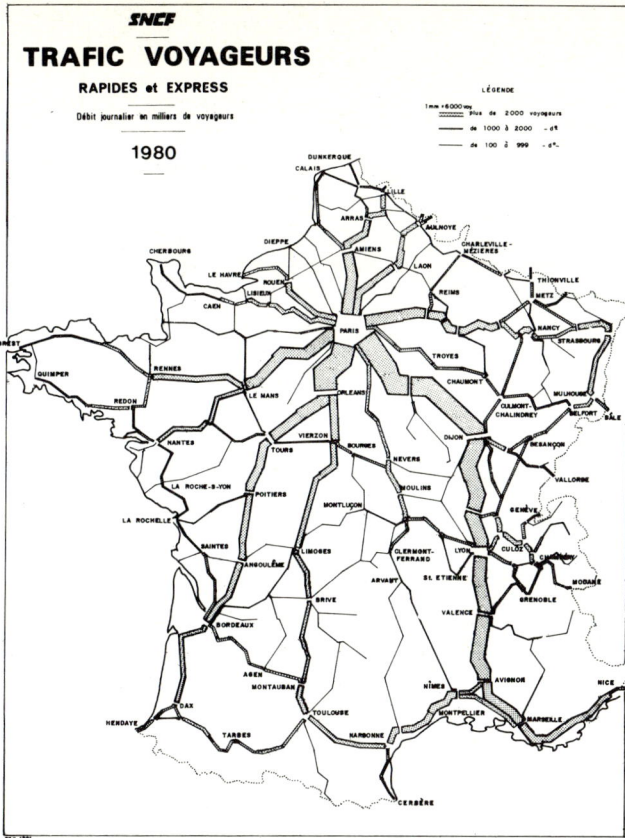

SNCF
TRAFIC VOYAGEURS
RAPIDES et EXPRESS
Débit journalier en milliers de voyageurs

1980

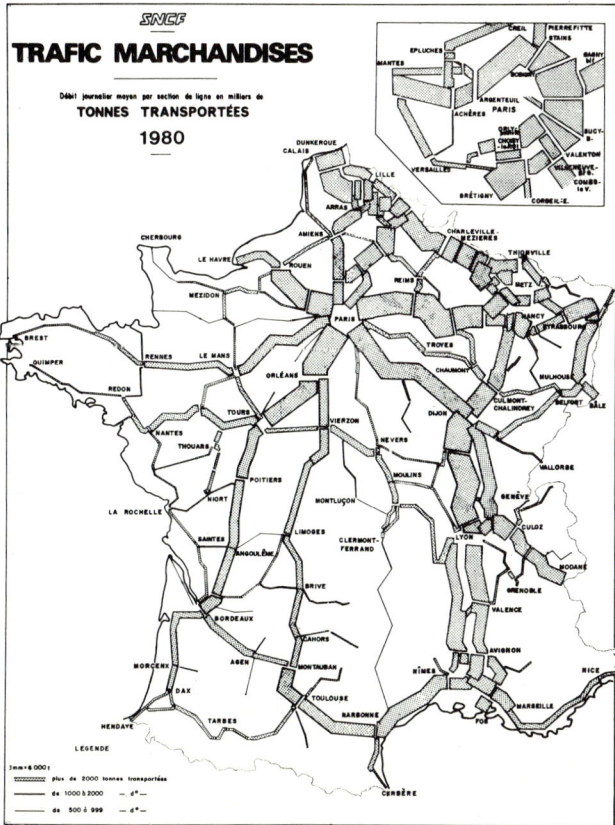

Les voies navigables.
densité de trafic
en tonnes en 1977

d'après
Statistiques
et Indicateurs
des Régions
françaises, 1980

en millions de t

Les courants de déplacement peuvent être mis en relation avec des cartes économique, démographique et touristique de la France, auxquelles on superposera éventuellement un calque schématique des courants de trafic. En outre, c'est par l'examen des courants marchandises de la S.N.C.F. que l'on peut démontrer le plus aisément les incohérences du réseau des voies navigables.

On pourra comparer la carte de gabarit des voies navigables avec celle des trafics, pour faire apparaître des anomalies : comment expliquer, en particulier, de faibles trafics sur des voies à grand gabarit comme le Rhône ?

T Comment représenter un flux ? On représente généralement les trafics ou les flux par des traits dont l'épaisseur est proportionnelle à leur importance (flux de personnes, de biens, d'argent, de communications téléphoniques...).

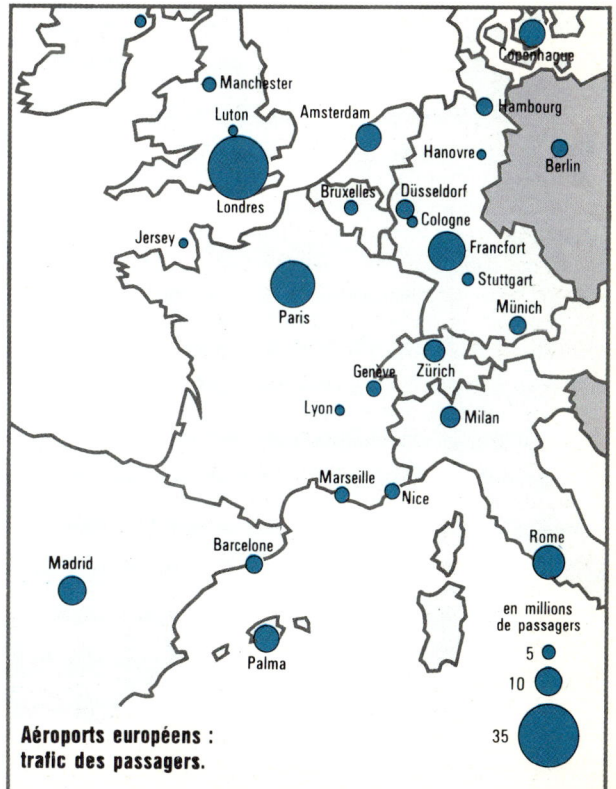

SNCF
TRAFIC MARCHANDISES
Débit journalier moyen par section de ligne en milliers de
TONNES TRANSPORTÉES
1980

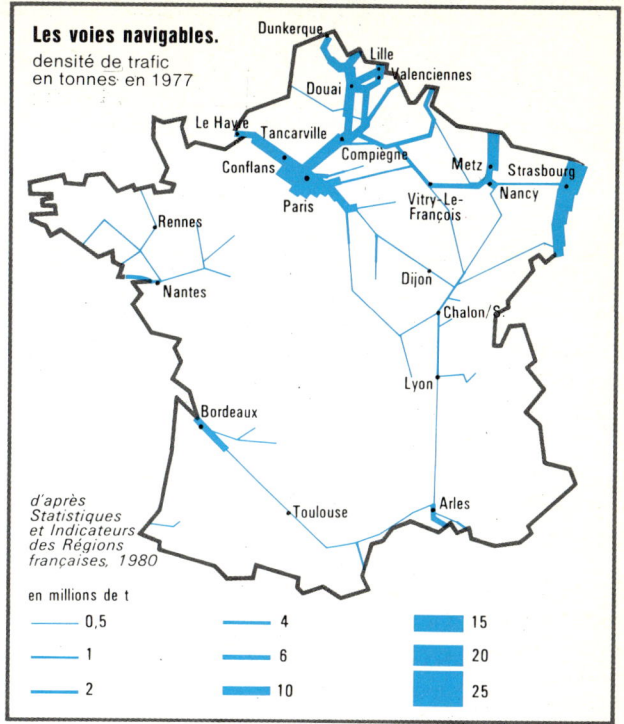

en millions
de passagers

5
10
35

Aéroports européens :
trafic des passagers.

ports français : 67, 79, 86, 98, 115
grands ports européens : 129, 131

Ⓔ

43-Ports et façades maritimes

Près de 60 % du volume de notre commerce extérieur s'effectuent par voie maritime. C'est par mer que nous arrive l'essentiel de notre ravitaillement en énergie et en matières premières. C'est par le transport maritime que l'économie française peut toucher les marchés lointains d'Asie du Sud-Est et d'Amérique latine. Les ports enfin ne sont pas seulement des lieux de commerce et de transit. Par les facilités qu'ils procurent, ils ont été localement – au Havre ou à Dunkerque en particulier – d'importants facteurs d'industrialisation.

Les ports français* sont bien équipés et bénéficient de bonnes conditions nautiques. Des réalisations comme le terminal pétrolier d'Antifer, la grande écluse François 1er du Havre, le port de Fos, le nouvel avant-port de Dunkerque sont remarquables et permettent l'accueil des plus grands navires comme la venue des bâtiments qui exigent des infrastructures spécialisées (méthaniers, porte-conteneurs).

En revanche, en matière de fonctionnement et de dynamisme commercial, les ports français souffrent de la comparaison avec d'autres grands ports européens*, ceux du Benelux en particulier. Marseille, Dunkerque, Le Havre ou Bordeaux n'ont certes pas des arrière-pays comparables aux régions rhénanes, mais cela n'explique pas tout. La faiblesse de l'arrière-pays et de son équipement en moyens de transport terrestres ne joue vraiment que pour Bordeaux et Nantes. La force d'un port est aussi dans l'efficacité et la souplesse des opérations qui s'y déroulent (manutention, douane, groupage, etc.) et cela n'est pas seulement affaire d'équipement. Dans ce domaine, on reproche aux ports français un fonctionnement moins rapide, moins régulier, moins sûr que celui des ports du Benelux, alors que les droits portuaires sont plus élevés. En outre, les ports français sont touchés par moins de lignes régulières que leurs concurrents. Tout cela explique les détournements de trafic qui s'opèrent à travers les frontières du nord et de l'est au profit des ports du Benelux (c'est-à-dire des marchandises qui transitent par Anvers ou Rotterdam alors qu'elles devraient « naturellement » passer par Le Havre ou Dunkerque). Les ports du Benelux prennent du trafic jusque dans les régions parisienne et lyonnaise, alors que les 4/5 du trafic de marchandises générales de Marseille s'effectuent avec le seul sud-est de la France.

Le trafic des ports français est de plus en plus concentré sur quelques grands organismes. Avec 70 % du total, Marseille, Le Havre et Dunkerque dominent nettement et peuvent seuls prétendre à un rôle national et européen. C'est que le coût des investissements portuaires modernes est tel qu'il faut faire des choix. Tous les ports ne peuvent être équipés au mieux pour tous les trafics. Mais des fonctions portuaires précises et parfaitement efficaces, souvent issues d'activités régionales, animent des ports de dimension plus réduite : Rouen est le premier port céréalier européen, Bayonne exporte soufre et maïs, le transbordement anime Boulogne, Calais ou Roscoff. Il n'y a donc pas trop de ports en France, il s'agit simplement de les spécialiser pour rendre leur activité aussi rationnelle que possible.

La marine marchande française est moderne mais connaît des difficultés. Elle se compose désormais de navires jeunes, efficaces et spécialisés. Pourtant, elle n'assure que la moitié de nos échanges maritimes et ne fait pas partie de ces grandes flottes marchandes présentes sur toutes les mers du monde et pourvoyeuses de devises (Norvège, Grèce, etc.). La Compagnie Générale Maritime (C.G.M.), le principal armateur, connaît d'énormes difficultés financières. On invoque le coût d'exploitation élevé des navires français, dû aux charges de main-d'œuvre (interdiction d'embarquer des marins étrangers mal payés). Mais le vrai problème est précisément dans la concurrence très dure des pavillons de complaisance (Liberia, Panama, etc.) dont les charges (main-d'œuvre, impôts et parfois équipements de sécurité) sont abusivement réduites au minimum.

Ⓣ **Comment étudier un port ?**

Il ne faut pas se contenter du trafic total en volume, première indication valable. C'est la composition du trafic qui est très importante. Car tous les trafics ne se valent pas en ce sens qu'ils n'ont pas la même valeur, sont plus ou moins automatisés, créent plus ou moins d'animation, entraînent des volumes d'affaires annexes (assurance, douane, conditionnement, réexpédition, etc.) très différents. Le trafic des hydrocarbures constitue une première catégorie : il compte beaucoup en volume, mais peu en valeur ; étant le plus automatisé de tous il n'entraîne qu'une faible animation. Il faut distinguer deux autres grandes catégories : le vrac solide (minerais, charbon, céréales, etc.) et surtout les « marchandises générales » ou diverses, qui comptent plus par leur valeur et par l'activité qu'elles occasionnent que par leur volume. Au sein de cette catégorie, il convient de distinguer le mode de conditionnement, en particulier la part du trafic réalisée par conteneurs. Toutes ces nuances font qu'une hiérarchie établie à partir des seuls chiffres du trafic total n'est pas significative. La richesse et l'activité d'un port se mesurent avant tout à la diversification de son trafic, à l'importance et à la variété des liaisons avec d'autres ports, à la part que tiennent les marchandises de valeur (denrées périssables, produits manufacturés) qui exigent des modes de conditionnement ou de stockage spécialisés. Il est donc plus intéressant pour une ville portuaire de traiter des machines ou des fruits et légumes que du minerai de fer en vrac. Pour un port, l'importance respective des entrées et des sorties ne compte guère. Les considérations sur le « trafic déséquilibré » des ports français n'ont pas de sens : ce « déséquilibre » ne fait que traduire des importations lourdes et des exportations plus légères mais de forte valeur. Les informations peuvent être complétées par l'étude des provenances et destinations géographiques des navires, ainsi que par le nombre des mouvements de navires (10 petits cargos créent plus d'animation qu'un gros pétrolier). Sur le plan terrestre, on peut essayer de définir l'hinterland du port, c'est-à-dire l'espace qu'il dessert efficacement, ainsi que les moyens dont il dispose (voie d'eau, voies ferrées, etc.) pour drainer ou redistribuer les marchandises dans cet hinterland.

Finalement, un port est une entreprise comme une autre, qui vend des prestations, doit équilibrer son budget, et cherche des clients en mettant en avant ses équipements et la qualité des lignes maritimes qui le touchent.

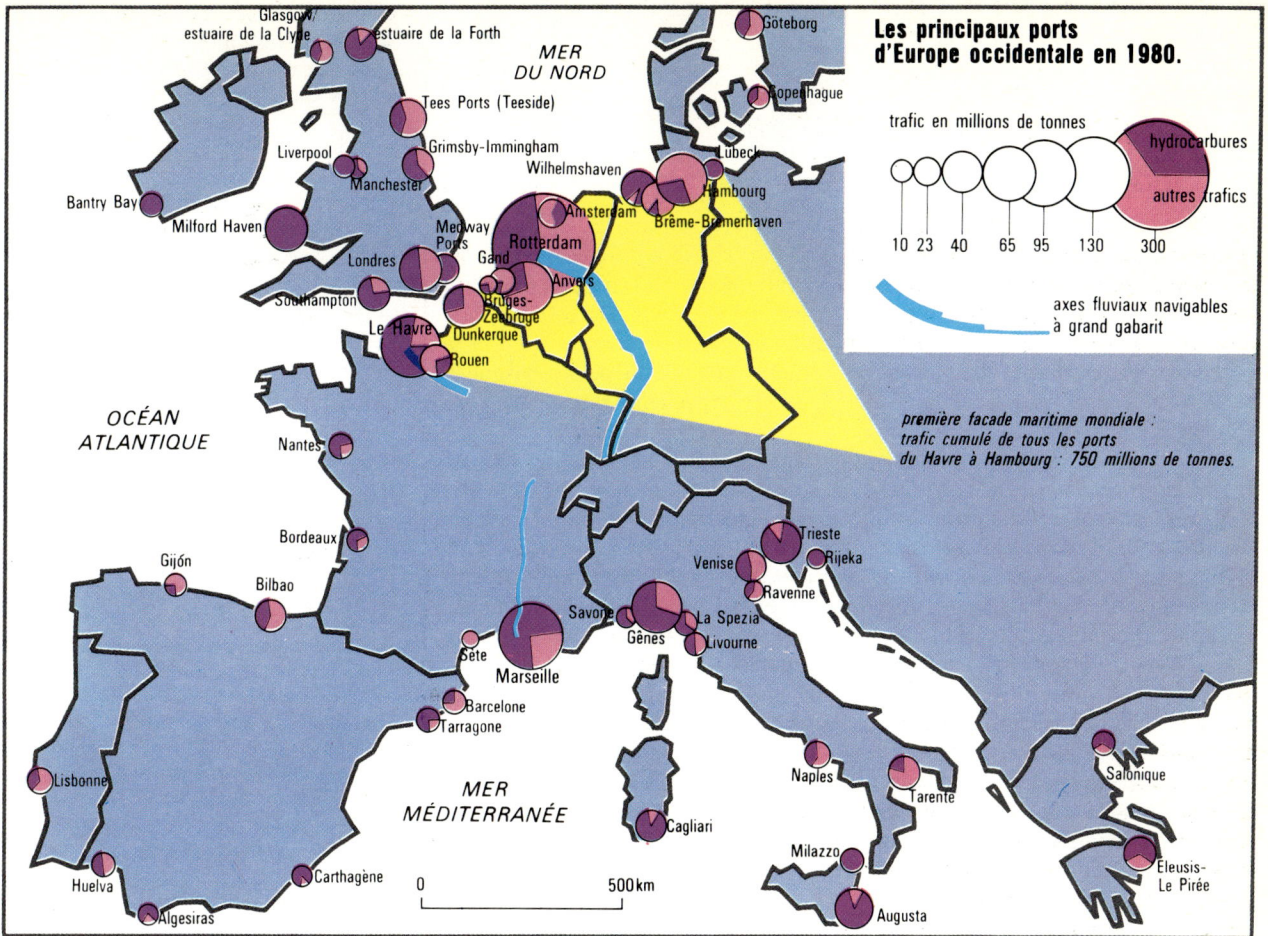

Les principaux ports d'Europe occidentale en 1980.

trafic en millions de tonnes

hydrocarbures

autres trafics

10 23 40 65 95 130 300

axes fluviaux navigables à grand gabarit

première facade maritime mondiale : trafic cumulé de tous les ports du Havre à Hambourg : 750 millions de tonnes.

Map labels: Glasgow estuaire de la Clyde, estuaire de la Forth, MER DU NORD, Göteborg, Copenhague, Tees Ports (Teeside), Liverpool, Grimsby-Immingham, Wilhelmshaven, Lübeck, Manchester, Hambourg, Bantry Bay, Amsterdam, Brême-Bremerhaven, Milford Haven, Medway Ports, Rotterdam, Gand, Anvers, Londres, Bruges-Zeebruge, Southampton, Le Havre, Dunkerque, Rouen, OCÉAN ATLANTIQUE, Nantes, Trieste, Bordeaux, Venise, Rijeka, Ravenne, Gijón, Savone, La Spezia, Bilbao, Gênes, Livourne, Sète, Marseille, Barcelone, Tarragone, Naples, Salonique, Lisbonne, MER MÉDITERRANÉE, Tarente, Huelva, Carthagène, Cagliari, Milazzo, Eleusis-Le Pirée, Algesiras, Augusta

0 500km

Les marines marchandes de la C.E.E.

en millions de tpl

part des pétroliers

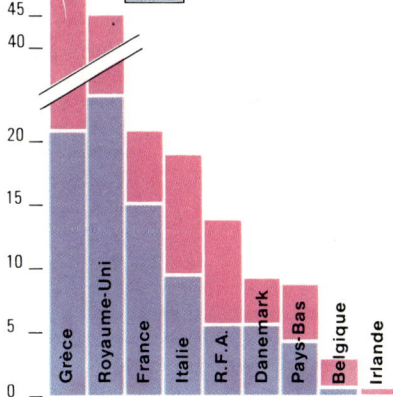

60, 50, 45, 40, 20, 15, 10, 5, 0

Grèce, Royaume-Uni, France, Italie, R.F.A., Danemark, Pays-Bas, Belgique, Irlande

---

Trafic des principaux ports maritimes français en 1980.

(millions de t)	Entrées	Sorties	TOTAL	Part des hydrocarbures en % du total	Trafic voyageurs
Les 6 grands ports autonomes = 90 % du trafic total					
1. Marseille	88	16	104	79 %	1 012 000
2. Le Havre	62	15	77	75 %	986 000
3. Dunkerque	33	8	41	29 %	450 000
4. Rouen	12	10	22	26 %	—
5. Nantes / estuaire de la Loire	13	2	15	76 %	—
6. Bordeaux / estuaire de la Gironde	10	3	13	70 %	—
Ports spécialisés d'importance régionale					
7. Sète	5,5	2	7,5	68 %	89 000
8. Calais	3	3	6	1 %	6 097 000
9. Boulogne	2	2	4	1 %	2 830 000
10. La Rochelle	3	1,5	4,5	30 %	—
11. Bayonne	1	2	3	7 %	—

La flotte grecque est la 3e du monde après celles du Liberia et du Japon. L'ensemble des flottes marchandes des Dix représente 27 % du tonnage mondial.

Evolution du conditionnement des marchandises générales dans deux grands ports français.

MARSEILLE/FOS	1971	1979	LE HAVRE	1971	1979
Trafic marchandises générales (Mt)	4,9	8	Trafic marchandises générales (Mt)	4,6	7,6
% de ce trafic effectué par			% de ce trafic effectué par		
des cargos conventionnels	83 %	40 %	des cargos conventionnels	56 %	18 %
des transbordeurs « Ro / Ro »	13 %	34 %	des transbordeurs « Ro / Ro »	24 %	25 %
des porte-conteneurs	4 %	26 %	des porte-conteneurs	20 %	57 %
	100 %	100 %		100 %	100 %

44-Géographie des loisirs

Pendant longtemps, le temps libre a été rythmé par les travaux agricoles à la campagne et à la ville par les fêtes religieuses chômées. De cette époque datent des habitudes régionales : les orphéons municipaux dans le Nord et le Nord-Est, les carnavals dans le Nord, certains jeux, de la pelote basque à l'élevage des pigeons dans le Nord. La chasse et la pêche se rattachent à ces traditions.

De nos jours, dans les grandes villes, les loisirs journaliers sont rognés par les déplacements vers le lieu de travail ; en revanche, la réduction de la semaine de travail aboutit à l'extension des loisirs hebdomadaires. Autrefois, dans les grandes villes, les sorties dominicales se limitaient à la proche banlieue : pour Paris, la vallée de la Marne et les forêts voisines. L'automobile, la multiplication des résidences secondaires et des autoroutes, le goût pour les sports nautiques engendrent, pour chaque ville, une zone de loisirs de fin de semaine : pour Paris, jusqu'à 200 km de la capitale, en y incluant la côte normande.

Les loisirs annuels constituent le fondement principal du tourisme. Celui-ci, autrefois réservé aux catégories sociales privilégiées, s'est peu à peu généralisé. Faire du tourisme, c'est se déplacer pour son agrément. Les formes du tourisme sont très variées. Elles changent avec le temps : il y a cent ans, on ne fréquentait la Côte d'Azur qu'en hiver. Aujourd'hui la saison d'été l'emporte sur les autres. Le tourisme balnéaire* estival constitue la forme la plus répandue du tourisme, particulièrement sur les côtes méditerranéennes (40 % des journées, contre 20 % à la montagne et 30 % à la campagne). A la montagne*, la pratique des sports d'hiver ajoute à la saison d'été une saison d'hiver, particulièrement dans les plus hauts massifs (les Pyrénées et surtout les Alpes). A ces formes principales du tourisme s'en ajoutent d'autres : tourisme culturel* (visite des monuments) qui profite particulièrement à Paris et à la vallée de la Loire, tourisme thermal (la France possède un très grand nombre de stations), pèlerinages (religieux à Lourdes, militaires à Verdun ou sur les plateaux du débarquement allié en Normandie), tourisme d'affaires et de congrès.

La France bénéficie, en outre, de la venue de nombreux touristes étrangers, en majorité des pays voisins et des États-Unis. Il faut ajouter toutefois, que beaucoup de Français passent leurs vacances à l'étranger, ce qui contribue à modifier la balance des échanges touristiques*.

Le tourisme constitue une activité économique importante : soit directement, par l'intermédiaire de l'hébergement, de la restauration, soit indirectement (activités de la construction). Le tourisme français assure directement plus de 400 000 emplois à temps complet, auxquels il faut ajouter les emplois saisonniers, de faible qualification, il est vrai. Il assure 1,25 % du P.I.B. Ses bénéfices ne sont pas uniformément répartis sur tout le territoire. Ils profitent surtout aux régions littorales et aux hautes montagnes.

Le bilan de l'activité touristique comporte aussi des aspects négatifs. La concentration de la population dans les régions littorales en été pose de redoutables problèmes : le littoral méditerranéen français accueille alors 19 millions de personnes dont 6 millions d'étrangers : leur hébergement est mal assuré dans des campings surpeuplés et des hôtels pleins. La pollution des eaux marines s'accroît dangereusement. En outre, la multiplication des résidences secondaires contribue au mitage de l'espace rural et pèse sur les budgets des communes.

Pourtant, **54 % des Français seulement partent en vacances** et la proportion est d'autant plus faible, dans les catégories sociales, que les revenus sont plus modestes. Si 81 % des Parisiens partent en vacances, le taux est de 61 % dans les communes de 20 000 à 100 000 habitants et 32 % dans les communes rurales.

Taux de départ en vacances (par catégories socio-professionnelles).

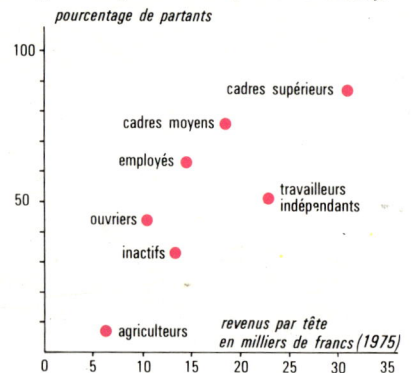

pourcentage de partants

revenus par tête en milliers de francs (1975)

Nombre d'entrées au cinéma.
par hab.

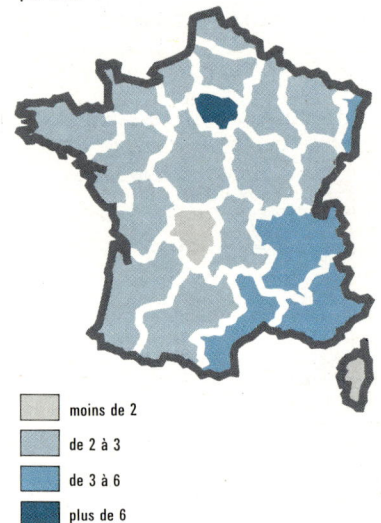

moins de 2
de 2 à 3
de 3 à 6
plus de 6

La fréquentation des cinémas a changé de caractère. Elle est de nos jours moins populaire et familiale, à cause de la concurrence d'autres loisirs (télévision, sorties de fin de semaine). Elle est beaucoup plus forte dans l'agglomération parisienne et sur la côte méditerranéenne.

tourisme
impact du tourisme
résidence secondaire

Les grands courants européens du tourisme automobile.

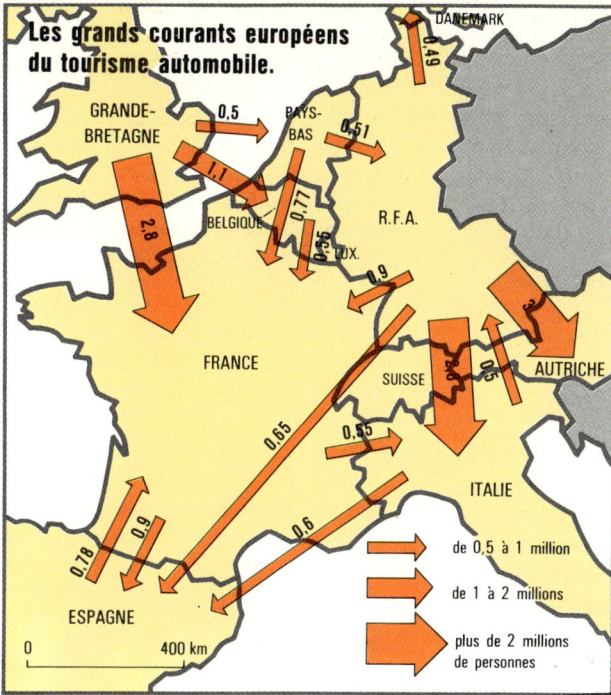

DANEMARK 0,49
GRANDE-BRETAGNE
PAYS-BAS
0,5
0,51
BELGIQUE
R.F.A.
2,8
1,1
0,77
LUX.
0,9
AUTRICHE
FRANCE
SUISSE
0,65
0,55
ITALIE
0,9
0,6
0,78
ESPAGNE

0 — 400 km

de 0,5 à 1 million
de 1 à 2 millions
plus de 2 millions de personnes

Classement des pays « émetteurs » : République fédérale d'Allemagne (10 millions d'automobilistes), Grande-Bretagne (4,6), Pays-Bas (3,2), Italie (3), France (2,4). Les pays « récepteurs » sont : France (5,7 millions d'automobilistes), Italie (4,2), Autriche (3,9) et Espagne (3).

Rôle du tourisme international dans la balance des comptes (1979).

	Recettes en millions $ US	% Recettes exportations biens et services	Dépenses en millions $ US	% Dépenses importations biens et services
Espagne	6 484	21,6 %	922	3,0 %
Grèce	1 663	20,6	202	2,4
Autriche	5 571	20,4	2 966	9,4
Portugal	940	18,3	245	3,2
Italie	8 185	8,6	1 507	1,7
Suisse	2 568	8,5	2 030	6,9
Irlande	384	6,0	519	4,2
Danemark	1 312	6,2	1 542	6,3
Royaume-Uni	5 942	4,6	4 497	3,5
France	6 826	4,5	5 193	4,0
Allemagne	5 741	2,8	17 952	8,8
Belgique-Lux.	1 629	2,2	2 969	3,9
Pays-Bas	1 325	1,6	4 084	4,9

OCDE.

Journées de vacances.

région parisienne
Paris

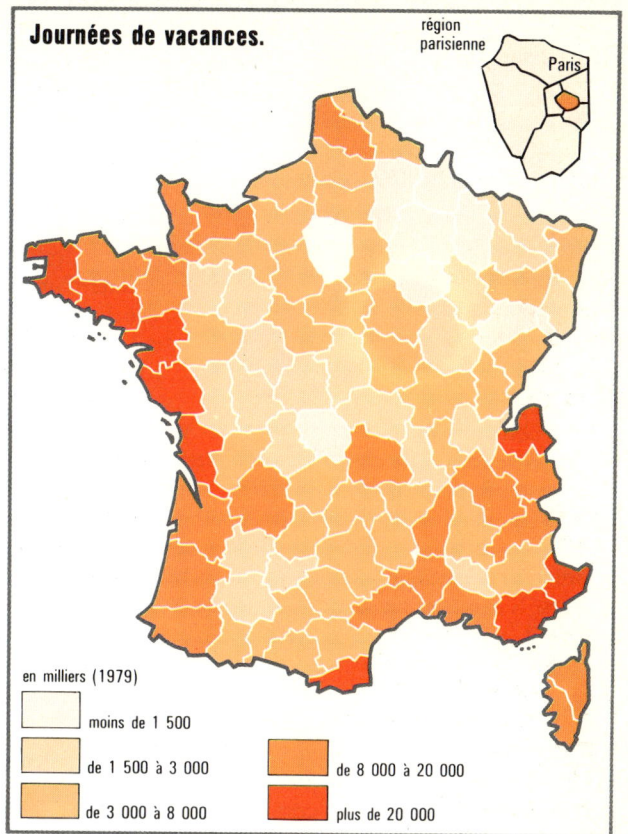

en milliers (1979)

moins de 1 500
de 1 500 à 3 000
de 3 000 à 8 000
de 8 000 à 20 000
plus de 20 000

Les régions littorales reçoivent une part croissante des vacanciers, à cause du développement de la mode des bains de mer. L'habitude des sports d'hiver et aussi des vacances d'été à la montagne favorise les Alpes. Dans le reste du pays, le climat avantage la moitié Sud.

Taux de départ en vacances des Européens.

Suède :	78 %	des familles
Suisse :	74 %	
Grande-Bretagne :	60 %	
R.F.A. :	56 %	
France :	54 %	
Belgique :	47 %	

La Foire du Trône.
La Foire du Trône qui à Paris s'est tenue pendant très longtemps près de la place du Trône (place de la Nation) et qui était une « foire aux pains d'épice » est l'héritière des très anciennes réjouissances urbaines qui rythmaient l'année avant l'instauration des congés payés. Dans les villes du nord de la France surtout, des traditions de fêtes votives se sont conservées, particulièrement à l'occasion du carnaval. ▶

45-Habiter la ville

L'expansion urbaine* s'est longtemps faite d'une manière désordonnée. Tant qu'elle est restée relativement calme, elle a abouti à rendre plus denses les centres des villes. Elle a ensuite provoqué l'extension des banlieues, dont le paysage est trop souvent chaotique, avec, côte à côte, une ancienne ferme, une usine, des pavillons, une « tour »...

Cette expansion désordonnée des villes a entraîné de multiples difficultés dans le mode de vie citadin. La première est celle des **déplacements journaliers** entre le lieu de travail et le lieu d'habitation, particulièrement longs et pénibles dans les grandes villes : parfois 1 h 30 pour aller et autant pour revenir, dans l'agglomération parisienne. La ville s'étend aujourd'hui dans les banlieues éloignées, alors que les emplois du secteur tertiaire restent dans le centre des villes. Il n'est pas facile d'abandonner son logement pour se rapprocher de son travail, − surtout si l'on est propriétaire − ni d'abandonner son travail pour se rapprocher de son logement − surtout lorsque le chômage est menaçant. Pour faciliter les déplacements, on a compté plus sur les transports individuels que collectifs : les autoroutes au cœur des villes, les parcs de stationnement sont d'un coût élevé et générateurs de nuisances désastreuses.

D'autre part, les nouveaux quartiers n'ont pas toujours reçu à temps les **équipements nécessaires** : commerces, écoles, crèches, espaces verts.

Enfin, la brutalité de l'urbanisation a provoqué une **ségrégation sociale** ; par l'âge d'abord : les grands ensembles sont peuplés de familles appartenant à la même génération avec le même nombre d'enfants ; pas de célibataires ni de vieillards. Ségrégation par la fortune ensuite : concentration des travailleurs immigrés dans les quartiers les plus dégradés et aussi dans les plus grandes agglomérations, éviction du centre de la ville des populations à faible revenu ; en cas de rénovation de vieux quartiers, les plus démunis sont rejetés vers la banlieue, moins bien équipée et plus lointaine ; de 1965 à 1970, la part des logements sociaux (H.L.M.) construits dans l'agglomération parisienne a été seulement de 7 850 sur 65 000.

Pour tenter de maîtriser l'expansion des villes, il faut d'abord être maître du prix du sol. Le prix du sol dans une zone urbaine ne dépend plus de sa valeur agricole, mais des travaux de viabilité pour la construction et de ses possibilités d'utilisation future : le terrain est d'autant plus cher qu'il est mieux placé, mieux exposé, d'accès plus facile. Dans le centre des villes, seuls peuvent acquérir un terrain ceux qui en tirent un grand profit, par la construction d'une banque, d'un grand magasin, de bureaux. Si on laisse faire la loi du marché, on peut craindre que plus personne n'habite le centre des villes, que l'artisanat et le petit commerce en soient exclus et que les travailleurs aillent habiter de plus en plus loin en banlieue.

On a donc promulgué la loi d'orientation foncière de 1967 et la loi foncière de 1975. La première prévoit que les communes de plus de 10 000 habitants doivent avoir un **Plan d'Occupation des Sols** (P.O.S.) qui divise le territoire urbain en zones dont il prévoit l'affectation et les règles de construction. Les P.O.S. s'inscrivent dans le cadre plus large des **Schémas Directeurs d'Aménagement et d'Urbanisme** (S.D.A.U.) qui prévoient à moyen terme (trente ans) l'expansion urbaine pour une agglomération ou un groupe de communes.

La loi de 1975 donne dans les zones d'intervention foncière (le centre des villes) le droit de préemption à la municipalité, qui peut acheter terrains et maisons à vendre. Ceci limite la hausse du prix du sol dans le centre des villes. Les municipalités constituent, en achetant des terrains, des réserves foncières où elles pourront prévoir les équipements sociaux nécessaires. Elles s'efforcent aussi de localiser de façon rationnelle les activités industrielles, artisanales et les services.

mitage : *c'est le fruit de la multiplication des résidences secondaires et principales de non agriculteurs dans un espace rural. Les agriculteurs sont tentés de vendre des parcelles de leur exploitation car cette vente se fait à un prix bien supérieur au prix des terres agricoles. Mais la multiplication de ces résidences aboutit au mitage de l'espace rural : l'accès aux chemins devient difficile pour les agriculteurs qui cèdent leurs terres les mieux situées, qu'il faut contourner. L'usage des machines agricoles est rendu malaisé.*

Z.U.P. : *les Zones à Urbaniser en Priorité sont une forme aujourd'hui périmée d'urbanisme concerté. C'est cependant une forme qui a beaucoup servi : on a réalisé en France 177 Z.U.P. Grâce aux constructions de grands ensembles des Z.U.P., on a évité en partie la spéculation foncière et on a contribué à résoudre la crise du logement très aiguë dont souffrait la France après 1945 : les Z.U.P. ont permis de construire 567 000 logements. Mais elles n'ont pas toujours gardé une taille raisonnable : 87 ont une capacité de plus de 3 000 logements (soit 10 000 habitants), quelques-unes abritent plus de 10 000 logements. Véritable ville dans la ville, la Z.U.P. pose alors de redoutables problèmes sociaux. En 1969, les Z.U.P. ont été remplacées par les Z.A.C.*

Z.A.C. : *les Zones d'Aménagement Concerté sont moins exclusivement tournées vers le logement que les Z.U.P. : il existe des Z.A.C. de logements (1 040 en 1975) mais aussi d'industries (995), de commerces et d'entrepôts (85), de bureaux et services (23), de tourisme et loisirs (83). Les Z.A.C. d'habitation comportent en moyenne moins de logements que les Z.U.P., avec une moindre densité de logements. Les Z.A.C. peuvent également viser à la transformation d'un quartier ancien par rénovation (destruction de l'habitat ancien) ou réhabilitation (modernisation de cet habitat).*

Z.A.D. : *les Zones d'Aménagement Différé permettent à l'État ou à une municipalité de s'assurer des réserves de terrains dans un certain périmètre où on veut installer logements ou équipements collectifs. Pour cela, l'État ou la municipalité a pendant une longue période (14 ans) le droit d'acheter tout terrain ou logement à vendre dans ce périmètre. La Z.A.D. permet de prévoir l'urbanisation future tout en luttant contre l'augmentation excessive du prix des sols. On a par exemple utilisé les Z.A.D. pour créer les villes nouvelles, pour lesquelles on avait besoin de terrains étendus.*

Schéma du POS.

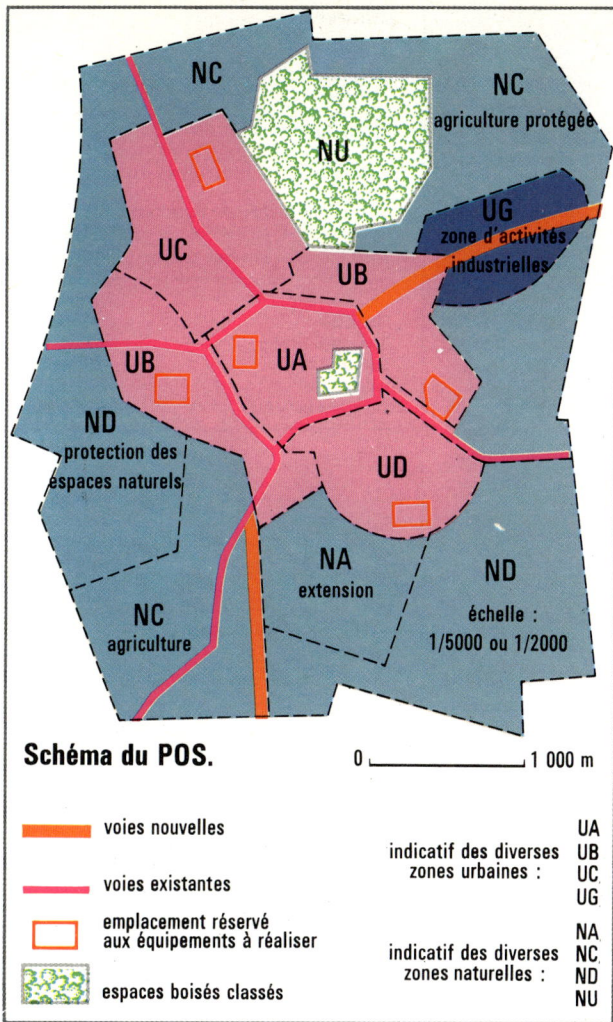

NC
NC agriculture protégée
NU
UG zone d'activités industrielles
UC
UB
UB
UA
ND protection des espaces naturels
UD
NA extension
ND
NC agriculture

échelle : 1/5000 ou 1/2000

Schéma du POS.

0 ———— 1 000 m

— voies nouvelles

indicatif des diverses zones urbaines : UA UB UC UG

— voies existantes

☐ emplacement réservé aux équipements à réaliser

indicatif des diverses zones naturelles : NA NC ND NU

espaces boisés classés

Schéma du SDAU.

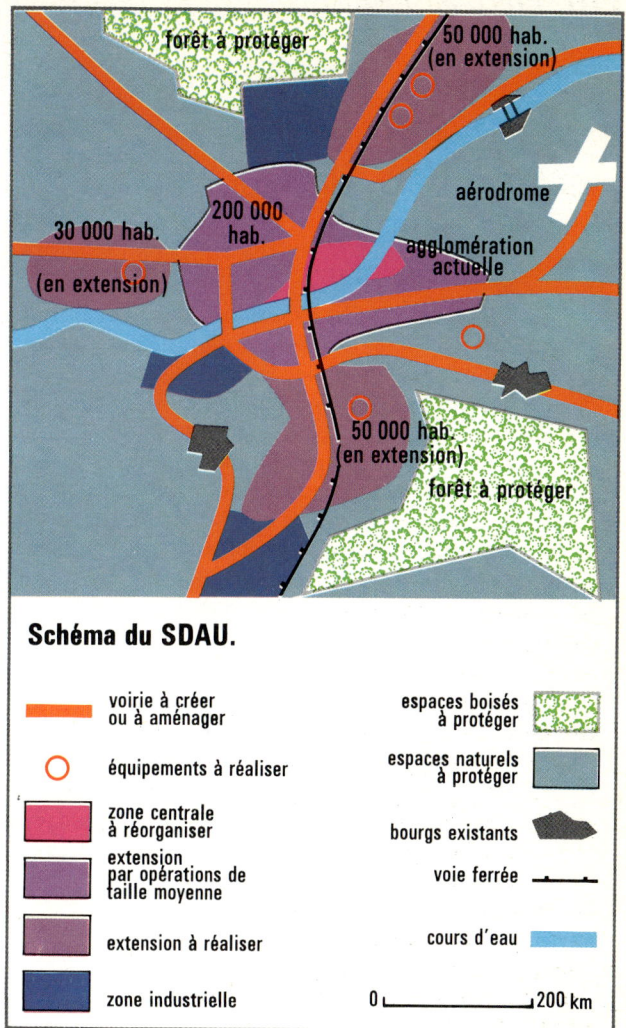

forêt à protéger
50 000 hab. (en extension)
30 000 hab. (en extension)
200 000 hab.
aérodrome
agglomération actuelle
50 000 hab. (en extension)
forêt à protéger

Schéma du SDAU.

— voirie à créer ou à aménager

○ équipements à réaliser

zone centrale à réorganiser

extension par opérations de taille moyenne

extension à réaliser

zone industrielle

espaces boisés à protéger

espaces naturels à protéger

bourgs existants

voie ferrée

cours d'eau

0 ———— 200 km

Le P.O.S. (Plan d'Occupation des Sols), divise la commune en zones auxquelles il fixe une destination (urbanisation, agriculture, espace vert) et en définit les servitudes et les droits. Il précise les emplacements destinés aux équipements futurs (en particulier les Zones d'Aménagement Concerté et les Zones d'Aménagement Différé).

T Enquête sur le P.O.S. et le S.D.A.U. de votre commune.

Le S.D.A.U. (Schéma Directeur d'Aménagement et d'Urbanisme) détermine la destination générale des sols, à moyen terme (30 ans) :
– les zones à urbaniser avec leur population future,
– les zones à protéger contre l'urbanisation (zones agricoles forestières, sites et paysages classés),
– les équipements à créer.
Le S.D.A.U. intéresse plusieurs communes ou une petite région.

Les migrations domicile-travail de la région parisienne.

l'habitant de la région parisienne doit consacrer en moyenne 1 h 15 chaque jour aux migrations domicile-travail

durées moyennes (1 trajet)

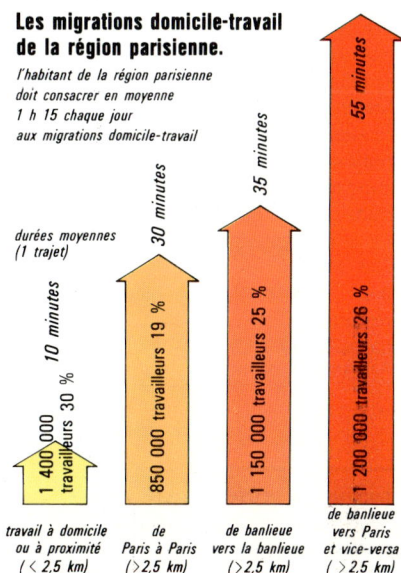

10 minutes
1 400 000 travailleurs 30 %
travail à domicile ou à proximité (< 2,5 km)

30 minutes
850 000 travailleurs 19 %
de Paris à Paris (>2,5 km)

35 minutes
1 150 000 travailleurs 25 %
de banlieue vers la banlieue (>2,5 km)

55 minutes
1 200 000 travailleurs 26 %
de banlieue vers Paris et vice-versa (> 2,5 km)

Dans ces villes nouvelles, se retrouvent des citadins de même condition et de même âge. La ville nouvelle de Saint-Quentin en Yvelines au sud-ouest de Paris regroupe des couples de 25 à 40 ans pourvus d'enfants de moins de 10 ans. Les adolescents sont très peu nombreux, de même que les personnes âgées. On court ici le risque de construire des équipements qui dans quelques années seront inadaptés aux populations résidentes. ▼

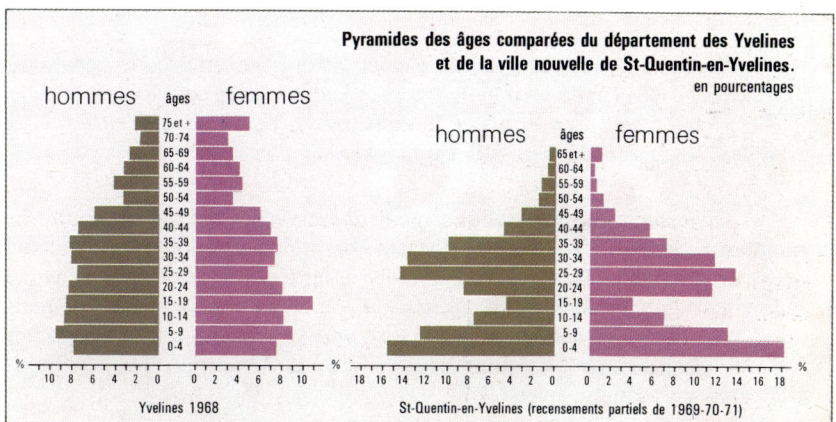

Pyramides des âges comparées du département des Yvelines et de la ville nouvelle de St-Quentin-en-Yvelines. en pourcentages

hommes   âges   femmes

Yvelines 1968

St-Quentin-en-Yvelines (recensements partiels de 1969-70-71)

paysages : 25
rurbanisation : 85, 91
exode rural : 12, 108

46-Vers la fin des campagnes ?

La diminution de la population active agricole (10 % de la population active totale en 1975) et l'intense mouvement d'exode rural* engagé dès le XIXᵉ siècle ont peu à peu vidé les campagnes, villages et hameaux, entraînant du même coup **le déclin des activités non agricoles** associées à la vie de ces populations agricoles autrefois abondantes : disparition des petits commerces, fermeture de services publics comme la poste, la gare ou l'école, au profit des villes moyennes, des commerçants ambulants et des supermarchés qui fleurissent à l'entrée des petites villes et même des bourgs. La dévitalisation des campagnes ne gêne pas les agriculteurs, bien motorisés, mais les personnes âgées, qui finissent par constituer la presque totalité de la population permanente des hameaux et des villages.

L'évolution du machinisme et des pratiques agricoles se traduit également par la modification du paysage*, le plus souvent par l'élimination des haies et des bosquets pour agrandir les parcelles cultivées, comme dans l'Ouest ou le Bassin parisien. Mais la diversité des paysages ruraux n'est pas seule en cause. L'emploi systématique et parfois abusif des pesticides appauvrit la flore naturelle et la faune des petits mammifères, favorisant la destruction de très nombreux écosystèmes semi-naturels et leur remplacement par un écosystème banalisé beaucoup moins riche.

Malgré l'attraction exercée par la campagne sur les habitants des grandes villes, ces derniers ne contribuent guère, en règle générale, à en assurer la survie et la préservation. Tout d'abord, **la croissance des villes se manifeste par la « consommation » d'espace rural.** En particulier, les lotissements péri-urbains composés de maisons individuelles et implantées au milieu des champs ou en lisière des bois sont gourmands d'espace rural **(rurbanisation*).** Ensuite, la construction de résidences principales et secondaires en chapelet lâche le long des routes **(mitage),** parfois à plusieurs kilomètres d'un bourg, perturbe l'équilibre écologique (circulation des grands animaux sauvages, habitat de certaines espèces d'oiseaux...), provoque la hausse du prix des terres agricoles et coûte cher à la collectivité en adductions diverses (eau, électricité...). La renaissance des campagnes n'en est pas assurée pour autant, car les modes de vie urbains ne sont pas abandonnés (automobile, grandes surfaces commerciales). Si la **réhabilitation** de quelques vieilles demeures a pu être menée grâce au développement des résidences secondaires, dans la plupart des cas ce sont des constructions neuves, aux formes, aux matériaux et aux couleurs standardisés, qui supplantent dans le paysage les architectures et les styles régionaux traditionnels.

La réanimation des campagnes par les citadins pourrait donc apparaître comme un moyen d'entretenir et de valoriser le patrimoine paysager de France, si elle n'aboutissait trop souvent à **uniformiser des paysages variés et à urbaniser les façons de vivre à la campagne**.

A l'inverse, la volonté grandissante de préserver les campagnes contre les atteintes du modernisme, jugé responsable de la dénaturation du patrimoine paysager et architectural, aboutit parfois à faire du paysan le gardien et l'animateur d'un grand musée de plein air – ou d'une réserve peuplée de bons sauvages – dont les conservateurs et les visiteurs seraient, une ou deux fois l'an, des urbains en mal de nature. Faut-il vivre à la ville comme aujourd'hui et à la campagne comme autrefois ?

Coût social et individuel du mitage

Coût moyen par construction (1979)

Habitat regroupé en village compact	
Eau, électricité	240 F/an
Chaussées	100 F/an
Ramassage scolaire	0 F/an
Courrier	80 F/an
Ordures	120 F/an
Transports individuels	0 F/an
Total	**540 F/an**

Habitat éparpillé	
Eau, électricité	367 F/an
Chaussées	240 F/an
	(pour 180 m par maison)
Ramassage scolaire	466 F/an
	(pour deux enfants)
Courrier	103 F/an
Ordures	230 F/an
Transports individuels	1 576 F/an
	(pour 3 AR/jour, à 2 km du bourg)
Total	**2 982 F/an**

Ministère de l'Equipement, service de l'urbanisme.

Un lotissement en pleine nature
« Tous les résidents interrogés déclarent avoir été séduits par ce cadre qui a été ainsi un des déterminants majeurs de leur décision d'achat. La réalisation achevée, qu'est-il advenu du cadre naturel ? Le magnifique parc dessiné par Fragonard n'a pas, bien entendu, survécu à l'implantation de 450 maisons individuelles et à la mise en place de l'infrastructure routière, commerciale et de loisir qu'exige une telle réalisation. La réalisation se présente comme un village dont les maisons, bâties sur des parcelles de 600 à 700 mètres carrés environ, se dressent sur une pelouse continue où des arbres de haute tige ont été préservés. (...) Il semble que la plupart des arbres soient condamnés à brève échéance, car ils ne pourront résister longtemps aux modifications du milieu. Par ailleurs, la pelouse continue, conçue comme espace ouvert, a été transformée en un espace « pavillonnaire » fragmenté en parcelles clôturées. Car malgré les interdictions spécifiées dans le cahier des charges, certains résidents ont très rapidement clôturé leur parcelle (...). »
R. Ballion, « Procédures d'évaluation et de décision en matière d'équipements collectifs » *Analyse et prévision*, 1972.

population active agricole/ruraux
rurbanisation (R₂)
mitage

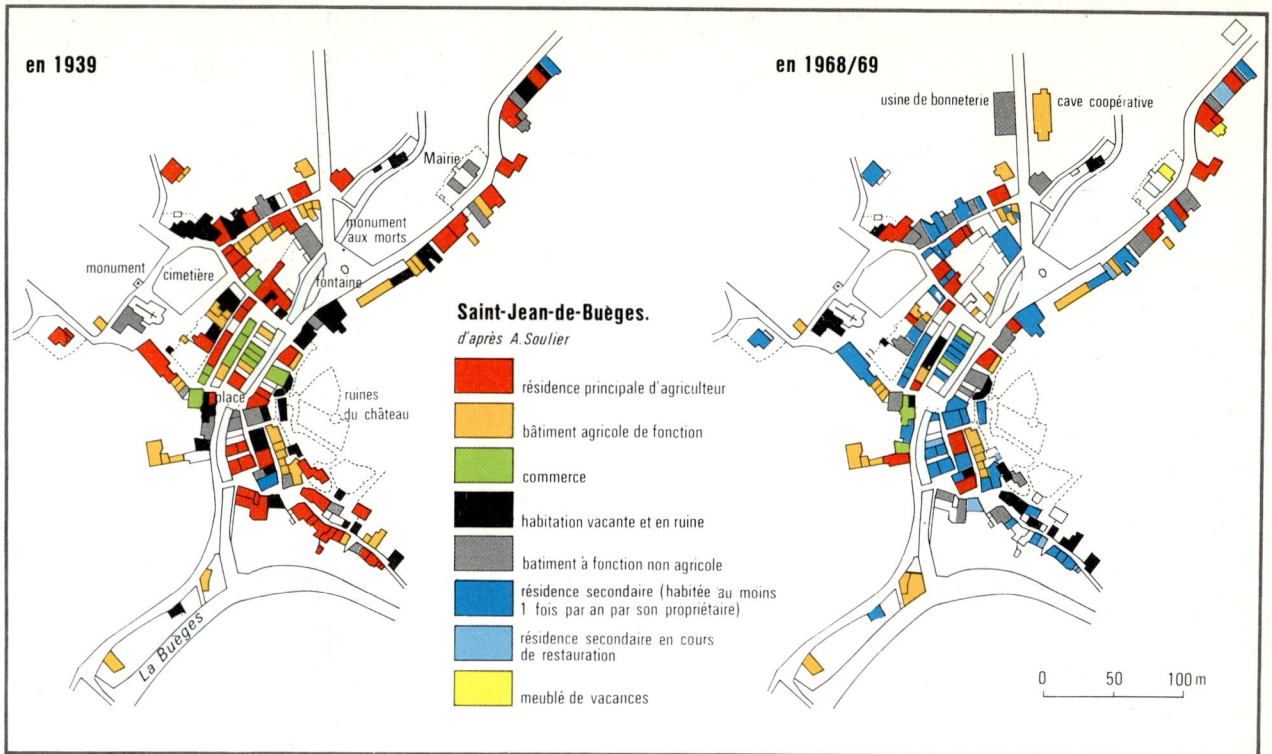

en 1939

en 1968/69

usine de bonneterie — cave coopérative

Mairie

monument aux morts

monument

cimetière

fontaine

place

ruines du château

La Buèges

Saint-Jean-de-Buèges.
d'après A. Soulier

- ▮ résidence principale d'agriculteur
- ▮ bâtiment agricole de fonction
- ▮ commerce
- ▮ habitation vacante et en ruine
- ▮ batiment à fonction non agricole
- ▮ résidence secondaire (habitée au moins 1 fois par an par son propriétaire)
- ▮ résidence secondaire en cours de restauration
- ▮ meublé de vacances

0   50   100 m

🅣 Comparaison d'un cadastre entre deux époques : en calculant la part de chaque type d'utilisation en pourcentage du total des maisons, et en exprimant ensuite ces résultats par un graphique, on saisira de façon synthétique la nature et l'ampleur des changements intervenus.

Macquigny, sur l'ancienne ligne de chemin de fer de St-Quentin à Guise (Picardie). ▶

Une gare désaffectée, un quartier délaissé ; la place de la gare est devenue pâture sauvage ou dépotoir au gré des besoins. Une épicerie-café, aujourd'hui le dernier commerce, est située sur la route principale qui traverse le village. Cette photo offre l'un des visages du déclin démographique de villages autrefois actifs, saignés par un sévère exode rural, surtout dans les régions de grande culture mécanisée.

Mitage près de Courtenay (Loiret).

A proximité des agglomérations et des axes de communication (ici à quelques kilomètres d'un échangeur de l'autoroute du Soleil), prolifèrent des résidences modernes, souvent secondaires, dont ni la forme, ni la couleur, ni la localisation ne permettent l'intégration dans le paysage : la recherche des points hauts (panorama), la blancheur du propre et du neuf, la végétation-décor discrète se conjuguent en effet pour renforcer un impact visuel que rien ne justifie. ▶

99

47-L'environnement menacé

L'évolution de l'agriculture et le développement industriel et urbain ont engendré des pollutions et des nuisances dont les effets sur les milieux de vie et la santé même des hommes sont maintenant mieux connus.

Dans les campagnes, les produits chimiques (fertilisants, pesticides) **utilisés abondamment en agriculture** s'accumulent dans les sols, et s'infiltrent avec l'eau de pluie dans les nappes phréatiques. Ainsi, depuis vingt ans, l'accroissement de la teneur des eaux de source en nitrates provenant des engrais azotés a été très important dans des régions de grande culture, comme la Beauce, au point que l'eau*de certains puits ou sources a été déclarée non potable. Les cours d'eau présentent souvent des taux de pollution élevés, en raison du ruissellement des eaux de pluie chargées de produits chimiques vers les fonds de vallons.

Dans les régions urbaines, les activités domestiques ou industrielles sont à l'origine d'une forte consommation d'eau (80 % des prélèvements nationaux contre 20 % pour l'agriculture). L'alimentation en eau est assurée par les rivières ou les nappes (forages et sources). Dans certaines régions très urbanisées comme le Nord-Pas-de-Calais, le niveau de la nappe phréatique exploitée par pompage a baissé de plusieurs mètres depuis le XIXe siècle. Dans les pays de craie où le réseau hydrographique est limité, comme dans les massifs anciens où les nappes sont peu abondantes, se posent souvent des problèmes d'alimentation en eau, et les villes doivent recourir à la construction en amont de réservoirs et de barrages ou à des forages éloignés, pour assurer l'approvisionnement du réseau. Après usage, **les eaux souillées** – l'épuration n'est jamais totale – **sont rejetées dans les cours d'eau**, ce qui fait que les coûts d'épuration sont de plus en plus élevés au fur et à mesure que l'on évolue vers l'aval, où d'autres villes utilisent l'eau provenant de l'amont. Mais c'est **l'échauffement de l'eau** des rivières (et des littoraux) par les industries ou les centrales électriques (nucléaires ou thermiques classiques) qui constitue la plus grave atteinte portée aux cours d'eau. En effet, plus l'eau est chaude et moins elle est capable d'éliminer naturellement les bactéries qu'elle contient. Aussi les eaux réchauffées à la sortie des grandes agglomérations demeurent-elles longtemps polluées.

La pollution atmosphérique atteint également un niveau critique dans les grandes villes*, où un climat spécifique empêche la diffusion de l'air pollué. La circulation automobile, les foyers domestiques et les activités industrielles rejettent des gaz (gaz carbonique en particulier), des poussières et des métaux lourds (plomb) dans l'atmosphère, où ils se combinent avec la vapeur d'eau pour former des brouillards acides, responsables d'accidents respiratoires et de maladies chroniques comme l'asthme. C'est évidemment le cas à Paris, Lille, Lyon ou Marseille, mais aussi en Lorraine industrielle ou dans le bassin du Nord-Pas-de-Calais. Dans des cas plus ponctuels, une seule usine particulièrement polluante est responsable de dommages étendus. Ainsi en est-il de la fabrication de l'aluminium dans les vallées alpines du Drac et de la Maurienne, où des hectares de forêt sont décimés, tout comme sur le plateau de Lannemezan, où les bovins présentent des déformations du squelette (atrophie des pattes) dues au fluor.

La plupart du temps d'ailleurs, **le coût de la pollution n'est pas supporté par les responsables mais par la collectivité**, en dépit de la création d'organismes chargés de contrôler les rejets et de percevoir des taxes destinées à lutter contre les effets de la pollution, comme les Agences des bassins pour l'eau.

Pollution et gaspillage de l'eau.
« De nouveaux micropolluants dangereux et difficiles à traiter menacent l'eau potable : cyanures, arsenic, cadmium, nitrates, phényles polychlorés, amiante et produits mutagènes divers. Leur élimination conduit évidemment à un accroissement considérable du coût de production de l'eau. Pour les nitrates, la dose maximale de 44 milligrammes par litre, fixée par l'Organisation mondiale de la santé (OMS), est largement dépassée dans certains départements. Comme l'a montré récemment le rapport du Pr Stéphane Hénin, de l'Inra, le taux de nitrates atteint, par exemple, 90 milligrammes par litre dans le département de l'Yonne et 100 milligrammes par litre sur la rive gauche du Loing. Cette pollution est due à l'accroissement de l'utilisation des engrais azotés (450 kg/ha dans certaines régions de France contre 175 kg/ha en 1966). Ces engrais sont lessivés par les eaux de pluie à partir des sols agricoles et percolent peu à peu vers la nappe phréatique. Les nitrates peuvent favoriser la production de nitrosamines cancérigènes ou créer des affections particulièrement graves chez le nourrisson.
Le gaspillage de l'eau dans les villes atteint des proportions considérables, notamment par l'intermédiaire des fuites se produisant dans les bureaux pendant la nuit et les week-ends (50 % des fuites contre 25 % dans les habitations). Elles représentent, dans une ville comme Paris, une perte quotidienne de 280 000 mètres cubes d'eau potable (c'est-à-dire la consommation annuelle de 2 000 familles) qui retournent directement à l'égout après avoir été traités pour rien dans les stations d'épuration. Si bien que 40 % de l'eau facturée à Paris n'est pas utilisée. »
J. de Rosnay, *L'Expansion*, juillet 1981.

nuisances/pollution

La pollution par le monoxyde de carbone à Paris.

moyenne
des années
1968 à 1971

0   1   2 km

d'après A. Taverdet

inférieure à 20 ppm	de 20 à 25 ppm	de 25 à 35 ppm	supérieure à 35 ppm

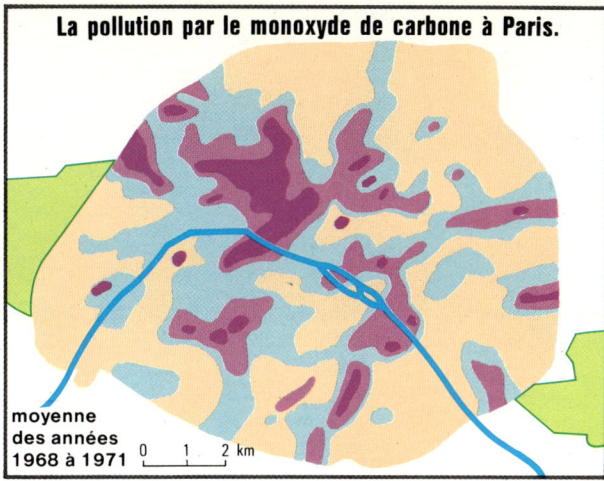

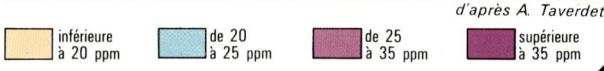

La pollution par le monoxyde de carbone a été mesurée à partir de 61 000 prélèvements d'air répartis entre 1968 et 1971. On pourra faire l'inventaire des sources d'émission de ce gaz et rechercher ensuite les facteurs susceptibles d'influencer la répartition géographique des taux observés, grâce à la carte de référence : localisation des sources polluantes, influence du relief ou du climat urbain, etc.

Des rejets d'eaux épurées ?

« En France, les stations d'épuration font encore largement défaut, et, lorsqu'elles existent, sont souvent mal conçues, de capacité insuffisante, ou encore manquent de personnel compétent pour les faire fonctionner à pleine efficacité. Par ailleurs, se pose la redoutable question du coefficient de charges dans les villes touristiques, dont la population peut varier du simple au décuple selon la saison. »

F. Ramade, *Ecologie des ressources naturelles*, Masson.

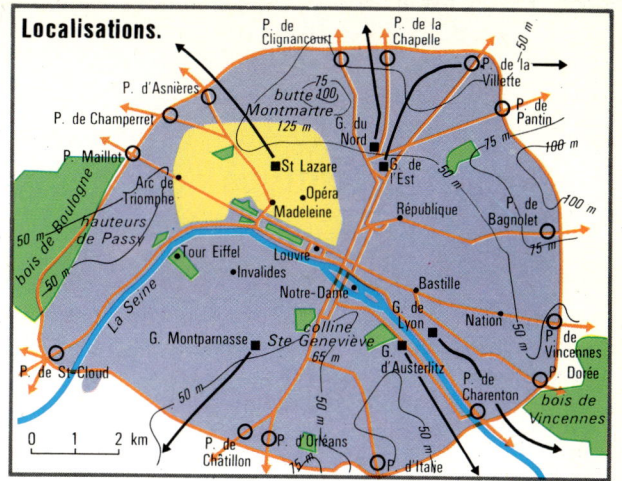

Localisations.

centre des affaires	espaces verts	principales voies routières et portes de Paris
		voies ferrées et gares

Une pollution chimique : le fluor dans la Maurienne.

« La vallée de la Maurienne, et d'autres dans les Alpes, ont été depuis le début du siècle progressivement polluées par des fumées fluorées provenant principalement des usines d'électrochimie de l'aluminium. Les territoires fortement pollués sont relativement limités en superficie, mais les périmètres atteints subissent un préjudice important. La vigne est touchée dans l'aval des vallées, plus haut le fourrage devient toxique pour le bétail, les vergers sont eux-mêmes dégradés et l'atteinte des forêts a pris depuis quelques années une ampleur inquiétante : on admet qu'en Maurienne la quantité des bois fluorés complètement perdus pour l'économie est devenue égale à l'accroissement annuel des forêts, dont la productivité est ainsi nulle. De plus la mort de nombreux arbres risque de favoriser des glissements de terrain.

L'homme, dont l'alimentation est diversifiée, est moins atteint et a tendance à accepter un certain niveau de nuisance qui a pour contrepartie l'existence d'emplois dans la région. »

P. Ozenda, « Quelques problèmes relatifs à l'interface urbain-rural dans les grandes vallées alpines », *Colloque CNRS Ecologie et développement*, 1979.

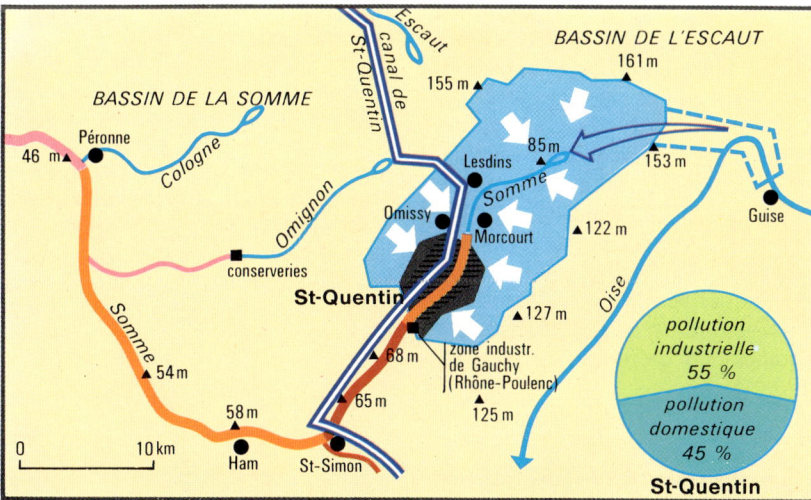

La pollution de la Somme à Saint-Quentin.

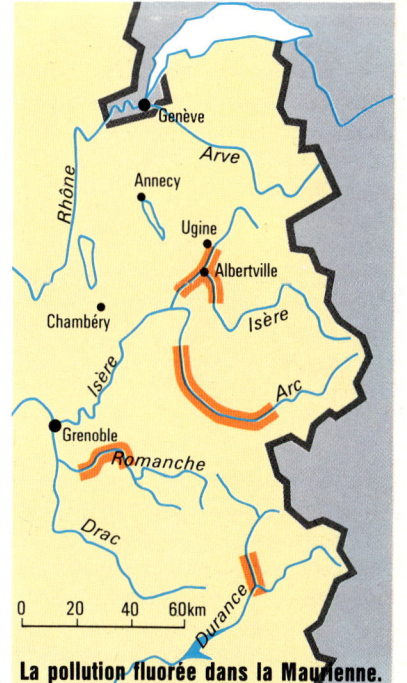

zone de pollution

pollution de la nappe

pollution faible des eaux superficielles

pollution grave des eaux superficielles

pollution très grave des eaux superficielles

zone de ravitaillement

limite de l'agglomération

limite actuelle de la zone d'approvisionnement en eau de l'agglomération

extension envisagée de cet espace

projet de détournement partiel des eaux de l'Oise

sources

direction d'écoulement de la nappe

pollution industrielle 55 %

pollution domestique 45 %

St-Quentin

La pollution fluorée dans la Maurienne.

sections de vallées où se manifestent les pollutions fluorées et les atteintes à la végétation dues à l'industrie de l'aluminium

48-Pour une politique de l'environnement

La place prise par l'environnement dans les préoccupations des Français depuis une dizaine d'années a suscité la création d'un ministère dès 1971 et l'approbation d'une série de textes législatifs* dont le plus important, qui date de 1976, prévoit la réalisation d'**études d'impact** avant tous travaux d'envergure, ainsi que la mise en place d'équipements de protection contre les pollutions et nuisances engendrées par les constructions nouvelles.

Pour comprendre le développement du souci de préserver la nature et d'améliorer ce que l'on appelle désormais **le cadre de vie**, il faut évoquer à la fois **la croissance rapide des agglomérations**, où les rythmes de vie urbains et les caractères du milieu constituent pour la plupart des agressions contre la santé (*stress*). Il faut évoquer également **les excès de la société de consommation** qui, pour la satisfaction de besoins discutables et toujours plus raffinés, a abusé d'espaces rares et fragiles, comme les littoraux ou la haute montagne, et profondément altéré les milieux ruraux. La rapidité de la croissance économique depuis 1950 et la hausse incontestable du niveau de vie ont également joué un rôle important : tout d'abord, on ressent une certaine angoisse à l'idée qu'une croissance économique et un progrès technique ininterrompus puissent mener l'homme au désastre, s'il ne prend garde de gérer avec prévoyance les ressources naturelles et d'éviter la destruction irréversible des milieux de vie. Ensuite, la satisfaction de tous les besoins élémentaires et l'accès au superflu pour le plus grand nombre permet d'envisager la protection de la nature et du cadre de vie comme un luxe suprême (agriculture biologique, énergie sans risque, usines propres et esthétiques...) que les pays sous-développés ne peuvent se permettre. Ainsi les sacrifices nécessaires à la préservation de l'environnement paraissent d'autant mieux admis qu'ils ne remettent pas en cause les acquis récents en matière de bien-être.

L'action des ministères chargés de l'environnement s'est principalement exercée à ce jour dans le domaine foncier. Des réserves de terres ont été constituées, où les initiatives et les activités privées ou publiques subissent de sévères contraintes fixées par la loi, qu'il s'agisse des parcs nationaux, zones de protection totale, ou des secteurs seulement réglementés, comme, en région parisienne, les zones naturelles d'équilibre. On notera également la mise en service de réseaux de mesure de la pollution, comme à Fos ou dans la région de Rouen, destinés à alerter les industriels lorsque des taux de pollution critiques sont atteints. Mais, même si les progrès scientifiques permettent de régler les problèmes de pollution ou de nuisance, trop souvent hélas, les industriels et les aménageurs invoquent le coût élevé des équipements de protection pour se soustraire à la loi.

C'est donc souvent sous **la pression de citoyens regroupés en associations de militants sans intérêt privé** que les industriels, les aménageurs ou même les administrations publiques ont été obligés de réviser des projets jugés inacceptables pour l'environnement. Dans ce domaine, les conflits révèlent d'ailleurs clairement l'opposition entre l'intérêt privé et l'intérêt commun des citoyens d'une part (installation d'une usine polluante), et entre l'intérêt national et l'intérêt régional d'autre part. C'est le cas par exemple des réservoirs créés en amont des cours d'eau afin de produire de l'électricité (Massif central) qui sera exportée vers des régions industrielles lointaines.

Loi relative à la protection de l'environnement.

« L'étude d'impact présente successivement :
– une analyse de l'état initial du site et de son environnement, portant notamment sur les richesses naturelles et les espaces naturels agricoles, forestiers, maritimes ou de loisirs, affectés par les aménagements ou ouvrages ;
– une analyse des effets sur l'environnement, et en particulier sur les sites et paysages, la faune et la flore, les milieux naturels et les équilibres biologiques et, le cas échéant, sur la commodité du voisinage (bruits, vibrations, odeurs, émissions lumineuses), ou sur l'hygiène et la salubrité publique ; (...)
– les mesures envisagées par le maître de l'ouvrage ou le pétitionnaire pour supprimer, réduire et, si possible, compenser les conséquences dommageables du projet sur l'environnement, ainsi que l'estimation des dépenses correspondantes. »

Extrait du décret
d'application du 12/10/1977.

Plusieurs critiques ont été adressées à ce texte par les associations de défense de l'environnement :
1° : la consultation de l'étude d'impact par le public n'est pas très aisée ;
2° : ce dernier est mis devant le fait accompli dans la plupart des cas et les modifications au projet initial sont rares ;
3° : les études sont réalisées le plus souvent par les fonctionnaires (Ponts et Chaussées, Équipement...) qui seront amenés ensuite par leurs fonctions à les juger, c'est-à-dire à accepter ou à refuser le projet.

impact
parc national/parc régional

Les limites de l'action en faveur de l'environnement.

E.D.F. met les bouchées doubles et les défenseurs de l'environnement protestent

(...) « Dans le souci légitime de réduire les coûts de construction, E.D.F. veut mener ses travaux avec le maximum de célérité. Depuis longtemps, ses responsables ont pris l'habitude de mener parallèlement les procédures légales et les travaux préliminaires.

Ainsi les travaux d'édification du barrage d'Eygliers (Hautes-Alpes), sur le Guil, un affluent de la Durance, ont été commencés avant l'enquête publique et achevés au cours de l'été dernier, alors que la déclaration d'utilité publique n'avait pas été publiée. Un autre ouvrage situé à Brassac, sur le Tarn, est terminé, alors que l'instruction administrative est en cours. Il est vrai que les ingénieurs sont irrités par les lenteurs de l'administration. La procédure d'instruction d'une demande de concession d'aménagement hydro-électrique dure trois ans. Mais cela justifie-t-il, par exemple, que le barrage de Ferrières, sur l'Ariège, ait commencé à s'élever en 1980, alors que le décret de concession n'est toujours pas signé ?

Car il semble qu'E.D.F. néglige délibérément les objections des services de l'environnement. »

M. Ambroise-Rendu, *Le Monde*, 22/7/1981.

Les parcs naturels français.

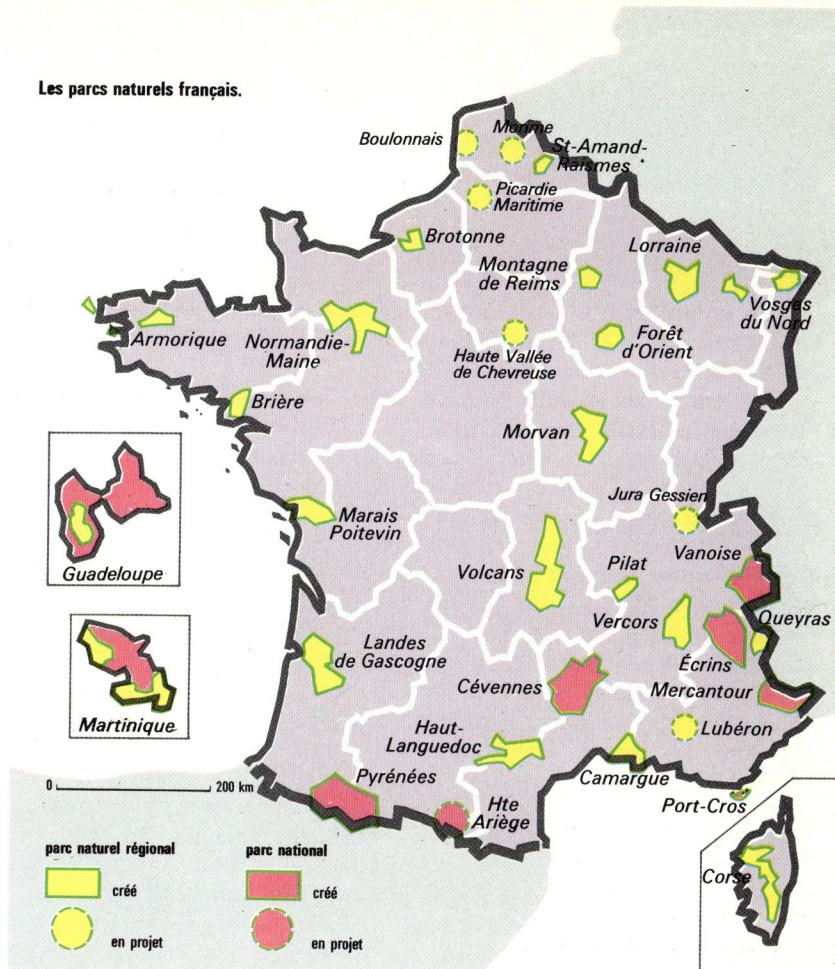

Boulonnais — Melne — St-Amand-Raismes — Picardie Maritime — Brotonne — Lorraine — Armorique — Montagne de Reims — Vosges du Nord — Normandie-Maine — Haute Vallée de Chevreuse — Forêt d'Orient — Brière — Morvan — Marais Poitevin — Jura Gessien — Volcans — Pilat — Vanoise — Vercors — Queyras — Landes de Gascogne — Écrins — Cévennes — Mercantour — Haut-Languedoc — Lubéron — Pyrénées — Camargue — Hte Ariège — Port-Cros — Corse — Guadeloupe — Martinique

0 _____ 200 km

parc naturel régional : créé — en projet
parc national : créé — en projet

T Enquêtes locales sur l'environnement : ces problèmes peuvent être étudiés à travers la presse régionale, mais aussi en enquêtant auprès des associations, dont la liste est disponible dans les mairies.

« La politique de lutte contre la pollution. Une centrale thermique traite des déchets industriels dans le Nord-Pas-de-Calais. »

« (...) A l'origine de cette politique de lutte contre les déchets se trouve la centrale thermique des Houillères à Courrières qui a magnifiquement joué un rôle d'expérience pilote de brûlage de résidus huileux dès 1972. (...)

L'expérience de Courrières étant un succès, l'agence de bassin a voulu étendre son effort car dans le même temps les rejets de déchets continuaient à faire des dégâts considérables. A Ficheux, l'alimentation des populations était stoppée car « l'eau du robinet était empoisonnée ». L'agence de bassin estime, d'une part, qu'une tonne d'huile rejetée équivaut à la pollution d'une ville de 25 000 habitants et, d'autre part, que près de trente tonnes d'huiles sont rejetées sur le bassin Artois - Picardie par jour.

Désormais, l'action contre les déchets sera d'autant mieux engagée que sont en ce moment recensés les sites de dépôts pour le Nord et le Pas-de-Calais et qu'est portée à la connaissance des intéressés l'existence des cinq centres de traitement (...) »

J. Hautefeuille, *La Voix du Nord*, 17/1/1966.

Un mur anti-bruit le long d'une autoroute en banlieue parisienne.

L'autoroute, tracée dans une banlieue pavillonnaire autrefois réputée pour son calme, occasionne des nuisances acoustiques auxquelles on essaie de remédier en créant des barrières chargées d'emprisonner le bruit au niveau des chaussées. ▼

carences industrielles : 33
facture énergétique : 35

49-Tableau des échanges français (1)

La France est la 3ᵉ puissance commerciale du monde derrière les États-Unis et la R.F.A., à égalité avec le Japon. Elle n'était qu'au 5ᵉ rang derrière le Japon et la Grande-Bretagne en 1970.

La nature des produits échangés reflète les forces et les faiblesses de l'économie française. Dans l'ensemble, les produits bruts sont importants aux achats (surtout depuis le renchérissement de l'énergie) et les produits finis à l'exportation, ce qui est la caractéristique normale d'une économie industrielle dont les ressources minières et énergétiques sont très modestes. Mais un examen plus détaillé montre tous les redressements qui pourraient être opérés sans pour autant remettre en cause l'ouverture sur l'extérieur. Le déficit de la « filière bois » (papier, pâtes, carton, meubles) est anormal en regard de l'étendue de nos forêts. De même, l'excédent global de nos échanges agro-alimentaires, dégagé par les céréales, les vins et les alcools, pourrait être plus fort si la transformation de certains produits bruts était poussée plus loin. Notre balance commerciale accuse la carence* de certaines industries d'équipement (machines, instruments scientifiques, etc.) ou de biens de consommation (électro-ménager, matériel audio-visuel, optique, moto, etc.). Notre déficit dans ces secteurs est excessif, alors que ces fabrications font la force d'autres nations marchandes comme la R.F.A., le Japon ou l'Italie. Quant à nos spécialités industrielles (automobile, armement, aéronautique civile et militaire), elles sont fortement exportatrices et dégagent de gros excédents commerciaux.

La moitié de notre commerce extérieur s'effectue avec nos partenaires de la C.E.E., au terme d'une profonde réorientation de nos échanges qui s'est opérée depuis 1960. Dans le même temps, la part de la zone franc, qui correspond en gros à l'ancien domaine colonial français, se réduisait, tandis que s'accroissaient celles des pays de l'Est et surtout des pays en voie de développement pourvus de monnaie d'échange, c'est-à-dire de matières premières ou de pétrole : l'Arabie Séoudite et l'Irak figurent parmi nos dix premiers partenaires. Cette concentration de nos échanges sur l'Europe et sur quelques pays pétroliers n'est pas sans danger. La non-exécution de la plupart des contrats passés avec l'Iran avant 1978 en est un exemple.

Géographiquement, nos échanges sont moins diversifiés que ceux de l'Allemagne ou du Japon. Le commerce extérieur français n'est pas vraiment mondial. Notre présence est faible sur les marchés lointains d'Amérique latine ou d'Asie du Sud. Nous commerçons moins avec l'Inde ou le Mexique qu'avec la Finlande ou le Cameroun.

C'est que les orientations et les méthodes de notre commerce extérieur souffrent des faiblesses passées. Nos ventes dépendent encore trop de grands contrats mirifiques emportés de haute lutte dans des secteurs précis (armement, avions, usines clés en main, etc.). Succès remarquables mais qui peuvent être sans lendemain. Il nous manque souvent une patiente implantation en profondeur, capable de soutenir des ventes diffuses, mais régulières. Nous n'avons pas de ces sociétés de commerce spécialisées dans l'exportation des produits, du transport au service après-vente en passant par l'assurance, le financement, la solution des problèmes douaniers..., comme il en existe au Japon ou en Grande-Bretagne. Cette carence rend le travail de prospection des marchés extérieurs coûteux pour les entreprises, surtout petites.

L'équilibre de la balance commerciale n'est plus réalisé depuis plusieurs années. L'alourdissement considérable de la « facture énergétique* » depuis 1973 en est la cause principale. L'excédent des « échanges invisibles » (tourisme, revenus de capitaux, ingénierie, etc.) ne comble pas toujours ce déficit commercial. D'où la menace permanente de déficit qui pèse sur la **balance des paiements**.

---

balance commerciale : *elle mesure les importations et les exportations de marchandises d'un pays. Il s'agit de l'échange de biens réels, qui donne lieu à un transport matériel et à un franchissement de frontière. Cette balance peut être équilibrée, déficitaire ou excédentaire (on parle alors du solde positif). Le calcul du taux de couverture des importations par les exportations (exprimé en %) permet d'apprécier l'ampleur relative du déficit ou de l'excédent commercial.*

balance des paiements : *elle mesure et présente l'ensemble des échanges entre un pays et l'étranger, sous quelque forme que ce soit. La balance des paiements est donc la somme algébrique de la balance commerciale + la balance des invisibles − la balance des mouvements de capitaux, chacun de ces postes pouvant présenter des soldes très différents. La balance des paiements est donc un instrument d'appréciation plus global et plus valable que la seule balance commerciale pour juger des forces et des faiblesses d'un pays dans ses rapports avec l'étranger. Paradoxalement, la richesse et la puissance d'un pays peuvent contrarier l'équilibre de ses paiements : les citoyens de la R.F.A. dépensent tellement à l'étranger comme voyageurs et touristes que le déficit de la balance touristique allemande compromet l'équilibre des paiements, ce que l'énorme excédent commercial allemand ne laisse pas supposer.*

coopération : *coopérer signifie participer à une œuvre commune. On appelle coopérateurs les membres d'une coopérative, librement groupés pour une tâche précise. Mais depuis les années 50/60, dans les relations internationales, les mots « coopérer » et « coopération » désignent un type de rapport entre les nations fondé sur la réalisation en commun de certains objectifs (alphabétisation, effort sanitaire, formation professionnelle, etc.). Cette coopération s'établit entre des pays riches et des pays pauvres, souvent entre une ancienne puissance coloniale et ses colonies devenues indépendantes. Les acteurs de la coopération sont les coopérants, enseignants, médecins, techniciens... La coopération peut être bilatérale (accord d'un pays à l'autre) ou multilatérale lorsqu'elle passe par le canal d'organismes internationaux (O.M.S., F.A.O., etc.). Par une dérive à partir du sens premier, la coopération désigne donc une situation très inégalitaire puisqu'elle suppose l'apport d'un savoir, d'une technique, d'hommes qualifiés, à des pays qui en manquent. Il est significatif qu'on parle de coopérants français ou belges mais pas de coopérants zaïrois. La coopération est diversement jugée quant à ses résultats.*

Structure par produit du commerce extérieur (1980).

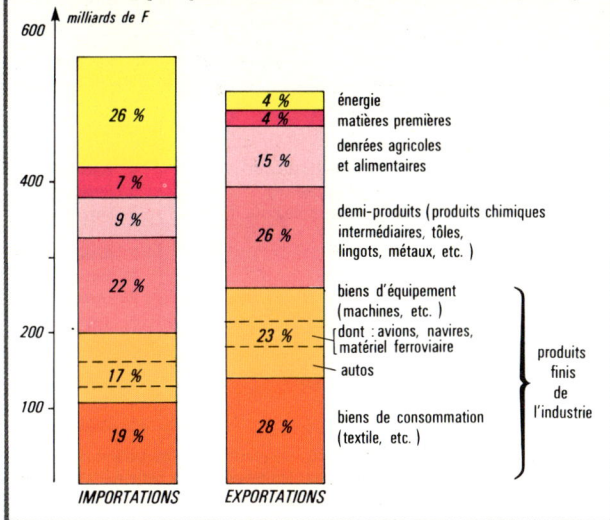

milliards de F

IMPORTATIONS / EXPORTATIONS

énergie — 26 % / 4 %
matières premières — 7 % / 4 %
denrées agricoles et alimentaires — 15 %
demi-produits (produits chimiques intermédiaires, tôles, lingots, métaux, etc.) — 9 % / 26 %
biens d'équipement (machines, etc.) — 22 % / 23 %
dont : avions, navires, matériel ferroviaire
autos — 17 %
biens de consommation (textile, etc.) — 19 % / 28 %

produits finis de l'industrie

Solde du commerce extérieur pour quelques secteurs industriels en 1979.

en milliards de francs

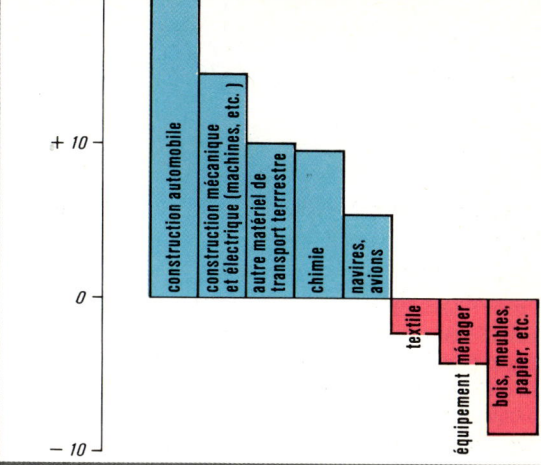

construction automobile ; construction mécanique et électrique (machines, etc.) ; autre matériel de transport terrestre ; chimie ; navires, avions ; textile ; équipement ménager ; bois, meubles, papier, etc.

Importations et exportations de quelques grands secteurs industriels (1979).

milliards de F

exportations / importations

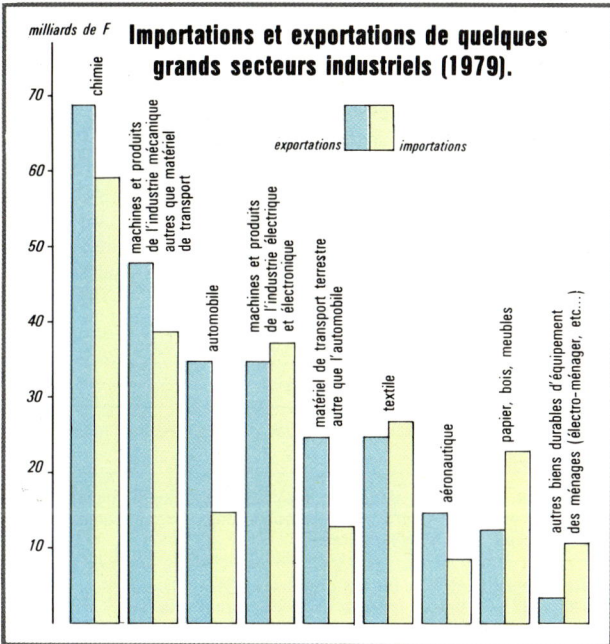

chimie ; machines et produits de l'industrie mécanique autres que matériel de transport ; automobile ; machines et produits de l'industrie électrique et électronique ; matériel de transport terrestre autre que l'automobile ; textile ; aéronautique ; papier, bois, meubles ; autres biens durables d'équipement des ménages (électro-ménager, etc...)

Ces données dissipent quelques idées reçues. C'est ainsi que le textile est bien importateur, comme chacun s'en rend compte en achetant des vêtements ; mais c'est aussi une industrie exportatrice, et son déficit vis-à-vis de l'étranger est loin d'être le plus important, contrairement à ce que l'on croit parfois.

T Trouver d'autres modes d'expression graphique pour exprimer ces mêmes données.

Les exportations viennent surtout de quelques régions à l'économie beaucoup plus ouverte que la moyenne : 4 régions réalisent à elles seules 50 % des exportations : Rhône-Alpes, le Nord, la région parisienne et la Haute-Normandie (c'est-à-dire la Basse-Seine essentiellement). 80 % des exportations se font à l'est d'une ligne Le Havre-Marseille. Les chiffres par habitant révèlent des économies régionales particulièrement engagées dans le commerce extérieur : l'Alsace, la Franche-Comté. Cette concentration du phénomène se retrouverait si l'on raisonnait à l'échelle des entreprises : une centaine d'entreprises assurent à elles seules plus de la moitié des ventes françaises.

T Travail d'enquête

En plusieurs endroits (dans la rue, dans une grande surface, dans les bureaux d'une administration, etc.) relever la nature et la provenance des produits industriels importés, lorsque leur origine étrangère est indiquée. Classer ces produits selon leur appartenance aux grandes catégories de biens (équipement, consommation, etc.). Trouver les motifs de ces importations : absence de production en France, ou meilleure qualité du produit étranger, ou prix plus compétitif ?

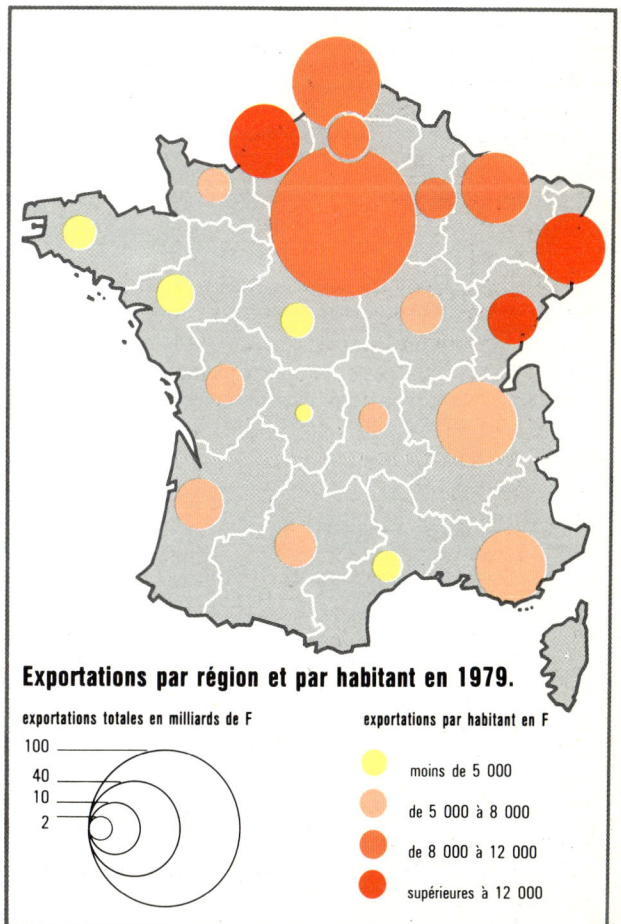

Exportations par région et par habitant en 1979.

exportations totales en milliards de F
100 / 40 / 10 / 2

exportations par habitant en F
moins de 5 000
de 5 000 à 8 000
de 8 000 à 12 000
supérieures à 12 000

Le bouleversement
des orientations géographiques
du commerce extérieur français :
Les 15 premiers partenaires commerciaux
en 1952 et en 1980

49-Tableau des échanges français (2)

En 1952*	En 1980
1. Algérie	1. R.F.A.
2. États-Unis	2. Italie
3. R.F.A.	3. Belgique / Lux.
4. Belgique / Lux.	4. États-Unis
5. Royaume-Uni	5. Royaume-Uni
6. Afrique tropicale fr. (A.O.F. + A.E.F.)	6. Pays-Bas
7. Maroc	7. Arabie Séoudite
8. Suisse	8. Suisse
9. Indochine	9. Espagne
10. Tunisie	10. Irak
11. Italie	11. U.R.S.S.
12. Pays-Bas	12. Algérie
13. Australie	13. Nigeria
14. Suède	14. Japon
15. Brésil	15. Suède

*Pour 1952, on considère comme partenaires commerciaux tous les territoires situés « outre-mer ».

T **Problème de méthode : comment lire et interpréter les statistiques du commerce extérieur ?**

La diversité des fabrications industrielles est devenue telle que les grandes rubriques traditionnelles du commerce extérieur (produits finis, etc.) ne permettent plus de faire une analyse assez fine des échanges d'un pays, surtout lorsqu'il s'agit du commerce entre pays industrialisés. Dans plusieurs domaines (automobile, textile), importations et exportations se croisent et portent sur de fortes quantités. On ignore trop souvent que l'industrie textile française est exportatrice. Dans le secteur des biens d'équipement, l'équilibre global de nos échanges vient de quelques points forts (matériel ferroviaire, avions, etc.) qui compensent le déficit considérable des machines ou des poids lourds. D'autre part, deux achats, ou deux ventes, d'un montant identique, peuvent très bien avoir des significations différentes : certaines exportations ont des effets d'entraînement, font office de « vitrine » pour leur pays d'origine ; dans leur sillage, d'autres courants d'échanges s'engagent. Et certaines importations sont génératrices de ventes : lorsque la France importe du pétrole de la mer du Nord, ou d'Afrique équatoriale, cela ne lui coûte pas, malgré les apparences, aussi cher que lorsqu'il s'agit de pétrole du Moyen-Orient. En effet, les pétroles difficiles de la mer du Nord ou d'Afrique sont extraits avec des techniques et du matériel complexes qui pour une part proviennent d'entreprises françaises exportatrices. Inversement, la vente d'un Airbus n'est pas une exportation nette, même pour l'Europe, puisqu'il entre environ 30 % de matériel américain dans la valeur de l'avion, matériel qui est donc d'abord importé. Il faudrait donc examiner ligne par ligne un commerce extérieur pour identifier des excédents ou des déficits plus ou moins essentiels, ou plus ou moins corrigibles.

Depuis les années 1950, quels sont les noms qui ont disparu ? Ceux qui sont apparus ? Établir une chronologie des événements politiques internationaux auxquels la France a participé et qui peuvent être reliés aux changements que révèle ce tableau.

La disparition de certains pays (Tunisie, etc.) ne signifie pas forcément un déclin en valeur absolue de notre commerce avec eux, mais seulement un déclin relatif, dû à la forte progression de nos échanges avec d'autres partenaires.

LES DIFFÉRENTES BALANCES QUI PERMETTENT DE MESURER LES ÉCHANGES DE LA FRANCE AVEC L'EXTÉRIEUR.

1980, en milliards de F	Solde	Remarque
A = Balance commerciale (mesure les échanges de marchandises)	− 50	Le taux de couverture des importations par les exportations s'établit aux alentours de 90 %
B a) balance des services	a = + 38	Heureusement, ce déficit dans le commerce des marchandises est atténué par le solde nettement positif de notre balance des services, solde qui s'est amélioré ces dernières années.
dont : – grands travaux, coopération technique, contrats d'études avec l'étranger	+ 16	Ce poste enregistre les rentrées d'argent liées à l'exécution à l'étranger de grands travaux et d'études (construction d'aéroports, de métros, etc.).
– balance touristique	+ 9	Les touristes étrangers en France dépensent plus que les Français à l'étranger.
– transports maritimes	− 3	Notre économie fait transporter beaucoup de marchandises sous pavillon étranger et le contraire n'est pas vrai.
– brevets, licences	− 2	Ce poste enregistre un déficit dans ce que l'on pourrait appeler le commerce de matière grise.
– services financiers (banques, assurances, etc.)	+ 8	Ce poste dont l'excédent est récent traduit le rôle grandissant des grandes banques françaises sur les places financières internationales : le Crédit lyonnais ou la BNP perçoivent des revenus lorsqu'ils placent des emprunts, effectuent des opérations pour le compte de clients étrangers.
– autres	+ 10	
b) transferts et mouvements de capitaux	b = − 18	La moitié de ce déficit correspond au transfert de revenus des travailleurs immigrés vers leur pays d'origine.
	+ 20	L'excédent global de la balance des invisibles a donc couvert en 1980 environ 40 % du déficit commercial.
A + **B** = Balance des paiements	− 30	Tout déficit de la balance des paiements se règle, un jour ou l'autre, d'une façon ou d'une autre. A plus ou moins long terme, on peut, en dehors de l'action sur les différents postes déficitaires bien entendu : emprunter, dévaluer, puiser dans les réserves en or ou en devises du pays.

Balance des invisibles

Les orientations géographiques du commerce extérieur français.

Part des échanges avec	1965	1980
La C.E.E. à 10	53 % (dont C.E.E. à 6 : 47 %)	49 % (dont C.E.E. à 6 : 41 %)
Autres pays européens d'économie libérale	15 %	10 %
États-Unis	10 %	6 %
U.R.S.S. et pays de l'Est	3 %	4 %
Japon	1 %	2 %
Autres pays O.C.D.E.	4 %	2 %
Pays en voie de développement	14 %	27 %
	100 %	100 %

Les secteurs où la concurrence des produits étrangers s'est développée très rapidement ces dernières années.

Secteur	Accroissement annuel moyen de la part du marché occupée par les importations.
Articles en cuir	+ 20 %
Construction navale	+ 16 %
Fonderie	+ 16 %
Chaussures	+ 13 %
Habillement	+ 12 %
Bonneterie	+ 11 %
Ouvrages en fil	+ 11 %
Fils et filés	+ 10 %
Travail des métaux	+ 10 %
Produits alimentaires	+ 9 %

Un simple calcul montre qu'en 8 ans, aux rythmes indiqués, la part des produits importés a doublé dans plusieurs cas, et même quadruplé dans le cas du cuir.
Attention : ce tableau indique une dynamique, il ne mesure pas la part détenue par les importations à un moment donné, mais seulement la vitesse de leur pénétration sur notre marché.

On s'aperçoit que la France effectue des échanges d'un montant équivalent avec des pays pourtant très différents par leur taille, leur richesse, leur population. L'Inde et ses 650 millions d'habitants font tout juste partie des 50 premiers partenaires commerciaux de la France, l'Indonésie (150 millions d'hab.) n'en fait pas partie. Les entreprises françaises vendent plus de marchandises dans un seul département d'outre-mer comme la Guadeloupe qu'en Inde, en R.D.A., en Argentine ou au Pakistan. C'est dire la faible pénétration commerciale de certains marchés.

Les produits industriels importés occupent 1/3 du marché intérieur français (mais 20 % seulement en 1970). Le marché intérieur français s'est donc ouvert aux produits étrangers. Voici les 10 secteurs industriels pour lesquels la progression des produits importés a été la plus rapide de 1970 à 1978.

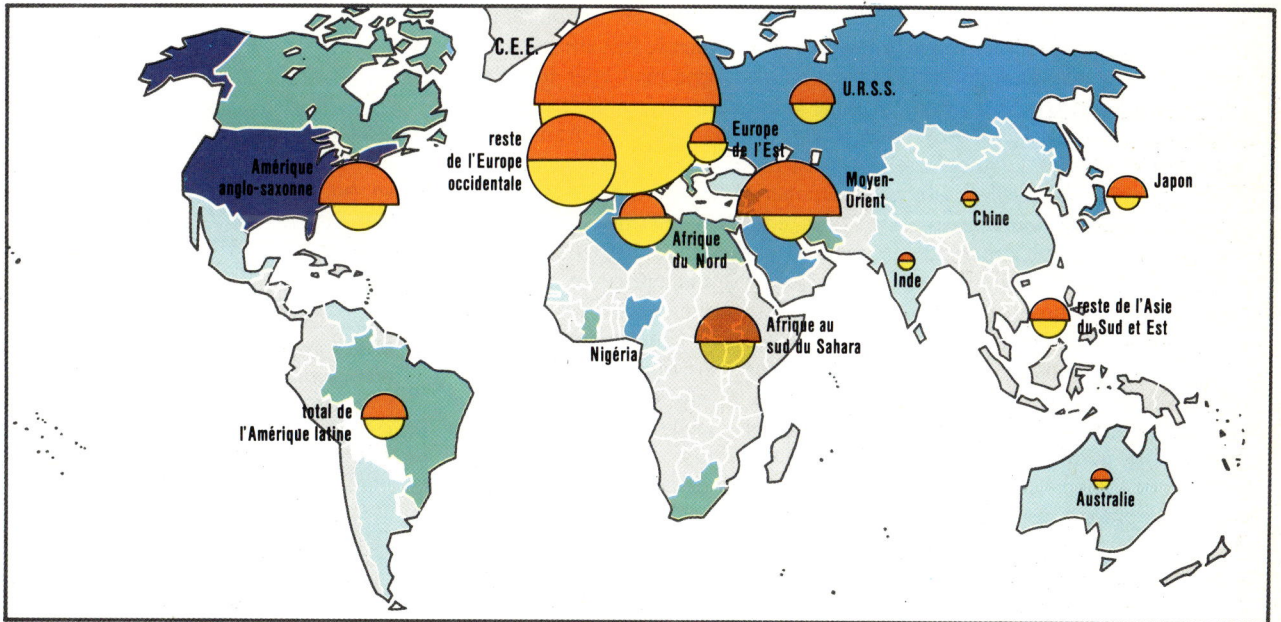

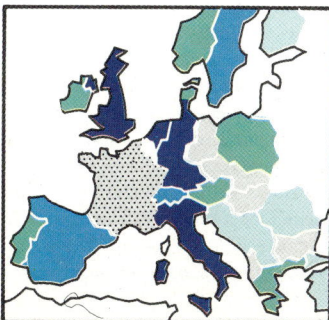

Le commerce extérieur français en 1980.

pays avec lequel la France échange en 1980

- moins de 2,5 milliards de F
- de 2,5 à 5 milliards de F
- de 5 à 10 milliards de F
- de 10 à 50 milliards de F
- plus de 50 milliards de F

importations en milliards de F

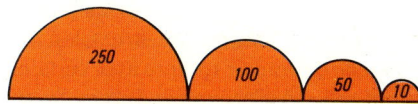

250 100 50 10

150 20

exportations

agriculture : 28
productions méditerranéennes : 94, 95

50-La France dans la C.E.E.

L'entrée dans la C.E.E. a modifié les attitudes économiques des Français. Dans les campagnes comme dans les usines, l'abaissement des droits de douane a exposé les producteurs à la concurrence étrangère. C'était une grande nouveauté pour un pays qui vivait dans une ambiance assez protectionniste, avec quelques marchés coloniaux réservés. Très redoutée, cette ouverture s'est finalement bien passée. Elle a été un stimulant essentiel dans la modernisation de l'économie française.

La participation à la C.E.E. a-t-elle modifié la géographie de la France ? Il est certain que la moitié nord et est de la France, au contact du « cœur » de l'espace communautaire, a davantage vécu au rythme de l'Europe que la Bretagne ou le Sud-Ouest. Les investissements étrangers y sont venus plus nombreux. Les habitants ont trouvé des avantages fréquents dans l'effacement progressif des frontières. Mais l'Europe n'est pas seule en cause dans cette évolution. Si l'Alsace est, par exemple, devenue une région riche, attractive auprès d'investisseurs allemands, américains ou suisses, après avoir été pendant longtemps un glacis exposé et délaissé, c'est avant tout grâce au nouveau cours des relations franco-allemandes depuis 1950. Nouvelles relations sans lesquelles l'Europe n'aurait d'ailleurs pas été possible.

Au sein de la C.E.E. le poids de la France est assez grand. On a parfois l'impression que la R.F.A. et la France sont les deux « grands » de la C.E.E., impression renforcée par leur position centrale dans l'espace européen, de part et d'autre du Rhin. Moins riche, l'Italie est légèrement en retrait. Par ses particularismes et ses difficultés économiques chroniques, le Royaume-Uni l'est également. Aucune décision européenne importante ne peut aller totalement contre les intérêts français, y compris dans le domaine de la politique agricole commune, pourtant si controversée. C'est que la situation française est originale sur ce point. L'agriculture* française représente 30 % de la production communautaire mais elle n'est pas homogène : l'importance des grandes cultures céréalières, fourragères et de l'élevage nous rapproche de l'Europe du Nord-Ouest, alors que l'intérêt de nos régions méridionales diverge de celui des Anglais, des Hollandais ou des Allemands, qui ne souhaitent guère participer à des mesures communes au profit des productions méditerranéennes*. Ce qui ne veut d'ailleurs pas dire que la France souhaite l'entrée d'autres pays méditerranéens dans la C.E.E., car cela renforcerait une concurrence déjà sensible et multiplierait des conflits comparables à celui du vin. Au total, on voit que ce qui est « bon pour la France » n'est pas facile à définir. **La grande diversité de notre territoire,** à la charnière des deux versants de l'Europe, impose aux gouvernements français des attitudes nuancées, voire contradictoires, sur la plupart des questions communautaires.

Dans la construction européenne, la France a joué un rôle positif, sans jamais adopter de positions excessives. Hostile à une intégration systématique, la France a toujours été moins européenne que les nations du Benelux mais plus coopérative que la Grande-Bretagne.

Quel bilan peut-on faire de l'engagement français dans la C.E.E. ? Assurément positif au plan de l'enrichissement matériel. Certains redoutent une dilution dans l'Europe, une perte de personnalité, une soumission à des décisions extérieures. En réalité, les moyens sont nombreux de résister, en l'état actuel de la C.E.E., à des mesures qui ne plaisent pas, ou de faire la sourde oreille aux « rappels à l'ordre » de Bruxelles. Bien entendu, il serait tout de même très difficile de vouloir rompre avec certaines règles du jeu européen, qui sont avant tout celles de l'économie de marché et du capitalisme libéral. En ce sens, la C.E.E. est une contrainte. Mais entre la décolonisation et les géants américain, soviétique ou japonais, la France avait-elle et a-t-elle le choix ?

Le poids de la France dans la C.E.E. à Dix.	
Population	20 %
Ensemble de la production agricole	29 %
Vin	45 %
Céréales	37 %
Lait	33 %
Sucre	34 %
Viande	24 %
Pêche	14 %
Houille	8 %
Pétrole	2 %
Gaz naturel	4 %
Électricité	19 %
Électricité d'origine nucléaire	35 %
Ensemble de la production industrielle	22 %
Aéronautique	50 %
Automobile	37 %
Chimie	19 %
Acier	18 %
Aluminium	20 %

intégration : *rapports d'association et de solidarité qui existent entre les différentes parties d'un organisme qui concourent à un but commun et dépendent ainsi les unes des autres. Le terme est surtout employé dans l'industrie : dans un groupe chimique intégré, certaines sociétés contrôlent des matières premières (pétrole, gaz, charbon, potasse, etc.), d'autres livrent des demi-produits, d'autres enfin fabriquent plastiques, caoutchouc, engrais, etc. C'est le contraire d'un conglomérat constitué au fil des opportunités et dont les différentes sociétés ne sont pas solidaires techniquement. Il y a également intégration lorsque des liens (contrats, assistance technique) unissent tous les maillons de la chaîne agro-alimentaire. Par extension,* le terme est employé pour décrire les liens de plus en plus étroits et contraignants qui s'établissent entre certains États : l'intégration européenne n'est pas totale puisque la marge de manœuvre de chaque partie du tout est encore assez grande, mais elle est tout de même largement engagée : l'ampleur des échanges commerciaux entre la France, la R.F.A., l'Italie et le Benelux crée une interdépendance de fait très avancée et la mise en cause de ces courants aurait de graves conséquences pour chaque partenaire.*

Analyse des échanges de la France avec ses partenaires européens.

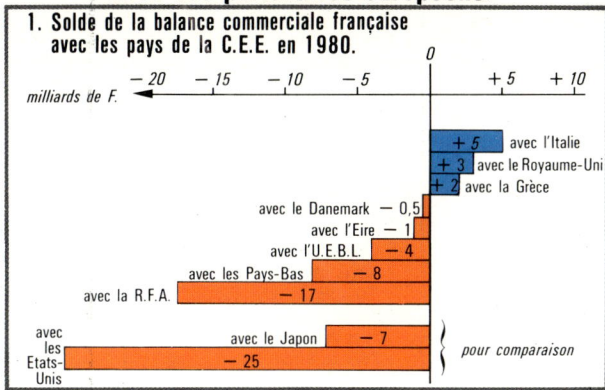

1. Solde de la balance commerciale française avec les pays de la C.E.E. en 1980.

milliards de F. — 20 — 15 — 10 — 5   0   + 5   + 10

+ 5 avec l'Italie
+ 3 avec le Royaume-Uni
+ 2 avec la Grèce
avec le Danemark — 0,5
avec l'Eire — 1
avec l'U.E.B.L. — 4
avec les Pays-Bas — 8
avec la R.F.A. — 17
avec le Japon — 7 } pour comparaison
avec les Etats-Unis — 25

Le commerce extérieur français n'est équilibré ou excédentaire qu'avec des pays moins riches (Grèce), un peu moins industrialisés (Italie) ou en perte de vitesse (Royaume-Uni). Globalement, nous achetons beaucoup plus à la C.E.E. que nous lui vendons. La suppression des déficits qui figurent sur ce graphique rétablirait pratiquement l'équilibre de la balance commerciale française.

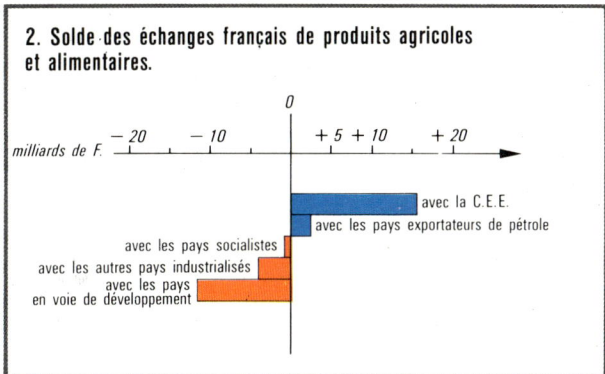

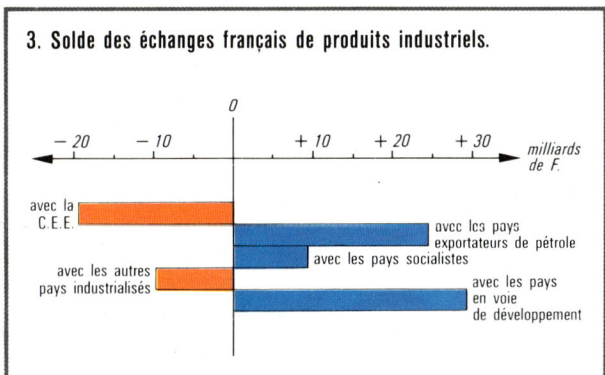

2. Solde des échanges français de produits agricoles et alimentaires.

milliards de F. — 20   — 10   0   + 5 + 10   + 20

avec la C.E.E.
avec les pays exportateurs de pétrole
avec les pays socialistes
avec les autres pays industrialisés
avec les pays en voie de développement

3. Solde des échanges français de produits industriels.

— 20   — 10   0   + 10   + 20   + 30   milliards de F.

avec la C.E.E.
avec les pays exportateurs de pétrole
avec les pays socialistes
avec les autres pays industrialisés
avec les pays en voie de développement

Les trois graphiques montrent bien que les rapports de la France avec ses partenaires européens se présentent sous des aspects très différents selon qu'il est question d'agriculture ou d'industrie. La France a un commerce industriel déficitaire avec la C.E.E. comme d'ailleurs avec l'ensemble des pays industrialisés. Par contre, nous effectuons 70 % de nos exportations agricoles et alimentaires chez nos voisins européens. C'est en ce sens que le Marché commun peut être considéré comme une bonne affaire pour l'agriculture française.

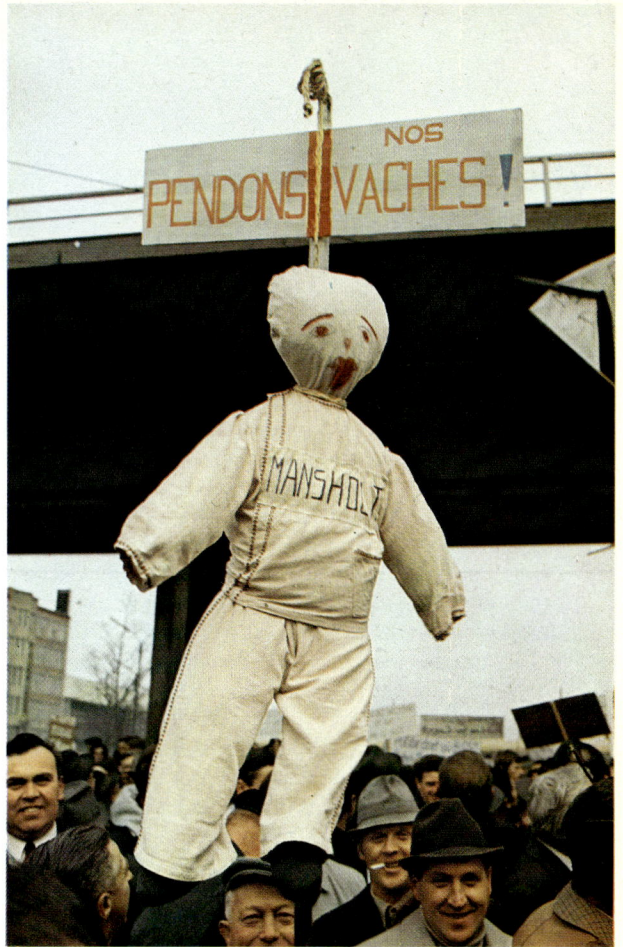

Manifestation d'agriculteurs français à Bruxelles.

Les services de Bruxelles assument une lourde tâche de coordination entre des agricultures nationales plus ou moins intégrées aux mécanismes d'échanges et intéressant des milieux variés, entre l'Écosse et la Sicile, les plaines du Nord et les vallées alpines. Les décisions prises à cette échelle ne peuvent contenter tout le monde et des groupes de pression se constituent dans les milieux d'agriculteurs à l'occasion des « marathons agricoles » qui fixent les prix, donc les revenus des agriculteurs. L'aspect souvent folklorique des manifestations (lâchers de cochons ou de poulets dans les bâtiments de la commission, pendaisons en effigie, etc.) ne doit pas faire oublier que le revenu moyen des agriculteurs est généralement inférieur à celui des autres catégories socio-professionnelles.

La part des pays membres de la C.E.E. dans le commerce extérieur français.

	1950	1960	1965	1980
Importations	23 %	35 %	45 %	49 % * (C.E.E. à 10)
Exportations	32 %	40 %	49 %	49 % * (C.E.E. à 10)
Total comm. ext.	27 %	38 %	47 %	49 % * (C.E.E. à 10)

*41 % à structures comparables, c'est-à-dire à 6.

Malgré la part prépondérante des pays de la C.E.E., on constate une certaine diversification puisque la part des 5 partenaires initiaux du Marché commun s'est réduite de 47 à 41 %.

**Répartition géographique
des investissements français à l'étranger.**

en pourcentages par pays		% des échanges réalisés avec ces mêmes pays
C.E.E.	33	53
dont Royaume-Uni	8	7
R.F.A.	7	18
Italie	4	11
U.E.B.L.	11	9
autres membres	3	8
États-Unis	14	6
Canada	3	1
Autres pays de l'O.C.D.E. (Espagne, Autriche, Suisse, Suède, Australie etc.)	21	12
Pays de l'O.P.E.P.	11	11
Pays de la zone franc (États d'Afrique de l'Ouest francophones, etc.)	5	4
Brésil	2	1
Autres pays étrangers	11	12
	100	100

51-La France dans le monde

La francophonie est le support d'une influence culturelle qu'il faut préserver parce qu'elle peut être le vecteur d'entreprises économiques, ou tout simplement parce qu'elle est porteuse d'idées auxquelles nous croyons et qu'elle représente un facteur parmi d'autres de rapprochement des peuples. 80 millions de personnes emploient quotidiennement le français dans des États dont la population totale (y compris la fraction non francophone) dépasse 200 millions d'hommes. C'est naturellement peu à côté de l'anglais, d'autant que ces « positions » linguistiques sont souvent grignotées. Le français est surtout vécu comme la langue d'une histoire, d'une littérature, d'une culture au sens large, pas assez comme la langue d'un grand pays industriel et commerçant. Forte en Afrique de l'Ouest, en Méditerranée, encore vivace en Amérique latine, l'influence culturelle française est très diluée partout ailleurs.

La France est présente dans le monde par un certain nombre d'entreprises industrielles et marchandes : investissements, exportations, grands chantiers de travaux publics (barrages, métros, etc.). Petit à petit, l'image de la France à l'étranger se modifie et notre pays n'est plus tout à fait connu seulement pour ses produits agricoles et ses industries de luxe. Mais c'est un mouvement très lent. D'autre part, la France n'est pas une nation de grands investisseurs ; même lorsqu'elle avait un empire colonial, elle y investissait peu.

La France augmente son aide aux pays en voie de développement, après une période de stagnation, voire de recul en valeur relative (en % du P.N.B. français). Contrairement à certaines idées reçues, le volume de l'aide fournie ne représente pas un transfert massif : il n'est pas encore de 0,7 % du P.N.B. français, taux jugé nécessaire par les organismes internationaux. La France va s'efforcer de consacrer 0,15 % de son P.N.B. aux seuls pays les moins avancés (P.M.A.). En fait, l'aide française au développement est très concentrée géographiquement sur l'Afrique francophone.

En effet, une forte partie de l'aide publique au développement se fait dans le cadre de la Coopération, ensemble de relations privilégiées entre la France et la plupart des États indépendants issus de son ancien domaine colonial. L'existence d'un ministère de la Coopération, compétent pour l'Afrique au sud du Sahara, atteste le caractère spécifique de ces relations. La coopération met en œuvre des moyens humains (coopération technique, enseignants, médecins, techniciens). Elle comporte aussi des aspects financiers (prêts à long terme à faible taux d'intérêts, pour financer des projets industriels, portuaires, ou agricoles) et commerciaux (ouverture du marché européen aux produits des pays d'Afrique, de la Caraïbe et du Pacifique, qui ont signé les accords de Lomé avec la C.E.E.). La coopération entraîne dans son sillage des activités et des investissements privés.

Mais la coopération, comme d'ailleurs une bonne partie de l'aide des pays riches au Tiers monde, obéit parfois à des objectifs contradictoires. Les buts désintéressés mis en avant lors des réunions internationales (conférence Nord-Sud de Cancun, sommet franco-africain de novembre 1981), n'excluent jamais tout à fait les préoccupations d'une autre nature. Le pays « donneur » songe toujours à préserver son influence et sa sécurité économique, à obtenir d'éventuels marchés pour ses entreprises, à garantir son approvisionnement en matières premières ou sources d'énergie. La tentation d'ingérence dans les affaires du pays aidé existe, surtout lorsqu'il est petit et fragile, comme c'est le cas de nombreux États africains. Ce mélange de bonnes intentions et d'arrière-pensées a souvent provoqué dans le passé des accusations de « néo-colonialisme » contre l'action de la France en Afrique. D'où la nécessité de réviser périodiquement le contenu et la forme des accords de coopération.

Depuis dix ans, cette répartition a peu varié. Seule la part des pays de la zone franc a diminué au profit des pays du Moyen-Orient et de ceux de l'O.C.D.E. hors C.E.E. Par rapport aux directions du commerce extérieur, on constate quelques distorsions.

néo-colonialisme : *c'est un colonialisme qui ne dirait pas son nom, une forme nouvelle de domination d'un pays par un autre, qui a succédé au colonialisme proprement dit et qui use de moyens plus subtils que la domination militaire et administrative. Le néo-colonialisme est donc un ensemble de faits et d'attitudes qui, d'une façon voilée et inavouée, maintiennent un pays dans une situation de dépendance à l'égard de son ancienne métropole coloniale en général, même après son accession à l'indépendance. Les outils du néo-colonialisme peuvent être très divers : imposition progressive et insidieuse de modèles culturels ou d'habitudes de consommation importées, contrôle de secteurs économiques essentiels (mines, aéroports...), voire de certains aspects de la vie publique (armée, etc.) par des firmes ou du personnel étrangers, etc. Autant de faits qui limitent l'indépendance d'un pays. Naturellement, l'accusation de néo-colonialisme donne lieu à de multiples controverses. De ceux qui le nient à ceux pour qui il est le responsable de nombreux maux économiques et sociaux, en passant par ceux qui le jugent plus ou moins inévitable, il existe tout un éventail d'opinions sur le néo-colonialisme et ses conséquences. Ce sont les pays africains qui sont le plus souvent au cœur du débat parce que, d'indépendance récente, ils sont en général plus petits, plus pauvres et plus fragiles que la plupart des autres pays du Tiers monde.*

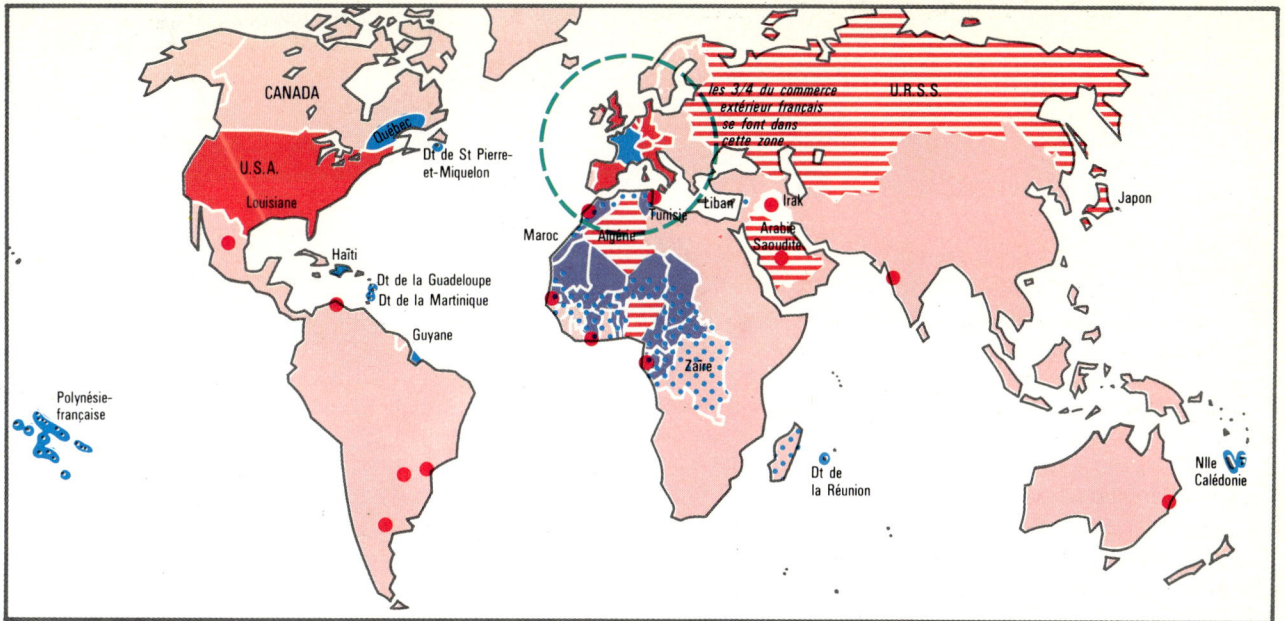

La France dans le monde.

■ (bleu)	francophonie
⬚ (pointillé bleu)	francophonie d'une partie de la population, français parfois langue administrative
■ (violet)	Etat avec lequel la France entretient une étroite coopération
▦ (rayé rouge)	Etat avec lequel se fait de 1 à 5 % du commerce extérieur français
■ (rouge)	Etat avec lequel se fait plus de 5 % du commerce extérieur français
●	importante présence ponctuelle hors d'Europe (grands chantiers, gros investissements, importante influence culturelle)

La France et le français dans la recherche et la littérature scientifique mondiale.

Origine géographique des travaux scientifiques recensés par « Chemical Abstracts ».

	en 1956	en 1980
États-Unis	28,4 %	26,2 %
U.R.S.S.	13,5 %	19 %
Japon	10,4 %	10,4 %
R.F.A. + R.D.A.	8,4 %	7 %
Grande-Bretagne	7,5 %	5,9 %
France	6 %	4,2 %
Autres pays	25,8 %	27,3 %

Origine des brevets internationaux déposés.

	1980
Japon	43,4 %
Allemagne	12,1 %
États-Unis	11,3 %
U.R.S.S.	9,7 %
Grande-Bretagne	4,9 %
France	1,7 %

Langues dans lesquelles sont publiés les travaux recensés par Chemical Abstracts.

	1961	1975	1980
Anglais	43 %	60 %	65 %
Russe	18 %	23 %	18 %
Japonais	2 %	3 %	5 %
Allemand	12 %	6 %	4 %
Français	5 %	3 %	2 %
Autres	20 %	5 %	6 %

Place de la France dans le monde.

- 1,25 % de la population
- 3 % de la récolte céréalière
- 3 % de la sidérurgie
- 5 % de la chimie
- 6 % de la viande et des produits laitiers
- 9 % du commerce
- 12 % de l'industrie automobile

Dans le monde, la France se classe au 15e rang par sa population. Mais elle est globalement la 5e puissance économique du monde et vient en 12e ou 13e position, selon les années, pour le niveau de vie de ses habitants.

Total des investissements réalisés hors des frontières de 1968 à 1977.

	en milliards de F	par habitant
États-Unis	450	2 070 F
Royaume-Uni	120	2 105 F
R.F.A.	75	1 230 F
Japon	55	480 F
Pays-Bas	45	3 200 F
France	32	600 F
Italie	15	270 F

Dans la plupart des pays, la France n'occupe qu'une place modeste, proche de 5 % du total, ce qui ne correspond pas à sa puissance économique, ni à son importance commerciale. Dans quelques cas seulement (pays francophones d'Afrique occidentale), la part des investissements français dépasse 10 % du total. Le rôle des liens de nature historique, culturelle et linguistique est très net.

Les investissements étrangers dans quelques pays en pourcentages.

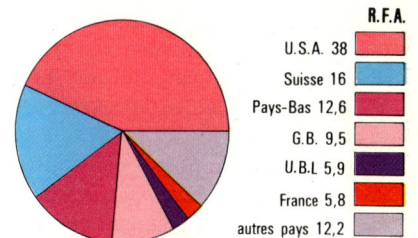

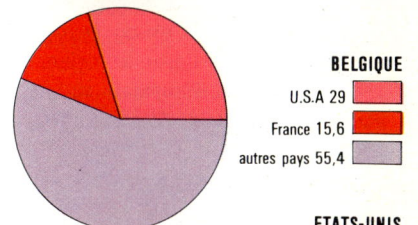

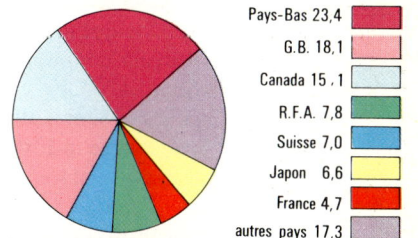

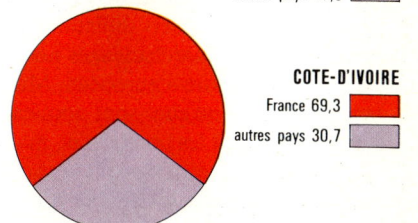

R.F.A.
- U.S.A. 38
- Suisse 16
- Pays-Bas 12,6
- G.B. 9,5
- U.B.L 5,9
- France 5,8
- autres pays 12,2

BELGIQUE
- U.S.A 29
- France 15,6
- autres pays 55,4

ETATS-UNIS
- Pays-Bas 23,4
- G.B. 18,1
- Canada 15,1
- R.F.A. 7,8
- Suisse 7,0
- Japon 6,6
- France 4,7
- autres pays 17,3

COTE-D'IVOIRE
- France 69,3
- autres pays 30,7

U.B.L. = Union économique Belgo-Luxembourgeoise

Ⓔ

52-Les institutions de la C.E.E.

La C.E.E. est une lourde machinerie administrative et juridique qui emploie 12 000 fonctionnaires, les « eurocrates ». C'est qu'il faut élaborer des projets, organiser des réunions, rédiger des règlements, les faire appliquer, gérer un budget, le tout dans sept langues officielles et en ménageant les intérêts et susceptibilités de dix États. La géographie des services communautaires avantage les petits pays pour couper court à toute rivalité entre « grands » : ce sont Luxembourg et surtout Bruxelles qui accueillent la plupart des institutions de la C.E.E. La seule exception est Strasbourg où se réunit le Parlement européen dont le secrétariat reste à Luxembourg, ce qui oblige personnel et dossiers à faire d'incessantes navettes. Provisoire à l'origine, cette répartition est de plus en plus difficile à remettre en cause car la tenue des divers conseils est source de prospérité. Et dans la configuration actuelle de la C.E.E., les trois capitales européennes ont une situation centrale satisfaisante.

La Commission européenne est l'institution stable de la C.E.E., celle qui représente avant tout l'esprit et l'intérêt de l'Europe. A la différence des députés ou des ministres réunis en conseils ou sessions, les quatorze commissaires, nommés par les gouvernements pour quatre ans, sont en permanence au service de la C.E.E. Ce sont eux qui élaborent les projets sur lesquels toutes les autres institutions vont travailler, puis se prononcer. Dans ces projets, ils essaient de faire prévaloir l'intérêt communautaire sur les points de vue nationaux. Ils sont également chargés de l'application des décisions. Les commissaires sont un peu les ministres de la C.E.E., mais des ministres qui ne décident pas vraiment, qui ont simplement un pouvoir d'initiative.

Les décisions européennes sont prises par les Conseils des ministres, réunion des ministres de chaque pays concerné par le thème abordé. Dans chaque pays, ministres et gouvernement sont responsables devant la nation et il est finalement normal que les décisions leur appartiennent. La plupart des décisions requièrent l'unanimité. Aux Conseils des ministres s'ajoute depuis 1974 la tenue de Conseils européens : réunion des chefs d'État ou de gouvernement, le Conseil européen aborde tous les grands problèmes du moment et fixe les grandes orientations de la C.E.E. pour les mois à venir.

Bien qu'élu désormais au suffrage universel, le Parlement européen n'a pas de pouvoir de décision et n'est pas souverain comme le sont les parlements de chaque État. Il est consulté, il émet des avis, mais il ne fait pas de lois. Toutefois, son pouvoir de contrôle des institutions communautaires est réel : il peut refuser le budget et pourrait voter une motion qui obligerait la Commission à démissionner.

Une Cour de justice, qui siège à Luxembourg, est compétente pour tout ce qui touche aux règlements communautaires : concurrence, non-application des décisions du Conseil, etc. C'est le recours d'un pays membre contre un autre. La non-application des arrêts équivaut à une violation du traité de Rome.

Autour de ces quatre piliers institutionnels gravitent de nombreux organismes spécialisés qui sont les instruments de l'action communautaire dans des domaines précis : F.E.O.G.A., B.E.I., etc.

Le fonctionnement de l'ensemble est-il harmonieux et exemplaire ? La presse retient volontiers difficultés et blocages. Les « marathons agricoles* » de Bruxelles, longs marchandages nocturnes sur les prix annuels, font à cet égard partie du « folklore » européen. Mais la règle de l'unanimité sur les décisions essentielles fait qu'elles sont applicables ensuite sans trop de problèmes. Bien sûr, cela alourdit les procédures, mais cette prudence est un gage de réalisme et d'efficacité. A une époque où les hommes souhaitent contrôler le destin de leur région, on ne peut absolument pas envisager un fonctionnement plus direct ou plus autoritaire de la C.E.E.

Quelques sigles européens :

A.C.P. (pays) : pays d'Afrique, de la Caraïbe et du Pacifique.
B.E.I. : Banque européenne d'investissements.
C.E.C.A. : Communauté Européenne du Charbon et de l'Acier.
C.E.E. : Communauté Économique Européenne.
C.E.R.N. : Centre Européen de Recherche Nucléaire.
E.C.U. : Monnaie européenne composite qui sert pour les comptes entre pays membres.
F.E.C.O.M. : Fonds européen de coopération monétaire.
F.E.D. : Fonds Européen de Développement.
F.E.D.E.R. : Fonds Européen de Développement Régional.
F.E.O.G.A. : Fonds Européen d'Orientation et de Garanties Agricoles.
S.M.E. : Système Monétaire Européen.
S.T.A.B.E.X. (Fonds) : Fonds de Stabilisation des recettes d'exportation.
T.E.C. : Tarif Extérieur Commun.

La C.E.E. et les pays en voie d'industrialisation rapide : l'accord multifibre.
C'est un exemple de dialogue délicat entre les vieux pays industriels de la C.E.E. et les producteurs de textile à très bas prix de revient de l'Asie du Sud-Est. Pour éviter une brutale invasion du marché européen et de trop graves difficultés pour sa propre industrie textile, la C.E.E. s'efforce de codifier la progression des ventes asiatiques (quotas d'importation, pourcentage-plafond de progression d'une année sur l'autre, etc.) pour les produits les plus sensibles (pantalons, filés et tissus de coton, tee-shirts, chandails, chemises, etc.). Le jargon international appelle accord multifibre (A.M.F.) cet accord sur le commerce des produits textiles. Après 1973 et 1977, 1981 est l'année du renouvellement. Mais la Commission européenne adopte des positions plus dures qu'autrefois. Elle souhaiterait en particulier diminuer les quotas attribués aux principaux fournisseurs textiles asiatiques de la C.E.E. : la Corée du Sud, Hong-Kong, Taïwan et Macao. Dans ces négociations, la Commission de Bruxelles, qui est donc l'expression de la personnalité internationale de la Communauté, agit en lieu et place des pays membres. Elle s'efforce de concilier les positions assez protectionnistes de la France et du Royaume-Uni et celles plus libérales des Pays-Bas, de la R.F.A. ou du Danemark.

---

parlement européen
institutions européennes

Les institutions de la C.E.E.

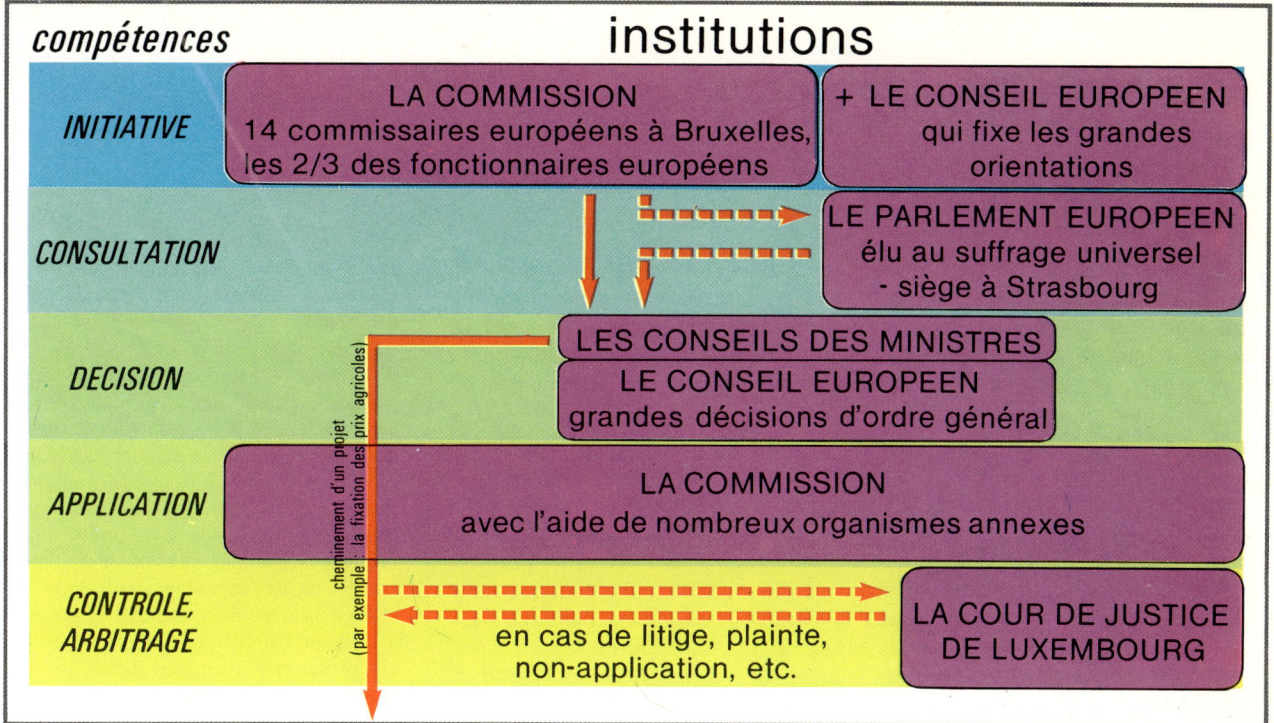

compétences	institutions
INITIATIVE	**LA COMMISSION** 14 commissaires européens à Bruxelles, les 2/3 des fonctionnaires européens — **+ LE CONSEIL EUROPEEN** qui fixe les grandes orientations
CONSULTATION	**LE PARLEMENT EUROPEEN** élu au suffrage universel - siège à Strasbourg
DECISION	**LES CONSEILS DES MINISTRES** **LE CONSEIL EUROPEEN** grandes décisions d'ordre général
APPLICATION	**LA COMMISSION** avec l'aide de nombreux organismes annexes
CONTROLE, ARBITRAGE	en cas de litige, plainte, non-application, etc. — **LA COUR DE JUSTICE DE LUXEMBOURG**

cheminement d'un projet (par exemple : la fixation des prix agricoles)

CONCRÈTEMENT, QU'EST-CE QUE LA C.E.E. ?

UN MARCHÉ COMMUN, UNE UNION DOUA-NIÈRE, avec libre circulation des marchandises, des personnes et des capitaux, et un tarif douanier commun vis-à-vis des pays tiers.

DES POLITIQUES COMMUNES, DES RÈGLES COMMUNES, dans quelques domaines : politique agricole commune essentiellement. Il y a politique commune quand les mêmes règles (de prix, de concurrence, etc.) sont appliquées dans toute la C.E.E.

UN PROJET commun d'union économique et monétaire. Finalité la plus ambitieuse de la C.E.E.

UNE PERSONNALITÉ COMMUNE VIS-À-VIS DU MONDE EXTÉRIEUR : élaboration d'une politique commerciale commune avec les pays A.C.P., le Japon, etc. Déclarations communes de politique internationale sur les grands sujets du moment, etc.

DES INSTITUTIONS pour penser, organiser et faire progresser tout cela.

Le budget de la C.E.E.

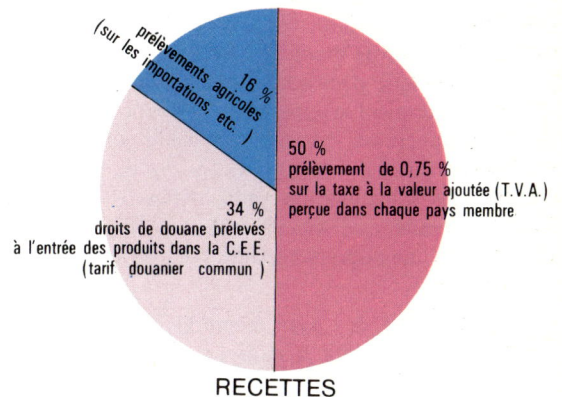

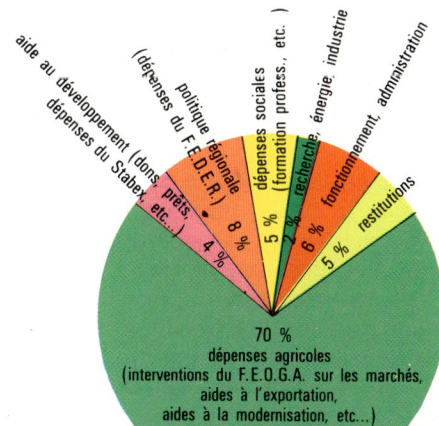

RECETTES

- 16 % prélèvements agricoles (sur les importations, etc.)
- 50 % prélèvement de 0,75 % sur la taxe à la valeur ajoutée (T.V.A.) perçue dans chaque pays membre
- 34 % droits de douane prélevés à l'entrée des produits dans la C.E.E. (tarif douanier commun)

DEPENSES

- aide au développement (dons, prêts, dépenses du Stabex, etc.) 4 %
- politique régionale (dépenses du F.E.D.E.R.) 8 %
- dépenses sociales (formation profess., etc.) 5 %
- recherche, énergie, industrie 2 %
- fonctionnement, administration 6 %
- restitutions 5 %
- 70 % dépenses agricoles (interventions du F.E.O.G.A. sur les marchés, aides à l'exportation, aides à la modernisation, etc...)

Ⓔ

53-Les difficultés de la construction européenne

Comment progresser sur la voie de l'union européenne ? Le traité de Rome dit bien que la C.E.E. ne doit pas être seulement un espace de libre circulation des hommes et des marchandises. Elle doit dépasser ce stade de l'union douanière, d'ailleurs atteint depuis longtemps parce que c'était la chose la plus facile à réaliser. Les pays membres ne devaient pas se contenter de supprimer les droits de douane pour former un « marché commun » au sens strict, ils devaient aussi construire ensemble des politiques communautaires. Cette ambition fait l'originalité de la C.E.E. et la distingue des autres « zones de libre-échange » qui existent dans le monde. Or cela n'a été réalisé qu'en matière agricole, et encore non sans mal ni remises en cause quasi annuelles. Pour le reste, la C.E.E. n'a pu définir que des attitudes communes sur quelques problèmes précis (l'acier) ou n'a réalisé que des constructions incomplètes (le système monétaire européen, auquel la Grande-Bretagne ne participe pas). L'Europe industrielle*, énergétique, sociale, fiscale, monétaire... reste à faire. Chaque pays membre a sa politique énergétique, sa politique industrielle, sa législation sociale, sa politique des transports, sa politique régionale, etc. Mais tout cela est très compréhensible.

C'est que les ambitions communautaires sont ambiguës. Pour être réalisées, elles supposent une union très avancée sur le plan politique, une sorte de confédération dotée d'un minimum de pouvoirs supranationaux, alors même qu'aucun pays membre, et les grands encore moins que les petits, n'est prêt à abandonner la moindre parcelle de souveraineté. Dans ce domaine, seule l'opinion publique peut trancher. Et il est évident qu'en chaque citoyen de la C.E.E. le sentiment d'appartenance à une nation, et de plus en plus à une région, l'emporte sur la conscience d'être européen. Le souci d'aménager et de préserver le cadre de vie quotidien, celui de la ville et de la région, le souci de contrôler les implantations industrielles lourdes « parachutées » de quelque lointaine capitale, se manifestent dans toute l'Europe et ne sont pas très favorables à une supranationalité dont on ne sait pas trop quel serait l'habit.

Le territoire des pays membres perd-il sa personnalité au sein de la C.E.E. ? Cette crainte a motivé le refus norvégien. Il est certain que de Bruxelles à Milan, via Luxembourg ou Francfort, dans les centres urbains ou le long des autoroutes, les paysages ont tendance à s'uniformiser. Mais cette uniformisation relève davantage des caractères de la croissance économique capitaliste des années 1950/1975 (américanisation, publicité, rôle de l'auto, etc.) que de la soumission à des règles européennes. Mais naturellement on peut toujours regretter que celles-ci soient à peu près conformes à ceux-là.

La C.E.E. doit-elle s'élargir à d'autres pays ? Chaque élargissement* accroît le poids de la C.E.E., mais aussi ses difficultés de fonctionnement. Chaque nouveau pays membre apporte avec lui, et c'est bien naturel, d'autres intérêts, d'autres lois, une autre langue, d'autres problèmes régionaux... Le risque existe de transformer alors la C.E.E. en un simple marché commun, doté de quelques institutions parmi lesquelles chaque pays membre s'efforcerait de trouver quelques avantages, de prendre beaucoup, de donner peu, de marchander sa bonne volonté, d'exploiter le plus habilement possible une réglementation et une administration déjà tentaculaires. L'arrivée de la Grande-Bretagne a déjà montré que le risque de blocage existait. Les nouveaux partenaires européens ne doivent pas seulement chercher des marchés toujours plus grands, ils doivent aussi avoir des ambitions constructives.

Les difficultés européennes : des commentaires pessimistes au terme de l'année 1980.

« La Communauté a évité le pire : la dislocation du Marché commun agricole, puis celle de la C.E.C.A. ; mais elle n'a pas pour autant progressé. Aux crises les plus aiguës qu'ils ont eu à affronter, les Neuf n'ont trouvé que des remèdes provisoires, si bien que les problèmes demeurent, ainsi que les dangers qu'ils recèlent. L'état peu satisfaisant de l'intégration du Royaume-Uni dans la C.E.E. et les tensions qui en résultent continuent à alourdir l'ambiance et à détourner les gouvernements membres de ce qui devrait être leur préoccupation prioritaire : la définition d'une riposte collective face à l'aggravation de la crise.
La Communauté bientôt élargie à la Grèce achève l'année mal en point. L'échec en décembre des négociations sur la mise en place d'une politique commune de la pêche fait figure de symbole : la difficulté qu'éprouvent les Neuf à trouver un minimum de cohésion, même lorsqu'il s'agit de respecter les engagements politiques les plus solennels.
(...) Lassés de leurs querelles internes, les Neuf se donnèrent la sensation d'exister en concentrant leurs efforts sur ce qu'on appelle la coopération politique, c'est-à-dire les tentatives pour mettre en œuvre des actions de diplomatie commune. »

Bilan économique et social 1980, *Le Monde*.

Incapables d'une stratégie commune...

« C'est au chevet d'une Communauté mal en point que se réunissent les chefs d'État et de gouvernement des Dix : croissance négative en 1981 avec, comme corollaire, une aggravation du chômage ; déficit persistant et élevé des balances des paiements avec des difficultés particulières dans les relations commerciales avec les principaux partenaires industrialisés, à savoir les États-Unis et le Japon, difficultés amplifiées par le fait que les Dix se sont révélés quasi incapables de définir une stratégie commerciale commune à l'égard des deux grands de l'O.C.D.E.... »

Le Monde, mars 1981.

Le contentieux Royaume-Uni/C.E.E.

D'où proviennent les nombreux conflits et accrochages qui opposent souvent le Royaume-Uni à ses partenaires européens ?

a) Le Royaume-Uni s'efforce de conserver des liens privilégiés avec certains pays tiers et n'accepte pas de les sacrifier à un engagement trop exclusivement européen et continental. Ces liens, auxquels la Grande-Bretagne renonce difficilement parce qu'ils sont issus de son histoire impériale, sont à la fois de nature politique (les rapports avec les États-Unis) et de nature commerciale (nombreuses importations bon marché en provenance de pays du Commonwealth). Tout se passe comme si le Royaume-Uni hésitait à se lier à la C.E.E. et souhaitait conserver la possibilité de jouer sur deux tableaux.

b) Le Royaume-Uni n'accepte pas certains principes de la construction européenne et leur conséquence financière. En particulier, le Royaume-Uni n'accepte pas le principe de la solidarité européenne au nom duquel certains pays peuvent être amenés à donner au budget de la C.E.E. plus qu'ils ne reçoivent sous une autre forme. Les « compensations » obtenues par le Royaume-Uni sont des entorses aux principes communautaires.

c) Les préoccupations britanniques sont très différentes de celles de la majorité des autres pays membres. L'agriculture britannique, moderne et compétitive, n'avait guère besoin de l'Europe verte alors que le soutien des paysanneries continentales est une préoccupation constante des autres États. Inversement, le Royaume-Uni a d'énormes problèmes régionaux que la C.E.E. commence seulement à prendre en considération.

d) Les structures économiques et sociales britanniques (importance du secteur public, force des syndicats, difficultés industrielles, etc.) s'accommodent assez mal d'une Europe qui jusqu'ici a surtout été celle du capitalisme industriel privé, de la croissance économique à tout prix, du dynamisme des grandes entreprises.

Chronologie simplifiée de la construction européenne.

1951 : Naissance de la Communauté Européenne du Charbon et de l'Acier (C.E.C.A.) entre les « Six » (France, R.F.A., Italie, Pays-Bas, Belgique, Luxembourg).

1957 : Naissance de la Communauté Économique Européenne (C.E.E.) au traité de Rome, entre les « Six ».

1972 : Le Royaume-Uni, l'Eire et le Danemark entrent dans la C.E.E. Les « Six » deviennent « les Neuf ». Ils auraient pu déjà être « les Dix » mais la Norvège a finalement préféré ne pas adhérer.

1981 : La Grèce entre dans la C.E.E. C'est « l'Europe des Dix ».

Le siège de la Communauté économique européenne à Bruxelles. ▲

Plus de 20 000 fonctionnaires travaillent dans cet immeuble et dans de nombreuses annexes disséminées dans l'agglomération de Bruxelles. Près de 40 % d'entre eux sont occupés à traduire en sept langues le moindre texte administratif, dont la publication occupe, dans ces conditions, un volume considérable. Cet exemple montre ce que peuvent être les pesanteurs linguistiques, politiques ou autres, dans le vieux monde. Mais l'ampleur de cet effort, tout comme l'importance de ce potentiel administratif, démontrent une volonté de construction communautaire capable de surmonter ces inconvénients, fruits de la richesse culturelle du continent. C'est dans ces conditions, que se construit, lentement, un espace uniformisé par les règlements, l'ouverture des frontières, l'intensité des échanges. Est-ce suffisant pour rénover et rajeunir l'Europe ?

Le système monétaire européen.

Chacun des pays de la Communauté émettant sa propre monnaie, des fluctuations importantes peuvent soit rapprocher, soit différencier la valeur de ces monnaies les unes par rapport aux autres, en fonction de l'équilibre des échanges, des réserves, etc. Ces fluctuations sont très préjudiciables aux échanges, et dès 1972 les banques centrales des pays de la Communauté ont décidé de limiter à 2,25 % les marges de fluctuation entre les diverses monnaies, les plus fortes soutenant les plus faibles.

Ce système donnant satisfaction, le Conseil européen l'a transformé en 1978 en un **système monétaire européen**, en vigueur depuis le 13 mars 1979.

Ce système est fondé sur **l'Unité de compte européenne**, définie par l'addition de quantités données de chaque monnaie européenne, en fonction de l'importance économique des pays correspondants. Les termes de cette addition peuvent donc varier et on ne retiendra qu'à titre indicatif la composition de l'U.C.E. en 1980 : 0,82 Deutsch Mark + 1,15 franc français + 110 lires italiennes + 0,30 florin hollandais + 3,70 francs belges + 0,21 couronne danoise + 0,008 livre irlandaise + 0,14 franc luxembourgeois. En 1980, l'U.C.E. valait à peu près 6,00 francs français.

L'U.C.E. est maintenant considérée comme une monnaie de réserve baptisée E.C.U. et servant aux transactions européennes. Il s'agit donc d'un progrès très sérieux dans la voie de l'unité. Malheureusement, l'intérêt du système est dévalorisé par le fait que la Grande-Bretagne refuse de s'y intégrer. Il est également menacé par le fait que certains pays s'endettent et que d'autres sont créditeurs dans le système, l'Allemagne fédérale notamment. C'est donc une difficulté de plus à porter au compte de la C.E.E.

🅣 Constitution d'un dossier de presse sur les principaux problèmes de la construction européenne. Pour cet exercice, il faut dépouiller la presse, de préférence à l'approche d'un événement européen (Conseil des ministres, etc.) ou à la suite d'un incident ou d'un problème grave de fonctionnement de la C.E.E.

Ⓔ

54-La C.E.E. dans le monde

L'Europe est une forte accumulation de richesses. Son agriculture est intensive et efficace. En matière industrielle, la C.E.E. pèse d'un poids équivalent et même parfois très supérieur à celui des autres grands centres de puissance économique que sont l'Amérique du Nord, l'U.R.S.S. et le Japon. Son commerce est mondial et la C.E.E. est de loin la première puissance commerciale du monde, même si l'on fait abstraction des échanges entre ses membres.

L'Europe de l'Ouest représente aussi une civilisation*, des genres de vie et des paysages originaux. Du Danemark à l'Italie, les campagnes européennes, soigneusement cultivées, avec leurs champs modestes, leurs forêts, leurs villages et leurs petites routes constituent, à l'échelle de la Terre, un milieu incontestablement original, qui n'a guère d'équivalent et diffère profondément des horizons américains ou asiatiques. On peut en dire autant des villes, presque toutes issues d'une longue histoire. Ces paysages d'Europe, empreints de mesure, humanisés depuis longtemps, où chaque siècle a déposé sa marque, composent un cadre de vie qu'il faut préserver. La vie économique ne peut s'y dérouler tout à fait de la même façon que dans les immensités encore « neuves » et truffées de ressources naturelles que sont l'Amérique ou l'Asie soviétique. Pour conserver sa paysannerie, sauver des industries, préserver certains équilibres régionaux, l'Europe doit se forger une attitude commune, surtout lorsque son intérêt heurte celui d'ensembles aussi puissants que les États-Unis, le Japon ou l'U.R.S.S.

Mais la C.E.E. éprouve encore des difficultés à parler d'une seule voix au reste du monde. La puissance de la C.E.E. n'est souvent qu'une réalité statistique issue de l'addition d'industries ou de productions nationales qui n'agissent pas dans le même sens et sont même parfois rivales.

La C.E.E. ne sait trop quelle attitude adopter vis-à-vis des autres grands pays d'économie libérale, États-Unis et Japon essentiellement. Faut-il toujours jouer le jeu du sacro-saint libre-échange, accepter n'importe quelle division internationale du travail, relever sans cesse le défi du gigantisme américain ou de l'efficacité japonaise ? Face au Japon, les partisans d'un certain protectionnisme européen affrontent les défenseurs du libre-échange que sont la R.F.A. ou les Pays-Bas, nation qui vit plus que toute autre de la liberté des échanges internationaux. De même, la C.E.E. heurte les États-Unis quand elle décide de surveiller de plus près les agissements des multinationales américaines qui ont investi dans les années 1960-1975 l'immense réservoir de consommateurs que leur ouvrait l'union douanière entre les Six, et qui ont largement profité du Marché commun. Divergences obligatoires en matière agricole également, car la C.E.E. ne peut ouvrir ses frontières aux produits américains sans risquer la ruine de ses agriculteurs.

La C.E.E. essaie d'apporter une contribution originale au dialogue Nord-Sud, en nouant des liens étroits et en prenant des engagements à l'égard des pays pauvres. Elle se veut généreuse et coopérative, et c'est aussi son intérêt bien compris, étant donné sa forte dépendance à l'égard de certains fournisseurs d'énergie et de matières premières. Il est vrai qu'une réalisation comme les accords de Lomé entre la C.E.E. et plusieurs dizaines de pays pauvres est assez louable et efficace en garantissant à ces derniers des exportations régulières vers l'Europe. Mais en matière industrielle, cette ouverture aux produits du Tiers monde est ambiguë : elle pousse au transfert de secteurs industriels entiers vers le Tiers monde pour la simple raison que la main-d'œuvre y est très bon marché. Aussi la C.E.E. refuse-t-elle depuis 1981 d'accepter une augmentation ininterrompue des importations textiles en provenance des pays d'Asie. Mais cette attitude est jugée inacceptable par les pays en voie de développement. On touche là les limites du dialogue industriel entre l'Europe et les pays en cours d'industrialisation.

La C.E.E. et les pays en voie de développement : la convention de Lomé entre les Dix et 60 États d'Afrique, de la Caraïbe et du Pacifique.

La convention de Lomé (Togo) a été signée en 1979 par la C.E.E. d'une part et une soixantaine de pays en voie de développement dits « A.C.P. » (d'Afrique, Caraïbe et Pacifique) d'autre part. C'est un texte qui essaie d'introduire des principes d'équité dans les rapports commerciaux entre pays industrialisés et pays pauvres. De cette façon, la C.E.E. tente de concrétiser les grands principes qui ne manquent pas de s'exprimer lors des rencontres Nord-Sud.

La convention de Lomé accorde la franchise de douane à 99 % des exportations des A.C.P. vers la C.E.E. (mais cela ne représente que 4 % des importations totales de la C.E.E.) et garantit l'achat aux divers producteurs de 1,2 Mt de sucre par an, ce qui est intéressant pour les petites îles à sucre de la Caraïbe, du Pacifique et de l'océan Indien.

Mais surtout, la convention de Lomé est originale par un dispositif qui vise à garantir la stabilité des recettes d'exportation des pays A.C.P., le « Stabex ». Cette garantie concerne les produits de base animaux et végétaux (coton, caoutchouc...). Elle existait déjà dans le texte plus ancien de la première convention de Lomé. Depuis 1980, elle a été étendue à certains minerais (fer, cuivre, cobalt, manganèse, étain) : c'est le dispositif « Sysmin ». Le dispositif Stabex se déclenche dès que les recettes d'exportation d'un produit dont le pays est particulièrement dépendant fléchissent de 6,5 % au moins après une mauvaise récolte ou un effondrement des cours. Il se traduit par des transferts de fonds et des prêts à très faible taux d'intérêt. C'est ainsi que l'intervention du Stabex en 1977 au Sénégal, où la production d'arachides avait baissé de 40 %, a permis d'éviter ce qui se passait jusqu'ici en pareil cas, c'est-à-dire un exode des paysans. En 1981, le dispositif Sysmin a fonctionné pour la première fois au profit de la Zambie et du Zaïre, deux producteurs de cuivre affectés par la chute des cours depuis 1975 et par de multiples conflits locaux qui ont désorganisé leur économie minière. Chaque année, un ou plusieurs États adhèrent à la convention de Lomé : ainsi le Zimbabwe en 1980, année même de sa constitution en État souverain.

1980	C.E.E. à 10	États-Unis	U.R.S.S.	Japon
Population (M d'hab.)	226	227	267	117
Production d'acier (Mt)	128	101	148	111
Construction automobile (M véh.)	9,3	6,4	1,3	7
Consommation électrique (TWh)	1 274	2 285	1 295	517
Production totale d'énergie (millions de tep)	535	1 615	1 450	55
Consommation totale d'énergie (millions de tep)	945	1 815	1 150	375
Exportations (milliards de F)	1 200	1 000	340	650
P.N.B. global (milliards de F)	11 350	11 200	5 350	4 900
P.N.B./habitant (F/hab.)	50 000	49 000	20 000	42 000

Des pays très dépendants de leur commerce extérieur :
l'importance relative du commerce extérieur dans chaque pays de la C.E.E.

	Part du P.I.B. représentée par les exportations	Part du P.I.B. représentée par les importations	Part du P.I.B. représentée par le total des échanges
Irlande	48,4 %	66,6 %	115 %
Belgique-Luxembourg	49,3 %	51,8 %	101,3 %
Pays-Bas	42,8 %	45,3 %	88,1 %
Danemark	21,8 %	28 %	49,8 %
Royaume-Uni	22,6 %	25,3 %	47,9 %
R.F.A.	22,5 %	20,9 %	43,4 %
Italie	22,3 %	24 %	46,3 %
France	17,2 %	18,7 %	35,9 %
Grèce	10,1 %	25 %	35,1 %
Les Dix	23,7 %	25 %	48,7 %

pour comparaison :

États-Unis	7,6 %	8,8 %	16,4 %
Japon	10,3 %	10,9 %	21,2 %

La situation étonnante de l'Irlande vient de ce qu'elle est devenue une exceptionnelle plate-forme de production pour des centaines d'entreprises industrielles qui exportent une large fraction de leur production dans le monde entier et principalement dans la C.E.E. Les pays du Benelux ont des chiffres plus significatifs car ils concernent un commerce extérieur beaucoup plus important en volume. Tout se passe comme si les Pays-Bas et la Belgique vendaient et achetaient à l'étranger des quantités équivalentes au total de leur production intérieure brute.

La C.E.E. puissance commerciale mondiale.

Sa mesure pose un petit problème : à partir du moment où l'on considère la C.E.E. comme un tout, on ne peut plus considérer le commerce entre les pays membres comme du commerce « extérieur ». Pour apprécier la puissance commerciale de la C.E.E. vis-à-vis du Japon ou des États-Unis, il convient donc de retrancher les échanges intracommunautaires des statistiques du commerce extérieur de chaque pays avant d'additionner les 10 chiffres. Il ne faut plus considérer que les marchandises qui entrent ou qui sortent de l'espace communautaire, quel que soit le pays par lequel elles touchent ou quittent la C.E.E. Même une fois cette restriction effectuée, la C.E.E. reste de loin la première puissance commerciale du monde.

	États-Unis	U.R.S.S.	C.E.E., en retranchant les échanges intracommunautaires	C.E.E., sans cette correction	Japon
Valeur du commerce extérieur en 1980, en milliards de F	2 175	640	2 700	5 500	1 300

Plusieurs pays, pas forcément européens, font avec la C.E.E. plus de 50 % de leur commerce extérieur.
Ce sont, par ordre de dépendance à l'égard de la C.E.E.

Pays	Part des échanges réalisée avec la C.E.E.	Remarque ou situation particulière
Tunisie	67 %	Pays du Maghreb[1]
Cameroun	64 %	Pays A.C.P.
Autriche	60 %	Membre de l'ancienne A.E.L.E.[2]
Suisse	59 %	Membre de l'ancienne A.E.L.E.[2]
Côte-d'Ivoire	58 %	Pays A.C.P.
Gabon	57 %	Pays exportateur de pétrole
Maroc	55 %	Pays du Maghreb[1]
Libye	54 %	Pays exportateur de pétrole
Norvège	55 %	Devait entrer dans la C.E.E. en 73
Suède	50 %	Membre de l'ancienne A.E.L.E.[2]
Portugal	50 %	Candidat à l'entrée dans la C.E.E.
Algérie	50 %	Pays du Maghreb[1]
Égypte	50 %	État riverain de la Méditerranée, accord bilatéral

Pour comparaison :

États-Unis	20 %	
Japon	10 %	

1. Des accords de coopération particuliers ont été passés entre la C.E.E. et les pays du Maghreb qui sont depuis longtemps des fournisseurs traditionnels de l'Europe en vin, huile d'olive, fruits et légumes. Pour des raisons voisines, des accords de commerce existent également entre la C.E.E. et plusieurs pays de la Méditerranée orientale : Égypte, Israël, Syrie, Liban, Chypre, Malte, Turquie.

2. Une fois les îles Britanniques et le Danemark entrés dans la C.E.E. l'Association Européenne de Libre-Échange (A.E.L.E.), simple zone de libre-échange réduite à quelques petits pays, a pratiquement perdu sa raison d'être. La C.E.E. a négocié une suppression presque totale des barrières douanières entre les Dix et les derniers membres de l'A.E.L.E.
Tous les pays qui figurent dans le tableau ont avec la C.E.E. des relations particulièrement intenses pour au moins une des raisons suivantes : proximité géographique, liens historiques avec un des pays membres, économie complémentaire, accord commercial particulier.

Avec qui commercent les pays de la C.E.E. ?

	autres pays de la C.E.E.	États-Unis	Japon	autres pays	Total
France	52 %	7 %	1 %	40 %	100
R.F.A.	50 %	7 %	2 %	41 %	100
Italie	47 %	7 %	1 %	45 %	100
Pays-Bas	69 %	6 %	2 %	23 %	100
U.E.B.L.	70 %	5 %	1 %	24 %	100
Grande-Bretagne	40 %	10 %	2 %	48 %	100
Irlande	76 %	6 %	2 %	16 %	100
Danemark	50 %	5 %	2 %	43 %	100
Grèce	46 %	5 %	5 %	44 %	100

On s'aperçoit que chaque pays membre réalise de 40 à 75 % de son commerce extérieur avec ses partenaires communautaires. Cette proportion était plus faible au moment de l'adhésion de chacun : le commerce entre membres de la C.E.E. s'est développé plus rapidement que les échanges avec les pays extérieurs. Ce renforcement des liens commerciaux intracommunautaires est la conséquence logique de l'union douanière progressivement réalisée.

55-Les critères de la régionalisation : nature

Les divisions naturelles* de la France ont souvent été utilisées pour définir les régions françaises..

Il y a en effet un certain nombre de traits communs aux grandes unités morphologiques du territoire. Par exemple, le Massif central dans son ensemble est un pays de terres peu fertiles, plus propices à l'herbe qu'au labour, où dans un relief peu aéré les communications sont difficiles, les villes rares. Ces traits communs se retrouvent, avec des nuances, des monts du Lyonnais au Limousin, du Morvan aux Cévennes.

De la même façon, la chaîne des Pyrénées possède aussi des caractères physiques communs : l'étroitesse d'ensemble, la faible longueur des vallées, la forte altitude des cols.

Mais ni dans le cas du Massif central, ni dans celui des Pyrénées, ces similitudes ne sont suffisantes pour faire des régions, c'est-à-dire, des divisions du territoire national dont les habitants ressentent une solidarité qui se marque dans leur vie de relations. C'est ainsi que les Pyrénées atlantiques et les Pyrénées méditerranéennes, quoique appartenant au même ensemble montagneux, se tournent le dos. Les caractéristiques physiques des grandes régions naturelles pèsent sur la vie des hommes, sans toujours créer des liens.

Trois caractéristiques d'ordre physique ont pourtant joué et continuent de jouer un rôle dans la division du territoire : la qualité des sols, la facilité des communications, les ressources du sous-sol permettant la vie industrielle.

Pour une population qui jusqu'en 1800 était rurale à raison de 85 %, et qui devait d'abord assurer sa propre subsistance, **la qualité du sol cultivable était essentielle**. Depuis toujours les paysans français ont distingué les « bons pays » aux sols légers et riches, faciles à travailler et qui s'échauffent vite au printemps, des « mauvais pays » aux sols lourds, qui se gorgent d'eau après la pluie et sont difficiles à labourer avec une charrue primitive, ou encore aux sols légers mais acides et sensibles à la sécheresse.

La facilité des transports est un support tout aussi important de la vie régionale. Là encore, les grands bassins sédimentaires, parcourus par d'amples vallées, sont favorisés ; ces vallées canalisent voies de communication et courants d'échanges : sur ces axes fluviaux se trouvent presque toutes les grandes villes.

Les seuils qui permettent la communication entre plaines et bassins sont un des traits essentiels de la configuration de la France. Les voies de communication s'y concentrent en faisceaux : seuil du Poitou, seuil du Lauragais, seuil de Bourgogne, porte de Bourgogne. Un de ces seuils, celui de Bourgogne, a donné naissance à une région importante.

Le dessin du littoral, enfin, contribue à opposer les littoraux favorables aux échanges, parce qu'ils multiplient les abris, et parce qu'ils sont commodément reliés avec leur arrière-pays **aux littoraux fermés** constituant autant de barrières : c'est ainsi que le littoral de la Bretagne, ouvert, s'oppose à celui des Landes, fermé.

Enfin **le milieu physique retentit indirectement sur la division régionale, en favorisant ou non les activités industrielles :** la présence de charbon, de gaz naturel, de minerais divers, l'abondance des possibilités hydro-électriques constituent des atouts physiques qui ont contribué à modifier la vie régionale ; on a pu définir, comme dans le Nord, une région houillère, par exemple.

Mais en définitive, le rôle du milieu physique dépend étroitement du niveau technique des populations : tel mauvais pays, difficile à labourer, comme la Champagne crayeuse, est devenu un bon pays grâce aux engins modernes de défrichement et à l'usage des engrais. Dans l'ensemble, les caractères du milieu naturel ont pesé très lourdement pendant des siècles sur des populations en majorité rurales, qui ne disposaient que d'un outillage agricole modeste et de moyens de communication primitifs.

Qu'est-ce qu'une région ?

Le territoire national n'est pas homogène sur toute sa surface. Mais la division de l'espace national en espaces régionaux de moindre ampleur suppose le recours à des critères permettant d'opérer cette division. S'adresse-t-on au géologue ? Il utilisera la nature des roches qui affleurent pour définir des grands ensembles régionaux : massifs anciens, bassins sédimentaires par exemple.

S'adresse-t-on au botaniste ? Il conviendra de choisir une plante caractéristique d'un milieu pour délimiter une région : par exemple l'olivier pour la région méditerranéenne.

L'agronome divisera le pays en régions agricoles, fondées sur l'originalité de leurs systèmes de cultures. Tel spécialiste de géographie urbaine s'attachera aux zones d'influences des centres urbains principaux pour y trouver les limites d'une division régionale.

Il est difficile de donner une définition synthétique de la région : on peut dire que c'est une portion du territoire national dont les habitants sont liés par l'homogénéité ou la complémentarité de leurs activités et dont la vie s'organise autour d'un centre.

On a simplifié et résumé sur cet hexagone ▶ les données naturelles principales du sol français.

🅣 Simplifier et résumer une carte en lui donnant des formes géométriques simples.

bons pays / mauvais pays : *la qualité des sols cultivables, et la difficulté relative à les mettre en valeur permettait de distinguer les bons pays, fertiles ou de sol aisé à travailler, des mauvais pays aux sols infertiles et lourds. Mais cette notion est relative : des progrès dans l'usage des engrais et l'emploi de machines agricoles puissants peuvent transformer un mauvais pays en un bon pays (la Champagne crayeuse).*

seuil : *un seuil topographique entre des bassins est un lieu de rupture dans l'écoulement des eaux et en même temps un lieu de passage facile pour les communications.*

Le seuil de Naurouze (ou seuil du Lauragais).

Il marque la séparation entre les eaux allant vers l'Aude et la Méditerranée d'une part, la Garonne et l'Atlantique d'autre part. Un monument souligne la valeur du site, encadré par la Montagne Noire et les premiers chaînons pyrénéens. Les paysages sont fortement contrastés de part et d'autre, le maïs dominant vers l'ouest et la vigne vers l'est. Le seuil est également un lieu de passage privilégié, emprunté par la route, l'autoroute, le canal du Midi et la voie ferrée. C'est aussi un site stratégique quelque peu oublié mais enjeu de plusieurs batailles dans les siècles passés.

Les données naturelles permettent de mettre en valeur une France de l'Ouest plus ouverte, où on ne craint pas l'obstacle des montagnes, et où la présence d'un littoral très développé oriente les communications vers l'Atlantique et la Manche. A l'opposé, la France de l'Est est plus contrastée, avec des montagnes peu favorables aux communications et à l'activité agricole, mais aussi avec des vallées bien dessinées, en relation avec les régions actives de l'Europe rhénane, capables d'orienter les flux de l'activité économique.

Le poids des milieux naturels sur la vie régionale.

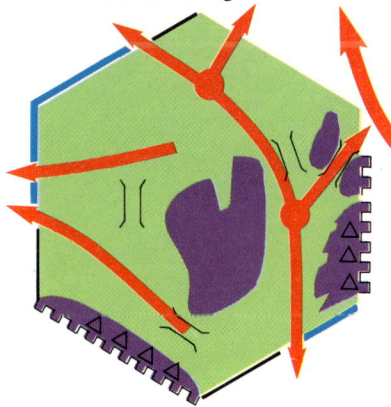

- zone plane ou de faible altitude
- milieu naturel montagnard - altitude - difficulté des communications
- △ ▲ haute montagne
- ‿ seuil
- axe et noeud de communication commandé par le relief (vallée)
- ⊓⊔ frontière de franchissement difficile
- — côte fermée : peu d'abris
- — côte ouverte : abondance des abris

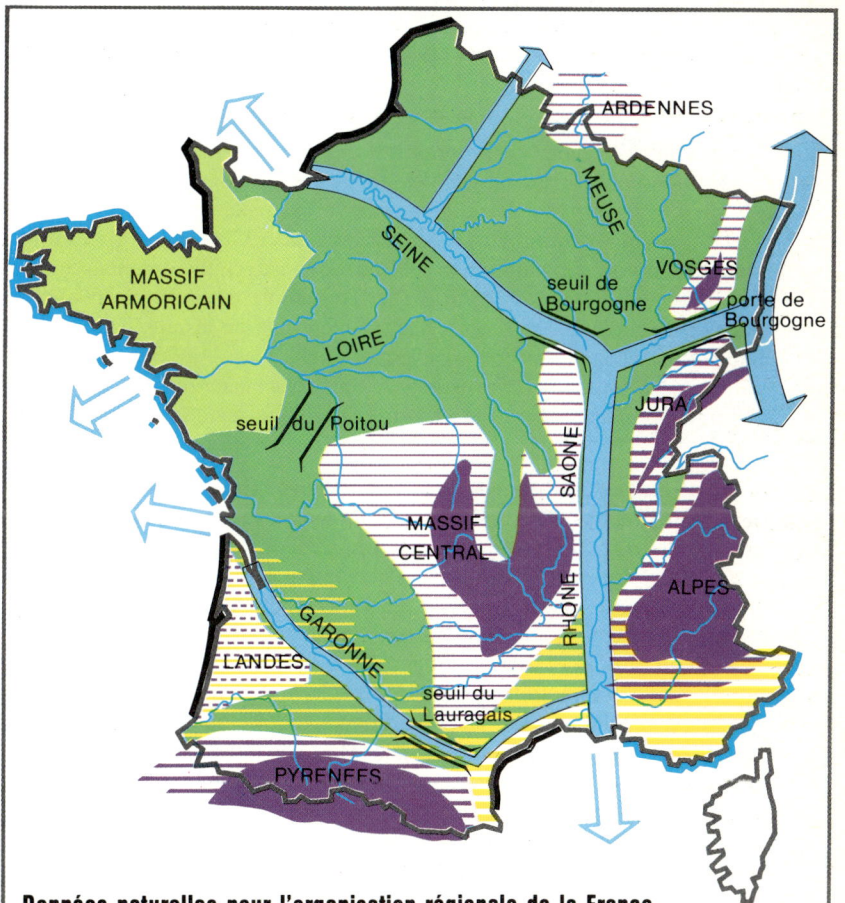

Données naturelles pour l'organisation régionale de la France.

- bassin sédimentaire, sols plats, terrains fertiles dominants
- milieu naturel assez favorable
- climat attractif
- climat très attractif
- milieu difficile : sols froids, problèmes de communications
- montagne de style alpin rareté de l'espace utilisable
- altitudes supérieures à 1 000 m
- sables infertiles
- seuil
- couloir fluvial majeur propice à la communication
- côte ouverte
- ouverture majeure sur la mer
- côte fermée

0   200   400 km

119

régions culturelles : 73, 74, 76, 93, 111
revendications régionalistes : 81, 99

56-Les critères de la régionalisation : histoire et culture

La France, en tant qu'État constitué, a une longue histoire. L'occupation romaine avait apporté une première unification politique, sous domination extérieure il est vrai. La Gaule romaine était divisée en quatre provinces : Narbonnaise, Aquitaine, Lugdunaise et Belgique.

C'est en 843, au traité de Verdun, que la France prend son premier visage. Par suite, le patient effort de la monarchie aboutit à fixer le pays, dès la fin du XVIIIe siècle, dans ses frontières actuelles, à quelques exceptions près, par l'annexion progressive au domaine royal de nouvelles provinces. Mais chacune de ces provinces conservait encore en 1789 bien des traces de son ancienne autonomie, des habitudes particulières en matière de juridiction, d'impôt, de monnaie, de poids et mesures.

L'Assemblée constituante, en créant les départements, voulut briser les anciens particularismes et unifier toutes les administrations locales. Mais elle respecta bien souvent les frontières des divisions de l'Ancien Régime.

Les actuelles régions de programme qui regroupent les départements reprennent bien souvent les limites des anciennes provinces : c'est ainsi par exemple qu'il y a bien peu de différence entre l'actuelle région de Franche-Comté et la province acquise en 1678 par Louis XIV. C'est qu'en effet l'unité administrative impose des habitudes : celle de se rendre régulièrement au même chef-lieu, autour duquel tend à s'organiser l'ensemble de la vie de relations. Aussi le chef-lieu administratif est-il bien souvent la ville la plus peuplée. On s'explique donc, par ces très anciennes habitudes, les revendications régionalistes* qui souhaitent reconstituer le cadre des anciennes provinces : les Bretons voudraient que Nantes et la Loire-Atlantique rejoignent la région de Bretagne.

L'uniformité du schéma administratif n'a pas fait disparaître quelques très vieilles distinctions d'ordre culturel* : les langues romanes se sont fixées en France sous trois formes principales : langue d'oïl, langue d'oc et franco-provençal. L'unification politique s'est effectuée par le moyen de l'unification linguistique : devenu langue officielle en 1539 (Édit de Villers-Cotterêts) le français s'est insinué jusqu'au fond des provinces, refoulant les parlers locaux dans les régions rurales et dans les catégories sociales les moins alphabétisées. En 1789, avec la Révolution, et au XIXe siècle, avec l'instruction publique obligatoire, il fut le support des idées de progrès, en face de parlers locaux liés aux idées anciennes et à la tradition locale. Mais ces parlers locaux n'ont pas complètement disparu. Ceux de langue d'oc (provençal, languedocien) sont les plus vivaces, parce qu'ils bénéficient du support de l'écriture et d'une littérature ancienne, tout comme le catalan et le corse. De même, les parlers germaniques d'Alsace et de Lorraine du Nord, le flamand autour de Dunkerque, le basque et le breton servent-ils de fondement à une revendication d'identité régionale, lors même qu'ils ne sont plus parlés que par une minorité d'habitants.

Plus profondément, on retrouve une identité de la France méridionale, pays qui jusqu'en 1789 était jugé selon le droit écrit alors que le Nord était jugé selon le droit coutumier. Cette France méridionale est restée un pays de petits propriétaires paysans par opposition à une France septentrionale où le fermage domine. La France du Nord se distingue encore de celle du Midi par une plus grande fécondité et une plus faible proportion de célibataires.

Enfin, lors des élections, la France septentrionale vote dans un sens plus conservateur que la France méridionale. La convergence de tous ces critères, démographiques, politiques, linguistiques tend à conforter la personnalité et la cohérence de régions, qui pour la plupart, ont une longue histoire.

Les Généralités en 1789.

limites de Généralités

siège de Parlement

pays d'États

pays d'Élections

▲ La division administrative la plus importante de la France était en 1789 celle des 34 généralités. Mais en outre, le pays était divisé en pays d'Élections (plus anciennement réunis au royaume) plus directement administrés et pays d'États (plus tardivement réunis au royaume) où des assemblées anciennes, les parlements s'étaient maintenus.

Proportion de catholiques pratiquants.

supérieure à 25 % en 1960

▲ La grande majorité des Français est de confession catholique. Mais la pratique religieuse (l'assistance au culte dominical ou la communion pascale) est depuis longtemps, et peut être depuis toujours, très inégalement répartie entre les régions.

**traits culturels
région de programme**

La France actuelle est le fruit d'une part
du partage de l'empire de Charlemagne,
et d'autre part, d'une politique patiente
d'agrandissements successifs en direction
de l'est.

Quelques limites : France du Nord et France du Midi.

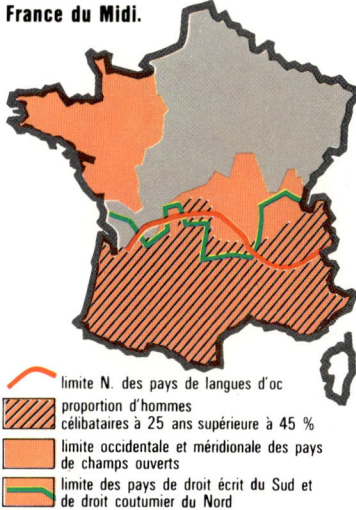

limite N. des pays de langues d'oc

proportion d'hommes
célibataires à 25 ans supérieure à 45 %

limite occidentale et méridionale des pays
de champs ouverts

limite des pays de droit écrit du Sud et
de droit coutumier du Nord

Formation territoriale de la France.

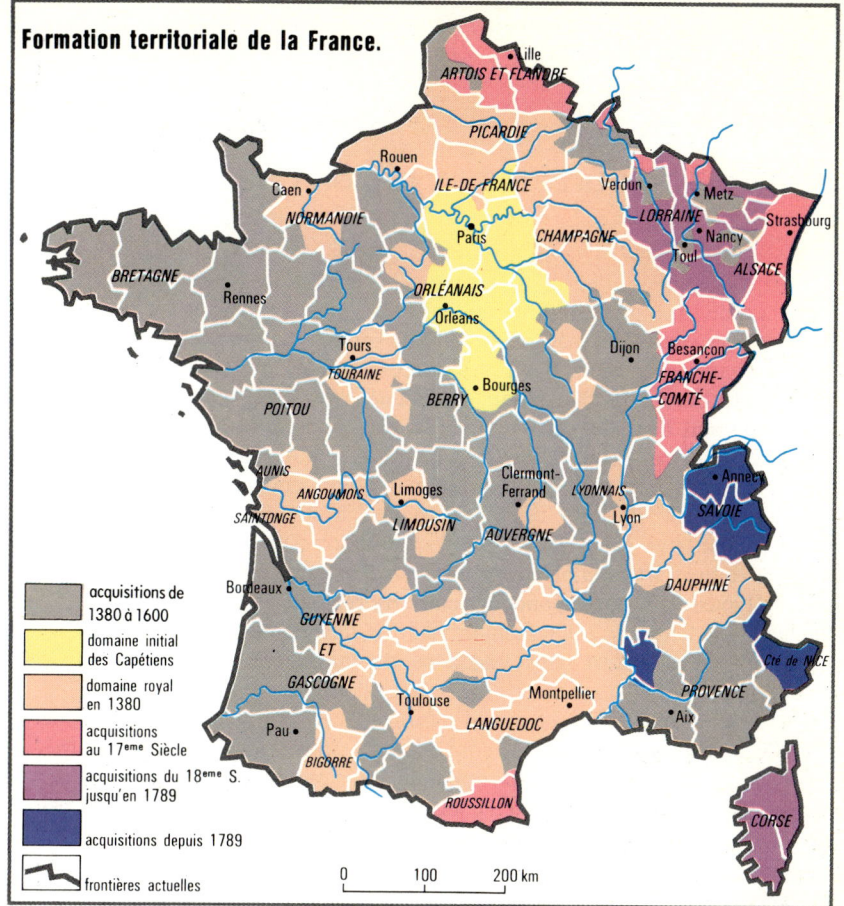

ARTOIS ET FLANDRE

Lille

PICARDIE

Rouen

ILE-DE-FRANCE

Verdun · Metz

Caen

NORMANDIE

Paris

LORRAINE

Nancy

Strasbourg

CHAMPAGNE

Toul

ALSACE

BRETAGNE

ORLÉANAIS

Rennes

Orléans

Tours

Dijon

Besançon

TOURAINE

BERRY

Bourges

FRANCHE-COMTÉ

POITOU

Annecy

AUNIS

ANGOUMOIS

Limoges

Clermont-Ferrand

LYONNAIS

SAVOIE

SAINTONGE

LIMOUSIN

Lyon

AUVERGNE

DAUPHINÉ

Bordeaux

GUYENNE
ET
GASCOGNE

Toulouse

Montpellier

PROVENCE

Aix

Cté. de NICE

Pau

BIGORRE

LANGUEDOC

ROUSSILLON

CORSE

acquisitions de
1380 à 1600

domaine initial
des Capétiens

domaine royal
en 1380

acquisitions
au 17ème Siècle

acquisitions du 18ème S.
jusqu'en 1789

acquisitions depuis 1789

frontières actuelles

0   100   200 km

A la suite de l'expansion du latin dans la
Gaule romaine, la France méridionale a
adopté des parlers de langue d'oc, tandis
que la France du Nord adoptait les parlers
d'oïl. Le droit écrit d'origine romaine
régissait avant 1789 le Midi, tandis que le
Nord était de droit coutumier. Toutefois,
la limite des pays de champs ouverts
oppose plutôt le Nord-Est et le Centre au
reste de la France.

Langues et dialectes.

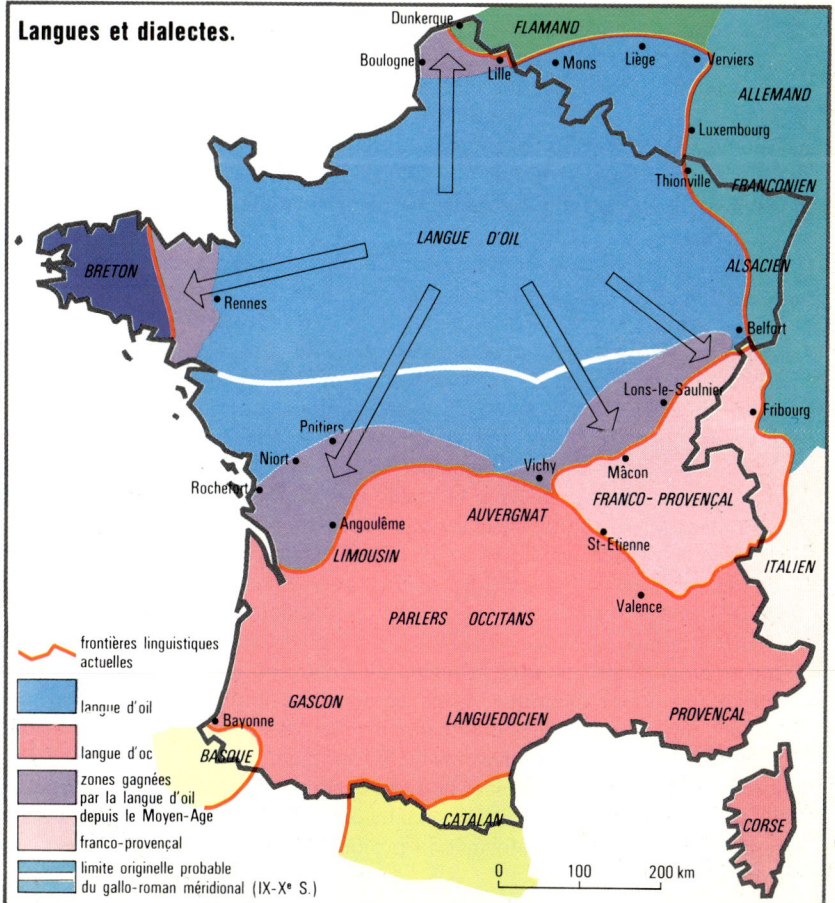

Dunkerque

FLAMAND

Boulogne

Lille

Mons

Liège

Verviers

ALLEMAND

Luxembourg

Thionville

FRANCONIEN

BRETON

LANGUE D'OIL

Rennes

ALSACIEN

Belfort

Lons-le-Saulnier

Fribourg

Poitiers

Niort

Vichy

Mâcon

FRANCO-PROVENÇAL

Rochefort

AUVERGNAT

St-Etienne

ITALIEN

Angoulême

LIMOUSIN

Valence

PARLERS   OCCITANS

GASCON

Bayonne

LANGUEDOCIEN

PROVENÇAL

BASQUE

CATALAN

CORSE

frontières linguistiques
actuelles

langue d'oïl

langue d'oc

zones gagnées
par la langue d'oïl
depuis le Moyen-Age

franco-provençal

limite originelle probable
du gallo-roman méridional (IX-Xe S.)

0   100   200 km

Depuis le XVIe siècle, la langue d'oïl de la
région parisienne, le français, a partout
progressé aux dépens des autres dialectes,
en les refoulant dans les campagnes et à
un usage réduit à l'intérieur de la famille.
Le maintien de ces dialectes, bien que
souhaitable, est difficile.

57-Réseaux urbains et régions économiques

La division du territoire national en régions n'exprime pas seulement la variété des conditions naturelles. Elle n'exprime pas seulement l'héritage des cultures anciennes ou les habitudes forgées dans des limites administratives qui n'ont pas beaucoup changé sur de longues périodes. Elle exprime aussi **les relations qui lient les campagnes à la ville voisine, la petite ville à la plus grande** ; elle exprime la nature des activités, leur intensité, la manière dont elles se rattachent à l'espace national et même aux grands courants d'échanges internationaux. Il existe donc des régions économiques, qui sont fondées d'abord sur la vie des relations, sur l'organisation d'un système de transports et sur le recours à un ou plusieurs centres urbains principaux.

Il existe une correspondance entre les régions économiques* et le réseau urbain. Du bourg de 2 000 habitants à Paris, chaque ville française joue un rôle économique et social dans une zone d'influence dont l'étendue est, dans l'ensemble, proportionnelle à l'importance de sa population.

Le premier niveau du réseau urbain est constitué par les petites villes de 5 000 à 20 000 habitants. Ce sont souvent des marchés ruraux, centres de services pour la campagne environnante, mais parfois aussi centres industriels (certaines envoient la majorité de leur population active dans une seule usine).

Le second niveau de l'armature urbaine est constitué par les villes moyennes, qui vont de 20 000 à 200 000 habitants, dont beaucoup sont des chefs-lieux de département, et qui ont une fonction médicale, bancaire, commerciale et pour les plus importantes un institut universitaire de technologie, parfois une université. Les villes moyennes ont une zone d'influence qui dépasse rarement la taille d'un département.

C'est au-delà de 200 000 habitants, que l'on atteint le niveau supérieur de l'armature urbaine. Il y a en France vingt-cinq agglomérations de plus de 200 000 habitants en 1975. Autour de ces grandes villes s'organisent les régions économiques. Toutefois, parmi les grandes villes, huit seulement sont des métropoles régionales et ont été choisies dans le cadre de l'aménagement du territoire pour équilibrer la puissance parisienne (d'où leur titre de « métropoles d'équilibre »).

Au-delà, en effet, le poids de Paris demeure énorme. Paris est la vraie métropole régionale de la moitié du territoire français, grâce à un équipement sans égal en services et grâce aussi à un pouvoir de commandement hors de pair, par le moyen des sièges sociaux d'entreprises qui y sont situés.

Certaines villes, dont Lyon est la plus caractéristique, ont été capables d'organiser autour d'elles une région économique, sans que cette région ne corresponde ni à des limites naturelles, ni à des limites historiques.

Dans le souci de faire coïncider autant que faire se peut la gestion administrative des régions avec la réalité économique, on a regroupé les 96 départements de la France métropolitaine en 22 « régions ». Ces régions sont d'importance inégale : la Corse a 200 000 habitants, Rhône-Alpes 4 700 000 habitants et l'Ile-de-France (ou région parisienne) 9 800 000 habitants. Certaines de ces régions ont une très forte cohésion, comme l'Alsace, où se rejoignent l'unité physique, l'héritage historique, la solidarité économique. D'autres au contraire, comme la région du Centre ou celle des Pays de Loire, n'ont qu'une unité théorique. Dans certains cas enfin (région niçoise par exemple), une grande ville souhaite une division de la région où elle se trouve afin d'en créer une autre à son profit. Récemment, a été mise sur pied une réforme destinée à faire coïncider la division administrative en 22 régions avec le pouvoir de décision, en matière sociale, économique, culturelle. Il y a peut-être là l'amorce d'une transformation profonde des rapports entre le pouvoir central et le pouvoir local.

Classement des principales villes françaises selon l'importance de leur population.

	1801 (ville)	1975 (agglomération)
Paris	1	1
Lyon	3	2
Marseille	2	3
Bordeaux	4	5
Rouen	5	10
Nantes	6	7
Lille	7	4
Toulouse	8	6
Strasbourg	9	12
Amiens	10	37
Nîmes	11	42
Montpellier	12	23
Angers	13	30
Metz	14	33
Orléans	15	25
Caen	16	32
Avignon	17	35
Nancy	18	16
Besançon	19	45
Brest	20	29
Rennes	21	21
Clermont	22	19
Versailles	23	40
Troyes	24	44
Aix	25	51
Grenoble	26	9
Rennes	27	27
Limoges	28	34
Toulon	29	11
Saint-Etienne	30	14

T Le classement a passablement changé en 175 ans. On peut mesurer les promotions et les reculs des différentes villes et rechercher leurs causes.

Villes qui sont parmi les 30 plus importantes en 1975 et n'apparaissent pas en 1801 parmi les 30 premières

	Rang
Nice	8
Cannes	18
Le Havre	17
Lens	15
Valenciennes	13
Dijon	26
Tours	20
Douai	24
Le Mans	28
Mulhouse	22

armature urbaine (R₂)
réseau urbain (R₂)

L'intensité des communications téléphoniques permet de mesurer l'influence relative des villes et l'étendue de leur rayonnement.

La prépondérance de Paris, écrasante, n'est balancée que sur la périphérie du territoire par les métropoles régionales.

Paris et les « métropoles d'équilibre »

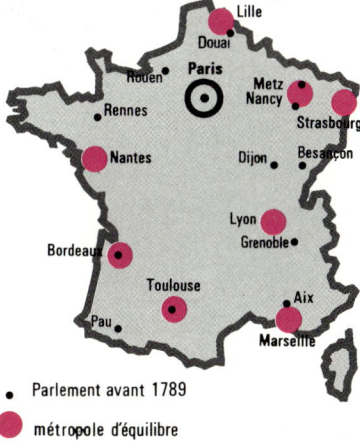

- Parlement avant 1789
- métropole d'équilibre

En 1965, huit ensembles urbains ont été définis comme *métropoles d'équilibre*. Choisies parmi les plus importantes villes du pays suffisamment éloignées de Paris, un double objectif leur est assigné : faire contre-poids à l'influence parisienne et devenir de véritables capitales d'un réseau urbain régional. Les résultats sont assez décevants : Paris n'a abandonné aucun équipement de décision publique ou privé important ; en revanche, les métropoles risquent de se développer au détriment de leur espace régional. Aussi la tendance actuelle est-elle plutôt au soutien des villes moyennes.

La France est divisée en 22 régions, regroupant chacune de 2 à 8 départements. Certaines de ces régions, comme l'Alsace, le Nord, le Limousin, la Lorraine, la Franche-Comté, ne sont pas contestées, étant fondées sur l'histoire et sur l'organisation de la vie sociale et économique autour d'un centre. Dans d'autres cas, il existe des tendances à la séparation (région niçoise, Savoie). Enfin, des régions souhaiteraient reconstituer les limites des anciennes provinces (rattachement de la Loire-Atlantique à la Bretagne, réunion de la Haute et de la Basse-Normandie). Enfin, il arrive aussi que la capitale de la région arrive difficilement à la diriger (Centre, Bourgogne).

Zones d'influence des villes françaises d'après les communications téléphoniques.

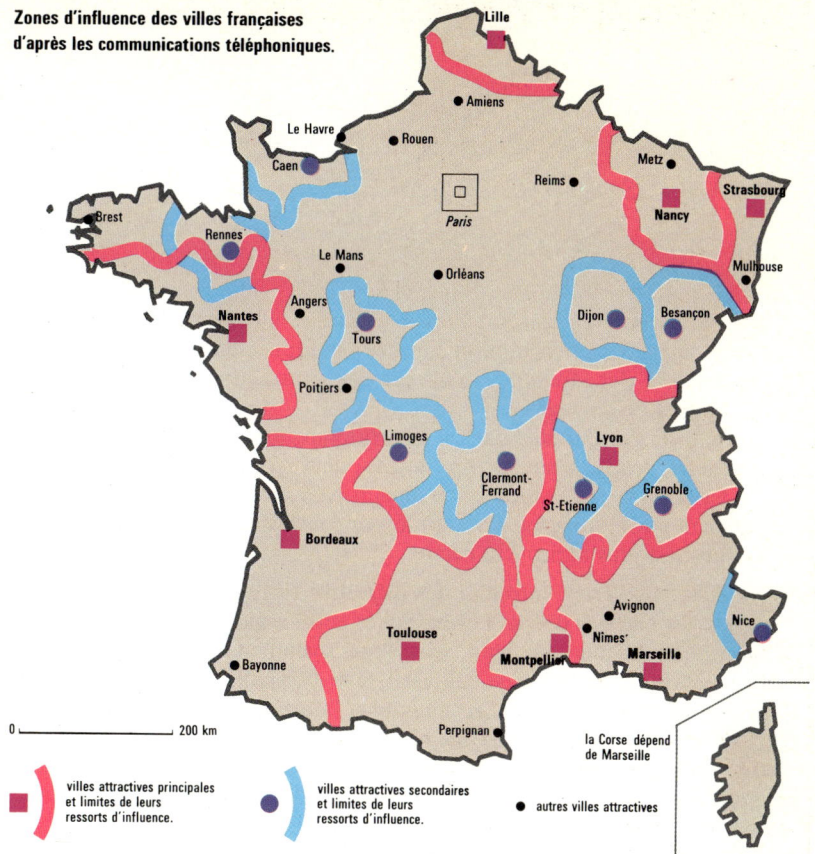

la Corse dépend de Marseille

- villes attractives principales et limites de leurs ressorts d'influence.
- villes attractives secondaires et limites de leurs ressorts d'influence.
- autres villes attractives

Les régions.

- très forte attraction parisienne
- influence parisienne prépondérante
- limites administratives pas ou peu contestées
- limites administratives peu justifiées
- zone où le découpage est remis en cause
- mouvements visant à la réunion
- mouvements visant à la création de régions nouvelles

58-Les disparités régionales

Les divisions administratives régionales ont pendant longtemps été conçues dans un esprit centralisateur. Mais la France est un pays d'une variété extrême dans les aptitudes naturelles, les caractéristiques culturelles et économiques de ses régions.

Cette variété se traduit dans la répartition régionale des activités : la part de l'agriculture, celle des industries, celle du secteur tertiaire ne sont pas les mêmes selon les régions : la France est beaucoup plus industrielle au nord-est d'une ligne allant du Havre jusqu'à Marseille, par contraste la France de l'Ouest et du Sud-Ouest est plus agricole et rurale.

Mais cette **variété introduit des inégalités entre régions***, dans les modes de vie et les niveaux de vie. Les inégalités entre régions sont pour une part la transcription des inégalités entre les groupes sociaux. Les départements ruraux, avec une forte proportion de cultivateurs de petites exploitations et un grand nombre de retraités, ont des revenus plus faibles en moyenne, parce que les agriculteurs et les retraités eux-mêmes ont des revenus modestes. Inversement, Paris, qui abrite une population de cadres supérieurs anormalement importante, dispose aussi des revenus moyens les plus élevés de France.

Les inégalités régionales de revenus correspondent donc à l'opposition entre régions rurales et régions urbanisées, les premières étant moins riches que les secondes. Ces inégalités de revenus correspondent aussi à des inégalités de salaire pour le même travail : on dit parfois que telle région a une main-d'œuvre chère alors que telle autre a une main-d'œuvre bon marché : les salaires moyens de l'Ile-de-France sont supérieurs de 51 % à ceux de Poitou-Charentes et du Limousin. La nature des industries joue son rôle dans ces disparités : les industries de haute technicité de l'Ile-de-France distribuent des salaires supérieurs à la moyenne. A l'inverse, les industries du cuir et de la porcelaine en Limousin fournissent des rémunérations plus modestes. En outre, lorsque dans une région il n'existe qu'une seule industrie (par exemple le textile), les entreprises ne se font pas concurrence pour le recrutement de la main-d'œuvre et les salaires restent plus bas.

Les différences régionales dans les revenus ne suffisent pas à rendre compte des différences régionales du bien-être.

L'équipement des ménages en biens durables (automobile, téléviseur, congélateur) est en général conforme à leurs revenus. Mais l'état moyen de santé dans une région donnée correspond aussi aux habitudes alimentaires (la consommation d'alcool).

Telle région dont le niveau moyen des revenus est modeste peut en revanche bénéficier d'équipements collectifs nombreux et variés : les départements ouvriers de la banlieue parisienne ont un bon équipement en établissements de santé, en stades et en piscines.

Enfin, le bien-être est lui-même lié à la notion de sécurité : sécurité de l'emploi mais aussi des personnes. Le taux de criminalité contre les personnes pour 1 000 habitants (moyenne nationale 0,78) est de 0,11 en Vendée, de 1,79 dans les Alpes-Maritimes, de 5,64 à Paris ! On a tenté de regrouper toutes ces notions hétérogènes pour obtenir une sorte de classement général. Si le résultat obtenu est contestable, il révèle en tout cas de **profondes inégalités**, corrigées par les migrations régionales qui ont partiellement pour cause ces inégalités.

Les régions d'émigration sont celles où le développement de l'économie régionale ne permet pas d'employer sur place la population disponible. Inversement, la concentration des emplois amène la concentration des hommes et donc l'immigration dans les centres les plus favorisés. Telle est la source principale de l'inégalité entre Paris et la province*.

La population active des régions de programme en 1975.

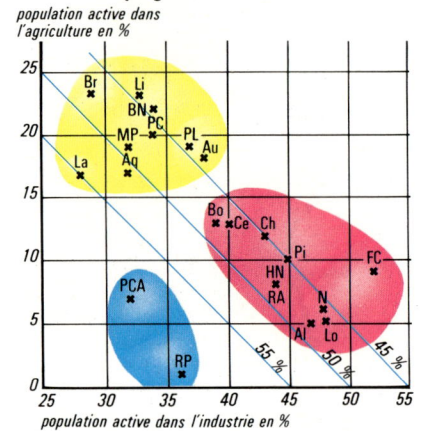

population active dans l'agriculture en %

population active dans l'industrie en %

RP	Région parisienne	PC	Poitou-Charentes
Ch	Champagne-Ardenne	BN	Basse-Normandie
Pi	Picardie	Li	Limousin
Bo	Bourgogne	MP	Midi-Pyrénées
Ce	Centre	Al	Alsace
Lo	Lorraine	Br	Bretagne
HN	Haute-Normandie	RA	Rhône-Alpes
Au	Auvergne	Aq	Aquitaine
PL	Pays de la Loire	La	Languedoc-Roussillon
FC	Franche-Comté	PCA	Provence-Côte d'Azur-
N	Nord		Corse *

* la Corse constitue aujourd'hui une circonscription d'action régionale
La diagonale donne le pourcentage dans le secteur tertiaire.

disparités/inégalités régionales : *aux inégalités entre catégories sociales, mesurées par les écarts de revenus, s'ajoutent des inégalités (ou disparités) entre régions : dans les comportements démographiques, la composition par âge, l'instruction, le revenu, l'état sanitaire, la consommation ou les équipements publics. Le recensement de ces inégalités conduit à la nécessité de les compenser grâce au* **développement régional.**

Diagnostic de l'espace rural français.

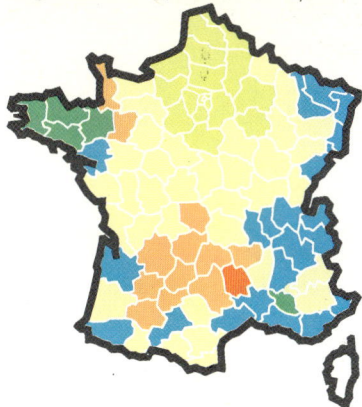

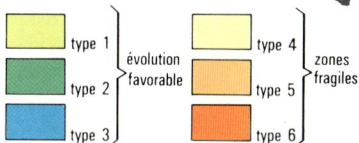

type 1 / type 2 / type 3 — évolution favorable
type 4 / type 5 / type 6 — zones fragiles

On a d'abord distingué les départements où la décroissance de la population rurale est inférieure à la moyenne nationale (évolution favorable : types 1 à 3) des autres (zones fragiles : types 4 à 6). A l'intérieur des deux groupes, les types correspondent à des profils semblables. La santé des zones rurales est de moins en moins bonne de 1 à 6 : remarquer l'évolution du salaire moyen et du rendement brut de l'exploitation par actif agricole, exprimés par la hauteur des colonnes et par le chiffre qui fournit l'indice moyen de chaque type par rapport à 100, moyenne nationale. Source : La France rurale, Images et perspectives (La documentation française, 1981).

T Le choix d'un grand nombre de critères pour des unités territoriales nombreuses permet de les classer par types en s'aidant d'un profil qu'on peut examiner d'un seul coup d'œil pour en saisir les ressemblances.

Les revenus en France.

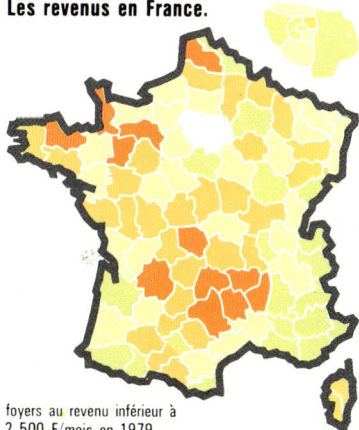

foyers au revenu inférieur à 2 500 F/mois en 1979

plus de 10 % / de 6 à 8 %
de 8 à 10 % / moins de 6 %

▲ Prédominance de Paris et du Sud-Est.

Critères pour un diagnostic de l'espace rural français. (par département)

ZPIU = zone de peuplement industriel et urbain   base 100 = France entière

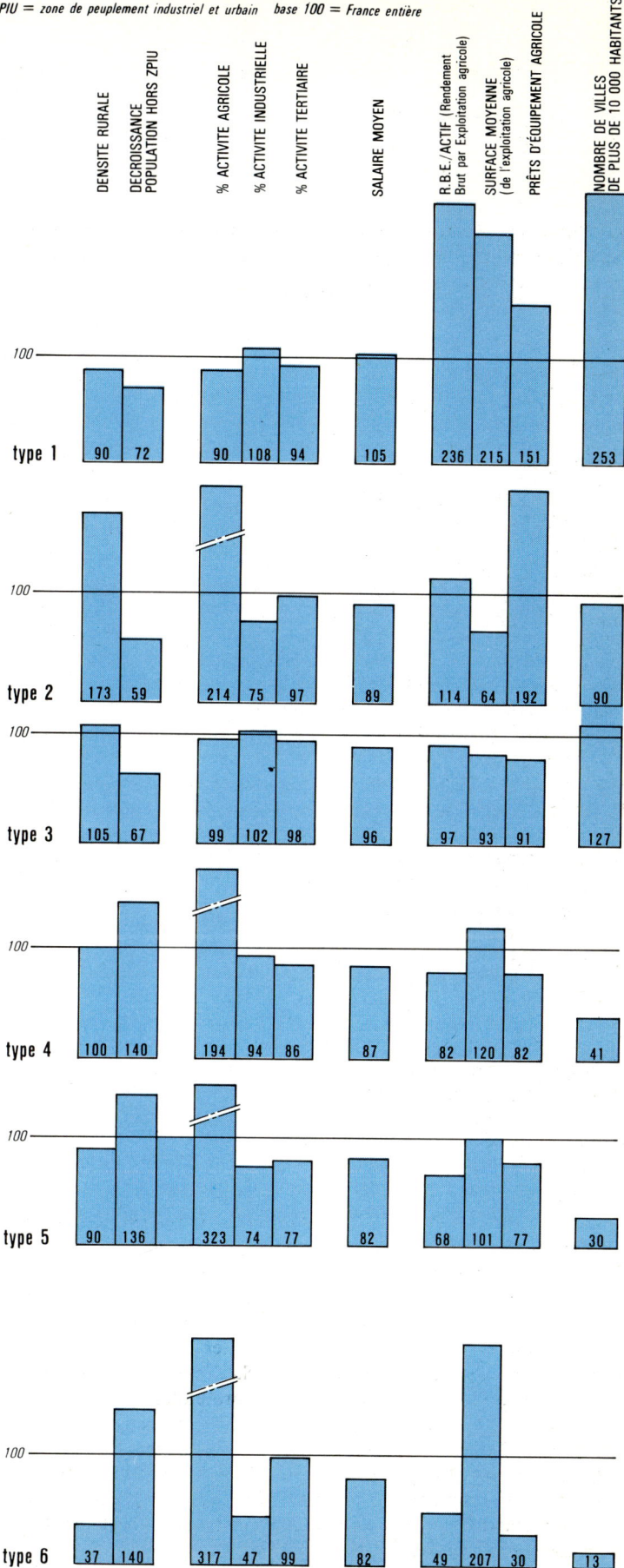

Colonnes : DENSITE RURALE — DECROISSANCE POPULATION HORS ZPIU — % ACTIVITE AGRICOLE — % ACTIVITE INDUSTRIELLE — % ACTIVITE TERTIAIRE — SALAIRE MOYEN — R.B.E./ACTIF (Rendement Brut par Exploitation agricole) — SURFACE MOYENNE (de l'exploitation agricole) — PRÊTS D'ÉQUIPEMENT AGRICOLE — NOMBRE DE VILLES DE PLUS DE 10 000 HABITANTS

	DENSITE RURALE	DECROISSANCE POPULATION HORS ZPIU	% ACTIVITE AGRICOLE	% ACTIVITE INDUSTRIELLE	% ACTIVITE TERTIAIRE	SALAIRE MOYEN	R.B.E./ACTIF	SURFACE MOYENNE	PRÊTS D'ÉQUIPEMENT AGRICOLE	NOMBRE DE VILLES
type 1	90	72	90	108	94	105	236	215	151	253
type 2	173	59	214	75	97	89	114	64	192	90
type 3	105	67	99	102	98	96	97	93	91	127
type 4	100	140	194	94	86	87	82	120	82	41
type 5	90	136	323	74	77	82	68	101	77	30
type 6	37	140	317	47	99	82	49	207	30	13

grands aménagements régionaux : 94, 103, 110, 115
décentralisation : 19, 77

59-L'aménagement du territoire : la politique

A l'issue de la Seconde Guerre mondiale, l'opinion publique française avait été frappée par le mouvement de concentration des activités dans la capitale, en même temps qu'en province dépérissaient des régions entières : « Paris et le désert français », avait-on écrit.

Dans un premier temps, on s'est donc employé à limiter la croissance de l'agglomération parisienne, partant de l'idée qu'une répartition harmonieuse des activités sur le territoire national est nécessaire « non seulement à des fins économiques, mais davantage encore pour le bien-être et l'épanouissement de la population » (Plan national d'aménagement du territoire, 1950).

Dans un deuxième temps, à partir de 1956, on s'efforça **d'orienter la localisation des activités économiques vers des zones critiques** définies par un chômage industriel grave, ou une économie vulnérable en période de crise. Progressivement, on substitua à ces actions ponctuelles **une division du territoire en zones d'aide au développement régional**. La politique d'aménagement régional aboutit à dresser des cartes des primes à la création d'emplois industriels, à la localisation d'activités tertiaires, des cartes des zones d'allègements fiscaux, etc. Inversement, des indemnités de décentralisation* favorisent les industriels désireux de quitter la région Ile-de-France (et le sud de l'Oise). Toutes ces cartes possèdent un certain nombre de caractères communs : d'une part les aides excluent la plus grande partie du Bassin parisien, dans un rayon de 150 km autour de Paris. D'autre part, ces aides favorisent la France rurale de l'Ouest et du Sud-Ouest, avec une attention particulière pour deux types de régions : celles qui, comme le Massif central, sont défavorisées par des handicaps naturels (pauvreté des sols, difficulté des communications), et les vieilles régions industrielles et minières en difficulté et acculées à la reconversion de leurs activités.

Cette politique procède de l'idée d'une **justice spatiale** qui viendrait compléter la justice sociale. « Vivre et travailler au pays », est devenu une revendication communément admise, l'expatriation des jeunes étant une mauvaise solution pour eux-mêmes et pour leur région que leur départ affaiblit. L'aménagement du territoire vise donc à répartir géographiquement les créations d'emplois et les grands équipements.

Les grands aménagements régionaux* constituent un autre type d'aménagement du territoire. De vastes projets ont été confiés à des sociétés d'économie mixte dont les capitaux proviennent pour partie de collectivités publiques, pour partie d'actionnaires privés. Après la création de la Compagnie nationale du Rhône, la Compagnie nationale d'aménagement du bas Rhône-Languedoc fut chargée de transformer le Languedoc viticole grâce à l'irrigation.

La Société des friches et taillis pauvres de l'Est fut chargée de remettre en valeur 150 000 ha de terres cultivables dans l'est du Bassin parisien, etc.

Plus récemment la D.A.T.A.R. *(Direction à l'Aménagement du Territoire et à l'Action Régionale)* s'est efforcée de conclure des « contrats de pays » avec de petites régions regroupant quelques communes autour d'un centre. La loi foncière de 1967 en même temps que les S.D.A.U. a prévu les P.A.R. *(Plan d'Aménagement Rural)* qui définissent les perspectives d'aménagement et d'équipement de territoires ruraux.

Enfin, s'est progressivement mise en place une action régionale, qui est de plus en plus l'affaire des conseils régionaux pour chacune des 22 régions.

En outre, le pouvoir central a mis en route des plans qui dépassent le cadre de la région : Massif central ou Grand Sud-Ouest.

Zones d'allègements fiscaux.
Prime de développement régional.
Primes de localisation.
La politique d'aménagement du territoire utilise des moyens divers (primes de développement régional pour la création et l'extension d'entreprises industrielles, allègements fiscaux, primes à la création d'activités tertiaires). Les cartes qui expriment cette politique ont des caractéristiques communes : le centre du Bassin parisien et l'agglomération lyonnaise n'ont besoin d'aucune aide particulière. En revanche, la France de l'Ouest et le Massif central reçoivent une aide maximale, mais aussi à des degrés divers, les zones à reconversion industrielle du Nord et de l'Est : bassins houillers et ferrifères, zones sidérurgiques, vallées textiles des Vosges, nord de l'Alsace (grand nombre de travailleurs frontaliers). Mais la politique d'aménagement du territoire est appliquée de Paris par la D.A.T.A.R. (Direction de l'Aménagement du Territoire et de l'Action Régionale). Pour tenir compte des revendications des 22 régions, on a récemment demandé à chacune d'elles son avis sur la délimitation des zones aidées. Il est probable que la carte en sera modifiée. D'autre part, les nouvelles attributions des 22 régions vont leur permettre d'avoir, en dehors de la politique de la D.A.T.A.R. une politique d'aide à certaines zones de leur ressort respectif, parce qu'elles sont mieux à même de tenir compte des variations locales de la situation économique et sociale.

Aménagement de l'espace rural.
Les régions rurales bénéficient d'une politique particulière : des Compagnies d'Aménagement régional se proposent un but particulier : irrigation, défrichement des Landes de Gascogne, etc., cependant que les régions de montagne et les régions défavorisées bénéficient de primes du ministère de l'Agriculture.

aide au développement régional
grands aménagements régionaux

Map 1 (top left)

Les zones d'allègements fiscaux.

0 ___ 200 km

- zone A ⎤
- zone A ⎦ allègement maximum
- zone B allègement moyen
- zone C allègement faible
- zone D pas d'allègement

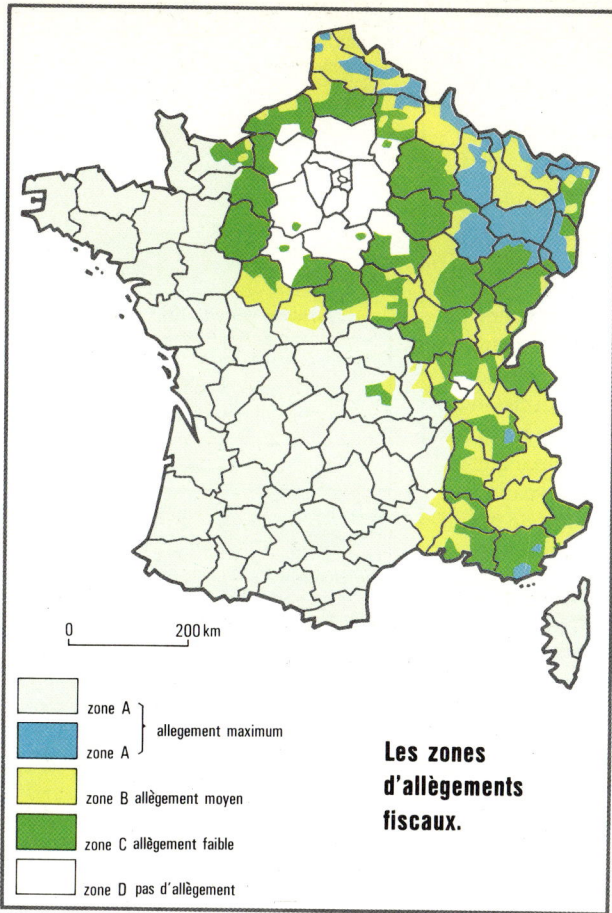

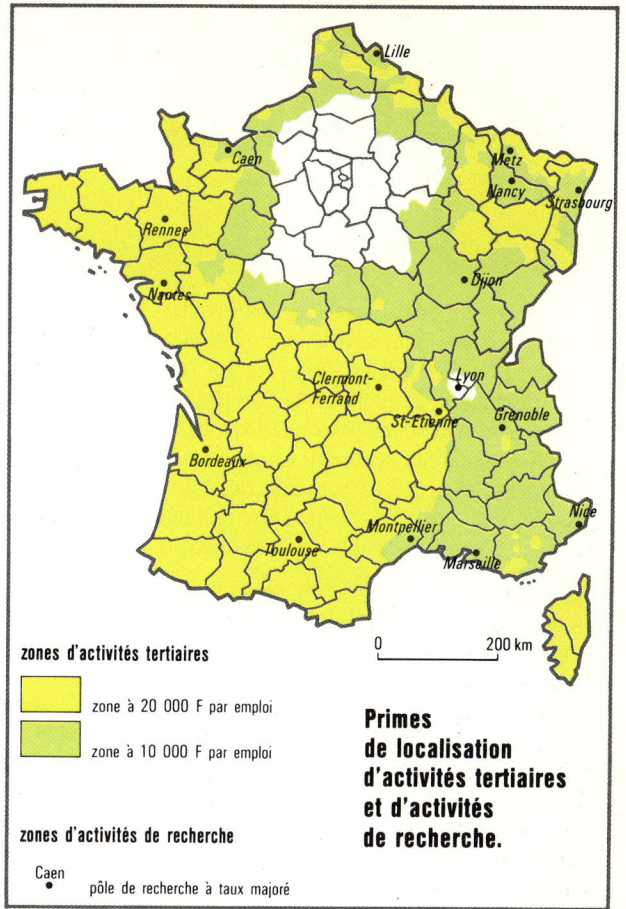

Documents DATAR

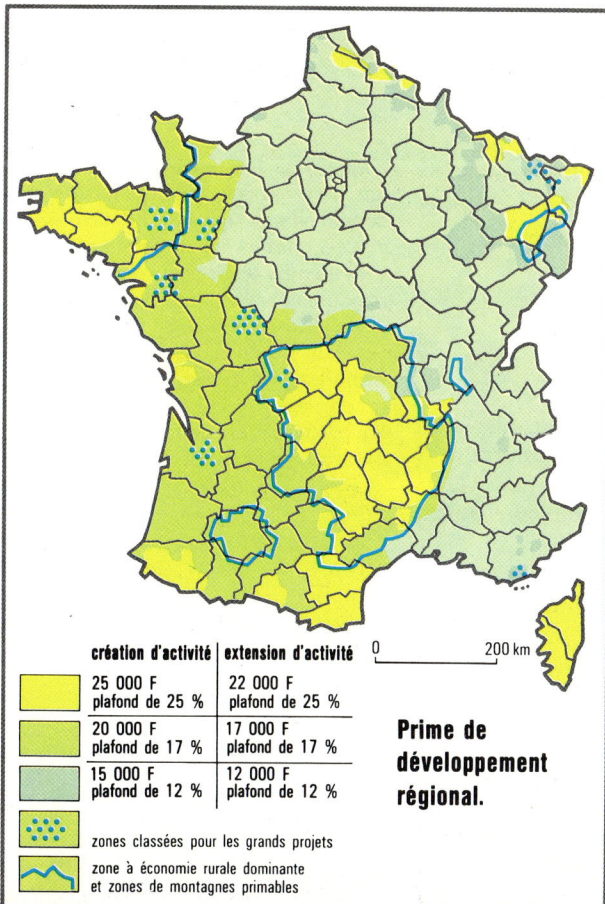

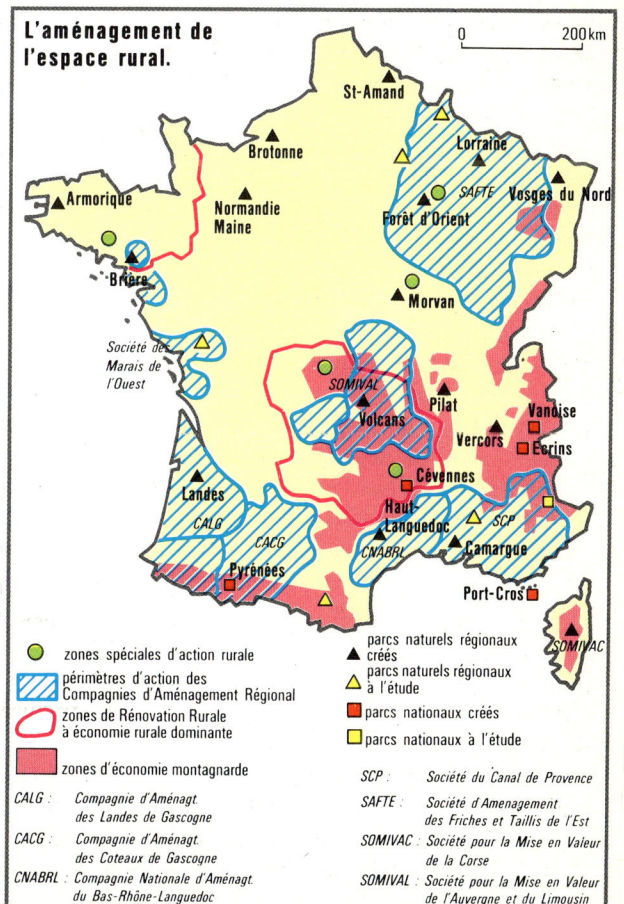

Map 2 (top right)

Lille, Caen, Metz, Nancy, Strasbourg, Rennes, Dijon, Nantes, Clermont-Ferrand, Lyon, St-Étienne, Grenoble, Bordeaux, Nice, Montpellier, Toulouse, Marseille

0 ___ 200 km

Primes de localisation d'activités tertiaires et d'activités de recherche.

zones d'activités tertiaires
- zone à 20 000 F par emploi
- zone à 10 000 F par emploi

zones d'activités de recherche
- Caen ● pôle de recherche à taux majoré

Map 3 (bottom left)

Prime de développement régional.

création d'activité	extension d'activité
25 000 F plafond de 25 %	22 000 F plafond de 25 %
20 000 F plafond de 17 %	17 000 F plafond de 17 %
15 000 F plafond de 12 %	12 000 F plafond de 12 %

- ⠿ zones classées pour les grands projets
- 〰 zone à économie rurale dominante et zones de montagnes primables

0 ___ 200 km

Map 4 (bottom right)

L'aménagement de l'espace rural.

0 ___ 200 km

St-Amand, Brotonne, Lorraine, Armorique, Normandie Maine, SAFTE, Vosges du Nord, Forêt d'Orient, Brière, Morvan, Société des Marais de l'Ouest, SOMIVAL, Volcans, Pilat, Vanoise, Vercors, Écrins, Cévennes, Landes, CALG, Haut-Languedoc, SCP, CACG, Camargue, CNABRL, Pyrénées, Port-Cros, SOMIVAC

- ● zones spéciales d'action rurale
- ▨ périmètres d'action des Compagnies d'Aménagement Régional
- ⬭ zones de Rénovation Rurale à économie rurale dominante
- ▰ zones d'économie montagnarde
- ▲ parcs naturels régionaux créés
- △ parcs naturels régionaux à l'étude
- ■ parcs nationaux créés
- ■ parcs nationaux à l'étude

CALG : Compagnie d'Aménagt. des Landes de Gascogne
CACG : Compagnie d'Aménagt. des Coteaux de Gascogne
CNABRL : Compagnie Nationale d'Aménagt. du Bas-Rhône-Languedoc
SCP : Société du Canal de Provence
SAFTE : Société d'Aménagement des Friches et Taillis de l'Est
SOMIVAC : Société pour la Mise en Valeur de la Corse
SOMIVAL : Société pour la Mise en Valeur de l'Auvergne et du Limousin

migrations régionales : 12
emploi industriel : 30
agglomération parisienne : 90

60-L'aménagement du territoire : les résultats

Il est difficile d'apprécier les résultats de la politique d'aménagement du territoire. Comment savoir, par exemple, si les décentralisations de l'industrie parisienne se seraient faites à un même degré en l'absence de toute réglementation, et quelle est la part des incitations officielles dans la décision de déplacer une usine en province ? On peut à ce problème apporter des réponses opposées : ou bien la décentralisation se serait faite de toute façon, parce que les entreprises étaient à la recherche de main-d'œuvre et de terrains nouveaux ; ou bien la politique officielle peut être créditée de tout ce qui s'est produit de positif depuis les années 60. La vérité est probablement entre ces deux extrêmes.

Le premier résultat obtenu est **une meilleure répartition géographique de la population et de l'emploi.** La croissance de l'agglomération parisienne est en grande partie stoppée. Elle ne s'effectue plus que par excédent des naissances sur les décès. En revanche, le solde migratoire avec la province est devenu négatif. Il est vrai que l'excédent des départs est dû aux retraités, tandis qu'un afflux de population active (étrangère en particulier) se maintient. Il reste que la population de l'agglomération parisienne* sera probablement de l'ordre de 10 millions en 1990, alors que le premier schéma prévoyait 14 millions vers l'an 2000. Le nombre d'emplois industriels dans la région parisienne a décru d'environ 8 % entre 1962 et 1975, alors qu'un tiers des emplois créés entre 1954 et 1962 l'avait été dans cette région. La réussite a été telle que cette ponction n'est plus supportable et que la politique de taxation des extensions ou créations industrielles dans la région parisienne est aujourd'hui unanimement refusée.

Inversement, aucune des 22 régions n'a vu sa population diminuer entre les deux recensements. Sans doute est-on encore loin d'une croissance tout à fait harmonieuse et l'ensemble des zones rurales a vu sa population décroître de 0,74 % par an entre 1968 et 1975.

Une meilleure répartition de l'emploi n'est pas étrangère à cette bonne tenue démographique de la province. Entre 1962 et 1975, 200 000 emplois sur 650 000 créés dans l'industrie manufacturière l'ont été dans l'Ouest et le Sud-Ouest. Dans l'ensemble de la province, on a créé 30 000 emplois industriels par an entre 1962 et 1968, 70 000 entre 1968 et 1975. Dans les années 50, l'essentiel de l'industrie était concentré dans le quart Nord-Est du pays. La répartition est aujourd'hui bien meilleure.

Cependant, les résultats de la politique d'aménagement du territoire ne sont pas tous positifs.

D'une part les migrations* de population active continuent de vider un grand nombre de départements, particulièrement dans le Massif central, le Bassin aquitain, le Nord et la Lorraine. Le souhait de pouvoir « vivre au pays » est encore loin d'être réalisé. Le chômage frappe toujours fortement les régions méridionales et une zone allant de l'Ardenne à la Bretagne.

D'autre part, **si l'emploi industriel* s'est répandu en province, c'est souvent le moins qualifié** (dans la construction électrique et électronique, 55 % des ouvriers sont qualifiés en Ile-de-France et seulement 22 % en Bretagne). Et, en dépit de louables efforts, l'emploi dans le secteur tertiaire, et particulièrement les fonctions de commandement, reste lié fortement à l'agglomération parisienne (40 % du « tertiaire supérieur » : services marchands pour les entreprises, banques et assurances).

Enfin, dans la période la plus récente, qui est aussi celle d'une crise économique profonde, les emplois industriels et les moyens financiers publics se font plus rares : il est donc difficile de les mieux répartir par une action volontaire.

Evolution des effectifs (1954-1975).

	Industrie manufacturière* (1968-1975)		Secteur tertiaire (1954-1975)
	en milliers	en %	en %
Ile-de-France	− 48	− 4	+ 49
Champagne	13,9	+ 10	+ 41
Picardie	33,6	+ 22	+ 51
Hte-Normandie	36,6	+ 25	+ 38
Centre	52,4	+ 34	+ 52
Basse-Normandie	32,1	+ 47	+ 39
Bourgogne	27,2	+ 22	+ 38
Nord	33,9	+ 7	+ 43
Lorraine	18,2	+ 6	+ 54
Alsace	29,1	+ 15	+ 48
Franche-Comté	25,6	+ 19	+ 51
Pays-de-la-Loire	55,9	+ 29	+ 49
Bretagne	33,7	+ 26	+ 47
Poitou-Charentes	25,4	+ 28	+ 38
Aquitaine	17,0	+ 9	+ 43
Midi-Pyrénées	21,2	+ 15	+ 61
Limousin	6,2	+ 11	+ 32
Rhône-Alpes	51,0	+ 9	+ 71
Auvergne	16,6	+ 14	+ 37
Languedoc-Roussillon	5,7	+ 8	+ 62
Provence-Côte-d'Azur-Corse	23,6	+ 12	+ 62
France	510,7	+ 10	+ 50

*Bâtiment et énergie exclus

Les pays du Bassin parisien et de l'Ouest ont été les grands bénéficiaires des créations d'emploi industriel. Il faut ajouter que ces chiffres n'intéressent que l'industrie manufacturière et que dans une région comme le Nord, les suppressions d'emploi dans le secteur minier l'emportent sur les créations dans le domaine manufacturier, si bien que le solde général est négatif.

Pour le tertiaire, l'uniformité règne, avec un avantage au Sud-Est.

décentralisation

Deux exemples de décentralisation industrielle. (construction électrique)

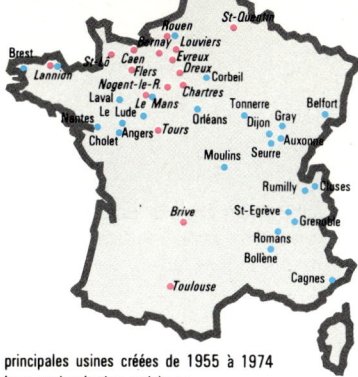

principales usines créées de 1955 à 1974 hors agglomération parisienne

● groupe Philips   ● groupe Thomson-Brandt

▲ La construction électrique a été une des principales industries bénéficiaires de la décentralisation. Ici deux axes privilégiés : l'Ouest et le Sud-Est.

La décentralisation industrielle.

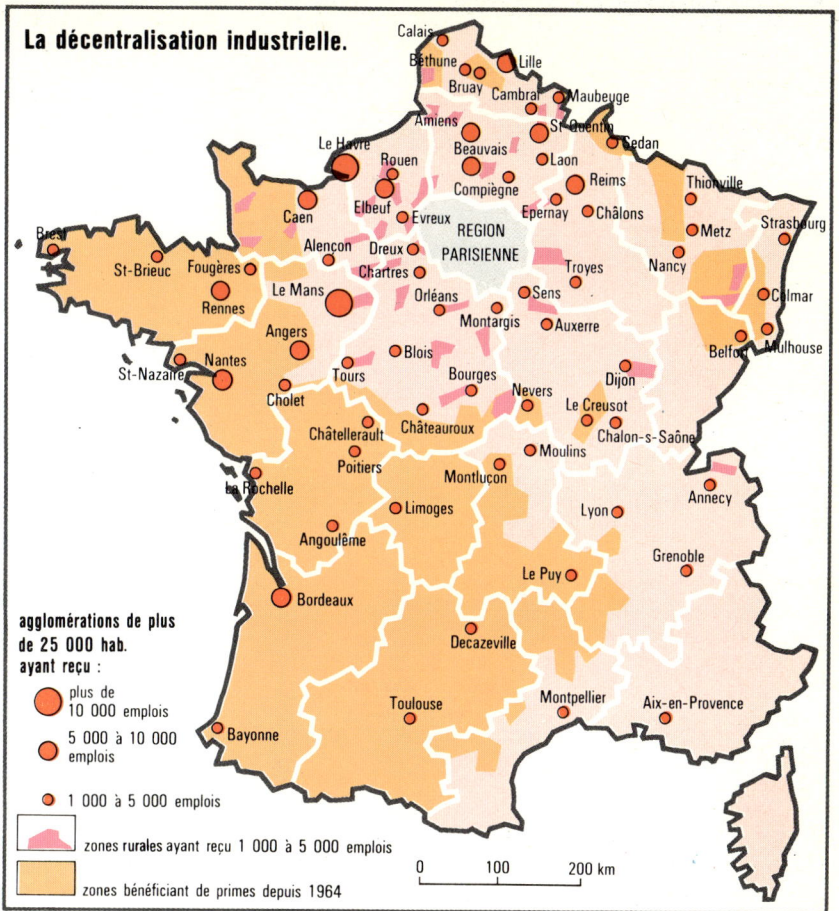

agglomérations de plus de 25 000 hab. ayant reçu :
- ● plus de 10 000 emplois
- ● 5 000 à 10 000 emplois
- ● 1 000 à 5 000 emplois
- zones **rurales** ayant reçu 1 000 à 5 000 emplois
- zones bénéficiant de primes depuis 1964

0   100   200 km

Ⓣ Faire une carte à l'aide de ces données.

▲ La décentralisation industrielle a profité surtout au Bassin parisien et peu à la France du Sud. Les raisons du choix d'un lieu pour décentraliser une industrie sont illustrés par l'exemple de la Basse Normandie. Le poids des critères exprime l'importance que donnent les industriels aux différents facteurs qui justifient le choix du lieu de la décentralisation.

La localisation des industries.

Rang	Critères de localisation	Poids des critères
1	Perspectives de recrutement de main-d'œuvre en nombre	97
2	Facilités d'acquisition du terrain	94
3	Facilité des relations avec le siège social	76
4	Exonérations fiscales	73
5	Bonnes perspectives de logement	65
6	Zone industrielle aménagée	59
7	Présence de locaux disponibles	53
8	Facilités des relations avec Paris	53
9	Présence préalable d'un milieu industriel	47
10	Primes et prêts	47
11	Avantages de la desserte ferroviaire	41
12	Climat social	41
13	Raisons personnelles des responsables	41
14	Niveau des salaires	35
15	Dynamisme de la municipalité	32
16	Avantages de la desserte routière	29
17	Perspectives d'amélioration de la desserte	26
18	Equipements scolaires et socio-culturels	23
19	Rôle des pouvoirs publics	23
20	Dynamisme des organismes locaux et régionaux	23
21	Perspectives de recrutement de main-d'œuvre qualifiée	21

d'après M. Chesnais.

Surface de bureaux en promotion.*
(construits ou en construction hors de Paris en 1975)

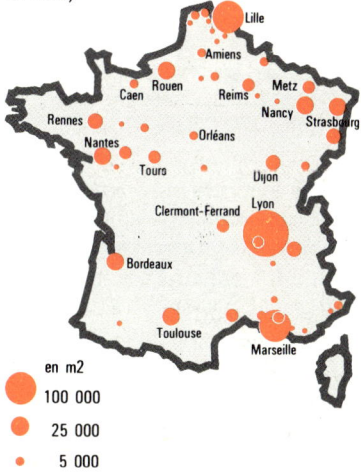

en m2
- ● 100 000
- ● 25 000
- ● 5 000

*mis en chantier sans utilisateurs connus d'avance
d'après : Association Bureaux-Province

▲ Le secteur tertiaire a plus besoin que les installations industrielles des équipements de la grande ville : on note l'avantage des métropoles de la périphérie.

Etablissements décentralisés des caisses de retraite.

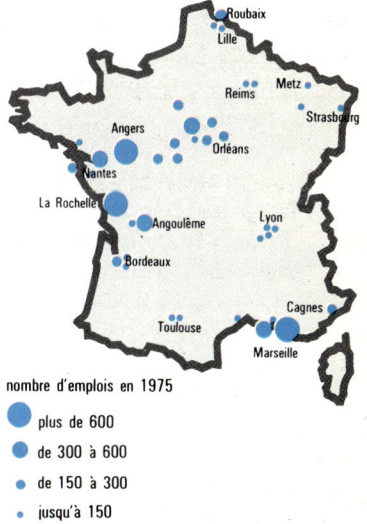

nombre d'emplois en 1975
- ● plus de 600
- ● de 300 à 600
- ● de 150 à 300
- ● jusqu'à 150

d'après : Association Bureaux-Province

▲ Les établissements publics de gestion des services sociaux ont eux aussi fait l'objet de déplacements vers la province.

régions défavorisées : 127, 137, 138

61-Les déséquilibres régionaux en Europe

Les inégalités entre régions ne sont pas propres à la France. Tous les pays européens souffrent de cette disgrâce. Les inégalités tiennent parfois à **des causes d'ordre naturel** : la qualité et l'abondance des terres cultivables, la facilité des communications et les ressources du sous-sol. Ces causes d'ordre naturel défavorisent particulièrement les régions montagneuses : les massifs du nord et de l'ouest de la Grande-Bretagne, l'Ardenne, le Massif central, les Pyrénées, les Alpes, l'Apennin.

Ces inégalités tiennent ensuite à la **répartition géographique de l'activité industrielle**, telle qu'elle s'est installée depuis 150 ans, soit sur les bassins houillers, soit dans les grandes régions urbaines (Londres, Paris, Bruxelles et le triangle Turin-Milan-Gênes en Italie). Dans le même temps en effet, d'autres régions (sud de l'Italie, ouest de la France) accueillaient très peu d'industries.

Ces inégalités tiennent encore à des **causes politiques** : plusieurs frontières entre États ont été des régions d'affrontements et de tensions, où les craintes d'ordre stratégique s'opposaient à l'installation de nouvelles activités : par exemple en Alsace et dans le pays de Bade. La C.E.E. est maintenant une zone de paix où ces tensions ont disparu. En revanche, la frontière entre les deux Allemagnes et aussi l'enclave de Berlin-Ouest restent aujourd'hui des zones de tension qui gênent l'activité économique.

Enfin, les inégalités régionales tiennent aussi à l'**inégal dynamisme des régions industrielles**. Celles-ci sont en effet de deux types. Les vieilles régions industrielles, qui furent les premières à se développer au début du XIXᵉ siècle grâce à l'exploitation du charbon, sont toutes en difficulté : l'extraction du charbon y est peu rentable, devant la concurrence des nouveaux pays producteurs ; parfois, on n'y extrait plus de charbon du tout (cas de certains gisements anglais, ou français du Massif central, ou du Limbourg néerlandais) et la survie des industries installées sur ces gisements est en cause. Les vieilles régions textiles (les Vosges en France) pâtissent des mêmes maux.

Inversement, d'autres régions industrielles, fondées sur de gros centres urbains ou sur des axes de transport très importants, jouissent d'une bien plus grande prospérité. C'est le cas du Bassin de Londres, du Bassin parisien, des axes rhénan et rhodanien, de l'Italie du Nord-Ouest.

Dès lors, une opposition fondamentale apparaît dans la C.E.E. entre un centre plus prospère et une périphérie défavorisée. Le Centre comprend le sud-est de l'Angleterre, la France de l'Est, les pays rhénans et l'Italie du Nord. La périphérie se confond avec l'Italie du Sud, la France de l'Ouest, l'Irlande et en outre la plus grande partie de la Grèce.

La constitution de la C.E.E. doit normalement permettre aux régions défavorisées* de rattraper leur retard sur celles qui sont en avance. Or, les inégalités entre régions, quoique malaisées à chiffrer, sont considérables : les revenus régionaux varient dans la proportion de 1 à 6,2. Il s'agit d'un écart important si l'on considère qu'à l'intérieur des États-Unis, entre l'État le plus pauvre (le Mississippi) et l'État le plus riche (le Connecticut), la différence est de 1 à 2.

Les États candidats à l'entrée dans la C.E.E. (l'Espagne, le Portugal) ou ceux qui y sont récemment entrés (la Grèce) y voient un moyen de combler leur retard. Or on peut craindre, si on laisse librement fonctionner les rouages de l'économie libérale, que les régions déjà riches deviennent encore plus riches, tandis que les régions pauvres deviendraient plus pauvres. Le fonctionnement d'une politique régionale d'aménagement du territoire étendue à l'ensemble de la Communauté économique européenne doit permettre au contraire de combler les handicaps.

Evolution des taux de chômage dans 4 pays d'Europe occidentale.
en pourcentage de la population active

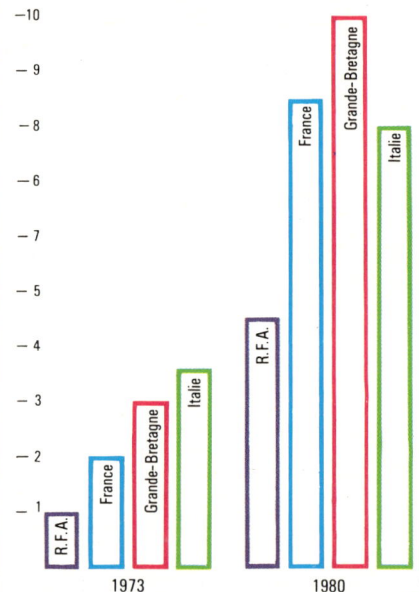

L'extension du chômage est commune à tous les pays de la C.E.E. et à tous les pays industriels d'économie libérale depuis 1973. Précoce en Grande-Bretagne, cette extension a été plus tardive en Allemagne. Mais cette dernière tend à rattraper ses voisins avec 8 % de chômeurs en 1982. Les pays de la C.E.E. ont, en 1982, 10 millions de sans-emploi. La lutte contre le chômage est particulièrement difficile dans des pays d'économie marchande qui tirent une grande partie de leurs ressources des exportations et ne peuvent sans risque de rétorsion fermer leurs frontières aux produits étrangers.

déséquilibre régional : *il est souhaitable que dans un pays donné, toutes les régions soient à un niveau de prospérité comparable. On parle de déséquilibre régional grave quand une région perd ses hommes par migrations intérieures, ses activités par fermetures d'usines ou de mines et quand les revenus y sont nettement inférieurs à la moyenne nationale.*

Régions fortes et régions faibles dans la C.E.E.

Légende :
- revenu faible : chômage important
- revenu supérieur à la moyenne : chômage relativement faible
- régions en situation moyenne

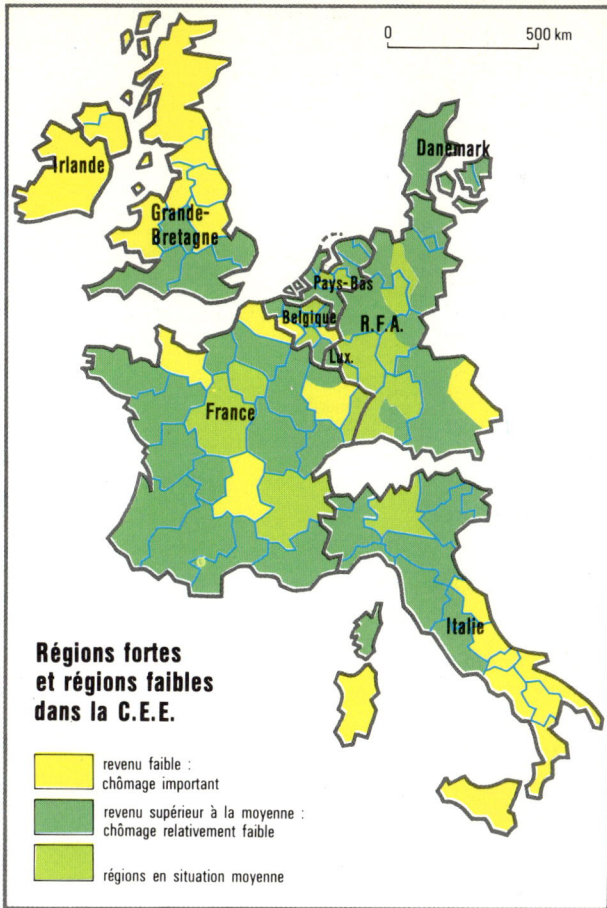

Les désavantages des régions faibles tiennent moins aux handicaps naturels (les montagnes) qu'à l'évolution historique (manque d'industries ou industries vieillies). ▲

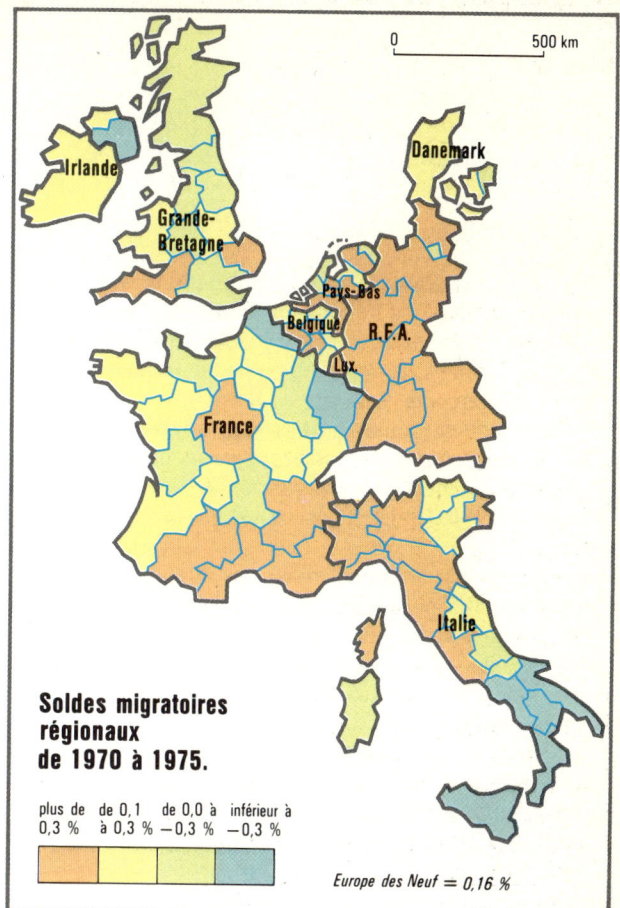

Soldes migratoires régionaux de 1970 à 1975.

Légende :
| plus de 0,3 % | de 0,1 à 0,3 % | de 0,0 à −0,3 % | inférieur à −0,3 % |

Europe des Neuf = 0,16 %

Les soldes migratoires régionaux négatifs touchent d'une part les régions qui ont toujours été dépourvues d'industries (le sud de l'Italie) et d'autre part les vieilles régions industrielles et minières en difficulté (Grande-Bretagne, France du Nord, Lorraine). ▲

Pouvoir d'achat des européens de l'Ouest.

indice 100 = moyenne de l'Europe de l'Ouest

- moins de 60
- de 60 à 90
- de 90 à 120
- de 120 à 165
- plus de 165

Les politiques régionales ont contribué à égaliser les revenus et les pouvoirs d'achat entre les régions européennes. Les régions défavorisées sont à la périphérie de l'Europe : ouest de la Grande-Bretagne et Irlande, sud de l'Italie et de la Grèce. Le cœur économique de l'Europe, centré sur Londres et Rotterdam, Anvers il y a de cela quelques années, a tendance à glisser vers l'intérieur du continent, entre Francfort, Munich et la Suisse alémanique, non intégrée à la C.E.E. mais profitant largement de son dynamisme. ▶

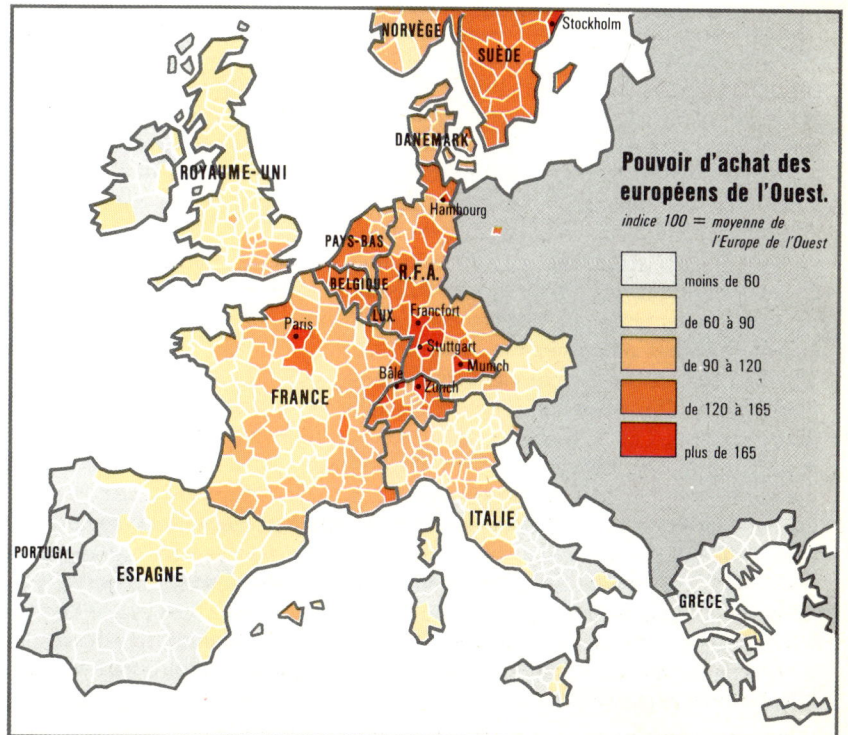

131

Ⓔ

62-Les politiques régionales en Europe

L'organisation du pouvoir politique n'est pas la même dans chacun des États européens. La République fédérale d'Allemagne est constituée de Länder qui disposent d'un pouvoir d'initiative considérable en matière économique et sociale. L'Italie s'est donné un système un peu semblable, avec régions dotées de gouvernements régionaux et d'assemblées régionales. La Belgique envisage elle aussi de se donner une structure fédérale*, cependant qu'en France les 22 régions seront bientôt dotées de pouvoirs beaucoup plus étendus que dans la période précédente. L'expérience de l'Allemagne semble montrer qu'une organisation fédérale est propre à éviter que ne s'accentuent les disparités entre régions.

Les États européens n'ont pas attendu leur entrée dans la C.E.E. pour s'attaquer aux problèmes des disparités qui frappent certaines régions.

Il s'agit des régions qui ont été très tôt industrialisées et, à l'inverse, des régions qui n'ont pas bénéficié de l'industrialisation. Les vieilles régions charbonnières de Grande-Bretagne, d'Allemagne, de Belgique, du nord de la France appartiennent à la première catégorie. Elles perdent de leur substance, par suite de la fermeture des mines et des industries liées au charbon : carbochimie, verrerie, sidérurgie. Il faut donc récupérer et aménager les terrains miniers, et louer des locaux à prix réduit à des entreprises nouvelles, de manière à donner du travail à la main-d'œuvre nombreuse qui se trouve sur place. La Grande-Bretagne, première touchée dans ses vieilles régions industrielles, a été la première à mettre sur pied dès 1945 une législation appropriée.

La France de l'Ouest et du Centre, l'Italie du Sud, la Grèce, l'Irlande manquent au contraire d'industries, tandis que la population émigre pour trouver ailleurs du travail. L'exemple le plus frappant de ces déficiences est celui du Mezzogiorno italien : pour un revenu moyen de l'Italie de 100, l'indice de Milan est 142, et celui de la Calabre 62. L'Italie s'est donc efforcée d'extraire le Sud de son sous-développement par la modernisation de l'agriculture, le développement de l'industrie et du tourisme. L'Irlande compte sur le même levier pour aider ses régions occidentales.

Les traités constitutifs de la Communauté économique européenne n'ont pas pour objectif essentiel d'assurer le bien-être des régions, mais désormais les politiques nationales d'aménagement du territoire s'inscrivent dans le cadre de la C.E.E. qui doit les **coordonner**, faute de quoi une sorte de surenchère s'établit entre États pour attirer les capitaux industriels (y compris ceux de l'extérieur, États-Unis par exemple). On a donc décidé d'un plafond de l'aide à l'investissement, défini en unités de compte européennes et en pourcentage par rapport à l'investissement. La Communauté européenne du charbon et de l'acier consent des prêts pour la modernisation des industries charbonnière et sidérurgique ou pour attirer des industries créatrices d'emplois dans les régions charbonnières et sidérurgiques.

En outre, la C.E.E. intervient directement par l'intermédiaire de la Banque Européenne d'Investissement dont le capital est constitué par les apports des États membres. La B.E.I. finance des projets contribuant à la mise en valeur des régions les moins développées (ces projets intéressent spécialement l'Italie méridionale et l'Irlande), des projets visant à la reconversion des vieilles régions industrielles et des projets d'intérêt commun pour plusieurs États membres.

Enfin, de 1975 à 1986, le Fonds européen de développement régional (F.E.D.E.R.) a accordé des subventions à des projets intéressant les régions prioritaires. Il ne profite plus qu'à l'Italie, à la Grande-Bretagne et à la Grèce.

D'autres organismes (Fonds social européen, Fonds européen d'orientation et de garantie sociale : F.E.O.G.A.) contribuent eux aussi à résorber les inégalités régionales*.

Répartition nationale des aides du FEDER.

en %	1975-77	1978-80	1975-80
Italie	40	39,39	40,0
Royaume-Uni	28	27,03	28,0
France	15	16,86	15,5
Allemagne	6,4	6	6
Irlande	6	6,46	6,2
Pays-Bas	1,7	1,58	1,6
Belgique	1,5	1,39	1,5
Danemark	1,3	1,2	1,2
Luxembourg	0,1	0,09	0,09

L'aciérie de Tarente. ▶
En plein désert économique du Mezzogiorno, l'une des unités les plus modernes et les plus puissantes d'Europe, spécialisée dans la fabrication de tubes pour partie emportés vers le Moyen-Orient. Exemple-type d'un investissement lourd sans grandes retombées pour la région qui en bénéficie.

Les crédits de la Banque Européenne ▶ **d'investissement** visent à compenser les déséquilibres régionaux. Ils sont donc attribués de préférence aux régions en difficulté.

Il est nécessaire de **coordonner les aides** ▶▶ **régionales à la création d'emplois**. Il existe donc à l'échelle de l'Europe une politique qui regroupe les politiques nationales, ce qui est malaisé car chacun des États, soucieux de ses propres régions en difficulté, apprécie mal le degré de gravité de ses propres insuffisances en face de celles des voisins. On retrouve ici l'opposition fondamentale entre le centre de l'Europe et sa périphérie : ouest, sud et aussi frontières de l'est, au contact de l'Allemagne de l'Est, de la Tchécoslovaquie et de l'Autriche.

F.E.D.E.R.
F.E.O.G.A.

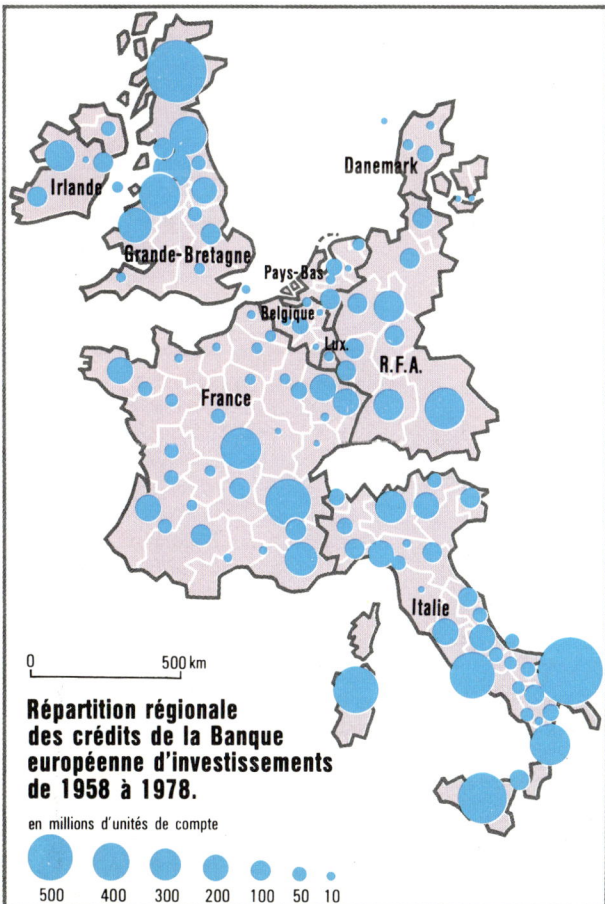

**Répartition régionale
des crédits de la Banque
européenne d'investissements
de 1958 à 1978.**

en millions d'unités de compte

500 400 300 200 100 50 10

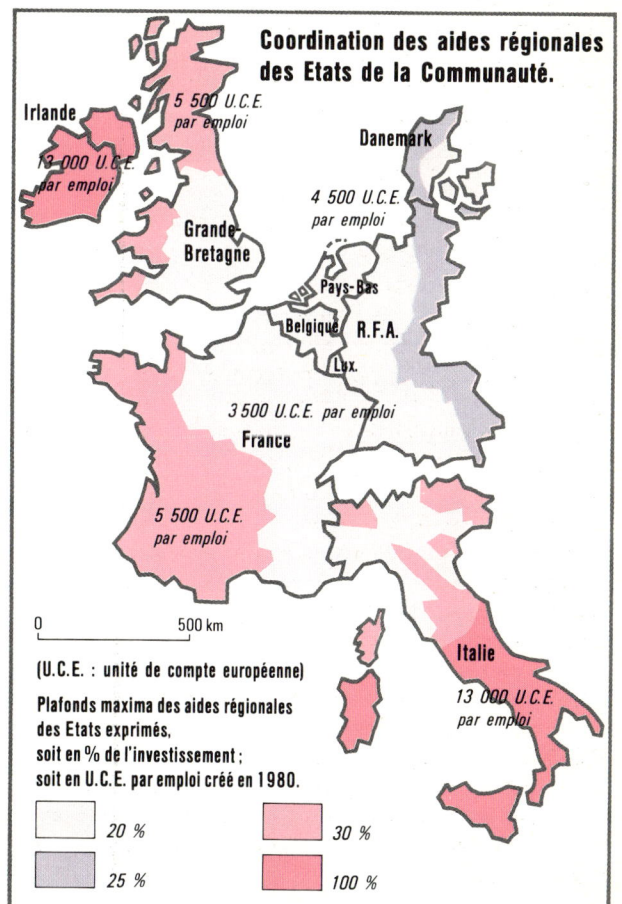

**Coordination des aides régionales
des Etats de la Communauté.**

Irlande — 5 500 U.C.E. par emploi

13 000 U.C.E. par emploi

Danemark — 4 500 U.C.E. par emploi

Grande-Bretagne

Pays-Bas

Belgique — R.F.A.

Lux.

3 500 U.C.E. par emploi — France

5 500 U.C.E. par emploi

Italie — 13 000 U.C.E. par emploi

(U.C.E. : unité de compte européenne)

Plafonds maxima des aides régionales
des Etats exprimés,
soit en % de l'investissement ;
soit en U.C.E. par emploi créé en 1980.

20 %   30 %

25 %   100 %

crise économique : 31
crise démographique : 16
lutte contre la crise : 37

Ⓔ

63-La France et l'Europe face à la crise

Au terme d'une analyse de ses structures humaines, économiques et spatiales, l'espace européen apparaît comme particulièrement complexe. Cette richesse d'hommes, de traditions et d'équipements est-elle un avantage ou un inconvénient en cette période de crise ? Serons-nous écrasés par le poids de traditions devenues scléroses ou bien saurons-nous trouver dans notre héritage les clés de notre avenir ?

Même si nous avons tendance à idéaliser le passé et la prospérité des années précédant la crise qui s'amorce vers 1973, la réalité et la gravité de cette dernière sont incontestables. **Crise économique*,** attestée par l'aggravation du chômage qui affecte plus de 9 millions d'actifs en Europe, par le ralentissement de la croissance moyenne européenne de 4,8 %, entre 1960 et 1970, à moins de 2 % entre 1974 et 1980, par le maintien de l'inflation à des taux qui varient en 1980, de 25 % en Grèce à 5,5 % en R.F.A. **Crise démographique*** d'un continent dont la population ne renouvelle plus ses générations et qui ne représentera plus que 3 % de la population mondiale dans un demi-siècle. **Crise de conscience et de confiance** enfin, avec la remise en cause de valeurs reçues, notamment l'idée d'expansion et de progrès continu à laquelle succède la perception des limites de la croissance, que ces limites soient écologiques ou économiques.

Certains éléments de cette crise ne sont ni français ni européens, mais plus simplement d'envergure mondiale. A ce niveau, **la crise implique, chez les Français et les autres Européens, un effort de solidarité avec les plus pauvres**. Mais cette solidarité n'exclut pas certaines inquiétudes devant la montée de nouvelles puissances, qu'il s'agisse de la Chine, de la Corée du Sud ou du Mexique. Ces pays, encore pauvres mais déjà concurrentiels dans le domaine de la productivité, ne vont-ils pas supplanter l'industrie européenne dans de multiples secteurs comme ils le font déjà pour le textile et la sidérurgie ?

Comment la France et l'Europe réagissent-elles face aux multiples aspects de la crise ? D'abord **par de nouvelles orientations technologiques et la recherche de nouveaux débouchés**. Les échecs, comme le « Plan calcul » ou Concorde, et les succès, comme la fusée Ariane ou Airbus, alternent à ce niveau sans que soit remis en cause l'intérêt des technologies de pointe. De là le regain d'intérêt qui se manifeste actuellement pour la recherche, et notamment ceux de ses secteurs qui aboutissent à la création d'industries et d'emplois nouveaux. Il est vrai que dans le même temps, le progrès technologique est suspect, dans la mesure où il permet des gains de productivité et par conséquent des suppressions d'emploi. Il semble en définitive que le progrès technologique amène un déplacement de la main-d'œuvre d'un secteur à l'autre, par exemple du textile à l'électronique ou à l'informatique.

La lutte contre la crise* passe aussi par une redéfinition des tâches, soit au niveau de la semaine (réduction du temps de travail), soit au niveau de l'année (allongement de la durée de vacances), soit enfin au niveau des carrières (abaissement de l'âge de la retraite). Cette politique aurait deux conséquences : d'une part une baisse de compétitivité qui pourrait être compensée par un retour du protectionnisme à l'échelle européenne ; d'autre part le développement de nouvelles activités de service, liées au tourisme et au développement de besoins nouveaux, spectacles, information... qui sont créatrices d'emploi.

Tous les pays européens sont conscients des enjeux actuels, même s'ils ne sont pas d'accord sur les options politiques, socialisme ou libéralisme, qui les sous-tendent. Cet accord et la recherche d'un meilleur équilibre entre régions riches et pauvres constituent autant de raisons d'espérer.

**Evolution des prix à la consommation.
taux annuel d'accroissement**

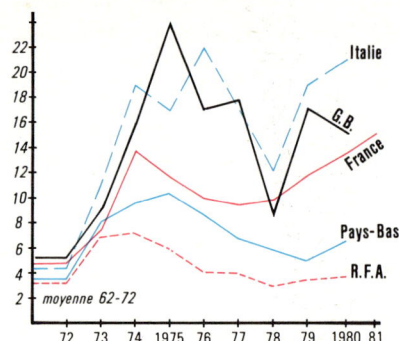

**Evolution de l'emploi dans la C.E.E.
pour quelques branches
en crise et en expansion.**

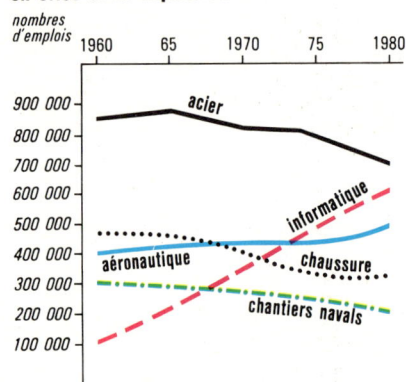

crise : *rupture d'équilibre, démographique, social ou économique. La crise actuelle est caractérisée par une impressionnante montée de l'inflation et du chômage (plus de 30 millions de chômeurs dans les pays de l'O.C.D.E.), un ralentissement de la consommation des ménages, une moindre demande dans certains secteurs industriels (les industriels s'équipent moins, d'où les difficultés qu'affrontent les fabricants de machines-outils) et pour certains services (réduction de dépenses jugées superflues, coiffeur, théâtre ou autres), la multiplication des faillites, la chute des cours en bourse, etc., tous ces faits apparaissant tour à tour comme causes et conséquences. Faut-il lutter contre les crises en relançant les grands travaux, donc la demande d'équipements comme en France ? Faut-il au contraire diminuer les dépenses publiques comme le fait la Grande-Bretagne pour stopper l'inflation ? Il n'existe pas de remède connu, mais seulement des espoirs ou des perspectives de relance économique.*

Manifestation d'écologistes allemands. ▶

L'agrandissement de l'aéroport de Francfort répond à des objectifs économiques mais aussi stratégiques, en relation avec les besoins de l'U.S. Air Force. Il ne peut se faire qu'au prix de la destruction d'une forêt utilisée pour les loisirs citadins. En défendant cette forêt, les écologistes ne protègent pas seulement la nature : ils prennent la défense des citadins et du cadre de vie, proposent une alternative politique et surtout font appel aux sentiments les plus profonds d'un peuple pour qui l'arbre et la forêt restent des valeurs essentielles.

De la croissance à la crise.

Croissance annuelle moyenne Europe des Neuf.

	1960-1973	1973-1978
P.I.B. en volume	4,6 %	2,0 %
Inflation	4,8 %	11,2 %
Productivité par actif	4,3 %	2,2 %
Chômage (% pop. active)	2,2 %	5,5 %
Salaires réels	4,8 %	3,2 %

Le thème du déclin de l'Europe.

A tort ou à raison, le thème du déclin de l'Europe revient sans cesse dans la littérature économique et politique, ainsi qu'en témoignent les titres de quelques ouvrages récents :

– *Plaidoyer pour une Europe décadente* (R. Aron)
– *L'Europe, c'est fini* (J. Fralon)
– *Pavane pour une Europe défunte* (J.M. Benoit)
– *L'Europe sabotée* (Y. de l'Ecotais)
– *L'Europe truquée* (Cl. Bourdet)
– *L'Europe interdite* (J.F. Deniau)
– *L'enlèvement d'Europe* (Ceres)
– *L'Europe, suite ou fin* (Visine)

Forces et faiblesses de l'Europe face à la crise.
Forces :
– Richesse et diversité de l'héritage culturel
– Niveau technologique élevé
– Puissance commerciale et financière
– Marché intérieur assez vaste pour permettre la fabrication de produits sophistiqués (avions, fusées)
– Potentiel agricole (20 % des terres cultivées du monde)
– Relations privilégiées avec le Tiers monde.
Faiblesses :
– Dépendance énergétique
– Manque de matières premières minérales et végétales
– Déclin démographique
– Dépendance technologique dans certains domaines (ordinateurs)
– Compétitivité économique insuffisante face aux pays avancés (Japon) ou en émergence (Corée)
– Absence d'autonomie politique (intégration atlantique)
– Faiblesse militaire
– Inégalités régionales et sociales accentuées
– Manque de vues concordantes sur les objectifs et les priorités de la Communauté
– Pesanteur administrative au niveau des décisions communes.

64-Un carrefour historique

La région du Nord-Pas-de-Calais présente plus de ressemblances avec les pays qui la côtoient au nord, Belgique et Pays-Bas, qu'avec le Bassin parisien au sud. Elle s'apparente en effet à l'Europe du Nord-Ouest par une densité de population élevée et l'abondance des villes. Le Nord atteint en effet 316 hab./km², densité voisine de celle des Pays-Bas (413) ou de la Belgique (322). Il s'intègre parfaitement à une grande zone de peuplement dense qui relie le centre du bassin de Londres à la vallée du Rhin en Allemagne, alors qu'il est séparé des fortes concentrations humaines de la région parisienne par une Picardie aux villes plus rares et aux campagnes vidées par un puissant exode rural. Enfin, le Nord-Pas-de-Calais fait partie de l'ensemble des grands bassins industriels nés au XIXᵉ siècle sur le charbon et que caractérise aujourd'hui un type de paysage, d'activité et de problèmes socio-économiques partout présent en Europe du Nord-Ouest : pays noirs britanniques, sillon de Sambre-Meuse, Lorraine, Sarre et Ruhr.

Ces éléments d'unité qui rattachent le Nord-Pas-de-Calais à l'Europe du Nord-Ouest révèlent, en fait, que **s'il est une limite politique entre deux États, le Nord n'est en rien une frontière géographique.** Ni le relief ni le réseau hydrographique n'en font une frontière naturelle comme les Pyrénées ou le Rhin. La limite physique se situerait plutôt sur les collines de l'Artois, qui séparent le bassin sédimentaire de Paris du bassin anglo-flamand. En revanche, les densités de population élevées et l'urbanisation intense le long de la frontière en font une frange de contact, contrairement aux glacis désertés des marges lorraines, par exemple. **Le Nord est en effet une terre de passage et un carrefour d'influences.**

En temps de guerre, il est la voie rituelle des armées ennemies qui envahissent la France, depuis les Anglais ou les Espagnols dès la fin du Moyen Age jusqu'aux Allemands lors des deux guerres mondiales. De grands sites de bataille en font foi : Bouvines (1214), Azincourt (1415), Fontenoy (1745), Artois et Flandres en 14-18. Dans les paysages, la marque de ces affrontements est toujours visible : fortifications de nombreuses cités par Vauban (Gravelines, Maubeuge...), villes entièrement reconstruites après 1918 ou 1945 (Bailleul, Calais...), mémoriaux aux soldats de la Grande Guerre (Vimy, près de Lens). **En temps de paix,** la circulation des hommes, des biens et des idées, ainsi que les déplacements de la frontière au cours des siècles rendent la région sensible aux influences flamandes (maisons bourgeoises dans les villes, habitat rural très dispersé) ou espagnoles (baroque religieux en Hainaut et en Flandre), alors que le classique se développe en Picardie et en Champagne. **Deux grands axes de circulation se croisent dans le Nord :** l'axe est-ouest qui relie depuis l'époque romaine Cologne et le Rhin à la mer du Nord par Cambrai et Arras, et l'axe nord-sud qui joint au Moyen Age l'Italie à la Flandre par la Picardie et la Champagne, assurant la prospérité de nombreuses villes marchandes (textile).

Mais l'essor du bassin houiller au XIXᵉ siècle a orienté les relations économiques et les infrastructures de transport vers la région parisienne, privilégiant la direction nord-sud (approvisionnement de Paris en charbon). Dans le système économique contemporain, où les échanges maritimes internationaux sont prédominants, la région borde la mer la plus fréquentée du monde et bénéficie d'un accès aisé pour les plus gros navires. Mais le développement de Dunkerque est limité par l'absence d'*hinterland* international, faute d'infrastructures modernes de direction est-ouest dépassant la simple desserte régionale ; en outre, la liaison avec le réseau autoroutier belge est récente et encore incomplète et les canaux français ne sont reliés aux canaux belges ou néerlandais que par des sections à petit gabarit.

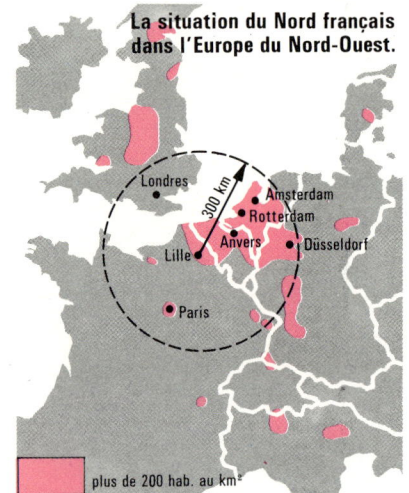

La situation du Nord français dans l'Europe du Nord-Ouest.

plus de 200 hab. au km²

Cette carte schématique montre bien la place du Nord à la lisière méridionale d'un ensemble urbain et industriel international qui s'étend du bassin de Londres au Rhin moyen. On observera du même coup la situation excentrée de Paris et de la basse Seine par rapport à cet ensemble.

hinterland : *un port dessert un hinterland, c'est-à-dire, une zone intérieure dont les limites lui sont fixées par la concurrence des ports voisins. L'étendue de l'hinterland dépend des voies de communications mais aussi de la qualité des services que rend le port : rapidité, capacité d'accueil, spécialisation dans les conteneurs ou la manutention horizontale par exemple.*

frontière naturelle : *cette notion est politico-militaire et a surtout été développée en Europe au XIXᵉ et au début du XXᵉ siècle, les reliefs (chaînes de montagne principalement) et les grands fleuves constituant alors la base de découpages territoriaux entre nations, sans excessive considération pour les réalités ethnologiques, linguistiques, historiques ou économiques (Pyrénées, Rhin...).*

héritage du passé

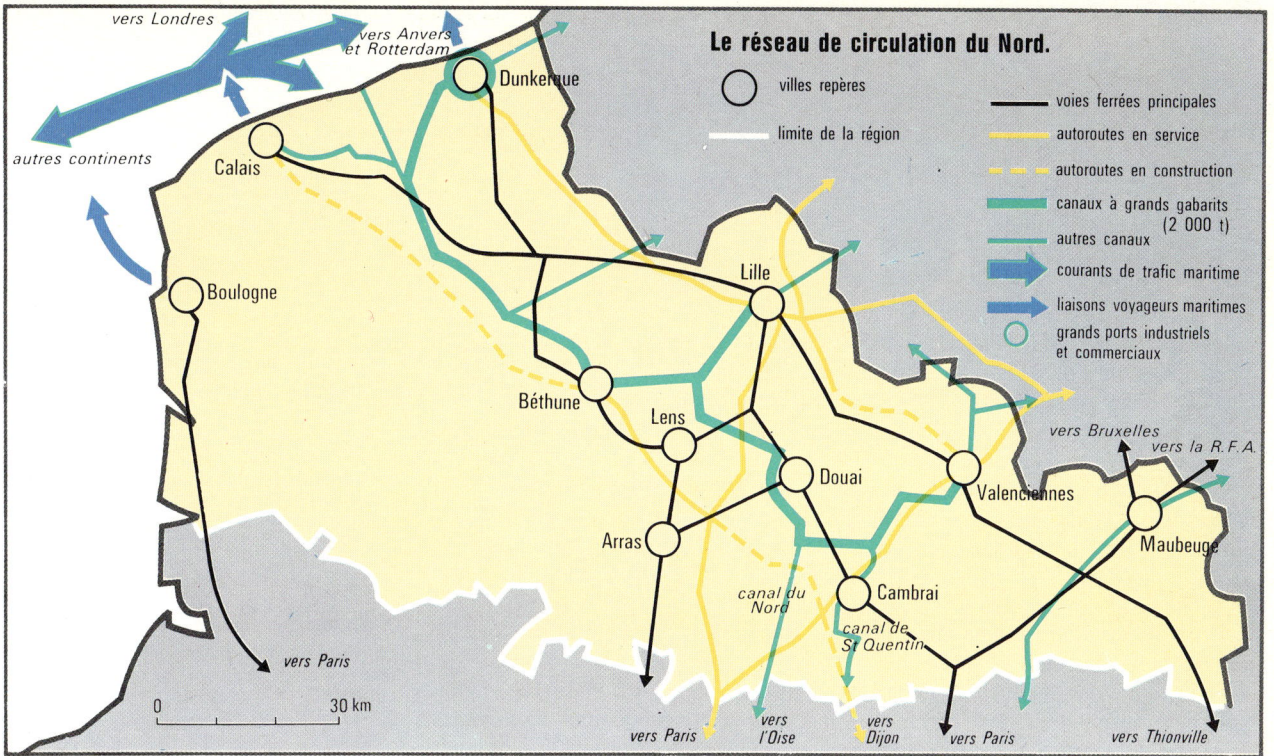

Le réseau de circulation du Nord.

vers Londres
vers Anvers et Rotterdam
autres continents
Dunkerque
Calais
Boulogne
Lille
Béthune
Lens
Douai
Valenciennes
Arras
Cambrai
Maubeuge
canal du Nord
canal de St Quentin
vers Paris
vers Paris
vers l'Oise
vers Dijon
vers Paris
vers Thionville
vers Bruxelles
vers la R.F.A.

○ villes repères
─── limite de la région

─── voies ferrées principales
─── autoroutes en service
- - - autoroutes en construction
━━━ canaux à grands gabarits (2 000 t)
─── autres canaux
➤ courants de trafic maritime
➤ liaisons voyageurs maritimes
◯ grands ports industriels et commerciaux

0   30 km

Une ville reconstruite après la Première Guerre mondiale : Bailleul.

La reconstruction a été réalisée en respectant un plan traditionnel et l'architecture régionale.

Ces deux cartes font apparaître le croisement dans le Nord de deux voies de circulation historiques : une voie nord-sud et une voie est-ouest, mettant en relation des régions éloignées : Méditerranée, Rhin moyen et mer du Nord. Ces directions persistent aujourd'hui, moyennant la réduction des courants d'échange à l'échelle nationale depuis le XIXe siècle : Nord et région parisienne, Nord et Lorraine.

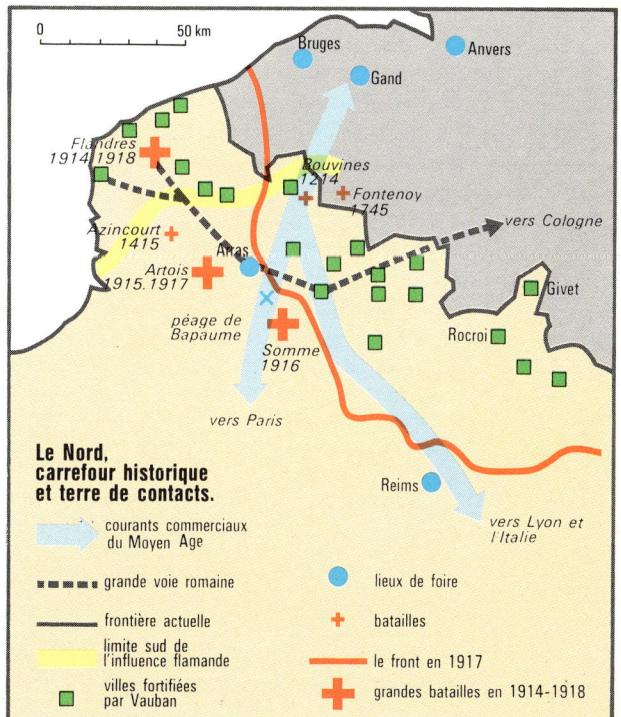

Bruges
Gand
Anvers
Flandres 1914.1918
Bouvines 1214
Fontenoy 1745
vers Cologne
Azincourt 1415
Arras
Artois 1915.1917
Givet
péage de Bapaume
Rocroi
Somme 1916
vers Paris
Reims
vers Lyon et l'Italie

Le Nord, carrefour historique et terre de contacts.

➤ courants commerciaux du Moyen Age
▪▪▪▪ grande voie romaine
─── frontière actuelle
▨ limite sud de l'influence flamande
▪ villes fortifiées par Vauban
● lieux de foire
✚ batailles
─── le front en 1917
✚ grandes batailles en 1914-1918

137

65-Une longue tradition urbaine

La région du Nord-Pas-de-Calais regroupe près de 4 millions d'hab., soit une densité de 316 hab./km², triple de celle de la France entière (96). Le dynamisme naturel de la population et aussi les afflux de population étrangère au XIXᵉ siècle et au début du XXᵉ expliquent cette abondance des hommes. D'une part, l'accroissement naturel est encore aujourd'hui nettement plus élevé dans le Nord que dans le reste de la France (5,5 % contre 4,0 % seulement en moyenne nationale en 1977), ce qui est dû à une fécondité élevée ; d'autre part, en raison de l'essor industriel du XIXᵉ siècle, la région a attiré des travailleurs de Belgique ou de Pologne, qui ont constitué jusqu'à 20 % de la population active du département du Nord dans le passé.

La population est principalement urbaine* (87 %, France : 73 %), ce qui explique que le Nord-Pas-de-Calais compte 9 agglomérations de plus de 100 000 habitants, dont la communauté urbaine de Lille-Roubaix-Tourcoing qui atteint un million d'habitants. Mais les villes occupaient une place importante bien avant la découverte du charbon. On peut en effet distinguer schématiquement **deux types de villes selon leurs origines, leurs paysages* et leurs fonctions. Les villes médiévales,** créées pour la plupart entre le Xᵉ et le XIIIᵉ siècle, comme Douai et Béthune, ou développées à partir d'établissements nés à l'époque romaine sur la grande route tracée de Cologne à Boulogne, comme Cambrai et Arras, sont des cités de marchands que le commerce des textiles a enrichies. Toutes présentent aujourd'hui les mêmes caractères d'ensemble : grande place centrale, lieu de marchés, bordée par l'hôtel de ville, le beffroi et les maisons des plus riches marchands au pignon à gradins. Elles conservent actuellement des fonctions tertiaires prédominantes, comme Arras.

Au XIXᵉ siècle, se met en place un second type d'agglomération : **les villes-champignons, issues de l'exploitation du bassin houiller ou de la mécanisation du travail du textile.** Soit elles étendent démesurément une ville ancienne, comme c'est le cas pour Douai, soit elles s'édifient en rase campagne, localisées par les besoins de main-d'œuvre à proximité des lieux de travail (mines), comblant l'espace rural que laissent entre eux puits, carreaux, terrils, usines ou gares de triage, englobant un village ou dont elles prennent le nom : Bruay-en-Artois, Lens (3 000 hab. en 1850, 300 000 aujourd'hui).

La croissance de la population française a pourtant été supérieure depuis vingt ans à celle du Nord : plus de 0,6 % l'an contre 0,3 % seulement pour la région. Malgré un accroissement naturel élevé, la population stagne en raison d'un solde migratoire négatif. Chaque année depuis 1962, la région perd en moyenne 15 000 habitants, surtout des jeunes, qui gagnent pour l'essentiel la région parisienne. La population des villes enregistre clairement les difficultés des deux principales branches d'activité : le charbon et le textile. Sur les 9 agglomérations de plus de 100 000 habitants, Bruay et Lens ont perdu respectivement 8 % et 4 % de leur population entre 1968 et 1975. Lille-Roubaix-Tourcoing n'a crû que de 0,7 % l'an durant cette même période, alors que les agglomérations françaises équivalentes ont eu un rythme de croissance voisin du double. Mais la population de Dunkerque a gagné 15 % entre ces deux dates ; Arras (50 000 hab.), ville moyenne à fonctions tertiaires dominantes en marge du bassin houiller, a connu l'accroissement le plus rapide de toute la région, grâce à une industrialisation récente sur des terrains desservis par autoroute et bien reliés à Paris, Lille et la Belgique. **L'évolution démographique des villes traduit donc bien la crise des vieilles industries et le changement de localisation des zones d'activité les plus dynamiques.**

Evolution de la population des villes de + de 100 000 hab.

agglomérations de plus de 100 000 h.	variation moyenne annuelle de la population entre 1968 et 1975	solde migratoire variation annuelle moyenne
Lille	+ 0,7 %	− 0,2 %
Valenciennes	0	− 0,8 %
Lens	− 0,6 %	− 1,4 %
Douai	− 0,1 %	− 1 %
Dunkerque	+ 2 %	+ 0,6 %
Béthune	0	− 0,7 %
Bruay-en-Artois	− 1,2 %	− 1,6 %
Boulogne-sur-Mer	+ 0,4 %	− 0,6 %
Calais	+ 0,9 %	− 0,2 %

Évolution comparée de la population du Nord et de la France entière.

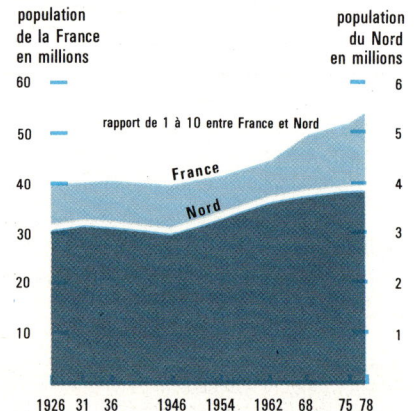

population de la France en millions

population du Nord en millions

rapport de 1 à 10 entre France et Nord

France

Nord

1926 31 36 1946 1954 1962 68 75 78

Évolution schématique de la population urbaine selon le type de ville.

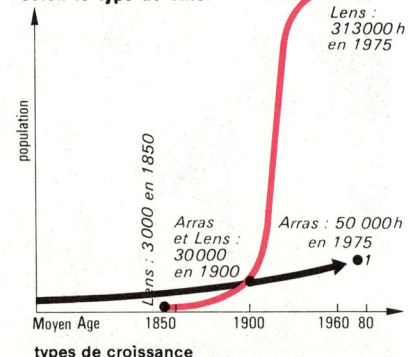

population

Lens : 313000 h en 1975

Lens : 3000 en 1850

Arras et Lens : 30000 en 1900

Arras : 50 000 h en 1975

Moyen Âge 1850 1900 1960 80

types de croissance

1 : Villes anciennes, aujourd'hui moyennes et connaissant un nouvel essor depuis les années 60 ; exemple : Arras.

2 : Villes minières du XIXe siècle à croissance rapide aujourd'hui en déclin démographique après une période de stagnation ; exemple : Lens.

ville médiévale
ville champignon

Comment représenter des informations différentes sur la même carte ? Les faits géographiques ponctuels (usines, villes, ports...) offrent la possibilité de représenter trois informations simultanées sans compromettre la lisibilité de la carte : signes géométriques pour la nature des phénomènes étudiés (carrés pour les usines sidérurgiques, cercles pour le textile, par exemple) ; dimension variable des signes pour l'importance de la production, de la population ou du trafic portuaire par exemple ; couleurs dans les signes pour symboliser une troisième information : usine récente ou non, ville secondaire ou tertiaire... Les statistiques de population et de croissance des villes du Nord données ici permettent de réaliser une carte à deux informations.

Population et villes du Nord.

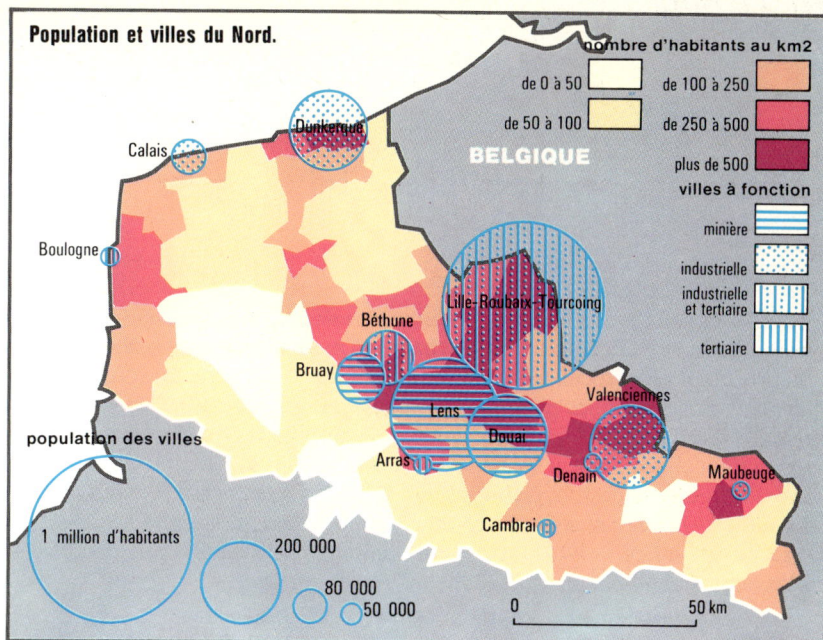

nombre d'habitants au km2

- de 0 à 50
- de 50 à 100
- de 100 à 250
- de 250 à 500
- plus de 500

villes à fonction

- minière
- industrielle
- industrielle et tertiaire
- tertiaire

BELGIQUE

Calais
Dunkerque
Boulogne
Lille-Roubaix-Tourcoing
Béthune
Bruay
Lens
Douai
Valenciennes
Arras
Denain
Maubeuge
Cambrai

population des villes

1 million d'habitants
200 000
80 000
50 000

0   50 km

Roubaix.

Cette vue aérienne oblique illustre bien l'un des trois grands types de paysages urbains du Nord : il s'agit ici des quartiers où industries et habitations (les courées) se juxtaposent. Le tissu urbain est continu, à la différence du bassin houiller, où les lieux de travail et d'habitat sont disjoints, séparés par des ensembles de jardins potagers, voire de grandes parcelles agricoles. L'architecture des usines (textiles pour la plupart) ou d'habitations toutes semblables, ainsi que le matériau de construction utilisé, la brique, trahissent le XIXe siècle et le début du XXe. ▼

Le centre-ville d'Arras.

Grande place centrale, vouée aux foires et marchés, hôtel de ville et beffroi, alignement de maisons aux pignons à gradins ornementés : tels sont les éléments caractéristiques du centre des villes anciennes du Nord, hérités du Moyen Age pour l'essentiel. ▼

crise : 31
charbon : 34, 36

66-Un vieux bassin industriel en crise

Au milieu du XIXe siècle, l'utilisation rationnelle de la machine à vapeur assure l'avenir de l'exploitation du charbon* sur une grande échelle et permet, dans le Nord en particulier, l'industrialisation de l'activité textile. C'est de cette époque que datent les fondements industriels du Nord-Pas-de-Calais, qui dispose d'un abondant gisement houiller, localisé dans les terrains primaires recouvrant en profondeur le massif ancien. Le bassin houiller du Pas-de-Calais succède ainsi à l'ouest au petit bassin d'Anzin exploité depuis le XVIIIe siècle. Dès 1860, la région approvisionne l'agglomération parisienne en charbon. Après la guerre de 1939-1945, le Nord produit le quart de l'énergie nationale et la production culmine à 30 millions de tonnes par an.

A l'extraction du charbon sont géographiquement associées des industries qui l'emploient comme source d'énergie ou comme matière première, car le transport des pondéreux coûte cher et l'on cherche à rendre le trajet le plus court possible : centrales thermiques, cokeries, carbochimie, sidérurgie, cette dernière impliquant elle-même la localisation des industries de transformation de l'acier. **Une grande région industrielle s'édifie donc sur le charbon.** Le paysage du bassin minier est rythmé par les chevalements, les terrils, les usines de traitement du charbon, les gares de triage et la marée des corons et des cités-jardins. **La sidérurgie,** alimentée en minerai de fer lorrain par voie ferrée (artère Valenciennes-Thionville), est implantée dans la partie Est du bassin (Denain et Valenciennes) et dans les vallées de la Sambre (Maubeuge) et de la Meuse (Sedan, Givet), où existe une solide tradition métallurgique depuis le XVIIIe siècle.

Les industries textiles, qui emploient une main-d'œuvre principalement féminine, sont localisées dans les régions de Roubaix-Tourcoing, Cambrai et Fourmies. Ces trois grandes industries, charbon, métallurgie et textile occupent après la guerre près de la moitié de la population active secondaire. En 1968, ce secteur représente encore plus de 50 % des actifs.

Le déclin déjà ancien du charbon et les difficultés plus récentes du textile et de la sidérurgie **ont profondément modifié la situation économique du Nord.** Le déclin du charbon s'amorce dès les années 60 : coût d'extraction trop élevé, en raison de la structure faillée du gisement et surtout en comparaison du bas prix du charbon importé des États-Unis ou des pays de l'Est. Les Houillères enregistrent un déficit de plus de 150 F par tonne en 1980, ce qui signifie que l'exploitation coûte plus cher qu'elle ne rapporte. Aussi, malgré des réserves estimées à 400 millions de tonnes, l'exploitation doit diminuer progressivement jusqu'en 1985 pour s'éteindre définitivement, à moins que la crise énergétique ne redonne au charbon quelque intérêt. Le personnel est passé de 120 000 à 30 000 personnes entre 1962 et 1980. Le paysage lui-même se modifie : terrils recolonisés par la végétation ou rasés, carreaux de mine détruits. On a même prévu la sauvegarde de quelques éléments de ce paysage en cours de disparition (centre historique minier de Lewarde ou parc de St-Amand).

La crise* de la sidérurgie française, mais aussi l'effacement du charbon, plaçant les usines loin de l'une de leurs matières premières, ont provoqué la réorganisation des unités de production installées dans les vieilles régions sidérurgiques du XIXe siècle, où les effectifs sont passés en vingt ans de 38 000 à 26 000 personnes. Enfin, **les difficultés du textile** touchent durement la région : 70 000 emplois ont disparu depuis 1962 (soit 40 % des effectifs). La concurrence des pays du Tiers monde, la concentration des entreprises (Agache-Willot, Prouvost-Masurel...) et la recherche d'une meilleure productivité en sont responsables. Au total, **les trois principales activités héritées du XIXe siècle ont perdu en vingt ans la moitié de leurs effectifs.**

Du neuf sur les anciens « carreaux » du Nord.

« Aujourd'hui, la diminution progressive de l'extraction charbonnière libère, dans le Bassin minier, une main-d'œuvre abondante ainsi que des terrains et installations à vocation industrielle. Pour leur part, les Houillères contribuent à son développement en se préoccupant de l'avenir des hommes, des infrastructures et du patrimoine qu'elles ont rassemblés. C'est dans cet esprit que leur Service Accueil et Implantations industrielles (SAII) a pour mission d'assurer la réindustrialisation des terrains et bâtiments miniers désaffectés. Depuis 1966, la conduite de cette politique a permis de céder près de 1 000 hectares de terrains à 381 chefs d'entreprises industrielles ou commerciales intéressés.

Les Houillères du Nord-Pas-de-Calais possèdent au total 2 500 hectares de terrains industriels dont 760 hectares sont immédiatement disponibles et négociables. »

Extrait d'un texte publicitaire des Houillères du Bassin du Nord-Pas-de-Calais.

Le déclin des Houillères en chiffres.

	nombre de sièges	production	effectif au fond
1968	27	20 M̄ tonnes	52 000
1978	9	6 M tonnes	16 000

« **Harnes, commune du bassin minier,** a connu jusqu'à huit mille mineurs. On y venait travailler d'assez loin à la ronde. Aujourd'hui que la chimie, le textile, le bâtiment et autres n'offrent que deux mille emplois, ce sont les gens d'ici qui partent chaque jour vers Oignies, Roubaix et Douvrin, ou définitivement vers d'autres régions.

La population a chuté de plus de 7 % de 1968 à 1975. Elle a aussi vieilli : le nombre des plus de 65 ans a augmenté de 24 % tandis que celui des moins de 20 ans baissait de 20 %. Le chiffre d'affaires des commerçants stagne, en dépit de l'inflation. »

L'Expansion, mars 1979.

bassin : *par analogie avec le bassin hydrographique délimitant l'espace drainé par un fleuve, les Géographes appellent « bassin » un espace présentant une forte unité interne : ainsi en est-il du bassin sédimentaire (unité géologique), du bassin houiller (unité économique) ou du bassin d'emploi (espace à l'intérieur duquel un groupe d'entreprises concentre la main-d'œuvre).*

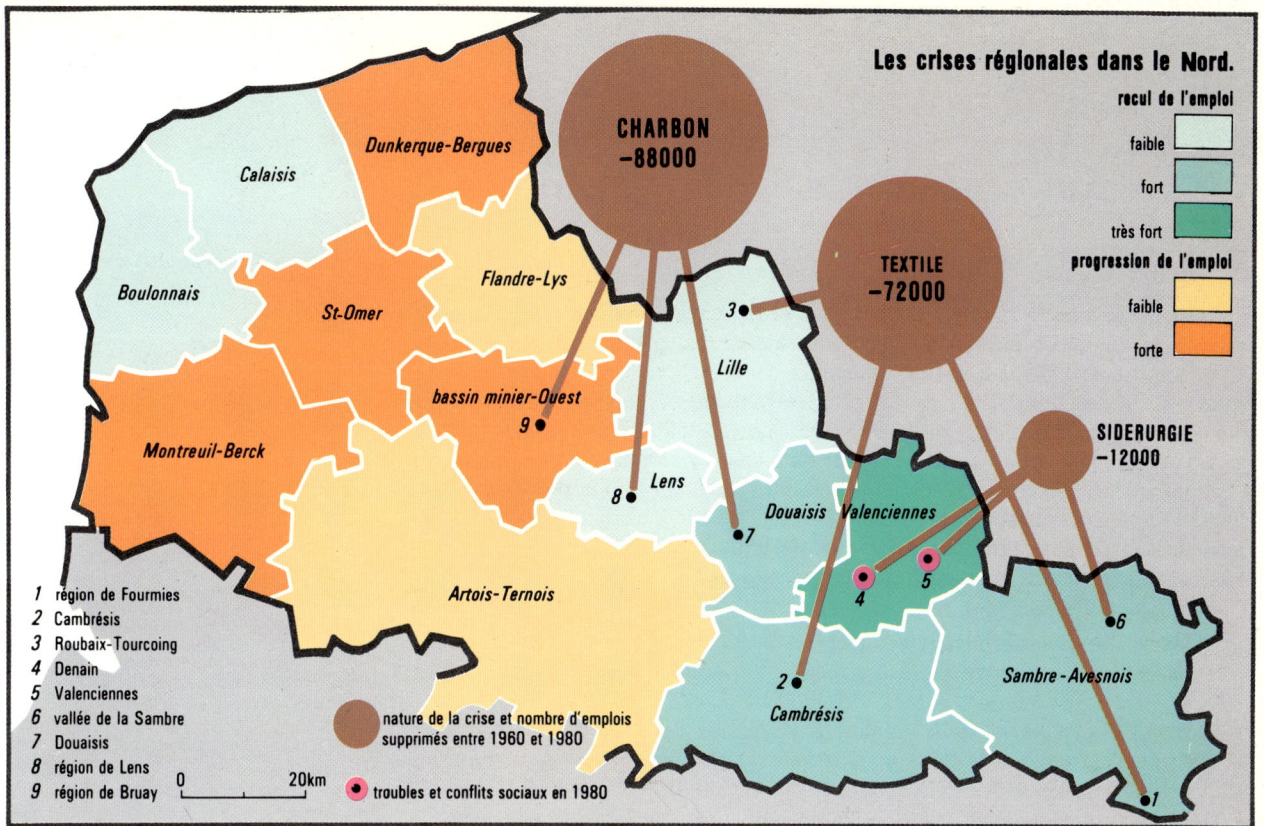

Les crises régionales dans le Nord.

recul de l'emploi
- faible
- fort
- très fort

progression de l'emploi
- faible
- forte

CHARBON −88000

TEXTILE −72000

SIDÉRURGIE −12000

Calaisis
Dunkerque-Bergues
Boulonnais
St-Omer
Flandre-Lys
3
Lille
bassin minier-Ouest
9
Montreuil-Berck
8 Lens
7
Douaisis Valenciennes
4 5
Artois-Ternois
6
2
Cambrésis
Sambre-Avesnois
1

1 région de Fourmies
2 Cambrésis
3 Roubaix-Tourcoing
4 Denain
5 Valenciennes
6 vallée de la Sambre
7 Douaisis
8 région de Lens
9 région de Bruay

0   20km

⬤ nature de la crise et nombre d'emplois supprimés entre 1960 et 1980

⬤ troubles et conflits sociaux en 1980

Paysage minier près de Lens (le puits 19).
Sur un fond rural considérablement réduit par les installations industrielles, on notera les éléments rituels dont la répétition compose le paysage minier : terrils, chevalements, usines à charbon et cités ouvrières. ▼

T Comment représenter un pays en crise ? Plusieurs indicateurs peuvent être cartographiés à l'échelle régionale ou nationale : localisation des conflits sociaux (voir les journaux), soldes migratoires, taux de chômage ou de faillite, nombre de licenciements...

La crise du textile.
« Cela fait des années que l'industrie textile régionale, délestée depuis 1962 de la moitié de ses effectifs, court à perdre haleine, sans parvenir à moderniser ses équipements aussi vite que progresse la compétition mondiale. De l'Extrême-Orient aux bas salaires, de la Grèce qui fait irruption avec des fils de coton peigné valant 20 % moins cher, des États-Unis, dont les velours – on croyait que c'était un bon créneau ! – ont débarqué cette année en France à un prix inférieur à celui des matières premières produites chez nous. »

L'Expansion, mai-juin 1981.

En utilisant ce texte comme point de départ, on pourra rechercher les moyens de faire face à la concurrence étrangère et mesurer leurs effets probables sur l'emploi dans le textile.

141

reconversion : 59, 60
façade littorale : 30, 43

67-La reconversion des activités industrielles

En vingt ans, le textile, la sidérurgie et le charbon ont perdu 160 000 emplois et l'agriculture 50 000. Dans le même temps, la population active a augmenté de 150 000 personnes, en raison d'une forte croissance naturelle. Aussi de nouvelles activités ont-elles progressivement pris le relais des vieilles industries historiques. Le secteur tertiaire a gagné 220 000 emplois et sa part dans la population active demeure aujourd'hui encore inférieure à la moyenne française (45,9 % contre 51,3 % au recensement de 1975). **La reconversion industrielle du bassin houiller,** entreprise à partir de 1967, a eu pour objectif de réemployer sur place la main-d'œuvre des Houillères, sinon en totalité, du moins partiellement. Le bassin a tout de même perdu 0,3 % de sa population chaque année depuis 1968.

La politique de reconversion* menée par les Houillères avec l'aide des pouvoirs publics a permis la création de 30 000 emplois dans le bassin lui-même. Elle s'est traduite par la diversification des industries (montage, mécanique, électricité, produits chimiques, matériaux de construction...), mais la part de l'automobile a été prépondérante : Firestone (pneus) à Béthune, Renault à Douai, Peugeot à Lille ou la Société française de Mécanique (moteurs) à Douvrin. Les Houillères ont offert aux industriels des terrains aménagés, gagnés sur les anciens carreaux de mine rasés et déblayés, en plein cœur du bassin, c'est-à-dire à proximité immédiate de la main-d'œuvre. Mais **les implantations modernes répondent à des critères différents de ceux du XIXe siècle** : bordures de voies ferrées et de canaux (en particulier le canal Dunkerque-Valenciennes au gabarit international), échangeurs autoroutiers et abords de nouvelles voies rapides, même au prix du ramassage par autocar de la main-d'œuvre des cités de l'ancien bassin charbonnier. Mais depuis 1974, **les crises du textile et de la sidérurgie ont créé de nouveaux besoins en matière de reconversion**, tandis que le ralentissement de l'activité économique nationale et les difficultés de l'automobile rendaient plus rares les nouvelles installations : le bassin houiller et les régions du textile sont frappés de taux de chômage élevés (10 à 12 % de la population active), qui accentuent l'ampleur du mouvement d'émigration.

En revanche, **de nouveaux pôles économiques plus dynamiques se sont constitués : des villes moyennes,** bien desservies par chemin de fer et autoroute mais jusqu'alors peu industrialisées, comme Arras ; **la métropole lilloise,** riche d'une main-d'œuvre nombreuse et plus variée que dans le bassin houiller, et surtout **la façade littorale*.** Le déplacement vers la mer des industries lourdes modernes correspond à la part désormais prise par les importations dans l'approvisionnement du pays en matières premières et énergétiques : pétrole, charbon, minerais, produits alimentaires.

Dans le Nord, à l'association historique entre le charbon du Pas-de-Calais et le minerai de fer lorrain, s'est substitué un nouveau type d'approvisionnement ; le charbon provient des États-Unis et le minerai de fer du Brésil ou de Mauritanie. Ces matières premières sont débarquées à Dunkerque, où la première transformation a lieu en bordure même d'un bassin minéralier accessible aux gros navires, avec un seul transbordement jusqu'aux hauts fourneaux. D'autres usines situées à proximité transforment les produits bruts : Mardyck, Usine des Dunes et Isbergues.

Outre la sidérurgie et la métallurgie de transformation (Usinor), le raffinage du pétrole (B.P., Total), l'alimentation (Lesieur), la chimie (Air liquide) et les matériaux de construction (cimenteries) ont assuré le développement rapide de la ville et du port, dont le trafic a quintuplé en trente ans (35 millions de tonnes en 1978).

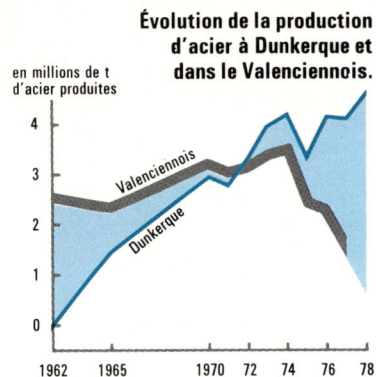

Évolution de la production d'acier à Dunkerque et dans le Valenciennois.

Bilan de la reconversion.
(Nombre d'emplois créés entre 1967 et 1979 par des implantations industrielles **nouvelles** [extensions exclues]).

Lille	11 000
Douai	8 500
Avesnes	6 200
Valenciennes	5 200
Cambrai	1 500
Dunkerque	850
Béthune	10 100
Lens	7 400
Calais	2 500
Boulogne	1 900
Montreuil	1 600
Arras	1 000
Saint-Omer	100

G. Gachelin, *Le Nord-Pas-de-Calais au seuil des années 80*, CRDP de Lille.

Les limites de la reconversion.
« Dans le Valenciennois, les grandes opérations d'aménagement du territoire, comme l'ouverture du canal à grand gabarit, la construction de l'autoroute A 2, la multiplication des zones industrielles, la création d'une université, n'avaient pas suffi, avant même le début de la crise, à susciter un mouvement actif de reconversion. Des implantations, considérées en leur temps comme symbole d'une diversification naissante, la raffinerie de pétrole Antar, ou l'usine Simca-Chrysler, n'ont pas répondu aux espérances ; la première devrait bientôt être fermée, la seconde est loin d'avoir connu le développement prévu. »
J. Malézieux, *L'espace géographique*, n° 3, 1980.

Les projets d'aménagement relatifs à la région de Douai sont révélateurs des conceptions qui ont présidé à la reconversion du bassin houiller, aussi bien au plan paysager qu'au plan social et économique : cette carte permet d'en dégager les grandes lignes. ▶

Vue du port de Dunkerque prise vers le nord.

On voit au fond la ville (toits rouges), enserrant le vieux port aux marchandises générales puis, au fur et à mesure de l'extension, les chantiers navals et les ports spécialisés : au premier plan, le port pétrolier et les installations de raffinage. Le port minéralier lui succède vers le sud-ouest (non visible sur la photo).

T On pourra composer une carte des créations d'emploi (cercles proportionnels au nombre d'emplois créés) et la comparer à la carte des crises régionales (page 141).

Une installation industrielle récente, la Société française de Mécanique à Douvrin.

En dehors du tissu urbain et industriel ancien mais à proximité de sa main-d'œuvre et bien desservie par des routes modernes, l'usine est reliée au rail et au canal Dunkerque-Valenciennes, bénéficiant de ces équipements sans souffrir du manque de place, comme c'est le cas dans les vieilles agglomérations industrielles.

T Les deux photos ci-dessus (localisations industrielles récentes) peuvent être comparées à la photo du vieux bassin houiller (page 141) et donner lieu à des croquis cartographiques comparés.

Régions et villes industrielles du Nord.

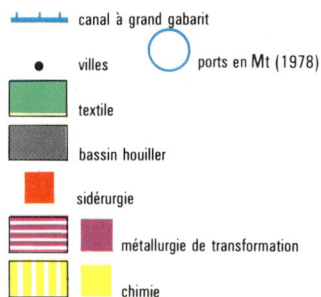

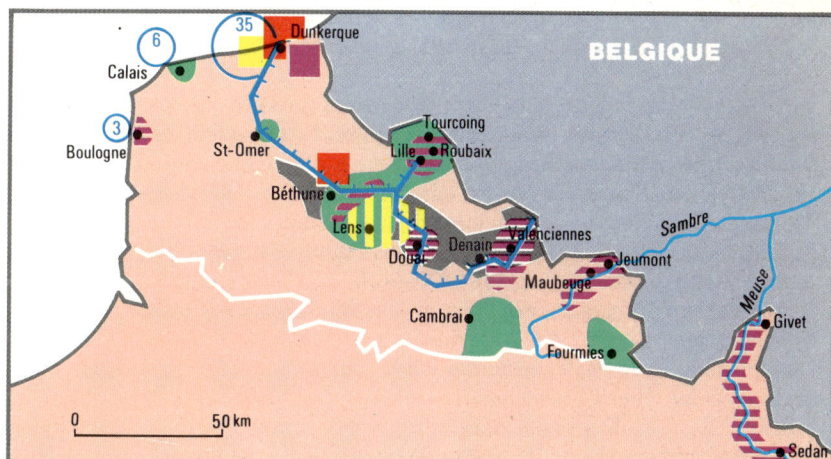

La reconversion des activités et des paysages à Douai d'après le SDAU de 1973

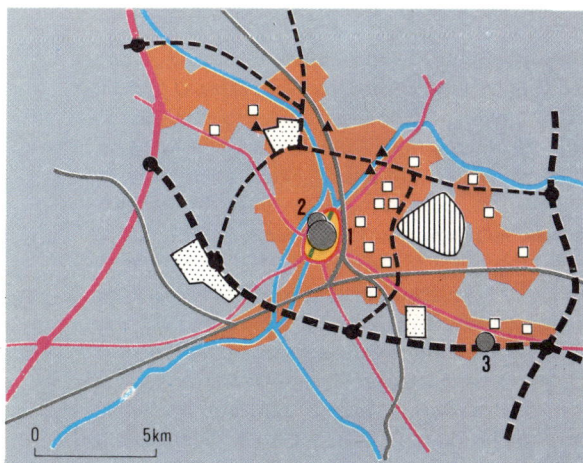

aménagements prévus par le SDAU

autoroutes

routes

traitement paysager de terril

rénovation de quartier

parc de loisirs et de nature

nouvelles zones industrielles équipées

opérations particulières

réhabilitation du vieux centre · · · · · 1
nouveau centre tertiaire · · · · · · · · · 2
musée de la mine · · · · · · · · · · · · · 3

données actuelles

ancien centre de Douai

zones industrielles et urbaines

autoroutes

routes

chemin de fer

voies d'eau

68-Une agriculture dynamique

L'agriculture ne bénéficie pas dans le Nord-Pas-de-Calais de conditions naturelles exceptionnelles : des sables et argiles divers prédominent des Flandres à l'Avesnois et dans le Boulonnais ; l'ouest de l'Artois est composé de craie marneuse. Dans sa partie orientale et dans le Cambrésis, la craie est recouverte de limon et les sols évoquent là seulement les riches terres de grande culture de la Picardie et de l'Ile-de-France au sud. **Pourtant, l'agriculture du Nord figure parmi les plus dynamiques de France.** 5 % seulement de la population active travaillent dans ce secteur contre 9 % pour la France entière, mais la région produit sur 2,3 % du territoire national 13 % des betteraves à sucre, 10 % des porcs, 19 % des pommes de terre et 6 % du blé.

Toutefois, les exploitations agricoles ressemblent peu à celles qui illustrent dans le Bassin parisien la grande culture moderne : elles sont ici, en général, de dimension modeste (moins de 20 ha pour 40 % d'entre elles, la majorité s'étendant de 20 à 50 ha). La monoculture et la séparation entre l'élevage et la culture ne sont pas la règle non plus. En revanche, la mécanisation poussée, l'utilisation systématique des engrais, les amendements destinés à produire des sols plus fertiles, comme en Flandre maritime où on le fait depuis longtemps, définissent **une agriculture intensive* à forte productivité.** Le revenu brut d'exploitation par ha de S.A.U. en 1977 (2 700 F, 3e rang en France) est en effet nettement supérieur à la moyenne française (1 700 F).

Cette situation s'explique par l'**abondance précoce de la population à nourrir et les liaisons très anciennes entre l'agriculture et les activités commerciales et industrielles :** élevage des moutons et, plus tard, culture du lin pour le textile, commercialisation des grains et approvisionnement en denrées courantes de nombreuses agglomérations urbaines. Mais une autre raison justifie le modernisme et l'intensivité de l'agriculture du Nord : **l'appel de main-d'œuvre industrielle réalisé au XIXe siècle et les retombées des progrès techniques sur les campagnes** (engrais chimiques par exemple) expliquent le remplacement accéléré de la main-d'œuvre agricole par les machines et l'augmentation des rendements, qui intervient au moment où l'accroissement urbain élargit considérablement le volume du marché de consommation régional. D'où le développement des cultures légumières et des productions associées à ce marché : houblon pour la bière (25 % de la production française de bière aujourd'hui), produits laitiers et viandes (bovins et porcs), légumes, qui alimentent une importante industrie agro-alimentaire.

Cependant, **la répartition géographique** des productions est loin d'être uniforme. Dans l'ensemble, on distingue bien **deux types de régions**, que de nombreuses cultures spécialisées viennent individualiser dans le détail. D'une part, **les pays de champs ouverts où dominent les labours** sont voués à la culture des céréales (blé en particulier) : Artois, Cambrésis, Mélantois, Pévèle et même, à un moindre degré, les Flandres. D'autre part, **les pays d'herbages, semi-bocages où subsistent des bois, sont consacrés à l'élevage :** Boulonnais, Thiérache, Avesnois et Hainaut (bovins et porcs, chevaux dans le Boulonnais). Dans les pays de labours dominants, l'association avec l'élevage distingue l'Artois du Cambrésis où le blé entre en assolement avec la betterave sucrière. Enfin, de la Flandre maritime à la Pévèle, où les densités de population sont plus élevées qu'en Artois-Cambrésis, l'agriculture présente une grande variété de productions liées au marché de consommation urbain : cultures maraîchères et élevage laitier, houblon et lin, pommes de terre et légumes de plein champ (conserveries).

Utilisation du territoire.

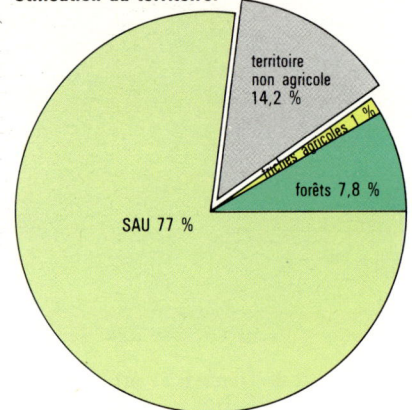

Pie chart:
- SAU 77 %
- territoire non agricole 14,2 %
- forêts 7,8 %
- friches agricoles 1 %

par comparaison : la France entière :

SAU	58,6 %
forêts	26,5 %
friches agricoles	5,3 %
territoires non agricoles	9,6 %
	100,0 %

Revenu brut d'exploitation par ha de S.A.U. (1977)

Nord	2,7 milliers de F (3e rang)
France (reste de la)	1,7 millier de F
Alsace	4,0 milliers de F (1er rang)
Ile-de-France	3,4 milliers de F (2e rang)

Parc de tracteurs pour 1 000 ha de S.A.U. (1977)

Nord	50 (5e rang)
France (reste de la)	43
Alsace	94 (1er rang)

Livraisons d'engrais azotés par hectare (1978)

Nord	100 kg (3e rang)
France (reste de la)	62 kg
Ile-de-France	129 kg (1er rang)
Picardie	101 kg (2e rang)

S.A.U. moyenne par exploitation (1975)

Nord	21 ha
France (reste de la)	21 ha
Ile-de-France	53 (1er rang)
Alsace	12

L'agriculture du Nord en chiffres.

Part du Nord dans	
la surface du territoire français	2,3 %
la S.A.U. française	3,0 %
les terres labourables françaises	3,7 %
la production de blé	6 %
légumes	11,3 %
betteraves	13,1 %
pommes de terre	19 %
lin	29,5 %
houblon	34 %
porcs	9,7 %
des effectifs salariés employés dans l'industrie agro-alimentaire française	9,3 %
du chiffre d'affaire des industries agro-alimentaires françaises	7,9 %

agriculture intensive à forte productivité

La plaine de Flandre maritime à Wormhout (Nord).
Les moulins étaient utilisés pour évacuer l'eau que drainent des canaux bordés d'arbres, seule dimension verticale sur un horizon parfaitement plan.

Boulogne-sur-Mer : la ville et le port de pêche.
Les quartiers proches du port ont été reconstruits après la guerre. On distingue bien deux bassins consacrés l'un à la pêche côtière et à la plaisance, l'autre à la pêche lointaine.

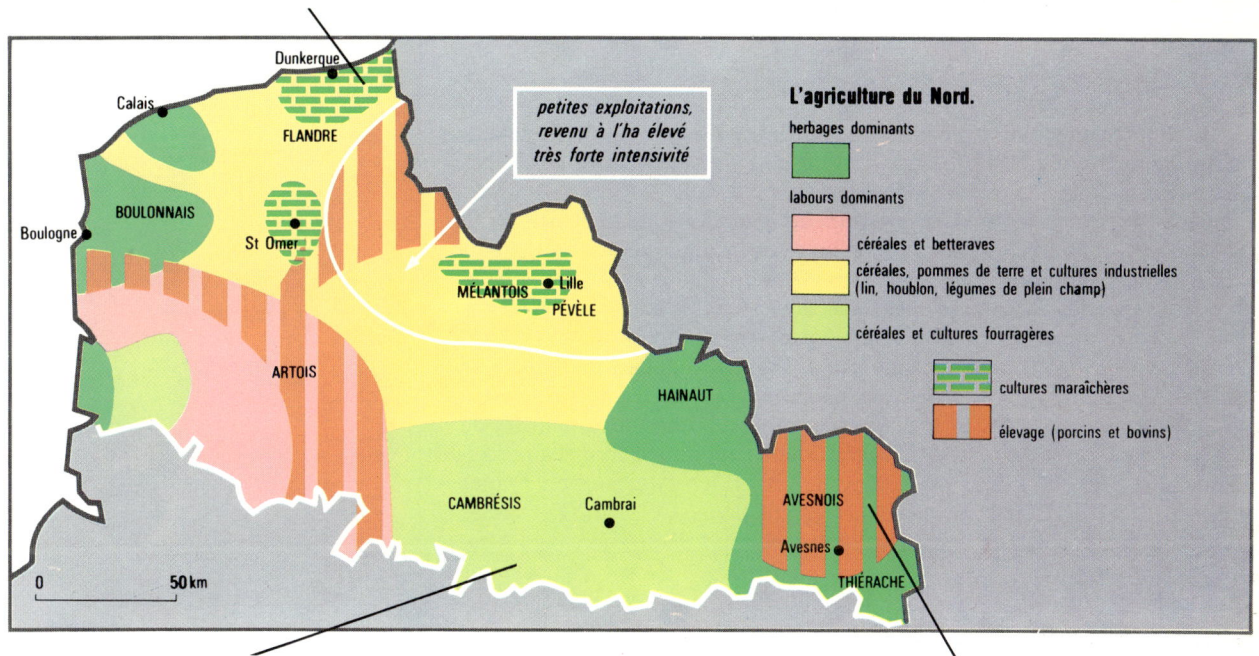

L'agriculture du Nord.

petites exploitations, revenu à l'ha élevé très forte intensivité

herbages dominants

labours dominants

céréales et betteraves

céréales, pommes de terre et cultures industrielles (lin, houblon, légumes de plein champ)

céréales et cultures fourragères

cultures maraîchères

élevage (porcins et bovins)

0   50 km

Dunkerque
Calais
FLANDRE
BOULONNAIS
Boulogne
St Omer
MÉLANTOIS   Lille
PÉVÈLE
ARTOIS
HAINAUT
CAMBRÉSIS   Cambrai
AVESNOIS
Avesnes
THIÉRACHE

Paysage de grande culture en Artois.
Openfield et culture mécanisée (céréales, betteraves), villages groupés et leur ceinture de jardins et de pâtures (villages-bosquets). On opposera ces types de paysage et d'agriculture d'Artois à ceux de la Thiérache.

Paysage bocager en Thiérache.
Champs enclos complantés de pommiers, habitat dispersé, activité agricole dominée par l'élevage des bovins. Au second plan, les bâtiments blancs sont ceux d'une laiterie.

effacement des frontières : 50, 64
espace rhénan : 9, 120

69-L'héritage lotharingien

Aucune autre partie du territoire français n'a été davantage disputée au cours de l'histoire que l'ensemble des régions orientales ; successivement, Romains et Germains, rois de France et empereurs germaniques, États modernes de la France et de l'Allemagne les ont garnies de forteresses et couvertes de champs de bataille ; longtemps le Rhône et la Saône, relayés au nord par la Meuse ou la Moselle, fixèrent les lignes de partage entre régions de mouvance française et pays de tradition germanique et, jusqu'au siècle dernier, les bateliers de la Saône et du Rhône désignaient par *reiaume* (royaume) la rive droite et par *emperi* (empire) la rive gauche. Il est significatif qu'au cours des trois derniers siècles se soient opposées la politique des frontières naturelles françaises, qui visait à ancrer la France sur le Rhin, et la conception d'un Empire germanique s'étendant jusqu'aux rives de la Moselle ou de la Meuse.

Dès l'Antiquité, **les régions de l'Est sont marquées par leur destin d'axe et de frontière**. Pour contenir la poussée des « barbares » germains, les Romains établissent une frontière fortifiée, le *limes*, appuyée sur le Rhin et les massifs montagneux voisins, créent une armature urbaine (Cologne, Mayence, Trèves, Strasbourg, Metz, Besançon, Autun) et un réseau routier dense. A la chute de l'Empire, les Francs sont établis en Lorraine, les Alamans en Alsace et dans le Jura, les Burgondes dans les plaines de la Saône. En 843, le partage de l'Empire carolingien crée une Lotharingie éphémère, étirée entre le royaume de France et l'Empire germanique, et pendant tout le Moyen Age, bien que très divisés politiquement, les pays rhénans sont des régions prospères animées par des villes actives et puissantes. A la fin du Moyen Age, l'échec des ambitieux ducs de Bourgogne dans leur tentative de recréer une Lotharingie permet aux rois de France de prendre pied en Bourgogne (Louis XI), en Alsace et en Franche-Comté (Louis XIV), en Lorraine (Henri II, puis Louis XV). Au XIXe siècle, le réveil du sentiment national germanique aboutit à l'annexion de l'Alsace-Lorraine jusqu'en 1918.

Depuis la fin de la Seconde Guerre mondiale, **l'effacement progressif des frontières* a fait renaître la vocation unificatrice de l'espace rhénan***, qui, devenu l'épine dorsale économique de l'Europe, exerce une attraction de plus en plus impérieuse sur les régions périphériques. Aussi, l'intégration européenne implique-t-elle trois conséquences, que la situation de ces régions de l'Est français rend particulièrement originales et sensibles :
– le développement des axes méridiens et la mise en valeur des carrefours lorrain, alsacien et bourguignon ;
– parallèlement, un certain effacement de l'attraction parisienne, qui s'était développée à la faveur d'une centralisation politique, administrative et économique séculaire et d'un confinement frontalier jaloux ;
– une confrontation directe avec les très dynamiques régions suisses et allemandes voisines, plus peuplées, plus prospères et davantage urbanisées. Si les régions de l'Est ont longtemps fait figure de zones favorisées, comparées à la plupart des autres régions françaises, avec leurs densités de population relativement élevées, leurs industries importantes, leurs grandes villes actives dotées d'un rayonnement régional indiscutable, inversement le contexte actuel les place en position de faiblesse, même si, à terme, il se révèle être le moteur d'un nouveau développement.

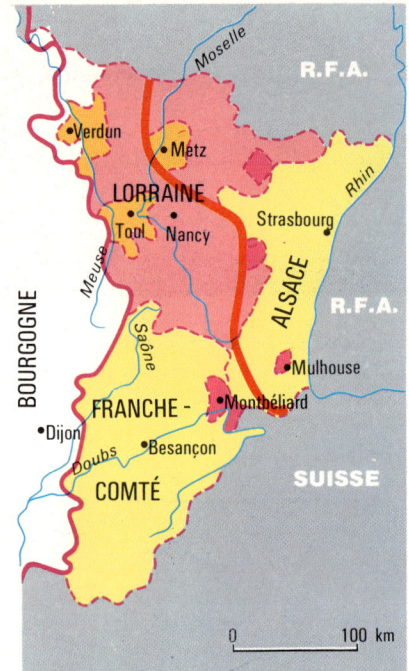

Les frontières entre Meuse et Rhin de la fin du Moyen Âge à l'époque contemporaine.

— frontière de l'Empire à la fin du Moyen Age

▢ territoires annexés sous Henri II (1552)

▢ territoires annexés sous Louis XIV (1648 à 1681)

▢ territoires annexés sous Louis XV (1766)

▢ territoires annexés à la Révolution

— frontières de 1871 à 1918

Jusqu'à la fin du Moyen Age, Lorraine, Alsace et Franche-Comté ont fait partie du Saint-Empire. La frontière de 1871 à 1918 s'appuyait sur la limite occidentale des parlers germaniques.

T Recherchez dans votre environnement régional les traces d'événements guerriers et militaires ayant marqué les paysages de leur empreinte.

marche-frontière : *au Moyen Age, les régions disputées ainsi que les régions frontalières ou de conquête récente étaient qualifiées de marches (mot provenant du germanique* **Mark***) ; elles étaient administrées par des marquis. Les régions orientales de la France ont longtemps constitué des marches à tous les sens du terme.*

Le pont de l'Europe. ▲

Construit quarante-quatre ans après la bataille de Verdun, il enjambe le Rhin entre Strasbourg et la ville allemande de Kehl.

La France de l'Est jouit d'une remarquable situation dans l'espace, à proximité de l'axe rhénan et dans le prolongement de ses antennes occidentales (vallée de la Moselle, porte de Bourgogne), passerelles naturelles jetées en direction du couloir rhodanien et du Bassin méditerranéen. Elle n'a guère été valorisée jusqu'à présent : l'Est français, sous-peuplé et relativement peu urbanisé par rapport aux régions rhénanes voisines, souffre encore de son enclavement. ▶

Verdun, la plus longue bataille de l'histoire (février à décembre ▶ 1916) : près d'un million de morts sur quelques dizaines de km².

Le cimetière militaire de Douaumont.

Immense et tragique clairière dans la chétive forêt qui a fini par recoloniser la « zone rouge » des plateaux ravagés par les combats au Nord de Verdun. ▼

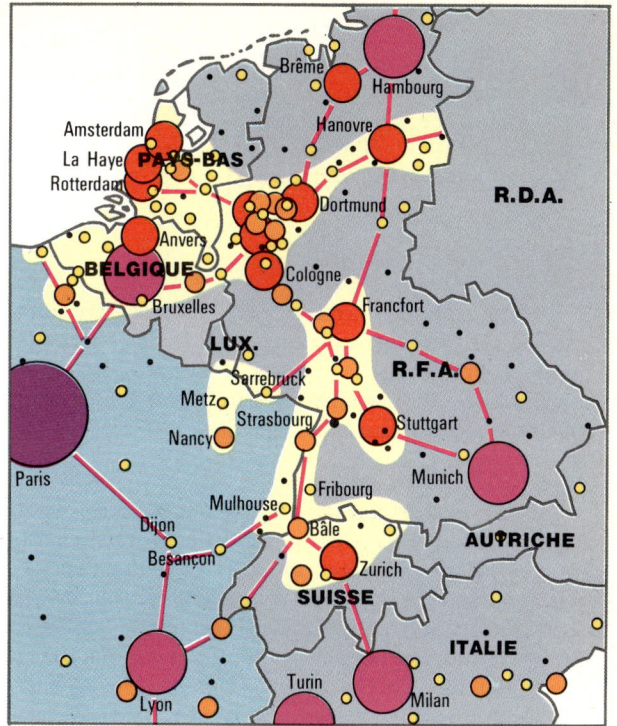

La France de l'Est dans l'espace rhénan et européen moyen.

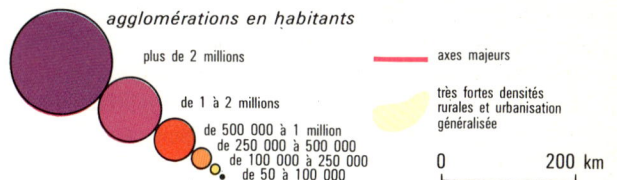

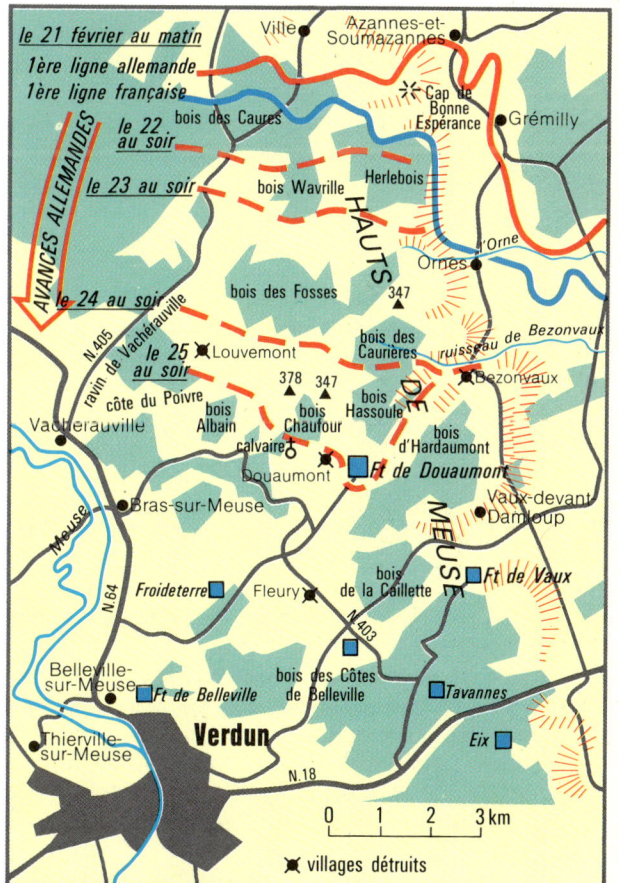

agglomérations en habitants

plus de 2 millions

de 1 à 2 millions

de 500 000 à 1 million
de 250 000 à 500 000
de 100 000 à 250 000
de 50 à 100 000

axes majeurs

très fortes densités
rurales et urbanisation
généralisée

0   200 km

70-La variété des milieux naturels

L'originalité des paysages* de l'Est français résulte moins du contact entre les zones hercynienne et alpine, ou de la diversité des structures représentées, plateaux, massifs anciens, fossés d'effondrement, chaînes plissées, que de la juxtaposition serrée d'unités géomorphologiques qui accentue ou atténue, à différentes échelles spatiales, le caractère de seuil bioclimatique de l'ensemble.

C'est en Lorraine que les reliefs associés aux bassins sédimentaires trouvent, en France, leur plus belle expression. Suivant l'alternance des couches, successivement meubles et cohérentes, se développe une succession de plateaux limités par des talus (**cuestas** de Moselle, de Meuse) que précèdent des dépressions verdoyantes, drainées par des vallées à dominante orthoclinale, parfois surmontées de buttes. Plateaux, talus, dépressions combinant les effets dus à l'altitude, à l'exposition et à la nature des sols, multiplient les terroirs et les nuances climatiques locales ; cependant, le climat régional lorrain peut être défini comme un climat océanique aigri par l'altitude et les frimas continentaux.

Deux massifs anciens* représentent la vieille ossature hercynienne : au sud-ouest, le Morvan est la terminaison septentrionale de la bordure orientale du Massif central ; à l'est, le massif vosgien est le pendant occidental de la Forêt-Noire ; entre Morvan et Vosges, un haut-fond du socle soulève les terrains jurassiques du plateau de Langres jusqu'à l'altitude de 600 mètres. Malgré des altitudes qui demeurent modestes (Morvan : moins de 1 000 m ; Vosges : moins de 1 500 m), ces deux massifs méritent le qualificatif de montagnes pour leur système de pentes, leur climat plus froid et humide, leur végétation forestière dominée par les feuillus dans le Morvan, par les conifères dans les Vosges, et leurs paysages herbagers. L'altitude alliée à la topographie et à l'exposition accentue la dissymétrie vosgienne : le long versant lorrain essuie les flux atlantiques tandis que le bref versant alsacien, plus sec et ensoleillé, baigne déjà dans une ambiance continentale.

Au-delà, **les dépressions alsacienne et séquanienne sont des fossés d'effondrement**, précédés l'une par les collines sous-vosgiennes, l'autre par les plateaux bourguignons. De grandes failles méridiennes les ont individualisés à l'ère tertiaire. Ces fossés ont été comblés peu à peu par des sédiments détritiques arrachés aux bordures montagneuses, et leur topographie actuelle est celle de plaines dont les seules inégalités sont les terrasses alluviales des principaux cours d'eau (Ill et Rhin, Saône). Protégées des influences océaniques directes, ces régions voient déjà poindre des traits continentaux, encore timides dans les pays de la Saône, mieux affirmés en Alsace. Des sols fertiles d'origine alluviale et éolienne (lœss alsaciens) rendent compte de l'extrême défrichement et d'une mise en culture quasi intégrale.

Enfin, **la montagne jurassienne résulte du plissement alpin** ; on peut y distinguer deux ensembles : à l'ouest, des plateaux étagés de 400 à 900 mètres, accidentés par quelques rides isolées, au climat marqué par l'altitude, et où les terroirs sont partagés entre les herbages et la forêt caducifoliée ou mixte : à l'est, le Jura plissé et ses formes caractéristiques (monts, vaux, cluses...), où les paysages végétaux (herbages et forêts de conifères) trahissent la rudesse du climat.

Le relief de la France de l'Est.

- terrains détritiques des fossés et bassins (paysages de plaines et de collines)
- ensembles sédimentaires crétacés (bas-plateaux aux formes douces, dépressions, vallées)
- ensembles sédimentaires jurassiques (plateaux avec vallées encaissées, cuestas, dépressions, buttes)
- ensembles sédimentaires triasiques calcaires ou gréseux (plateaux forestiers des Vosges, vallées encaissées)
- socle et massifs anciens (plateaux, croupes, vallées incisées et encaissées)
- plateaux
- dépressions et vallées principales
- lignes de cuestas
- dans le Jura, principaux chaînons
- failles principales

T La carte du relief et de la tectonique d'une région permet d'évaluer l'importance des accidents géologiques ayant affecté l'écorce terrestre dans le façonnement du relief régional. Dans les zones où la tectonique est toujours active (tremblements de terre), cette carte constitue, en outre, une source de renseignements pour les risques potentiels.

Coupes.

- remplissage détritiques des fossés
- terrains sédimentaires secondaires (triasiques/jurassiques/crétacés)
- socles et massifs anciens
- failles principales
- mouvements tectoniques responsables de la mise en place des grandes masses de relief

R.F.A.

Aisne

Argonne

Marne

CHAMPAGNE

Châlons

côtes de Meuse

Verdun

Meuse

WOEVRE

côtes de Moselle

Metz

PLATEAU LORRAIN

Sarre

WARNDT

Sarrebruck

ILE-DE-FRANCE

Bar

Toul

Nancy

Moselle

Meurthe

Strasbourg

Ill

Rhin

ALSACE

FORÊT NOIRE

VOSGES

Troyes

Aube

Seine

XAINTOIS

LA VÔGE

Épinal

Ballon de Guebwiller 1426 ▲

Colmar

Sens

Armançon

Châtillon

Langres

PLATEAU DE LANGRES

PLATEAU DE LA Hte SAONE

Mulhouse

Belfort

Bâle

Auxerre

Porte de Bourgogne

Avallon

AUXOIS

seuil de Bourgogne

Ognon

Besançon

Yonne

PLATEAUX BOURGUIGNONS

Dijon

Côte-d'Or

Saône

Doubs

Vignoble

Pontarlier

Haut-Folin 902 ▲

Autun

MORVAN

Nevers

Le Creusot

Loire

Chalon

BRESSE

Revermont

JURA

SUISSE

Crêt de la Neige 1723 ▲

CHAROLAIS

0   50 km

BEAUJOLAIS

Mâcon

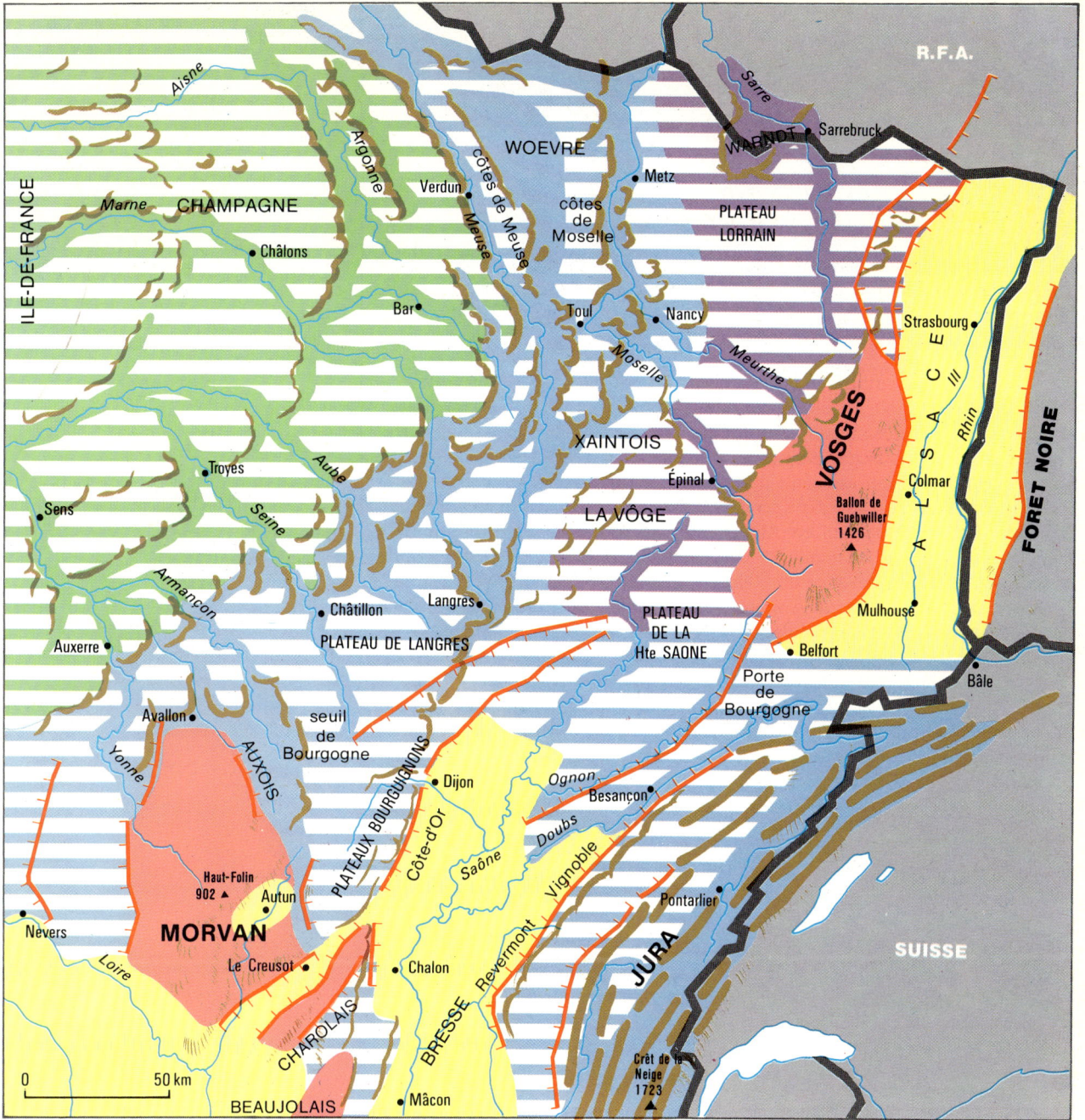

Coupe de la Champagne à la Forêt-Noire.

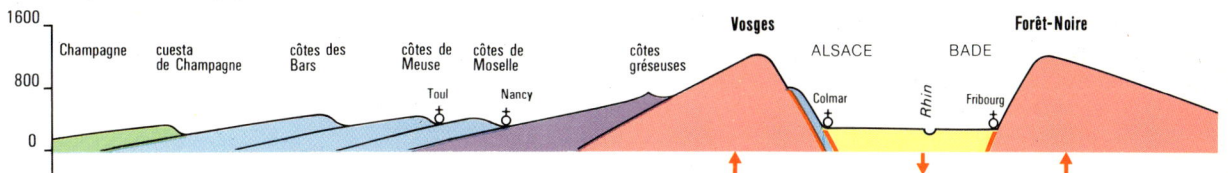

1600

800

0

Champagne | cuesta de Champagne | côtes des Bars | côtes de Meuse | côtes de Moselle | côtes gréseuses | Vosges | ALSACE | BADE | Forêt-Noire

Toul | Nancy | Colmar | Rhin | Fribourg

1600

800

0

Morvan | Haut-Jura

collines du Nivernais | plateaux bourguignons | Côte-d'Or | plaines de la Saône | plateaux du Jura

Loire | Nevers | Beaune | Saône | Pontarlier | plaine suisse

Coupe de la vallée de la Loire à la plaine suisse.

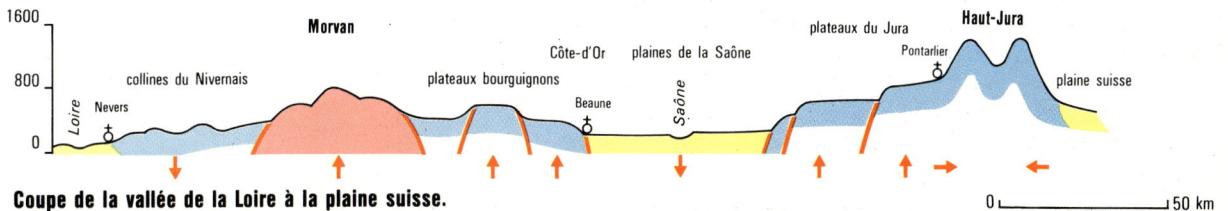

0   50 km

149

71-Des économies agricoles juxtaposées

A l'image de ses régions naturelles, la France de l'Est ne comporte pas de très vastes ensembles agricoles homogènes comparables à ceux du centre du Bassin parisien. On peut néanmoins distinguer quelques grands types régionaux d'économie agricole.

La vieille polyculture, le plus souvent en déclin, en difficile survie ou en cours de reconversion, est encore vivace sur les plateaux jurassiques lorrains et bourguignons, dans les massifs montagneux du Morvan, des Vosges et du Jura, mais aussi dans les riches plaines de la Saône et d'Alsace, où elle revêt un caractère plus intensif, associant des productions très diversifiées mais d'une valeur marchande fort variable : céréales, élevage, cultures légumières, cultures spéciales (tabac et houblon en Alsace). Partout, mais inégalement selon les régions, cette forme d'économie agricole apparaît en net recul devant la grande culture des céréales, devenue dominante sur les plateaux calcaires (Lorraine, plateaux de l'Auxerrois et du Tonnerrois, de Langres, plateaux de Côte-d'Or), ou s'associant à d'autres spéculations, telles que la betterave à sucre ou les cultures fourragères (plaines de la Saône) ; en Alsace et dans les plaines de la Saône, à proximité des villes et dans des périmètres relativement limités, la polyculture traditionnelle, trop faiblement rémunératrice, a d'ores et déjà cédé la place aux cultures spéciales, légumières ou fruitières de plein champ. Enfin, un peu partout (et même en Alsace !), l'élevage laitier gagne du terrain au détriment de la polyculture ancienne.

La transition est facilitée par le fait que **cette polyculture comporte très généralement un secteur d'élevage plus ou moins important**. S'il progresse rapidement partout, il est depuis longtemps prépondérant dans les massifs du Morvan et du Jura, ainsi que dans les dépressions argileuses (grandes vallées, Auxois, Woëvre), moins nettement dans les Vosges. Dans le Jura, l'essor de l'élevage s'est appuyé sur un vigoureux mouvement coopératif, dont l'activité des « fruitières », où l'on fabrique le savoureux comté, prouve l'efficacité toujours actuelle, malgré la concurrence du gruyère industriel. Parallèlement au développement de l'élevage laitier, l'élevage pour la viande connaît un grand essor (race charolaise).

Les régions de l'Est comptent parmi les plus boisées, mais le rôle économique de la forêt apparaît très inégal : si les « joux » (forêts) jurassiennes, progressivement converties en futaies et enrésinées, bien gérées, fournissent d'appréciables rentrées d'argent aux propriétaires privés ainsi qu'aux collectivités locales (communes), la forêt vosgienne n'occupe pas la place qui pourrait être la sienne, faute d'une valorisation adéquate par une puissante industrie du bois. Ailleurs, traditionnellement exploitée en taillis pour le chauffage, la forêt n'a pas encore totalement opéré la reconversion nécessaire à sa réhabilitation.

A coup sûr, **la vigne reste la spéculation agricole la plus solide**. La France de l'Est possède deux des grands vignobles nationaux, dont la production de qualité s'est ouvert le marché mondial. Accroché aux collines sous-vosgiennes, le vignoble alsacien offre, dans le cadre d'exploitations très petites, ses vins blancs, désignés par les cépages dont ils sont issus (Sylvaner, Riesling, Gewürztraminer). Le vignoble bourguignon occupe une position à peu près analogue, le long du talus de la « Côte-d'Or », mais ses grands vins, portant la dénomination de leurs terroirs d'origine, sont surtout des vins rouges, généralement commercialisés par les viticulteurs eux-mêmes. Cette spéculation, stimulée par le marché mondial, est en pleine expansion et revivifie les vignobles périphériques, chablissien, jurassien et toulois.

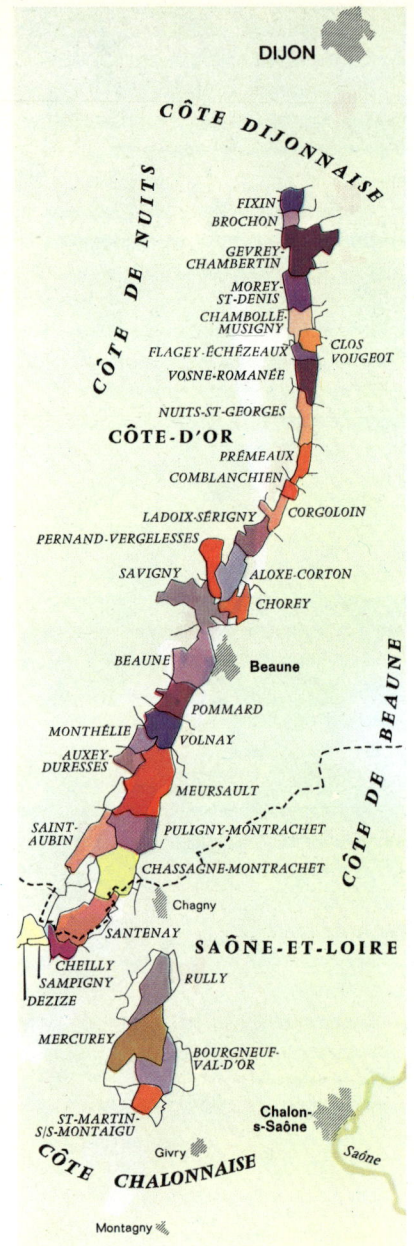

L'alignement des grands crus bourguignons, de Dijon à Chalon.

polyculture en région tempérée : *système agricole englobant plusieurs productions. Dans l'Europe tempérée, la polyculture repose traditionnellement sur un équilibre entre les productions végétales et animales.*

coopérative agricole : *en économie libérale, entreprise résultant d'une association entre différents exploitants en vue de faciliter et de rationaliser la production et/ou la commercialisation des produits agricoles. Le terme fruitière désigne la forme régionale d'association permettant aux paysans jurassiens de produire et de commercialiser les fromages de gruyère et de comté.*

Conditions des activités rurales.

Conditions / Régions	Climat	Sols	Exposition	Organisation rurale	Forêt	Élevage	Polyculture	Céréaliculture moderne	Cultures spéciales	Évolution démographique
Morvan	−	−			+	+	+	⊖	⊖	−
Vosges	−/⊖	⊖			⊕	+		⊖	⊖	⊖
Jura (montagnes et plateaux)	−/⊖	−/⊖	+/−		⊕	⊕	⊕	⊖	⊖	−
Plateaux lorrains et bourguignons	+/−	+			+	+	+	+	⊖	−/⊖
Dépressions orthoclinales, vallées	+	+			+/−	+	+			+
Talus (cuestas, failles)	⊕/−	⊕/−	⊕	+	+	+	+	⊖	⊕	⊕/⊖
Plaines	+	⊕			+/−	+	+/−	+	⊕/+	⊕/+

⊕ : très positives, + : positives
aucune indication : médiocres, négligeables ou indifférentes
− : négatives ; ⊖ : très négatives

T La carte des types d'économie agricole exprime la nature des structures d'activité ainsi que leur vitalité, et reflète par conséquent l'état de santé économique des grandes zones rurales.

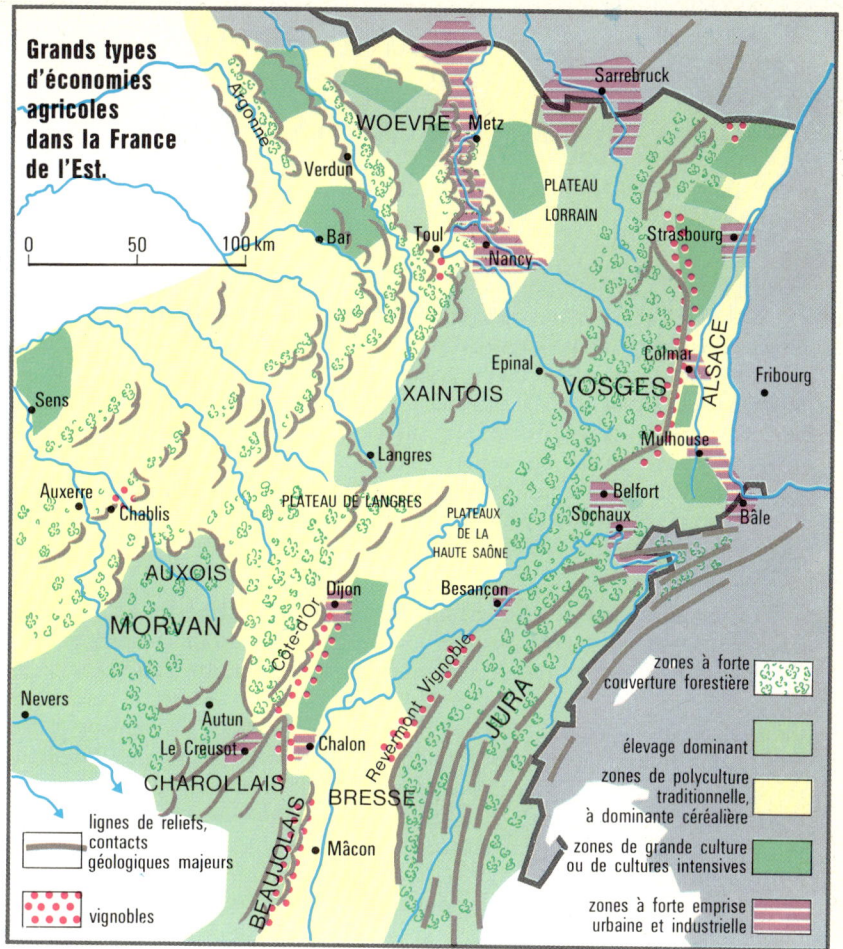

Grands types d'économies agricoles dans la France de l'Est.

0   50   100 km

Argonne · WOEVRE · Metz · Verdun · Sarrebruck · PLATEAU LORRAIN · Bar · Toul · Nancy · Strasbourg · Sens · XAINTOIS · Epinal · VOSGES · Colmar · ALSACE · Fribourg · Langres · Mulhouse · Auxerre · PLATEAU DE LANGRES · Chablis · PLATEAUX DE LA HAUTE SAÔNE · Belfort · Sochaux · Bâle · AUXOIS · Côte-d'Or · Dijon · Besançon · MORVAN · Revermont Vignoble · JURA · Nevers · Autun · Le Creusot · Chalon · BRESSE · CHAROLLAIS · Mâcon · BEAUJOLAIS

lignes de reliefs, contacts géologiques majeurs
vignobles
zones à forte couverture forestière
élevage dominant
zones de polyculture traditionnelle, à dominante céréalière
zones de grande culture ou de cultures intensives
zones à forte emprise urbaine et industrielle

Un village-rue lorrain : Henridorff (Moselle).

Type même du village de colonisation agricole, Henridorff a conservé de ses origines un plan fonctionnel : de part et d'autre de la voie centrale, les bâtiments barrent la façade des lots fonciers défrichés en profondeur. Devant les maisons, les traditionnels « usoirs » lorrains. ▼

La marqueterie d'un terroir alsacien : Dessenheim (Haut-Rhin).

L'allongement des parcelles laniérées résulte du partage séculaire des champs, allié à une exploitation concertée des blocs parcellaires que délimitent des chemins rayonnants à partir du noyau villageois. ▼

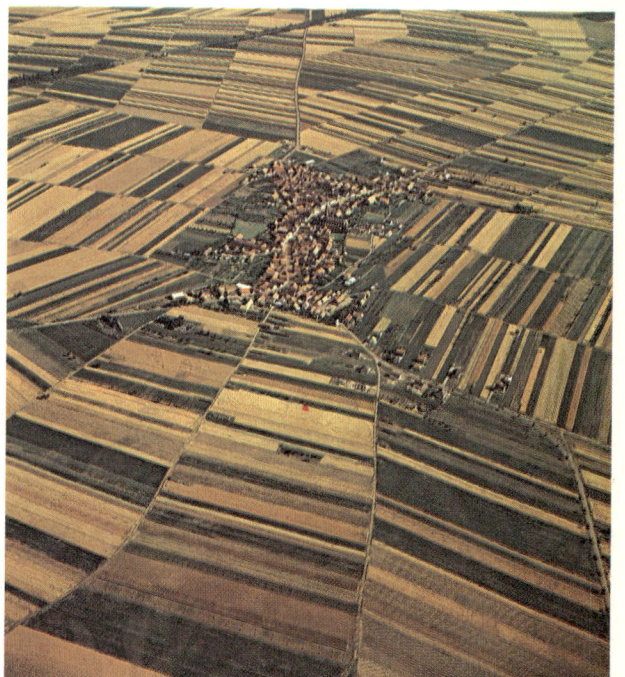

72-Les foyers industriels*

Sous l'Ancien Régime déjà, les régions de l'Est français figuraient parmi les plus fortement industrialisées, rassemblant près de la moitié des usines et ateliers métallurgiques de France, grâce aux nombreux gisements superficiels de fer et aux vastes massifs forestiers. Au cours du XIXe siècle, tandis que l'industrie métallurgique se concentre sur les gisements de charbon (Le Creusot, Lorraine septentrionale) ou de fer, l'industrie cotonnière se diffuse dans les régions de Mulhouse et des Vosges méridionales. Aujourd'hui, deux régions pèsent d'un poids prépondérant : la Lorraine, les régions de Mulhouse et de la porte de Bourgogne.

La puissance industrielle lorraine repose sur trois richesses du sous-sol : charbon*, sel et fer. Le charbon est contenu dans les terrains primaires de la Warndt, prolongement du bassin sarrois en territoire français. La bonne qualité du charbon, les structures du gisement, favorables dans l'ensemble, permettent une mécanisation poussée, de bons rendements (4 400 kg par mineur et par jour, record français) et une production massive annuelle de près de 10 millions de tonnes. On exploite par pompage le sel des couches sédimentaires triasiques (Dombasle, Château-Salins, Sarralbe), qui a permis le développement d'une puissante industrie chimique de base. Plus à l'ouest enfin, on extrait le minerai de fer **(minette)** de l'une des couches sédimentaires jurassiques ; de trop fortes teneurs en phosphore ont longtemps retardé son exploitation, mais aujourd'hui, c'est sa trop faible teneur en fer (25 à 30 %) qui le place en concurrence difficile avec les minerais importés ; aussi sa production est-elle en net recul depuis plusieurs années.

Malgré la concurrence des implantations littorales, **la Lorraine demeure la première région sidérurgique* française.** Cependant, cette industrie ne s'est guère diversifiée, et, malgré les restructurations (groupe Sacilor), les améliorations techniques, l'aide de l'État, elle connaît une crise chronique qui fait peser sa menace sur la Lorraine tout entière.

L'Alsace méridionale et la porte de Bourgogne constituent l'autre grand ensemble industriel régional. Héritière d'une ancienne industrie du bois et des métaux animée par des entrepreneurs souvent issus des milieux protestants (Peugeot, Japy), l'industrie automobile (Peugeot) s'est fortement implantée dans la région de Sochaux-Montbéliard. Depuis quelques années, elle a essaimé à Vesoul et surtout à Mulhouse ; le bassin industriel de Sochaux draine quotidiennement une main-d'œuvre nombreuse résidant parfois assez loin. L'autre pôle de cette nébuleuse industrielle est Mulhouse, dont le premier développement industriel, fondé sur le travail du coton, est relayé par des activités industrielles plus différenciées, qui profitent des facilités offertes par la position du carrefour mulhousien.

Si **les Vosges** ont bénéficié dans le passé de la proximité de Mulhouse pour le développement de l'industrie cotonnière, depuis les années 50, en revanche la crise du textile plonge les vallées usinières dans une situation très précaire. Malgré la crise de l'industrie horlogère, le Jura est moins touché, car ses activités industrielles sont plus diversifiées et pèsent d'un poids moins lourd. Ailleurs, les concentrations industrielles sont localisées autour des centres urbains les plus dynamiques : Strasbourg, Chalon-sur-Saône, Dijon, Besançon. Seul Le Creusot a un grand passé métallurgique, mais a su adapter ses productions (aciers spéciaux, matériel destiné aux centrales thermiques).

Localisation de l'industrie en France. 1780

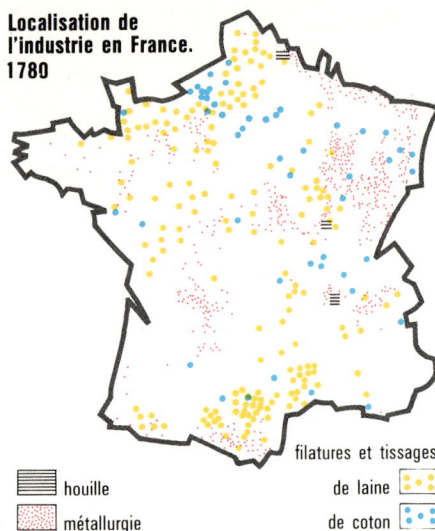

houille
métallurgie
filatures et tissages
de laine
de coton

Localisation de l'industrie en France. 1880

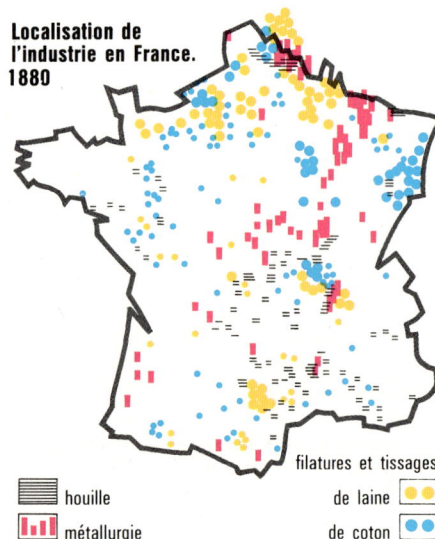

houille
métallurgie
filatures et tissages
de laine
de coton

Les régions de l'Est dans l'économie française en 1980.
en % de la production nationale

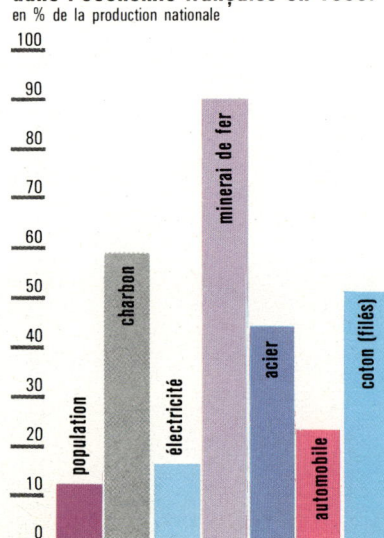

population — charbon — électricité — minerai de fer — acier — automobile — coton (filés)

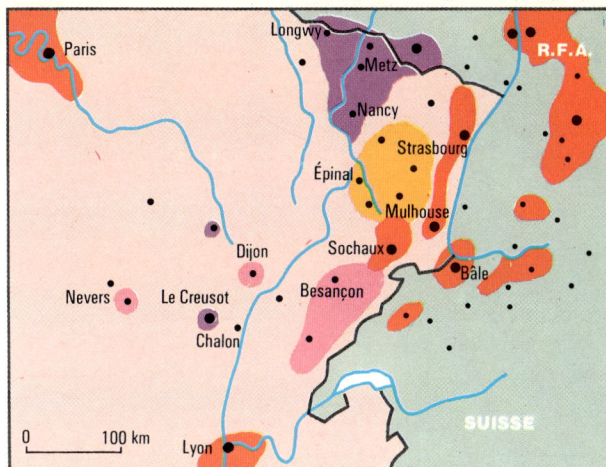

Les ensembles industriels régionaux dans la France de l'Est.

- ● centre industriel majeur
- ● centre industriel secondaire
- ▮ région dominée par l'industrie sidérurgique
- ▮ région polyindustrielle avec industrie concentrée
- ▮ région polyindustrielle avec industrie textile dominante
- ▮ région polyindustrielle avec industrie dispersée

Le triangle industriel Lorraine-Sarre-Luxembourg.

- ▮ gisement de fer
- ▨ gisement de charbon
- ● puits de mine (houille)
- ▪ usine sidérurgique
- ⊖ cokerie
- ▪ centrale thermoélectrique

La couche géologique ferrifère de l'Aalénien (milieu de l'ère secondaire) se prolonge au-delà de la frontière en Belgique et au Luxembourg ; les modalités régionales de son exploitation permettent de distinguer trois ensembles : au sud, les usines de la région de Nancy et de Pont-à-Mousson ; au centre, les vallées de l'Orne et de la Fentsch ainsi que l'ensemble de Thionville ; au nord les groupes de Longwy et du Luxembourg méridional. Le gisement houiller de la Sarre porte l'autre grande nébuleuse industrielle ; plus ancienne, elle est aussi plus dynamique et ses activités ont atteint une diversification supérieure, surtout en Sarre allemande.

Ⓣ Au sens géographique du terme, l'industrie est déjà un phénomène suffisamment ancien pour s'inscrire dans l'histoire. Des cartes d'évolution historique de l'industrie permettent d'apprécier la transformation des structures régionales.

Un paysage de la Lorraine sidérurgique : Longwy (Meurthe-et-Moselle).
Une vallée entaillée dans les plateaux, où s'entassent et se côtoient usines sidérurgiques et maisons ouvrières, dominées par une forêt de cheminées. A l'horizon, sur le plateau, un terril de morts-terrains arrachés aux exploitations de minette. ▼

L'originalité du recrutement tient à l'étendue du bassin de main-d'œuvre, ainsi qu'au caractère mixte, urbain et rural, des employés de ces usines. ▼

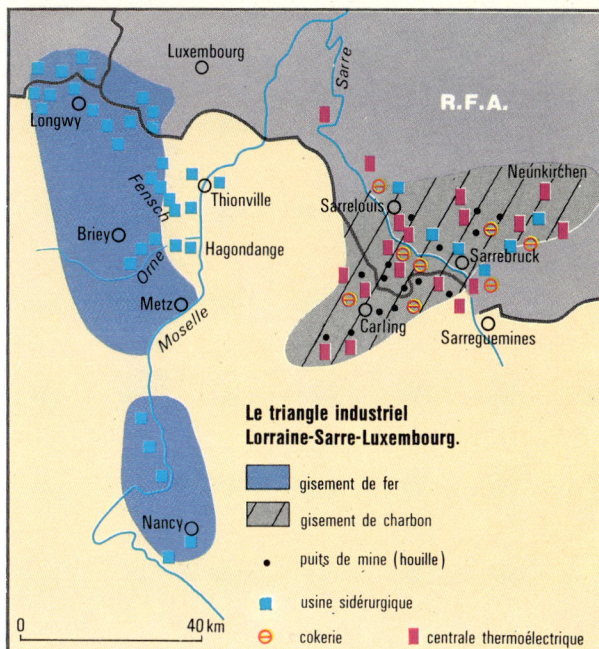

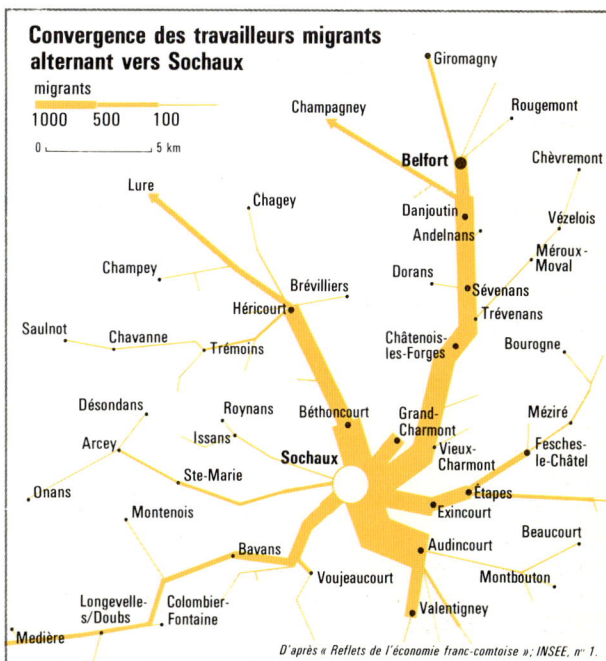

Convergence des travailleurs migrants alternant vers Sochaux

migrants
1000 500 100
0 ⊢——————⊣ 5 km

D'après « Reflets de l'économie franc-comtoise », INSEE, n° 1.

73-L'Alsace, une province - région

Par son cadre naturel, son passé historique, ses caractères humains et ses structures, l'Alsace est sans aucun doute la plus homogène et la plus authentique de toutes les régions* françaises. C'est aussi la plus rhénane et, à ce titre, la plus engagée dans l'Europe.

Milieux naturels et paysages humanisés s'associent harmonieusement : à l'ouest, la retombée des Vosges en un talus gréseux au nord, granitique au sud, est entaillée par de nombreuses et profondes vallées (Thur, Doller, Bruche) ; tandis que les versants sont restés le domaine de la forêt entrecoupée de pâturages, les vallées ont fixé villages et bourgs industrieux (travail du textile dans les vallées méridionales). A l'est, la plaine correspond au fossé d'effondrement rhénan dont le remplissage détritique est surmonté par les terrasses fluviales du Rhin et de l'Ill : les terrasses caillouteuses sont laissées à la forêt (Hardt), mais la fréquente présence d'une couverture loessique permet la pratique d'une polyculture intensive : céréales, légumes, tabac, houblon, dans un paysage de champs ouverts, laniérés, soignés, et de gros villages groupés et pimpants, tandis que forêts et prairies sont confinées dans les fonds inondables (rieds) des grandes vallées. Entre la montagne et la plaine, l'étroite bande des collines sous-vosgiennes, aux altitudes intermédiaires, aux sols bien égouttés et parfaitement exposés, porte un vignoble de qualité qui anime de gros et pittoresques bourgs.

Demeurée un « beau jardin », à l'image des autres régions rhénanes, **l'Alsace manifeste, comme elles, une remarquable vitalité urbaine**. Vitalité des petites villes, encore marquées par leur passé médiéval, inégalement ranimées par les activités industrielles, parfois frappées par le déclin des industries en perte de vitesse (villes textiles), vitalité des petites capitales de vallées, vitalité des bourgs ruraux et viticoles. Certaines ont hérité d'un passé historique prestigieux, telle la petite ville de Haguenau, première ville libre impériale (1164) et siège de la Ligue des Dix Villes ou Décapole au XIIe siècle, telle Sainte-Marie-aux-Mines, centre minier médiéval déchu et centre textile en crise.

La nébuleuse urbaine alsacienne s'est hiérarchisée peu à peu **en réseaux***, sous le commandement des trois villes principales : Strasbourg, Mulhouse, Colmar. Des trois, Colmar (85 000 habitants), la plus centrale et la plus typiquement alsacienne, ne possède néanmoins qu'un rayonnement restreint ; marché régional traditionnel, centre artisanal et agricole, administratif et judiciaire, Colmar s'est dotée récemment d'industries diversifiées, mais elle ne peut rivaliser avec Mulhouse (220 000 habitants) dont le premier essor résulte de la création d'une importante industrie textile, à partir du milieu du XVIIIe siècle, sous l'impulsion de quelques familles d'entrepreneurs calvinistes (Dollfus-Mieg, Koechlin) ; manufactures d'impression sur étoffes, filatures et tissages ont essaimé par la suite dans les vallées vosgiennes proches. Durement frappée par la crise du textile, Mulhouse a retrouvé un second souffle industriel par l'implantation d'industries plus largement diversifiées (industries mécaniques, chimiques, automobile), qui ont mis à profit sa position de carrefour européen et sa proximité par rapport au Rhin et à Bâle.

Si Mulhouse affirme sa maîtrise sur la Haute-Alsace, Strasbourg (360 000 habitants) demeure cependant la capitale incontestée. Forte de son passé, de son poids, de son port fluvial (second port fluvial français, après Paris), fixateur d'industries modernes, Strasbourg a été choisie comme siège du Conseil de l'Europe et de l'Assemblée européenne, retrouvant et renforçant sa vocation rhénane et européenne.

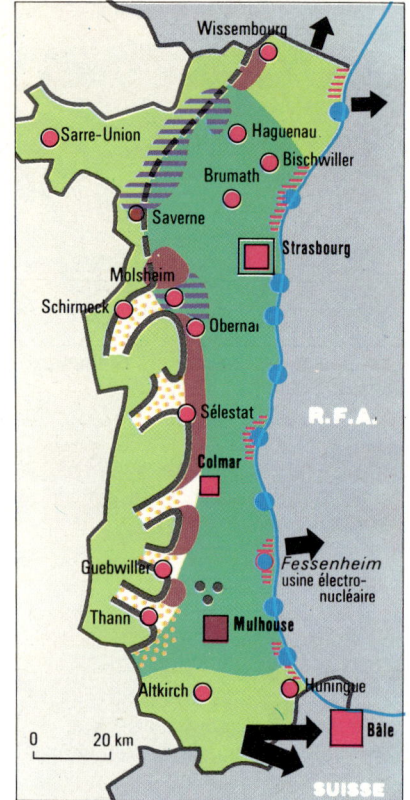

Les zones d'activité en Alsace.

limite orientale des Vosges, principales vallées

zones rurales en difficulté

polyculture prospère

vignoble

centres industriels et urbains

potasse

zone d'industrie métallurgique

zone d'industrie textile

zone industrielle portuaire

usines hydroélectriques et électro-nucléaires

flux des migrants frontaliers

Aujourd'hui, trois tendances dominent : renforcement des grands centres régionaux, perte de vitesse des petits centres traditionnels, notamment vosgiens, glissement des implantations vers les bords du Rhin.

champ ouvert : *parcelle cultivée dépourvue de toute forme de clôture et notamment de haies. Un paysage de champs ouverts est appelé openfield.*

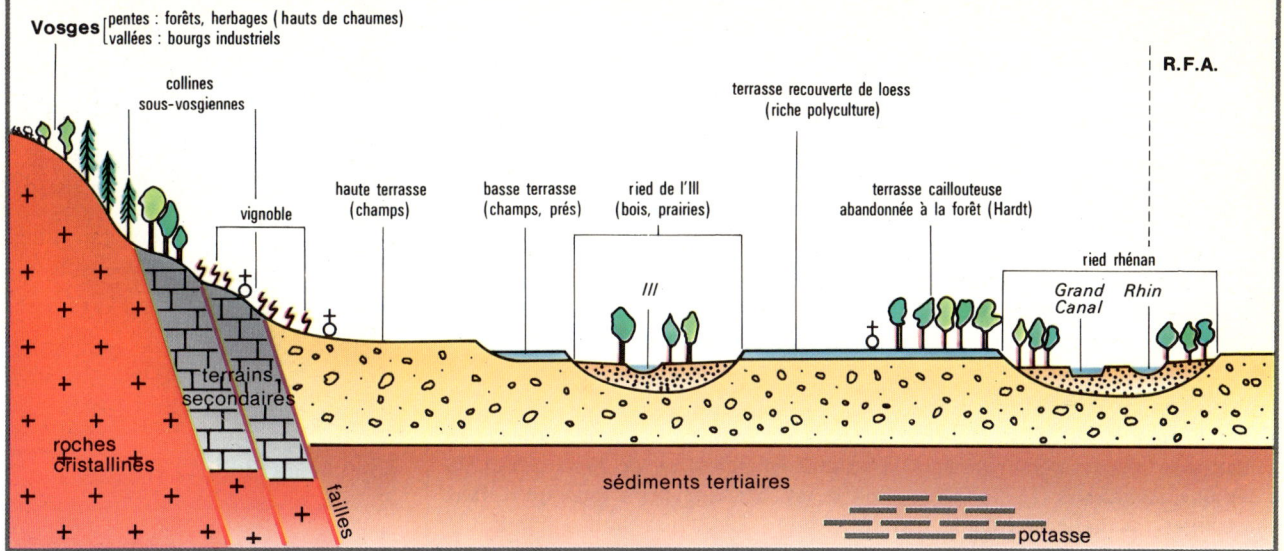

Coupe des paysages des Vosges au Rhin.

Vosges { pentes : forêts, herbages (hauts de chaumes)
         vallées : bourgs industriels

collines sous-vosgiennes

vignoble

haute terrasse (champs)

basse terrasse (champs, prés)

ried de l'Ill (bois, prairies)

terrasse recouverte de loess (riche polyculture)

terrasse caillouteuse abandonnée à la forêt (Hardt)

R.F.A.

ried rhénan

Grand Canal   Rhin

Ill

terrains secondaires

roches cristallines

failles

sédiments tertiaires

potasse

🅣 Une coupe à travers des paysages régionaux est un document qui n'a d'intérêt que s'il est parfaitement démonstratif. Il repose donc sur une simplification extrême de la réalité à représenter et sur un choix délibéré des phénomènes jugés essentiels. La coupe de paysages est une caricature.

Un paysage typique du vignoble alsacien : Kaysersberg.
Comme beaucoup de localités du vignoble, Kaysersberg s'apparente davantage à un bourg qu'à un gros village, par son passé historique, sa taille, ses maisons cossues et ses fonctions de petit centre local. Sa prospérité repose presque totalement sur le vignoble et le commerce des vins. ▶

🅣 Une carte régionale thématique doit mettre l'accent sur tel fait majeur, d'ordre topographique, géologique, démographique, agricole, urbain, industriel, etc. Son élaboration suppose donc une simplification et une synthétisation ; son commentaire exige au contraire le recours à des éléments d'explication extérieurs aux documents, mais implicitement contenus.

Le Rhin et le Grand Canal d'Alsace à Vogelgrün-Breisach.
A la suite de la Première Guerre mondiale, la France a obtenu le droit de doubler le cours du Rhin (à droite sur la photographie) par un canal (au centre) permettant la circulation de grosses péniches au gabarit dit européen (1 350 tonnes minimum) et d'établir des dérivations aboutissant à des centrales hydro-électriques (à gauche, la centrale de Vogelgrün). A l'extrême droite, la vieille ville fortifiée de Breisach, en territoire allemand. ▶

74-Trois régions en quête d'identité

Plus encore que l'Alsace qui bénéficie d'une incontestable unité naturelle, **les autres régions de l'Est français, ensembles géographiques plus hétérogènes, ont hérité de l'histoire leur première identité**. Moins confrontée à des impératifs politiques ou administratifs qu'économiques et humains, la résurrection récente et voulue des entités lorraine, bourguignonne et franc-comtoise demeure précaire.

L'unité ancienne de la Lorraine s'était réalisée autour de Nancy, mais elle était trop récente pour résister à la montée en puissance de Metz durant la période allemande (1871-1918) : **c'est à cet héritage historique qu'il faut attribuer l'actuelle bicéphalie lorraine**. Metz (170 000 habitants) domine la Lorraine septentrionale, bilingue, plus industrialisée, plus peuplée et dont l'urbanisation, plus poussée qu'en Lorraine méridionale, est aussi moins élaborée, de sorte que la domination de Metz s'exerce sans résistance. Nancy (260 000 habitants), vieille et brillante capitale historique, étend son influence sur les régions centrales et méridionales de mouvance française traditionnelle, plus rurales, moins peuplées aussi, mais où les centres secondaires manifestent une certaine autonomie, qui soustrait les marges méridionales (Neufchâteau, Epinal), orientales (Lunéville, Saint-Dié) et occidentales (Toul, Bar-le-Duc, Verdun) à l'emprise directe de Nancy.

La structure économique régionale est tout aussi hétérogène. D'une part, s'opposent deux ensembles ruraux : les plateaux et leurs dépressions, marquetterie de bons et de mauvais pays où alternent labours, herbages, forêts et friches ; le massif vosgien, forestier et herbager. Par ailleurs, se juxtaposent quatre régions industrielles peu intégrées : à l'ouest, les vallées du fer et de la sidérurgie (Moselle nancéienne, Orne, Fensch, Chiers) ; au nord, la région charbonnière de la Warndt ; à l'est, les Vosges polyindustrielles dominées par l'industrie textile ; au centre, les régions du sel et de la chimie. **Une lente restructuration régionale s'ébauche autour de l'axe mosellan,** dont l'attraction a été renforcée par l'aménagement des voies de communication (canalisation, autoroute, voie ferrée), par le glissement des industries et le développement d'une urbanisation linéaire préfigurant les contours d'une métropole lorraine.

Bourgogne et Franche-Comté sont des espaces mal vertébrés, que maîtrisent très imparfaitement les deux centres régionaux de Dijon (190 000 habitants) et de Besançon (130 000 habitants). La Bourgogne est le type même de la région-programme taillée dans un espace intermédiaire relativement amorphe : si le souvenir de l'entité historique est demeuré vivace dans les esprits « fiers d'être bourguignons », la construction régionale récente n'est en fait qu'un assemblage de pays hétérogènes (plateaux de Basse-Bourgogne, Morvan, plateaux haut-bourguignons, Côte-d'Or, plaines de la Saône) que ne parvient plus à solidariser le rayonnement déficient d'un foyer trop modeste. Aussi la Bourgogne est-elle écartelée par les métropoles voisines : la Basse-Bourgogne sénonaise et auxerroise a depuis longtemps basculé dans l'orbite parisienne moyenne, le Nivernais, adossé à l'écran morvandiau, est partagé entre la capitale et Clermont-Ferrand, tandis que le Midi bourguignon, avec les villes de Chalon-sur-Saône et de Mâcon, baigne dans les influences lyonnaises. Plus exiguë et homogène, la Franche-Comté souffre des mêmes faiblesses, et Besançon ne peut empêcher la constitution d'une région économique fortement polarisée par Montbéliard et Mulhouse, ni s'opposer à l'attraction qu'exerce Lyon sur le Jura méridional et la Bresse. Et ce n'est pas le moindre paradoxe que de voir le dynamisme dijonnais, supérieur, menacer Besançon dans sa propre région. Ces tendances centrifuges sont renforcées par l'évolution récente et la restructuration en cours des voies de communication.

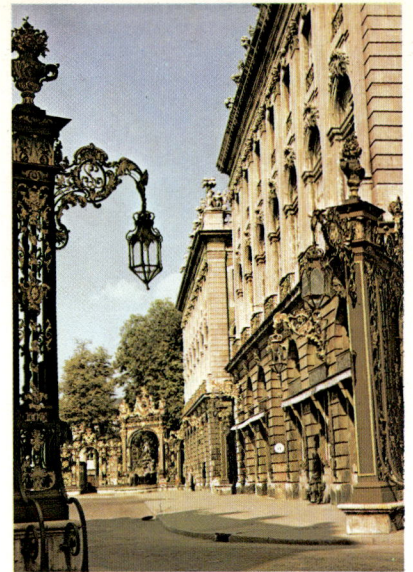

▲ **Place Stanislas à Nancy.**

🅣 La carte des réseaux urbains et des influences urbaines permet d'apprécier directement et synoptiquement le degré de structuration d'une région par ses villes, le degré de perfection du réseau urbain, ou, s'agissant d'une ville, l'étendue et la conformation de son aire d'influence.

▲ **Gare de Metz.**

espace intermédiaire : *en géographie régionale, espace disputé et/ou insuffisamment polarisé.*

espace démétropolisé : *espace régional privé d'un véritable centre régional majeur.*

Les réseaux urbains de la France de l'Est et le contrôle des espaces régionaux.

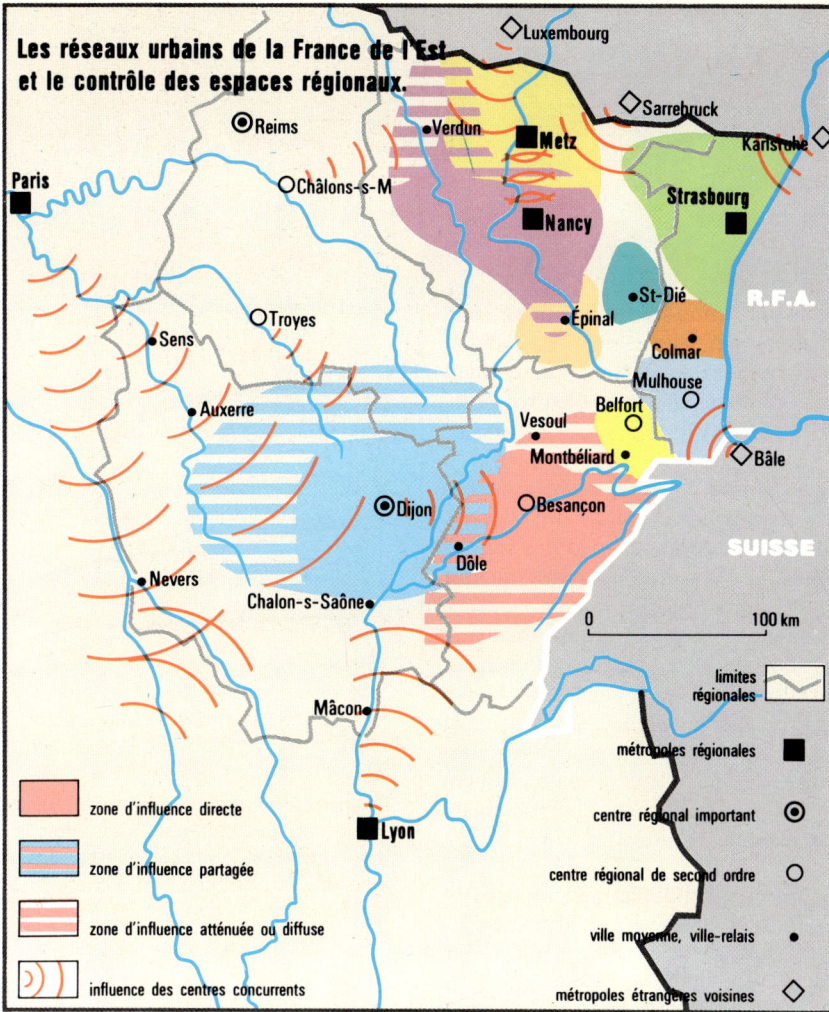

Luxembourg

Reims   Verdun   Metz   Sarrebruck   Karlsruhe

Châlons-s-M   Nancy

Paris   Troyes   St-Dié   R.F.A.

Sens   Épinal   Colmar

Auxerre   Mulhouse

Vesoul   Belfort   Bâle

Montbéliard

Dijon   Besançon   SUISSE

Dôle

Nevers   0   100 km

Chalon-s-Saône

Mâcon

limites
régionales

métropoles régionales ■

centre régional important ◉

centre régional de second ordre ○

ville moyenne, ville-relais •

métropoles étrangères voisines ◇

Lyon

zone d'influence directe

zone d'influence partagée

zone d'influence atténuée ou diffuse

influence des centres concurrents

Seule l'Alsace possède un réseau urbain véritablement cohérent. Au-delà des Vosges, le rayonnement des centres s'affaiblit : leur emprise régionale devient plus incertaine, admettant vacuoles et chevauchements, tandis que s'étend l'influence des métropoles voisines.

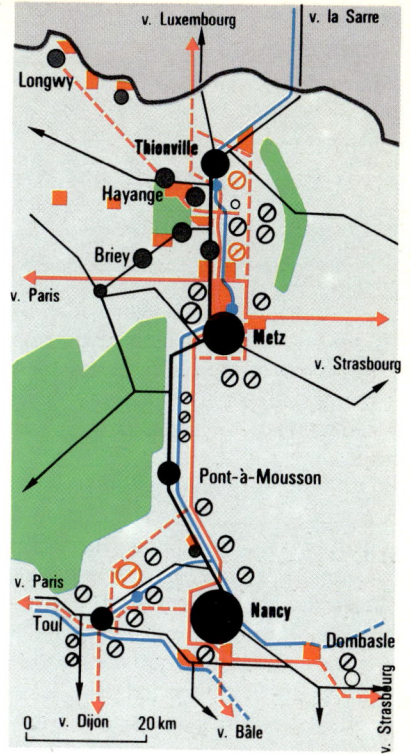

v. Luxembourg   v. la Sarre

Longwy

Thionville

Hayange

Briey

v. Paris   Metz   v. Strasbourg

Pont-à-Mousson

v. Paris   Nancy   Dombasle

Toul

v. Dijon   20 km   v. Bâle   v. Strasbourg

Vers une métropole lorraine intégrée.
d'après H. Nonn

voies navigables avec ports

Métrolor (voie ferrée à desserte cadencée)

autres voies ferrées

autoroutes existantes

autoroutes en construction ou en projet

ville à fort accroissement

ville à accroissement faible ou nul

implantation urbaine en cours ou en projet

implantation industrielle existante

implantation industrielle en cours ou en projet

zones vertes

La réalisation d'une métropole lorraine susceptible de structurer harmonieusement l'espace régional, d'offrir un axe de développement dynamique en relation avec les régions rhénanes et séquano-rhodaniennes, d'échapper aux attractions périphériques parisienne, strasbourgeoise et sarroise se heurte à la rivalité des deux grandes villes et à leur éloignement.

Le site fortifié de Besançon.
Les témoignages du passé historique des capitales lorraine et franc-comtoise : la gare wilhelmienne de Metz, la place Stanislas de Nancy, le site fortifié de Besançon. Pourtant, le passé, aussi brillant soit-il, ne pèse pas d'un poids très lourd devant les impératifs économiques et humains d'aujourd'hui.

157

axes de communication : 41
malaise industriel : 31

75-Les grands problèmes régionaux

Longtemps, les régions de l'Est français ont connu une solide prospérité. Depuis une vingtaine d'années, cependant, des signes d'essoufflement apparaissent et trahissent les faiblesses structurelles régionales, au moment même où la construction européenne les confronte, plus que d'autres, à de redoutables concurrences.

Les difficultés rurales sont celles que connaissent bien des campagnes françaises ; l'aspect le plus classique en est la crise de la polyculture des plateaux et des moyennes montagnes, responsable d'un exode rural qui a vidé les villages et bouleversé les structures démographiques. Les conséquences en sont très diverses, parfois opposées : déprise agricole (Vosges), progression de l'élevage laitier (Lorraine), restructuration des exploitations et mécanisation (plateaux bourguignons, plaines de la Saône). Si, dans le Jura, l'élevage laitier est relativement protégé par de solides structures coopératives et par le marché des grosses laiteries industrielles, il n'en est pas de même ailleurs, et notamment dans les Vosges, où l'élevage a fortement régressé. Enfin, l'agriculture alsacienne, d'apparence pourtant prospère, souffre de l'exiguïté et du morcellement des exploitations qui réduisent notablement sa productivité et obligent plus du tiers des agriculteurs à pratiquer une autre activité.

Surtout, depuis une dizaine d'années, **un formidable malaise industriel* envahit les deux activités clés de la Lorraine : la sidérurgie et le textile**. La crise sidérurgique, née de la médiocre compétitivité de l'acier lorrain, a nécessité le renouvellement des installations et du matériel, grâce à une aide massive de l'État, mais aussi la suppression de milliers d'emplois, notamment dans la région de Thionville et de Longwy ; malgré ces mesures radicales, les perspectives restent sombres. Plus ancienne, mais tout aussi grave, la crise du textile frappe durement les vallées vosgiennes, particulièrement la zone d'Épinal. Dans les deux cas, l'indigence des activités de remplacement rend la situation critique. Ailleurs – si l'on met à part la porte de Bourgogne où l'activité des usines Peugeot entretient une prospérité certaine, mais très sensible à la conjoncture – les implantations industrielles dynamiques sont rares ou insuffisantes pour fixer de nombreux emplois.

Il n'est guère étonnant, dans ces conditions, que **ces régions manifestent un certain tassement démographique** : la Lorraine, qui avait bénéficié d'une forte et régulière croissance de sa population de 1946 à 1975, voit depuis quelques années sa population décroître ; Bourgogne et Franche-Comté sont stables, et si l'Alsace connaît encore un bilan positif, elle voit aussi – comme la Lorraine septentrionale – plusieurs dizaines de milliers de ses habitants franchir chaque jour la frontière pour aller travailler en Allemagne ou en Suisse, d'autant que le niveau des rémunérations y est plus élevé et que le problème de la langue ne se pose guère.

Les problèmes des régions de l'Est ne se posent pas uniquement en termes économiques et sociaux, même si c'est l'aspect le plus sensible et le plus immédiat. La difficile adaptation des structures régionales ainsi que leurs faiblesses ont été évoquées plus haut ; par ailleurs, le développement de la vie de relation et la réalisation des grands axes de communication*, conformes à la vocation « naturelle » de ces régions ainsi qu'à leur intérêt à terme se heurtent à une double contradiction : la lenteur de leur mise en place (voies d'eau), la menace de mise en tutelle par les dynamiques métropoles voisines, parisienne, lyonnaise, allemande ou suisse, de ces régions moins fortement structurées.

Effectifs des salariés de la Lorraine selon l'activité économique de 1973 à 1978.

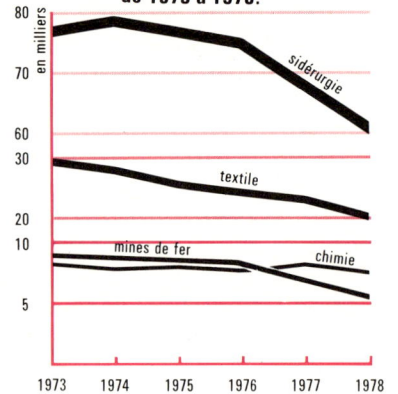

La forte diminution des emplois offerts par les grandes industries traditionnelles, sans que cela soit compensé par de nouvelles implantations en nombre suffisant, explique le déficit migratoire de la Lorraine.

activité de remplacement

aménagement fluvial : *l'apparition et le développement du transport de masse nécessite, outre la création de canaux, l'aménagement des cours d'eau dont les aptitudes naturelles se révèlent insuffisantes, par augmentation du tirant d'eau, régularisation du régime, renforcement des berges...*

migrations transfrontalières : *les migrations transfrontalières constituent un cas particulier parmi les migrations dites pendulaires. Elles expriment la nécessité qu'éprouve une partie de la population active résidant à proximité d'une frontière d'aller travailler dans le pays voisin, soit que la région de résidence n'offre pas d'emplois en nombre suffisant, soit que les conditions de travail et les salaires offerts par la région d'accueil soient plus attractifs.*

On observe une opposition globale entre les centres urbains, attractifs, et les campagnes qui continuent à se vider. Mais cette opposition ne s'exprime pas partout de la même façon : elle demeure la plus faible en Alsace, alors que partout ailleurs elle reste sensible. A noter l'impact des crises de la sidérurgie et du charbon lorrain et du textile vosgien. (En rouge, les bilans démographiques positifs ; en vert, les bilans négatifs, par commune. Extrait de la carte I.G.N. : *la population française*.)

T Le solde migratoire n'est qu'un indicateur de conjoncture parmi d'autres. Pour le géographe, cependant, sa valeur est privilégiée par le fait qu'il représente l'une des ultimes résultantes de toute une série de facteurs explicatifs, et qu'il s'applique à l'objet central de toute géographie bien comprise : l'Homme.

En territoire français, les flux méridiens, parallèles aux flux rhénans et les prolongeant, échappent encore difficilement à l'attraction parisienne, que matérialisent sur la carte le dessin rayonnant des grandes lignes de chemin de fer, le tracé récent du T.G.V., ainsi que celui des autoroutes du Sud et de l'Est. Par ailleurs, les grandes liaisons par autoroute ou par voie d'eau demeurent encore insuffisantes, notamment entre la Bourgogne et la Lorraine. Parmi les principaux carrefours, il faut noter l'émergence très récente de Mulhouse, à proximité immédiate de Bâle, l'alignement des carrefours lorrains, auquel répond l'éventail récent des carrefours bourguignons : le glissement vers le sud du nœud autoroutier principal (Beaune), le tracé de la ligne du T.G.V., la canalisation moderne de la Saône et le déclassement du vieux canal de Bourgogne affectent l'influence régionale de Dijon et renforcent les pénétrations parisienne et lyonnaise. ▶

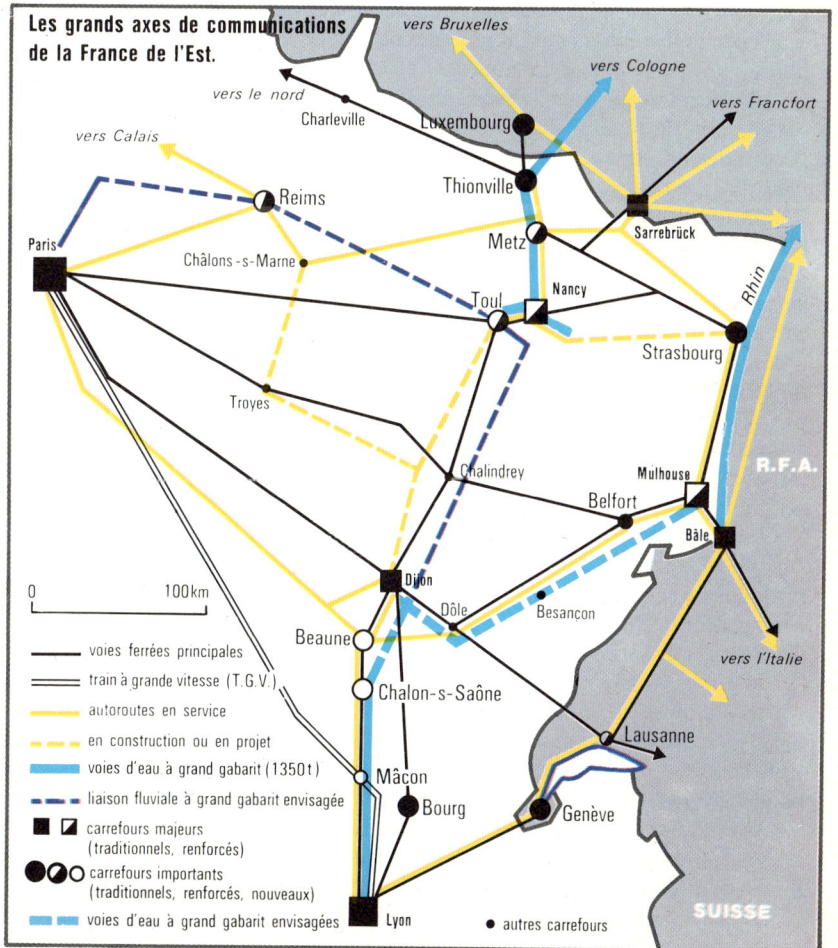

Les grands axes de communications de la France de l'Est.

voies ferrées principales
train à grande vitesse (T.G.V.)
autoroutes en service
en construction ou en projet
voies d'eau à grand gabarit (1350 t)
liaison fluviale à grand gabarit envisagée
carrefours majeurs (traditionnels, renforcés)
carrefours importants (traditionnels, renforcés, nouveaux)
voies d'eau à grand gabarit envisagées
autres carrefours

159

variations du niveau marin : 11
paysages : 6, 126

Les avantages climatiques du littoral.

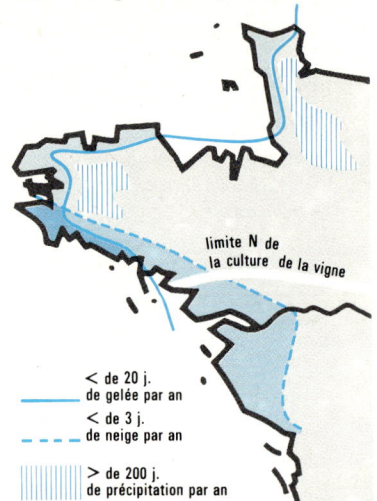

< de 20 j.
de gelée par an

< de 3 j.
de neige par an

> de 200 j.
de précipitation par an

La douceur des hivers avantage le littoral du nord de la Bretagne où le gel est presque inconnu, ce qui explique les curiosités végétales (chênes verts), et aussi les légumes précoces : on extrait la pomme de terre fin avril à Roscoff. Mais le littoral méridional bénéficie d'un ensoleillement meilleur (vignoble du Morbihan). C'est un avantage pour le tourisme estival.

ria : baie plus longue que large, dont la partie amont est constituée par un système de vallées. La ria prolonge le réseau hydrographique. C'est une ancienne vallée, ennoyée lors des remontées du niveau des mers. Elle fournit un abri aux navires, mais elle est un obstacle aux communications transversales.

76-La France de l'Ouest

La France de l'Ouest correspond aux régions de Basse-Normandie, Bretagne et Pays de la Loire ; elle est limitée par la Manche et l'Océan et se fond progressivement du côté de l'est, dans les paysages* du Bassin parisien.

Les horizons y sont le plus souvent fort calmes. Le Massif armoricain, qui forme l'ossature des pays de l'Ouest, n'est pas une montagne : il culmine à 417 m au signal des Avaloirs, aux confins du Maine et de la Normandie. Dans le détail, on rencontre de fortes pentes, mais il s'agit d'un relief en creux, fruit de l'incision profonde des rivières dans le massif. Le contact du Massif armoricain avec les terrains sédimentaires qui le bordent est souvent peu visible, dissimulé sous la continuité d'un paysage rural de bocage qui déborde largement l'étendue des terrains anciens vers leur périphérie.

Le dessin des côtes témoigne des variations du niveau marin*. Pendant les phases d'extension des glaciers, celui-ci se situait à 80 m au-dessous du niveau actuel des mers. C'est en fonction de ce niveau ancien qu'ont été creusées les vallées ; celles-ci, envahies ensuite lors de la remontée des mers vers 5000 av. J.-C., ont donné les rias qui font pénétrer les eaux marines jusqu'à 20 km à l'intérieur des terres. Les côtes sont dans l'ensemble plus variées et découpées au nord et à l'ouest, plus basses et sableuses au sud.

Le climat est très venteux, et les embruns chargés de sel interdisent la pousse des arbres dans les îles et sur les caps. **Il est également frais :** si le gel est rare en hiver, les étés manquent de chaleur. Il est surtout humide avec plus de 150 jours de précipitations par an. Le liseré côtier jouit d'un meilleur ensoleillement, surtout sur la côte méridionale. L'intérieur a des caractères climatiques un peu plus accentués.

Le peuplement de la France de l'Ouest **est relativement uniforme** : on n'y compte pas de régions vides et si le littoral breton a fréquemment plus de 100 hab./km², les agglomérations urbaines sont généralement de taille modeste.

Les sols des pays de l'Ouest sont souvent acides et sensibles à la sécheresse. Pourtant, grâce à l'effort de ses agriculteurs, **l'Ouest constitue une des grandes régions agricoles françaises**, particulièrement dans le domaine de l'élevage. Cette grande région agricole est restée longtemps attachée à ses paysages agraires, ses modes de faire-valoir, son économie. Le bocage couvrait presque tout l'Ouest, sauf la plaine de Caen. De nos jours, on a détruit des milliers de km de haies, considérées comme un obstacle à la mécanisation.

Les pays de l'Ouest occupent 26 % de la population active agricole française. Mais, bien qu'encore nombreux, les agriculteurs ont vu fondre leurs rangs, du fait de l'exode rural. Pourtant, la taille moyenne des exploitations, qui sont le plus souvent en fermage, reste faible (moins de 25 ha) et l'Ouest est un pays où les jeunes paysans trouvent difficilement à s'installer.

Dans cette grande région agricole, **les activités industrielles demeurent secondaires**. Au temps du développement industriel du XIXe siècle, l'Ouest, dépourvu de charbon, fut défavorisé. Seul le port de Nantes réussit à développer ses industries.

De nos jours, **l'Ouest reste excentré** par rapport à l'axe rhénan, colonne vertébrale de la C.E.E. Les liaisons ferroviaires avec Paris demeurent lentes : seule la voie Paris-Rennes est électrifiée. Aucune autoroute ne dépasse Laval vers l'ouest ; la région possède cependant un bon réseau de voies express. Nantes est le seul grand port et la seule grande agglomération industrielle.

Les mines de l'Ouest n'ont jamais extrait de gros tonnages : autrefois le fer de Normandie et d'Anjou, aujourd'hui les ardoises de Trélazé près d'Angers, le kaolin de Bretagne, l'uranium de Vendée et demain les minerais (soufre, zinc, cuivre) de Rouez dans la Sarthe.

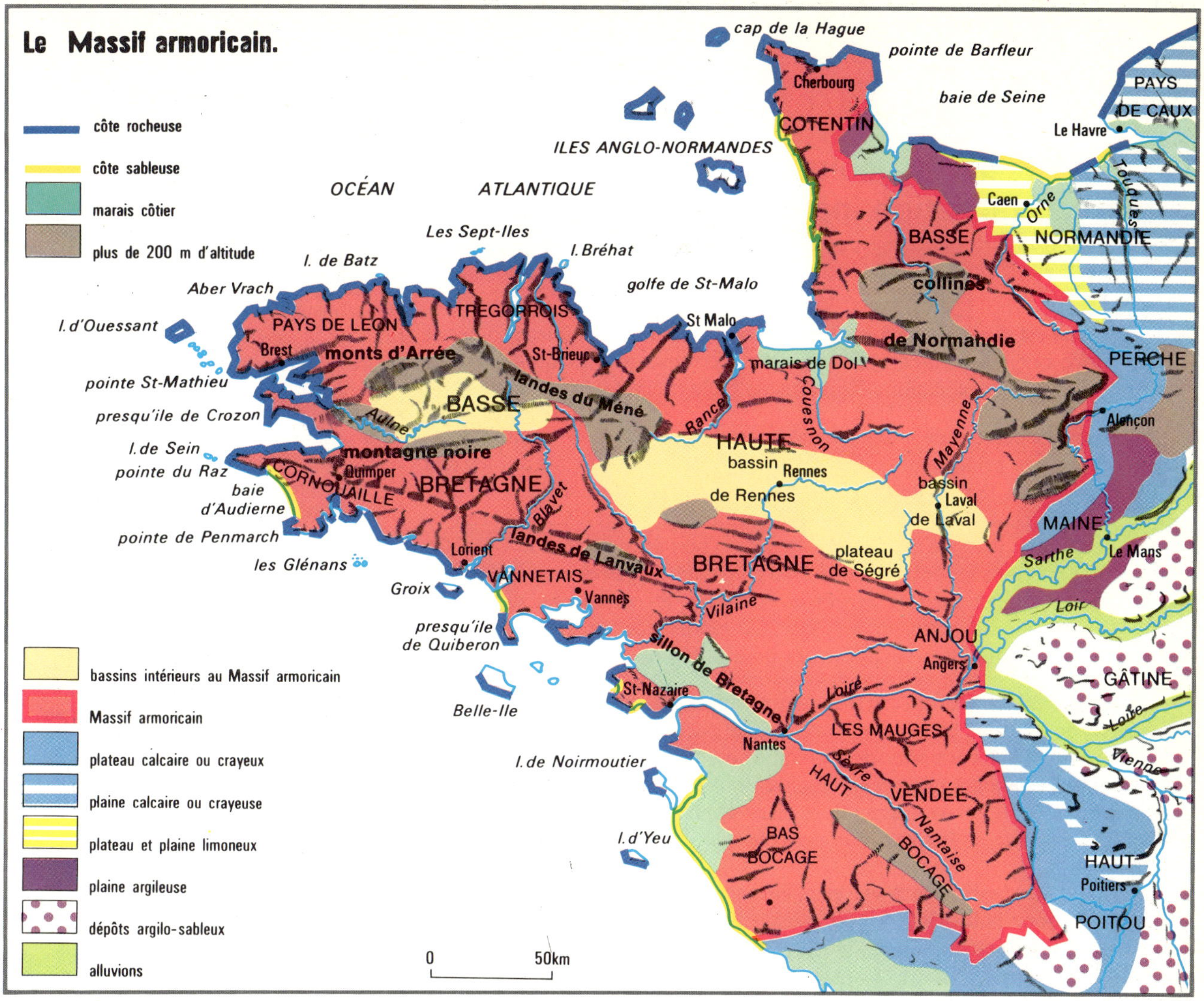

Le Massif armoricain.

Légende :
- côte rocheuse
- côte sableuse
- marais côtier
- plus de 200 m d'altitude

- bassins intérieurs au Massif armoricain
- Massif armoricain
- plateau calcaire ou crayeux
- plaine calcaire ou crayeuse
- plateau et plaine limoneux
- plaine argileuse
- dépôts argilo-sableux
- alluvions

OCÉAN ATLANTIQUE

ILES ANGLO-NORMANDES

cap de la Hague — pointe de Barfleur — baie de Seine — PAYS DE CAUX — Le Havre — Cherbourg — COTENTIN — Caen — Orne — NORMANDIE — BASSE — collines — de Normandie — PERCHE — Alençon

Les Sept-Iles — I. de Batz — I. Bréhat — golfe de St-Malo — St Malo — marais de Dol — Aber Vrach — I. d'Ouessant — PAYS DE LÉON — TREGORROIS — St-Brieuc — Rance — Couesnon — Mayenne — pointe St-Mathieu — Brest — monts d'Arrée — landes du Méné — HAUTE — bassin de Rennes — Rennes — bassin de Laval — Laval — MAINE — presqu'île de Crozon — Aulne — BASSE — I. de Sein — montagne noire — Quimper — pointe du Raz — CORNOUAILLE — BRETAGNE — Blavet — plateau de Ségré — Sarthe — Le Mans — baie d'Audierne — pointe de Penmarch — les Glénans — landes de Lanvaux — BRETAGNE — Loir — Groix — VANNETAIS — Vannes — Vilaine — ANJOU — Angers — GÂTINE — Lorient — presqu'île de Quiberon — sillon de Bretagne — Loire — Sèvre — Loire — Vienne — Belle-Ile — St-Nazaire — LES MAUGES — Nantes — Sèvre Nantaise — VENDÉE — I. de Noirmoutier — HAUT — BAS BOCAGE — BOCAGE — HAUT — Poitiers — I. d'Yeu — POITOU

0   50km

La France de l'Ouest se confond dans une large mesure avec le Massif armoricain qu'elle déborde cependant en Normandie et dans les collines du Perche. La forme d'ensemble du Massif armoricain rappelle sa structure : un faisceau de plis hercyniens, très serrés, complètement arasés, convergeant à l'extrémité de la péninsule bretonne. L'altitude d'ensemble est fort médiocre : 104 mètres seulement, contre 178 au Bassin parisien.

◄ L'Aber Benoît.
Au nord de Brest, l'Aber Benoît, une ria orientée est-ouest, est ici à marée haute. Les rives ont des formes douces. Paysage rural de bocage avec petites parcelles encloses de haies et habitat dispersé.

Les monts d'Arrée.
L'impression quasi montagnarde qu'offrent les modestes sommets des monts d'Arrée (384 m) en Bretagne tient moins à l'altitude de ces minces crêtes de roches plus dures, mises en valeur par l'érosion, qu'au brouillard qui les coiffe souvent, à la violence des vents qui exclut l'arbre, à la minceur des sols qui ne permet que la lande. ►

161

77-Renouveau agricole et décentralisation industrielle

L'Ouest est une des grandes régions agricoles de France où les progrès de l'agriculture ont été d'autant plus sensibles et remarquables qu'ils ont été accomplis par des exploitations familiales de taille modeste.

Le développement de la coopération agricole* explique en grande partie ces résultats. Les principales coopératives agricoles françaises ont toutes leur activité principale dans l'Ouest : Union laitière normande dans le Cotentin, Coopérative agricole de Bretagne, Unicopa à Morlaix, C.A.N.A. à Ancenis en Loire-Atlantique. Bien qu'il subsiste des pays d'herbages comme le Cotentin, beaucoup de régions se sont spécialisées au cours des dernières années dans des productions donnant un fort revenu à l'hectare : les zones climatiquement favorisées du littoral cultivent les légumes, tandis que partout ailleurs les productions sont orientées vers l'élevage pour le lait ou la viande.

Bien des exploitants ont cru trouver une solution à leurs difficultés de taille et de gestion dans les élevages « hors sol » de porcs et de volailles. Mais ces spécialisations, au contraire des grandes cultures (céréales, betterave...), n'assurent pas toujours un revenu régulier du fait des variations des prix. Les progrès considérables de l'agriculture dans l'Ouest vont de pair avec une fragilité persistante de l'exploitation agricole.

L'Ouest de la France a été et reste une des régions privilégiées de la décentralisation industrielle*. La raison la plus ancienne est d'ordre stratégique. C'est ainsi que Le Mans reçut dès avant la guerre de 1939 des usines de moteurs d'avion et les premiers ateliers Renault de fabrication de chars. Toutefois, ce n'est qu'après 1945 que la décentralisation industrielle a pris toute son ampleur, parce que les entreprises y trouvaient une main-d'œuvre disponible à bon marché et parce que l'État y voyait l'occasion de rééquilibrer au profit de l'Ouest la carte industrielle de la France.

Ce mouvement n'a pas empêché le déclin d'un certain nombre d'industries locales (textile de l'Orne, forges d'Hennebont près de Lorient...) et il n'intéresse pas les industries lourdes, qui demeurent absentes, sauf sur la Basse Loire. Les secteurs les plus fortement représentés, souvent issus d'entreprises parisiennes, sont la construction automobile (camions Saviem à Caen, automobiles Citroën à Rennes, tracteurs et voitures Renault au Mans, les pneumatiques à Vannes, Cholet, La Roche-sur-Yon, Poitiers) et les industries électroniques (téléphone, radio, télévision) depuis Laval jusqu'à Brest, en passant par Fougères, Rennes, Dinan, Lannion. Les difficultés de l'agro-alimentaire (conserveries de thon à Quimper) sont compensées par la création d'usines d'aliments pour le bétail (France-Soja à Saint-Nazaire).

Ces industries nouvelles ne sont guère installées dans les villes déjà industrielles comme Nantes, Lorient, Cherbourg, mais de préférence dans des villes moyennes ou petites, qui étaient auparavant des centres administratifs et de services un peu endormis. En Bretagne, on a pu calculer que 9/10e des emplois nouveaux sont dus, depuis 1954, aux décentralisations.

Parfois, les ateliers de fabrication n'ont apporté que des emplois de faible qualification, mais parfois aussi comme à Lannion autour du Centre national d'Études de Télécommunications, les petites villes ont vu arriver des cadres nombreux travaillant dans les laboratoires de recherche appuyés sur des établissements d'enseignement spécialisé. Il y a là l'amorce d'un vrai progrès.

« M.E.B. (...) sur la commune de Saint-Étienne-du-Gué-de-l'Isle, travaille dès 11 ans avec son père ; il s'installe lui-même en 1954, à 33 ans, en location sur 8 ha. Il débute avec un cheval, associé avec un voisin qui en avait deux. Plus tard, ils achètent un tracteur à deux : ensuite deux tracteurs à trois. Il y a encore à ce jour du matériel en commun. (...) Le voici en 1976 à la tête de 42 ha, dont 15 en propriété et 27 en location, à raison de 5 qx/ha de blé de loyer. Il ne garde plus que 2 ha de pré naturel, contre 14 de ray-grass, 3 de fétuque, 11 de maïs (à ensiler) (...), 1,5 de luzerne, 8,5 de blé. En vingt ans, il avait constitué un beau troupeau de vaches frisonnes, dont le rendement moyen atteignait 4 500 litres de lait par an. Depuis 1973, la brucellose (...) l'a obligé à les remplacer par 35 génisses à viande, croisées Charolais et Limousines, achetées à 10 jours et revendues à 2 ans et demi : moins de travail que le lait mais (...) moins de recettes. »

R. Dumont et F. de Ravignan *Nouveaux voyages dans les campagnes françaises,* Le Seuil, 1978.

Cette exploitation proche de Loudeac est typique de la modernisation de l'intensive agriculture bretonne : (pas de prairie permanente mais des labours dont le produit est destiné à l'élevage). L'exploitation reste fragile devant les aléas du climat et de la maladie (la brucellose provoque l'avortement des vaches).

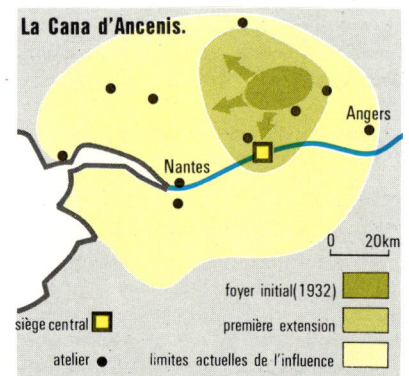

La Cana d'Ancenis.

0   20km

siège central ☐
atelier ●
foyer initial(1932)
première extension
limites actuelles de l'influence

hors-sol : *les élevages « hors sol » sont des ateliers montés par des agriculteurs qui n'ont que de faibles surfaces, et qui nourrissent leur troupeau (volailles, porc) plus avec les aliments qu'ils achètent qu'avec les produits de leurs cultures.*

Station de communications téléspatiales

Trégastel Ploumanac'h
Perros-Guirec
Pleumeur-Boudou
Trébeurden
Lannion

aérodrome Z.I.

nouveaux quartiers

Centre national d'Études des télécom.
• électronique
• matériel téléphonique

Lannion

route chemin de fer

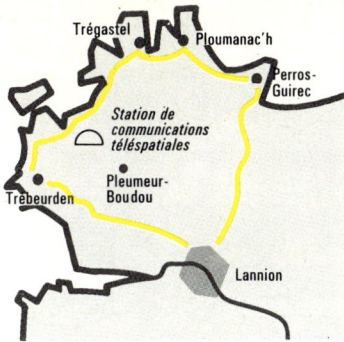

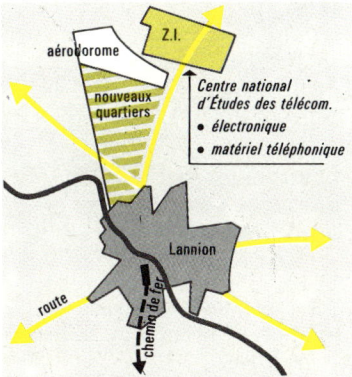

Évolution de la population de Lannion.

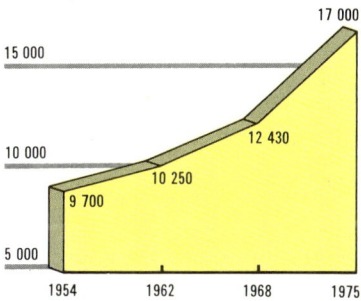

17 000
15 000
12 430
10 000
10 250
9 700
5 000

1954   1962   1968   1975

Lannion, petite ville endormie, a été complètement transformée par l'arrivée du Centre National d'Études de Télécommunications.

T A partir de cartes analytiques, établir une carte régionale de synthèse combinant les données essentielles des milieux naturel, humain et économique.

◀ La Cana (coopérative Agricole « La Noëlle » d'Ancenis) est devenue une coopérative géante avec ses 35 000 adhérents. Elle couvre par ses agences tout le département de la Loire-Atlantique et déborde sur les départements voisins. Dans ses bureaux et ses installations diverses, elle emploie 1 100 salariés. Sa dimension industrielle la condamne à croître encore, pour résister à la concurrence des industries agro-alimentaires du secteur privé.

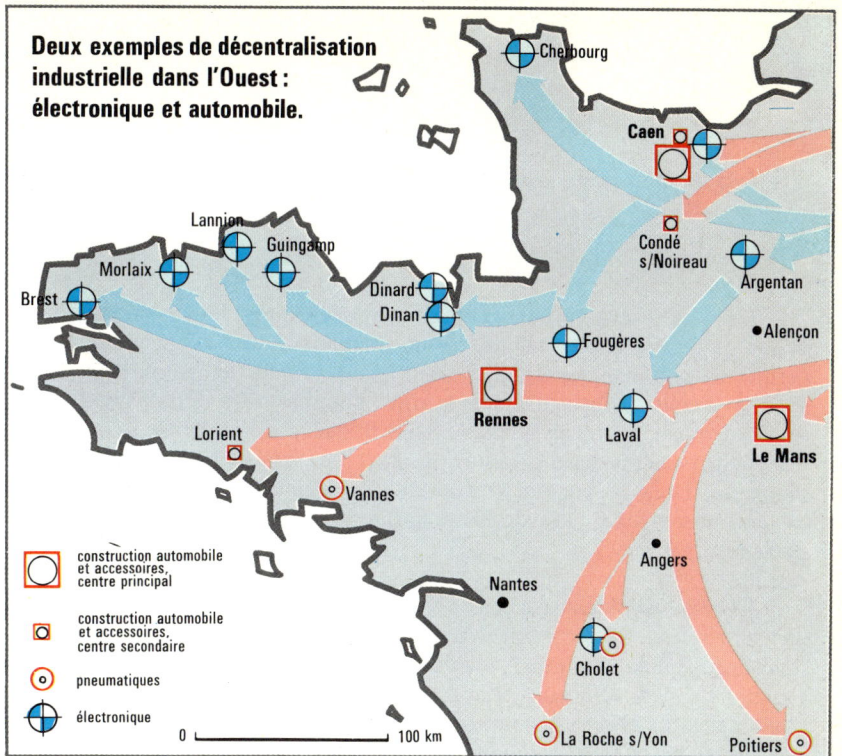

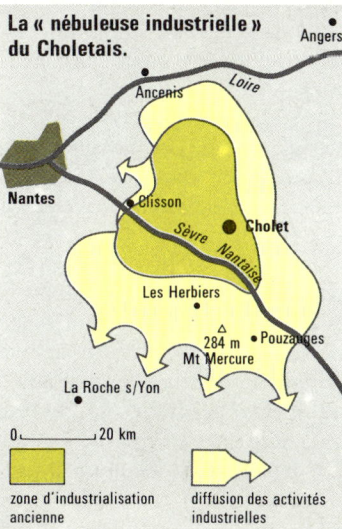

Deux exemples de décentralisation industrielle dans l'Ouest : électronique et automobile.

Cherbourg
Caen
Condé s/Noireau
Argentan
Lannion Guingamp
Morlaix
Dinard Alençon
Brest Dinan
Fougères
Lorient Rennes Laval Le Mans
Vannes
Angers
Nantes
Cholet
La Roche s/Yon Poitiers

construction automobile et accessoires, centre principal

construction automobile et accessoires, centre secondaire

pneumatiques

électronique

0 _____ 100 km

La « nébuleuse industrielle » du Choletais.

Angers
Loire
Ancenis
Nantes Clisson
Cholet
Sèvre Nantaise
Les Herbiers
284 m
Pouzauges
Mt Mercure
La Roche s/Yon

0 _____ 20 km

zone d'industrialisation ancienne

diffusion des activités industrielles

L'abattage des haies en Ille-et-Vilaine.

Il s'effectue le plus souvent lors des travaux de remembrement foncier, qui exigent le regroupement des parcelles. On brûle au milieu du champ les restes de la haie.

Le Choletais constitue un remarquable et unique cas de réussite industrielle en milieu rural, dans l'Ouest. Ici, les usines où dominent la chaussure et l'habillement sont allées chercher la main-d'œuvre dans les villages, main-d'œuvre peu qualifiée, à forte proportion de femmes. Les capitaux sont d'origine locale. Dans l'arrondissement de Cholet, un village sur deux a son usine.
Total de l'emploi dans l'arrondissement ◀ de Cholet : 30 000

78-La mise en valeur du littoral

Les hivers sont pratiquement sans gel de Saint-Malo à Brest, sur une bande de quatre à cinq kilomètres de profondeur. Cet avantage climatique permet de produire des légumes de primeur sur des terres enrichies par le goémon récolté sur les rochers de la côte : pommes de terre du pays de Saint-Malo, oignons du fond de la baie de Saint-Brieuc, pommes de terre de Paimpol, choux-fleurs et artichauts entre Roscoff et Saint-Pol-de-Léon, fraises à Plougastel. Dans le Cotentin, les avantages du littoral sont moins évidents, mais les terrains sableux sont favorables à la carotte, au poireau, au chou-fleur (Val-de-Saire, Créances).

La côte méridionale n'a pas de primeurs, mais des légumes de plein champ (petits pois, haricots verts) ; elle traite aussi les produits de la pêche. Plus au sud, les cultures spécialisées sont le fait de la vallée de la Loire et non plus du littoral. Les étés y sont assez chauds pour permettre la vigne dans le pays nantais (gros plant et muscadet) et en Anjou (coteaux du Layon, Saumur champagnisé). C'est le marché de la ville de Nantes qui fait de la Loire-Atlantique le second département maraîcher de France.

Ces multiples activités agricoles ont bénéficié de la présence des villes et des autres activités comme le tourisme ou la pêche. C'est aux conserveries nées de la pêche qu'est due l'extension des légumes de plein champ. Et la clientèle touristique n'est pas sans intérêt pour les maraîchers. Mais l'espace littoral est devenu une denrée disputée qui échappe à l'usage agricole : les maraîchers nantais chassés par l'expansion de la ville n'ont pu s'installer sur le littoral vendéen, climatiquement favorable : le tourisme les y a précédés.

Ce tourisme littoral* date de l'arrivée du chemin de fer et de la mode des bains de mer. Aussi fut-il longtemps limité à quelques stations accessibles par voie ferrée : Trouville, Deauville, Cabourg, Granville en Normandie, Dinard, La Baule en Bretagne, Les Sables-d'Olonne en Vendée. Avec l'automobile et les congés payés, le tourisme s'est répandu sur l'ensemble des régions côtières, mais surtout sur le littoral méridional, plus ensoleillé.

Ce développement touristique apporte des revenus importants, soit par la vente de terrains ou de maisons, soit par le bénéfice des locations, soit aussi par l'intermédiaire de commerces variés qui tirent du passage des estivants une bonne partie de leur chiffre d'affaires. Le bâtiment devient sur le littoral la première source d'emplois. La distribution d'eau potable, l'amélioration de la voirie ont profité à l'ensemble de la population.

Mais le tourisme ne présente pas que des avantages. Les paysages côtiers sont parfois enlaidis de façon irrémédiable par les constructions, cependant que les courants de marée n'arrivent pas à éliminer en été la pollution provenant des eaux usées.

En outre, **le tourisme retentit sur les activités agricoles**. La multiplication des résidences secondaires, avec les terrains qui les entourent, réduit l'espace disponible pour l'agriculture. Le tourisme concurrence aussi les autres activités, pêche ou industrie. On investit plus dans les ports de plaisance que dans les ports de pêche. Les activités industrielles (petits chantiers, conserveries) s'effritent devant la concurrence faite par le tourisme auprès de la main-d'œuvre locale, au risque de laisser les villes dans la léthargie après la fièvre vacancière de l'été.

Le tourisme littoral dans l'Ouest.

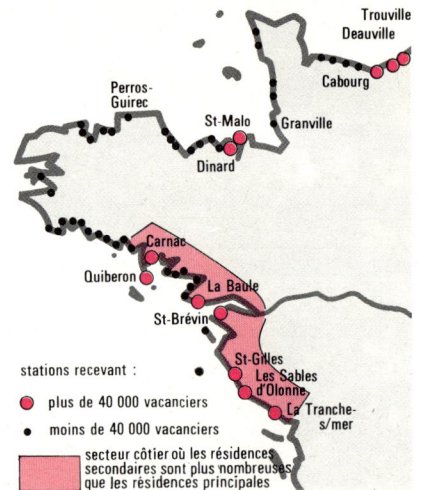

stations recevant :
- ● plus de 40 000 vacanciers
- • moins de 40 000 vacanciers
- secteur côtier où les résidences secondaires sont plus nombreuses que les résidences principales

Grâce à ses avantages climatiques, la côte méridionale l'emporte dans la fréquentation touristique.
Les Sables d'Olonne ont plus de 2 500 h d'ensoleillement par an. La clientèle anglaise a fait la fortune de Dinard ; celle de Paris anime Cabourg, Deauville, Trouville.

Le département de la Loire-Atlantique est le second en France pour l'importance des productions maraîchères. Les besoins de la ville de Nantes sont à l'origine de cette spécialisation à la fois pour sa propre population et pour l'avitaillement des navires. De nos jours, les champs des maraîchers reculent devant les constructions urbaines en s'étendant dans la vallée de la Loire en amont de Nantes. Le littoral vendéen, pourtant favorable par son climat, est interdit aux maraîchers nantais expropriés, car le développement touristique accapare les meilleurs terrains et provoque une telle hausse du prix du sol que l'activité agricole est exclue.

cultures maraîchères/légumes de plein champ : *on peut cultiver les légumes de deux façons.* **Les cultures maraîchères** *se font sur des exploitations spécialisées de petite taille, où plusieurs légumes différents se succèdent à un rythme intensif sur une même parcelle.* **Les légumes de plein champ** *prennent place dans une exploitation plus vaste et succèdent à des céréales ou des plantes fourragères. Les parcelles sont plus grandes et la culture comme le ramassage sont mécanisés. Les légumes de plein champ sont souvent destinés à la conserverie ou à la congélation.*

primeurs

Saint-Jean-de-Monts.

L'exploitation touristique des plages de Vendée est relativement récente.
On a construit des immeubles destinés à la location ou à la vente de résidences secondaires à l'image des immeubles que les estivants habitent en ville pendant le reste de l'année.

Les cultures spécialisées de la région nantaise.

zone maraîchère et son expansion

légumes de plein champ

zone où la vigne occupe plus de 15 % de la surface agricole

limite de l'appellation controlée muscadet

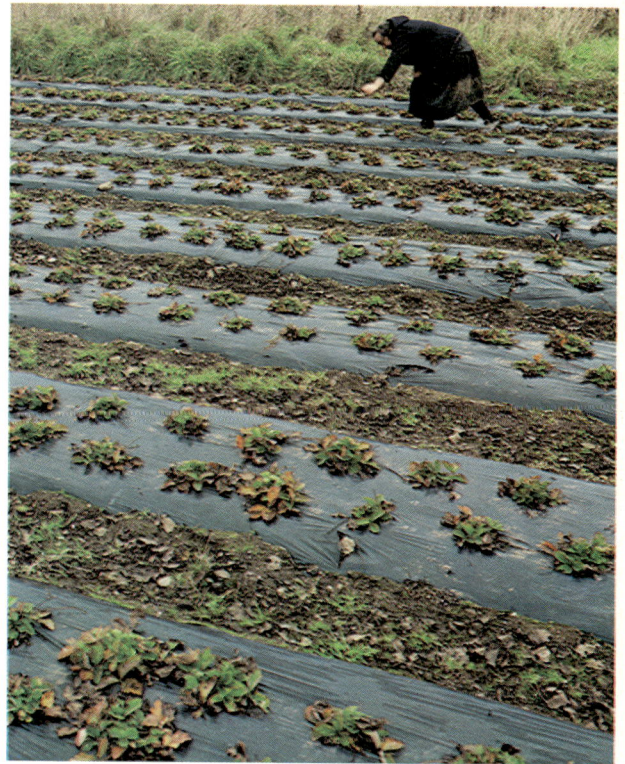

La culture de la fraise.

Le canton de Plougastel dans le Finistère s'est spécialisé dans la culture de la fraise. Des voiles de plastique sombre en hâtent la maturation.

79-Ports et villes du littoral

Il y avait autrefois dans l'Ouest deux sortes de pêche : la pêche à la morue, dans les mers froides de Terre-Neuve et d'Islande et la pêche à la sardine de la Bretagne méridionale, appuyée sur une solide industrie de la conserve.

De nos jours, la pêche à la morue ne se maintient guère qu'à Saint-Malo, tandis que sur la côte méridionale l'épuisement des fonds rend plus rares les prises littorales (soles, mulets, merlus, turbots, etc.) qui donnent les « poissons frais » grâce à des sorties d'un jour ou deux. Les pêches estivales de la sardine et du thon sont elles aussi menacées par la surexploitation. Il faut donc aller plus loin : vers le nord au large de l'Irlande et de l'Écosse pour le merlu et la langouste ; vers les mers tropicales (Maroc, puis Mauritanie, Sénégal, Brésil) pour la langouste et le thon albacore. Les sorties des bateaux sont ainsi de plus en plus longues : au moins une semaine et souvent davantage.

Les techniques ont évolué, vers le chalutage et des bateaux plus gros, plus rapides, plus perfectionnés (radar) et donc plus coûteux. Pour amortir les dépenses, on étale l'activité pendant toute l'année. Le patron-pêcheur, qui rémunère son équipage à la part, cède la place à l'armateur, dont l'équipage est composé de salariés. Au demeurant, les effectifs des pêcheurs diminuent. Le métier, dur et dangereux, n'attire plus beaucoup les jeunes.

Autrefois existait un port au fond de chaque estuaire, au point ultime atteint par la marée. De nos jours, l'activité portuaire* s'est concentrée en quelques points principaux où le germe urbain s'est également développé grâce à la fonction administrative (préfectures de Saint-Brieuc, Quimper, Vannes) ou à la décentralisation industrielle (Lannion, Redon).

Le port militaire a été à l'origine de la fortune de Cherbourg et de Lorient, qui sont aussi ports de voyageurs et ports de pêche. Brest, qui tente avec son université de développer sa fonction régionale en concurrence avec Rennes, est également un port militaire doublé d'un arsenal. Brest s'efforce également d'utiliser au maximum sa grande forme de radoub pour la réparation des bateaux passant au large, sur la mer la plus dangereuse, mais aussi la plus fréquentée du globe. Ce rôle de « station-service des mers » semble promis à un bel avenir.

Les seules villes exerçant vraiment une fonction régionale sont **Caen** et **Nantes.** Caen est relié par un canal maritime à l'avant-port de Ouistreham, dont les appontements servent à une grosse unité sidérurgique qui, autrefois, s'alimentait en minerai de fer normand et importe maintenant son coke et son minerai de l'extérieur. D'autres industries sont venues s'y ajouter (camions Saviem, appareillage automobile, mécanique de précision, télévision...). En outre, Caen est une ville de commerce et de services, disposant d'une université et qui rayonne sur toute la Basse-Normandie dont elle est la capitale régionale.

Quant à Nantes, c'est le seul grand port, la seule grande ville et la seule grande concentration industrielle de l'Ouest. Nantes est située au fond de l'estuaire de la Loire, à 50 kilomètres de la mer. Les Nantais ont toujours dû, pour maintenir leur port, lutter par le dragage contre l'ensablement, ce qui pose de graves problèmes écologiques* pour les marais de la rive droite.

Avec un trafic de 16 millions de tonnes, la Basse Loire qui comprend aussi Saint-Nazaire et le port pétrolier de Donges vient au 5e rang en France.

Dans cet estuaire industriel, la métallurgie domine largement : fer-blanc, construction navale, chaudronnerie, construction aéronautique. A côté de la chimie (engrais), l'industrie alimentaire, sucre, biscuit, conserves, oléagineux, est puissante.

Le poids démographique de l'agglomération est de 600 000 habitants. Il explique, avec les équipements (université, direction de la région des Pays de la Loire), la prétention de Nantes à devenir la métropole de l'Ouest.

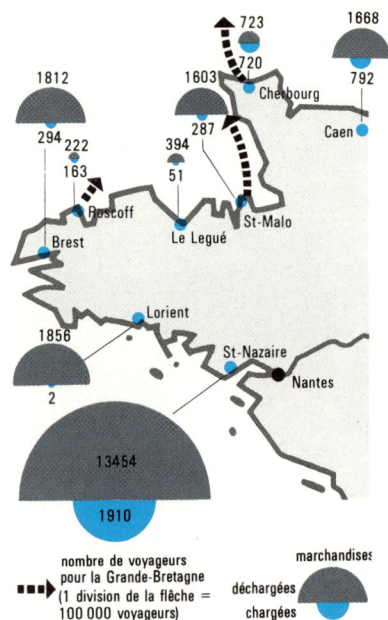

nombre de voyageurs pour la Grande-Bretagne (1 division de la flèche = 100 000 voyageurs)

marchandises déchargées chargées

Trafic des ports de l'Ouest, en milliers de t.

Le trafic des ports de l'Ouest est déséquilibré : les marchandises déchargées (surtout le pétrole) l'emportent de beaucoup sur celles qu'on expédie. A Nantes, Saint-Nazaire, les hydrocarbures représentent 80 % du trafic total. A Roscoff, Saint-Malo, Cherbourg embarquent et débarquent des voyageurs pour l'Angleterre.

**armateur
port de pêche
patron-pêcheur**

L'estuaire de la Loire.
A l'aval de Nantes sur la rive droite, les marécages de la Grande Brière parviennent jusqu'au fleuve. On aménage cette rive aujourd'hui. Au premier plan, installation de déchargement des produits solides en vrac (charbon, engrais, soja). Plus loin, deux réservoirs de gaz liquéfié du terminal méthanier. Au fond, la ville de Saint-Nazaire.

La basse Loire dispose d'un bon approvisionnement en sources d'énergie, raffinerie de pétrole de Donges, terminal méthanier de Montoir, centrales thermiques de Cheviré (4,5 TWh) et Cordemais (2,5 TWh). Nantes vit de l'industrie alimentaire, des constructions aéronautiques et navales, de la chaudronnerie, cependant que Saint-Nazaire a les chantiers navals les plus puissants de France. Saint-Nazaire est une ville ouvrière, tandis que Nantes est une vraie capitale régionale.

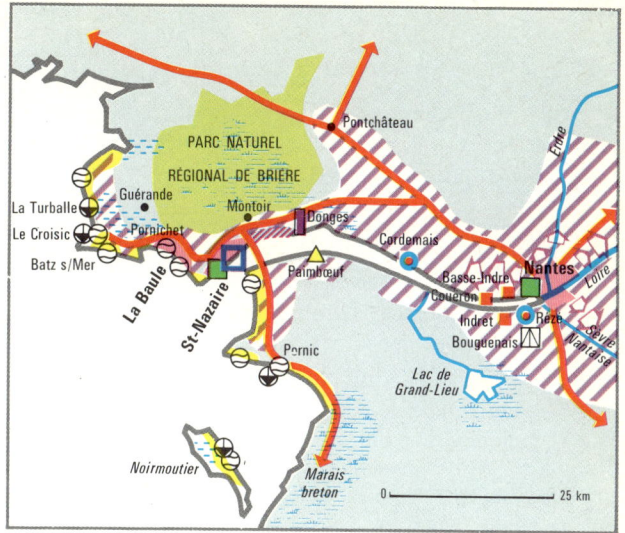

La basse Loire urbaine et industrielle.

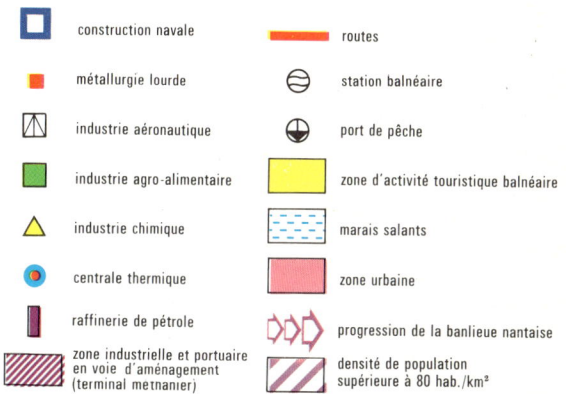

☐ construction navale	▬ routes
■ métallurgie lourde	⊖ station balnéaire
⧄ industrie aéronautique	⊕ port de pêche
■ industrie agro-alimentaire	▮ zone d'activité touristique balnéaire
▲ industrie chimique	marais salants
● centrale thermique	zone urbaine
▮ raffinerie de pétrole	▷▷▷ progression de la banlieue nantaise
zone industrielle et portuaire en voie d'aménagement (terminal metnanier)	densité de population supérieure à 80 hab./km²

Classement des ports de l'Ouest selon la valeur des prises.
(en millions de francs)

Lorient	345
Concarneau	216
Le Guilvinec	132
Douarnenez	96
Les Sables d'Olonne	91
Saint-Guénolé	77
Port-en-Bessin	63
Loctudy	61
Cherbourg	58

Les ports principaux sont sur la côte méridionale, mais les prises s'effectuent de plus en plus loin. Aussi la situation des pêcheurs des pays de l'Ouest est-elle difficile. Des navires-usines étrangers épuisent au large le prolongement de la plate-forme continentale, cependant que dans les eaux proches s'infiltrent les pêcheurs espagnols et qu'en dépit des accords communautaires, Anglais et Irlandais entendent limiter les prises dans leurs propres eaux, comme le font aussi les pays africains et sud-américains.

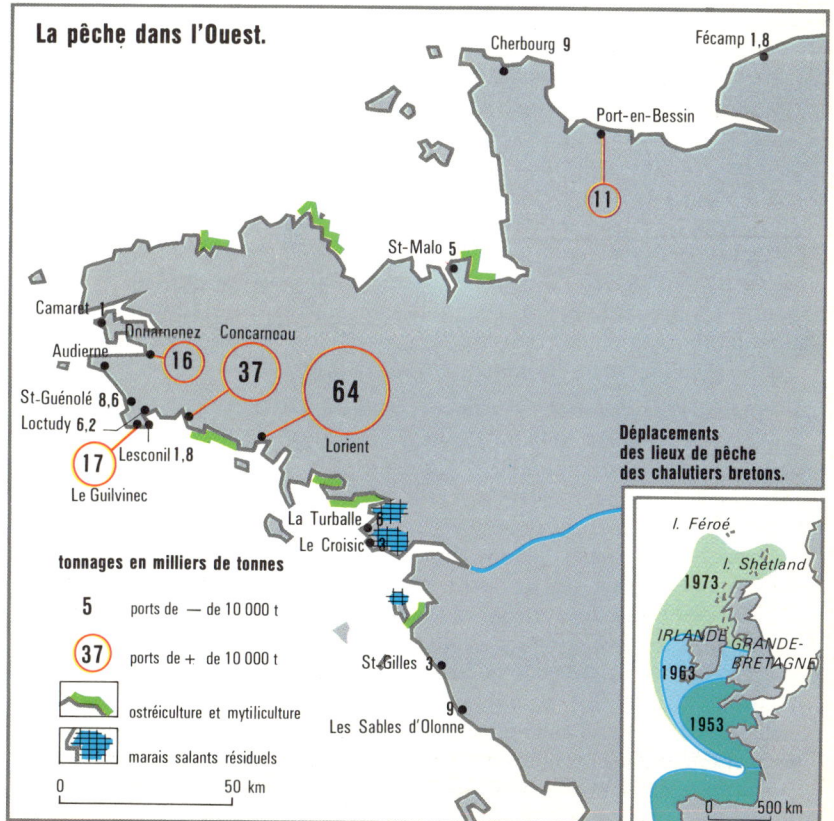

La pêche dans l'Ouest.

tonnages en milliers de tonnes
5 ports de — de 10 000 t
37 ports de + de 10 000 t
ostréiculture et mytiliculture
marais salants résiduels

Déplacements des lieux de pêche des chalutiers bretons.

80-Les pays de l'intérieur

L'Ouest intérieur constitue une très vaste région agricole consacrée à l'élevage, animée par un réseau urbain que conforte la décentralisation.

Les agriculteurs de l'Ouest mettent sur le marché 36 % du lait français, 35 % de la viande de bœuf, 45 % de la viande de porc. Cet élevage relève de deux systèmes de culture.

La Basse-Normandie élève ses bovins grâce à la prairie permanente, souvent enclose de haies : petites exploitations laitières du Cotentin, exceptionnelles embouches du pays d'Auge et du Bessin, le tout lié à l'industrie fromagère (Pont-l'Evêque, Livarot, Camembert) : un système extensif, peu exigeant en travail mais au rendement faible. La seule exception se situe dans les plaines d'Alençon, Falaise et surtout Caen où la terre limoneuse donne d'excellentes récoltes de blé, lin, betterave à sucre et permet aussi l'élevage pour le lait et la viande. Plus au sud, dans le Maine, en Anjou, en Vendée, les labours accompagnent la prairie et l'élevage pour la viande domine.

La Bretagne se distingue de la Normandie par la place des labours. Ils permettent les céréales (1/3 des labours) et surtout les fourrages (maïs fourrager, ray-grass, colza, luzerne) et les plantes sarclées fourragères (betteraves, choux, pommes de terre). Ce système est beaucoup plus intensif que celui de Normandie. Il est plus gourmand en main-d'œuvre. Toutes ces cultures sont destinées à l'alimentation du troupeau : l'élevage fournit 80 % de la valeur finale de la production bretonne. Là-dessus, la moitié provient de l'élevage bovin, et surtout de l'élevage laitier. La Bretagne est l'une des plus importantes régions d'élevage de la C.E.E.

L'Ouest a particulièrement développé l'élevage sous contrat. L'exploitant se lie à une industrie, coopérative ou privée, qui lui fournit éventuellement des aliments pour le bétail et absorbe sa production moyennant un prix convenu.

Pendant longtemps, la plupart des villes de cette vaste région de l'Ouest intérieur ont été des villes administratives et commerçantes, très liées à la campagne environnante. Celles qui se sont développées le doivent à la fonction administrative, comme les préfectures de Saint-Lô, Laval, Alençon, La Roche-sur-Yon, soit plus récemment à l'industrie, et le plus souvent aux deux.

L'industrie est parfois d'origine locale, comme la chaussure de Fougères, ou comme l'équipement électroménager dans les petites villes du bocage normand. Plus typique et exceptionnel est l'exemple du Choletais et de sa nébuleuse industrielle. Il arrive souvent, comme à Fougères, qu'une seule industrie, voire une seule usine, procure du travail à une petite région. Cette situation de mono-industrie est à l'origine de crises locales graves en cas de déclin ou de fermeture de ce type d'établissement.

Trois villes dépassent les autres : Angers, Le Mans et Rennes.

Angers (185 000 habitants) et Le Mans (185 000 habitants) sont des villes de même taille, qui dominent chacune leur département, grâce à leur équipement administratif (y compris une université). Angers a quelques industries (liqueurs, construction électrique). Le Mans, qui bénéficia dès avant la guerre de décentralisations stratégiques, a toujours été une ville de l'automobile, connue par ses assurances et la course des 24 h du Mans, mais animée surtout par une grosse usine Renault (10 000 ouvriers).

Rennes enfin (225 000 habitants) s'efforce de jouer le rôle de métropole de l'Ouest. Capitale de la région de Bretagne, c'est une vieille ville universitaire et judiciaire qui fut le siège du parlement de Bretagne. Centre routier et ferroviaire, siège du plus important quotidien régional français, Rennes a reçu deux usines Citroën employant plus de 13 000 personnes. Elle se pose en concurrente de Nantes pour la prééminence dans l'Ouest.

**Part des « surfaces toujours en herbe »,
dans la surface fourragère totale, en 1979.**

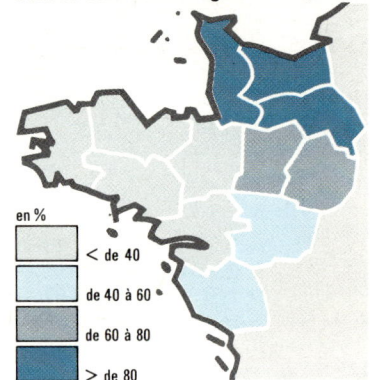

en %

< de 40

de 40 à 60

de 60 à 80

> de 80

prairie permanente : *parcelle qui peut être en herbe depuis plusieurs décennies, sans être jamais labourée. Son rendement peut être bon dans les régions bien arrosées, à condition de recevoir des engrais azotés. Bien souvent, la prairie permanente, bénéficiant de peu de soins, est d'un faible rendement.*

mono-industrie : *certaines villes, surtout de petite taille (moins de 10 000 habitants) dépendent d'une seule industrie, et parfois d'une seule usine qui fournit plus de la moitié des emplois et indirectement assure la suivie des commerces et des services publics et privés.*

Les zones d'influence urbaine dans l'Ouest.

- ⌁ limite de département
- ⌁ limite de région-programme
- ▣ métropole d'équilibre
- ☐ capitale de région-programme
- ○ centre d'importance régionale

0   50 km

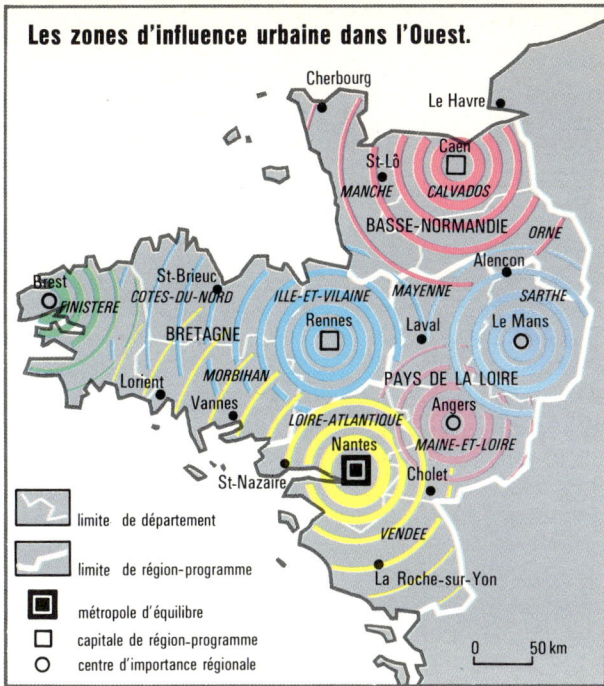

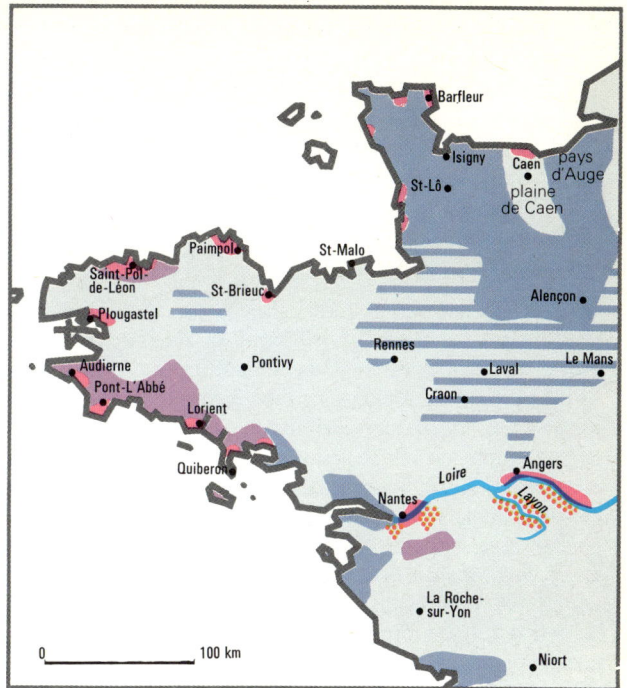

La division administrative de l'Ouest en trois régions de programme ne correspond que très imparfaitement aux zones d'influence respectives de Caen, Rennes et Nantes. Caen ne domine pas l'ensemble de la Basse-Normandie. Elle appartient, comme Le Mans et Angers, à l'ensemble des villes de la grande couronne parisienne. Rennes domine les pays de la Manche, depuis Granville jusqu'à Morlaix. Mais son influence se heurte à celle de Nantes, prépondérante sur toute la côte méridionale par l'intermédiaire du cabotage, des capitaux investis dans l'industrie de la conserve et d'un puissant appareil commercial. Brest, isolée à l'extrémité de la péninsule bénéficie de son isolement mais n'a en contrepartie qu'une zone d'influence limitée.

L'économie rurale de la France de l'Ouest.

- 🟥 cultures délicates (légumes, porte-greffes)
- 🟪 légumes de plein champs associés à la polyculture
- ⬜ pays de labours dominants (céréales et prairies temporaires)
- 🟦 pays d'herbages
- ▦ herbages en progrès
- ⣿ vignoble

L'économie rurale de la France de l'Ouest oppose les régions littorales et la vallée de la Loire, plus intensives. Les pays de l'intérieur où les labours l'emportent à l'ouest et les herbages à l'est.

Foire aux bestiaux à Clisson (Loire-Atlantique).

Autrefois en plein air, les foires aux bestiaux se tiennent aujourd'hui sous de vastes hangars à l'abri des intempéries. Les animaux à vendre amenés par leurs propriétaires sont rangés par âge et par type. Ici, ils sont gras et prêts pour la boucherie. Les foires jouaient dans l'Ouest un rôle social éminent (lieu de rencontres, d'achats, de transmission des nouvelles). Les progrès des moyens de communication, la vente à la ferme et l'agriculture sous contrat ont amené le déclin des petites foires.

Un exemple d'essaimage industriel dans le bocage : Les usines Moulinex.

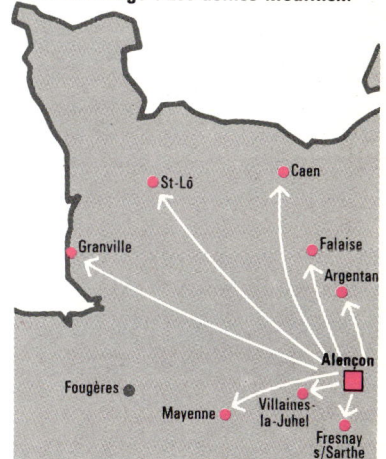

A partir de l'usine-mère d'Alençon, une petite firme locale est devenue la 2e entreprise française de matériel électrique. Elle s'est installée dans les petites villes de bocage normand où la crise du textile rendait disponible une main-d'œuvre abondante. C'est un exemple du rôle positif joué par des capitaux d'origine locale et par là-même attachés à la région.

169

exode rural : 12
revendication culturelle : 56

81-Problèmes de l'Ouest, problème breton

L'Ouest conserve des densités fortes. Les populations y furent longtemps prolifiques et malgré l'exode rural les naissances l'emportent encore sur les décès. A l'inverse, ces régions demeurent peu industrialisées et peu urbanisées.

Les pays de l'Ouest ont pu estimer qu'ils ont été tenus à l'écart du mouvement de modernisation de l'économie française. Au XIXᵉ siècle, ils étaient, faute de charbon local, contraints de faire venir à grands frais du charbon du Nord, les tarifs douaniers interdisant l'importation à bon compte de charbon anglais plus proche. Après 1950, la C.E.E. s'organisa autour de l'axe rhénan et les pays de l'Ouest restèrent en marge des grandes régions d'activité. Dans le domaine des équipements de transport, la voie ferrée électrifiée, l'autoroute ne font qu'effleurer les pays de l'Ouest.

Il n'y a pas d'industrie lourde dans l'Ouest. Rien en tout cas qui puisse être comparé aux grands investissements de Dunkerque et de Fos. De même, en dépit d'intéressantes initiatives locales (les Brittany Ferries desservent l'Angleterre en produits agricoles depuis Roscoff), l'Ouest n'a pas pleinement profité de l'entrée dans la C.E.E. d'une Angleterre appauvrie et désireuse de garder ses liens avec les pays du Commonwealth, fournisseurs de produits agricoles, l'Australie et la Nouvelle-Zélande.

Les problèmes de la France de l'Ouest présentent une acuité particulière en Bretagne, secouée périodiquement par des mouvements revendicatifs. Les difficultés spécifiques de la région ont pourtant été reconnues, et dès 1965, la Bretagne fut la première région en France à bénéficier d'un « programme d'action régionale ».

Ces difficultés tiennent à un exode rural* ancien, montrant que depuis longtemps ce pays ne parvient pas à fournir du travail à ses enfants. Elles tiennent également à une agriculture qui n'est plus limitée à la subsistance de la famille. Devenue forte productrice, l'agriculture bretonne souffre de l'irrégularité de ses débouchés : il suffit par exemple que les producteurs hollandais ou allemands produisent des porcs à meilleur marché pour que les Bretons soient durement touchés.

Ces difficultés sont enfin celles d'un tissu industriel rénové, mais qui dépend de centres nerveux situés à Paris ou à l'étranger. C'est le cas même pour les industries agro-alimentaires, qui pourtant paraissaient les plus aptes à asseoir leur puissance sur la production locale : la conserverie est en difficulté dans le même temps où l'estuaire de la Loire accueille une grosse usine de confection d'aliments pour le bétail à partir du soja importé.

Il faut ajouter que les problèmes spécifiques de la mer, appauvrissement des fonds littoraux, allongement des campagnes de pêche et concurrence des pêcheurs étrangers, ne sont guère compris de la communauté française.

Mais les revendications à caractère économique qui se fondent sur ces difficultés s'appuient aussi sur une revendication culturelle* et historique.

Les Bretons recherchent leur identité dans leur langue, d'origine celtique, apportée par une immigration venue de Grande-Bretagne aux Vᵉ et VIᵉ siècles, dans une province qui était alors au moins partiellement romanisée. La langue bretonne a reculé depuis lors cependant que le français progressait dans les villes et dans les catégories sociales les plus favorisées. Mais si le breton est devenu dans les faits une langue seconde, limitée de surcroît à la Bretagne occidentale, il sert de fondement à une revendication d'**identité culturelle**, qui s'appuie aussi sur un rattachement assez tardif (1532) mais depuis longtemps amorcé, à la couronne de France.

Comment concilier l'appartenance à une tradition régionale affirmée et une modernisation fondée sur des solidarités à l'échelle mondiale ? Telle est la difficile question posée à la Bretagne.

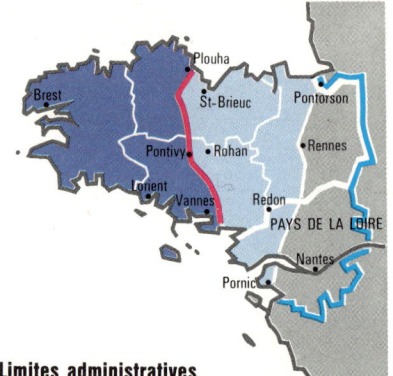

Limites administratives et identité culturelle de la Bretagne.

limite de département

limite de la province de Bretagne

limite orientale de la région-programme de Bretagne

limite orientale de la langue bretonne au IXᵉs.

limite actuelle de la langue bretonne

La scolarisation de tous les petits Français au XIXᵉ siècle a refoulé le breton, comme les autres langues régionales, à un rôle mineur de langue surtout rurale. Mais le recul de la limite orientale des pays bretonnants est beaucoup plus ancien et la ligne qui sépare les pays de langue bretonne des pays de langue française est stable depuis deux siècles, de Plouha, sur la côte septentrionale, à Vannes sur la côte méridionale. La francisation a progressé par les classes favorisées de la société, alors que le breton restait langue des artisans, paysans et pêcheurs ; elle a aussi progressé par les villes, tout ceci à l'intérieur même de la Bretagne occidentale. Mais existe-t-il un lien entre les difficultés de la langue bretonne et la fragilité d'une économie régionale trop peu industrielle et très dépendante des marchés agricoles extérieurs pour l'écoulement de ses produits ?

aire culturelle : *une communauté de langue, d'habitudes, d'histoire donne à un groupe le sentiment d'appartenir à une aire culturelle différente des autres.*

La Normandie mythique.
d'après A. Frémont.

TRANSATLANTIQUE · BENEDICTINE · BEURRE · TRIPES · CALVADOS · "MADAME BOVARY" · POMMIERS · ANDOUILLE · VACHES · Mt St MICHEL · "NEZ DE CUIR" · CIDRE · CAMEMBERT

0   80 km

« La Normandie survit cependant à l'ère électronique dans les annonces publicitaires, sur les feuilles glacées des magazines à grand tirage, sur des affiches, dans les conversations et par les remarques amusées que suscite l'appartenance à la région, ou bien dans les nombreux ouvrages que provoque le développement d'une civilisation des loisirs et, plus simplement, dans les colonnes de la presse, sous les couronnes des reines d'une année, ou dans les discours politiques. La Normandie mythique existe, plus vraie parfois que la vraie. »

A. Frémont, *Atlas et géographie de la Normandie.*

T Il est possible de retrouver pour chaque pays ou chaque région mythes et clichés.

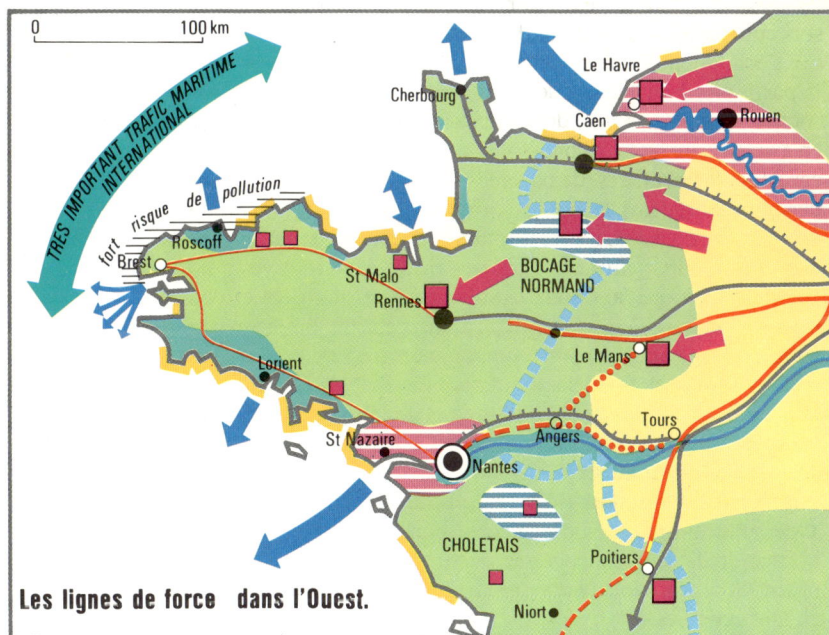

Le costume du pays bigouden (sud du Finistère).
Les singularités du costume et de la coiffure témoignent, au même titre que l'architecture de la maison, le mobilier, l'outillage de la richesse de la culture populaire. Costume et coiffure sont aussi le signe d'appartenance à une communauté et à ses coutumes. La disparition progressive de ces signes ne constitue nullement un progrès.

Les toponymes bretons.
Les toponymes bretons montrent l'histoire du peuplement de la Bretagne. Beaucoup de villages commencent par *plou* : la paroisse (Plougastel : la paroisse du château ; Plounevez : la nouvelle paroisse), parce que ce fut la première organisation territoriale quand arrivèrent les Bretons. *Tré* exprime une subdivision de la paroisse (Tréméven). *Loc* signifie le lieu saint (Loctudy). *Lann* signifie l'église, (Lannion). L'abondance des toponymes religieux traduit le rôle du clergé dans le peuplement breton aux Ve et VIe siècles. *Ker* (Kerjean) signifie la maison, l'exploitation rurale. *Ker* est souvent suivi d'un prénom. Les toponymes en *Ker* marquent les progrès d'un habitat dispersé plus récent, fruit d'entreprises individuelles.

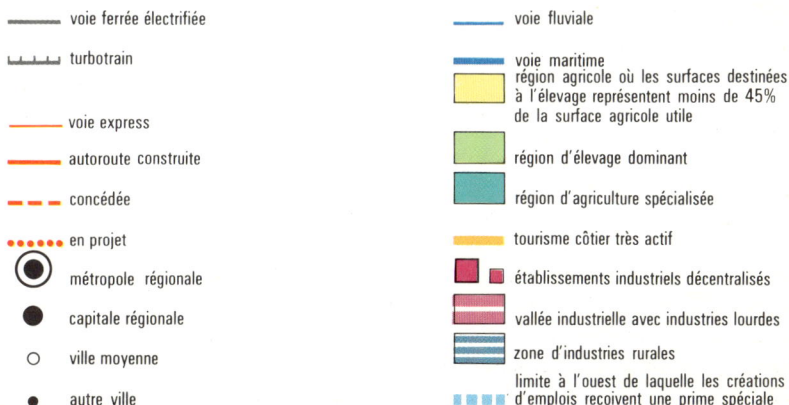

Les lignes de force dans l'Ouest.

TRES IMPORTANT TRAFIC MARITIME INTERNATIONAL · Cherbourg · Le Havre · Caen · Rouen · fort risque de pollution · Roscoff · Brest · St Malo · Rennes · BOCAGE NORMAND · Lorient · Le Mans · St Nazaire · Angers · Tours · Nantes · CHOLETAIS · Poitiers · Niort

— voie ferrée électrifiée
⊥⊥⊥ turbotrain
— voie express
— autoroute construite
--- concédée
••••• en projet
◉ métropole régionale
● capitale régionale
○ ville moyenne
• autre ville

— voie fluviale
— voie maritime
☐ région agricole où les surfaces destinées à l'élevage représentent moins de 45% de la surface agricole utile
☐ région d'élevage dominant
☐ région d'agriculture spécialisée
☐ tourisme côtier très actif
■ établissements industriels décentralisés
▤ vallée industrielle avec industries lourdes
▤ zone d'industries rurales
···· limite à l'ouest de laquelle les créations d'emplois reçoivent une prime spéciale

171

82-Le bassin sédimentaire et ses paysages

Le Bassin parisien constitue un ensemble géologique exceptionnel en France par son étendue, sa platitude et ses faibles altitudes. 450 km séparent les hauteurs de l'Artois du Massif central, et 550 km la Manche des Vosges. La plus grande partie du Bassin parisien se trouve en France, mais il déborde sur la Belgique, le Luxembourg, la Sarre.

Les horizons très plats sont dus à la disposition en cuvette sédimentaire*, où les couches se sont entassées sans jamais subir de forts mouvements orogéniques. L'armature géologique est formée de couches de calcaires durs et de craie que séparent des argiles ou des sables. Les nuances du relief reflètent cette disposition. Dans la partie orientale et au sud-est du Bassin, de longs plateaux montent lentement vers l'est, jusqu'à une corniche brutale qui fait également front vers l'est, cuesta qui domine une dépression argileuse, relayée ensuite par un autre plateau. A l'ouest les couches sont moins épaisses et les cassures plus fréquentes au contact du Massif armoricain : les plateaux et cuestas se développent beaucoup moins bien qu'à l'est. Au nord, le relief provient uniquement des ondulations des couches, comme dans les collines de l'Artois et dans la boutonnière du pays de Bray, ou les terrains argileux tendres apparaissent entre deux corniches plus dures qui s'affrontent.

Le Bassin parisien rassemble d'excellentes conditions pour l'activité agricole. La platitude est favorable à l'agriculture mécanisée et de surcroît, les sols cultivables sont souvent bons. Les calcaires donnent des sols minces mais qui s'échauffent vite au printemps. Les argiles, des sols propices à l'herbe. Dans la partie nord du Bassin, des limons d'origine éolienne se sont déposés sur les roches sous-jacentes, en donnant des terres qui comptent parmi les meilleures en France : Beauce, Valois, Soissonnais. Elles portent d'excellentes récoltes de céréales, de betteraves, de pommes de terre. Ailleurs, au contraire, la craie a été décomposée en argile à silex, au sol lourd et qui fut longtemps difficile à cultiver, jusqu'à l'arrivée des puissants engins de culture actuels. Les sables argileux donnent enfin des sols très médiocres, réservés à la forêt.

Les paysages agraires* résultent de ces données et des conditions de la mise en valeur. Dans le nord et dans l'est du Bassin parisien dominent les **paysages de campagne ou champagne**, avec de vastes parcelles de labours dépourvues de clôtures, la population rassemblée en villages groupés, quelques bosquets aux limites de la commune et des près le long des rivières. Ce paysage réapparaît au sud de la Loire dans la Champagne berrichonne. Dans l'ouest et dans le sud apparaissent des champs irréguliers de plus petite taille, séparés par des haies : c'est le **bocage**. Mais le bocage couvre aussi le pays de Bray et la Thiérache au nord. Le bocage correspond à la prairie permanente. La limite du bocage et de la champagne a évolué. Le bocage recule à l'ouest devant la champagne par destruction progressive des haies, qui gênent le travail des engins agricoles.

Les coteaux, aux sols mélangés, bien égouttés et aux meilleures expositions conviennent aux vergers et à la vigne : pays de population dense, de petites exploitations morcelées comme la côte d'Ile-de-France en Champagne, les coteaux du Sancerrois et de Touraine, de part et d'autre de la vallée de la Loire. Les alluvions de cette dernière constituent aussi un terroir privilégié, le val, qu'on retrouve dans les vallées de divers affluents : le Loir, le Cher.

Enfin, bien des paysages sont forestiers, sur des sols sableux ou d'argile à silex, au nord-est comme dans les forêts d'Orléans, de Sologne, de Brenne.

La riche région agricole du Bassin parisien a toujours été une zone de communications faciles. Cette facilité et l'abondance des rivières portant bateau a permis le développement ancien des villes, bien approvisionnées par les campagnes voisines. Elle a enfin conditionné l'importance politique du Bassin parisien, d'où la monarchie capétienne devait rayonner facilement pour réaliser l'unité de la France.

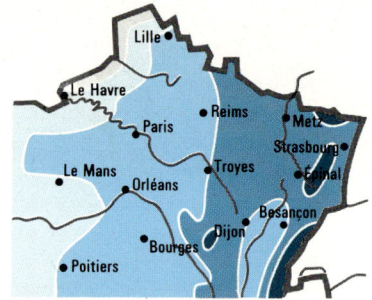

Nombre de jours de gel dans le Bassin de Paris.

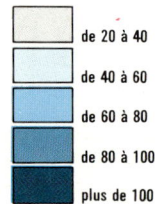

de 20 à 40
de 40 à 60
de 60 à 80
de 80 à 100
plus de 100

Les hivers sont de plus en plus rudes à mesure qu'on progresse vers l'est du Bassin parisien.

Le Val en Touraine

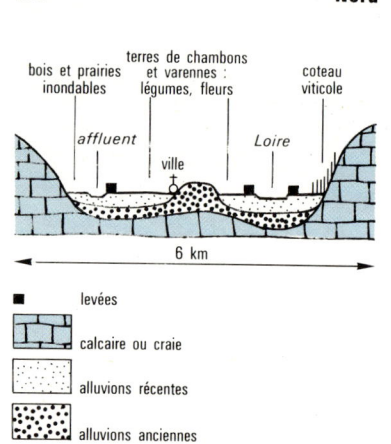

La Loire, en s'incisant dans les plateaux crayeux infertiles qui l'encadrent a créé, grâce à ses alluvions, un milieu naturel privilégié que l'homme a protégé des inondations grâce aux digues ou *levées*. Là se pratiquent sur les sols des *varennes* les cultures de légumes, de fleurs, de porte-graines, tandis que les coteaux les mieux exposés portent de la vigne.

champagne
brenne
val

La petite ville de Chinon. ▲

Elle vit du passage touristique, du marché hebdomadaire et du commerce du vin. Les coteaux les mieux exposés sont occupés par la vigne alors que les plateaux pauvres sont couverts de forêts.

Le Bassin parisien doit à sa structure de cuvette sédimentaire la disposition en auréoles concentriques des terrains qui le composent, de plus en plus récents lorsqu'on va de la périphérie vers le centre. ▼

Relief et structure du Bassin parisien.

- massif ancien
- plateau de grès
- plateau calcaire ou crayeux
- plaine calcaire ou crayeuse
- plateaux et plaines limoneux
- plaine argileuse
- dépôts argilo-sableux
- alluvions

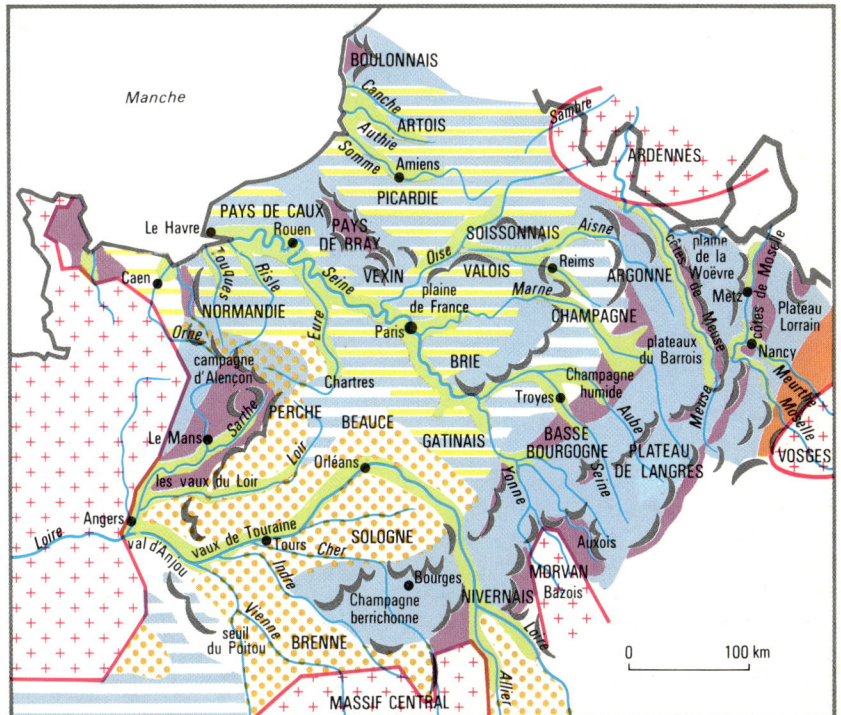

grande exploitation : 23
système de culture : 26

83-Les régions de grandes cultures

Le Bassin parisien est par excellence le pays de la grande exploitation* agricole, particulièrement dans sa partie centrale. La grande exploitation est largement liée à la grande propriété. Depuis que Paris est la capitale de la France, de grosses fortunes s'y rassemblent : nobles et bourgeois ont longtemps acquis de vastes propriétés foncières dans les provinces voisines. La grande propriété actuelle est l'héritière de cette période. Les grandes propriétés sont divisées en grandes exploitations dont les exploitants ne sont donc pas propriétaires. Mais il existe aussi des propriétaires exploitants.

Ces vastes exploitations sont très mécanisées. De surcroît, les exploitants bénéficient d'un réseau serré de coopératives, de techniciens agricoles, d'associations de producteurs. Il en résulte d'excellents rendements, toujours supérieurs à la moyenne nationale.

La grande exploitation a permis d'uniformiser la qualité des sols et les paysages. L'usage de la charrue à disque et de puissants engins de défrichement, l'abondance de l'engrais chimique ont transformé des pays de réputation médiocre comme la Champagne crayeuse et la Champagne berrichonne en bonnes terres à blé. En outre, dans la partie méridionale du Bassin parisien, le recours à l'irrigation par aspersion a permis d'obtenir des rendements réguliers pour le maïs et les légumes de plein champ.

En revanche, la grande exploitation chasse l'élevage. Le tracteur a remplacé les attelages. Les moutons, autrefois nombreux en Beauce, ne paissent plus les chaumes et l'élevage bovin a souvent été éliminé, car trop gourmand en main-d'œuvre.

Cette évolution a rendu exsangues bien des villages, désormais privés de leurs commerces et de leurs équipements. Ces campagnes tendent à n'être plus, a-t-on dit, des milieux de vie mais seulement des milieux de travail.

A la grande exploitation correspondent des systèmes de culture* simples et rationnels. On cultive sur une parcelle donnée une plante sarclée (betterave à sucre, pomme de terre) ; c'est ce qu'on appelle la « tête d'assolement ». Puis l'année suivante, on sème du blé et la troisième année de l'orge. Ce schéma d'ensemble a été profondément modifié, surtout pour les plantes sarclées qui servent de tête d'assolement. La betterave se maintient dans les pays limoneux de la Picardie et de l'Ile-de-France et elle progresse en Champagne. La culture est liée à la présence des sucreries et s'effectue sous contrat avec ces usines. Le maïs, autrefois inconnu dans le Bassin parisien, a beaucoup progressé depuis l'introduction des maïs hybrides et alterne avec le blé en Beauce où il est cultivé pour le grain.

La pomme de terre est une culture beaucoup plus ancienne que le maïs. Mais elle est désormais destinée aux féculeries, aux fabriques de chips et de purée en flocons. Elle est surtout localisée dans la Picardie et le Valois. Elle voisine aujourd'hui avec des cultures légumières de plein champ (petits pois, carottes, épinards) pour la conserverie et la congélation.

En Champagne, on a introduit la luzerne dans les assolements céréaliers, pour l'expédier dans des usines de déshydratation qui la transforment en granulés pour le bétail. Enfin, le lin, et plus récemment le colza, ont acquis une importance locale.

Les céréales fournissent donc l'élément stable du système : les prix en sont garantis par le Marché commun agricole. Quant aux autres cultures, elles sont pratiquées sous contrat avec les industries (conserveries, sucreries...) qu'elles approvisionnent. Le contrat garantit le prix en échange de l'obligation de fournir le produit. Les cultivateurs de céréales du Bassin parisien jouissent donc de revenus sans surprise. Aussi le système de la grande culture céréalière tend-il à progresser partout où un relief assez plat et des exploitations assez vastes permettent la mécanisation des cultures.

Les légumes de plein champ en Picardie.

zones légumières et leur progression

culture de la betterave

firme privée de conserverie

firme coopérative de conserverie

firme privée de transformation de la pomme de terre

coopérative de transformation de la pomme de terre

La Picardie est devenue une grande région légumière grâce à l'installation d'énormes conserveries. La plus grosse, installée dans le nord de la Picardie ramasse 40 % de la récolte d'ensemble et concurrence la Bretagne.
Les légumes de plein champ s'accommodent bien des terres à limon où l'on cultive la betterave. Toutefois, les légumes ne peuvent revenir qu'une fois tous les sept ans sur les mêmes terres, car sinon on risque le développement de parasites, si bien que les légumes n'ont pas du tout remplacé la betterave. Ils sont venus enrichir et varier la succession des cultures. Ils sont souvent irrigués et leur récolte est mécanisée.

capital foncier : *dans l'agriculture moderne la part du capital foncier (la terre et les bâtiments) diminue au profit de celle du capital d'exploitation (les machines, le cheptel), dont l'importance ne cesse de croître avec la modernisation.*

gestion agricole : *la gestion de l'exploitation agricole moderne devient de plus en plus complexe. Il faut savoir en effet ce que coûte en amortissement des machines, en engrais, en travail, chacune des cultures et en apprécier les bénéfices. Cette connaissance permet de changer éventuellement l'éventail des cultures, si leur rapport n'est pas suffisant. Elle suppose la tenue régulière d'une comptabilité agricole. Les Centres de Gestion sont une des formes de la coopérative agricole.*

L'irrigation du maïs.

Le maïs est cultivé partout dans le Bassin parisien. Mais la culture du maïs-grain est coûteuse en énergie : en Beauce on l'irrigue grâce à d'immenses tourniquets qui distribuent l'eau de la nappe phréatique et le grain est desséché par le moyen d'installations qui fonctionnent au fuel. Ces dépenses rendent la culture du maïs-grain trop coûteuse dans le nord du Bassin parisien. On se contente donc de l'utiliser comme fourrage.

Une grande ferme de la Beauce au S.O. de Voves.

Surface
270 ha (tout en faire-valoir direct, mais 170 ha viennent d'être achetés, d'où un endettement important).
Cultures
maïs 90 ha (rendement 80 qx/ha)
blé tendre 90 ha (rendement 60 qx/ha)
orge 45 ha
blé dur 45 ha
Il n'y a plus d'élevage depuis la fin des années 50 (jadis important troupeau de moutons).
Personnel
le chef d'exploitation ne s'occupe que du travail de direction
3 salariés
Matériel
1 moissonneuse-batteuse
3 tracteurs (1 de 88 CV, 2 de 75 CV)
1 camion
1 séchoir à maïs
des cellules permettant de stocker 1 200 t de grain (toute la récolte)
du matériel d'irrigation pour 250 000 F.

Voici une grosse exploitation beauceronne. Les 170 ha qu'on vient d'acheter ont été payés environ 25 000 F l'hectare, soit 4 250 000 F ce qui suppose le recours au crédit.
La ferme est très mécanisée : un appareil rotatif permet d'irriguer 50 ha de maïs d'un coup.
Grâce à la grande surface de l'exploitation, on peut se contenter d'un matériel proportionnellement moins important que dans des fermes plus petites.
Il y avait avant la guerre 30 personnes sur cette ferme, à cause d'une mécanisation bien moins poussée et de l'importance de l'élevage.

Une ferme à Saint-Agnan (Yvelines).

Cette grosse ferme céréalière pratique aussi l'élevage pour l'embouche de bœufs charolais.
Aux bâtiments traditionnels, on a ajouté des hangars préfabriqués.
Le lotissement près de l'église au fond indique la proximité de Paris.

84-Les régions d'agriculture spécialisée

Si l'élevage a beaucoup reculé sur les plateaux, il se maintient dans les régions plus humides, proches de la Manche, en Normandie et Picardie pour le lait et localement pour la viande dans les régions betteravières, où pulpe et collets engraissent les « bœufs sucriers ». Les régions d'élevage correspondent ordinairement aux vallées et aux dépressions : pays de Bray, Thiérache en bordure de l'Ardenne et une sorte de chemin de ronde, de la Champagne humide à la bordure du Morvan et du Limousin au Perche à l'ouest. Dans ces régions, les exploitations sont de plus petite taille que sur les plateaux, le plus souvent inférieures à trente hectares. En outre, ces pays sont souvent (sauf en Champagne et Picardie) des pays de bocage, restés très traditionnels et peu perméables aux influences extérieures. Les élevages laitiers comme ceux du pays de Bray et de la Thiérache sont associés à des laiteries et fromageries. Les élevages à viande vivent en symbiose avec les massifs anciens voisins, qui leur fournissent les veaux. Veaux et bœufs s'y vendent dans de grosses foires.

Le Bassin parisien possède **quelques régions de cultures maraîchères et fruitières** : tels sont les hortillonnages de la vallée de la Somme. Tel est également le maraîchage de la banlieue parisienne, qui recule devant l'urbanisation, en dépit de la haute valeur de ses productions.

Le Val de Loire est une région favorisée entre toutes, où, à l'abri des levées qui les protègent des caprices du fleuve, de petites exploitations ont installé des pépinières sur les alluvions fertiles, cultivant fleurs en pots et graines de semence, sans oublier les légumes, asperge ou céleri. La vigne s'est maintenue sur les coteaux les plus favorisés à Vouvray, Saumur, Bourgueil, Chinon. Elle s'étend aussi sur les terres à graviers des hautes terrasses du fleuve. Sous les coteaux, les caves ne servent pas seulement au stockage du vin mais à la culture des champignons de couche vendus dans toute la France.

Le Bassin parisien abrite sur ses coteaux quelques vignobles remarquables : particulièrement au sud-est (Sancerrois, Touraine, Anjou) et aussi sur quelques fronts de cuestas, comme le Chablis près d'Auxerre et surtout le vignoble de Champagne.

Le vignoble de Champagne, accroché en un liséré étroit sur le front de la cuesta de l'Ile-de-France et dans la vallée de la Marne est le plus célèbre de tous. Il se prolonge sur le front d'une autre cuesta au sud-est, entre Bar-sur-Aube et Bar-sur-Seine. La loi fixe la zone d'appellation contrôlée, les cépages, les procédés de taille, le rendement maximum en raisin.

Les vignerons champenois sont répartis sur 14 000 exploitations environ, dont la superficie moyenne est à peine supérieure à 1 hectare. Encore 44 % d'entre eux travaillent-ils seulement moins de 50 ares de vigne. Ces petits vignerons complètent leurs revenus en s'embauchant dans les grandes propriétés ou encore ils sont artisans, ouvriers, cavistes.

Les exploitations moyennes sont travaillées par la main-d'œuvre familiale, tandis que les vignes qui appartiennent aux grandes maisons de négociants – 13 % du vignoble – sont exploitées directement ou cédées en métayage en tiers franc (le vigneron verse au propriétaire le tiers de la récolte).

La vinification, qui nécessite des capitaux importants, est effectuée par les grandes maisons de négociants, ou par des coopératives, ou enfin de manière artisanale par les « manipulants », des vignerons qui fabriquent et vendent eux-mêmes leur vin. Les grandes maisons vendent beaucoup à l'étranger, tandis que les manipulants fournissent le marché national, dont l'importance s'est considérablement accrue ces dernières années.

La Montagne de Reims.
Le vignoble de Champagne donne ses meilleurs vins autour de la « Montagne de Reims », une avancée de la cuesta de l'Ile-de-France, coiffée de forêts qui sont incluses dans un parc naturel régional. Sur le versant, la vigne est une monoculture très soignée, les vignerons habitent de gros villages et parfois des exploitations isolées. ▶

La vinification du champagne *(pressurage du raisin puis fermentation alcoolique) ne diffère pas de celle des autres vins dans la première phase. On ajoute ensuite du sucre de canne et des ferments et on met en bouteille. L'addition de ferments produit une seconde fermentation de gaz carbonique qui rend le champagne mousseux mais crée aussi un dépôt. On place alors les bouteilles, goulot vers le bas, sur les pupitres de renurage et on tourne chaque jour les bouteilles d'un huitième de tour. Il faut alors faire dégorger, c'est-à-dire ouvrir la bouteille pour éliminer le dépôt (opération qui s'effectue dans un bain de glace). On conçoit que la champagnisation réclame beaucoup de main-d'œuvre.*

Le vignoble de Champagne.

cuestas de l'Ile-de-France

zone où le vignoble est le plus dense

limite de l'appellation contrôlée

maison expédiant plus de 500 000 bouteilles par an

nombre de maisons du type ci-dessus à Épernay et à Reims

Le vignoble de Champagne est accroché sur le front de la cuesta de l'Ile-de-France et sur quelques buttes témoins qui la précèdent (autour de Reims). Il s'insinue aussi sur les versants de quelques vallées, comme celle de la Marne. Les meilleurs crus sont situés dans la partie centrale entre Reims et Vertus.

Autour du vin de Champagne s'est constituée une petite région, très vivante, et densément peuplée. Vinification et champagnisation occupent 5 000 personnes, tandis que les industries dérivées (verrerie, caisserie, emballage, matériel viticole) fournissent de 3 000 à 4 000 emplois dans chacune des deux villes de Reims et d'Épernay.

Le Val de Loire.

Cette région dispose d'un ruban d'alluvions de terres fertiles et bien égouttées. Aussi a-t-il pu développer les cultures délicates (cultures sous serre et au premier plan pépinières) sur de petites parcelles. L'habitat, dispersé, montre la forte densité de la population rurale.

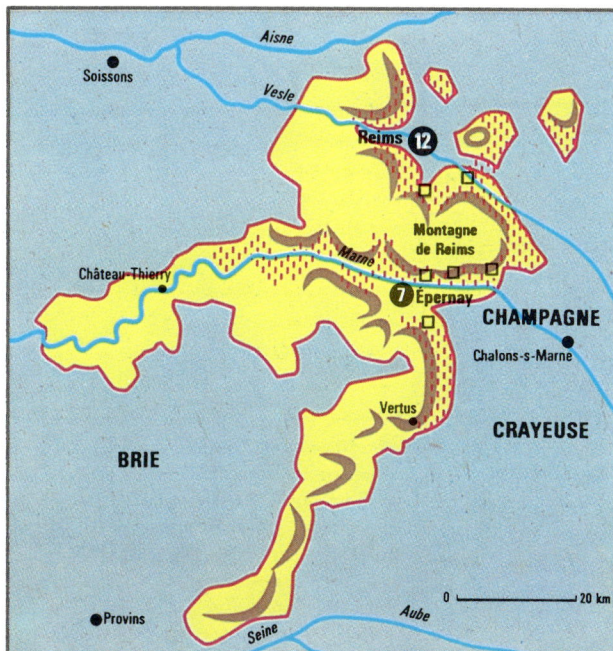

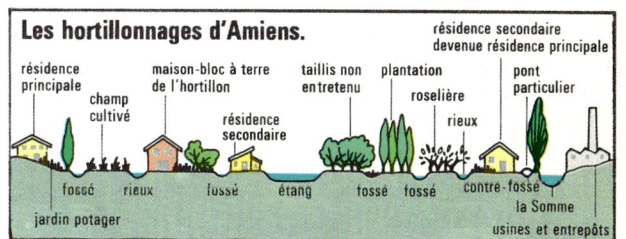

Les hortillonnages d'Amiens.

Ce sont des jardins maraîchers, qui, grâce au travail des « hortillons », ont pris la place de marais qui encombraient la vallée de la Somme. Les « rieux » assurent à la fois le drainage et le transport des produits sur des barques plates. Mais les hortillonnages sont menacés par l'extension de la ville. Beaucoup de maisons d'hortillons sont reprises par des Amiennois qui ne travaillent pas dans l'agriculture. Les hortillonnages d'Amiens ne couvrent plus que 300 ha. On retrouve ce paysage dans le voisinage d'autres villes picardes, dans des conditions physiques comparables.

177

85-Le rôle de Paris dans la vie régionale

Paris exerce sur l'ensemble du Bassin parisien une influence* considérable. On a déjà évoqué l'importance de la propriété foncière des Parisiens, particulièrement développée dans les bonnes terres limoneuses au nord de Paris.

L'influence directe s'exerce aux limites de la zone urbanisée. La proximité d'un marché de consommation important et riche a suscité, à une époque où on ne transportait pas fruits et légumes à longue distance, des petites zones de cultures maraîchères et fruitières : vergers de poiriers, pommes, cerisiers autour de la butte de Montmorency, terrains maraîchers de la vallée de l'Yvette, cultures sur champs d'épandage (utilisant les eaux usées) en aval vers Achères et Pierrelaye. La région d'Arpajon, au sud, cultive petits pois et haricots. Ces cultures reculent devant la marée des contructions : les petits exploitants préfèrent vendre leurs terres et se replient plus loin.

Au-delà, se développe, dans un rayon d'une centaine de km, un genre de vie « rurbain » (néologisme fondé sur les mots rural et urbain) : nombreux sont les villages où il ne reste que quelques exploitants agricoles et où les anciennes maisons des journaliers, tout comme les pavillons récents, sont habités par des « nouveaux ruraux » qui travaillent à Paris.

En outre, et **au-delà, l'influence indirecte de Paris s'exerce par l'intermédiaire des loisirs.**

Les résidences secondaires des Parisiens, occupées en fin de semaine et parfois en été se sont multipliées. Si leur développement est bénéfique, pour l'artisanat et le commerce locaux, il fait monter le prix du sol et impose des charges aux communes (voiries, égouts, éclairage...).

Enfin, les forêts occupent des surfaces importantes sur les affleurements sableux ou argileux de qualité médiocre. Ce sont souvent des forêts domaniales, qui fournissaient autrefois bois d'œuvre et bois de feu. Les plus proches de l'agglomération (forêt de Montmorency, de Saint-Germain, de Bondy) sont progressivement amputées par l'extension de la ville. Celles qui se trouvent à moyenne distance sont parcourues par les Parisiens en fin de semaine. D'autres enfin, comme les forêts privées de la Sologne, constituent des chasses gardées pour des Parisiens fortunés qui réorganisent les exploitations agricoles en fonction de la chasse (diminution des labours, élevages de faisans...).

La disposition du réseau urbain* reflète elle aussi la toute puissance parisienne.

Les pays du Bassin parisien sont commandés par des villes nombreuses, mais de petite taille. Cela tient d'abord à la faible densité démographique des régions rurales qu'elles desservent. Cela tient aussi à la proximité de Paris. Paris est entouré de plusieurs séries de villes disposées en couronnes concentriques. Il y a d'abord une petite couronne de villes comme Rambouillet, Creil, Meaux, Fontainebleau, situées à 40-50 kilomètres de Paris. Elles appartiennent à la zone de peuplement industriel et urbain de Paris.

Un peu plus loin, entre 70 et 110 kilomètres se situe une deuxième couronne, avec des villes plus importantes et mieux équipées comme Compiègne, Soissons, Sens, Montargis, Orléans, Chartres, Evreux. Ces villes qui ont souvent accueilli des industries ou des équipements décentralisés de Paris, ont connu une forte croissance. Elles restent cependant modestes, mise à part Orléans, qui seule dépasse 100 000 habitants.

Quant à la troisième couronne, elle comprend des villes pour la plupart plus peuplées comme Reims, Troyes, Bourges, Tours, Le Mans, Caen, Le Havre et Rouen, et plus loin Dijon (qui n'appartient pas au Bassin parisien). Ces villes fournissent à la population locale presque tous les biens et services qu'elle réclame : toutes ont des établissements d'enseignement supérieur. Mais leur influence dépasse rarement les limites de leur département.

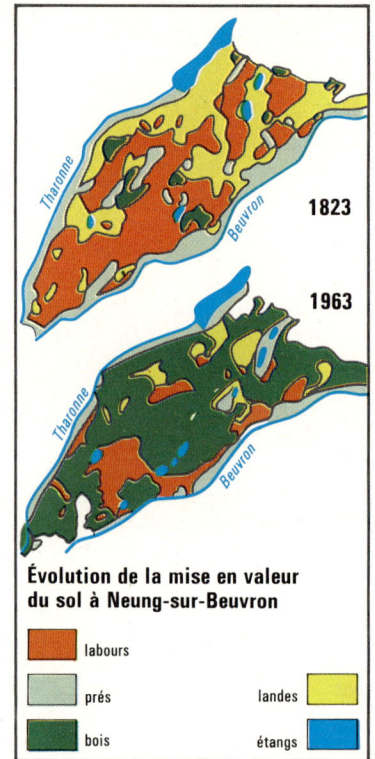

Évolution de la mise en valeur du sol à Neung-sur-Beuvron

- labours
- prés
- bois
- landes
- étangs

A vendre :

Sologne. terrain boisé 2 ha avec étang. Proximité commerces.
Prix : 240 000 F à débattre

(extrait d'un journal spécialisé)

investissement foncier : *lorsqu'il y a concurrence pour l'utilisation du sol entre agriculteurs et non agriculteurs, le prix du sol s'élève au-delà du prix des terres agricoles et* **l'investissement foncier** *(l'achat de terres) devient trop lourd pour les agriculteurs qui cèdent la place aux acheteurs de résidences secondaires.*

Eléments de l'influence de Paris sur sa région.

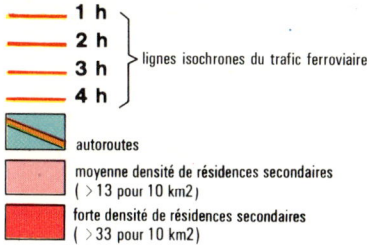

Légende:
- 1 h
- 2 h
- 3 h
- 4 h
} lignes isochrones du trafic ferroviaire

- autoroutes
- moyenne densité de résidences secondaires (> 13 pour 10 km2)
- forte densité de résidences secondaires (> 33 pour 10 km2)

L'amélioration des relations ferroviaires aboutit à rapprocher Paris des villes du Bassin parisien et par là même à renforcer le rôle régional de Paris.

La distribution des résidences secondaires dépend moins des relations ferroviaires que routières. Les régions privilégiées sont celles qui se distinguent par leur pittoresque : Basse Bourgogne, vallée de la Loire, Sologne, et aussi côte Normande. ▶

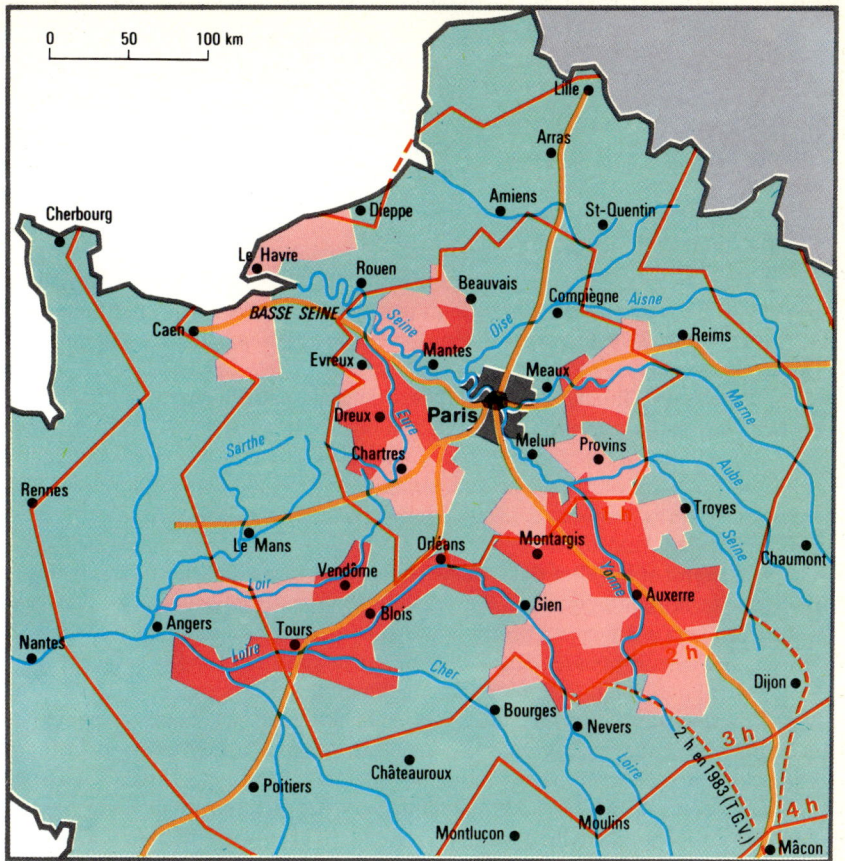

Les prix des sols (120 000 F pour 1 ha) sont beaucoup trop élevés ; un paysan ne peut les acheter pour les cultiver. Ils sont donc acquis par des Parisiens et des étrangers fortunés. Les propriétaires locaux eux-mêmes trouvent avantage à boiser leurs champs et à les louer ensuite comme terrains de chasse. Ainsi s'explique l'évolution des paysages agraires dans la petite commune de Sologne de Meurg-sur-Beuvron où il y a un siècle les labours occupaient 60 % de la surface. Les bois ont remplacé des champs qui, il est vrai, ne donnaient que de pauvres récoltes de seigle.

Un «modèle» de la disposition des villes autour de Paris.
d'après R. Brunet

Légende:
- ville de Paris
- villes de la couronne parisienne
- villes moyennes subissant l'attraction de Paris ou des métropoles régionales
- métropoles régionales subissant l'attraction de Paris et servant de relais à la capitale
- métropoles régionales extérieures à l'aire d'attraction directe de Paris
- ceintures boisées
- petite couronne
- deuxième couronne
- troisième couronne
- zone hors de l'attraction directe

Cette carte est un « modèle ». Les villes ne sont pas tout à fait à leur vraie place, en particulier au sud de Paris. Mais ce modèle restitue la logique de la disposition des « couronnes urbaines ». Les zones forestières jouent depuis toujours un rôle dissuasif pour le développement des villes. ▶

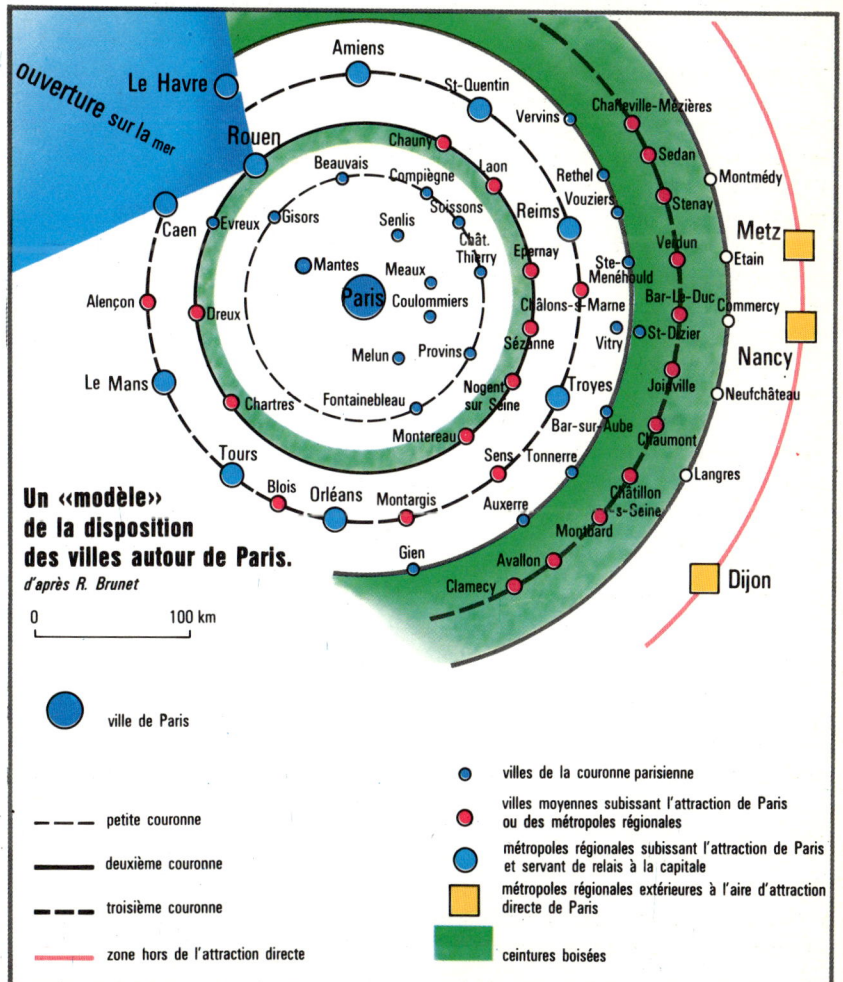

179

voie navigable : 41
ports : 43

86-L'ouverture sur la mer

Le Bassin parisien s'ouvre largement sur la Manche. Toutefois, **les sites favorables à l'activité portuaire ne sont pas nombreux**. Au sud de l'estuaire, on ne trouve que de petits ports de pêche et des stations balnéaires, comme Deauville, fréquentées par les Parisiens. Au nord de la Seine, les plateaux se terminent sur la Manche par des falaises de craie dont les rares échancrures abritent des petits ports isolés, et des stations favorisées par la proximité de Paris et des villes du Nord : Etretat, Le Treport, Le Touquet. Fécamp arme pour la pêche au hareng et à la morue tandis que Dieppe, port importateur de bananes et fruits tropicaux, est aussi une ville industrielle avec de bonnes relations avec l'Angleterre.

L'estuaire et la vallée de la Seine constituent la meilleure voie navigable* française et la plus fréquentée. Les navires d'un tirant d'eau de 9 m peuvent remonter jusqu'à Rouen, en profitant des marées, et ce malgré les méandres. En amont, les convois poussés de 5 000 t atteignent Paris et Compiègne sur l'Oise. Voie ferrée, autoroute, oléoducs accompagnent la rivière.

Les deux ports* du Havre et de Rouen se situent respectivement au second et au quatrième rang des ports français. Complémentaire, leur trafic équivaut à celui de Marseille. En outre, les deux agglomérations du Havre (264 000 habitants) et de Rouen (388 000 habitants) sont les plus importantes du Bassin parisien en dehors de Paris. Rouen fut au Moyen Age la troisième ville française. La profondeur du fleuve limite son accès aux navires de tonnage moyen. Les hydrocarbures ne jouent donc qu'un faible rôle (30 % du total). En revanche, les marchandises solides en vrac (charbon à l'importation, céréales à l'exportation) comptent pour 46 %. Le reste est composé de marchandises diverses (produits industriels surtout). Le trafic de Rouen a progressé de 31 % entre 1974 et 1979. Rouen est une très importante ville industrielle (80 000 salariés) où à l'ancienne industrie des cotonnades qui occupait les vallées du pays de Caux se sont ajoutées la chimie lourde (engrais, colorants, raffinage du pétrole), la papeterie et une métallurgie très variée où l'automobile joue un rôle important (Renault à Cléon). L'université, la presse quotidienne, l'équipement commercial sont les éléments d'un rayonnement limité. Rouen, qui fut autrefois la capitale de toute la Normandie, ne commande plus qu'à deux départements. En outre, la vallée, animée vers l'amont par des installations industrielles nouvelles tend à ressembler à une banlieue éloignée de Paris.

Le port et la ville du Havre sont beaucoup plus récents puisqu'ils furent fondés par François 1er. **Le Havre est un port d'estuaire en eau profonde, admirablement situé à portée d'une des routes maritimes les plus fréquentées du monde.** Pour gagner de la place on a asséché des terrains pour y installer des usines et creusé le canal maritime de Tancarville. Enfin, l'essentiel du trafic pétrolier passe par les jetées du cap d'Antifer le long desquelles peuvent accoster les plus gros navires grâce aux 25 m de profondeur du chenal d'accès.

Ce pétrole est acheminé vers les nombreuses raffineries de la vallée qui constituent le plus important ensemble français de raffinage (Gonfreville, N.-D. de Gravenchon, Petit-Couronne près de Rouen). Le Havre importe aussi des produits tropicaux et exporte des produits pétroliers raffinés, du ciment, des céréales, des automobiles. Le trafic, touché par la récession pétrolière, s'est cependant remarquablement adapté aux trafics nouveaux comme celui du charbon. Le Havre est le premier port français (et le 3e en Europe) pour le trafic par conteneurs et un des premiers, avec Marseille pour le transbordement horizontal (Roll on, Roll off). Sa zone d'influence (*hinterland*) s'étend à la plus grande partie du territoire français.

En outre, Le Havre est un important centre industriel : la pétrochimie, les tréfileries, câbleries, chantiers de construction et de réparation navale, et l'usine des automobiles Renault à Sandouville emploient 40 000 personnes.

Le trafic des ports de Rouen et du Havre.
(en millions de tonnes)

		LE HAVRE		ROUEN	
		1974	1979	1974	1979
Importations	Vracs liquides	57,9	− 6,5 %	3,8	+ 36,4 %
	Vracs solides	7,8	+ 65 %	5,9	+ 26,9 %
	Divers	3,5	+ 16,2 %	1,0	− 12,0 %
	Total	69,3	+ 2,8 %	10,9	+ 26,4 %
Exportations	Vracs liquides	11,4	− 7,7 %	3,6	+ 53,7 %
	Vracs solides	1,2	− 22,9 %	3,7	+ 23 %
	Divers	4,1	+ 30,8 %	2,3	+ 29,8 %
	Total	18,8	+ 10,9 %	9,7	+ 36,3 %
Trafic total		88,1	+ 4,3 %	20,5	+ 31,1 %

Le Havre a souffert de la diminution du trafic pétrolier, mais a augmenté ses importations de charbon et son trafic de conteneurs. Rouen réexpédie par la Seine les pétroles raffinés et exporte des céréales.

complexe pétrolier : *il existe une liaison étroite entre raffinage pétrolier et pétroléochimie. Le raffinage transforme le pétrole brut en carburants et combustibles mais aussi en matières premières de la pétroléochimie, dont la pièce maîtresse est le vapo-craqueur (steam-cracking) qui produit des gaz divers (éthylène, propylène) permettant de fabriquer des engrais, des fibres synthétiques, des matières plastiques, des solvants, des peintures, du caoutchouc, des parfums. L'ensemble forme le* **complexe pétrolier.**

La Seine à Villequier.

Entre Rouen et la mer, la Seine décrit de vastes méandres. A la rive convexe au fond, en pente douce, partiellement inondable et couverte de pâturages s'oppose la rive concave, tournée ici vers le sud, sur les pentes crayeuses de laquelle s'appuient de petites villes et villages (ici Villequier). La Seine, approfondie, permet le passage de navires de mer de tonnage moyen qui remontent jusqu'à Rouen.

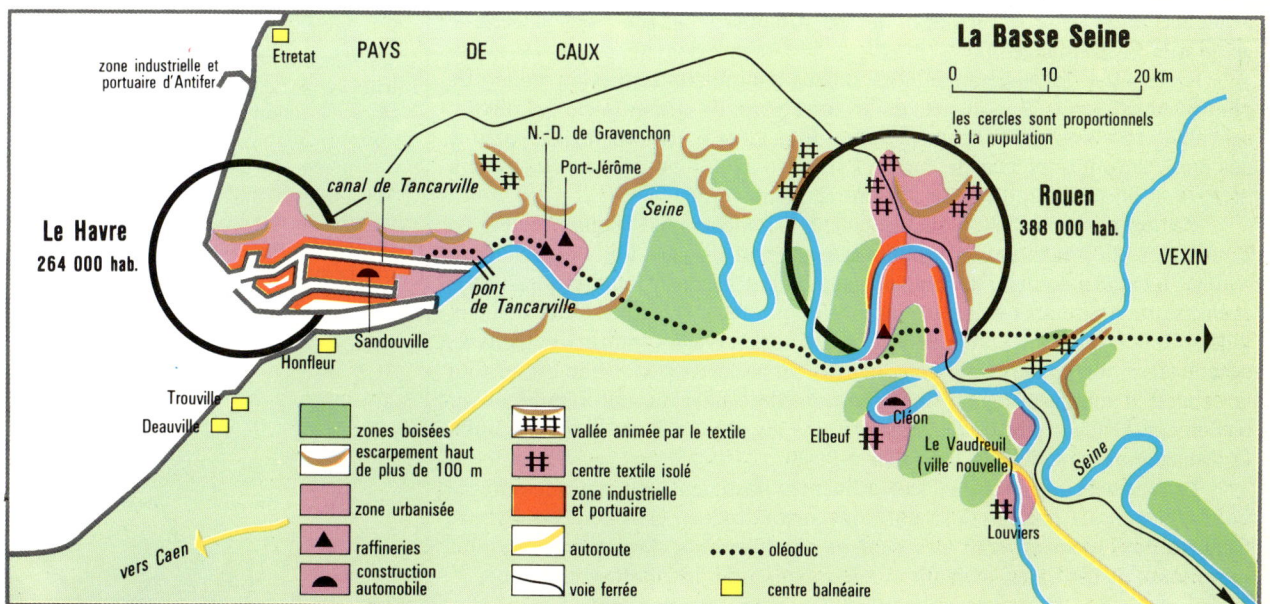

La Basse Seine

PAYS DE CAUX

zone industrielle et portuaire d'Antifer

Etretat

N.-D. de Gravenchon

Port-Jérôme

canal de Tancarville

Seine

0   10   20 km

les cercles sont proportionnels à la population

Rouen
388 000 hab.

VEXIN

Le Havre
264 000 hab.

pont de Tancarville

Sandouville

Honfleur

Trouville

Deauville

Cléon

Elbeuf

Le Vaudreuil
(ville nouvelle)

Seine

Louviers

vers Caen

zones boisées

escarpement haut de plus de 100 m

zone urbanisée

raffineries

construction automobile

vallée animée par le textile

centre textile isolé

zone industrielle et portuaire

autoroute

voie ferrée

oléoduc

centre balnéaire

181

Loire : 11
provinces : 56
région-programme : 57

87-Des vieilles provinces au système parisien

Hors de l'Ile-de-France, le Bassin parisien est sans doute dans la mouvance parisienne. Mais au cours des siècles, des provinces* s'étaient organisées, assez tôt rattachées au domaine royal. Autour de ces provinces, on a constitué les régions de programme*.

La Somme, l'Aisne et l'Oise forment **la Picardie**, dont les plateaux limoneux nourrissent une riche agriculture. Amiens (152 000 hab.) est née d'un point de passage facile dans la vallée de la Somme, marécageuse et semée d'étangs. L'industrie textile y a été relayée par la métallurgie, la chimie et certaines spécialités de l'automobile (pneus, embrayages, freins...). C'est le siège d'une université. Mais le département de l'Oise lui échappe au profit de Paris tandis que St-Quentin (75 000 hab.) nœud de communications et ville industrielle (cycles, motocycles, matériel électrique et habillement) se soustrait partiellement à son influence.

La région Champagne-Ardenne est beaucoup plus disparate que la Picardie : elle s'étire sur quatre départements depuis les abords de la vallée de la Saône jusqu'à l'Ardenne. Elle est disposée en auréoles successives : la cuesta de l'Ile-de-France, couronnée de forêts et ourlée de vignes, la limite à l'ouest. Puis vient la Champagne crayeuse, devenue grande région céréalière, et où se tiennent les villes principales : Reims (197 000 hab.), Troyes (126 000 hab.), Châlons (63 000 hab.). A l'est viennent enfin les marches forestières de la Champagne humide, de l'Argonne où se sont livrées bien des batailles (Sedan, Valmy et plus à l'est Verdun).

La capitale officielle de la région, Châlons, est beaucoup moins importante que Reims, forte du rayonnement de ses commerces, en particulier du vin de Champagne, de son université et de décentralisations industrielles en provenance de Paris (électroménager, aéronautique, automobile). Les villes ardennaises, Mézières-Charleville et Sedan, animées par des établissements métallurgiques et textiles lui échappent, et plus encore Troyes, ancienne ville de foires, capitale française de la bonnetterie, qui s'est constitué une zone d'influence importante.

En **Basse Bourgogne,** Auxerre et Sens dépendent théoriquement de Dijon, mais se rattachent en réalité à Paris. Nevers est partagée entre l'influence de Paris, de Dijon et de Clermont.

Le sud du Bassin parisien s'ordonne autour de la Loire* et de ses affluents. « La Loire a fait surgir la vie urbaine à chaque pas » a écrit le géographe A. Demangeon.

Ici en effet, les vallées sont des rubans d'alluvions fertiles au milieu de plateaux médiocres. De surcroît, les grandes voies de communication suivent les vallées : en amont d'Orléans, la vallée de la Loire est accompagnée par une des grandes routes menant de Paris à Lyon. En aval, c'est la route conduisant de Paris à Bordeaux qui rejoint la Loire à Tours.

Pourtant, ces pays n'ont aucune ville très importante. L'agglomération de Tours a 245 000 habitants. Comme Orléans, c'est un carrefour ferroviaire et routier. La ville a accueilli des usines (pneumatiques, constructions mécaniques et électriques). Son université est plus étoffée que celle d'Orléans. Cette dernière ville (210 000 hab.), au coude de la Loire, a aussi diverses industries, fruits de décentralisations (matériel agricole, construction électrique...). Elle est surtout la capitale d'une vaste région du Centre qu'elle a bien du mal à commander réellement. Orléans tend à dépendre de plus en plus de Paris : plus de 3 000 Orléanais vont chaque jour travailler à Paris.

Le Val de Loire et les vallées affluentes possèdent une marquetterie de villes moyennes. Certaines (Vierzon) sont surtout industrielles tandis que Blois, Châteauroux, Bourges sont des centres administratifs. Bourges est la plus importante de ces villes, avec une vraie fonction de distribution régionale.

La vallée de l'Oise.

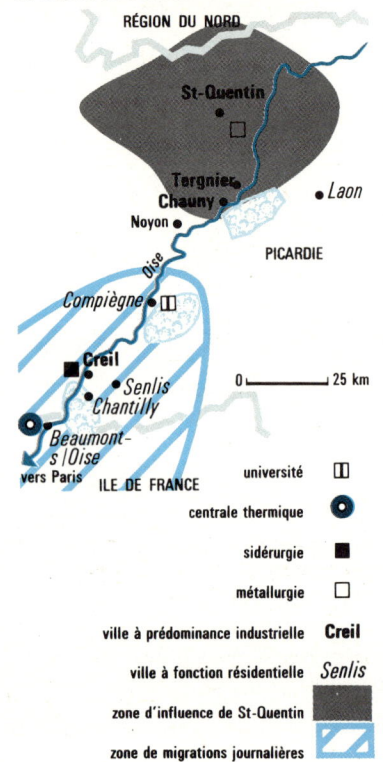

université	▯
centrale thermique	◉
sidérurgie	■
métallurgie	□
ville à prédominance industrielle	**Creil**
ville à fonction résidentielle	*Senlis*
zone d'influence de St-Quentin	▓
zone de migrations journalières	▨

La vallée de l'Oise permet un passage facile du Nord vers Paris (navigation fluviale et canal, voie ferrée, autoroute). Elle a été choisie par les aménageurs du territoire pour servir de « point d'appui » destiné à limiter l'influence parisienne. Mais quelles sont les chances de succès de cette politique ? La vallée qui égrène sur ses versants d'importants centres industriels comme Saint-Quentin (constructions mécaniques, cycles...) et Creil (laminoirs) se partage entre une partie Nord, autonome, où domine Saint-Quentin, et une partie Sud, où plusieurs villes résidentielles, proches de forêts étendues, comme Compiègne, Senlis, Chantilly ont une population active qui travaille à Paris.

La ville de Tours. ▶

Elle est située sur la rive gauche de la Loire. Elle a grandi autour de deux quartiers médiévaux dont on voit le plus oriental sur la droite de la photo. L'axe principal de la ville est la rue Nationale, tracée au XVIIIᵉ siècle et par où passe la route de Paris à Bordeaux. Le long de cet axe se déploie un urbanisme majestueux qui aboutit au pont Wilson (emporté il y a quelques années par une crue). Au-delà de la Loire, le coteau, bien orienté au sud, est un obstacle à l'urbanisation : il y reste de grandes propriétés au milieu de parcs. Les quartiers nouveaux s'étendent donc plus loin, sur le plateau, mais aussi, à l'opposé, au sud, dans l'interfluve entre la Loire et son affluent, le Cher. Tours est une ville moyenne, peu industrielle, limitée dans son essor par la concurrence de ses voisines, Angers, Orléans, Poitiers, toutes de même taille.

Le sud du Bassin parisien est tout entier inclus dans la région Centre, dont la capitale est Orléans. Mais cette ville est trop petite et trop proche de Paris pour exercer son influence sur une étendue aussi vaste. ▼

Les villes moyennes du Bassin parisien n'exercent guère d'influence au-delà du département qu'elles commandent. Elles sont en effet limitées par la présence envahissante de la capitale. ▼

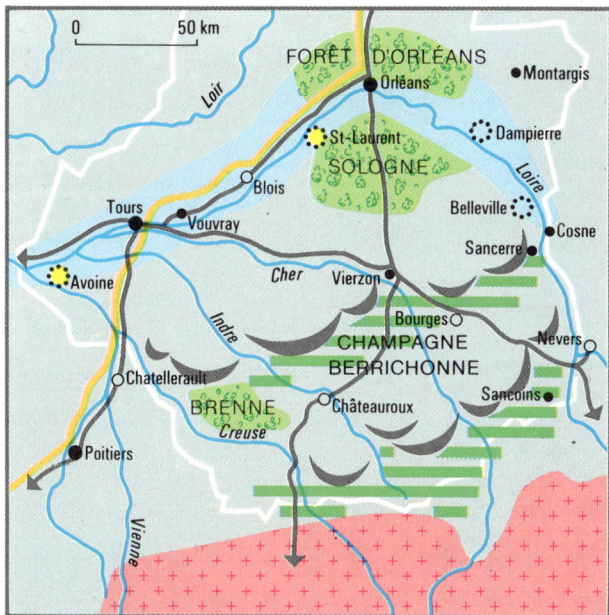

Le sud du Bassin parisien.

- ⌣ cuestas
- ▬ région argileuse avec élevage bovin
- ▨ région forestière
- ▨ limite nord du Massif central
- ● ville à fonction régionale
- ○ ville moyenne
- ▭ limite de la région «Centre»
- • petite ville
- ▬ autoroute
- ▬ voie ferrée centrale
- ☀ centrale nucléaire existante
- ⁖ centrale nucléaire en projet
- ▬ «zone d'appui» de la Loire moyenne

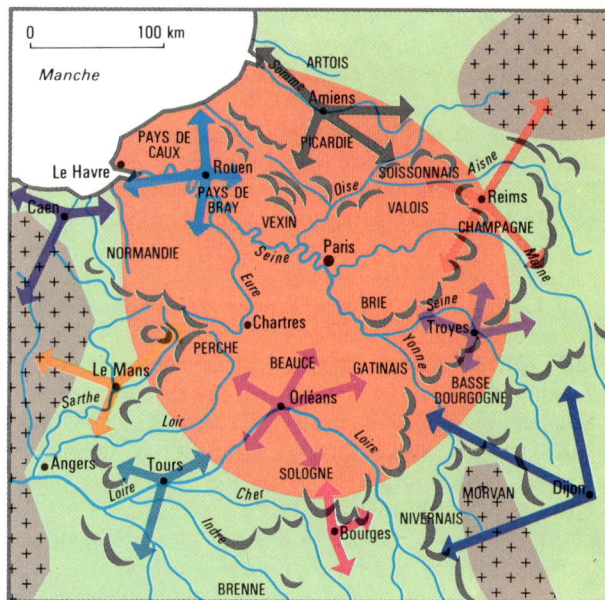

Les zones d'influence des villes dans le Bassin parisien.

- ▨ zone d'influence régionale de Paris
- ▨ massifs anciens
- ↗ zones d'influence des villes de la couronne

183

88-Le développement de Paris

L'agglomération parisienne est l'une des très grandes agglomérations du monde, et vient au premier rang en Europe, avant Londres et Moscou.

La situation de Paris est tout à fait favorable : plusieurs vallées (Seine, Oise, Marne) y convergent au centre du Bassin parisien. Le site de l'île de la Cité a permis un franchissement plus facile de la Seine, tandis qu'au sud une berge solide s'appuie sur la montagne Sainte-Geneviève.

Historiquement, la fortune de Paris est liée à celle des rois capétiens. Paris occupait une position centrale dans le domaine royal qui allait de Compiègne à Orléans. Lorsque le domaine royal s'étendit et que le pouvoir du roi s'affermit, Paris rassembla toutes les fonctions de capitale : rôle politique, militaire, religieux, commercial, universitaire. Les impôts royaux dirigent vers Paris les ressources de la province. La présence de la Cour conduit à Paris toutes les grandes fortunes, sur lesquelles se fonde un artisanat de luxe très varié, tandis que la richesse des terres voisines permet de nourrir cette très grande ville.

Au XIXe siècle, Paris devient le point d'attraction* du réseau ferré et le principal centre industriel* de France. Provinciaux et étrangers y affluent pour en faire une des grandes agglomérations du monde : en 1875, avec 2,2 millions d'habitants, elle est la deuxième ville du monde derrière Londres. Cette croissance s'est accompagnée d'une grande extension en surface, qui fit craquer les enceintes successives.

La ville de Paris a atteint avant 1914 son maximum démographique (2 900 000 habitants). Depuis lors, **sa population décroît rapidement** (de 300 000 habitants entre 1968 et 1975). Dans les quartiers centraux, les bureaux remplacent les logements. Ailleurs, la rénovation ou la réhabilitation de l'habitat élimine la population à faible revenu au profit d'une population moins nombreuse et plus fortunée (le quartier du Marais). Seuls quelques arrondissements périphériques comme le 13e, où l'on a construit de grands ensembles, ont vu augmenter leur population.

Cette dépopulation s'étend dans la proche banlieue. Cette banlieue ouvrière du XIXe siècle est constituée d'ateliers, d'entrepôts, d'habitations autrefois surpeuplées et aujourd'hui dégradées ou abandonnées. Pourtant, depuis 1945, ces communes ont construit beaucoup de logements sociaux. Mais cet apport ne compense pas les départs de ceux qui quittent l'habitat ancien.

En revanche, **les départements de la grande banlieue ont vu s'accroître leur population** de près de 800 000 habitants entre 1968 et 1975, car ils disposent de terrains à bâtir moins chers où se construisent les grands ensembles, les centres commerciaux et les « nouveaux villages ». De nos jours, la banlieue s'étend au nord jusqu'à la vallée de l'Oise, à l'est presque jusqu'à Meaux dans la vallée de la Marne, à Corbeil dans celle de la Seine, à l'ouest jusqu'à Mantes. Dans la plaine de France, au nord, sur les plateaux de Hurepoix au sud, la ville progresse à la fois par les bâtiments d'habitation et par les équipements (marché de Rungis, aéroports d'Orly et Charles-de-Gaulle à Roissy). Au-delà de la région urbanisée sans solution de continuité, c'est encore la proximité de Paris qui nourrit le mouvement de construction autour des petites villes et des villages.

Dans la croissance de l'agglomération, **le rôle des voies de communication** a été et demeure essentiel. Non pas tellement celui des routes comme les routes royales, puis nationales, qui escaladaient les plateaux où les terres agricoles étaient chères et manquaient d'eau, mais celui des voies ferrées. La proximité des gares a été l'élément déterminant, aussi bien pour beaucoup d'industries que pour l'habitat. C'est pourquoi les banlieues sont restées longtemps filiformes et souvent limitées aux vallées. Depuis 1950, elles ont largement escaladé les plateaux, tandis que les échangeurs d'autoroutes s'ajoutaient aux gares comme points de fixation des lotissements.

Évolution de la population à Paris et dans la « Petite Couronne », de 1968 à 1975.

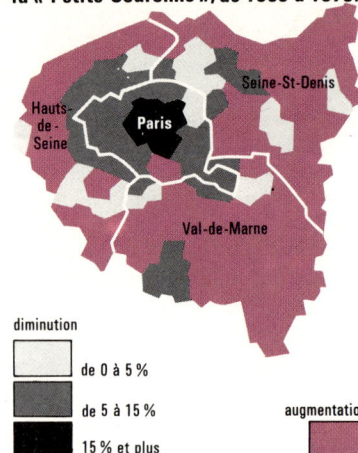

diminution

de 0 à 5 %

de 5 à 15 %

15 % et plus

augmentation

La dépopulation, commencée dans le centre de Paris, s'étend en tache d'huile dans la proche banlieue.

Les grandes agglomérations du monde en 1975.
(en millions d'habitants)

Paris	8,5
Mexico	14,0
New York	16,7
Buenos Aires	9,8
Pékin	7,6
Shanghaï	10,8
Calcutta	7,0
Tokyo	14,4
Londres	7,2
Moscou	7,9
Los Angeles	10,4
São Paulo	7,2

Évolution de la population de la région parisienne depuis 1801.

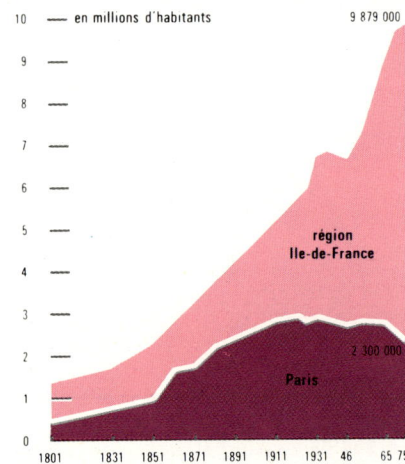

La ville de Paris a atteint son maximum dès le début de ce siècle (2 900 000 habitants). Elle se dépeuple maintenant à un rythme rapide cependant que la région parisienne continue à s'accroître.

situation et site (R₂)

L'agglomération parisienne.

enceintes :

- ▮ de Philippe-Auguste
- ▮ de Charles V
- ▮ de Louis XIII
- ▮ des Fermiers-Généraux
- ▮ de 1840
- ▮ espaces bâtis
- ○ villes de plus de 75 000 hab. en 1975
- ▤ villes nouvelles
- ▰ forêts et parcs

A la fin du XIXᵉ siècle, l'agglomération déborde en tentacules qui, projetant dans de longues vallées les banlieues, le long des lignes de chemin de fer, se libèrent du cadre circulaire que soulignent les anciennes enceintes. Ce développement finit même par s'opérer hors des vallées, et il reste longtemps anarchique : c'est seulement en 1932 qu'une loi sur l'aménagement de la région parisienne impose certaines lignes directrices, que reprend aujourd'hui le S.D.A.U. de la région parisienne. ▶

◀ L'agglomération parisienne se trouve en 1975 au 7ᵉ rang mondial. Elle n'a cessé de perdre du terrain depuis cent ans et des projections sur le futur la situent au 25ᵉ rang en l'an 2000. Ce recul provient de la progression très rapide des villes du Tiers monde.

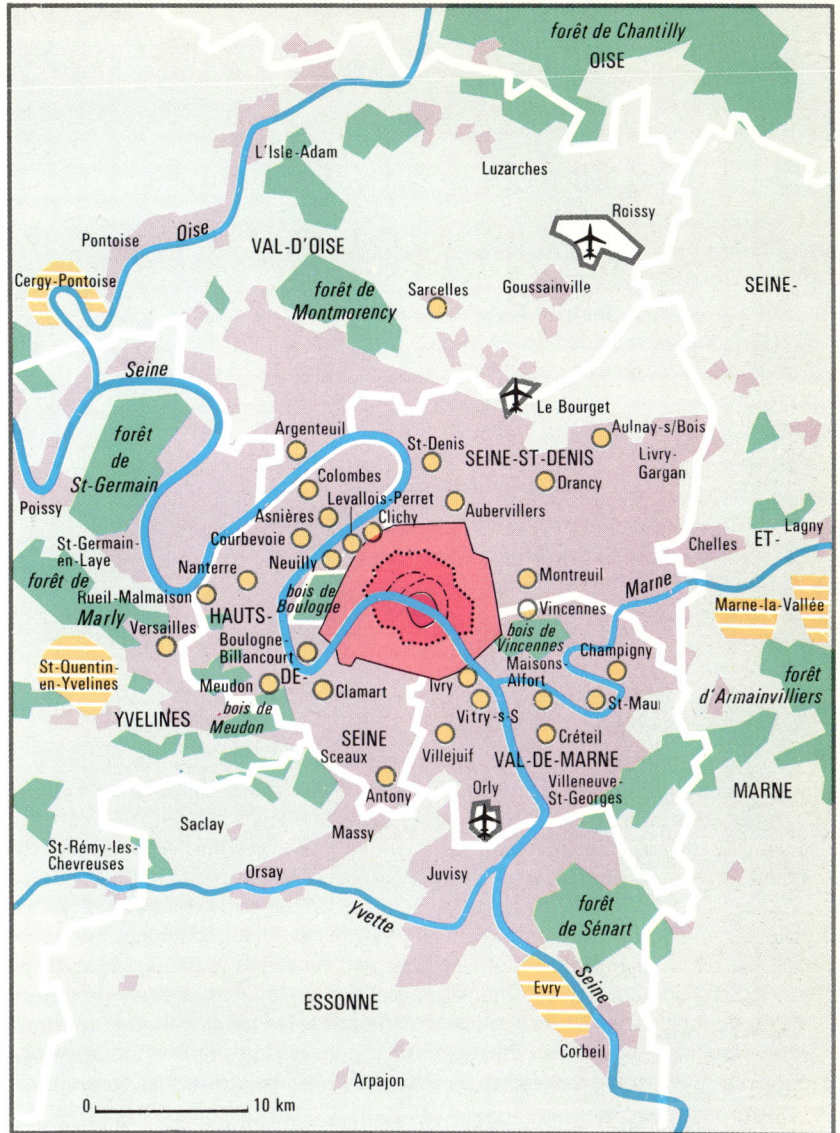

Ⓣ Les modalités d'extension d'une ville à partir de documents divers. Ici, exemple Paris.

L'île de la Cité.

Le site primitif de Paris vu de l'ouest. Les deux îles (île de la Cité au premier plan, île Saint-Louis au second plan) permettaient un passage plus facile sur la Seine. Au sud (à droite sur la photo), la montagne Sainte-Geneviève fournissait une rive solide sur laquelle on pouvait appuyer un pont. L'île constituait en même temps une défense. De nos jours, elle continue d'abriter quelques services très importants : le Palais de Justice (on y voit la Sainte-Chapelle) au premier plan, la Préfecture de Police, l'Hôtel-Dieu (proche de Notre-Dame dont on voit la façade). Sur la rive gauche (au fond), on remarquera les toits des vieilles maisons. ▶

185

équipement commercial : 39, 58
mouvement touristique : 44
presse : 40

89-La capitale et le centre d'échanges

Paris est dans tous les domaines une capitale incontestée. Cette fonction de direction intéresse d'abord la gestion d'un État centralisé : 39 % des cadres administratifs supérieurs travaillent à Paris. Là se trouvent en effet tous les ministères, la direction des grands services publics (S.N.C.F., E.D.F.), concentrés pour l'essentiel dans de vieux hôtels particuliers, comme l'hôtel Matignon, résidence du Premier ministre. Ils débordent sur la rive droite, avec le palais de l'Élysée, résidence du président de la République.

Paris reste un très grand centre universitaire et culturel, qui accueille 36 % des étudiants de France. Le morcellement de la Sorbonne en 13 universités n'a pas diminué son importance globale.

Les fonctions religieuse et militaire, bien qu'ayant perdu de leur importance relative (archevêché de Paris et siège de la première région militaire) contribuent à l'ensemble du rôle de direction.

Les ambassades étrangères, plusieurs organismes internationaux comme l'U.N.E.S.C.O. voisinent les ministères.

Paris a également un **rôle fondamental dans la gestion financière** par l'intermédiaire des ministères (Économie et Budget), de la Banque de France, des sièges centraux de toutes les banques importantes, de la Bourse de Paris (la seule qui ait un rayonnement international). La **gestion économique** est beaucoup plus concentrée ici qu'en Angleterre et en Allemagne fédérale : sur les cent premières entreprises françaises, 91 ont leur siège social à Paris, dont les sociétés de services techniques d'aide aux entreprises, de recherche opérationnelle, de recrutement du personnel, de conseil juridique et fiscal. Les grandes sociétés recherchent naturellement les localisations les plus prestigieuses, près de l'Étoile ou dans le nouveau quartier d'affaires de la Défense. Pour répondre à cette demande des tours de bureaux ont été construites autour de quelques gares (Lyon et Montparnasse) et à proximité du boulevard périphérique.

Paris bénéficie d'un **très important équipement commercial***, destiné aux dix millions d'habitants de l'agglomération, mais aussi à une clientèle venue de toute la France et même de l'étranger : 25 % de la population active du secteur commercial s'y trouvent.

La clientèle étrangère est liée aux déplacements d'affaires et à un mouvement touristique* considérable : plus de 60 % des séjours d'étrangers dans l'hôtellerie française s'effectuent à Paris. Ce mouvement touristique est lié à l'importance des monuments, des musées, des divertissements, des activités culturelles (théâtres, expositions), des divers salons, aux thèmes variés (matériel de bureau, navigation de plaisance, arts ménagers...) dont le rayonnement est national et international. Paris compte 80 000 résidences secondaires qui appartiennent à des étrangers ou à des provinciaux.

En dehors du commerce courant, l'importance du **commerce de luxe** est fonction de la présence de catégories sociales fortunées plus nombreuses à Paris que partout ailleurs en France, et de la clientèle étrangère de passage. Cette spécialisation est particulièrement visible sur la rive droite, dans les quartiers de l'Hôtel de Ville, de l'Opéra, de la Madeleine ; là se trouvent quelques-uns des grands magasins (Samaritaine, Printemps, Galeries Lafayette, etc.) dont les plus anciens furent créés dès le second Empire, ainsi que les grands couturiers, les parfumeurs, les maroquiniers... Cette zone se prolonge, rive droite, sur les grands boulevards et sur la rive gauche de Saint-Germain à Montparnasse.

Cette prééminence se traduit enfin dans la presse. Si les quotidiens n'ont pas des tirages plus élevés que les meilleurs journaux de province, Paris édite les trois quarts de la presse* périodique. Toutes les grandes maisons d'édition sont à Paris et presque toute la radio et la télévision.

Part de l'Ile-de-France dans 10 secteurs de l'emploi tertiaire.
(en % par rapport au total national)

Transports	29,3 %
Télécommunications	27,5 %
Service des logements	51,2 %
Commerces	22,3 %
Banques, assurances	42,7 %
Service État	24,3 %
Armée	18,3 %
Collectivités locales	19,5 %
Sécurité sociale	30,5 %
Administration privée	24,9 %

T Ce tableau, valable pour la région Ile-de-France, peut être établi pour toute autre région française.
En tirer des conclusions.

Boutiques japonaises.
Autour de l'Opéra, bon nombre de boutiques visent la clientèle japonaise, bien munie de devises mais dont les séjours sont de courte durée.

fonction urbaine (R₂)

Les Champs Elysées.
Ils demeurent une localisation de prestige pour les activités de commerce ou de gestion des entreprises.

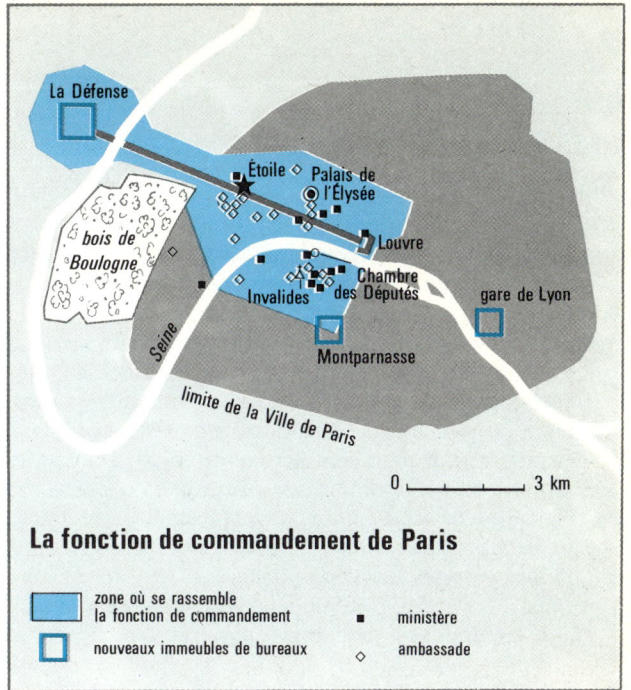

La fonction de commandement de Paris

▢ zone où se rassemble la fonction de commandement	■ ministère
▢ nouveaux immeubles de bureaux	◇ ambassade

De part et d'autre d'un arc qui va du palais du Louvre (ministère des Finances) jusqu'aux quartiers d'affaires de la Défense se trouvent toutes les institutions importantes de la vie politique nationale. Les sièges des grandes sociétés sont un peu plus dispersés, à la faveur de grandes opérations d'urbanisme qui – en particulier à Montparnasse et autour de la gare de Lyon – ont amené la construction de plusieurs tours de bureaux.

Pour chacun des secteurs du commerce, Paris joue un rôle national : le Quartier latin pour le commerce des livres, le quartier du Sentier pour l'habillement, le quartier Saint-Antoine pour le commerce du meuble. Dans le domaine des spectacles (particulièrement pour le théâtre et la musique), les établissements parisiens ont une clientèle parisienne mais aussi provinciale et internationale. Ces commerces et services d'exception sont souvent localisés sur les grands boulevards tracés sous le second Empire par le baron Haussmann.

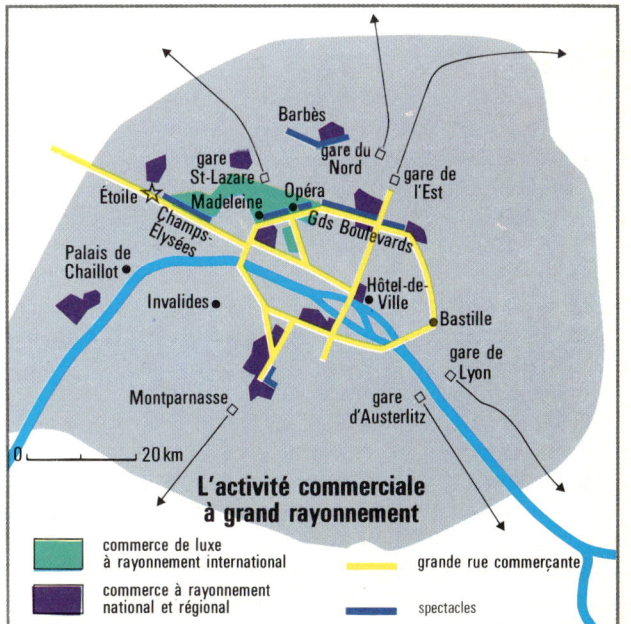

L'activité commerciale à grand rayonnement

▮ commerce de luxe à rayonnement international	▬ grande rue commerçante
▮ commerce à rayonnement national et régional	▬ spectacles

équipements / transport : 41, 42
industries : 29, 40

90-L'industrie et les liaisons avec l'extérieur

Paris, principal centre industriel français, emploie 1 300 000 salariés, soit 21 % du total national. Paris bénéficie de plusieurs avantages importants : la présence du principal marché de consommation de France par le nombre, soit 10 millions d'habitants dont beaucoup ont des revenus élevés, la proximité des organismes de décision, ministères, sièges sociaux des grandes entreprises ; l'abondance et la qualité d'une main-d'œuvre très qualifiée ; la situation au point de départ de tous les réseaux de communications nationaux. A l'inverse, la main-d'œuvre parisienne est chère, ce qui élimine les industries de main-d'œuvre peu qualifiée. L'absence de main-d'œuvre française peu qualifiée explique le recours aux immigrés (confection, automobile, services de nettoyage et voirie). L'obstacle le plus important est le prix du terrain et des locations, qui, joint aux diverses incitations financières, est un encouragement à la fuite en province. De surcroît, les difficultés de circulation augmentent les coûts.

L'éventail des industries* est très ouvert. Ne sont exclues que les industries lourdes comme la sidérurgie (sauf la fonderie) et les industries à faibles salaires comme le textile et la chaussure. Paris est donc spécialisé dans les industries de pointe et dans les industries de luxe.

Il n'est pas surprenant que l'industrie du bâtiment et des travaux publics emploie 450 000 salariés : elle est à la taille de l'agglomération. Mais les industries caractéristiques sont d'abord la construction mécanique (450 000 salariés) et la construction électrique (250 000). **L'automobile** occupe le premier rang de la construction mécanique (180 000 salariés). Elle tend à quitter Paris pour la périphérie de l'agglomération : Renault de Boulogne-Billancourt vers Flins, en aval sur la Seine, Citroën vers Aulnay-sous-Bois, Talbot vers Poissy. **L'aviation** emploie environ 40 000 salariés, surtout à l'ouest et au nord de l'agglomération. Paris monte 40 % des machines-outils de France, les 2/3 de l'électronique, des appareils de mesure, du matériel de photo et cinéma, 90 % du matériel radiologique. Les industries chimiques produisent caoutchouc, peinture, vernis, produits pharmaceutiques.

Les indutries de luxe enfin, sont très diversifiées et très caractéristiques de l'agglomération : haute couture, prêt-à-porter, parfumerie, maroquinerie...

La part de l'emploi dans le **secteur secondaire** reste importante dans l'ensemble de l'agglomération (40 % des actifs). Mais elle est plus faible à Paris (32 %) et plus forte dans la proche banlieue (Seine-Saint-Denis : 48 %). Toutefois, depuis plusieurs années, la part de l'emploi dans le secteur secondaire décroît, au profit du secteur tertiaire.

La multiplicité des activités et la masse des populations exige des équipements* considérables pour les transports entre l'agglomération et l'extérieur.

La Seine est accessible jusqu'à la mer aux convois de 5 000 t. S'y ajoute l'Oise, qui permet la liaison avec le Nord. Le port de Paris, décomposé en une multitude d'installations, a un trafic annuel de quelque 23 millions de tonnes. **La voie ferrée** joue un rôle d'autant plus important que les gares récemment rénovées sont situées au cœur de l'agglomération et que tout le réseau national y aboutit. **Le réseau routier,** progressivement complété par de nouvelles voies autoroutières, pose de redoutables problèmes. Paris immatricule chaque année 22 % du parc automobile de France et sur le boulevard périphérique se concentrent les trafics nationaux et internationaux d'une part, les trafics intérieurs à l'agglomération d'autre part. Les rocades de banlieue prévues pour le doubler se heurtent à l'opposition croissante des populations qui souffrent de leurs nuisances. **L'aéroport de Paris** (Roissy I et II, Orly et Le Bourget) est le second d'Europe par l'importance du trafic international après celui de Londres. L'essentiel du trafic aérien intérieur s'y concentre. La maintenance, l'entretien et la réparation occupent 25 000 personnes à Orly et en occuperont à terme le triple dans le nouvel aéroport Charles-de-Gaulle à Roissy.

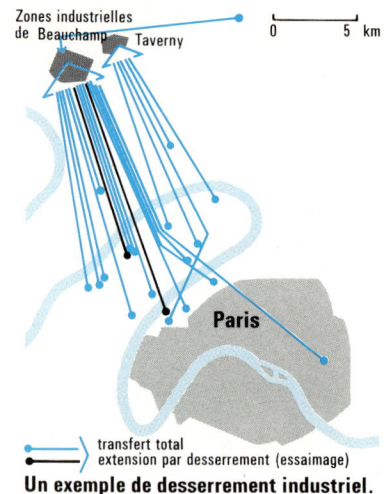

Zones industrielles
de Beauchamp   Taverny

0   5 km

Paris

transfert total
extension par desserrement (essaimage)

Un exemple de desserrement industriel.

Voici l'origine des établissements qui par desserrement sont venus s'installer dans les zones industrielles de Beauchamp et Taverny. Ils proviennent de la vieille banlieue industrielle du Nord-Ouest où l'on manque de place et où la desserte des usines pose de difficiles problèmes de circulation.

capitales et industries

Localisation des industries à Paris et dans la proche banlieue.

- banlieue industrielle
- quartier perdant ses industries
- forêt ou parc
- voie ferrée et gare terminus
- canal
- autoroute

0 — 5 km

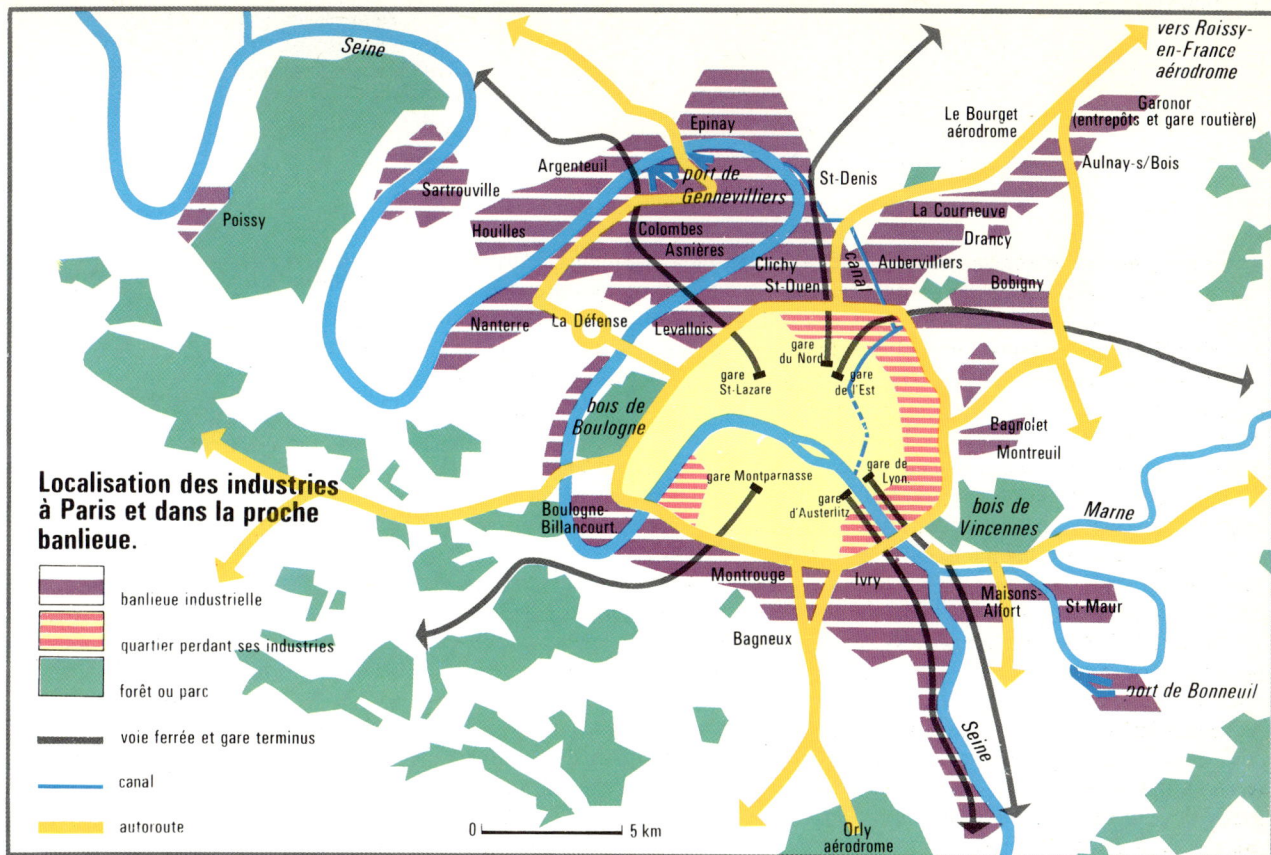

L'industrie n'est pas absente de la commune de Paris. Mais, à l'exception de quelques industries de luxe (confection, bijouterie), on ne la trouve guère dans le centre. Les quartiers périphériques de l'est et du sud se vident eux aussi de leurs activités industrielles et artisanales, faute de place et par suite de l'accroissement du prix des terrains : les ateliers font place à des maisons d'habitation et à des bureaux. Les grandes zones industrielles sont en banlieue. Elles sont liées aux terrains peu accidentés (la plaine Saint-Denis au nord) et à la desserte par les diverses voies de communication (fleuves et canaux avec leurs ports, voies ferrées et maintenant autoroutes). La grande banlieue industrielle s'étend au nord de la ville depuis Gennevilliers à l'ouest jusqu'à Aulnay-sous-Bois à l'est. Mais la proche banlieue, elle aussi, perd ses usines qui vont s'installer plus loin, soit en province, soit dans des zones industrielles de la banlieue lointaine, en particulier à proximité des villes nouvelles.

La multitude des voies de transport dans l'agglomération reflète l'importance de cette dernière, mais elle reflète aussi les modifications du genre de vie urbain actuel, où les déplacements sont multipliés, du lieu de résidence au lieu de travail, vers les supermarchés périphériques pour les achats, vers les résidences secondaires et lieux de loisirs en fin de semaine.

T Comparer la place de l'industrie et des services dans les capitales européennes.

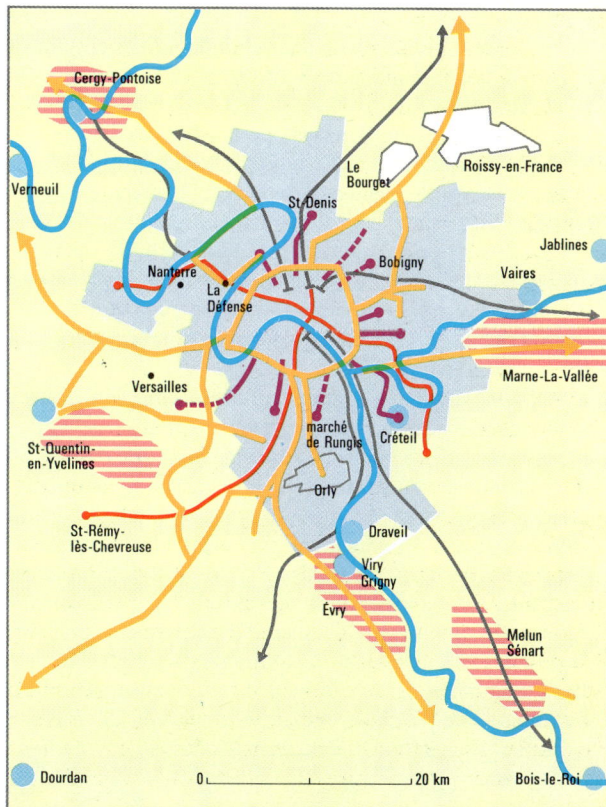

L'équipement en moyens de transport de la région parisienne.

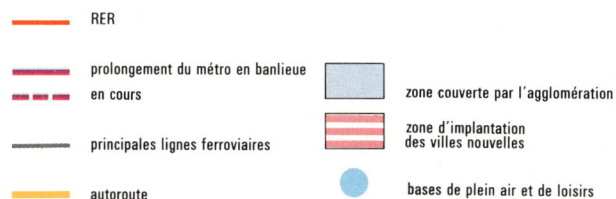

- RER
- prolongement du métro en banlieue / en cours
- principales lignes ferroviaires
- autoroute
- zone couverte par l'agglomération
- zone d'implantation des villes nouvelles
- bases de plein air et de loisirs

0 — 20 km

189

91-Parisiens et banlieusards

Les grandes dimensions de l'agglomération, la fuite des emplois industriels vers la périphérie, la concentration des emplois du secteur tertiaire dans le centre, conduisent **à la multiplication et à l'allongement des déplacements quotidiens*** entre le lieu de travail et le lieu de résidence.

Les déplacements hebdomadaires s'ajoutent à ces déplacements quotidiens. Il s'agit d'abord de déplacements pour les achats. A Paris même, le petit commerce et les grands magasins laissent peu de place aux supermarchés. Mais il en va autrement en banlieue où les centres commerciaux des vieux villages sont concurrencés par ceux qu'on a installés au pied des grands ensembles ou dans des zones aisément accessibles par route et autoroute. Ces derniers deviennent pour les habitants de la banlieue des centres de distraction et de promenade tout autant que des lieux où ils font leurs achats. Les déplacements de fin de semaine portent en outre la population vers les forêts voisines, la campagne ou le littoral de la Manche.

Paris dispose d'un réseau de transport unique en France, réseau autoroutier, mais surtout remarquable réseau de transports en commun, qui est sans doute un des meilleurs du monde, en comparaison des villes de la même importance. La S.N.C.F. possède des lignes de banlieue nombreuses, réservées à ce trafic local. Le métro, qui date du début du siècle, dessert Paris intra-muros et allonge progressivement ses lignes en banlieue, cependant que le R.E.R. (Réseau Express Régional) constitue un remarquable instrument de transport rapide d'un bout à l'autre de l'agglomération. Mais si les liaisons entre le centre et la périphérie sont commodes, les liaisons de banlieue à banlieue sont beaucoup plus malaisées.

Parisiens et banlieusards présentent la proportion la plus élevée de population active qui soit en France : 58 % (moyenne française 53 %) pour les hommes et 39,6 % pour les femmes (moyenne française 30 %). Cela vient d'une proportion élevée d'adultes (immigration provinciale et étrangère et départ de retraités vers la province) et d'une habitude ancienne du travail des femmes. Ce travail féminin est favorisé par l'abondance des emplois dans le secteur tertiaire et facilité par un équipement en crèches collectives qui représente la moitié du total national.

Parisiens et banlieusards perçoivent des salaires plus élevés de 28 % que la moyenne nationale. Encore ces salaires sont-ils loin d'expliquer à eux seuls les différences de revenus entre Paris et la province : Paris paie 37 % de l'impôt sur le revenu et le Parisien moyen paie le double de ce que paie en moyenne le Français. Les sociétés parisiennes versent 60 % du montant de l'impôt sur les bénéfices des sociétés. Mais ces chiffres favorables traduisent surtout la présence de hauts fonctionnaires, et de dirigeants du commerce et de l'industrie : la part des cadres moyens et supérieurs dans la population active est de 23 % (moyenne nationale : 10 %).

La moyenne des revenus* dissimule des contrastes sociaux* très marqués qu'on peut observer dans le paysage urbain : les Parisiens sont en moyenne plus riches que les banlieusards cependant que dans l'ensemble de l'agglomération, l'Ouest est plus favorisé que l'Est. L'accroissement très rapide du prix du sol et par la suite du prix du logement dans le centre de l'agglomération explique que 7 % seulement des logements actuellement construits dans la commune de Paris soient des H.L.M. Les contrastes sociaux tendent donc à s'accentuer : les catégories sociales les plus favorisées dans le centre, les ouvriers et employés en banlieue. Parallèlement, une partie de l'habitat vétuste, se dégrade et les populations immigrées s'y installent : sur 2 300 000 habitants, Paris compte plus de 500 000 étrangers qui, il est vrai, figurent aux deux extrémités de l'échelle sociale, car outre les travailleurs immigrés, Paris accueille le personnel des ambassades et les cadres des grandes sociétés étrangères.

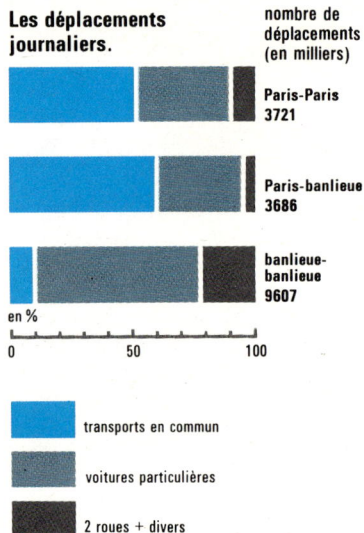

Les déplacements journaliers.

nombre de déplacements (en milliers)

Paris-Paris 3721

Paris-banlieue 3686

banlieue-banlieue 9607

en %

0   50   100

transports en commun

voitures particulières

2 roues + divers

L'extension en surface de l'agglomération parisienne suscite l'accroissement des déplacements du lieu de travail au lieu de résidence. Les moyens de transport collectifs conduisent du centre à la périphérie. Mais ils sont beaucoup moins développés d'une banlieue à l'autre : c'est pourquoi les transports individuels sont ici les plus importants.

déplacements quotidiens/ déplacements hebdomadaires

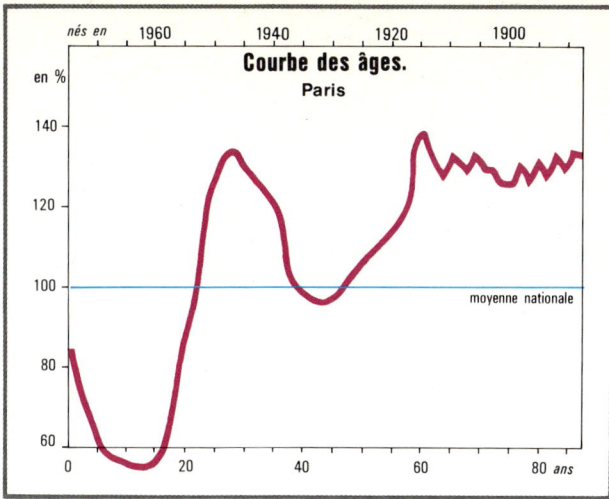

Courbe des âges.
Paris

La comparaison des deux graphiques de Paris et des Yvelines met en évidence de très forts contrastes dans les structures par âge. Paris a peu d'enfants, beaucoup de jeunes adultes et beaucoup de gens âgés.

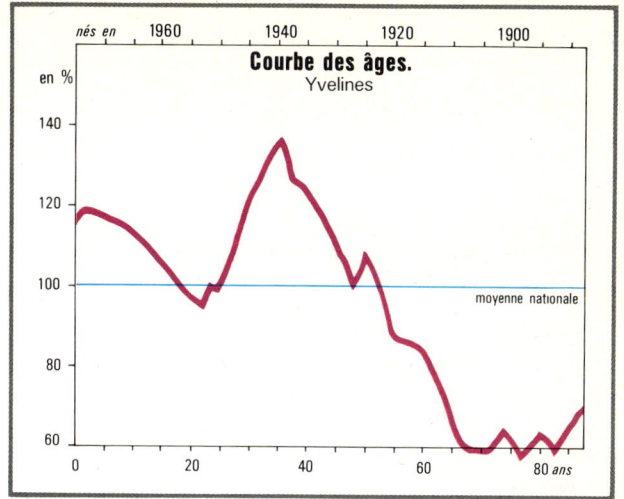

Courbe des âges.
Yvelines

La ligne horizontale 100 indique la moyenne française des différents âges en 1975. La ligne sinueuse exprime les écarts dans un département donné par rapport à cette moyenne pour les différents âges.

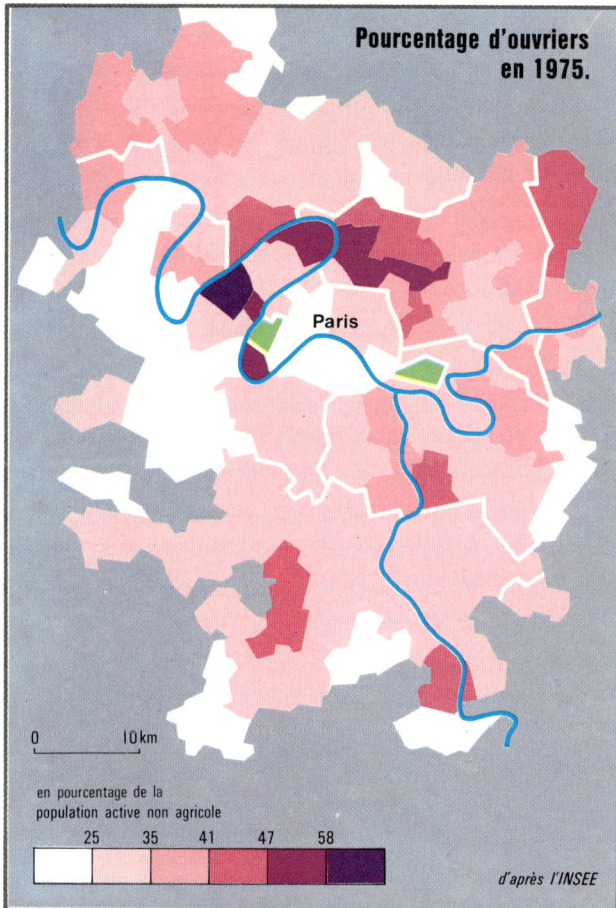

Pourcentage d'ouvriers en 1975.

en pourcentage de la population active non agricole

25 35 41 47 58

d'après l'INSEE

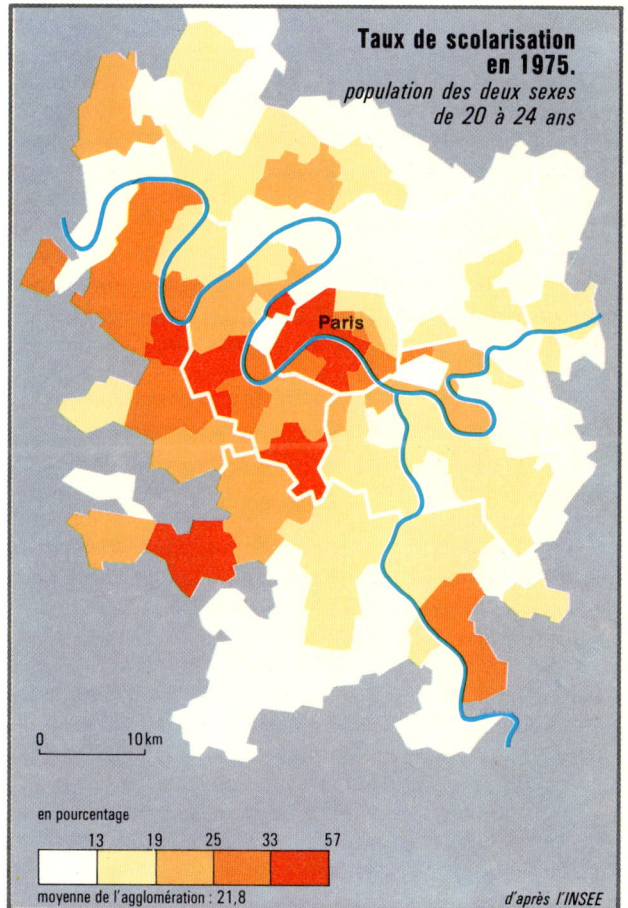

Taux de scolarisation en 1975.
population des deux sexes de 20 à 24 ans

en pourcentage

13 19 25 33 57

moyenne de l'agglomération : 21,8

d'après l'INSEE

Le taux de scolarisation de la tranche d'âge entre 20 et 24 ans fait apparaître des contrastes très vigoureux entre le secteur Ouest Sud-Ouest et le reste de l'agglomération. A l'intérieur de Paris intra muros, le quart Nord-Est s'oppose au reste de la ville. Dans la banlieue, le contraste est particulièrement vigoureux entre les communes favorisées de l'Ouest et celles, au nord, du département de la Seine St-Denis. C'est la composition sociale de la population qui explique cette opposition. En dépit de la désindustrialisation, le quart Nord-Est de Paris reste depuis longtemps celui qui renferme encore la plus forte proportion

d'ouvriers. De la même manière, il y a correspondance entre la faible scolarisation des 20-24 ans et la forte proportion d'ouvriers. Cette constatation laisse supposer que l'égalité entre catégories sociales dans l'enseignement supérieur est loin d'être réalisée. Mais il faut ajouter aussi que la Seine St-Denis renferme le plus fort pourcentage d'immigrés, qui sont souvent de jeunes adultes et qui, en modifiant la structure par âge de la population, contribuent à faire baisser encore le taux de scolarisation pour la tranche d'âge intéressée.

approvisionnement : 45, 47
décentralisation : 59, 60

92-Gestion et devenir d'une métropole mondiale

Une si grosse agglomération demande un approvisionnement* considérable. Paris consomme par jour 3 millions de m³ d'eau, issus du captage de sources et surtout de pompages dans les rivières en amont de la zone urbaine. Des barrages sur la haute Marne, la haute Seine, l'Yonne, ont permis de régulariser les débits. Le pétrole provient de la basse Seine et de deux raffineries installées dans la grande banlieue (Vernon et Grandpuits) ; le gaz des Pays-Bas ou de Lacq. L'électricité est fournie par de grosses centrales situées autour de la capitale, mais aussi en période de pointe par les centrales hydrauliques des Alpes et du Massif central.

L'agglomération s'adresse à une zone étendue du Bassin parisien pour le lait, et à l'ensemble de la France pour le vin, les fruits et légumes, etc.

L'évacuation des eaux usées et des ordures ménagères pose de redoutables problèmes. D'énormes usines de traitement (Ivry, Issy) y pourvoient. Ces eaux usées servent à l'engrais de zones maraîchères comme Achères. Elles sont de plus en plus restituées à la Seine après traitement.

L'accroissement incessant de l'agglomération parisienne a conduit à imaginer à terme « Paris et le désert français » selon le titre d'un livre. Le gouvernement a donc encouragé la **décentralisation industrielle*** par des primes aux entreprises qui acceptent de partir. Il a dissuadé les industriels de s'installer dans la région parisienne ou d'y agrandir leurs établissements par des taxes sur les installations nouvelles. De surcroît la vétusté des usines, les difficultés de la circulation, la demande de terrains pour les opérations de voirie ou d'urbanisme et surtout la hausse du prix du sol ont causé une perte d'emplois industriels importante (plus de 90 000 postes). En effet, dans de vieilles zones industrielles proches de la ville, comme dans la Plaine St-Denis au nord de Paris, le prix du terrain s'accroît tellement que l'industriel propriétaire de ses locaux est tenté de les vendre pour en acheter d'autres plus vastes et d'accès plus commode, mais plus éloignés du centre. Cet exode longtemps supportable, lorsqu'il se produisait en période de croissance économique, ne l'est plus depuis qu'est survenue la crise économique générale.

La bonne organisation de l'espace bâti repose sur la maîtrise de la croissance en banlieue. Pour tenter d'arrêter la marée anarchique des constructions et pour éviter de multiplier les déplacements du lieu de travail au lieu de résidence, on a décidé la construction de **cinq villes nouvelles** dans la banlieue parisienne. St-Quentin en Yvelines, Cergy-Pontoise, Marne-la-Vallée, Evry-Ville-Nouvelle et Melun-Senart. Les villes nouvelles doivent absorber l'accroissement général de l'agglomération.

On avait prévu au départ pour chacune d'elles une population considérable de 500 000 habitants. Mais les perspectives sont aujourd'hui beaucoup plus modestes, compte tenu du ralentissement de la croissance urbaine : chaque ville abritera à terme 200 000 habitants. En 1977, elles accueillaient à elles cinq 370 000 habitants.

La plupart des communes de banlieue, ont un centre étriqué, mal adapté à la desserte en commerces et services de populations qui s'élèvent à plusieurs dizaines de milliers d'habitants. On a donc procédé à la **rénovation** des centres villes, c'est-à-dire à la destruction de quartiers entiers et à leur remplacement par des immeubles modernes. Ces opérations, coûteuses, et qui aboutissent parfois à couper la ville de son passé sont aujourd'hui largement abandonnées au profit de la **réhabilitation**, qui suppose que l'on récure et modernise les vieux immeubles, en en conservant l'aspect extérieur.

A Paris même, on s'est efforcé de remodeler le tissu urbain : à la place des vieilles Halles, on a construit le Forum ; autour des gares de Lyon, de Montparnasse, des tours de bureaux ; dans les quartiers périphériques, des logements à la place des usines qui ont quitté la ville. Ainsi les immeubles du Front de Seine remplacent-ils les usines Citroën.

La ville nouvelle de Cergy-Pontoise.

1   Gare
2   Préfecture
3   École sup. de Sciences économiques
4   École normale

- centre de la ville nouvelle
- habitat de la ville nouvelle réalisé
- habitat de la ville nouvelle en construction ou en projet
- zone industrielle
- zone industrielle en projet
- zone bâtie avant la création de la ville nouvelle
- limite de la ville nouvelle (syndicat intercommunal)
- autoroute
- route importante
- voie ferrée ancienne et gare
- voie ferrée nouvelle
- voie ferrée en projet
- forêt
- coteaux

Le SDAU dégage les grandes lignes de l'urbanisation selon deux grands axes, dont les points forts sont les villes nouvelles. Il prévoit des « fronts ruraux » où la ville est directement en contact avec les activités agricoles qu'il s'agit de préserver à la fois pour leur intérêt économique et pour l'attrait des paysages qu'elles préservent dans les « zones naturelles d'équilibre », vouées à l'agriculture et à l'accueil des activités de loisirs des citadins. ▶

villes nouvelles : *pour déconcentrer la population et les activités de quelques grandes agglomérations françaises (Paris, Lyon, Marseille, Lille, Rouen) on a créé, à faible distance, des villes nouvelles destinées à accueillir autant d'emplois que de population active. Cinq des neuf villes nouvelles entourent Paris. Chaque ville nouvelle est très étendue, la surface bâtie ne représente que le quart du total. Pour l'heure, compte tenu de la réduction du rythme de leur accroissement, elles apparaissent comme des vêtements trop amples pour leurs habitants. Pourtant leurs équipements sont plus complets que ceux des banlieues traditionnelles.*

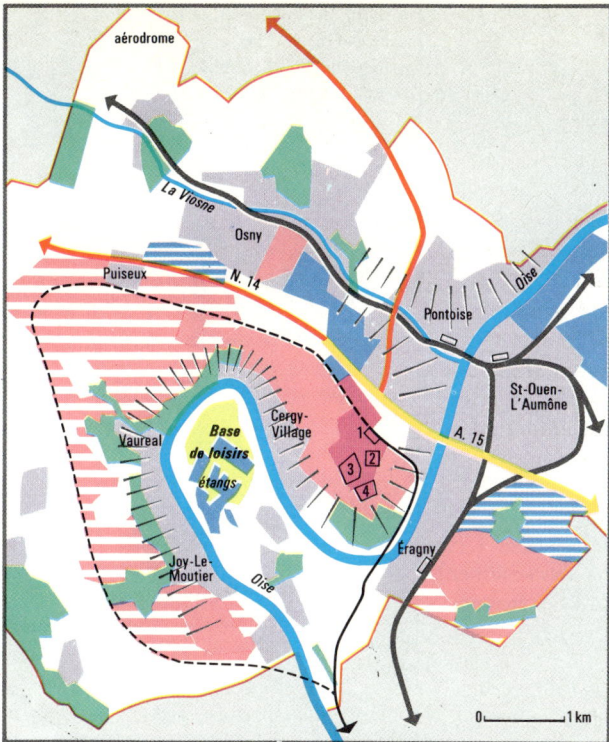

Les villes nouvelles doivent avoir un équipement complet en commerces et en services et recevoir un nombre d'emplois dans le secteur secondaire et tertiaire en rapport avec le volume de leur population. La ville nouvelle de Cergy s'appuie sur la vieille ville de Pontoise. L'ensemble de la ville nouvelle est destiné à accueillir 200 000 habitants. En 1982, elle en a 120 000, qui, outre les vieux centres, habitent les nouveaux quartiers installés sur un méandre de l'Oise. La préfecture du Val-d'Oise s'est fixée à Cergy, desservie par une nouvelle voie ferrée. De nombreux sièges de sociétés et des usines procurent 54 000 emplois. Toutefois, beaucoup d'habitants vont travailler à Paris. Est-ce une nouvelle forme de banlieue ?

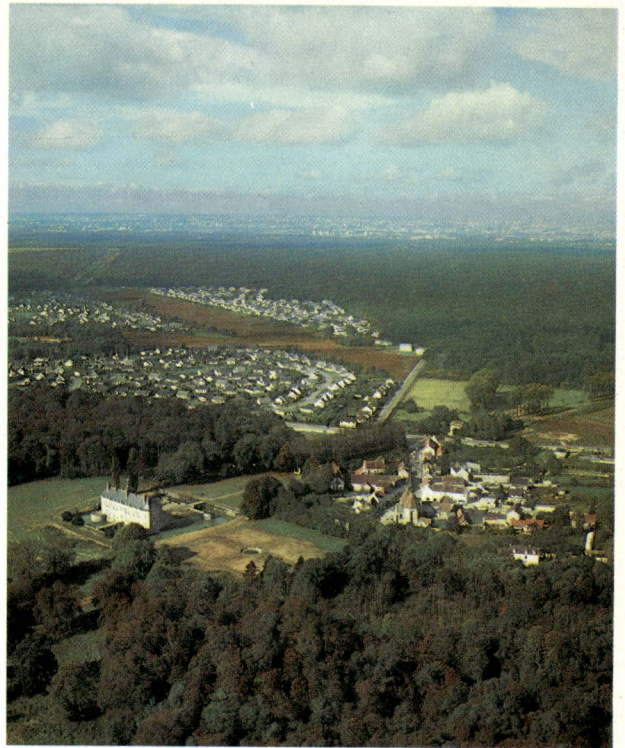

Lesigny-sur-Marne.
L'engouement pour la maison individuelle amène à construire, loin de Paris, là où le coût du terrain n'est pas trop élevé, de « nouveaux villages ». Ici, le « nouveau village » de Lésigny (Seine-et-Marne) se juxtapose à l'ancien avec son château et ses forêts. Au fond, Paris.

T Analyse de photo aérienne oblique.

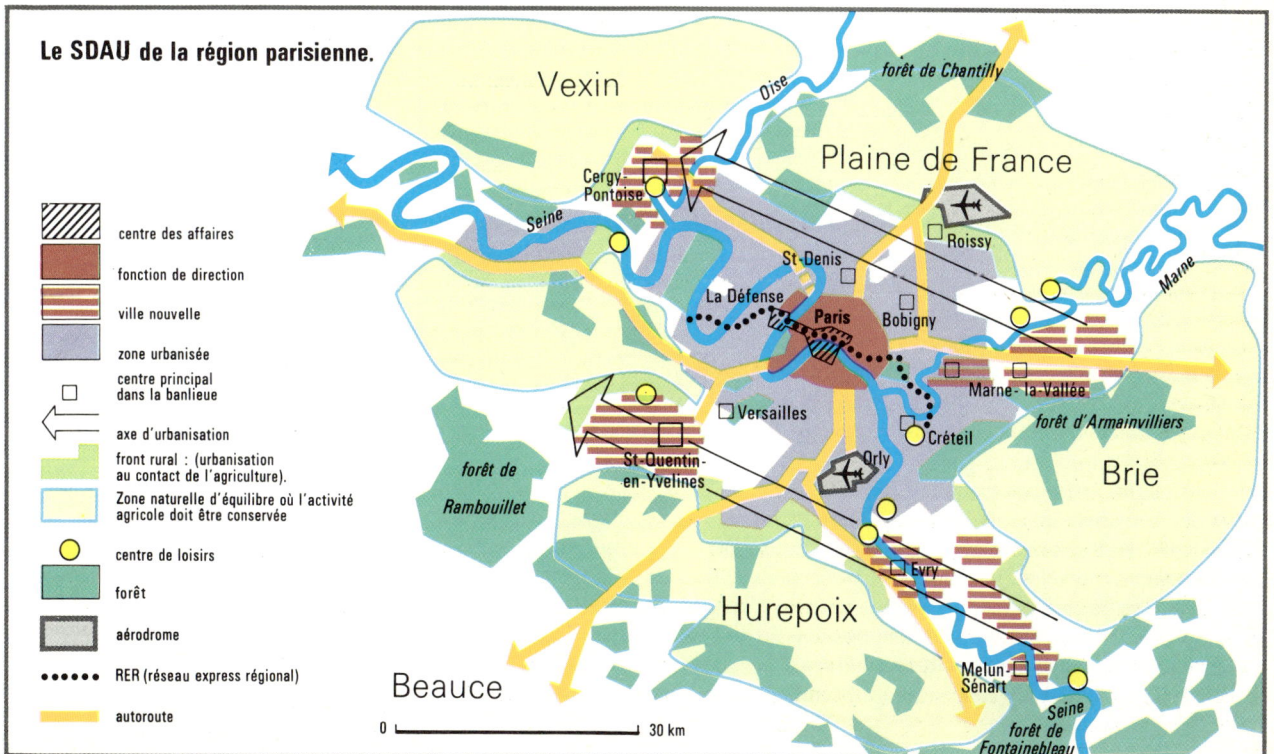

Le SDAU de la région parisienne.

193

93-Personnalité du Midi méditerranéen

L'unité de la façade méditerranéenne française est d'abord climatique*. Climat agréable, mais non sans excès. Luminosité et douceur de l'hiver aident le cultivateur et ont attiré les premiers touristes, mais de brutales vagues de froid peuvent survenir et détruire des récoltes. Chaleur et sécheresse de l'été plaisent au vacancier, mais l'agriculteur redoute des pluies souvent rares (500 mm en Camargue et Roussillon) et surtout irrégulières et mal réparties. Les moyennes n'ont ici guère de signification. Des totaux annuels d'apparence normale (700 à 800 mm) proviennent en réalité de pluies violentes, concentrées dans le temps, qui parfois dégradent plus les sols qu'elles ne favorisent la végétation. L'été connaît toujours un déficit hydrique. Le couvert végétal, déjà modestement fourni à l'état d'équilibre naturel, est très sensible aux agressions des hommes ou des troupeaux.

Le problème de l'eau* et de sa meilleure utilisation possible est ici crucial. Son excès (inondation, etc.) est aussi redoutable que le déficit estival. Le drainage des zones basses s'impose autant que l'irrigation. La concurrence entre les usagers de l'eau (irrigants, citadins, foules estivales) implique des arbitrages et conduit à une maîtrise hydraulique qui doit inclure les montagnes de l'arrière-pays, châteaux d'eau des plaines. Depuis trente ans, plusieurs grands chantiers (aménagements du Rhône, du Bas-Languedoc et de la Durance) l'ont partiellement réalisée.

La personnalité du Midi tient aussi à ses activités humaines, beaucoup plus agricoles et tertiaires qu'industrielles. A l'échelle française, le Midi est largement sous-industrialisé. Des secteurs entiers y sont de véritables déserts industriels. Marseille et les implantations spectaculaires de Fos-sur-Mer sont des exceptions. Le Midi méditerranéen n'a pas davantage une économie tournée vers la mer, à l'exception cette fois encore de Marseille. La pêche compte peu, gênée par la médiocre richesse des eaux et la concurrence d'activités plus lucratives sur les rivages touristiques. Sur ces derniers comme dans les villes le tertiaire domine. Quant au monde rural, la polyculture de tradition méditerranéenne (blé, vigne, olivier, mouton) y a presque partout disparu et fait place à des productions spécialisées plus intensives (fruits, légumes, vin) mais parfois spéculatives et fragiles sur le plan commercial.

La personnalité du Midi est également culturelle. Elle résulte d'attitudes et de genres de vie affirmés depuis longtemps. Le Midi est profondément imprégné de civilisation urbaine, le moindre village y prend des allures de petite ville. Malgré les profondes transformations qui ont affecté parfois brutalement depuis vingt-cinq ans les paysages et les habitudes des hommes (irruption touristique, grands chantiers hydrauliques ou industrialo-portuaires, immigration, spéculation foncière, etc.), le Midi reste le lieu d'un art de vivre certain, terre de vieille civilisation qui sait la valeur de l'eau, de l'ombre et du loisir.

Le Midi attire beaucoup les hommes. Cet « héliotropisme » concerne bien sûr les touristes, mais il entraîne aussi nombre de migrations* définitives (retraités, fonctionnaires en fin de carrière). Depuis trente ans, tous les recensements révèlent un rythme d'accroissement de la population bien supérieur à la moyenne nationale, surtout dans la région Provence-Côte d'Azur. Cette évolution globalement positive ne doit pas masquer l'existence de **forts contrastes dans les densités humaines et les paysages,** les transformations économiques ayant fait descendre les hommes des montagnes vers les plaines, les côtes et les villes.

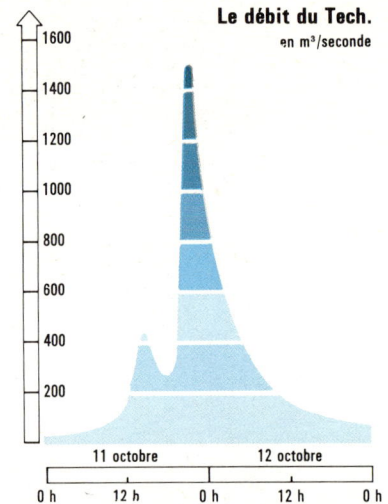

Le débit du Tech.
en m³/seconde

Un milieu parfois excessif : le débit du Tech à son entrée dans la plaine du Roussillon pendant la crue dévastatrice d'octobre 1970. Cette crue a été provoquée par de grosses pluies d'automne sur les montagnes des Pyrénées orientales. Le Tech ayant un profil très court et tendu les a répercutées immédiatement. Alors qu'il n'est l'été qu'un filet d'eau, il est capable de rouler soudainement et pour quelques heures une énorme tranche d'eau. • La pointe du 11 octobre à 1 500 m³/sec. représente ainsi presque le débit moyen d'un fleuve comme le Rhône à son embouchure...

Structure de l'emploi dans le Midi méditerranéen.

En 1975	Midi méditerranéen	France entière
Agriculture	10 %	10 %
Industrie	18 %	30 %
Bâtiment et travaux publics	12 %	9 %
Tertiaire	60 %	51 %
TOTAL	100	100

maîtrise de l'eau dans les pays méditerranéens : *indispensable pour lutter contre la sécheresse, le risque d'inondation et la malaria, la maîtrise de l'eau dans les pays méditerranéens passe par : la construction de réservoirs comme Serre-Ponçon, qui permettent de stocker les hautes eaux pour les restituer en période sèche ; l'endiguement des cours d'eau permettant de protéger et de cultiver les terres fertiles des vallées ; le drainage et même la poldérisation des plaines basses (delta du Pô). Certains de ces aménagements permettent aussi de produire de l'hydro-électricité (Durance).*

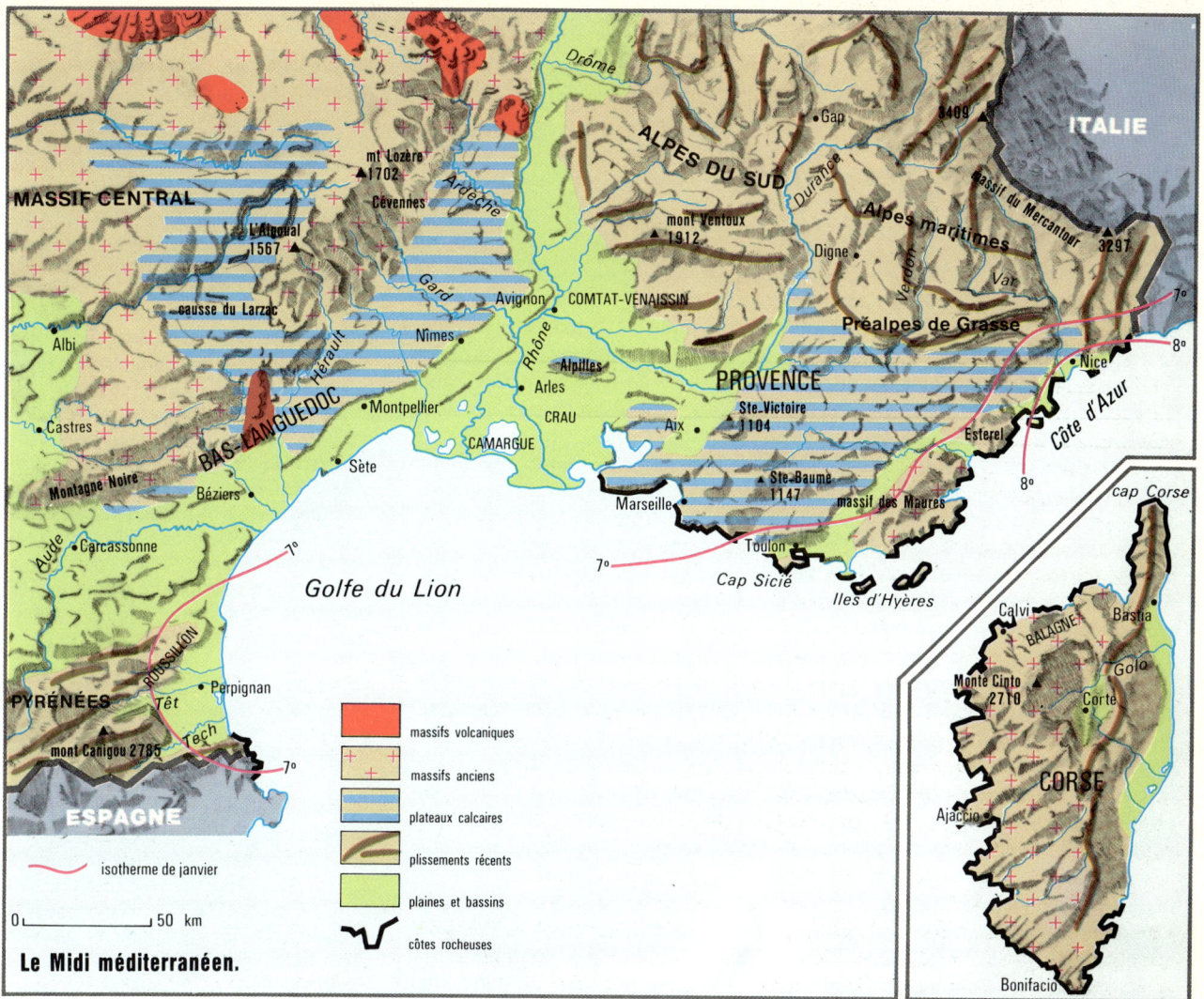

Le Midi méditerranéen.

Légende :
- massifs volcaniques
- massifs anciens
- plateaux calcaires
- plissements récents
- plaines et bassins
- côtes rocheuses
- isotherme de janvier

0 — 50 km

A l'ouest du Rhône, le relief est peu contraignant. A l'est, la Provence est assez fortement accidentée. Deux petits massifs cristallins (Maures et Estérel) ainsi qu'une foule de chaînons et barres calcaires, résultats de plissements serrés et confus, en font un monde cloisonné où la circulation est malaisée. On note deux dispositions remarquables du relief : la présence d'un fort encadrement montagneux, véritable château d'eau pour les plaines ; l'ouverture vers le nord du sillon rhodanien, couloir où souffle parfois le mistral mais aussi voie de passage privilégiée.

La comparaison avec la moyenne nationale est éloquente. L'importance du bâtiment et des travaux publics est à relier aux phénomènes de l'urbanisation, du tourisme, des grands chantiers. La prédominance du tertiaire (le plus fort taux de tous les ensembles régionaux après la région parisienne) exprime à la fois la faiblesse des secteurs productifs et la très grande place, absolue et relative, d'activités précises : transports, métiers du tourisme, etc.

Une répartition très contrastée : de fortes concentrations humaines dans les plaines et sur les littoraux urbanisés et un passage brutal, sans transition, aux solitudes des montagnes encadrantes (voir le véritable désert humain de la Corse ou de la Provence intérieure). Mais ces contrastes n'ont pas toujours été si forts. Au XIXᵉ siècle, ces cantons de l'arrière-pays qui ont aujourd'hui 15 hab/km² en avaient souvent le double ; quant aux plaines et aux littoraux, ni l'urbanisation ni l'agriculture intensive n'étaient encore intervenues pour les peupler autant. Il y a eu depuis un véritable mouvement de « descente » des populations. Aujourd'hui, les parties de la carte déjà peuplées continuent à se renforcer en profitant seules de l'attraction du Midi sur toutes les régions françaises.

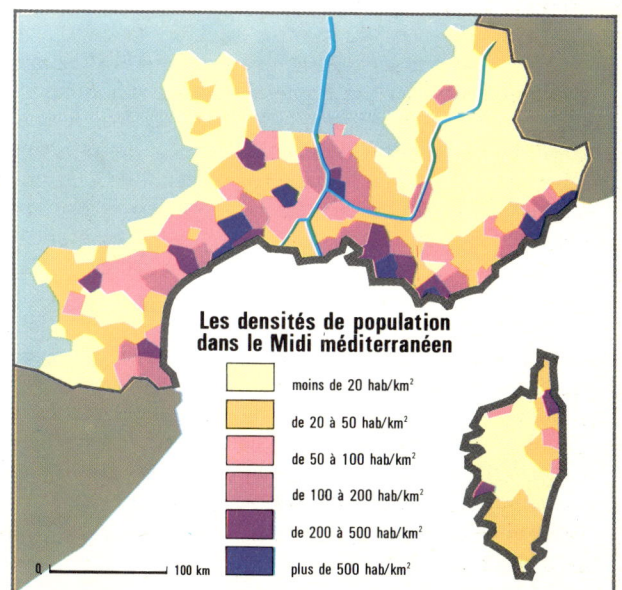

Les densités de population dans le Midi méditerranéen
- moins de 20 hab/km²
- de 20 à 50 hab/km²
- de 50 à 100 hab/km²
- de 100 à 200 hab/km²
- de 200 à 500 hab/km²
- plus de 500 hab/km²

0 — 100 km

vignoble de masse : 26, 135

94-Le Languedoc et son vignoble

Le plus grand vignoble du monde – avec celui des Pouilles en Italie – impose sa marque à toute la plaine bas-languedocienne. Mais c'est un *vignoble de masse** qui produit, à plus de 90 %, du vin de consommation courante (VCC), de faible degré, sans grande valeur, à cause de cépages à très haut rendement qui furent plantés autrefois dans le seul dessein de produire beaucoup, sans souci de qualité.

Pourquoi ce vignoble ? Au début du XIXᵉ siècle, la plaine n'avait ni beaucoup de vigne ni beaucoup d'hommes. Le vignoble est né de la conjonction de plusieurs événements : le développement d'une forte demande dans les centres industriels naissants de la France septentrionale ; la possibilité, grâce à la voie ferrée, d'atteindre ces marchés ; la maladie du phylloxéra qui fit descendre la vigne dans la basse plaine parce que la submersion temporaire des racines venait à bout de la maladie. Cela donna lieu à une énorme vague de replantations compensant les pertes subies.

Au début du XXᵉ siècle, le vignoble actuel est pratiquement en place et la monoculture viticole exerce dès lors une véritable tyrannie sur la vie régionale du Bas-Languedoc. Les perspectives qu'elle ouvrait au départ ont fait que tout s'est rapidement organisé autour de la vigne et pour elle seule : l'habitat, les transports, les services, les villes enfin qui vécurent du négoce ou de la rente servie aux propriétaires fonciers dont le capital devenait brusquement productif. Il y eut même un véritable « désinvestissement » industriel au profit des plantations, financièrement exigeantes ; dédain pour l'industrie dont la région porte encore la marque.

Dès le début du siècle apparaissent aussi les premières crises de mévente et leur inéluctable mécanisme. Toute vendange abondante conduit à un engorgement des chais et une chute des cours. Le vin ordinaire doit être vite vendu, il ne prend aucune valeur avec le temps et son stockage est coûteux. **De plus, le marché évolue défavorablement :** la demande délaisse progressivement le VCC et se porte sur des vins de qualité tandis qu'apparaissent dans la C.E.E. des vins concurrents (italiens). On s'est longtemps contenté de remèdes temporaires (distillation, arrêt d'importations) alors que la nature même des causes de chaque crise fait pourtant qu'il n'y a aucune raison pour qu'elle ne se reproduise pas quelques années plus tard.

La Compagnie Nationale d'Aménagement du Bas-Rhône-Languedoc **(C.N.A.B.R.L.)** s'est vu confier en 1955 la construction d'un canal et la conduite d'une ambitieuse tentative **de diversification agricole**. Car la vigne est une culture intensive qui emploie beaucoup d'hommes ; seules, l'arboriculture et les cultures légumières irriguées peuvent être aussi intensives. **En fait, la reconversion a été très limitée :** seuls les secteurs orientaux, sur les costières sèches du Gard, ont vu se créer vergers et cultures légumières. Mais le poids du vin reste écrasant dans les régions de Béziers et Narbonne. On ne gagne pas facilement à des techniques nouvelles et exigeantes une société rurale profondément marquée par la viticulture et ses rythmes. Il était également illusoire de vouloir généraliser des productions elles aussi menacées par des risques d'engorgement des marchés. Au total, la C.N.A.B.R.L. a davantage créé de cultures nouvelles qu'elle n'a fait reculer le vignoble.

Quant à la **reconversion partielle du vignoble vers une production de qualité** (« vins de pays »), elle s'opère lentement, car les positions des vignobles plus réputés sont solides et le vigneron languedocien hésite à perdre l'avantage apparent d'un rendement non limité par la loi pour produire un vin qui ne lui est pas payé beaucoup plus cher. Cette restructuration du vignoble (arrachage et replantation en cépages de qualité) est encouragée et aidée par les pouvoirs publics.

Le problème de l'importation des vins italiens.
Les vins italiens importés en vrac, et en grande quantité (de 6 à 10 millions d'hl par an), sont accusés à chaque crise du vin dans le Midi. On fait aux vignerons des Pouilles et de Sicile des reproches dont certains sont excessifs : l'Italie exporterait sa propre crise viticole en vendant des vins mauvais, obtenus par des moyens discutables. En réalité, le vignoble de masse italien s'est considérablement modernisé (mécanisation, grands domaines, très hauts rendements). Combiné au soleil et au coût encore modeste de la main-d'œuvre, cela lui permet d'exporter à un prix très faible un vin ordinaire, mais d'assez fort degré, qui sert le plus souvent au coupage du vin français. Le vignoble languedocien, beaucoup plus morcelé, résiste difficilement. Cette concurrence est terrible dans la mesure où la consommation de vin ordinaire, diminue inéluctablement d'année en année.

Crises du vin et attitudes sociales.
Le problème viticole est particulièrement grave dans les régions de Narbonne et Béziers, qui méritent toujours le qualificatif d'« usines à vin » : c'est là que la monoculture est la plus forte, les cépages à haut rendement les plus nombreux, donc la sensibilité aux crises de mévente et à la concurrence des vins italiens la plus forte. C'est de là que proviennent à chaque crise les protestations les plus vives. Ces protestations sont dirigées contre le négoce, les règlements européens et les importations, mais oublient que les crises ont aussi des causes locales qui tiennent aux structures du vignoble.

« Le bilan négatif de la viticulture languedocienne trouve dans le Languedoc occidental un écho plus inquiétant encore. Les difficultés de toute cette région tiennent bien en fait à la monoculture viticole, à ses structures sociales et aux comportements qu'elle engendre. Fatalisme, renoncement, poujadisme, inertie, malthusianisme, socialisme avorté résument assez bien les attitudes d'une population dépassée par des décisions qu'elle ne contrôle plus et qui se réfugie dans un immobilisme revendicateur ou des discours incantatoires. (...) Pourtant, si la démocratie a ses limites économiques, il faudrait lui proposer un exutoire et des solutions de remplacement. »
Ferras, Picheral, Vielzeuf, *Languedoc et Roussillon*, Flammarion, 1979.

vignoble de masse
V.C.C. : Vin de Consommation Courante
diversification agricole

Le vignoble languedocien.
Puissante monotonie d'un paysage de monoculture, où la vigne cerne de près les maisons d'un village et s'étend jusqu'à la limite des plages. Les parcelles nues sont en instance de replantation mais peuvent être également l'indice d'une certaine usure des sols.

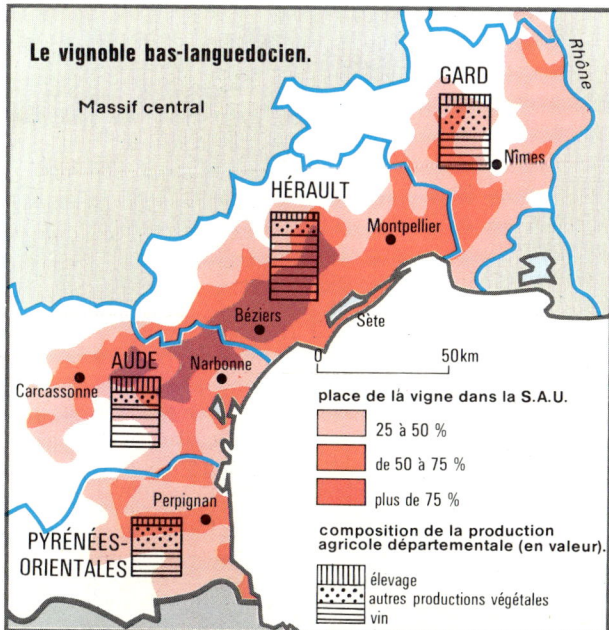

La station de pompage de Pichegu.
L'eau est amenée depuis le Rhône jusqu'à la station de pompage, qui peut relever jusqu'à 65 m³ d'eau par seconde, dans le canal creusé en direction de l'ouest. Cette eau ne sert pas seulement à irriguer les vergers et les primeurs. Elle a également permis de ravitailler les villes en eau potable et de développer le tourisme littoral jusqu'alors freiné par le manque d'eau. Elle est enfin nécessaire aux quelques industries qui sont venues s'installer dans la région depuis quelques années.

Quelques données chiffrées sur le vignoble bas-languedocien.

Production en millions d'hl	Moyenne de la période 1966-70 dont V.A.O.C.[1]		Moyenne de la période 1971-75 dont V.A.O.C.		Moyenne de la période 1976-80 dont V.A.O.C.	
Pyrénées-Orientales	2,5	21 %	2,4	25 %	2,1	30 %
Aude	7	1 %	8	1,5 %	7,7	2 %
Hérault	10,3	0,3 %	12,2	0,3 %	11,6	0,3 %
Gard	5,4	4 %	6,5	5 %	6,6	6 %
Total Languedoc / Roussillon	25,2	3 %	29,1	4 %	28	4 %

1. Vins d'appellation d'origine contrôlée (donnés ici en pourcentages).

Le poids du vin reste écrasant : 60 % de la production agricole régionale. Aucune autre région agricole française ne dépend à ce point d'un seul produit. Partout, l'élevage est très limité. Et encore tous ces chiffres, établis à l'échelle du département, cachent-ils des situations locales plus accusées : dans nombre de cantons de plaine de l'Hérault et de l'Aude, de Carcassonne à Béziers, le vin représente 80 à 90 % du revenu agricole.

Un prélèvement sur le Rhône alimente le canal principal, jalonné de stations de pompage qui élèvent l'eau de plusieurs dizaines de mètres, jusqu'à des terres autrefois viticoles ou simplement laissées à la friche parce que trop sèches. A l'ouest, l'irrigation utilise l'eau des fleuves issus du Massif central, mais elle est encore peu développée. Dans cette partie occidentale de la plaine, les objectifs initiaux de diversification agricole par l'irrigation sont loin d'être atteints et les progrès sont lents. L'ensemble constitue malgré tout une heureuse combinaison géographique de données naturelles contrastées rendues complémentaires et productives par l'action humaine : une plaine sèche, un grand fleuve à proximité, un arrière-pays montagneux et de petits fleuves au débit capricieux.

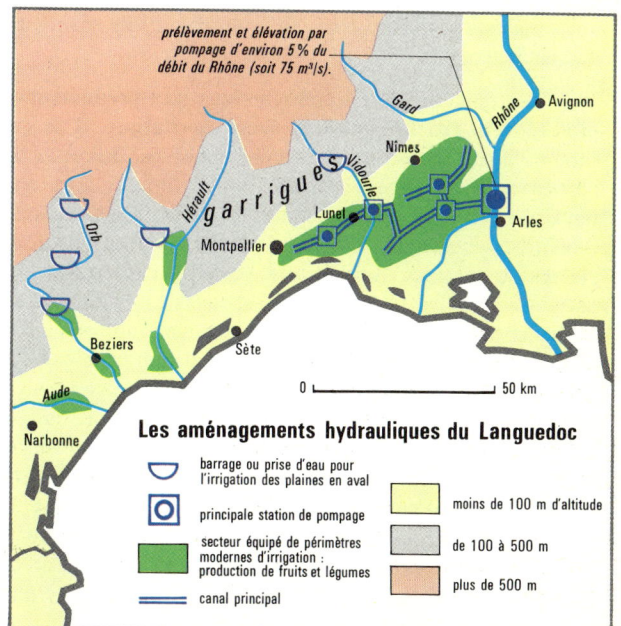

197

irrigation : 10
compétitivité : 116, 135

95-L'irrigation : une prospérité menacée

Plusieurs plaines du Midi ont une agriculture intensive, irriguée, née de la combinaison du soleil et de l'eau. Le Comtat Venaissin et le Roussillon seraient des plaines sèches, localement marécageuses, si une longue maîtrise de l'eau, prise au Rhône, à la Durance ou aux Pyrénées, n'en avait fait des zones de production intensive de fruits et légumes, spécialisation stimulée au XIXᵉ siècle quand le chemin de fer permit d'atteindre les lointains marchés urbains. Pour bien des fruits et légumes délicats, abricots, pêches, salades, etc., les livraisons du Roussillon sont les premières de la saison (primeurs), seulement devancées sur le marché par les productions espagnoles. Comtat et Roussillon sont fortement peuplés. Dans un paysage dense et touffu, l'habitat se disperse, lié aux soins constants qu'exige une culture minutieuse qui ne connaît pas de temps mort. Les productions maraîchères s'étalent sur toute l'année. Cette agriculture qui permet la prospérité sur des exploitations de moins de 5 ha est aussi une activité risquée : il faut suivre un calendrier rigoureux de façon à vendre au bon moment, en évitant l'effondrement des cours ; il faut affronter des risques climatiques et aussi de nouveaux concurrents (périmètres irrigués récents et plus modernes du Languedoc, producteurs étrangers). **La Crau** et **la Camargue** sont de mise en valeur plus récente, plus partielle également, avec de gros moyens financiers et techniques, sans beaucoup d'hommes. Véritable steppe venteuse à l'état naturel, seulement utilisée comme parcours hivernal pour les moutons, la Crau a été partiellement transformée en prairies, luzernières et vergers, bénéficiant de dotations en eau largement améliorées par la dérivation de la Durance vers l'étang de Berre. Par ailleurs, toute la rive nord de l'étang de Berre est devenue une zone pionnière pour la production intensive des légumes en serres chauffées. La Camargue, delta aux équilibres fragiles, est un cas particulier. Une partie a été mise en valeur par de très grands domaines mécanisés, qui produisent fruits, riz et blé entre des salines, des plages et une réserve naturelle.

Cette agriculture intensive du Midi, qu'on retrouve çà et là en Bas-Languedoc, dans quelques plaines côtières ou bassins intérieurs de la Provence, **repose sur un grand savoir-faire technique**, mélange de traditions (Comtat, Roussillon) et de modernisme : irrigation* plus efficace, cultures sous serres et abris plastiques qui progressent, culture en sols maintenus à une température déterminée, etc.

Pourtant, **les soucis commerciaux des producteurs méditerranéens sont plus souvent évoqués que leur succès technique.** Il ne s'écoule guère d'années sans qu'il soit question de marchés engorgés, de cours fluctuants à l'excès, de concurrences étrangères jugées inopportunes ou déloyales. Pourquoi ? Cela tient d'abord à la nature même des productions méditerranéennes délicates : récoltes éminemment variables, prévisions difficiles, et de ce fait, pas de prix stables ou garantis, comme cela existe au plan européen pour les céréales ou certains produits d'élevage. C'est aussi parce que bien d'autres régions européennes, d'Italie ou d'Espagne, également ensoleillées, irriguées, et parfois mieux organisées sur le plan commercial sont candidates à l'exportation de vin, de fruits et de légumes sur les marchés français et européens. Des coûts de production (main-d'œuvre) pour un temps encore inférieurs à ceux du Midi français accroissent leur compétitivité*. C'est pourquoi les producteurs du Midi, qu'ils soient vignerons, arboriculteurs ou maraîchers, manifestent une commune inquiétude devant l'élargissement de la C.E.E. à d'autres pays méditerranéens (Grèce hier, Espagne et Portugal aujourd'hui). Des corrections apportées aux circuits commerciaux et parfois aux structures agraires, permettraient d'affronter le problème avec plus de sérénité.

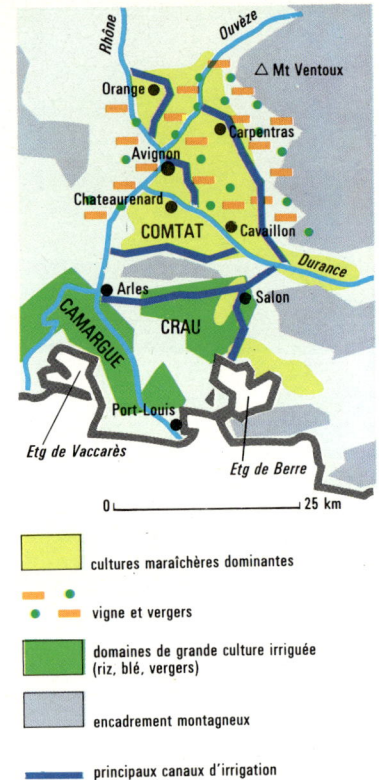

Les plaines irriguées du Bas-Rhône.

cultures maraîchères dominantes

vigne et vergers

domaines de grande culture irriguée (riz, blé, vergers)

encadrement montagneux

principaux canaux d'irrigation

Occupation du sol et peuplement sont très denses dans le Comtat Venaissin : nombreux bourgs et villes. Une carte du Roussillon fournirait la même impression.

A l'état naturel, la Durance servait peu les hommes ; son régime contrasté faisait alterner des crues parfois dévastatrices et des étiages d'été très prononcés. La construction de l'énorme retenue de Serre-Ponçon, clé de voûte du système, a permis de régulariser le régime d'aval, désormais artificiel. L'ensemble permet d'utiliser par un chapelet de centrales un gros potentiel hydro-électrique. Une partie du débit durancien est d'ailleurs dérivée dans un canal jalonné de centrales qui rejoint directement l'étang de Berre à travers la Crau ; le canal permet d'accroître les surfaces irriguées dans la vallée proprement dite, mais aussi dans des régions agricoles où l'irrigation déjà ancienne a été améliorée (Crau, Comtat Venaissin) ; la maîtrise des débits duranciens permet enfin d'utiliser les eaux du Verdon de façon indépendante, et d'en dériver une partie dans le canal de Provence. Ce canal permet l'irrigation de nombreux petits bassins, tout en ravitaillant en eau le littoral varois.

culture intensive
irrigation

Le marché de Cavaillon. ▲

Le marché proprement dit se tient sur la vaste esplanade dont on aperçoit une petite partie en haut et à gauche. La photo a été prise au printemps, de sorte que les camionnettes amenant les récoltes quotidiennes au marché sont peu nombreuses (en été, on est obligé de démultiplier les marchés aux melons, aux légumes ou aux fruits, tant les apports sont considérables). Les halles de conditionnement des expéditeurs, visibles au premier plan entre route et voie ferrée aident à comprendre l'importance de cette petite région qui produit le quart des légumes et le dixième des fruits français sur une superficie de moins de 30 000 hectares.

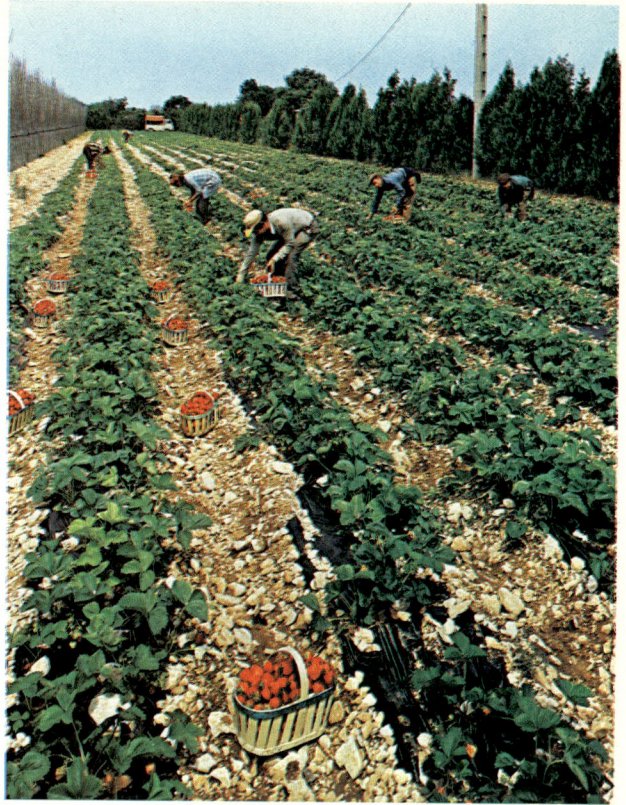

La récolte des fraises à Carpentras. ▲

Cueillette à la main et conditionnement sur place de fruits fragiles et de grande valeur en raison de leur précocité. Celle-ci est due au climat, aux brise-vent, mais aussi au sol caillouteux qui capte la chaleur le jour et la restitue la nuit. En fond de parcelle, le camion qui assure la liaison avec le marché. Pour hâter les premières récoltes et échelonner les ventes on fait se succéder des fraises cultivées sous serre chauffée, sous serre froide, sous châssis vitré, en plein air avec bonne exposition et enfin avec moins bonne exposition.

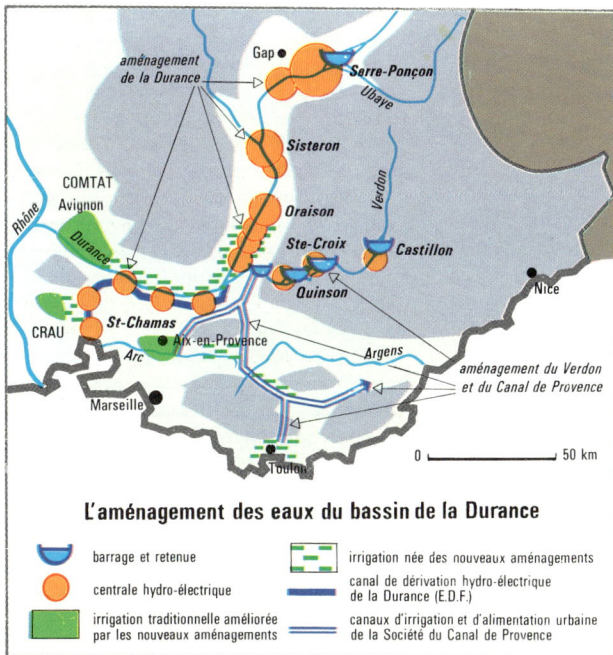

L'aménagement des eaux du bassin de la Durance

- barrage et retenue
- centrale hydro-électrique
- irrigation traditionnelle améliorée par les nouveaux aménagements
- irrigation née des nouveaux aménagements
- canal de dérivation hydro-électrique de la Durance (E.D.F.)
- canaux d'irrigation et d'alimentation urbaine de la Société du Canal de Provence

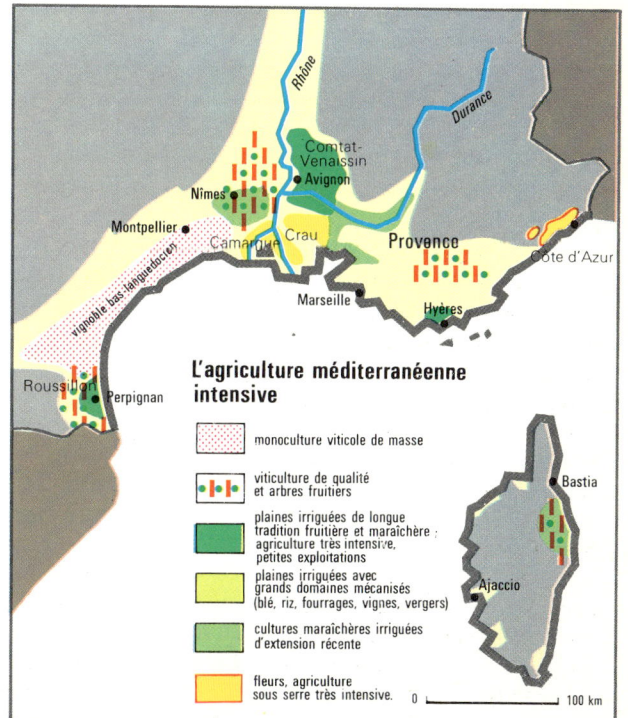

L'agriculture méditerranéenne intensive

- monoculture viticole de masse
- viticulture de qualité et arbres fruitiers
- plaines irriguées de longue tradition fruitière et maraîchère : agriculture très intensive, petites exploitations
- plaines irriguées avec grands domaines mécanisés (blé, riz, fourrages, vignes, vergers)
- cultures maraîchères irriguées d'extension récente
- fleurs, agriculture sous serre très intensive.

96-Littoral touristique, arrière-pays délaissé

Le tourisme* est devenu sur les rivages du Midi un phénomène géographique et économique de premier ordre, qui a bouleversé les paysages et met en jeu des intérêts considérables. C'est particulièrement vrai de la Côte d'Azur et de la quasi-totalité des rivages provençaux, qui sont devenus les plus touristiques et les plus urbanisés de France. Les falaises cristallines des Maures et de l'Estérel, les plaines côtières étroites, les rentrants des calanques calcaires à l'ouest, composent un littoral accidenté mais séduisant, de climat agréable, abrité dans sa partie orientale des brusques coups de vent ou de froid qui peuvent affecter le reste du Midi. Initialement, ce tourisme fut au XIXᵉ siècle un phénomène aristocratique, limité à la « saison » d'hiver et à la Côte d'Azur *stricto sensu* (Monte-Carlo, Nice, Cannes). Mais aujourd'hui, la fréquentation balnéaire estivale est devenue essentielle, la clientèle et les modes d'hébergement se sont diversifiés, et le tourisme s'est considérablement développé vers l'ouest, à la rencontre de Toulon et Marseille.

Les conséquences* de ce phénomène de masse sont énormes. Sur les paysages et le cadre de vie d'abord, dont bien des agréments initiaux disparaissent : mer souillée, encombrements fabuleux des pointes de l'été. L'urbanisation et les constructions, conduites le plus souvent de façon anarchique, sans plan ni réflexion préalables, ont abouti ici au mitage d'espaces forestiers fragiles, là à la jonction de villes autrefois distinctes. L'ensemble Grasse-Cannes-Antibes compte 260 000 habitants et Nice, qui en avait 30 000 il y a 150 ans seulement, approche des 450 000. Outre leur forte attirance, ces villes de la Côte d'Azur, qui ne grandissent que par immigration, ont en commun leur population vieillie (retraités) et la domination du tertiaire qui occupe 70 % des actifs.

Aucune autre région ne dépend autant du tourisme pour sa prospérité. De Menton à Hyères, le tourisme procure directement ou indirectement 40 % des emplois. La formidable spéculation foncière qui accompagne le développement touristique et urbain oblige les activités agricoles à être hautement intensives pour résister : serres florales ou légumières autour d'Antibes, d'Hyères ou de Toulon. L'industrie est longtemps restée presque inexistante. Elle s'affirme un peu plus autour de Toulon, mais l'emprise touristique réapparaît très vite sous la forme des stations dominicales de la grande banlieue marseillaise. **Le littoral languedocien,** moins favorisé au départ par un climat plus excessif, une plus grande monotonie des paysages et surtout par les moustiques des lagunes, n'a pas connu de développement touristique spontané comparable. Ce n'est que depuis quinze ans que les travaux entrepris par l'État en ont fait une zone touristique en plein essor.

L'encadrement montagneux du Midi méditerranéen **est exclu de cette agitation et de ces flux d'hommes et d'argent.** Les densités humaines s'effondrent dès qu'on s'éloigne des plaines et des rivages. En 150 ans, de nombreux cantons ont perdu de 40 à 70 % de leur population. Ces montagnes méditerranéennes*, autrefois aménagées de façon ingénieuse, ont été victimes des activités plus faciles et rémunératrices développées dans les plaines et sur les côtes. Sont ainsi devenus de véritables déserts humains l'intérieur de la Corse, le rebord sud et sud-est du Massif central (Montagne Noire, monts du Minervois, pentes des Cévennes), la plupart des Préalpes du Sud et le rebord oriental des Pyrénées. Dans les meilleurs des cas, un tourisme diffus procure une certaine animation. Il en est ainsi de la Provence intérieure, moins isolée, de relief moins contraignant, où la vieille polyculture méditerranéenne se maintient mieux qu'ailleurs, appuyée sur un vignoble de qualité et intensifiée lorsque l'irrigation est possible.

L'évolution démographique dans les Alpes du Sud.

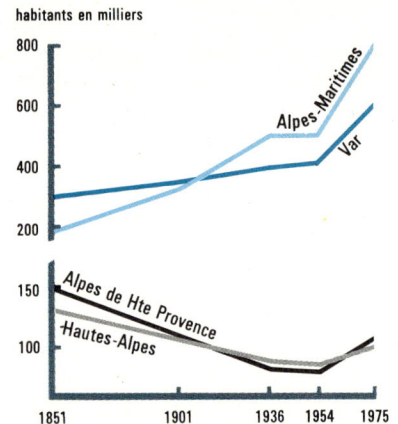

Observons l'évolution démographique de deux départements « côtiers » (Var et Alpes-Maritimes) et des deux départements qui constituent l'essentiel des Alpes du Sud. Les 2 premiers doublent ou quadruplent leur population, les 2 derniers perdent des habitants. Leur léger rétablissement dès 1954 ne traduit que la reprise de secteurs précis (villes, vallées). C'est au terme de ces évolutions divergentes que s'établirent les contrastes de densité.

Vers 1965 encore, cette côte basse, longue enfilade de cordons sableux, était presque déserte : quelques villages au bord des lagunes et étangs, ou stations balnéaires aux extrémités seulement, seule ville, Sète, port de commerce et modeste centre industriel. En pleine période d'expansion du tourisme littoral, le vent, les moustiques et l'absence de végétation en faisaient un lieu sauvage entre la côte provençale et les rivages espagnols.
Une mise en valeur touristique fut décidée dès 1964 avec plusieurs objectifs : diversifier l'économie régionale et retenir la clientèle européenne qui prenait le chemin d'autres pays méditerranéens, réussir un aménagement planifié en évitant les erreurs d'ordre humain ou esthétique. Une « mission interministérielle d'aménagement » délimita les zones à bâtir, fixa leur capacité, évita la spéculation foncière, réalisa les infrastructures. Entre les stations créées, l'occupation de l'espace est réglementée, pour éviter le « mur de béton » qui a trop souvent prévalu sur la Côte d'Azur. Aujourd'hui, 5 des 6 unités prévues sont réalisées mais l'intégration à l'arrière-pays est toutefois demeurée modeste.

impact du tourisme ▶

La Grande-Motte.

Nouvelle station bas-languedocienne, entre mer et lagune. La conception d'ensemble de la station révèle un parti architectural précis. L'objectif n'est pas seulement de créer des formes originales ; il s'agit d'assurer aux résidents une exposition aussi agréable que possible en matière d'ensoleillement, ainsi qu'une bonne protection contre le vent. Chaque unité touristique constitue un cadre de vie entièrement neuf que l'on a mis en place par démoustication, plantations d'arbres, construction de routes et d'habitations, etc.

On observe l'existence d'une frange urbaine pratiquement ininterrompue de Saint-Raphaël à la frontière. L'ancienneté du tourisme dans cette zone, combinée à une saison d'hiver (qui représente 20 à 30 % de la fréquentation totale) et à la venue de nombreux retraités explique que le phénomène ait pris une forme si dense et si urbaine. On note le contraste avec les discontinuités volontairement ménagées sur la côte bas-languedocienne (les deux cartes sont à la même échelle).

Les résidences secondaires en Provence-Côte d'Azur.

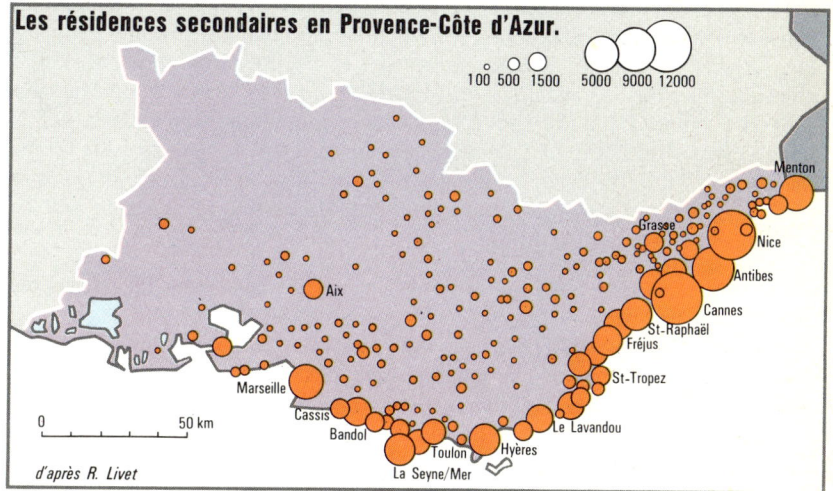

d'après R. Livet

Le développement du tourisme sur la côte du Bas-Languedoc-Roussillon.

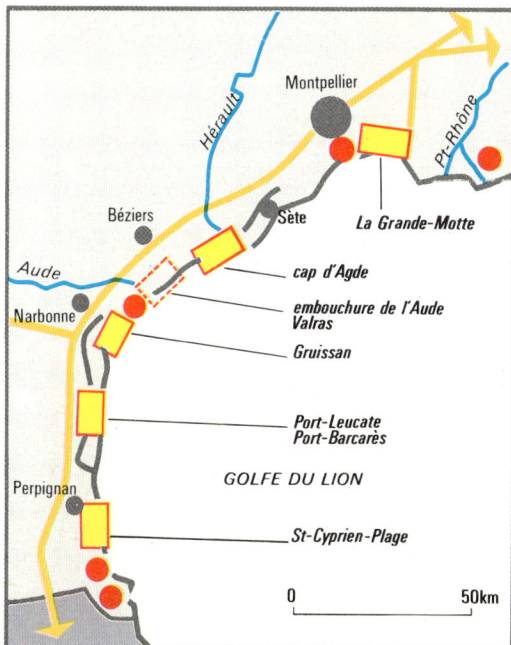

- 🔴 station touristique avant l'aménagement systématique
- ━━ autoroute
- 🟨 unité touristique achevée
- ⬜ unité touristique à l'état de projet
- 🟡 ville vivant essentiellement du tourisme
- 🟠 ville à fonction touristique secondaire
- ━━ autoroute
- ▨ relief accidenté

Le tourisme sur le littoral provençal.

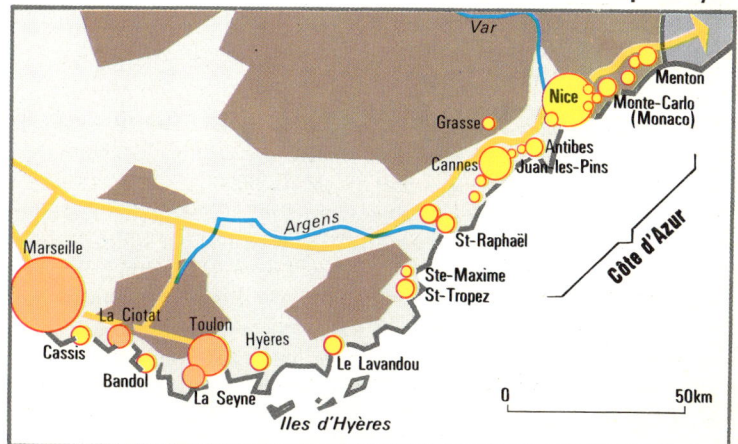

201

97-Peu de traditions industrielles

Le bilan industriel du Midi méditerranéen est médiocre. L'absence de grosses ressources minières ou énergétiques n'explique pas tout. Le Midi a quelques richesses dispersées : charbon d'Alès, lignite de Gardanne, bauxite du Var et de l'Hérault. Gisements modestes, dont la production stagne ou décline (sauf à Gardanne) et qui n'ont jamais attiré que des industries directement liées à la matière première comme celle de l'alumine.

Le Midi ne manque pourtant pas de grandes villes, mais elles ont somme toute davantage profité de leur région qu'elles ne l'ont animée, vivant de commerce, de tourisme, de passage, se nourrissant d'exode rural ou de rente foncière (villes bas-languedociennes). En fait, **la tradition de l'investissement industriel n'a jamais été profonde et les capitaux urbains se sont souvent consacrés à d'autres domaines** : productions spéculatives comme la vigne languedocienne en son temps, entreprises et négoces lointains (Marseille), services, tourisme. Les vieilles industries traditionnelles de la ville de Marseille sont elles-mêmes fort mal en point depuis longtemps (réparation et construction navale, agro-alimentaire...). La puissante industrie chimique des rives de l'étang de Berre (1/3 de la capacité française de raffinage du pétrole, de grosses installations pétrochimiques) marque le pas à son tour et n'a que peu de retombées sur l'ensemble du Midi.

Deux nouveautés sont intervenues depuis dix ans **dans la géographie industrielle** du Midi :
– *la venue de quelques activités de pointe,* attirées par l'agrément climatique. Des usines d'électronique, de chimie fine, des laboratoires de recherche, affranchis de toute servitude en matière de localisation, s'installent près de Montpellier, Aix-en-Provence, Nice ou Cannes, à l'image du Parc international d'activités de Sophia-Antipolis, spécialement aménagé à cet effet entre Antibes et Grasse ;
– *l'aménagement du grand complexe industriel et portuaire* de Fos-sur-Mer,* décidé dans plusieurs buts : installer des industries de base dans les meilleures conditions possibles (en matière de place disponible, d'approvisionnement..., donc de coût) pour transformer des matières premières et exporter une partie de leurs produits. Comme le transport maritime est le moins onéreux pour des produits lourds de faible valeur unitaire (pétrole, fer, bauxite), le choix d'un site littoral est logique dans un pays qui doit précisément en importer beaucoup. **La construction à Fos d'une grande aciérie « sur l'eau »,** comme à Dunkerque, travaillant du minerai importé, illustre cette logique. Il s'agissait aussi de mieux équilibrer la géographie industrielle de la France au profit de la façade méditerranéenne en espérant que ce pôle de développement susciterait la venue d'autres usines. Le site et la situation du secteur de Fos répondent aux exigences de toutes ces données.

Fos-sur-Mer est aujourd'hui un port actif qui importe pétrole, minerai de fer, bauxite, gaz naturel liquéfié, et réalise plus de 60 % du tonnage de ce que l'on continue d'appeler le « port de Marseille ». C'est aussi **une puissante concentration d'industries de base.** Toutefois, la crise économique intervenue dès 1974 fait qu'une partie de ces usines, dont l'aciérie Solmer, ne fonctionne qu'à un faible pourcentage des capacités prévues. D'autres ont différé leur venue ou réduit leurs projets. Quant aux retombées attendues sous forme d'industries plus différenciées, elles sont encore très modestes. La moitié des emplois créés a été pourvue par de nouveaux venus : Lorrains dans la sidérurgie ou travailleurs immigrés pour les tâches pénibles de l'industrie lourde.

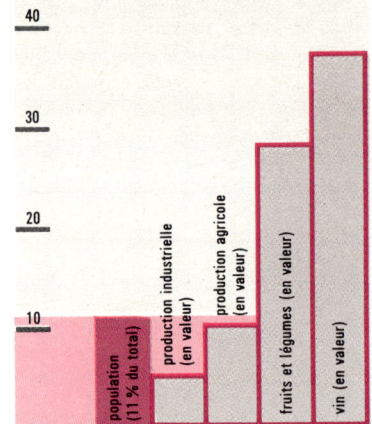

Les trois régions méditerranéennes dans l'ensemble français.
en % de l'ensemble français

Le graphique met en évidence la faiblesse industrielle du Midi, avec 5,5 % seulement de la production française, soit une production par habitant deux fois inférieure à la moyenne nationale ; la forte spécialisation dans des productions agricoles précises ; une contribution agricole totale finalement modeste qui traduit, à côté des points forts, le délabrement de secteurs entiers (Corse intérieure, Alpes du Sud, Cévennes).

T Étudier les conditions de réussite d'un grand aménagement.

▶ Le site et la situation de Fos se prêtaient bien au type d'industrialisation souhaité : des fonds marins qui peuvent accueillir les plus grands navires pétroliers, de vastes espaces plats disponibles au sud de la Crau, loin de lieux fortement habités, une situation au débouché de l'axe rhodanien d'aménagement récent, situation qui sera pleinement valorisée lorsque sera réalisée une liaison Rhône-Fos pour les grands convois poussés.
On remarque la dimension exceptionnelle des installations industrialo-portuaires de Fos. Les darses ont été creusées sur plusieurs kilomètres. Les usines sont situées en bordure même des quais, privés, évitant ainsi transports et manutentions inutiles.
Les communes environnantes ont été bouleversées par l'aménagement, celles des rives de l'étang de Berre en particulier, lieux de résidence des travailleurs de Fos. A l'anarchie du chantier (villages de caravane) ont succédé des efforts de planification du développement urbain des rives de l'étang de Berre, sans pour autant que tous les déséquilibres soient résorbés : prédominance des emplois masculins, réactions face aux immigrés, équipements tertiaires qui suivent mal l'urbanisation.

Fos-sur-Mer.
Identifiez les divers éléments du paysage à partir de la carte. ▲

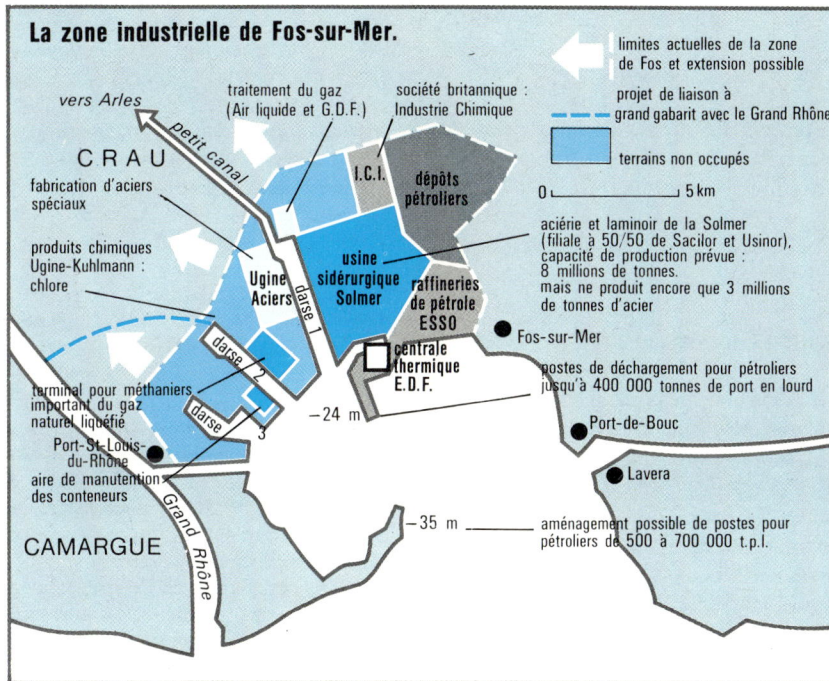

La zone industrielle de Fos-sur-Mer.

vers Arles

traitement du gaz (Air liquide et G.D.F.)

société britannique : Industrie Chimique

limites actuelles de la zone de Fos et extension possible

projet de liaison à grand gabarit avec le Grand Rhône

terrains non occupés

C R A U

petit canal

fabrication d'aciers spéciaux

I.C.I.

dépôts pétroliers

0 _____ 5 km

produits chimiques Ugine-Kuhlmann : chlore

usine sidérurgique Solmer

Ugine Aciers

darse 1

raffineries de pétrole ESSO

aciérie et laminoir de la Solmer (filiale à 50/50 de Sacilor et Usinor), capacité de production prévue : 8 millions de tonnes, mais ne produit encore que 3 millions de tonnes d'acier

darse 2

centrale thermique E.D.F.

• Fos-sur-Mer

darse 3

terminal pour méthaniers important du gaz naturel liquéfié

— 24 m

postes de déchargement pour pétroliers jusqu'à 400 000 tonnes de port en lourd

Port-St-Louis-du-Rhône

• Port-de-Bouc

aire de manutention des conteneurs

Grand Rhône

• Lavera

CAMARGUE

— 35 m

aménagement possible de postes pour pétroliers de 500 à 700 000 t.p.l.

Pour ou contre la zone industrielle de Fos-sur-Mer ?

Le mécanisme qui a conduit les industriels et les pouvoirs publics à aménager la zone de Fos puis à s'y installer peut être illustré concrètement par la localisation successive des 3 grosses usines de la société Ugine-Aciers, premier producteur français d'acier inoxydable. La plus ancienne est dans les Alpes du Nord, près d'Albertville, au fond d'une vallée étroite, « sur » le courant électrique d'origine hydraulique. La seconde est à l'Ardoise, dans le Gard, sur la rive droite de l'axe rhodanien : l'énergie y était désormais tout autant disponible grâce aux barrages du Rhône, mais le site était mieux desservi, sur un grand axe de passage. La plus récente est celle de Fos (1974) : elle livre des produits longs (barres, fils) à partir de ferrailles : elle a beaucoup de place en arrière de sa darse. Mais si des 3 elle dispose des meilleures conditions de fonctionnement, cela ne l'empêche pas d'être un désastre financier. Pourquoi ?

C'est là qu'interviennent les conditions qui ont présidé à la décision de « faire » Fos. Un peu imprudemment, on n'envisageait guère dans les années 1966-1973 que l'expansion des industries de base puisse être remise en cause. Les aciéries de Fos (Ugine-aciers et la Solmer), sont d'énormes investissements, construits à crédit. Elles devaient s'intégrer à une forte industrialisation du Midi français et d'autres pays méditerranéens, phénomène qui a marqué le pas. D'ailleurs, les sidérurgistes ont longtemps hésité entre Le Havre et Fos pour construire une seconde aciérie sur l'eau après Dunkerque. Ce sont des considérations d'aménagement du territoire et de géo-politique (ambitions méditerranéennes) qui l'ont emporté. Aujourd'hui, devant la surcapacité de certaines usines et la sous-utilisation de terrains et d'équipements, l'aménagement de Fos est parfois dénoncé comme une erreur de prévision économique et d'aménagement du territoire.

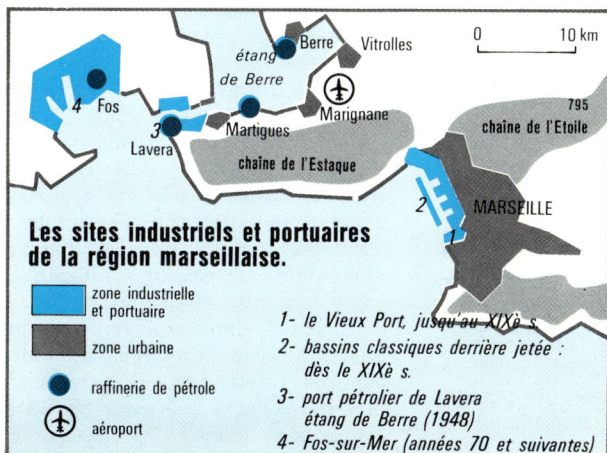

Les sites industriels et portuaires de la région marseillaise.

étang de Berre

Berre

Vitrolles

0 _____ 10 km

4 Fos

3 Lavera

Martigues

Marignane

chaîne de l'Estaque

795 chaîne de l'Etoile

2

MARSEILLE

1

zone industrielle et portuaire

zone urbaine

• raffinerie de pétrole

✈ aéroport

1- le Vieux Port, jusqu'au XIXè s.

2- bassins classiques derrière jetée : dès le XIXè s.

3- port pétrolier de Lavera étang de Berre (1948)

4- Fos-sur-Mer (années 70 et suivantes)

L'industrie marseillaise vue par le président du tribunal de commerce. « La sidérurgie est malade, le bâtiment est malade, l'industrie textile ferme de nombreuses usines, la chimie est contrainte à d'importantes réductions d'activité, la construction navale n'a plus ou presque plus de bateaux à mettre en chantier, l'activité de la réparation navale dans notre port doit atteindre 10 % de ce qu'elle a été, nos industries traditionnelles, huileries, savonneries, minoteries, semouleries ont pratiquement déserté notre région. »

Cité dans *Le Monde,* janvier 1979.

Le trafic maritime et les industries qui lui sont liées s'affranchissent des contraintes urbaines et ont besoin d'espace. Le Vieux-Port est depuis longtemps réservé aux plaisanciers ; la zone (2) abrite le trafic-passagers, un trafic marchandises stagnant et la réparation navale. Tout le développement industrialo-portuaire ◄ contemporain concerne les zones (3) et (4).

98-Marseille et les villes du Midi

Marseille, dont l'agglomération compte plus d'un million d'habitants, est le **premier port* français.** Marseille n'eut longtemps que des fonctions portuaires et commerciales d'intermédiaire. C'était un lieu de transit où les marchandises ne s'arrêtaient pas, à l'exception de quelques denrées tropicales (sucre, oléagineux) qui donnèrent lieu à une industrialisation aujourd'hui dépassée (savonneries, huileries...). **Ce fut au XIXe siècle le port de la grande expansion coloniale.** Les événements du XXe siècle (décolonisation, fermeture temporaire du canal de Suez, etc.) ont montré la fragilité de cette situation, quand les trafics et les activités coloniales ont décliné.

Marseille a voulu devenir un port industriel, c'est-à-dire un lieu où le trafic maritime alimente des usines, et inversement. Le raffinage du pétrole brut importé en a fourni l'occasion. La région est, avec la Basse-Seine, la principale porte d'entrée des hydrocarbures en France. Le pétrole représente 80 % d'un trafic portuaire dont le chiffre (103 Mt en 1980, 2e rang européen derrière Rotterdam) ne doit pas faire illusion : les trafics diversifiés qui font l'animation et la fortune d'un port sont encore modestes. La faiblesse industrielle de l'immédiat arrière-pays, ainsi que la desserte longtemps médiocre d'un hinterland assez peu étendu vers le nord, expliquent cette situation. Il n'y a pas eu ici de solidarité géographique comparable à celle qui unit Rotterdam à son arrière-pays rhénan. L'aménagement du Rhône et du nouveau port de Fos commence seulement à corriger cette faiblesse.

L'évolution du trafic et l'industrialisation s'accompagnent d'un incessant glissement vers l'ouest, à la recherche de nouveaux espaces libres, le site originel s'étant vite révélé trop étroit pour la ville comme pour le port. Fos n'est que l'ultime étape de ce glissement qui réserve à Marseille-ville des fonctions de plus en plus tertiaires. L'agglomération marseillaise s'insinue entre les collines et barres calcaires qui limitent son premier horizon, vers l'est et le nord, à la rencontre d'Aix-en-Provence (125 000 hab.). Sa population est sociologiquement originale, très cosmopolite, la ville étant le lieu d'arrivée et de résidence de nombreux immigrés méditerranéens (travailleurs italiens, maghrébins...). Au total, du Rhône aux premières calanques, via Marseille, se constitue peu à peu une **région urbaine** forte de 1,7 M d'hab. et faite de plusieurs gros foyers de peuplement et d'activités aux fonctions différenciées, proches les uns des autres.

Au sommet de l'armature urbaine régionale, **Marseille est une métropole d'équilibre* dont l'influence ne s'étend pas vraiment à tout le Midi.** A population pratiquement égale, Marseille ne joue pas le rôle entraînant de Lyon dans sa région. C'est en partie la conséquence d'une histoire qui vit souvent les intérêts marseillais se consacrer davantage à l'outre-mer qu'à l'arrière-pays. A l'est, le cloisonnement du relief laisse de larges prérogatives à Nice, dont l'influence se limite toutefois au département des Alpes-Maritimes.

De même, **en Bas-Languedoc, Montpellier devient une incontestable capitale régionale** qui s'interpose entre Toulouse et Marseille et possède sa propre aire d'influence pour certains services (enseignement supérieur très développé). Sa croissance démographique a été la plus forte de toutes les grandes villes françaises de 1960 à 1980 (250 000 hab. aujourd'hui). Les autres villes bas-languedociennes, que ce soit Narbonne, Béziers, villes du vin, ou même Nîmes, aux activités plus diversifiées, ont un destin moins brillant.

Le trafic du port de Marseille-Berre-Fos.

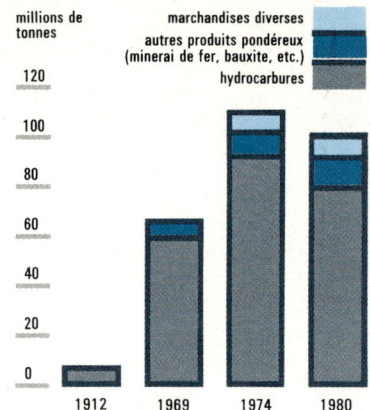

millions de tonnes

marchandises diverses
autres produits pondéreux (minerai de fer, bauxite, etc.)
hydrocarbures

Déchargé automatiquement, le pétrole ne crée pas beaucoup d'animation. Les trafics non pétroliers n'ont augmenté qu'à la mise en service des quais minéraliers de Fos. Quant aux marchandises diverses (machines, produits industriels...) leur niveau est à peine plus élevé qu'il y a cinquante ans. Marseille ne mérite que sur le papier le titre de deuxième port d'Europe après Rotterdam.

Derrière le port, la ville.

« On a pu affirmer sans erreur que Marseille était la première ville corse de France et la deuxième ville arménienne. Elle rassemble une forte population d'Italiens, de Grecs, de Nord-Africains. C'est une des villes où les rapatriés sont les plus nombreux. On y rencontre beaucoup de noirs et, au hasard des accostages, des équipages scandinaves, des soldats et des marins américains.
Pour le Français moyen, Marseille a une réputation bien établie. C'est une ville qu'il est difficile de prendre au sérieux. On y raconte de bonnes histoires avec un accent un peu vulgaire... De temps à autre, un drame du gangstérisme ou de la drogue assombrit le tableau. Mais en marge des faits divers, on oublie de dire les mérites du Marseillais moyen, de souche ou d'adoption, qui est un citoyen honnête et un travailleur sérieux.
La ville, depuis une dizaine d'années, prend un nouveau visage. Parmi les réalisations urbaines, citons l'organisation des rocades routières, le tunnel sous le Vieux-Port, le métro, le projet de « centre directionnel ». Par ailleurs, la disparition à peu près complète des bidonvilles, la création de centres scolaires, de mini-stades, l'aménagement des îles du Frioul, témoignent de l'amélioration des conditions sociales et du cadre de vie. »

R. Livet, *Atlas et Géographie de Provence, Côte d'Azur et de Corse,* Flammarion.

▲
Marseille et le Vieux-Port.

Plus de 1 700 000 habitants vivent sur l'espace cartographié soit une densité moyenne supérieure à 1 000 hab/km².
▼

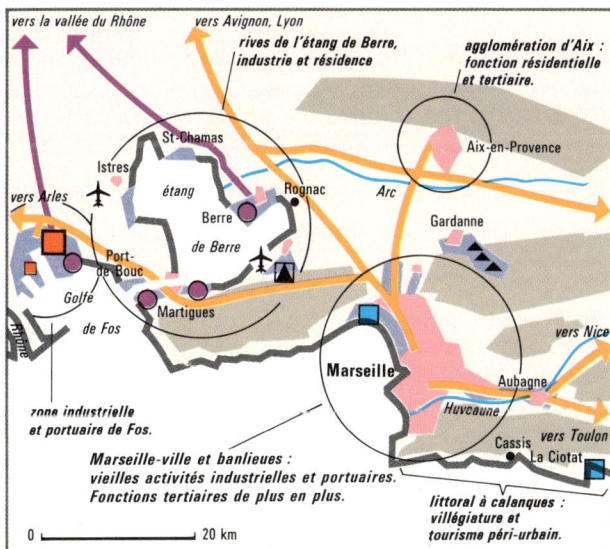

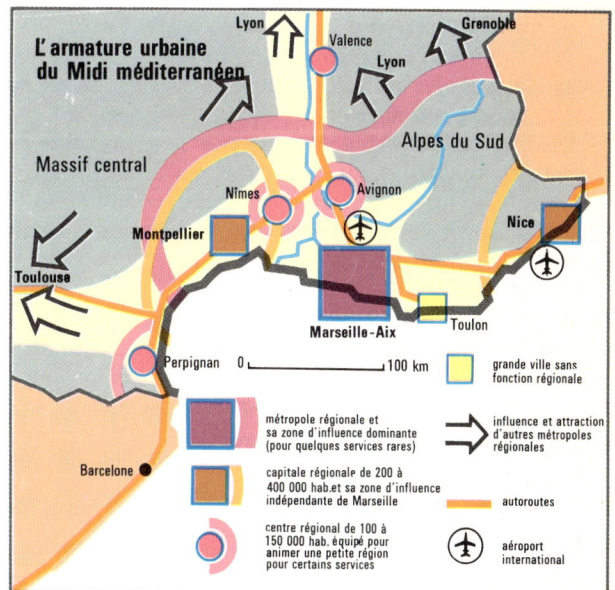

vers la vallée du Rhône

vers Avignon, Lyon

rives de l'étang de Berre, industrie et résidence

agglomération d'Aix : fonction résidentielle et tertiaire.

St-Chamas

Istres

étang

Aix-en-Provence

vers Arles

Rognac

Arc

Berre

Gardanne

Port-de-Bouc

de Berre

Golfe

Martigues

de Fos

vers Nice

Marseille

Aubagne

zone industrielle et portuaire de Fos.

Huveaune

vers Toulon

Cassis

La Ciotat

Marseille-ville et banlieues : vieilles activités industrielles et portuaires. Fonctions tertiaires de plus en plus.

littoral à calanques : villégiature et tourisme péri-urbain.

0 ——————— 20 km

Les éléments d'une région urbaine en formation

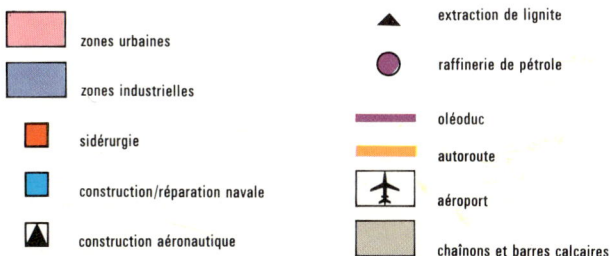

🟥	zones urbaines
🟦	zones industrielles
🟧	sidérurgie
🟦	construction/réparation navale
▲	construction aéronautique

▲	extraction de lignite
●	raffinerie de pétrole
—	oléoduc
—	autoroute
✈	aéroport
▦	chaînons et barres calcaires

L'armature urbaine du Midi méditerranéen

Lyon

Valence

Grenoble

Lyon

Massif central

Alpes du Sud

Nîmes

Avignon

Montpellier

Nice

Toulouse

Marseille-Aix

Toulon

Perpignan

0 ——————— 100 km

Barcelone

grande ville sans fonction régionale

métropole régionale et sa zone d'influence dominante (pour quelques services rares)

influence et attraction d'autres métropoles régionales

capitale régionale de 200 à 400 000 hab. et sa zone d'influence indépendante de Marseille

autoroutes

centre régional de 100 à 150 000 hab. équipé pour animer une petite région pour certains services

aéroport international

Des villes nombreuses et peuplées : le taux d'urbanisation du Midi est de 81 % (et même 87 % en Provence-Côte d'Azur) contre 72 % pour la France entière. Mais l'influence positive de Marseille s'efface vite à la périphérie, à chaque ouverture du relief vers d'autres régions. Dans les Alpes du Sud dépeuplées, elle n'est relayée par aucune ville d'importance. Marseille, Nice ou Toulon ont davantage vidé leur arrière-pays qu'elles ne l'ont vivifié. Il leur reste dans ces conditions des zones d'influence assez vastes mais sans hommes, ce qui n'a plus grande signification.

émigration : 12
irrigation : 10
tourisme : 44
problème corse : 56

99-La Corse

La Corse est modestement peuplée, 25 hab/km², moins que d'autres îles méditerranéennes telles que Sicile ou Sardaigne. C'est qu'à l'exception d'une étroite plaine orientale, la Corse n'est qu'une montagne aux formes parfois très vigoureuses ; fortes pentes, gorges, vallées, tout concourt à rendre malaisées les communications, gêner l'agriculture, isoler les hommes. Mais cette montagne bien arrosée l'hiver est un utile château d'eau. Le couvert forestier (châtaigneraie, pins) serait plus fourni s'il n'était depuis longtemps victime d'incendies abusifs. Au total, un bilan des conditions naturelles qui reste médiocre.

L'économie traditionnelle de subsistance a été démantelée. Dès le XIXᵉ siècle, l'ouverture sur le continent, la concurrence de ses produits, les maladies du châtaignier, la pression démographique ont conjugué leurs effets et détruit un genre de vie autarcique (céréales, arbres, troupeaux) qui utilisait en permanence l'étage de la moyenne montagne (400 à 900 m) et temporairement les pâturages des sommets et de la plaine. **L'émigration*** a vidé les villages et l'intérieur de l'île a perdu 70 % de ses habitants en un siècle. D'autres montagnes méditerranéennes ont connu cette évolution et notamment les Cévennes, mais rarement à un point aussi aigu.

Dès lors, **la Corse s'est enfoncée dans une économie rentière, dépendante, peu productive,** vivant plus de pensions et de retours d'émigrés que de ressources locales. De cet effondrement n'émerge dans la montagne qu'un élevage ovin limité mais prospère qui travaille pour des fromageries continentales (Roquefort). L'industrie est pratiquement inexistante : moins de 10 % des emplois. Les services (administration, commerce et désormais tourisme) sont les seuls pourvoyeurs d'emplois.

Depuis vingt ans, deux grands changements ont modifié la géographie de l'île : **la conquête agricole de la plaine orientale d'Aléria** d'abord, qui a rendu productives par drainage, défrichement et irrigation* les « plus riches friches de France ». Des exploitations modernes et mécanisées, souvent tenues par des rapatriés d'Afrique du Nord, y produisent des fruits, notamment des clémentines, beaucoup de vin également, contrairement aux objectifs premiers de la mise en valeur. **L'irruption du tourisme*** ensuite : l'« Ile de Beauté » reçoit plus d'un million de visiteurs par an, soit quatre fois le chiffre de sa population résidente.

Mais tout cela **n'a pas vraiment rééquilibré la géographie de la Corse et a même avivé le problème corse***. Tout l'intérieur reste exsangue tandis que les nouveautés agricoles et touristiques, souvent conduites de l'extérieur, sont vécues comme des enclaves, voire assimilées à une véritable colonisation de l'île. Pourquoi la persistance d'un relatif sous-développement économique ? L'insularité par elle-même n'est pas une malédiction, même si la desserte de l'île, aujourd'hui améliorée, a longtemps été coûteuse. Les investissements productifs ont toujours manqué : l'absence de ressources énergétiques et minières, l'étroitesse du marché, la faiblesse des équipements, les séductions du continent ou des colonies en sont responsables. Mais le problème corse, c'est aussi le souci d'une originalité culturelle mal comprise au dehors. A la différence de l'Italie face à la Sicile et à la Sardaigne, la France a tardivement perçu l'importance de la « question régionale ». Ces dernières années, la Corse a bénéficié d'un plan de développement économique accompagné de massifs crédits publics. Le statut régional particulier prévu pour la Corse permettra peut-être d'associer davantage les habitants aux décisons qui concernent l'île. Mais cela ne suffira peut-être pas à résoudre ce qui est aussi la confrontation d'une vieille société méditerranéenne insulaire, avec ses valeurs et ses rites, aux exigences sans saveur de l'« économie moderne ».

Mouvement naturel dans le canton du Niolo (Corse centrale).

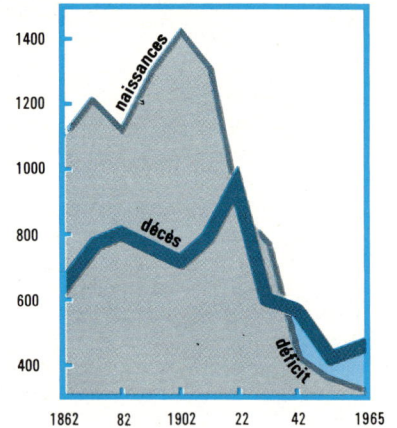

Il est caractéristique de l'évolution démographique de la Corse : l'émigration des jeunes entraîne un effondrement de la natalité ; les décès diminuent jusque dans les années 50 où le vieillissement provoque un relèvement du taux de mortalité.

La desserte maritime et aérienne de la Corse dans le cadre national.
Les moyens : la desserte aérienne régulière est confiée à une filiale commune d'Air France et Air Inter. La desserte maritime est désormais assurée par des car-ferries modernes.

Trafic aérien passagers	1972	1978	1980
Ajaccio	393 000	471 000	>600 000
Bastia	428 000	486 000	>600 000
Autres (Calvi, Propriano, Figari)		218 000	220 000
Trafic maritime passagers	1972	1976	1979
Ajaccio	288 000	385 000	262 000
Bastia	416 000	589 000	791 000
Trafic maritime marchandises (en milliers de t)	1972	1976	1979
Ajaccio	380	470	464
Bastia	622	762	974

économie rentière : *elle n'a qu'une très faible base productive, importe la plus grande partie des biens qu'elle consomme, ces importations étant financées par le transfert de revenus dont la base territoriale est extérieure et lointaine : envois d'émigrés, retraites, pensions, subventions, produits d'investissements réalisés à l'extérieur.*

La plaine orientale en 1957. ▲

La basse plaine et les premières collines étaient laissées au marais, au maquis ou, comme ici, à la steppe. Au mieux, la plaine servait de zone d'hivernage aux troupeaux d'ovins transhumants. Cet usage se maintient dans les secteurs non transformés par le drainage et l'irrigation. Petite église de style roman pisan, héritée du temps où Pise dominait la Corse (XIIe-XIIIe siècle).

🅣 Analyser les problèmes liés à l'insularité en faisant un dossier comparatif des grandes îles de la Méditerranée.

Qualifiée de « massif ancien », la Corse est en réalité très alpine ▶ par la vigueur de son relief. Un alignement de hauts sommets cristallins coupe pratiquement la Corse en deux. Les routes, dont le caractère accidenté est légendaire, doivent pour le franchir emprunter des cols parfois impraticables l'hiver.

A vol d'oiseau, Calvi et Ajaccio ne sont qu'à 70 km l'une de l'autre ; mais il faut 165 km de route pour les relier... Dans ces conditions, les rares petits bassins intérieurs sont très isolés. D'autre part les hommes et les activités se rassemblent de plus en plus à proximité des rivages : inversion contemporaine des valeurs de la Corse traditionnelle, dont les genres de vie utilisaient peu les plaines et les côtes, leur préférant les pentes moyennes.

Vergers de clémentiniers dans la plaine orientale. ▲

A cause des risques de gel, l'agrumiculture touche ici ses limites. On cultive donc des variétés hâtives de clémentiniers, avec récolte en début d'hiver. Les livraisons de clémentines corses couvrent environ 10 % de la consommation française. Une station de recherches agronomiques, à San Giuliano, se consacre principalement à l'agrumiculture, la viticulture et l'oléiculture. En fait, dans l'ensemble de la plaine orientale, le vignoble domine : 9 ha de vigne pour 1 ha d'agrumes. La Corse est ainsi le seul département à avoir planté massivement de la vigne ces 20 dernières années.

Ce que représente la Corse :	1,6 % de l'espace français
	0,5 % de la population française
	2,5 % du vin français
	1,5 % de la capacité hôtelière
	1,2 % du troupeau ovin
mais seulement	0,2 % de la pêche française
	0,2 % de la consommation d'électricité
	0,1 % de la production industrielle
	0,01 % des exportations françaises.

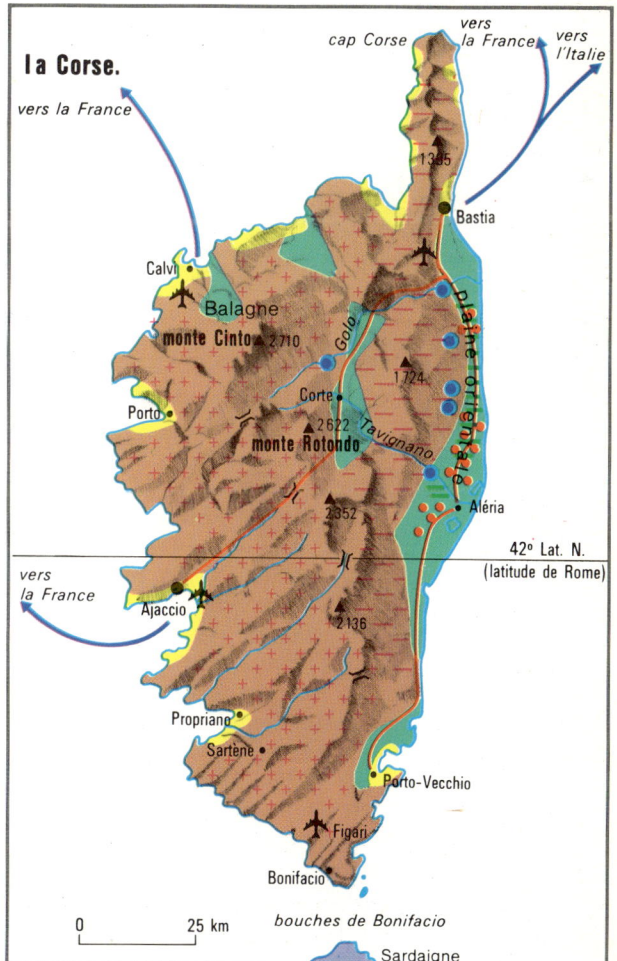

la Corse.

montagnes cristallines

montagnes schisteuses

plaines ou bassins intérieurs

principaux cols

villes de plus de 50 000 hab.

aéroport important

principaux axes routiers

principales liaisons maritimes

barrages, dérivations, lacs collinaires permettant l'irrigation en contrebas

grand vignoble

mise en valeur agricole de la plaine orientale

forte fréquentation touristique estivale

100-Une région fonctionnelle

Aucune autre région française ne rassemble des paysages aussi variés. Cette diversité n'est pas sans charme, qui fait voisiner des moyennes montagnes cristallines ou calcaires, aux hivers parfois rudes, des plaines et couloirs plus riants, bordés de vignobles et marqués d'influences méridionales, de vraies et grandes montagnes enfin, celles des Alpes du Nord. La seule géographie physique ne saurait faire de cet assemblage hétéroclite une région.

Cette région Rhône-Alpes est avant tout une réalité économique et humaine. Le sentiment d'appartenance régionale reste vivace : on est savoyard ou stéphanois avant d'être de la région Rhône-Alpes. Les différences de dynamisme économique sont manifestes : il y a loin des vieilles industries stéphanoises au modernisme prospère d'Annecy ou Grenoble. Mais il existe malgré tout une réalité rhônalpine. Car entre tous ces lieux, si divers de prime abord, fonctionnent de nombreuses relations. L'exceptionnelle diffusion des villes, des industries et des grands moyens de transport, bien visible sur la carte, efface la diversité initiale des reliefs, des climats et des histoires.

La région Rhône-Alpes n'est donc ni naturelle ni historique, c'est une **région « fonctionnelle* »**, c'est-à-dire une construction vivante à laquelle participent des moyens de communication, des entreprises, un réseau urbain.

C'est une **puissante région économique**, peuplée (110 hab/km² malgré l'importance des secteurs montagneux), attractive, qui offre à ses habitants un éventail d'activités possibles plus large que n'importe quelle autre région hors Paris. A l'inverse du Nord, de la Lorraine ou de l'Ouest, elle fut pendant longtemps le type même de région sans grand problème où des activités nouvelles relayaient harmonieusement celles qui venaient à défaillir, épargnant les déracinements trop lointains aux victimes de l'exode rural ou des reconversions.

A l'origine de cette construction et de cette réussite, plusieurs phénomènes constants depuis l'époque moderne.
– Constance d'un **milieu humain riche d'inventeurs et d'entrepreneurs**. Le premier chemin de fer, la première turbine, les premiers grands barrages sont nés dans la région. Aujourd'hui d'ailleurs, la densité du tissu des moyennes entreprises, souvent encore familiales, est une des caractéristiques de l'industrie rhônalpine.
– Constance des **disponibilités énergétiques** : charbon autrefois, puis houille blanche des Alpes, autres énergies modernes abondamment disponibles aujourd'hui, dont l'atome, pour lequel le Couloir rhodanien est une localisation de première importance.
– Constance de la **circulation des hommes et des marchandises, favorisée par une position géographique** d'ailleurs enviable : la région commande le couloir Saône-Rhône qui met en contact la façade méditerranéenne avec le bassin de Paris et l'Europe rhénane. Et par de larges vallées qui mènent au cœur des Alpes du Nord, elle communique assez facilement avec l'Italie du Nord, autre grand foyer de peuplement et d'activité. Le passage en Italie n'exige souvent que le franchissement d'un seul col ou tunnel. Encore fallait-il bien entendu que toutes ces dispositions naturelles fussent utilisées. Le *carrefour lyonnais* est certes suggéré par les grandes lignes du relief, mais il est surtout une construction humaine.
– Constance enfin du **rôle stimulant et unificateur d'une ville, Lyon**. En distribuant du travail, en offrant un marché, des services, des capitaux, Lyon a soudé de petites régions morcelées et physiquement disparates, même s'il n'y a de correspondance exacte entre l'influence lyonnaise, qu'il ne faut pas surestimer, et le cadre plus vaste de la région Rhône-Alpes.

La région Rhône-Alpes dans l'ensemble français.

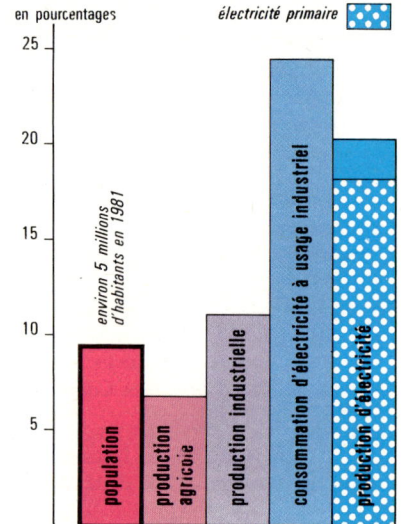

L'agriculture compte peu, souvent écrasée par les autres activités, la contribution industrielle est par contre très élevée. L'importance de la consommation d'électricité par l'industrie provient de l'implantation de secteurs (aluminium, etc.) pour qui cette forme d'énergie est indispensable et qui en font obligatoirement un usage massif. Elle traduit aussi le modernisme de l'industrie en général dans la région.

région fonctionnelle/région urbaine : *par opposition aux régions naturelles ou aux régions administratives, ce type de région tire sa cohérence, des activités économiques, de leur stimulation, des échanges et finalement, de l'impulsion donnée par une grande ville ou un groupe de villes. Adapté aux conditions de l'économie moderne, ce type de région peut-être très ancien (Flandre) ou coïncider avec un ensemble naturel (Rhénanie).*

L'agriculture rhônalpine soutient mal la comparaison avec les autres activités régionales. Elle n'occupe que 6 % des actifs dans des conditions souvent ingrates (importance des secteurs montagneux, petites exploitations, concurrence d'autres activités). Conditions qui expliquent la fréquence de la double activité chez les exploitants (ouvriers-paysans). En dehors de l'arboriculture et des vignobles du couloir Saône-Rhône, l'agriculture régionale se caractérise par une orientation générale vers l'élevage bovin laitier, des Alpes du Nord au Massif central en passant par le Bas-Dauphiné et les plaines de la Saône. Cette orientation a été stimulée par la présence de grands marchés urbains et elle est conforme à certaines suggestions du climat (montagnes humides). Cet élevage s'appuie sur des cultures fourragères (maïs, etc.) ce qui le rend assez intensif. Une autre caractéristique régionale est l'importance des élevages « hors-sol » : élevage porcin (Piémont savoyard) et aviculture (Bresse, Dombes, Drôme). Au total, une agriculture dont la production n'est jamais impressionnante mais qui est devenue localement très intensive, s'attache à la qualité et profite des avantages climatiques du carrefour lyonnais, déjà proche du Midi. Ces données, la facilité des communications garantissant la fraîcheur des produits et les exigences d'une clientèle bourgeoise se « forçant à table » par tradition, sont à l'origine de la gastronomie lyonnaise qui doit l'essentiel de sa réputation à la qualité des produits du terroir : vins du Beaujolais et des Côtes-du-Rhône, crème et volailles de Bresse, poissons de Dombes, fruits de la vallée du Rhône, fromages des Alpes ou de l'Ardèche, agneaux de Provence et bœufs du Charollais pour l'essentiel.

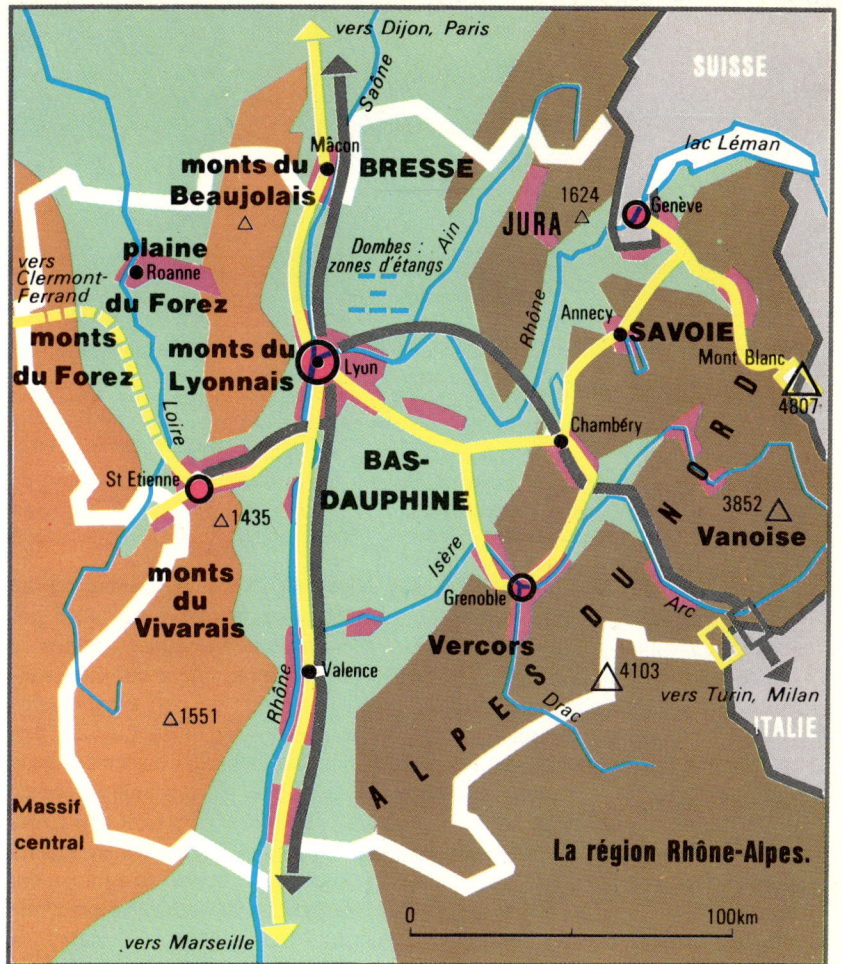

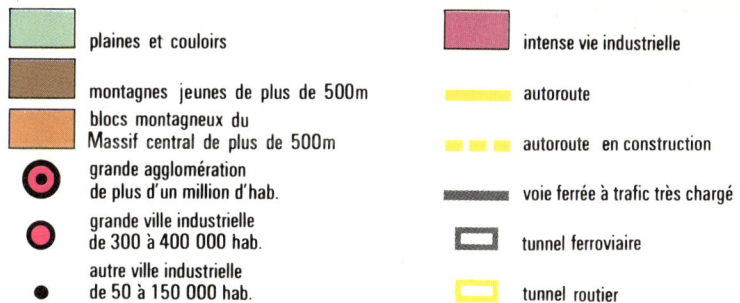

La région Rhône-Alpes.

plaines et couloirs	intense vie industrielle
montagnes jeunes de plus de 500m	autoroute
blocs montagneux du Massif central de plus de 500m	autoroute en construction
grande agglomération de plus d'un million d'hab.	voie ferrée à trafic très chargé
grande ville industrielle de 300 à 400 000 hab.	tunnel ferroviaire
autre ville industrielle de 50 à 150 000 hab.	tunnel routier

Evolution démographique de trois départements.

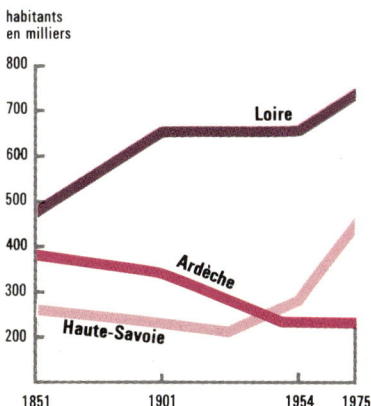

La Loire (Saint-Étienne, plaine du Forez, Roanne) a vu sa population se mettre en place pour l'essentiel au XIXᵉ siècle et n'a connu au XXᵉ siècle qu'une modeste croissance, révélatrice d'industries vieillies dans ses deux grandes villes.

L'Ardèche était au XIXᵉ siècle un département actif et peuplé, grâce à l'utilisation de ses ressources hydrauliques par la soie, grâce également à ses industries mécaniques, sidérurgiques (hauts fourneaux du Pouzin) et papetières (Annonay). Aujourd'hui, les ressources hydrauliques sont jugées trop faibles pour soutenir une industrie handicapée par sa dispersion dans un pays où la circulation est difficile en raison de la raideur des pentes qui explique aussi les difficultés et le déclin de l'agriculture.

La Haute-Savoie (Annecy, rives françaises du Léman, cluse de l'Arve, vallée de Chamonix) était jusque vers 1930 un département rural qui perdait des hommes. Le spectaculaire redressement intervenu depuis ne se dément pas : de 1968 à 1975, la Haute-Savoie a connu le plus fort rythme d'accroissement de tous les départements français, si l'on fait exception de la couronne parisienne, accroissement constitué aux 2/3 d'un solde migratoire largement positif. L'agrément du cadre de vie n'explique pas tout. Le remarquable essor contemporain d'industries légères et « propres », du tourisme, et des relations avec la Suisse en a fait le type même de la petite région géographique prospère, équilibrée et dégagée des contraintes du passé.

énergie : 34
nucléaire : 35, 36

101-Abondance d'énergie

L'énergie* est abondante dans la région Rhône-Alpes, qu'elle soit produite sur place (c'est de loin la première région française productrice d'électricité primaire) ou qu'elle soit importée facilement.

Le déclin des gisements houillers régionaux ne doit pas faire oublier leur rôle historique. Faiblesse des réserves et prix de revient élevé de l'extraction font stagner ou diminuer inexorablement la production des bassins de Saint-Étienne, La Mure et Blanzy : moins de 2 Mt en 1980, 10 % du charbon français.

L'équipement hydro-électrique des Alpes du Nord est remarquable. Pionnières dans les techniques de la houille blanche, les Alpes du Nord ont équipé leurs vallées : Isère, Arc, Romanche et Drac, de véritables chaînes de barrages et centrales qui attirèrent jusqu'au cœur de la montagne des industries grosses consommatrices (aluminium, électro-chimie). A ces équipements classiques, qui sont en général des chutes moyennes, a succédé depuis vingt ans la génération des centrales de haute chute qui utilisent les eaux dispersées de la haute montagne pour produire de l'électricité de pointe. Ce véritable écrémage des eaux alpines touche à sa fin ; presque tous les sites rentables sont désormais équipés. La pratique du pompage aux heures creuses permettra de mieux valoriser certains sites. Il reste deux grandes opérations d'équipement hydraulique à mener dans les Alpes : les réservoirs, avec centrales de haute chute et de pompage en contrebas de Grand-Maison (eaux du massif de Belledonne et des Grandes Rousses, dans la vallée de l'Eau d'Olle, non loin de Bourg-d'Oisans) et de Super Bissorte (vallée de l'Arc). Elles sont prévues pour 1986.

L'escalier de centrales du Rhône valorise le gros potentiel énergétique d'un fleuve au débit abondant et dont la pente est assez forte. C'est dans le cadre d'un aménagement plus global que le Rhône a été équipé de douze hydro-centrales de Lyon à la mer. Au total, si l'on inclut les Alpes du Sud (Durance, Verdon), l'utilisation des eaux alpines et rhodaniennes fournit plus de **50 % de l'hydro-électricité française**.

Rhône-Alpes est une véritable région nucléaire* en formation. Plusieurs centrales électro-nucléaires, un surrégénérateur en chantier, une usine d'enrichissement de l'uranium, des centres de recherche, autant d'énormes investissements qui placent la région au cœur du programme nucléaire français. Des facilités naturelles comme l'abondance des eaux de refroidissement expliquent cette concentration le long du Rhône. Par son gigantisme, ce programme est d'ailleurs l'objet de vives critiques : dans le secteur du Rhône moyen, trois centrales nucléaires vont s'échelonner sur 100 km environ. Ce programme, qui doit permettre à la région Rhône-Alpes de disposer en 1985 du quart de toute l'électricité française, pourrait être un plus grand facteur d'animation économique si la présence de toutes ces centrales entraînait l'application de tarifs préférentiels. Dès 1983, le bilan énergétique régional sera équilibré, situation rare en Europe occidentale. En 1985, il devrait être excédentaire.

Plus encore que l'abondance, c'est la **variété des formes sous lesquelles l'énergie est ici disponible** qui donne à la région Rhône-Alpes **un incontestable avantage**. En ajoutant à toutes ces productions d'électricité primaire les oléoducs et gazoducs de grosse capacité qui remontent la vallée du Rhône en provenance de Marseille-Fos, on aboutit à un remarquable réseau de production et distribution d'énergie qui irrigue toute la région.

L'utilisation systématique des eaux alpines : l'exemple du bassin de l'Arc et de la chute Arc-Isère, achevée en 1979. En haute montagne, les eaux sont dispersées et ont un régime très irrégulier. Les ultimes aménagements hydro-électriques ont pour but de les rassembler en des points précis et élevés pour les faire brutalement chuter à certaines heures sur les turbines de centrales situées plusieurs centaines de mètres en contrebas. Cette énergie, instantanément apportée au réseau national, permet de répondre aux « pointes » qu'enregistre la consommation de courant, en fin de journée par exemple. Aux heures creuses (la nuit ou en fin de semaine), lorsque sa contribution n'est plus nécessaire, l'usine remonte par pompage une partie des eaux déjà turbinées jusqu'aux réservoirs d'altitude qui ne sont jamais très grands, reconstituant ainsi ses réserves pour le lendemain. De tels travaux sont longs et coûteux : il faut des dizaines de captages et surtout de kilomètres de galeries ou conduites pour concentrer les eaux des moindres cascades, ruisseaux ou glaciers dans quelques réservoirs, puis pour les amener au-dessus de la centrale. L'électricité de pointe ainsi produite est chère mais indispensable vu les à-coups de la consommation. Ce sont les « kW/h nobles » d'E.D.F.

Dérivation et chute Arc-Isère vue en coupe.

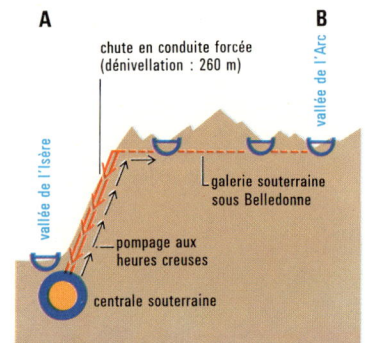

Ⓣ Organiser un débat pour ou contre l'énergie nucléaire dans votre région.

houille blanche
électricité de pointe

L'usine Eurodif.

Le canal de Donzère-Mondragon facilite l'acheminement de la grosse chaudronnerie et fournit l'eau de refroidissement. La fabrication de l'uranium enrichi exige une grande dépense d'énergie, produite par une centrale nucléaire dont on distingue les tours de refroidissement. L'usine procure 2 000 emplois, alors que le chantier a occupé 8 000 personnes. Les villes de Bollène et de Pierrelatte ont été totalement transformées par cet afflux d'hommes la plupart étrangers à la plaine du Tricastin.

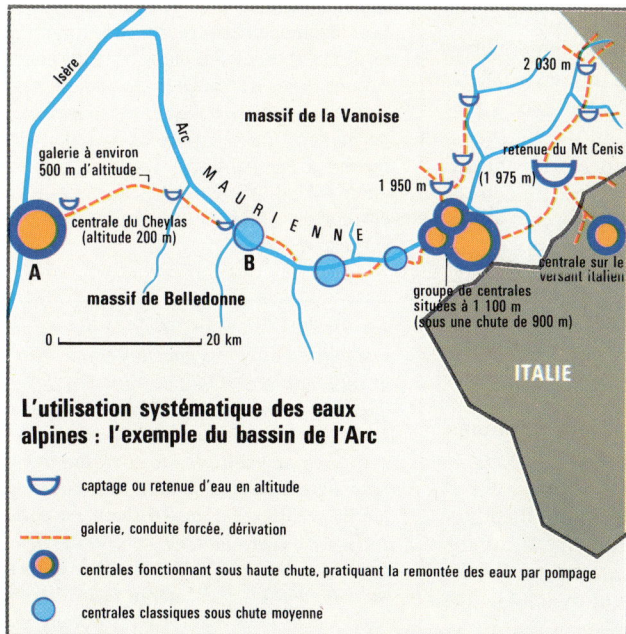

L'utilisation systématique des eaux alpines : l'exemple du bassin de l'Arc

- 🌙 captage ou retenue d'eau en altitude
- ⟍ galerie, conduite forcée, dérivation
- ◉ centrales fonctionnant sous haute chute, pratiquant la remontée des eaux par pompage
- ● centrales classiques sous chute moyenne

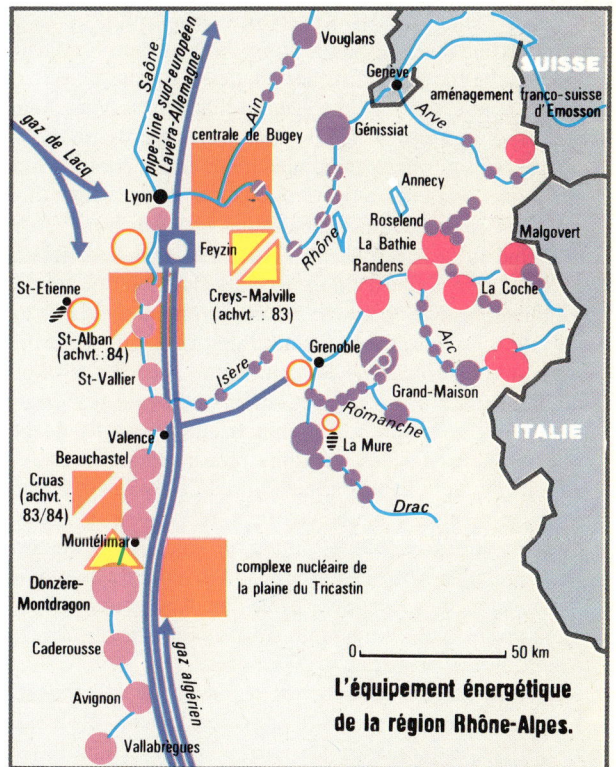

L'équipement énergétique de la région Rhône-Alpes.

- ▬ pipe-line de produit brut ou raffiné
- ▣ raffinerie
- ○ centrale thermique classique
- ● centrale de basse chute du Rhône ; l'abondance du débit compense la faible chute
- ● centrale hydro-électrique sous chute moyenne
- ◓ centrale hydro-électrique en chantier ou en projet
- ● centrale de haute chute ; parfois centrale de pompage : électricité de pointe
- ■ centrale électro-nucléaire
- ◹ centrale électro-nucléaire en chantier
- ◹ centrale nucléaire à surrégénérateur en chantier
- ▲ usine d'enrichissement d'uranium
- ⬣ houille

Les symboles sont proportionnels à la « productibilité » des ▶ installations, sauf ceux des centrales nucléaires : celle du Bugey produit autant que le Rhône de Lyon à la mer...

102-Une grande région industrielle

Rhône-Alpes joint une forte production industrielle à une étonnante variété de fabrications : aluminium, chimie fine, camions, cycles, etc. Cette diversité épargne à la région les maux de la mono-industrie. C'est que **l'industrie est ici ancienne**, produit d'une succession d'initiatives, d'inventions, de conditions géographiques variées : force des cours d'eau, charbon, houille blanche... Cette ancienneté impose des servitudes : reconversions, localisations dépassées. Mais la longue habitude du travail industriel facilite les adaptations.

Encore important, le textile* affronte les plus grosses difficultés. Le temps n'est plus où les soyeux lyonnais distribuaient du travail des monts du Lyonnais à l'Ardèche ; l'heure est plutôt à la fermeture des moulinages et tissages. De Roanne à Lyon ou Saint-Étienne, du coton au synthétique en passant par les vieilles spécialités locales (rubanerie, etc.), toutes les branches textiles cèdent du terrain. De même, **la métallurgie installée sur les bassins houillers** de Saint-Étienne et du Creusot-Montceau-les-Mines, autrefois pionnière (pièces de grosse forge, blindages), s'adapte tant bien que mal en affinant ses fabrications (aciers spéciaux du groupe Creusot-Loire).

Dans les Alpes du Nord, les industries attirées par l'hydro-électricité ne bénéficient plus de la même rente de situation qu'autrefois. Les gros consommateurs avaient intérêt à s'installer près des centrales alpines tant qu'elles étaient seules à produire en grand un courant électrique qu'on transportait mal. Le Sillon alpin, la Maurienne, la Tarentaise, la vallée de la Romanche reçurent ainsi des chapelets d'usines électro-métallurgiques (aluminium, aciers spéciaux) et électro-chimiques. Mais aujourd'hui, ces sites sont exigus, et l'on peut trouver ailleurs une électricité aussi abondante. Les usines conservent au mieux leur capacité de production ; d'autres s'agrandissent hors des Alpes, vers des espaces mieux desservis (vallée du Rhône).

Les constructions mécaniques et électriques* forment depuis longtemps la trame industrielle de la région. Les grandes sociétés (R.V.I., C.G.E., etc.) côtoient une foule d'entreprises spécialisées qui travaillent souvent en sous-traitance pour les premières. Cette branche n'est pas localisée seulement dans les villes. Le décolletage (usinage de pièces qui entreront dans des assemblages plus complexes), anime des campagnes peuplées où il utilise l'expérience venue de l'artisanat, (avant pays et cluses de Savoie par exemple).

L'autre grande force industrielle classique de la région est la chimie. Livrant fibres textiles, produits pharmaceutiques, acides, dérivés du pétrole, alliant productions de base et chimie fine, elle est la plus diversifiée de France.

Des secteurs neufs viennent relayer les grandes industries classiques : électronique grenobloise, industrie nucléaire (préparation du combustible). Dans la lignée d'une histoire riche d'inventeurs, la région possède de nombreux laboratoires de recherche : 27 % des chercheurs privés de la chimie française, 40 % pour la métallurgie fine, 50 % pour le textile, des laboratoires nucléaires et électroniques prestigieux à Grenoble.

A la variété des activités répond celle des paysages et des localisations. L'industrie ancienne, encore incrustée dans la ville à Saint-Étienne ou Lyon, ne ressemble ni aux usines « propres » installées dans la verdure d'Annecy, ni aux zones chimiques qui bordent le Rhône. L'évolution contemporaine distingue des localisations recherchées (sillon rhodanien pour son équipement, avant-pays et cluses alpines pour le cadre de vie et la proximité des montagnes) et des lieux vieillis réputés moins attrayants (région stéphanoise par exemple). Les décisions qui président à l'évolution industrielle régionale, souvent prises au dehors, peuvent accentuer ces contrastes.

Une vieille région industrielle en crise dans l'ensemble Rhône-Alpes : la région stéphanoise.
Deux dépressions de la bordure orientale du Massif central qui recèlent du charbon ont vu se constituer au XIXe siècle deux gros districts industriels, métallurgiques et miniers : Le Creusot-Blanzy-Montceau-les-Mines et la région de Saint-Étienne. Ces foyers industriels hérités du siècle dernier ont des soldes migratoires négatifs qui contrastent avec l'aspect attractif de la région Rhône-Alpes prise dans son ensemble. Étirée de part et d'autre de Saint-Étienne, le long des vallées du Gier (Saint-Chamond) et de l'Ondaine (Firminy), la région stéphanoise compte plus de 400 000 habitants. Tout y rappelle le Nord, mais à une échelle plus modeste et dans le cadre plus rude d'une moyenne montagne : paysages, problèmes de reconversion industrielle, particularismes sociaux et culturels demeurés vivaces. Cette région a été pionnière dans bien des domaines : extraction houillère, chemin de fer, grosse métallurgie, fabrication des armes et des cycles, etc. Ces secteurs sont aujourd'hui presque tous en crise, pour des raisons diverses : fin du charbon local, concurrence de pays à bas salaires, évolution de la mode qui rend désuet le « bel ouvrage » de l'armurerie et du textile. La reconversion est gênée par l'étroitesse des structures industrielles locales et la mauvaise réputation de « pays noir » qui persiste malgré l'effort réel de rénovation d'un patrimoine urbain qui était l'un des plus vétustes de France. Le développement récent de fonctions tertiaires (Université etc.), celui de fabrications fines et spécialisées (aciers spéciaux, machines, optique, plastique, etc.) permettent au plus le maintien des positions stéphanoises. La région se signale périodiquement par les maux de ses entreprises : Manufrance depuis 1977 en est le symbole.

sous-traitance : *fabrication de pièces par une petite entreprise pour le compte d'une grande entreprise qui ne veut pas fabriquer elle-même tout ce dont elle a besoin. Les constructeurs automobiles font ainsi travailler de multiples sous-traitants qui leur livrent à la demande des séries de pièces précises. Le sous-traitant est naturellement dépendant de la grande firme donneuse d'ordre. Mais le système permet une adaptation très souple aux fluctuations de la demande, souplesse dont une grande firme serait dépourvue si elle devait tout fabriquer elle-même. Un sous-traitant a intérêt à travailler, s'il le peut, pour plusieurs donneurs d'ordre.*

On note la prépondérance des trois concentrations de Lyon, Saint-Étienne et Grenoble, chacune pourvue d'une « tonalité » propre : dominante mécanique à Saint-Étienne, électrique à Grenoble, chimique à Lyon. On remarque aussi que le couloir Saône-Rhône n'est que modérément occupé par l'industrie.

Les destins démographiques des trois plus grandes villes.

Années	1876	1962	1968	1975	Accroissement 1876-1975 (100 dernières années)	Accroissement 1962-1975
Population aggl. de Lyon	440 000	945 000	1 075 000	1 150 000	+ 161 %	+ 21 %
Population aggl. de Grenoble	65 000	255 000	333 000	390 000	+ 500 %	+ 52 %
Population aggl. de St-Étienne	190 000	316 000	333 000	335 000	+ 76 %	+ 6 %

Lyon, grosse ville depuis longtemps, connaît encore une croissance démographique soutenue. Grenoble illustre par sa foudroyante progression au XXᵉ siècle la réussite économique générale de la périphérie alpine. Saint-Étienne est la grande ville française dont l'accroissement récent est le plus lent, traduction démographique de pénibles reconversions industrielles qui durent depuis l'entre-deux-guerres. Il y a là, rassemblées au cœur de la région Rhône-Alpes, trois générations urbaines bien différentes qui correspondent aussi à trois générations industrielles.

Usine électronique de Saint-Égrève.
Implantée au pied du massif de la Chartreuse, dans la cluse de Grenoble, cette usine consomme peu de matières premières mais emploie une grande proportion de cadres qui apprécient ce cadre montagnard à proximité de Grenoble. ▼

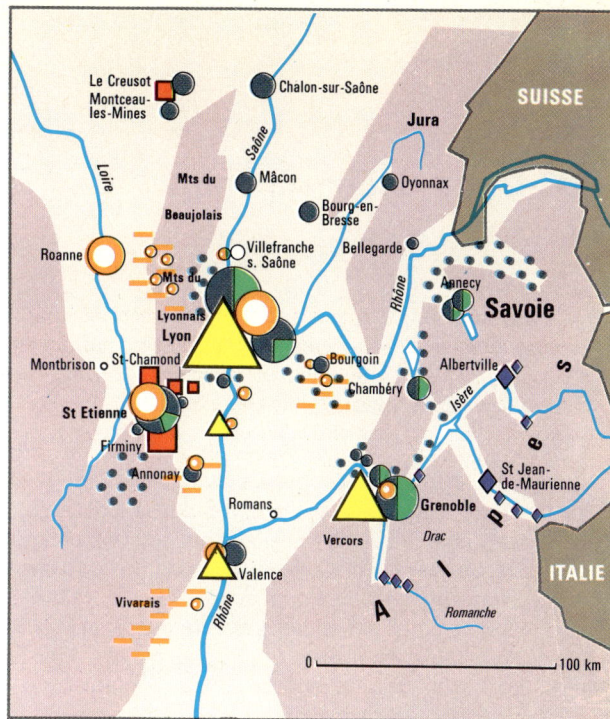

Les principaux centres industriels dans la région Rhône-Alpes.

industrie textile

industrie textile diffuse

industrie mécanique diffuse

construction mécanique

construction électrique / électronique

industries dérivées de la « houille blanche » (électro-chimie, aluminium, etc.)

chimie

sidérurgie et métallurgie lourde (1ʳᵉ transformation des métaux)

autre centre industriel

La Ricamarie, commune de l'agglomération de Saint-Étienne.
Paysage de « pays noir » hérité du passé : siège d'extraction du charbon, habitat ouvrier pauvre et noirci, avec toutefois les plateaux verdoyants du Massif central aux portes de la ville. Le bassin cessera bientôt toute activité. Cette photo est révélatrice des efforts de reconversion et de rénovation urbaine que doit fournir une agglomération aussi anciennement industrialisée. ▼

103-L'axe Saône-Rhône

Pendant longtemps, le sillon rhodanien n'a pas eu le rôle humain et économique que son remarquable dessin naturel pouvait suggérer. Les paysages ruraux dominaient et, hormis Lyon, de petites villes y vivaient tranquillement de passage plus que d'industrie.

Depuis trente ans, **paysages et activités ont changé**, transformations suscitées ou accompagnées par les chantiers et **l'œuvre globale d'aménagement du territoire** réalisée en aval de Lyon par la Compagnie Nationale du Rhône. La C.N.R. poursuivait des objectifs qui tous dépendaient de la domestication des eaux du fleuve. Il s'agissait de produire de l'électricité, activité la plus immédiatement rentable, de créer une grande voie navigable, de développer l'irrigation. A partir des retenues et dérivations, la C.N.R. a installé des réseaux d'irrigation dans les plaines du Rhône moyen. Une agriculture intensive y produit fruits et céréales irriguées (maïs, sorgho).

Le sillon Saône-Rhône est désormais une grande voie remarquablement équipée. C'est l'axe* le plus chargé de France. Outre les oléoducs et gazoducs enterrés, ce couloir de 400 km accueille l'autoroute la plus fréquentée de France et plusieurs voies ferrées qui acheminent d'énormes trafics de marchandises et voyageurs. Malgré l'ampleur des investissements consentis, c'est paradoxalement le trafic fluvial qui est de loin le plus modeste : 10 Mt sur 400 km. A l'état naturel, le Rhône n'était pas accessible, par sa pente et ses eaux sauvages, à la navigation moderne de grand gabarit. Subordonnée aux aménagements électriques, la réalisation d'une série de dérivations et d'écluses, ouvertes aux convois poussés de 6 000 t, n'a été conduite que tronçon par tronçon, et il a fallu plus de trente ans pour que le dernier verrou disparaisse en 1980. Et encore cette magnifique voie d'eau, de la mer à Chalon-sur-Saône, n'est-elle qu'un cul-de-sac puisqu'on a sans cesse repoussé l'aménagement d'une liaison moderne avec le Rhin, d'où le sentiment d'un certain gâchis d'infrastructures.

Malgré ces disponibilités nouvelles en eau, énergie et moyens de transport, **le couloir Saône-Rhône n'est pas très industrialisé.** Certes, l'axe rhodanien attire et fixe quelques industries descendues des régions environnantes pour y trouver une localisation mieux adaptée à leurs besoins : aciers spéciaux primitivement fabriqués dans les Alpes du Nord, ou encore grosse chaudronnerie nucléaire à Chalon-sur-Saône. Mais de nombreuses zones industrielles créées le long de la voie d'eau sont encore peu occupées. Cette absence relative d'industries, et surtout d'industries intéressées par le transport fluvial, explique en partie la modestie du trafic. Le Couloir rhodanien n'est jamais, sauf dans le secteur des gros établissements de la chimie lyonnaise, une rue d'usines et n'a rien de commun sur ce point avec l'axe rhénan.

Les villes du Couloir rhodanien connaissent un regain d'activité. Dijon commande le nord des plaines de la Saône, l'entrée du sillon et, plus difficilement, la région de Bourgogne. Les villes de la Saône et du Rhône les plus caractéristiques de ce renouveau des infrastructures et de l'industrie sont Chalon-sur-Saône, Mâcon, Valence et Montélimar, qui a tiré parti du voisinage de plusieurs grands chantiers électriques, puis nucléaires.

Cependant, cette concentration du passage, des activités et des investissements dans le Couloir rhodanien comporte un **risque pour l'encadrement montagneux**, victime de dépérissement* dans les cas extrêmes. Pour le Vivarais ou les Préalpes de la Drôme, les séductions de l'axe rhodanien ont signifié accélération de l'exode rural*. L'un des flux de trafic les plus denses de toute l'Europe s'écoule entre des montagnes localement désertées.

Le problème de la liaison Rhône-Rhin.

Actuellement, la navigation moderne bute un peu au nord de Chalon-sur-Saône sur plusieurs vieux canaux accessibles aux seules petites unités de 350 tonnes. La suppression, par mise à grand gabarit, de ce « bouchon » de 140 km entre système rhodanien et système rhénan, est un vieux projet. Mais il a contre lui une rentabilité incertaine.

Mais n'est-ce pas envisager le problème à l'envers ? Ces industries qui manquent entre Saône et Rhin, pourquoi le canal et ses commodités ne les attireraient-ils pas ? Enfin, cette liaison Rhin-Rhône donnerait une pleine valeur aux travaux déjà réalisés par la C.N.R. en aval de Lyon. Avec elle, le port de Marseille-Fos, victorieusement concurrencé par ceux de la façade rhénane jusque dans le Nord-Est français, élargirait son hinterland.

Malgré une décision officiellement positive, d'autres choix ont toujours été prioritaires et l'échéance, un moment fixée à 1985, est désormais repoussée à 1990. L'argument du coût n'est pas vraiment décisif : la liaison Rhin-Rhône ne vaudrait qu'une centrale nucléaire et demie.

Les agricultures intensives et spécialisées du couloir Saône-Rhône.

Vignobles du Beaujolais et des Côtes-du-Rhône, vergers de pêchers du Rhône moyen, autant de réalités agricoles qui tranchent sur une masse de pays d'élevage. Leur existence, tout comme celle du vignoble bourguignon, relève de plusieurs facteurs : un couloir remonté par des influences climatiques méridionales, à l'été chaud, et qui offre des sites de coteau abrités et bien exposés ; ensuite, une grande voie de passage et des villes négociantes qui ont favorisé la commercialisation. Sans atteindre la notoriété bourguignonne, les vignobles du Mâconnais, du Beaujolais et des Côtes-du-Rhône sont des hauts lieux de la vigne et du vin. Le couloir du Rhône moyen laisse place à une arboriculture de qualité, localement stimulée par l'irrigation qu'autorise l'aménagement du fleuve : le secteur Vienne-Montélimar livre 30 % des pêches françaises.

grand aménagement : *transformation profonde du paysage, des activités humaines, de l'organisation de l'espace, à l'échelle d'une région, et au terme de grands chantiers concertés dont l'initiative revient souvent à la puissance publique : creusement d'un canal, construction d'une ville nouvelle, aménagement fluvial intégral, etc. L'aménagement suppose une action délibérée des hommes sur l'espace qu'ils occupent.*

Le couloir Saône-Rhône.

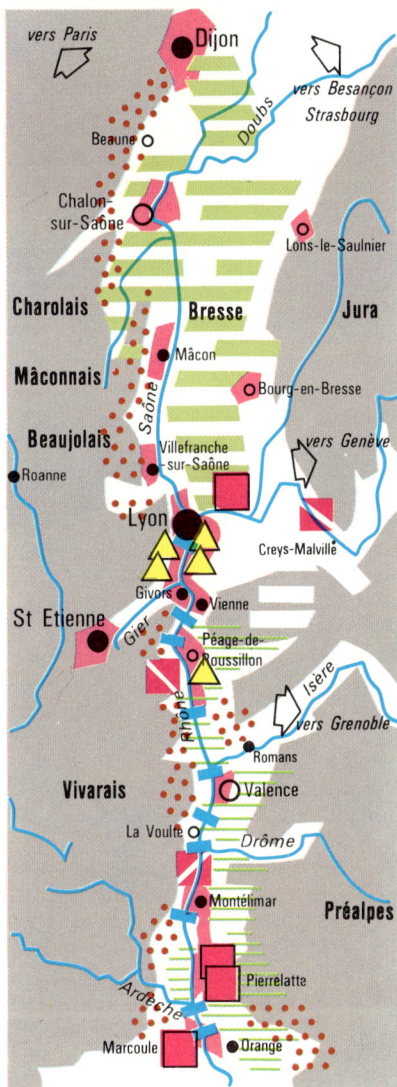

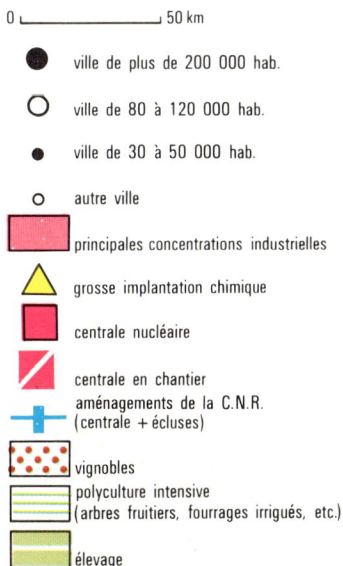

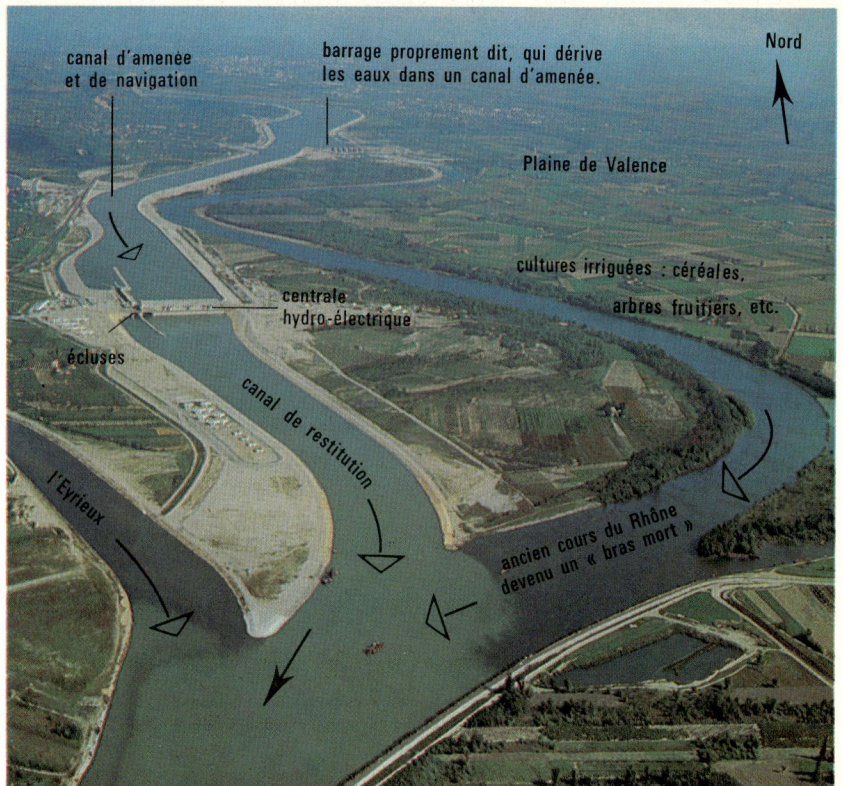

Aménagement type de la C.N.R. dans la vallée du Rhône. ▲

C'est celui de Beauchastel, sur le cours moyen du fleuve, 10 km au sud de Valence, qu'on aperçoit au loin. On observe que le canal de dérivation est plus court que l'ancien Rhône : bénéfice pour la navigation et pour la centrale électrique qui utilise une dénivellation ainsi créée d'environ 12 m, chiffre assez faible mais compensé par la puissance et la constance du débit. Il s'agit d'une centrale de basse chute, aménagement « au fil de l'eau », c'est-à-dire sans stockage d'eau important en amont. C'est aussi la création d'un paysage nouveau, balafré par les terrassements, et que ne reconnaissent plus les habitués du « fleuve sauvage » d'autrefois.

T Analyser le trafic rhénan et le trafic rhodanien grâce aux graphiques et aux cartes. Comparer.

La Compagnie Nationale du Rhône.

La C.N.R. a été créée dès 1921. Son originalité est de n'être pas spécialisée dans un domaine précis, mais de concevoir au contraire des aménagements globaux susceptibles d'avoir des retombées dans tous les secteurs de la vie économique. Ses principales réalisations concernent le Rhône en aval de Lyon, qu'elle a équipé d'une série de centrales doublées d'écluses de navigation. La C.N.R. poursuit l'équipement électrique du Rhône en amont de Lyon ; elle est aussi maître-d'œuvre pour la navigation sur la Saône et la future liaison Saône-Rhin.

La modestie du trafic contraste non seulement avec celui des grandes voies fluviales européennes, mais encore avec celui des autres moyens de transport du couloir Saône-Rhône ; les seules voies ferrées y écoulent 15 millions de tonnes de marchandises. ▶

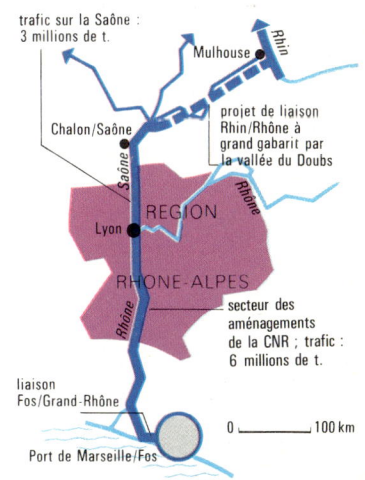

L'axe fluvial Saône-Rhône.

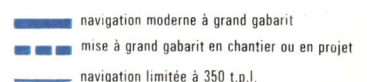

— navigation moderne à grand gabarit
‒ ‒ mise à grand gabarit en chantier ou en projet
— navigation limitée à 350 t.p.l.

Légende (carte)

échelle : 0 ____ 50 km

● ville de plus de 200 000 hab.
○ ville de 80 à 120 000 hab.
● ville de 30 à 50 000 hab.
○ autre ville

▮ principales concentrations industrielles
▲ grosse implantation chimique
▮ centrale nucléaire
◪ centrale en chantier
✚ aménagements de la C.N.R. (centrale + écluses)
⋮ vignobles
polyculture intensive (arbres fruitiers, fourrages irrigués, etc.)
élevage

104-Lyon : une métropole et sa région

Avec 1,2 M d'hab., l'agglomération de Lyon est la deuxième de France. Par ses fonctions, c'est aussi **la plus complète et la plus influente des métropoles régionales**. On a vu précédemment la réalité du carrefour lyonnais, position géographique enviable transformée en nœud ferroviaire et routier. Mais le site initial est plutôt malaisé : collines morainiques instables, absence de plaine qui soit naturellement à l'abri des inondations du Rhône. Les espaces plats ont été arrachés aux marécages et la circulation intra-urbaine nécessite de multiples ponts et tunnels. Il a fallu la permanence d'un milieu humain entreprenant depuis l'époque moderne pour faire de Lyon une grande place commerçante et industrielle.

Lyon est une puissante concentration industrielle. L'industrie lyonnaise est bien plus variée que celle de Lille ou Marseille. Les grandes firmes du capitalisme international y côtoient un patronat local qui fut parfois à l'origine de grandes affaires et reste jaloux de son indépendance. Par le biais du textile qui réclamait colorants et machines, Lyon est venue à la chimie et à la mécanique, qui se sont ensuite développées sur d'autres bases. Aujourd'hui, Lyon est un **grand pôle chimique**, très diversifié, ainsi qu'un **très gros centre de constructions mécaniques et électriques**. Industries certes encore puissantes, mais qui ont toutefois derrière elles leur phase de grande expansion.

Lyon développe des fonctions tertiaires* supérieures. La politique d'aménagement du territoire veut faire de Lyon une grande métropole d'importance européenne, capable de décider sans passer par Paris. De grandes entreprises industrielles et bancaires y étoffent leur direction régionale, des activités culturelles et scientifiques rares s'implantent, quelques-unes décentralisées depuis la capitale. Mais l'attraction parisienne est plus sensible que jamais et la **fonction de commandement industriel et financier** va s'amenuisant. Le sort des principales industries régionales se décide rarement à Lyon et sur ce point, la ville est bien loin des grands centres de décision que sont Milan, Francfort ou Zürich. Pour tenir son rang, l'agglomération s'est dotée d'équipements urbains modernes : métro, pénétrantes autoroutières, nouvel aéroport international, nouveau quartier d'affaires...

Lyon anime sa région et commande directement une région lyonnaise proprement dite qui touche Saint-Étienne et englobe le sud des plaines de la Saône, le Bas-Dauphiné et la moyenne vallée du Rhône. Dans ces limites, Lyon distribue du travail, essaime des ateliers, draine quotidiennement de la main-d'œuvre et fournit un exceptionnel débouché à l'agriculture régionale. Au-delà, Lyon rend à la région Rhône-Alpes des services suffisants pour dispenser hommes et entreprises d'un trop fréquent recours à Paris.

La région Rhône-Alpes est organisée autour d'une armature urbaine* dense et équilibrée. Deux grandes villes flanquent Lyon et ont leur propre zone d'influence pour certains services : Saint-Étienne, 350 000 hab., ville de vieille tradition industrielle qui longtemps n'eut pas d'équipements tertiaires en rapport avec son poids démographique, et surtout Grenoble (390 000 hab.), constellation d'activités neuves et prospères, qui domine une partie des Alpes et entretient autant de relations avec Paris qu'avec Lyon. Au-dessous, disposition assez rare en France, plusieurs villes moyennes, de 100 000 hab. environ, proches les unes des autres : Valence, Chambéry et Annecy en Savoie, Roanne ou Chalon-sur-Saône, sont autant de centres suffisamment actifs et équipés pour animer et rendre service à de petites sous-régions vivantes.

Les grandes entreprises régionales et leur destin.
Nées dans la région Rhône-Alpes, un certain nombre de grandes entreprises lui échappent ensuite, grandissant au-dehors ou passant sous contrôle extérieur.
Lyon est ainsi le berceau du groupe Rhône-Poulenc, devenu depuis une des « multinationales » de la chimie. Mais la région Rhône-Alpes n'abrite plus que 25 à 30 % de ses activités, en particulier dans le textile et la pharmacie, et ce n'est que récemment que deux divisions du groupe ont « redécouvert » la région en venant installer leur direction à Lyon. Berliet, pour affronter les difficultés de l'industrie du poids lourd, a dû fusionner avec Saviem et fait désormais partie du groupe Renault-Véhicules Industriels.
L'essentiel de la grosse construction électrique grenobloise, née de l'équipement des Alpes, dépend de la puissante Compagnie Générale d'Électricité (C.G.E.). La métallurgie lourde des régions du Creusot et de Saint-Étienne appartient au groupe Creusot-Loire ou à une filiale commune constituée en 1981 avec Usinor pour la production des aciers spéciaux. On est loin de la vieille Compagnie des Ateliers et Forges de la Loire (C.A.F.L.). Dans le même domaine des aciers spéciaux, en 1981, l'usine d'Ugine est vendue par Péchiney à Sacilor. Enfin, le même groupe Péchiney vend sa filiale Produits Chimiques Ugine-Kuhlman, qui possède de très gros établissements au sud de Lyon.
Ces grandes manœuvres montrent que la région Rhône-Alpes n'est plus qu'une plate-forme de production parmi tant d'autres. Près de 50 % de l'industrie régionale dépendent ainsi de 8 grands groupes : puissance industrielle ne signifie pas forcément indépendance industrielle.

métropole régionale

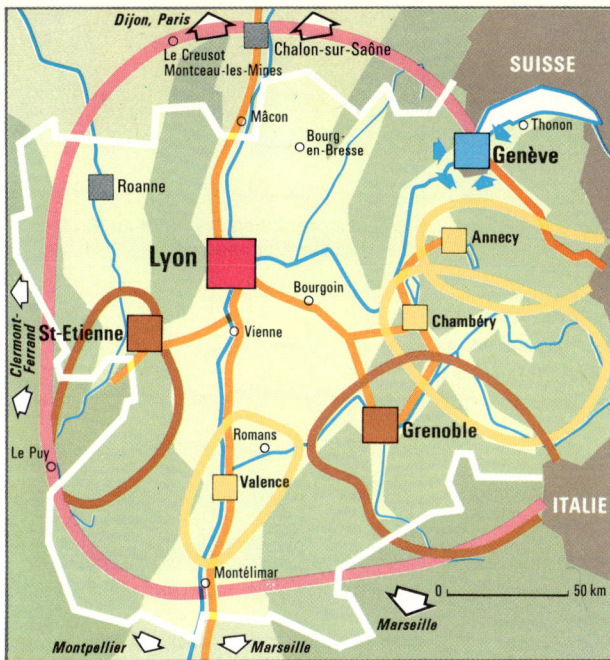

L'armature urbaine de la région Rhône-Alpes.

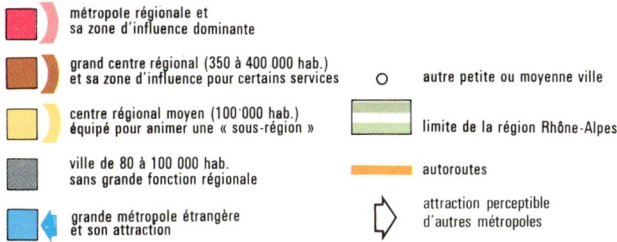

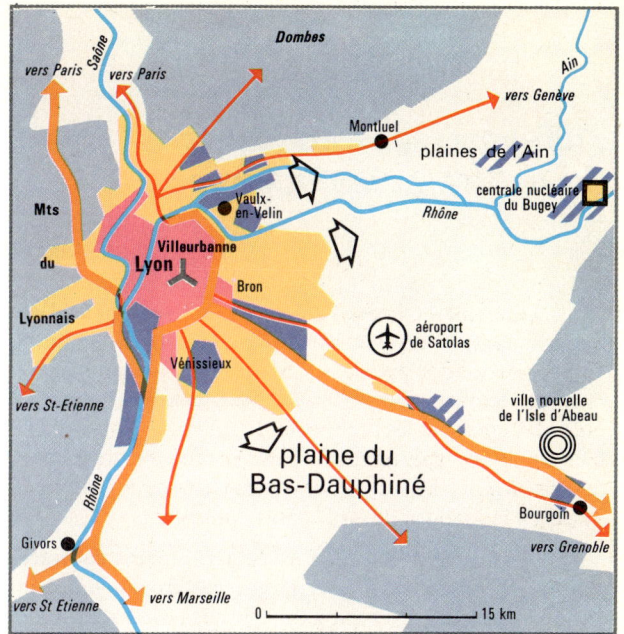

🟥	métropole régionale et sa zone d'influence dominante
🟫	grand centre régional (350 à 400 000 hab.) et sa zone d'influence pour certains services
🟨	centre régional moyen (100 000 hab.) équipé pour animer une « sous-région »
⬜	ville de 80 à 100 000 hab. sans grande fonction régionale
🟦	grande métropole étrangère et son attraction

○ autre petite ou moyenne ville

limite de la région Rhône-Alpes

autoroutes

attraction perceptible d'autres métropoles

L'agglomération lyonnaise et son site.

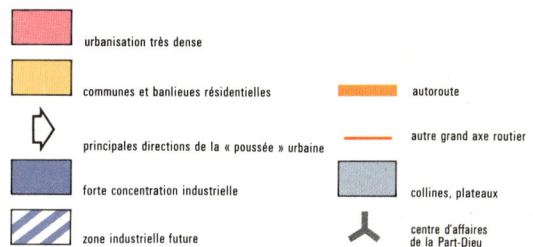

🟥	urbanisation très dense
🟨	communes et banlieues résidentielles
⬜	principales directions de la « poussée » urbaine
🟦	forte concentration industrielle
▨	zone industrielle future

🟧 autoroute

━━ autre grand axe routier

⬜ collines, plateaux

centre d'affaires de la Part-Dieu

A noter, l'organisation particulière des zones d'influence dans les Alpes du Nord ; du fait du relief, même l'influence de Grenoble est assez limitée, et plusieurs villes, y compris Genève (travailleurs frontaliers, etc.), rayonnent chacune sur une partie de la chaîne ; l'influence lyonnaise est plus faible qu'ailleurs.

Outre la ville de Lyon, l'agglomération regroupe quelques grosses communes industrielles comme Villeurbanne (120 000 hab.) ou Vénissieux (75 000 hab.). A partir du site initial, elle s'est développée vers le sud-est, dans la plaine du Bas-Dauphiné, à la recherche d'espaces libres. Le nord et l'ouest, plus accidentés, se prêtaient moins à l'urbanisation de masse et à l'industrialisation. Conçue au temps de la grande expansion industrielle et urbaine des années 60, la ville nouvelle de l'Isle d'Abeau marque aujourd'hui le pas.

Lyon. La Part-Dieu.

Implanté à l'est de Lyon, au-delà du Rhône, ce quartier rassemble un vaste centre commercial (4 grands magasins et plus de 200 boutiques), un auditorium, une bibliothèque, un centre adminis- tratif et des bureaux occupant plusieurs immeubles et une tour dont l'esthétique reste fort discutée. Relié au centre-ville par une ligne de métro, cet ensemble sera complété en 1984, par la gare de la Part-Dieu, terminus du T.G.V.

Quel est l'intérêt de ce gros investissement ? Bien entendu, il a permis de décongestionner le centre-ville, limité par la presqu'île entre Saône et Rhône. Mais aucune entreprise d'importance nationale n'est venue s'implanter dans le nouveau « centre directionnel ». De façon symbolique, la gare du T.G.V. marque le rapprochement et la dépendance accrue vis-à-vis de la capitale.

105-Les Alpes du Nord :
la nature et les hommes

Les Alpes, montagne jeune*, relèvent pour l'essentiel d'une série de mouvements intervenus au tertiaire. Sur la masse montagneuse mise en place au terme de soulèvements, de serrages, de plissements, l'érosion a fait son œuvre, et particulièrement l'érosion glaciaire quaternaire dans les Alpes du Nord. Reprenant les déchirures du relief pré-glaciaire et les vallées fluviales, elle les a élargies, approfondies, calibrées. L'érosion glaciaire est ainsi responsable de l'aspect de la plupart des formes observables, depuis le profil des vallées jusqu'à la ciselure des très hauts sommets.

Il en résulte un relief assez aéré, moins contraignant qu'on pourrait le croire, avec de longues et larges vallées qui donnent accès au cœur de la montagne tout en restant à des altitudes modérées. Les aménagements routiers et ferroviaires, stimulés par l'existence de grands foyers d'activité à la périphérie, ont exploité ces particularités. Les Alpes du Nord sont ainsi traversées d'intenses courants de circulation, à la différence de celles du Sud, ou du Massif central, qui sont plus à l'écart des grands centres économiques et plus confus dans l'organisation générale de leur relief.

Humides pratiquement en toute saison, les Alpes du Nord sont le domaine de l'herbe et de l'arbre. Mais le relief ménage aussi des microclimats assez secs en position d'abri (la Maurienne), multiplie les contrastes d'opposition (adret/ubac) et entraîne un étagement de la végétation. Les hommes ont joué de tout cela avec habileté, prélevant des ressources complémentaires sur chaque facette du milieu montagnard : alpages, adrets cultivés, ubacs forestiers, fonds de vallées irrigués et pâturés, etc. Combinée aux glaciers et à la sculpture glaciaire du relief (lacs d'altitude, verrous, flancs raides des vallées en auge), l'humidité donne aux Alpes du Nord un fort potentiel hydro-électrique, autre différence avec le sud de la chaîne.

Les Alpes du Nord sont peuplées, actives, et n'ont pas connu d'hémorragie humaine comparable à celle des Alpes du Sud lors de l'ouverture des montagnes au monde extérieur. Pourtant, la question « comment obtenir un équilibre entre les activités et maintenir des agriculteurs en montagne ? » ne reçoit pas toujours de réponse. Dans les Alpes du Nord, l'élevage bovin pour le lait et le fromage apporte l'essentiel du revenu agricole. Mais les formes de cet élevage ont changé : déclin des « remues » et des transhumances, moindre utilisation des alpages, malgré un regain d'intérêt récent pour leur pâturage lorsqu'on s'est aperçu qu'il pouvait être un facteur de prévention des avalanches en rendant l'herbe moins lisse. L'élevage s'est concentré dans les fonds de vallées, près des laiteries et fromageries dont les sous-produits alimentent sur le piémont savoyard un important élevage porcin industriel. Limité par l'hiver et le manque de fourrage, l'élevage alpin pourrait être plus intensif si les prairies naturelles étaient améliorées, comme en Suisse ou en Autriche. Quoi qu'il en soit, le paysan des Alpes devra toujours affronter de gros obstacles : morcellement de l'espace cultivé, pentes, hiver, qui élèvent automatiquement les coûts. Dans ces conditions, malgré l'aide à l'agriculture de montagne (primes et subventions pour les bâtiments d'élevage, etc.), d'ailleurs récente, l'exode rural a vidé bien des communes au profit des vallées et des cluses ; ou bien les métiers du tourisme ont été jugés plus séduisants. L'association du tourisme et de l'élevage au sein d'une même entreprise familiale, harmonieusement réussie dans certaines parties des Alpes autrichiennes, est en France assez peu fréquente. **Le maintien d'une vie agricole montagnarde*** est pourtant un enjeu autant philosophique qu'économique : que penser, et quel serait même l'attrait touristique, de secteurs qui auraient perdu toute originalité humaine, de montagnes sans fermes, ni champs ni troupeaux ?

La population des Alpes du Nord et des Alpes du Sud.

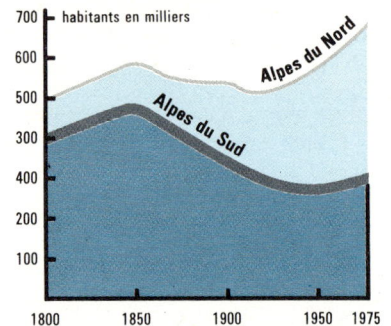

L'originalité des Alpes du Nord réside dans leur résistance aux crises qui ont frappé les genres de vie montagnards traditionnels (ruine de l'artisanat, etc.) de l'ouverture sur le monde extérieur intervenue au XIXᵉ siècle. Alors que les Alpes du Sud se vidaient, celles du Nord développèrent des activités nouvelles (industrie dès la fin du XIXᵉ siècle, tourisme à partir des années 1960) qui retinrent les hommes. Naturellement, la courbe ascendante de la population totale masque une redistribution des hommes à l'intérieur même des Alpes du Nord, au seul profit ou presque des grandes vallées et du Sillon alpin.

Tant pour les éleveurs locaux que pour les transhumants, l'utilisation des alpages pose un problème de gardiennage.
« (...) Il est de plus en plus difficile de recruter des bergers malgré des salaires élevés, à la fois parce que les traditions pastorales se perdent et que le genre de vie correspondant, qui impose une solitude quasi complète trois mois dans un total inconfort, apparaît anachronique. Un certain nombre de communes ont rénové leurs cabanes pastorales ou en ont construit de nouvelles, mieux aménagées, mais la vie du berger reste rude et, si elle attire quelques citadins en rupture de société, elle a de moins en moins d'adeptes parmi les habitants des hautes vallées ou du bas pays. Il s'ensuit une évolution dans le recrutement, qui fait de plus en plus appel aux étrangers, Italiens en particulier et, plus récemment, Maghrébins, moins exigeants en ce qui concerne les conditions d'hébergement. »
C. Avocat, *Montagnes de lumière*, Villeurbanne, 79.

vie agricole montagnarde

On observe trois bandes distinctes à la fois par leur origine et par le matériel géologique qui les compose. Cette netteté et cette simplicité valent surtout pour les Alpes du Nord. Au tertiaire, plusieurs mouvements verticaux ont porté à haute altitude des blocs cristallins dont certains constituaient le vieux socle hercynien enfoui sous des sédiments. Ces soulèvements ont provoqué l'« écoulement » par gravité et le plissement de la couverture sédimentaire initiale : d'où les Préalpes et la déchirure qui les sépare des hauts massifs cristallins. A l'est, les hauts massifs « internes » sont le résultat de mouvements complexes, verticaux et latéraux, qui ont soulevé, broyé, plissé et déplacé une énorme masse sédimentaire. Mais les massifs cristallins, comme les sédiments plissés des Préalpes, ont souvent « joué » indépendamment les uns des autres ; ces brèches ont été exploitées et élargies par l'érosion : cluses, Sillon alpin, grandes vallées transversales. Il en résulte un quadrillage de larges ouvertures qui font que les Alpes du Nord ne sont pas une barrière.

La Meije (3 983 m), dans l'Oisans.

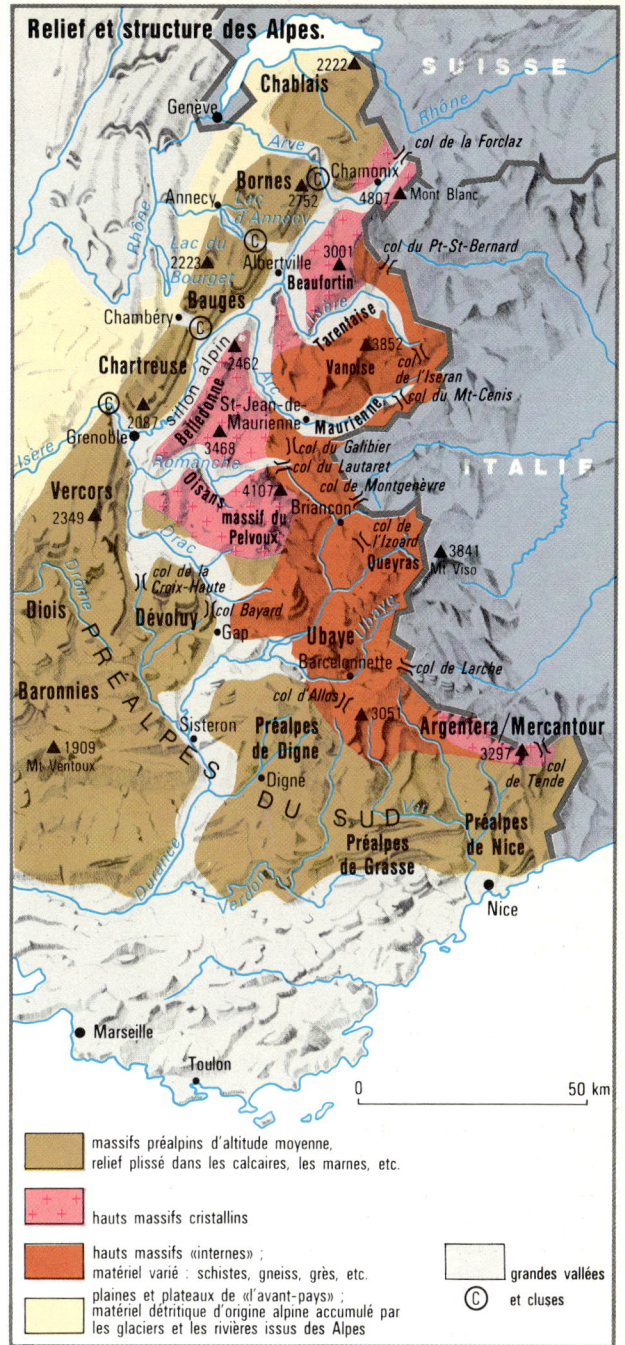

Relief et structure des Alpes.

massifs préalpins d'altitude moyenne, relief plissé dans les calcaires, les marnes, etc.

hauts massifs cristallins

hauts massifs «internes» ; matériel varié : schistes, gneiss, grès, etc.

plaines et plateaux de «l'avant-pays» ; matériel détritique d'origine alpine accumulé par les glaciers et les rivières issus des Alpes

grandes vallées

et cluses

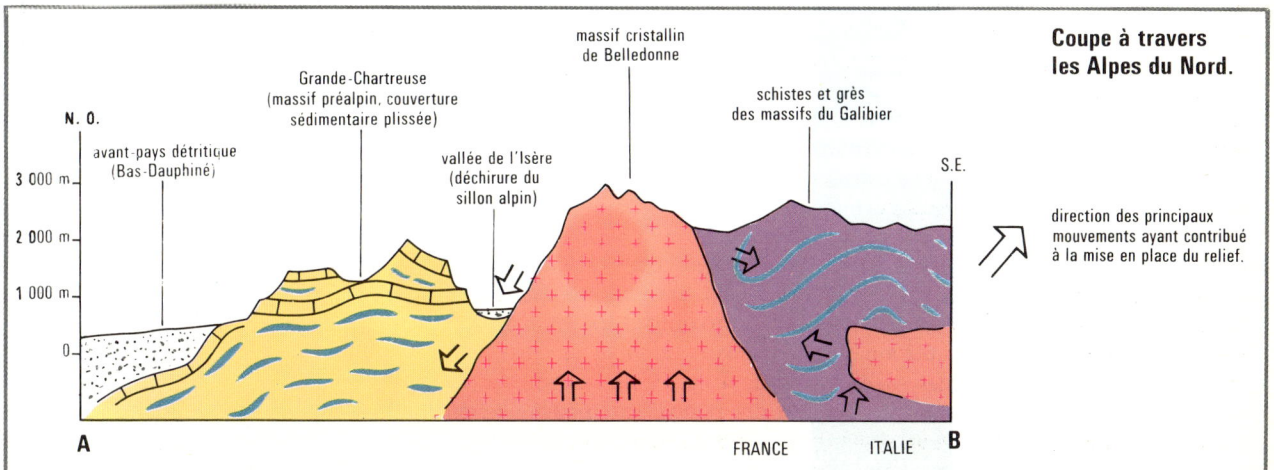

Coupe à travers les Alpes du Nord.

avant-pays détritique (Bas-Dauphiné)

Grande-Chartreuse (massif préalpin, couverture sédimentaire plissée)

vallée de l'Isère (déchirure du sillon alpin)

massif cristallin de Belledonne

schistes et grès des massifs du Galibier

direction des principaux mouvements ayant contribué à la mise en place du relief.

FRANCE   ITALIE

106-Les Alpes aujourd'hui

Le tourisme* a relayé l'hydro-électricité et ses industries comme activité économique principale dans une grande partie des Alpes du Nord. Aux formes élitistes de l'alpinisme ont succédé la villégiature estivale et surtout le prodigieux développement des sports d'hiver. Parallèlement, la géographie du tourisme se modifiait : aux anciennes stations d'altitude moyenne, souvent préalpines, s'ajoutent dans les années 60 des stations plus hautes et situées au cœur des grands massifs, à la recherche de meilleurs domaines skiables (Alpe d'Huez, Courchevel, Deux-Alpes...). Vient enfin une ultime génération de stations encore plus hautes, dans les années 70, créées *ex nihilo*, modernes, coûteuses à construire et à faire fonctionner, financées de l'extérieur et souvent destinées à attirer une clientèle étrangère : Avoriaz, Flaine, Val Thorens... Dans l'ensemble, les grandes Alpes de l'intérieur dominent le tourisme hivernal : l'enneigement y est meilleur et la topographie permet de constituer d'immenses et séduisants terrains de jeu en reliant par quelques remontées mécaniques les domaines skiables de plusieurs stations voisines.

C'est en particulier le cas de la Vanoise, première concentration touristique de toutes les Alpes. Deux autres régions se signalent par l'importance de la fréquentation touristique : la Haute-Savoie (rives du Léman, Chablais, vallée de Chamonix), proche de la clientèle suisse, et la région grenobloise. Dans l'ensemble, les Préalpes font un peu figure de parent pauvre malgré l'essor récent du ski de promenade autour de petites stations villageoises, sur le plateau du Vercors notamment. D'autre part, les sports d'hiver sont une véritable industrie dont les retombées sont multiples et qui mettent en jeu des sommes considérables. Les stations modernes de grande capacité exigent d'énormes investissements (immeubles adaptés au climat, routes d'accès, remontées, etc.) qui sont le fait de puissants groupes financiers nationaux ou étrangers.

Le profit pour les Alpes du Nord n'est pas négligeable. L'aisance s'est emparée de certaines communes, surtout quand elles parviennent à maîtriser tous les maillons de l'industrie touristique, comme La Clusaz. De bonnes routes ont désenclavé la montagne, un tissu de bourgades animées s'est maintenu sur les voies de passage, l'exode rural a été localement ralenti tandis que prospéraient le commerce et la fabrication des équipements sportifs, passés du stade artisanal à celui de l'industrie : chaussures, vêtements, skis, etc. Toutefois, la fortune des uns ne doit pas faire oublier les communes moins bien situées qui ne peuvent exploiter la neige. Aujourd'hui, les grands espaces skiables sont presque tous utilisés et l'ère des grandes stations d'allure quasiment urbaine s'achève. La tendance est à l'équipement plus modeste de simples villages, sans bouleversement du paysage ou des habitudes.

En fait, les différents milieux de vie des Alpes du Nord ont des destins contrastés. **La montagne proprement dite** peut connaître la prospérité et le renouveau démographique (cas des stations hivernales) ou un lent exode rural et une crise agricole profonde ailleurs (Préalpes). **Les grandes vallées transversales** (Maurienne, Tarentaise) maintiennent leur position en combinant industrie et petites villes animées par le passage. **C'est à la périphérie et aux portes des Alpes,** Sillon alpin, cluses, avant-pays, que se concentrent maintenant les activités, en particulier toute une génération d'industries modernes attirées par le cadre de vie et la proximité des montagnes : électronique, mécanique de précision. On relève dans les villes de cluse bien situées, qui tiennent l'entrée des Alpes du Nord, de très fortes croissances de population : Chambéry, Annecy et **Grenoble** ont doublé leur population en 20 ans de 1954 à 1975, ce qui en dit long sur l'attrait qu'elles exercent.

La transhumance ovine dans les grandes Alpes du Sud (Briançonnais, Embrunais, Queyras, Ubaye).
L'élevage ovin est bien adapté au milieu des hautes Alpes du Sud. Sur les alpages, les troupeaux « indigènes » entrent parfois en concurrence avec les transhumants.

« On constate que le troupeau transhumant ne cesse de se développer et qu'il représente maintenant une fois et demie le troupeau indigène, vraisemblablement plus : nous sommes là dans le domaine de prédilection de la grande transhumance ovine d'origine méditerranéenne, ce qui s'explique à la fois par la proximité (200 km en moyenne), la présence de bonnes pelouses utilisables en grandes unités, la sécheresse et la luminosité de l'atmosphère qui conviennent bien au mouton. (...) L'avantage essentiel de la transhumance est d'offrir aux troupeaux méditerranéens une herbe de bonne qualité pendant toute la saison d'été. Il en résulte pour l'animal des gains de santé et de poids appréciables dont les effets se font sentir bien au-delà de l'inalpage proprement dit. En contrepartie, maintenue dans des limites raisonnables, elle entretient un capital pastoral laissé vacant par la dépopulation et la disparition progressive de la vie rurale et qui est considérable (45 % de la surface pastorale totale). (...) Pour les communes à vocation touristique, l'apport des transhumants représente peu de choses. Pour les autres, et notamment les plus dépeuplées, il s'agit souvent de la principale recette avec les coupes de bois. Quand l'alpage n'est pas valorisé par le ski, la transhumance reste encore la plus régulière des ressources. (...) Les propriétaires d'alpage ont autant besoin des transhumants que ceux-ci des alpages. Solution logique au dépeuplement de la montagne, la transhumance est une activité rentable pour les propriétaires et les locataires d'alpages. (...) Elle apparaît ainsi, avec le tourisme et moyennant moins de réserves que ce dernier, comme l'une des activités les mieux adaptées aux conditions naturelles et humaines des Grandes Alpes ensoleillées : (...) l'exploitation des alpages est loin d'être satisfaisante faute d'un aménagement rationnel. Si l'on peut parler de sous-exploitation globale liée à la décadence de la vie rurale, il y a localement surexploitation lorsque la desserte est possible directement à partir de la route, ce qui est le cas de tous les alpages situés à proximité des grands cols. »
C. Avocat, *Montagnes de lumière,* Villeurbanne, 1979.

tourisme et écologie montagnarde

Les Arcs (Savoie).

Type de station moderne, occupant un ubac à l'écart de l'agglomération de Bourg-Saint-Maurice que la plupart des skieurs ignorent. L'essentiel des installations hôtelières et commerciales est concentré dans quelques immeubles à proximité du téléphérique assurant la liaison avec la vallée.

Les Alpes du Sud.

Elles sont différentes par leur nature. Plus largement étalées, elles ont un relief plus bas et aussi plus confus que celui des Alpes du Nord. A l'exception du sillon durancien, les voies de pénétration y sont assez mal dessinées. Surtout, ce sont des Alpes sèches et ensoleillées, dont la lumière, la végétation, le régime des pluies et des eaux, sont beaucoup plus proches du Midi que des massifs verdoyants et humides du Dauphiné ou de la Savoie. Quand on parcourt les Préalpes du Sud et l'enchevêtrement des bassins et des barres calcaires de la Haute-Provence, on a le sentiment d'être dans un paysage méditerranéen. C'est aussi vrai sur le plan humain.

Les Alpes du Sud n'ont pas connu la réussite économique de celles du Nord. A l'écart des grandes voies de passage, loin des initiatives lyonnaises et grenobloises, se prêtant moins par leur relief et leurs eaux aux diverses formes d'équipement hydro-électrique, elles n'ont pas été industrialisées et se sont terriblement dépeuplées. Certains cantons des Préalpes calcaires n'ont même plus 5 h/km²... L'élevage ovin a localement résisté en se spécialisant dans la viande d'agneau. L'agriculture a disparu ou s'est concentrée sous des formes intensives (arboriculture) dans le sillon de la Durance, plus rarement sur quelques plateaux (lavandiculture, etc.) secs. Quelques petites villes seulement, Digne ou Gap (30 000 hab.), qui vivent de tourisme et d'administration. Quant aux aménagements hydrauliques duranciens, ils ont profité à la vallée et aux plaines périphériques, mais pas à la masse des Alpes du Sud. L'hémorragie humaine est aujourd'hui arrêtée et un renouveau démographique se manifeste même localement sous plusieurs formes : naissance de stations hivernales dans les hauts massifs, et surtout redécouverte par les citadins du charme d'Alpes moyennes et ensoleillées ; il faut ajouter que la jeunesse locale n'émigre plus aussi facilement qu'autrefois et préfère de plus en plus rester à Digne, Gap ou Briançon, même au prix d'une certaine « déqualification » sur le marché du travail. D'autre part, on applique aux Alpes du Sud les diverses politiques de rénovation rurale, d'aide à la montagne, etc. Mais en bien des endroits, le processus d'abandon est déjà parvenu à son terme.

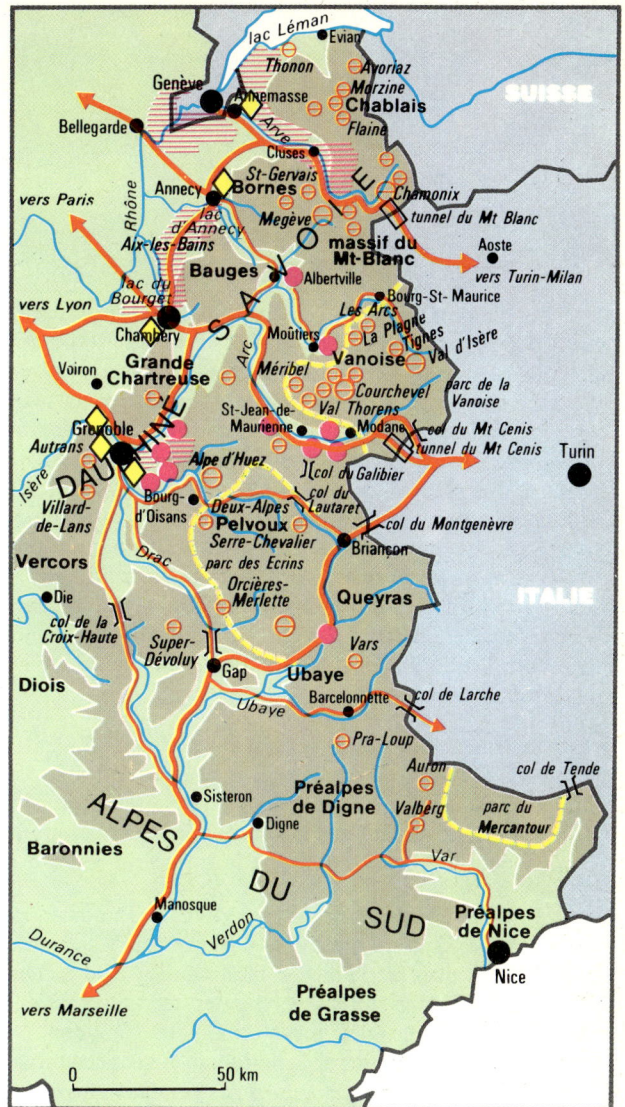

Villes, industrie et tourisme dans les Alpes.

- ● ville supérieure à 100 000 hab.
- ● ville de 30 000 hab.
- • ville inférieure à 30 000 hab.
- ● industries liées à l'hydroélectricité
- ◆ industries plus récentes (chimie, mécanique, construct. électrique)
- ▨ diffusion de l'industrie
- ▬ axe routier important
- — axe routier secondaire
-)(principaux cols routiers
- ▢ tunnel routier
- ⊖ ○ principales stations touristiques
- ▢ limite des parcs nationaux

Grenoble est un résumé des réussites alpines.

Avec 400 000 hab. dans l'agglomération, c'est la plus grande ville des Alpes françaises. Aux industries dérivées de l'équipement hydraulique (gros matériel électrique, etc.) sont venues s'ajouter des branches plus récentes et modernes (matériel électrique, électronique, constructions mécaniques, matériel de sport d'hiver, d'alpinisme...) ainsi qu'une importante industrie chimique. L'ensemble s'associe à une recherche scientifique variée, qui emploie des effectifs considérables. Pour des branches comme le nucléaire, l'électronique, l'informatique, l'hydrologie et la glaciologie, Grenoble est un des pôles de la recherche française. Il en résulte une image de ville jeune, aisée, sportive, qui éclipse les souvenirs de la vieille cité dauphinoise.

relief : 3, 5
paysages : 6
région : 55, 30

107-Un pays rude

Le Massif central est un bloc topographique et géologique bien individualisé, surtout au sud et à l'est, quand il domine nettement les plaines languedociennes et le Couloir rhodanien. C'est un vieil ensemble cristallin, qui avait été démantelé puis enfoui lorsque les grands mouvements orogéniques du tertiaire sont venus le rajeunir, le soulevant assez violemment au sud et à l'est. Il en résulte des paysages* de plateaux granito-gneissiques, surfaces d'érosion maintes fois retouchées dans lesquelles s'entaillent les gorges étroites des vallées. Il faut apporter trois « retouches » à ce schéma d'ensemble. Au sud, d'épaisses couches calcaires préservées de la destruction par un ploiement du socle forment les plateaux des Causses ; au centre, en Auvergne, ce sont des édifices volcaniques qui donnent les points culminants ; au nord-est enfin, le vieux matériel cristallin a réagi aux mouvements du tertiaire en se cassant : plusieurs fossés d'effondrement (Limagne, plaine du Forez) font pénétrer la plaine dans la montagne.

Le relief* du Massif central est peu aéré. Sa forte altitude moyenne en témoigne (725 m). La circulation intérieure doit composer avec ce relief aux accidents modestes mais incessants qui imposent aux routes et aux voies ferrées des profils mouvementés et des tracés sinueux. **Les grands axes de circulation** contournent le Massif central, **ne le traversent pas**.

Le Massif central est un pays rude. Le Limousin est très humide, exposé aux flux océaniques. Le sud et le sud-ouest du Massif sont plus riants, marqués par des influences méridionales, tandis que le nord-est connaît des rythmes déjà continentaux. Mais toutes les hautes terres centrales, plateaux et massifs d'Auvergne, vivent des hivers longs et rigoureux : basses températures, circulation interrompue par la neige que le vent accumule en congères. Chaque année, des cantons entiers sont isolés pendant plusieurs jours.

Malgré le puissant exode qui affecte campagnes et petites villes depuis le XIXᵉ siècle, malgré la rudesse du cadre de vie, **le Massif central est encore assez peuplé** : si l'on excepte les agglomérations de Saint-Étienne, Clermont-Ferrand et Limoges, la densité humaine moyenne est de 40 hab/km², supérieure par exemple à celle des Alpes du Sud. Toutefois, de la montagne limousine aux Causses, en passant par les hautes terres volcaniques ou cristallines de l'Auvergne (Cantal, Gévaudan, Margeride), serpente une bande où les densités sont constamment inférieures à 30, voire 20 hab/km². La surcharge démographique de terres aux aptitudes médiocres, la concurrence des produits de la plaine, l'ouverture sur l'extérieur, ont combiné leurs effets pour pousser les ruraux au départ. Aveyronnais et Auvergnats se sont mis dès le XIXᵉ siècle à peupler Paris, peu de villes étant capables, même à la périphérie du Massif, de les retenir.

Le Massif central ne constitue pas une région* au sens moderne du terme. Sa géographie humaine ressemble davantage à une accumulation de problèmes et de caractères négatifs qu'à une construction humaine organisée : difficultés agricoles, exode rural, problèmes démographiques, faiblesse industrielle et urbaine, etc. Bien sûr, les habitants du Rouergue, de la Lozère, du Vivarais ou du Morvan partagent des conditions de vie assez rudes. Mais ils n'ont en commun aucun sentiment d'appartenance à une « région Massif central ». Ils regardent respectivement vers Toulouse, Montpellier, Valence, Lyon, Dijon ou Paris. Seuls **le Limousin** et **l'Auvergne** constituent à la rigueur des entités régionales homogènes qui appartiennent en propre au Massif central, avec une histoire, un sentiment régional, une capitale régionale...

Le Limousin.
La région naturelle (un môle cristallin qui s'abaisse graduellement vers le nord et l'ouest) correspond ici à peu près à la région officielle, la moins peuplée de toutes (740 000 hab.) hormis la Corse. Elle est groupée autour d'une petite capitale régionale, Limoges, qui a 170 000 habitants. L'élevage n'apporte pas de réelle prospérité aux campagnes sauf dans les secteurs de spécialisation dans l'élevage ovin (région de Bellac, etc.). Les vieilles industries de la vallée de la Vienne (ganterie, papeterie, chaussure) ont beaucoup souffert jusqu'à ces dernières années. La région est traversée par l'axe Paris-Toulouse, le long duquel se développent deux villes : Brive (60 000 hab.), déjà au contact du Bassin aquitain et hors de la montagne, et surtout Limoges. Ville de tradition industrielle (porcelaine, etc.) Limoges a bénéficié de plusieurs décentralisations et se trouve pourvue de nombreuses et actives industries mécaniques et électriques. L'industrie de l'appareillage électrique d'installation a essaimé de nombreux petits établissements en milieu rural.

pays rude : *milieu où la vie humaine est possible mais à condition de supporter certaines contraintes, au moins durant une partie de l'année. La rudesse est en général climatique mais l'isolement, les difficultés de communication, contribuent tout autant à la rudesse d'un cadre de vie, ce qui explique que l'expression soit souvent employée à propos des montagnes. Si bien qu'on dira plus facilement d'un plateau du Massif central parsemé de quelques hameaux qu'il est un pays rude que d'une station des Alpes du Nord, bien équipée et reliée au monde extérieur par une grande route, le téléphone, voire des avions.*

élevage extensif : *il y a élevage extensif lorsque les champs et pâturages utilisés ne portent que de faibles densités de bovins ou d'ovins, parce qu'ils donnent peu de fourrage. Il faut donc beaucoup d'espace pour nourrir un troupeau suffisamment nombreux. Naturellement, selon qu'on envisage les hautes terres du Massif central ou la Patagonie, le degré d'extensivité n'est pas du tout le même. L'élevage extensif peut être le produit d'une nécessité physique (pâturages maigres pour des raisons climatiques ou pédologiques), ou le résultat de certaines carences (prairies mal entretenues, bétail mal adapté), ou tout simplement la conséquence d'un choix délibéré, surtout lorsque les hommes sont rares, mais que l'espace ne manque pas.*

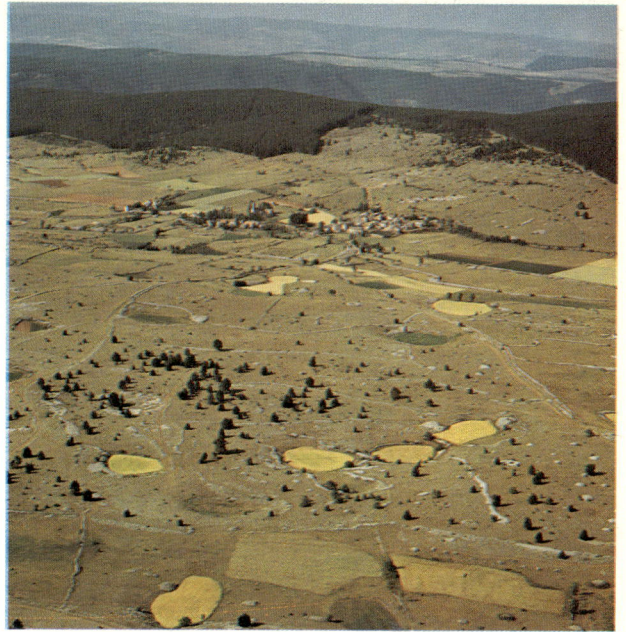

Le haut plateau vivarois ▲

Le mont Gerbier-de-Jonc, aiguille phono-lithique surmontant un plateau basaltique, marque la ligne de partage des eaux entre Atlantique − les sources de la Loire − et Méditerranée. Le contraste est très net entre les formes lourdes du plateau, ponctuées par la masse des volcans Mézenc, Mégal, Alambre, et les hautes vallées ardéchoises qui tombent rapidement vers le Rhône. Ce contraste topographique va de pair avec un contraste climatique : l'hiver est beaucoup plus rude sur le plateau enneigé et parcouru par un vent violent, la « burle ».

Les Causses. ◄

Les épaisses couches de calcaire qui les constituent absorbent l'eau. Il en résulte des plateaux secs, cailloutex, qui dans les meilleurs cas portent une pelouse rase qui sert de pâturage à des troupeaux de brebis laitières. Les Causses ne forment pas un bloc d'un seul tenant ; des canyons les découpent en plusieurs plateaux distincts : Causse de Sauveterre, Causse Méjean, Causse Noir, Causse du Larzac.

On remarque l'aspect effectivement massif de cette moyenne montagne. Environ les 2/3 des surfaces se tiennent au-dessus de 500 mètres d'altitude ; le Massif central est un « château d'eau » qui alimente Loire, Garonne, Rhône et petits fleuves côtiers du Languedoc. Les figurés géologiques font apparaître la prédominance du matériel cristallin ancien ; mais le volcanisme fournit souvent les points culminants, sous forme de reliefs « postiches » qui sont comme posés sur le socle ancien. La répartition des pluies est calquée sur la disposition générale du relief. ▶

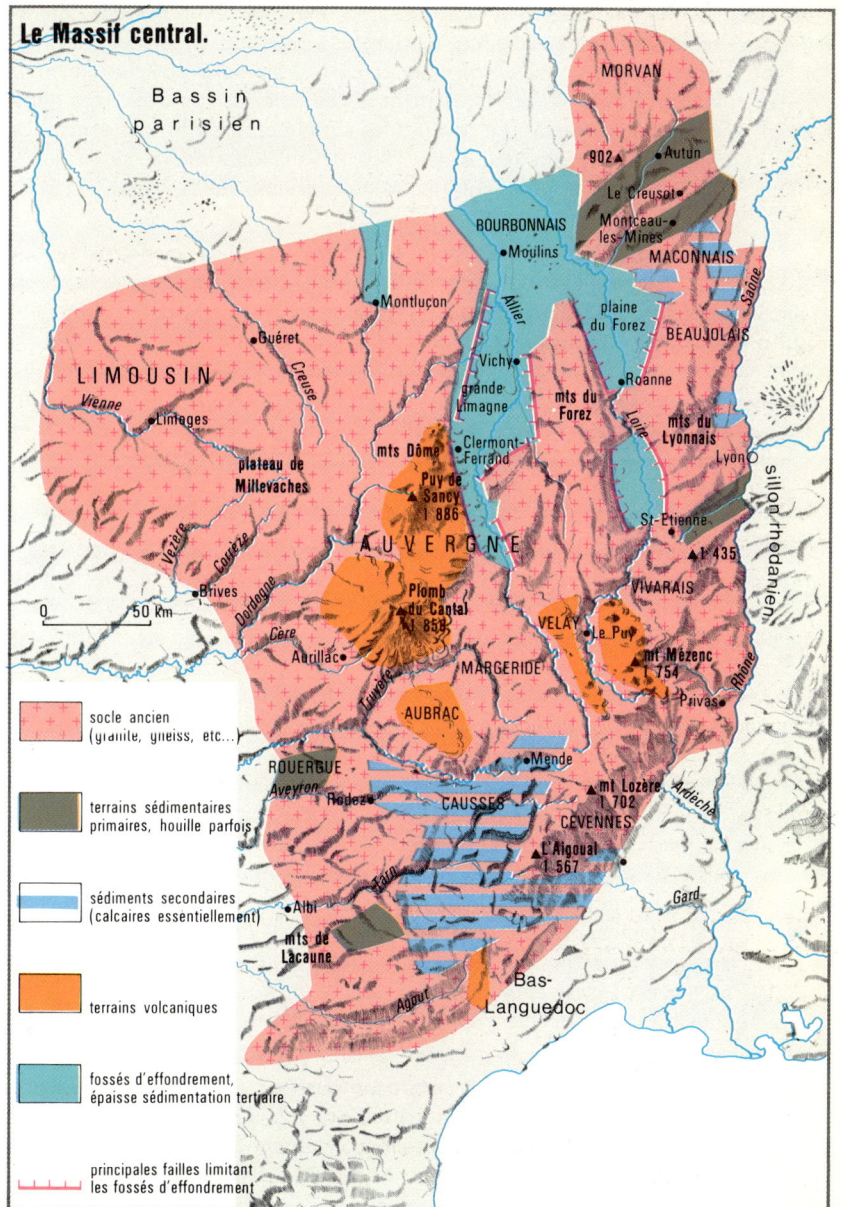

Le Massif central.

socle ancien (granite, gneiss, etc...)

terrains sédimentaires primaires, houille parfois

sédiments secondaires (calcaires essentiellement)

terrains volcaniques

fossés d'effondrement, épaisse sédimentation tertiaire

principales failles limitant les fossés d'effondrement

élevage extensif : 27
environnement humain : 46
exode rural : 12, 13

108-La fuite des hommes

Le Massif central est désormais un pays d'élevage. Celui-ci procure 85 % du revenu des exploitations agricoles. Les productions rustiques d'autrefois, pomme de terre, seigle, sarrasin..., ont pratiquement disparu. Les terres labourées ne sont importantes que dans les plaines des Limagnes et du Forez ou sous les cieux plus cléments de la périphérie du Massif.

Mais l'élevage du Massif central est extensif*. Le pâturage de simples prairies naturelles n'autorise qu'une modeste charge en bétail. La rigueur des conditions physiques, hivers longs et sols médiocres, ne suffit pas à expliquer cette faible efficacité. Pour de nombreux indices de modernisation agricole (rendements, consommation d'engrais, motorisation, organisation coopérative, confort de l'habitat...) le Massif central figure souvent aux dernières places. Il est normal que l'élevage ovin qui utilise les maigres pâturages des causses calcaires et secs, ou même ceux des montagnes cristallines (monts de Lacaune, Lévezou, montagne limousine) soit assez extensif. Mais ailleurs, l'élevage bovin laitier, plus ou moins associé localement à des cultures, pourrait être d'une façon générale plus intensif. Le revenu des agriculteurs du Massif central est très inférieur à la moyenne nationale : 12 % des exploitations ne se partagent que 7 % en valeur de la production de toute l'agriculture française.

Malgré tout, il existe des îlots de résistance et de modernisme. Du Rouergue à l'Auvergne, des groupements de producteurs entreprenants misent sur l'originalité et la qualité de leurs produits. Ailleurs, un équilibre s'est établi entre population et ressources au travers d'une spécialisation dans l'élevage ovin moderne. C'est le cas des grands domaines parfaitement équipés de certains causses (Méjean, Larzac) ou des plateaux limousins. Avec plus d'un million de têtes (10 % du troupeau national), le Limousin, principalement en Haute-Vienne, est ainsi la première zone moutonnière de France.

Aujourd'hui, la vie rurale du Massif central souffre plus d'un environnement humain* dégradé sur le plan démographique que d'une nature ingrate. L'exode agricole est utile lorsqu'il permet à ceux qui restent de constituer de plus grandes exploitations, mais ses conséquences malheureusement les plus fréquentes ont été la friche ou un reboisement désordonné qui n'autorise même pas une bonne utilisation de la forêt. Des exploitations modernes et rentables, il en existe, sont parfois tenues par des hommes célibataires qui choisiront peut-être un jour la ville. Devant l'amenuisement des services ou du nombre des hommes, la vie dans des fermes austères et isolées est durement ressentie. Le départ vers la ville ou même hors du Massif n'est plus tellement dû à la pauvreté. Les soldes migratoires négatifs des départements du Massif central expriment l'absence d'emplois industriels ou tertiaires, l'étroitesse des perspectives sociales (promotion difficile, taux de célibat élevé à la campagne, etc.), le refus de la solitude. La ponction de **l'exode rural* a terriblement vieilli la population du Massif central**, au point que les décès l'emportent parfois sur les naissances, **déficit naturel qui vient aggraver le déficit migratoire**. Cette conjonction des deux phénomènes à l'échelle d'une région entière est rare : l'Ouest par exemple ne l'a jamais connue.

Le dépeuplement se poursuit encore aujourd'hui, et sur un grand espace. D'autres départements français ont perdu des habitants pendant les trente dernières années, mais nulle part ils ne constituent un bloc aussi étendu. Toutefois, l'exode rural paraît avoir perdu de son intensité depuis 1975.

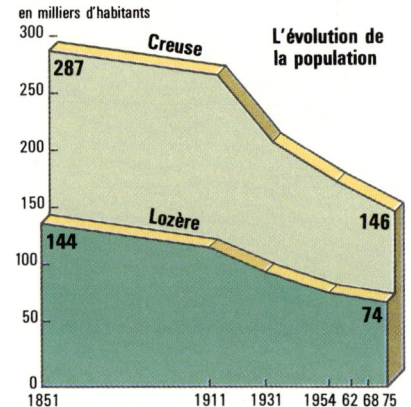

en milliers d'habitants

L'évolution de la population

Creuse : 287 (1851) → 146 (1975)
Lozère : 144 (1851) → 74 (1975)

1851 — 1911 — 1931 — 1954 62 68 75

Le département de la Lozère s'étend sur les rudes plateaux de la Margeride et sur une partie des Causses. En 1851 : 145 000 hab. (maximum de la population) ; 100 000 en 1930, 75 000 en 1975, vraisemblablement 70 000 seulement en 1980, soit une diminution de plus de 50 % en 130 ans... La densité n'y est plus que de 13 h/km² : la plus faible de tous les départements français. Mais si l'on fait abstraction de la vallée du Lot et du petit chef-lieu qu'est Mende (11 000 hab.), on s'aperçoit que plus de la moitié des cantons ont une densité réelle inférieure à 10 h/km².

Sur le flanc Nord du Limousin, **le département de la Creuse** avait 287 000 habitants en 1851, et 146 000 en 1975, soit une diminution de moitié en 125 ans. Plus que la densité (26 h/km²), c'est ici le rythme actuel du dépeuplement qui est inquiétant, car il a tendance à s'accélérer : de 1968 à 1975, la Creuse a perdu 1 % de sa population chaque année. Chose terrible, plus de la moitié de ce dépeuplement provient d'un fort excédent des décès sur les naissances, et pas seulement du solde migratoire négatif : on compte environ 3 décès pour 2 naissances ; même si plus personne ne quittait la Creuse, la population restante est tellement vieillie qu'elle diminuerait encore par simple déficit naturel.

isolement
célibat rural
agriculture extensive

Vivre sur les hautes terres du Massif central.

Le découragement...

« Dans certaines communes de l'Aubrac, la proportion de ménages sans enfant présent dépasse 80 ou même 85 %. Quels découragements n'entament-ils pas la volonté d'entreprendre de ces communautés rurales sans enfants ? Au niveau de la cellule élémentaire de vie que constitue la ferme et le hameau, combien ont oublié depuis des années l'agitation et les projets d'avenir de l'adolescence ? »

L'hospitalisation...

« Faut-il envisager une hospitalisation. C'est alors le drame, tant pour le malade coupé de sa famille que pour celle-ci, astreinte à confier les bêtes à un voisin, à assumer les frais d'un hébergement en ville. Pour beaucoup de vieux agriculteurs, l'hôpital ou la clinique apparaissent d'abord comme un arrachement. »

Une mentalité pionnière

« Le repli de la population agricole dans quelques régions de la France du vide semble avoir permis une évolution parfois très spectaculaire de l'agriculture. On est passé bien souvent d'un mode de production archaïque à une agriculture de marché très moderniste de comportement. On peut aujourd'hui se demander si les mentalités productivistes et une certaine volonté capitalistique n'y sont pas plus aiguës qu'ailleurs. »

R. Beteille, *La France du vide*, Litec, 1981.

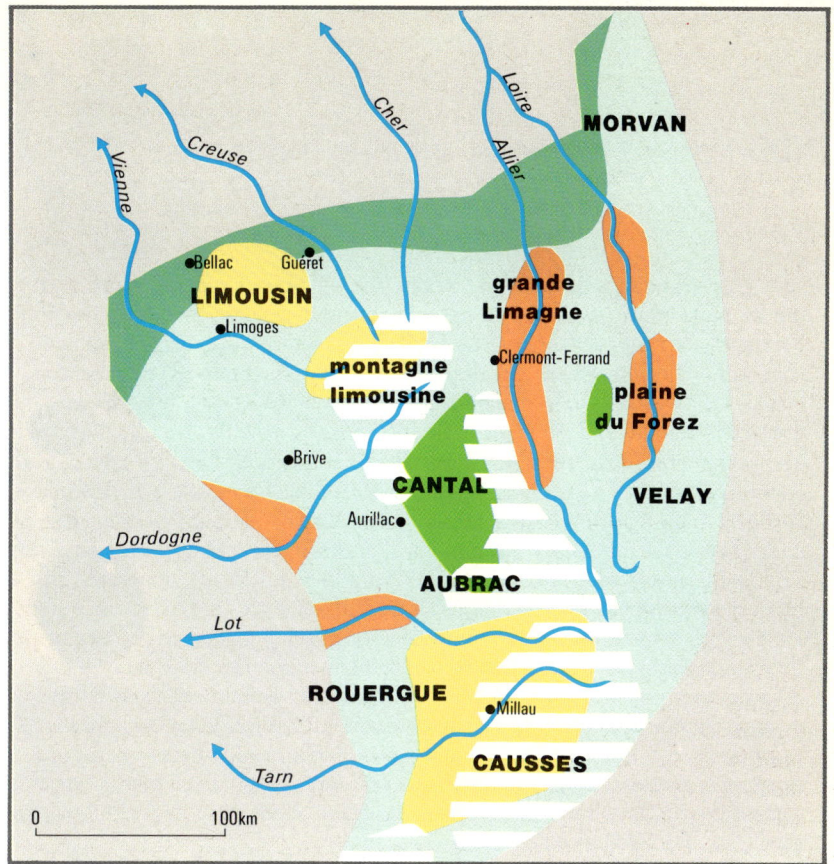

Évolution de la population du Massif central.

		Évolution de la population 1851-1975	Évolution 1962-1975	Solde naturel 1968-1975	Solde migratoire 1968-1975
Région Limousin	Corrèze	–	+	–	+
	Creuse	–	–	–	–
	Haute-Vienne	+	+	+	+
Région Auvergne	Cantal	–	–	+	–
	Haute-Loire	–	–	+	–
	Puy-de-Dôme	–	+	+	+
	Allier	+	–	+	–
(Rh.-Alpes)	**Loire**	+	+	+	–
(Languedoc-Roussillon)	Lozère	–	–	–	–
(Midi Pyrénées)	Aveyron	–	–	–	–
Total		–	+	+	équilibré
Total sans les départements soulignés (qui ont une grande agglomération urbaine)		–	–	–	–

On n'a retenu ici que les départements qui appartiennent en propre au Massif central. Le rajout de morceaux de l'Ardèche, du Tarn, etc. ne ferait que confirmer les tendances du tableau. L'accumulation de tendances négatives dans toutes les colonnes du tableau est particulièrement expressive lorsqu'on enlève du total les 3 départements qui ont des villes supérieures à 100 000 habitants et dont l'évolution n'est pas représentative de la réalité du Massif central.

L'utilisation des terres dans le Massif central.

- zone d'élevage ovin extensif
- prédominance des terres labourables
- moins de 20 hab. au km2
- prédominance des surfaces en herbe; élevage bovin laitier
- élevage bovin pour la viande; herbe et cultures fourragères
- prédominance des surfaces en herbe élevage bovin pour lait et fromage montagnes pastorales qui pratiquaient autrefois le déplacement des troupeaux

L'élevage se divise en trois grands types ; au sud, un élevage de brebis destiné à la fabrication du prestigieux fromage de Roquefort ; presque partout ailleurs, un élevage bovin laitier ; au nord, du Bas Limousin au Nivernais, une étroite zone d'élevage bovin pour la viande est dans l'ensemble plus efficace ; dans un paysage de bocage verdoyant, cet élevage s'appuie sur de bonnes races à viande, s'associe parfois à des cultures fourragères et joue des complémentarités entre les terres du bas pays qui engraissent les bêtes et celles moins douées de la montagne qui tiennent le rôle de pays naisseur.

La condition féminine dans les Cévennes.

« La crainte de l'isolement constitue donc un facteur répulsif que les femmes redoutent plus que les hommes. Les raisons principales tiennent d'une part au fait qu'elles donnent la vie et que les hommes leur laissent le soin d'élever leur progéniture, d'autre part à ce que nos mœurs ne leur consentent pas les mêmes distractions qu'à leurs compagnons : les déplacements au chef-lieu, la chasse, la pêche, le café... Une autre obsession tourmente celles qui refusent le mode de vie paysan : les corvées qui s'ajoutent aux travaux ménagers et aux soins, puis à l'éducation des enfants. En polyculture à économie plus ou moins autarcique, la femme est traditionnellement mise à contribution. Non seulement elle reçoit en partage les tâches les plus obscures, voire les plus rebutantes (...), mais en plus, elle travaille quasi régulièrement aux champs, (...) ce qui évite d'embaucher un journalier. (...) Par crainte d'une existence aussi peu séduisante que possible, les filles s'échappent vers d'autres horizons de vie, y entraînant parfois les garçons. (...) La voix des plus chauds partisans de la vie campagnarde s'est toujours élevée du côté des bourgeois qu'effrayait l'urbanisation ou chez ceux dont l'exode rural portait atteinte à la rente foncière. En tous cas, ils ne se sont jamais recrutés parmi les femmes ou les filles de paysans. »

R. Lamorisse, *La population dans les Cévennes languedociennes*, Imprimerie du paysan du Midi, Montpellier, 1979.

potentiel hydro-électrique : 34
vie industrielle : 30, 31, 41

109-Petites villes et vieilles industries

Une grande partie de la vie industrielle du Massif central est un héritage qui se porte plutôt mal, si l'on excepte les cas particuliers de Limoges ou de Clermont-Ferrand. Elle est née de facilités dispersées qui n'existent plus ou ne sont plus déterminantes : eau des rivières (pour les moulins, la papeterie, le travail des peaux, etc.), main-d'œuvre abondante et peu exigeante, petits gisements houillers (Commentry, Saint-Éloy, Decazeville). L'exploitation d'un bon potentiel hydro-électrique* s'est faite plus tard que dans les Alpes, à une époque où le courant était facilement transportable : les escaliers de centrales de la Dordogne et de la Truyère alimentent le réseau national et n'ont pas fixé d'industries. La production de minerai d'uranium (monts du Forez et surtout Limousin) a une grande valeur stratégique et énergétique, mais n'a que de modestes retombées locales. Le Massif central a beaucoup d'usines et d'ateliers vieillis. Bien des fabrications ont dû se concentrer pour survivre : dentelle du Puy, coutellerie de Thiers, ganterie de Millau, tanneries de Bort, du Puy ou d'Annonay, papeteries, fabriques de meubles, autant de spécialités qui occupèrent dans chaque petite ville des dizaines d'affaires familiales, ou dans les campagnes des milliers de travailleurs à domicile, avant de se résoudre à de rudes diminutions d'effectifs. En plusieurs endroits on peut même parler de « désindustrialisation » et globalement le secteur secondaire ne fournit pas plus d'emplois aujourd'hui qu'en 1950.

Les implantations nouvelles sont rares. En dehors de la périphérie du Massif, les communications malaisées, l'éloignement des marchés, voire dans certaines régions les faibles densités humaines, dissuadent les investisseurs. La politique d'aide à l'industrialisation s'efforce, avec quelques succès récents, d'encourager des « filières » enracinées dans le milieu régional : transformation des produits de l'élevage, industries du bois.

Seul le flanc Nord du Massif central connaît une vie industrielle* d'une certaine ampleur. Des opérations de décentralisation ont animé Limoges, les Limagnes auvergnates, les plaines du Bourbonnais. Des branches très anciennes résistent en se modernisant (porcelaine de Limoges) et des secteurs dynamiques sont parfois bien représentés (appareillage et petite construction électrique en Limousin). Clermont doit à un simple hasard d'être devenue la capitale du pneumatique. La firme Michelin est depuis longtemps une multinationale dont les usines ont essaimé en France et à l'étranger, mais l'assise régionale du groupe n'a jamais été remise en cause. Directement ou non, un Clermontois sur deux dépend de Michelin. Outre les activités de fabrication, Clermont-Ferrand a conservé les fonctions de direction et de recherche du groupe.

Le Massif central est un espace rural, sans encadrement urbain important, domaine des petites villes, de 30 000 à 50 000 habitants : ce sont Aurillac, Le Puy, Mende, Guéret, Rodez, Millau... A la périphérie, Moulins, Brive, Tulle ou Albi sont plus importantes. Ces petites villes, préfectures ou sous-préfectures, rendent des services aux campagnes : enseignement secondaire, marchés et services administratifs. Certaines sous-préfectures sont vraiment à la limite de la dimension urbaine : Mauriac dans le Cantal, Florac, en Lozère, ont 3 000 et 2 000 habitants. Ces villes n'ont guère pu retenir les hommes qui quittaient les campagnes mais elles sont les points d'ancrage possibles d'un renouveau.

Limoges (170 000 hab.) **et surtout Clermont-Ferrand** (225 000 hab.) **sont d'une autre dimension.** Ce sont des capitales régionales actives dont l'influence bute cependant vite sur des reliefs peu peuplés. Le rôle régional de Clermont devrait être renforcé par l'amélioration déjà partiellement réalisée des relations routières nord-sud et est-ouest à travers le Massif central.

Évolution d'une industrie en milieu rural : la ganterie de Millau.
« Celle-ci produisait des articles de luxe "cousus main". La fabrication se faisait soit dans les usines de Millau (petites et moyennes entreprises familiales), soit chez des ouvrières à domicile de la campagne. L'entrepreneur-gantier effectuait régulièrement distribution et ramassage du produit fini. La main-d'œuvre rurale ne coûtait pas cher. Jusqu'en 1964, cette industrie mi-urbaine, mi-rurale, occupait 6 000 personnes dont 4 000 à domicile, aujourd'hui à peine 1 000. A partir de 1964-1965, des importations massives de gants bon marché, d'Espagne d'abord, puis d'autres pays aux salaires encore moins élevés (Extrême-Orient, Brésil), vont lui faire une terrible concurrence et la condamner au repli. L'évolution de la mode a fait le reste. »
d'après R. Beteille, « L'industrie en milieu rural en France » *Inf. Géo.*, 1978-I.

Michelin.
Les usines clermontoises du groupe restent de loin les plus importantes : avec près de 30 000 emplois, elles représentent 60 % des effectifs français du groupe et 30 % de ses effectifs mondiaux : Michelin exploite en effet des manufactures de pneumatiques dans la C.E.E., en Afrique, aux États-Unis, etc. Techniquement, Michelin représente une indéniable réussite, capable de concurrencer jusque sur leur marché national les grands manufacturiers américains. On imagine aisément le poids énorme d'une telle entreprise dans la vie de la cité clermontoise, accentué par le style volontiers familial et paternaliste des usines Michelin. Nombreux sont les immeubles, terrains de sport et autres organismes sociaux qui « sont Michelin ». Il en résulte une stabilité qui compense les inconvénients d'une localisation née du hasard.

petites villes

Le Puy.

Paysage d'une beauté insolite : l'érosion a excavé les roches tendres d'un petit bassin enserré par des plateaux de laves, des cônes et des aiguilles d'origine volcanique. L'architecture religieuse, notamment la chapelle Saint-Michel, s'harmonise avec les lignes du relief et la nature des matériaux. Ville de pèlerinage, évêché, Le Puy vit actuellement de sa fonction préfectorale. Ses industries traditionnelles, tanneries et dentelles industrielles, ont disparu ou connaissent des difficultés considérables.

Villes et industries ne sont nombreuses que sur le flanc Nord du Massif, dans des secteurs bien desservis et ouverts sur le Bassin parisien ou la région lyonnaise. La difficulté des communications à l'intérieur du Massif est un grave problème ; le réseau routier est dense mais vétuste, les voies ferrées lentes, coûteuses à exploiter. La première conséquence est l'isolement. La seconde est que le Massif central ne profite d'aucune circulation de transit, les grands axes le contournant systématiquement : si l'on prend l'exemple du parcours routier Lyon-Toulouse, on obtient 510 km et 8 ou 9 h à travers le Massif central par Le Puy, Rodez et Albi, ou 550 km mais seulement 5 h par la vallée du Rhône, Montpellier et Narbonne.

Industries et communications du Massif central.

- • petite ville (10 à 15 000 hab.), sans fonction industrielle
- ○ ville de 20 à 30 000 hab., à fonction industrielle importante
- ● ville de 40 à 60 000 hab., moyennement industrialisée
- ◉ capitale régionale, industrialisée
- diffusion de l'industrie
- ■ importantes industries modernes (chimie, constructions mécaniques et électriques)
- ◉ principales hydro-centrales
- ▨ gisement houiller en exploitation
- ▬ voie ferrée importante
- ─── voie ferrée à profil difficile et petit trafic
- ─── principales routes nationales à améliorer (Plan du Massif central)
- ▰▰ autoroutes réalisées ou prévues
- limites des régions Limousin et Auvergne
- régions au-dessus de 500 m

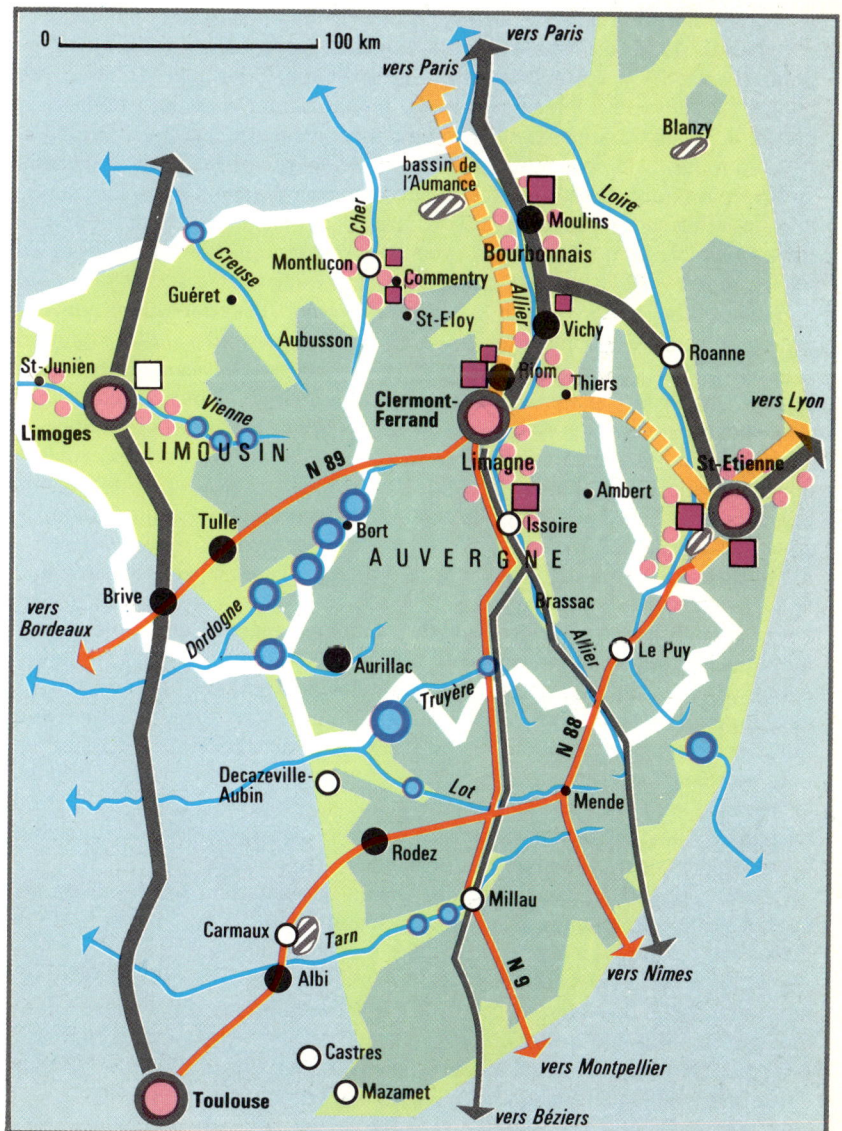

227

politique de rénovation : 59, 60

110-Quel avenir ?

Le sort de cette moyenne montagne, à l'écart des grands courants de circulation, vieillie, est à bien des égards plus préoccupant que celui de la haute montagne alpine. Car le Massif central, par son relief et son climat, ne peut compter sur ce tourisme et ces sports d'hiver qui ont redonné vie à bien des communes des Alpes. Son avenir doit être bâti sur autre chose.

Le Massif central est concerné par la politique de rénovation* rurale et par l'aide aux zones de montagne (au-dessus de 600 m). Il absorbe même 40 % des crédits nationaux de la rénovation rurale. Ces politiques soutiennent d'abord les activités qui existent. Elles subventionnent les éleveurs, poussent à la naissance de groupements de producteurs pour mieux vendre (promotion d'une marque régionale « Auvergne », etc.). L'« Indemnité spéciale de montagne » participe ainsi pour près de 14 % au revenu brut des exploitations agricoles en Lozère, pour 11 % dans le Cantal et la Haute-Loire, 8 % dans l'Aveyron et le Puy-de-Dôme. On encourage les activités susceptibles d'apporter un complément d'occupation et de ressources aux agriculteurs : accueil touristique à la ferme, artisanat. C'est ce qu'on appelle la pluriactivité.

Depuis 1975, un Plan de développement du Massif central a ajouté ses propres objectifs à ces politiques qu'il coordonne. Pour plus de 50 %, son budget est consacré à **l'amélioration du réseau routier**. Les départements les plus montagneux (Cantal, Lozère) reçoivent des aides spéciales pour l'entretien de leurs routes. A terme, l'axe nord-sud accidenté qui va de Clermont-Ferrand au Midi par Issoire, Saint-Flour et Millau, sera porté à quatre voies. Les liaisons de Clermont-Ferrand avec l'ouest (Limoges, Brive), l'est (autoroute vers Saint-Étienne) et le nord (autoroute vers Paris) seront également améliorées. On s'aperçoit que le Plan est particulièrement centré sur l'Auvergne et sa capitale régionale. Un autre objectif est **l'amélioration des conditions de vie**, principalement de la population rurale. En effet, la constitution d'exploitations agricoles viables est possible sur de grandes superficies dans les secteurs les plus ingrats ; mais cette mise en valeur par grands domaines extensifs signifie aussi faible densité humaine et isolement. Il faut alors pour qu'elle ait des chances de succès que subsiste un minimum de services et de facilités : bonnes voies de communication, téléphone, etc. Le Plan Massif central s'est efforcé de compenser un certain nombre de handicaps géographiques : diminution des zones de mauvaise ou de non-réception de la télévision, renforcement des moyens de lutte contre les rigueurs de l'hiver (chasse-neige, dispositifs anti-congères).

Le maintien des services publics dans les régions de faible densité humaine est coûteux au-dessous d'un certain seuil de peuplement. La S.N.C.F. entretient dans le Massif central quelques-unes de ses lignes omnibus les plus déficitaires. Pourtant, la poste, l'école, une petite gare sont des commodités dont la disparition peut conduire à l'abandon. Des expériences essaient d'assurer en gros les mêmes services qu'autrefois à un coût supportable pour la collectivité : les bureaux de poste pourraient acquérir une polyvalence qui leur permettrait d'exécuter quelques tâches administratives. De même, les cars de ramassage scolaire pourraient acheminer des personnes et des colis.

Enfin, **malgré les conditions difficiles d'implantation, le Massif central ne doit pas être condamné à la non-industrialisation.** La création et la vie de petites entreprises sont possibles dans des branches jusqu'ici assez peu développées bien qu'elles disposent d'une matière première régionale : l'industrie agro-alimentaire et celle du bois. Cette politique d'aménagement du territoire a enregistré quelques succès depuis peu, en Auvergne et Limousin principalement : exode rural ralenti, augmentation du nombre des artisans après une longue période de déclin, création d'entreprises industrielles.

Au service des écoles isolées.
D'après « Le courrier de l'Éducation » n° 76.

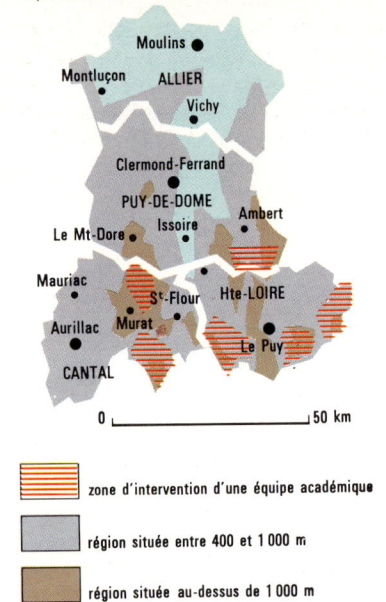

zone d'intervention d'une équipe académique

région située entre 400 et 1 000 m

région située au-dessus de 1 000 m

Les rigueurs de l'hiver rendent difficile la vie des petites écoles isolées sur les hautes terres de l'Auvergne du Sud, sans parler des menaces de fermeture. Depuis 1976, une « équipe académique de liaison et d'animation » a été constituée. Elle dispose de camionnettes chargées de matériel et de documentation pédagogique, qui viennent périodiquement visiter les écoles des secteurs les plus isolés, pour y laisser en dépôt ce dont les maîtres ont besoin.

aide à l'agriculture de montagne : *notion et politique qui sont nées quand on s'aperçut que les agriculteurs de montagne, confrontés à des obstacles spécifiques, soutenaient de plus en plus difficilement la concurrence des plaines et étaient de plus en plus tentés par l'exode rural ou par l'abandon de leur activité, ce qui risquait d'aboutir à une déprise humaine excessive aux multiples conséquences (y compris risques accrus d'érosion, etc.). C'est donc dans un double souci de justice et de maintien d'activités productives en montagne qu'une politique d'aide à l'agriculture de montagne a été peu à peu élaborée. Elle est surtout faite d'aides financières à l'investissement (matériel et bâtiment) ou au fonctionnement (la « prime à la vache tondeuse »). D'autres mesures s'efforcent de maintenir des conditions de vie acceptables (densité minimale de services publics) et de limiter la concurrence que d'autres activités peuvent faire à l'agriculture (les rares parcelles sans déclivité doivent être réservées à la culture, etc.). Il faudrait aussi que la législation, parfois trop rigide, facilite la pluriactivité (agriculture/tourisme).*

Ferme dans le Cantal, près de Saint-Flour.
Paysage caractéristique de « pays coupé » en matériel cristallin : altitudes modestes, mais coupures incessantes des gorges et de leurs versants rocheux ou boisés. Espace cultivable mesuré et incommode. La circulation n'est finalement guère plus facile que dans un massif élevé comme les Alpes.

Au cœur de l'Auvergne, les massifs volcaniques du Cantal et des Monts Dore conservent de bonnes densités humaines malgré leur altitude. Ce sont des montagnes herbagères qui fabriquent des fromages de qualité (Saint-Nectaire, Cantal, bleu d'Auvergne, etc.). La vie rurale s'y enrichit d'une importante activité touristique : villégiature, richesses artistiques, mais aussi pratique du ski grâce à la vigueur du relief des appareils volcaniques (Super-Besse, Super-Lioran). Mais surtout, l'Auvergne tout entière est une grande région thermale : on y trouve cinq des dix stations les plus fréquentées de France (La Bourboule, le Mont-Dore, Royat, Châtel-Guyon, Vichy).

Thermalisme et tourisme en Auvergne.

⬤ stations thermales

✳ pratique des sports d'hiver

▦ régions montagneuses

▦ massifs volcaniques

0 ⎯⎯⎯⎯ 50 km

Bourbon-l'Archambault
Moulins
Cher
Montluçon
Néris-les-Bains
Allier
Sioule
Vichy
Châteauneuf-les-Bains
Châtelguyon
Volvic
Allier
Clermont-Ferrand
Le Mont-Dore
Royat
La Bourboule
S¹-Nectaire
Super-Besse
Puy de Sancy 1886 m
Dordogne
Le Lioran
Plomb du Cantal 1858 m
Chaudes-Aigues

Un titre du « Monde » (23 février 1979).
Ce titre de journal illustre les choix difficiles que doit opérer la politique d'aménagement du territoire dans certaines parties du Massif central très dépeuplées. La S.N.C.F. y entretient des services omnibus parfois lourdement déficitaires. Construites à l'époque où le rail était sans concurrent comme moyen de transport de masse, parfois au terme d'imprudentes promesses électorales, toutes ces lignes accidentées voient leurs trafics diminuer inexorablement, victimes de la route ou tout simplement du déclin économique et humain des régions traversées. Il en est ainsi de cette ligne Felletin-Ussel dont les 45 km serpentent en lisière du plateau de Millevaches, aux confins du Limousin et de l'Auvergne, à travers des cantons qui n'ont plus 20 hab./km². Le remplacement par un autocar sera plus économique mais fera disparaître la certitude de « pouvoir passer » qu'apportait le rail dans ces pays de neige et de verglas.

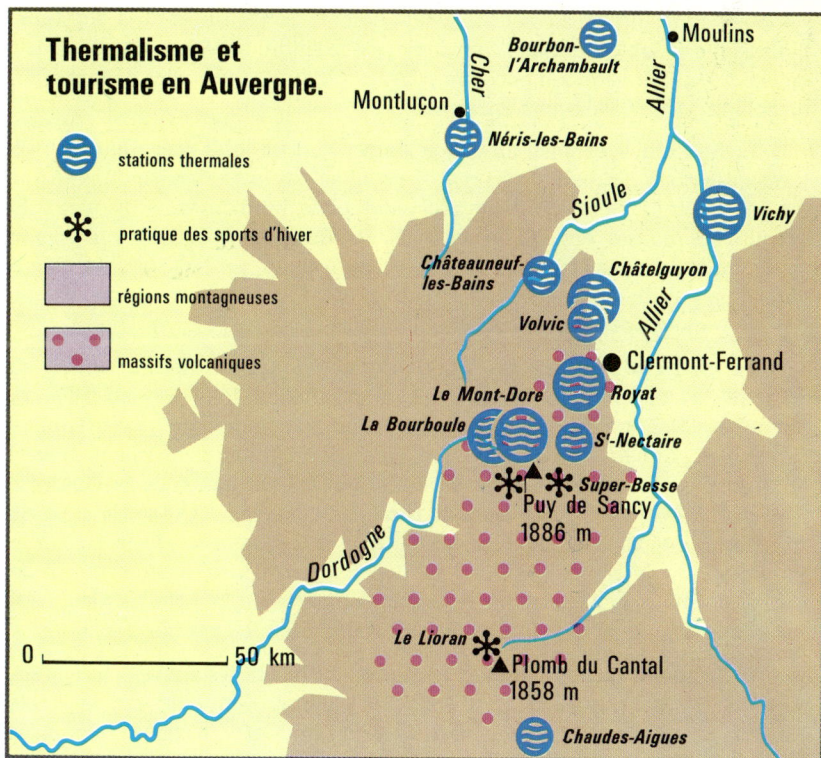

TRANSPORTS
LA S.N.C.F. DISCUTE DE L'AVENIR DE SES SERVICES OMNIBUS

Les fédérations de cheminots se réunissent, ce jeudi 22 février, pour envisager une action commune contre le projet de contrat d'entreprise entre l'État et la S.N.C.F. qu'ils jugent « nocif pour la collectivité, les usagers et l'entreprise ». Les organisations professionnelles pourraient lancer un ordre de grève pour le mercredi 7 mars, date de la réunion du conseil d'administration extraordinaire de la société nationale.

Au nombre des dispositions inscrites dans le projet de contrat qui soulève l'inquiétude des syndicats figure notamment l'avenir des services omnibus. Il est, en effet, prévu que la S.N.C.F. pourra « librement procéder au transfert sur route ou à la suppression » de ces dits services dans le cas où « le coût est disproportionné au service rendu ». La ligne Felletin-Ussel (45 kilomètres), qui a coûté 3,464 millions de francs en 1977 et est considérée comme la liaison la plus déficitaire de France, est-elle condamnée ?

Felletin-Ussel : l'autorail le plus cher de France

climat : 4, 6
atonie démographique : 12, 13

111-Un midi océanique

Le Sud-Ouest français regroupe deux unités naturelles, le Bassin aquitain et les Pyrénées. Il correspond à trois régions officielles distinctes. L'une, *Poitou-Charentes*, est une région de seuil partagée entre l'attraction de Bordeaux et celle de Paris. Les autres, *Aquitaine* et *Midi-Pyrénées*, appartiennent pleinement au Sud-Ouest. Cette distinction entre un Sud-Ouest atlantique, autour de Bordeaux, et un Sud-Ouest intérieur, autour de Toulouse, est justifiée. Mais le **Sud-Ouest peut être regardé comme un tout**. L'unité provient ici d'un climat*, de paysages, d'attitudes culturelles partagées et donc d'un réel sentiment d'appartenance régionale chez les habitants : « être du Sud-Ouest » signifie quelque chose de précis.

Le bassin sédimentaire aquitain ne ressemble pas au bassin de Paris. Les terrains sédimentaires n'y sont pas disposés et empilés avec la même régularité. Le trouble provient ici de la puissante érosion exercée sur les Pyrénées, qui s'est traduite en contrebas par une massive accumulation de matériaux détritiques argilo-sableux ; ils occupent les 2/3 de la cuvette sédimentaire. A une **Aquitaine calcaire** du Nord-Est (Charentes, Périgord, plateaux secs du Quercy) s'oppose donc, principalement au sud-ouest de la Garonne, une **Aquitaine molassique et sableuse**. Dans ce matériel assez tendre et récent, peu contrasté, en Gascogne, l'érosion a modelé un paysage mesuré, doucement vallonné, fait de collines et de vallées peu encaissées.

Le Sud-Ouest est bien un « midi » mais c'est un midi océanique. L'hiver y est assez doux, l'été est chaud mais ne connaît pas la sécheresse du pourtour méditerranéen. Le temps estival est ici plutôt tiède, humide, voire brumeux. La verdure des prairies, des champs de maïs, des lignes de peupliers, se marie aux symboles méditerranéens que sont la vigne ou les vergers. Ces caractères climatiques s'affaiblissent naturellement vers l'est : en position continentale, la cuvette toulousaine est plus sèche.

Le Sud-Ouest n'est pas plus peuplé aujourd'hui qu'au milieu du XIXe siècle : à peine plus de 10 % de la population française sur 18 % du territoire national. Si le déclin démographique de la montagne pyrénéenne ou des plateaux secs du Quercy peut s'expliquer par l'ingratitude du milieu naturel, tel n'est pas le cas des campagnes plutôt douces et riantes de la Gascogne (département du Gers, etc.). **L'exode rural déclenché au XIXe siècle s'est vite transformé en exode régional** car peu de villes étaient capables ici de retenir les hommes. A la différence de l'Ouest, les départs n'ont pas été compensés par des excédents naturels. Aujourd'hui, le déclin démographique a globalement cessé mais des secteurs entiers du Sud-Ouest rural perdent encore des habitants.

Cette atonie démographique* est un peu à l'image des activités humaines. A l'échelle de l'Europe, le Sud-Ouest fait plutôt figure de région faible. L'agriculture y est inégale : des îlots de spécialisation prestigieuse (vignobles, etc.) côtoient une polyculture qui pourrait être plus efficace. Le Sud-Ouest est d'autre part sous-industrialisé, sans être pourtant fondamentalement moins doué que n'importe quelle autre région. Au XVIIIe siècle, l'Aquitaine était d'ailleurs l'une des parties les plus prospères et les plus actives du royaume. Son négoce et ses campagnes bien cultivées faisaient l'admiration des voyageurs. Les conditions naturelles ne peuvent rendre compte de l'inertie qui s'est emparée du Sud-Ouest au moment de la révolution industrielle, jusque dans les années 1950. Un plus sûr élément d'explication réside dans l'attitude des classes dirigeantes régionales : accrochées à la terre, peu entreprenantes sur le plan industriel, elles se trouvèrent isolées dans une région périphérique, loin de Paris et des centres du capitalisme de l'époque.

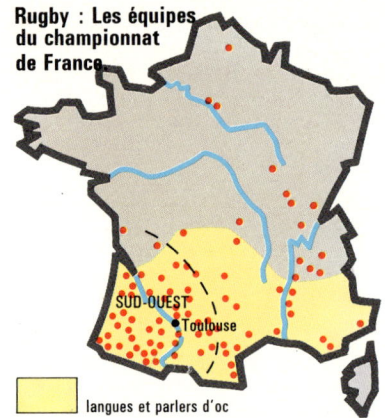

Rugby : Les équipes du championnat de France

langues et parlers d'oc

Le Sud-Ouest pourrait être défini comme la « région du rugby », jeu qui est incontestablement l'affaire des pays garonnais et pyrénéens. L'engouement d'une foule de petites villes pour des attitudes sociales précises, ici la pratique d'un sport, est un critère qui fonde une région au même titre que n'importe quelle activité de nature économique. On peut même dire que la passion d'un public pour un jeu renforce davantage le sentiment d'appartenance régionale que la participation à un quelconque projet économique. La géographie humaine ne peut pas se contenter de la vie des usines et des champs, elle doit aussi prendre en compte l'originalité des comportements sociaux.

L'atonie démographique du Sud-Ouest.

Départements (Population en milliers d'habitants)	Population en 1851	Population en 1968	Population en 1975
Vienne	317	310	356
Deux-Sèvres	324	325	335
Charente	383	331	339
Charente-Maritime	470	483	497
Dordogne	506	374	372
Gironde	614	1 009	1 058
Landes	303	277	288
Lot-et-Garonne	341	290	292
Pyrénées-Atlantiques	447	508	535
Ariège	267	138	138
Haute-Garonne	482	690	771
Hautes-Pyrénées	251	225	227
Gers	307	181	177
Lot	296	151	150
Tarn	363	332	335
Tarn-et-Garonne	238	183	183
Total dont Gironde + Haute-Garonne	5 909	5 837	6 053
	1 096	1 699	1 829
Total sans ces 2 départements	4 813	4 138	4 224

Relief et structure du Sud-Ouest.

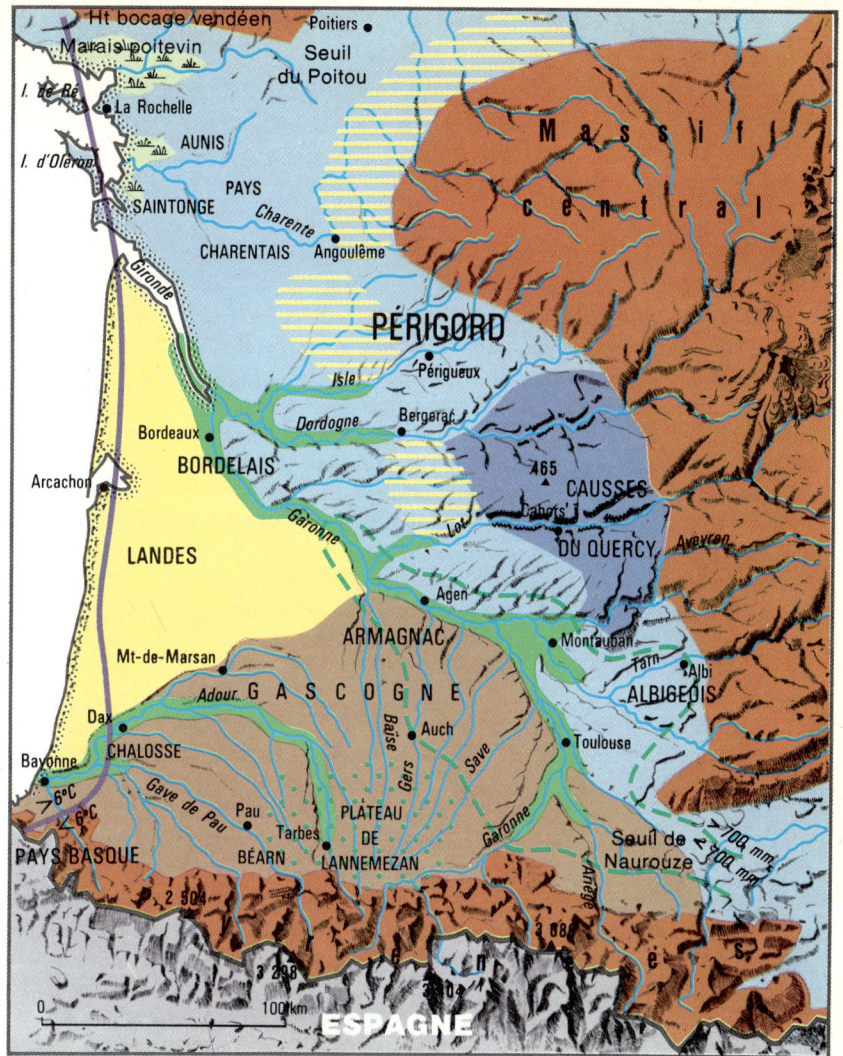

- ⎯⎯⎯⎯ côte rocheuse et élevée
- ⋯⋯⋯⋯ côte basse et sableuse
- marais
- principales vallées alluviales «en berceau»
- plaine sableuse de niveau de base
- plaines ou bas plateaux calcaires (secondaires ou tertiaires)
- plateaux calcaires plus élevés, secs, souvent karstifiés
- collines dans du matériel détritique : «molasse» d'origine pyrénéenne
- placages superficiels de sables ; sols pauvres, forêts
- cailloutis fluvio-glaciaires
- encadrement montagneux
- vallées fortement encaissées
- \> 700 mm précipitations annuelles
- \< 700 mm
- isotherme 6°C de janvier

Map labels: Ht bocage vendéen, Marais poitevin, I. de Ré, La Rochelle, I. d'Oléron, AUNIS, PAYS SAINTONGE, CHARENTAIS, Charente, Angoulême, Seuil du Poitou, Poitiers, Massif central, PÉRIGORD, Isle, Périgueux, Dordogne, Bergerac, Gironde, Bordeaux, BORDELAIS, Arcachon, LANDES, Garonne, Lot, CAUSSES DU QUERCY, Cahors, 465, Aveyron, Agen, ARMAGNAC, Montauban, Tarn, Albi, ALBIGEOIS, Mt-de-Marsan, Adour, GASCOGNE, Auch, Baïse, Gers, Save, Toulouse, Dax, CHALOSSE, Bayonne, 6°C, Gave de Pau, Pau, Tarbes, PLATEAU DE LANNEMEZAN, Garonne, Ariège, Seuil de Naurouze, 700 mm, PAYS BASQUE, BÉARN, 2 500, 3 298, ESPAGNE

0 — 100 km

Le Sud-Ouest apparaît comme une « poche » (le Bassin aquitain), encadrée par des montagnes, et ouverte sur l'océan par une côte basse et régularisée. Peu favorable à la vie maritime, la configuration de ce littoral permet toutefois une facile pénétration des influences climatiques océaniques ; d'où une assez forte humidité d'ensemble. La position de l'isotherme 6° de janvier traduit une notable douceur hivernale. Dans la légende, les figurés « plateaux calcaires » ou « collines molassiques » expriment mal la grande variété de détail du matériel, des formes et des sols : tous les calcaires ne se ressemblent pas, la molasse est très variable d'un lieu à l'autre, des dépôts superficiels compliquent le tout. Dans l'ensemble, les sols sont moins homogènes, et moins fertiles, que ceux du Bassin parisien. Il faut voir dans cette variété, combinée à certains caprices climatiques, un des facteurs de la polyculture du Sud-Ouest. On note au sud la disposition en éventail du réseau hydrographique. Les rivières sont ici installées sur un énorme cône de déjection au débouché des Pyrénées : le plateau de Lannemezan.

Les limites, ou même les dénominations, des ensembles naturels, des aires culturelles ou des régions officielles ne coïncident pas. L'appellation officielle « région Aquitaine » est très restrictive par rapport à l'étendue du « Bassin aquitain ». La région Midi-Pyrénées mord sur le Massif central par le département de l'Aveyron. A l'image de sa configuration de seuil, la région Poitou-Charentes est dans une position ambiguë, dépourvue de réseau urbain unificateur. De même, la cartographie des influences urbaines montrerait le débordement de celle de Toulouse vers le Bas-Languedoc.

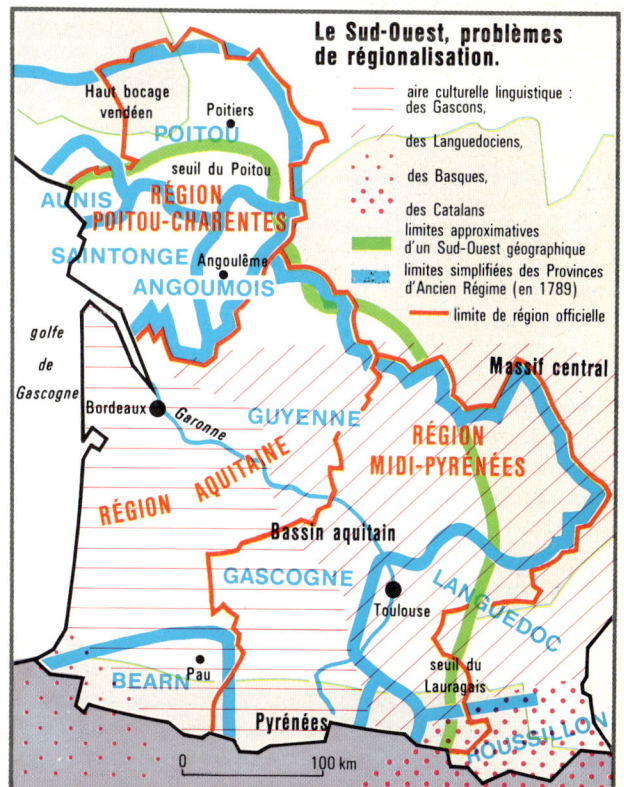

Le Sud-Ouest, problèmes de régionalisation.

- aire culturelle linguistique : des Gascons,
- des Languedociens,
- des Basques,
- des Catalans
- limites approximatives d'un Sud-Ouest géographique
- limites simplifiées des Provinces d'Ancien Régime (en 1789)
- limite de région officielle

Map labels: Haut bocage vendéen, Poitiers, POITOU, seuil du Poitou, AUNIS, RÉGION POITOU-CHARENTES, SAINTONGE, Angoulême, ANGOUMOIS, golfe de Gascogne, Bordeaux, Garonne, GUYENNE, Massif central, RÉGION AQUITAINE, RÉGION MIDI-PYRÉNÉES, Bassin aquitain, GASCOGNE, Toulouse, LANGUEDOC, BÉARN, Pau, seuil du Lauragais, Pyrénées, ROUSSILLON

0 — 100 km

231

exploitations : 25
taille des exploitations : 23

112-Une modernisation agricole tardive

La polyculture aquitaine est une des plus diversifiées des campagnes françaises. Sur des exploitations* familiales moyennes, elle privilégie les labours : les prairies et l'élevage bovin n'y tiennent qu'une place modeste. Au blé et au maïs, qui a été une céréale conquérante, s'ajoutent de nombreuses cultures spécialisées (vigne, tabac, arbres fruitiers, légumes) ainsi que des élevages de basse-cour (oies, canards, etc.) dont les produits savoureux contribuent à la réputation gastronomique du Sud-Ouest. Dans ces conditions, le paysage rural a des allures d'opulence. Mais derrière cette variété des parcelles entrecoupées d'arbres et de rangs de vigne, se cachent des résultats inférieurs à la moyenne nationale sur le plan des rendements et des revenus. Le Sud-Ouest produit de tout, mais en quantité moyenne, avec une efficacité moyenne. Dans un parcellaire rarement remembré, les petites exploitations polyculturales sont presque surmécanisées.

Ces modestes résultats agricoles du Sud-Ouest considéré globalement **ne relèvent que partiellement de causes naturelles.** Certes, les sols sont dans l'ensemble moins fertiles que dans le Bassin parisien, et la topographie plus vallonnée, ce qui peut gêner une mise en valeur par grandes parcelles homogènes. La dispersion et la petitesse des parcelles correspondent parfois à l'émiettement des conditions topographiques, pédologiques et microclimatiques sur un terroir donné. De même, la sécheresse peut être, certaines années, un vrai problème dans la région toulousaine. Mais le climat est dans l'ensemble assez doux. Si les campagnes du Sud-Ouest n'ont été que partiellement et lentement gagnées aux progrès et spécialisations agricoles intervenus aux XIXe et XXe siècles, c'est à cause de conditions économiques et sociales stérilisantes qui ont empêché ou freiné les adaptations. Longtemps très répandu, le *métayage* n'incitait guère au progrès. La bourgeoisie foncière se contentait de posséder la terre sans apporter ni capitaux ni idées nouvelles. Enfin, le Midi aquitain ne fut que tardivement relié aux marchés de la France du Nord par des infrastructures modernes. La plupart de ces facteurs de blocage ont aujourd'hui disparu.

Depuis le XIXe siècle, **les campagnes du Sud-Ouest ont connu une évolution originale** par rapport aux autres régions françaises. Dans le Bassin parisien, les faibles densités rurales correspondent à une agriculture mécanisée, efficace, qui requiert peu d'hommes. Dans l'Ouest, la population agricole était pauvre et nombreuse, mais elle a su récemment réagir, intensifier ses systèmes de culture pour apporter finalement une contribution de poids à l'agriculture française. Rien de tout cela dans le Sud-Ouest. Les conditions économiques et sociales empêchèrent une adaptation qui aurait pu se faire sur le mode méditerranéen (spécialisations intensives) ou à la façon du Bassin parisien (grandes exploitations). Dans le Sud-Ouest, l'agriculture a perdu des hommes, mais sans se moderniser autant qu'il eût été possible. L'exode rural n'a pas été mis à profit pour agrandir les exploitations* de ceux qui restaient à la terre. Situation unique en France, le cœur du Bassin aquitain a même reçu plusieurs vagues de « repeuplement agricole » tant les vides creusés par l'exode étaient profonds : la Gascogne a vu s'installer des exploitants originaires de régions et pays où sévissaient de véritables faims de terre : Vendéens, Bretons, Espagnols, Italiens, Portugais. La venue dans les années 60 d'agriculteurs rapatriés d'Afrique du Nord constitue le dernier en date de ces phénomènes de substitution. Ces exploitants ont été attirés par un marché foncier relativement déprimé qui permettait des acquisitions de terres à des prix pas trop élevés. La région leur doit une bonne part de sa modernisation récente.

La composition de la production de quelques grandes régions agricoles.

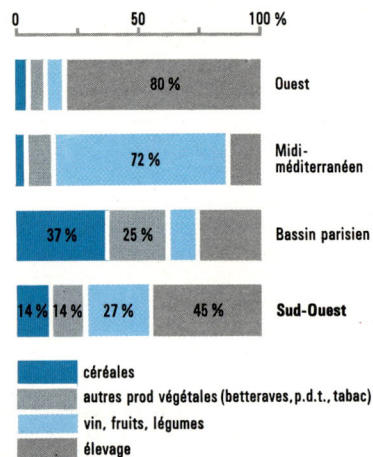

céréales
autres prod végétales (betteraves, p.d.t., tabac)
vin, fruits, légumes
élevage

L'Ouest (produits de l'élevage), le Midi méditerranéen (vins, fruits et légumes), le Bassin parisien (grande culture végétale), apparaissent comme autant de blocs spécialisés. Au contraire, aucune rubrique ne domine vraiment les autres dans la production agricole du Sud-Ouest. Cette polyculture se retrouve au sein de chaque exploitation, même dans les régions qui passent pour être plus spécialisées.

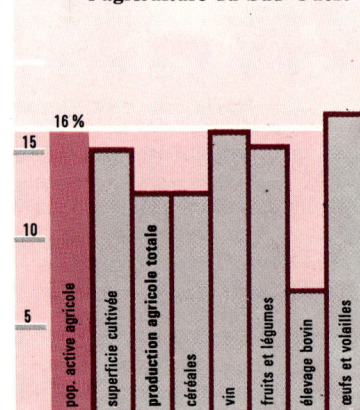

l'agriculture du Sud-Ouest

Les pourcentages sont calculés par rapport à l'ensemble national.

métayage
fermage

La vie agricole du Sud-Ouest.

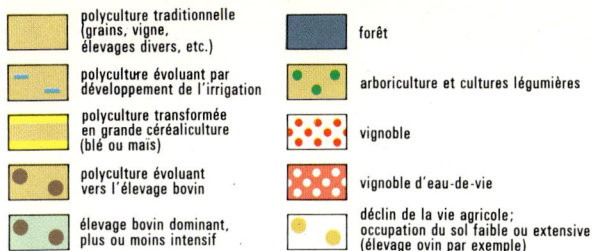

- polyculture traditionnelle (grains, vigne, élevages divers, etc.)
- polyculture évoluant par développement de l'irrigation
- polyculture transformée en grande céréaliculture (blé ou maïs)
- polyculture évoluant vers l'élevage bovin
- élevage bovin dominant, plus ou moins intensif
- forêt
- arboriculture et cultures légumières
- vignoble
- vignoble d'eau-de-vie
- déclin de la vie agricole; occupation du sol faible ou extensive (élevage ovin par exemple)

La représentation cartographique est naturellement schématisée. C'est ainsi que la forêt landaise ne forme pas rigoureusement un bloc d'un seul tenant ; elle a été entamée sur ses bordures Est et Sud par des îlots de grande culture du maïs. De même, un certain nombre de cultures très spécialisées caractérisent de petites régions mais ne sont pas représentées : ainsi le tabac dans la vallée de la Dordogne et celle de la moyenne Garonne, ou encore la culture des petits fruits, comme les fraises, en Périgord, sans parler des truffes de la même région, qui ne constituent pas une culture proprement dite.

Les structures agraires dans le Sud-Ouest :
répartition comparée des exploitations agricoles selon la taille dans le Sud-Ouest et le Bassin parisien.

	10 ha	de 10 à 20 ha	de 20 à 50 ha	de 50 à 100 ha	100 ha et plus
Sud-Ouest	40 %	24 %	29 %	6 %	1 %
Bassin parisien	36 %	11 %	27 %	18 %	8 %

Le Sud-Ouest apparaît comme un ensemble de petites et moyennes exploitations. Cette étroitesse n'est que partiellement compensée par le choix de cultures intensives. Pour de nombreux indices de modernisation agricole (remembrements, rendements, utilisation d'engrais), ces exploitations ne se tiennent qu'aux alentours de la moyenne nationale. Plus que l'importance des petites, c'est le petit nombre des grandes exploitations qui fait contraste avec le Bassin parisien. Ce phénomène était encore plus frappant il y a peu : en 1963, 2 % seulement des exploitations du Sud-Ouest avaient plus de 50 ha. Depuis vingt ans, les rangs de cette catégorie se sont étoffés : effet naturel de l'exode agricole, action des S.A.F.E.R., création de grands domaines par des rapatriés, etc. Une autre originalité des structures agraires du Sud-Ouest réside dans l'importance résiduelle du métayage. Ce type de bail est en voie de disparition et ne concerne plus que 3 % environ des terres du Sud-Ouest (mais encore 8 % en 1963 et bien davantage autrefois). A cause du partage des fruits de la terre qu'il impose (une fraction de la production pour le propriétaire, quel que soit le volume de cette production), le métayage n'incite guère au progrès et son importance régionale fut certainement un frein. Toute amélioration ne profitait en effet que partiellement à l'exploitant.

Le graphique montre la faible productivité des terres et des hommes. (Le revenu par travailleur agricole ne s'élève qu'à 80 % du revenu moyen de l'agriculteur français) et l'aspect polycultural de l'agriculture du Bassin aquitain. Aucune production régionale ne pèse d'un poids particulier sur le marché national (sauf des cultures très spécialisées comme le tabac). Mais le Sud-Ouest n'est absent d'aucune grande rubrique de la production nationale. On a exclu du graphique l'agriculture de la région Poitou-Charentes, dont les orientations sont nettement plus spécialisées.

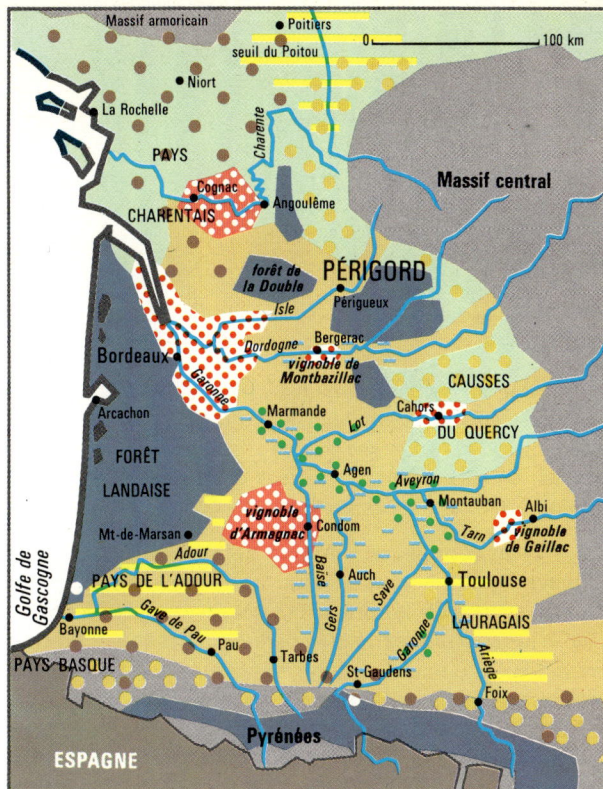

La Garonne et les hommes.

A l'époque contemporaine, les eaux de la Garonne n'ont pas été un facteur géographique décisif pour le Sud-Ouest. La Garonne et sa vallée se distinguent en cela du Rhône ou de la Seine, et rappellent davantage la Loire. Il n'en fut pas toujours ainsi ; jusqu'au milieu du siècle dernier, une intense activité restait liée au fleuve : pêcheurs, moulins flottants, coches d'eau qui circulaient de Bordeaux à Toulouse, etc. Comme des seuils rocheux gênaient la navigation en période de basses eaux, on acheva en 1856 un canal latéral de Toulouse à Langon. Cet ouvrage était le prolongement du déjà vieux canal du Midi qui reliait Toulouse à la Méditerranée. Mais il n'était accessible qu'à de très petites péniches de moins de 200 tonnes. Finalement, comme sur la Loire à pareille époque, le chemin de fer donna un brutal coup d'arrêt à la navigation. Dès lors, le seul souci des riverains fut la protection contre les crues ; certaines (1930 par exemple) par leur ampleur ont semé la désolation de Toulouse à Langon.

Aujourd'hui, la Garonne est surtout mise à contribution par l'agriculture. De récents programmes hydrauliques vont encore augmenter les superficies déjà importantes irriguées à partir du fleuve et de ses affluents ; de nombreux petits réservoirs vont être construits sur ces derniers. Un projet de centrale nucléaire existe sur le site de Golfech, un peu en amont d'Agen. Secteur par secteur, on porte le canal latéral au gabarit encore très modeste de 300 t ; des travaux plus conséquents concernent le canal du Midi, mais ils dureront jusqu'en 1990...

La Garonne n'est pas un axe de développement, les contemporains n'ont pas sollicité cet isthme aquitain pourtant bien inscrit sur la carte, et dont les constructeurs du canal du Midi avaient perçu l'intérêt dès le XVIIe siècle. La responsabilité en incombe autant à la faiblesse économique du Sud-Ouest qu'aux caractéristiques du fleuve lui-même.

233

113-Abandons, traditions, renouveaux

Une géographie agricole du Sud-Ouest fondée sur le plus ou moins grand dynamisme des campagnes permet de distinguer des situations très contrastées.

Une menace d'abandon pèse sur la montagne pyrénéenne et la bordure nord-est du Bassin aquitain. Bien que d'apparence moins rude que les causses du Quercy, la campagne périgourdine est très dépeuplée, laissée à la friche, aux forêts et aux citadins acquéreurs de vieux manoirs. La vie agricole ne résiste qu'au fond des vallées verdoyantes de la Dordogne et du Lot.

Dans certains secteurs, un net renouveau agricole s'est manifesté depuis vingt ans par des progrès et une transformation de la polyculture traditionnelle. Les facteurs d'évolution ont été très divers. Dans les pays de l'Adour (Chalosse, etc.), l'agriculture demeurée vivante est devenue efficace. La polyculture s'est simplifiée. Le maïs hybride à hauts rendements a joué un grand rôle dans ces transformations, qui ont fait du port de Bayonne un gros exportateur de maïs. Dans les coteaux de Gascogne, la Compagnie d'Aménagement du même nom a installé des périmètres irrigués et procédé à des restructurations foncières. Dans la même région ainsi qu'autour de Toulouse, des exploitants rapatriés d'Afrique du Nord ont concentré des vieilles métairies. Avec de gros moyens financiers et techniques, ils ont créé de grands domaines qui se consacrent à l'arboriculture et surtout à la céréaliculture (Lauragais). Ces taches de renouveau s'accompagnent de profondes modifications des structures agraires et des mentalités. Elles ont un effet d'entraînement certain et le Sud-Ouest paraît avoir rompu avec une longue période d'inertie rurale.

Plusieurs petites régions agricoles homogènes sont enfin spécialisées* depuis longtemps dans des productions intensives. Les vallées de la Garonne moyenne et de ses affluents de rive droite, Tarn et Lot, forment une grande zone de production de fruits. De Toulouse à Marmande se succèdent champs de tabac, cultures légumières et vergers de pommiers, poiriers ou pêchers. L'irrigation y est fréquemment pratiquée.

L'existence du vignoble de Bordeaux relève surtout de facteurs historiques, commerciaux et sociaux. Certaines conditions climatiques (humidité, brouillards) ne sont en effet pas favorables à la vigne. Mais les liens tissés par l'histoire entre l'Aquitaine et l'Angleterre ont établi un marché et un courant d'exportation. La bourgeoisie girondine a fait le reste, par ses traditions, ses investissements et ses grandes maisons de négoce. Plus vaste que celui de Bourgogne, le vignoble bordelais est par contre de qualité moins homogène. L'aire d'appellation « Bordeaux » rassemble en une mosaïque complexe des domaines prestigieux et des productions seulement moyennes. Tout en restant un gros exportateur traditionnel, le vignoble de Bordeaux connaît au plan commercial des hauts et des bas très accusés.

La région Poitou-Charentes a une production agricole égale à celle de Midi-Pyrénées, sur un espace pourtant plus petit. Le Poitou pratique la grande céréaliculture ou, sur les médiocres placages sableux issus du Massif central, un élevage extensif de caprins et d'ovins. Les pays charentais sont au contraire une région laitière spécialisée qui participe déjà au monde de l'Ouest. Au cœur des Charentes, le **vignoble d'eau-de-vie de Cognac** exporte 70 % de sa production finale d'alcool, ce qui représente un énorme volume d'affaires. Après la distillation, conduite selon des règles précises, intervient le vieillissement en fûts de chêne. Les maisons de négoce de Cognac contrôlent cette opération qui immobilise de gros capitaux. La notoriété de l'autre vignoble d'eau-de-vie du Bassin aquitain, celui de l'Armagnac, est moindre.

Le vignoble charentais aux XIXe et XXe S.

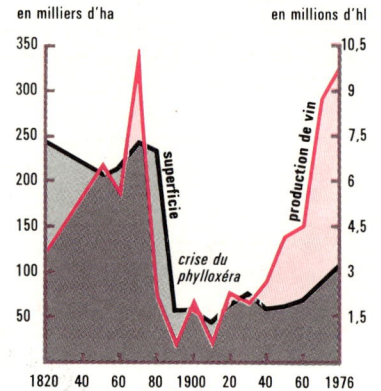

(D'après «Textes et documents pour la classe» du 8.4.76)

Ce vignoble est très étendu mais la vigne n'y est une monoculture qu'autour de Cognac, dans la zone des premiers crus. Il s'agit pour l'essentiel de vins blancs dont 90 % sont distillés. On vendange fin octobre seulement, d'énormes grappes : on peut déduire du graphique la forte hausse des rendements depuis 20 ans (100 hl/ha aujourd'hui). Dans ces conditions de climat et de culture, le vin n'a qu'un très faible degré alcoolique (6 à 8°), mais ce n'est pas un handicap pour la distillation. En moyenne, les exportations de cognac ont une valeur égale au 1/5 de toutes les exportations céréalières françaises. Mais le vignoble proprement dit est souvent confronté à la surproduction : il arrive que de grosses quantités d'eau-de-vie ne soient pas commercialisées ou soient déclassées.

Château Saint-Georges dans le vignoble de Saint-Émilion.
Les vignes ont été plantées lors des périodes de prospérité autour des châteaux, comme placements fonciers. Par la suite, certains châteaux ont été rachetés par des négociants, alors que des châtelains se faisaient négociants. Dans tous les cas, le vignoble continue à être cultivé par des vignerons locataires ou « prix-faiteurs » qui livrent la récolte au château où se font la vinification et la commercialisation.

Ce vignoble livre en année moyenne environ 4 millions d'hectolitres, dont 30 % n'ont toutefois pas d'appellation particulière. Même en dehors du Bordelais, la vigne est presque partout présente dans le Sud-Ouest, au moins comme simple élément de la polyculture. En année moyenne, le Sud-Ouest produit environ 8 millions d'hectolitres de vin, et même 16 si l'on inclut la production particulière des Charentes, destinée pour l'essentiel à la distillation. ▶

La forêt landaise.

Ses 900 000 ha, essentiellement en pins maritimes, en font la plus vaste et la plus homogène des forêts d'Europe occidentale. C'est une création du XIXe siècle ; le drainage permit à la forêt de s'étendre au détriment des landes et marécages qui couvraient partiellement cette plaine sableuse. Le boisement fut rapide : résine, poteaux de mine, traverses de chemin de fer, constituaient à la fin du siècle dernier de gros débouchés qui assurèrent une prospérité quasi spéculative aux propriétaires-planteurs pour les placements de la bourgeoisie bordelaise. Le déclin des débouchés traditionnels provoqua une crise dès les années 1930. Les incendies ravagèrent une forêt qu'on entretenait mal. Mais depuis plusieurs années, le massif forestier landais est mieux entretenu et surveillé (allées pare-feu, réseau de surveillance et d'alerte).
Sous l'impulsion de recherches scientifiques, la sylviculture landaise se modernise. Sur des périmètres soigneusement délimités, on met au point par sélection des meilleures souches, des croisements qui permettent d'abaisser considérablement le temps nécessaire pour « faire » un arbre. Le rendement moyen de cette forêt landaise, encore inégal, est déjà supérieur au rendement moyen d'ailleurs très médiocre de la forêt française en général : 6 m³/ha par an contre seulement 3. Sur moins de 10 % de la superficie nationale boisée, le massif landais produit 20 % du bois d'œuvre et d'industrie. Cette contribution pourrait être encore plus forte ; elle intéresse de plus en plus une industrie papetière dépendante d'importations coûteuses et qui mène sur place ses propres recherches. ▶

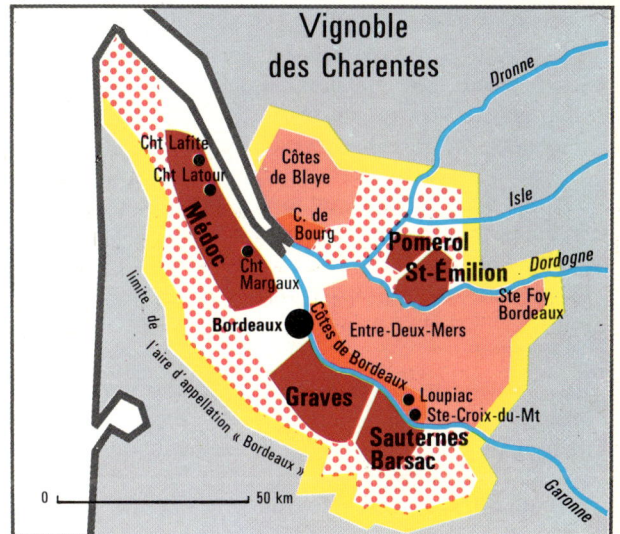

Le vignoble de Bordeaux.

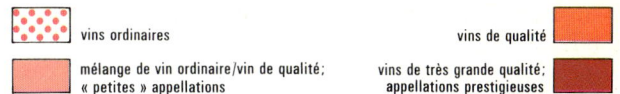

- ⣿ vins ordinaires
- ▦ mélange de vin ordinaire/vin de qualité ; « petites » appellations
- ▦ vins de qualité
- ▦ vins de très grande qualité ; appellations prestigieuses

industrie aéronautique : 19, 30, 33

114-Le retard industriel

Le Sud-Ouest est resté à l'écart de la révolution industrielle du XIXᵉ siècle. Il n'avait ni charbon ni fer en abondance. Mais c'est plutôt dans l'absence de mentalité industrielle des classes dirigeantes régionales qu'il faut voir l'origine de ce retard. Le prestige lié à la possession de la terre a persisté ici plus qu'ailleurs. Comme cette terre rapportait finalement peu, les capitaux furent rares. La bourgeoisie régionale se fit parfois négociante (entreprises coloniales bordelaises) ou politique (sur-représentation du Sud-Ouest dans la classe politique française), investit localement dans la forêt landaise ou le vignoble de Bordeaux, mais plus rarement dans l'industrie.

Au XXᵉ siècle, **le Sud-Ouest a bénéficié de sources d'énergies nouvelles et modernes :** hydro-électricité pyrénéenne et gaz naturel de Lacq. Mais ce ne sont plus des avantages décisifs, à l'époque du transport facile de l'énergie.

D'autre part, **l'équipement régional en grandes infrastructures modernes a été tardif.** Les grandes liaisons autoroutières avec le Bassin parisien, l'Espagne, le Midi méditerranéen, pourtant faciles à réaliser, ont été conduites lentement. Le Sud-Ouest s'est ainsi vu relégué à la périphérie de l'espace français d'abord, de l'espace communautaire européen ensuite. L'intensité des relations avec l'Espagne est assez récente historiquement, liée au tourisme, au rapide essor industriel de ce pays et à son adhésion prévisible à la C.E.E. Mais pendant longtemps, le Sud-Ouest fut un cul-de-sac. Enfin, dans les années 1955-1970, les opérations de décentralisation industrielle qui modifièrent profondément la géographie du bassin de Paris ou même de l'Ouest, furent ici très limitées.

L'industrie aéronautique*, largement suscitée par l'État, est la grande affaire industrielle. Entrepris dès l'entre-deux-guerres pour des raisons stratégiques, le développement de l'aéronautique fut poursuivi après 1950 pour de simples raisons d'aménagement du territoire. Aujourd'hui, 1/3 de l'aéronautique française s'y trouve. Au départ, cet essor n'était pas du tout le signe d'une vitalité industrielle régionale. Car c'est l'État qui décide des implantations, c'est pratiquement lui seul qui engage les énormes investissements nécessaires à la réalisation de programmes civils et militaires dont le succès lui-même dépend d'un jeu politique qui dépasse la région et se déroule à l'échelle européenne et mondiale. Malgré cette dépendance à l'égard de décisions et de marchés lointains, l'industrie aéronautique est parvenue à nouer des liens solides avec le milieu régional, à s'enraciner. Les chaînes de montage des avions donnent en sous-traitance du travail à de petites entreprises spécialisées dans le travail des alliages légers, la mécanique fine, le plastique, l'électronique, etc. Au montage et à la fabrication sont venus s'ajouter centres de recherches, bureaux d'études et grandes écoles spécialisées. Encore plus que Bordeaux, **c'est Toulouse qui est devenue une capitale de l'aéronautique et de l'espace** (usines de la S.N.I.A.S., montage de l'Airbus, C.N.E.S., E.N.A.C.). Dans le monde de l'aéronautique, le nom de Toulouse est désormais aussi symbolique que celui de Seattle, la ville de Boeing.

Mais le développement des industries de pointe dans le Sud-Ouest compense difficilement le déclin des petites villes industrielles situées au débouché des vallées des Pyrénées ou du Massif central. La vie industrielle reste limitée pour l'essentiel aux agglomérations de Bordeaux et Toulouse et au **piémont des Pyrénées Atlantiques**, active nébuleuse où les fabrications modernes et diversifiées (moteurs d'avion, construction mécanique et électrique, chimie et aluminium liés au gaz de Lacq) sont assez harmonieusement réparties entre Bayonne, Pau et Tarbes.

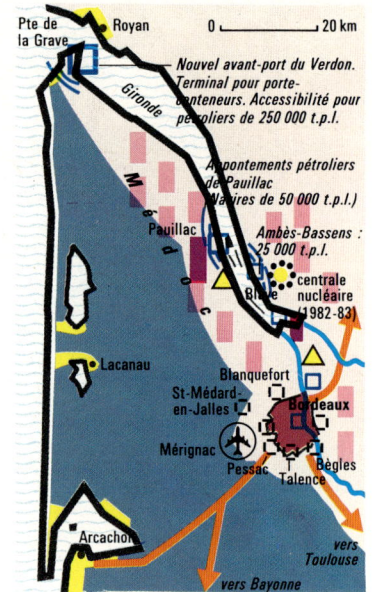

Bordeaux : la ville et ses annexes industrielles et portuaires.

- ville et agglomération de Bordeaux
- installations du « port de Bordeaux »
- extension possible des zones industrielles et portuaires
- industries mécaniques, électriques, aéronautiques
- industries chimiques
- raffinage du pétrole
- vignoble
- forêt
- autoroute
- aéroport
- tourisme

Seuls les cargos de moyen tonnage peuvent accéder aux quais de Bordeaux-ville dont l'activité décline. Les trafics spécialisés ont « éclaté » vers l'aval en plusieurs avant-ports, doublés de zones industrielles. Mais l'industrie doit respecter sur les rives de la Gironde des zones touristiques (Royan) ainsi que des activités agricoles de très grande valeur comme les vignes du Médoc.

Le trafic (14 Mt en 1979, dont 70 % en hydrocarbures) ne fait pas de Bordeaux un très grand port à l'échelle de l'Europe occidentale. Il reflète la faiblesse économique de l'arrière-pays, tout comme la médiocrité de la desserte continentale du port.

L'industrie proprement dite (bâtiment et travaux publics exclus) ne fournit dans le Sud-Ouest que 23 % de tous les emplois (France entière : 30 %). Ce chiffre est voisin de celui de l'Ouest français, qui passe précisément pour être peu industrialisé. Parmi les grands ensembles régionaux, seul le Midi méditerranéen a un taux plus faible. D'autre part, l'écart par rapport à la moyenne nationale ne se comble pas : les implantations modernes (chimie, aéronautique, automobile, électronique) n'ont fait que compenser le déclin des petites industries locales.

Toute la partie centrale du Bassin aquitain est un véritable désert industriel d'où n'émergent que des activités de portée limitée, qui n'ont pas été figurées : papeteries à la périphérie des Landes, petites industries agro-alimentaires. Le piémont pyrénéen fait exception, ainsi que les Charentes où les deux centres industriels de La Rochelle et Angoulême (moteurs électriques, pompes, matériel pour l'exploitation des énergies nouvelles) sont assez étoffés. C'est également à ces deux extrémités du Sud-Ouest que l'on observe une « industrie en milieu rural » assez vivante, sous forme de petites entreprises spécialisées mais d'organisation très souple. ▶

T Analyser le rôle respectif des capitaux locaux et des investissements d'État dans le Sud-Ouest.

Le gaz naturel de Lacq provient depuis 1957 d'un gisement d'exploitation difficile. A plus de 3 000 m de profondeur, le mélange avec de l'hydrogène sulfuré exige un traitement spécial qui permet toutefois la récupération d'un fort tonnage de soufre. La production plafonne désormais à 7 milliards de m³ par an, ce qui ne représente plus que 1/4 de la consommation française de gaz naturel, et 4 % seulement de la consommation énergétique totale du pays. Les réserves de Lacq sont modestes : le gisement sera épuisé dans une quinzaine d'années. La contribution modeste de Lacq au développement régional a été inférieure aux espérances. L'importance des investissements engagés demandait, pour des raisons de rentabilité, que l'on écoule rapidement de grosses quantités de gaz sur le marché national. La constitution d'un complexe d'industries lourdes, qui utilise le gaz soit comme matière première, soit comme source d'énergie (soufre, pétrochimie, aluminium), est restée la seule transformation notable apportée à la géographie industrielle du Sud-Ouest par cette richesse naturelle.

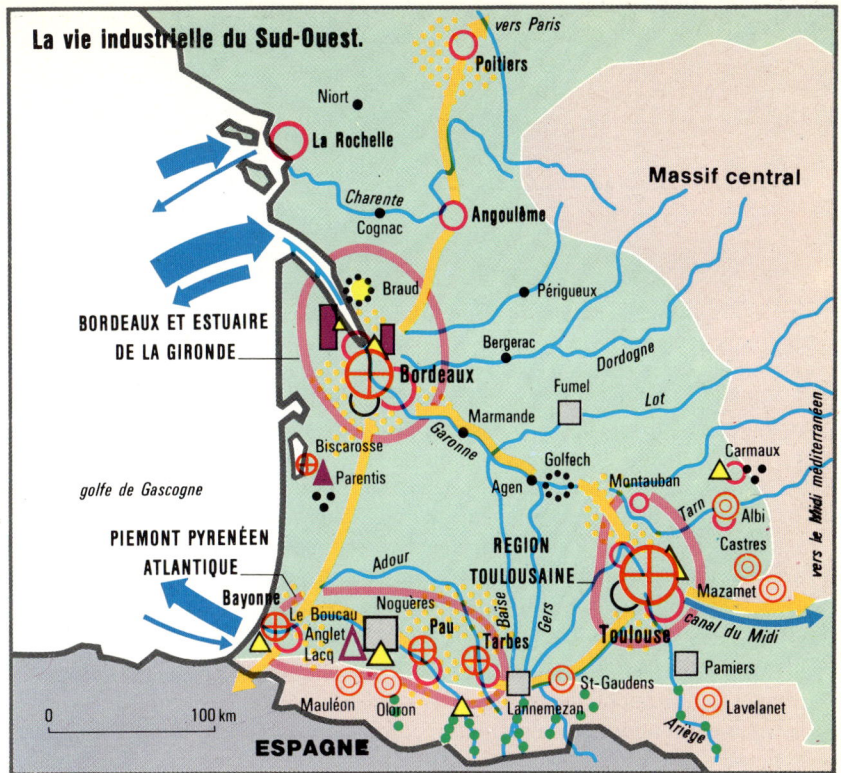

La vie industrielle du Sud-Ouest.

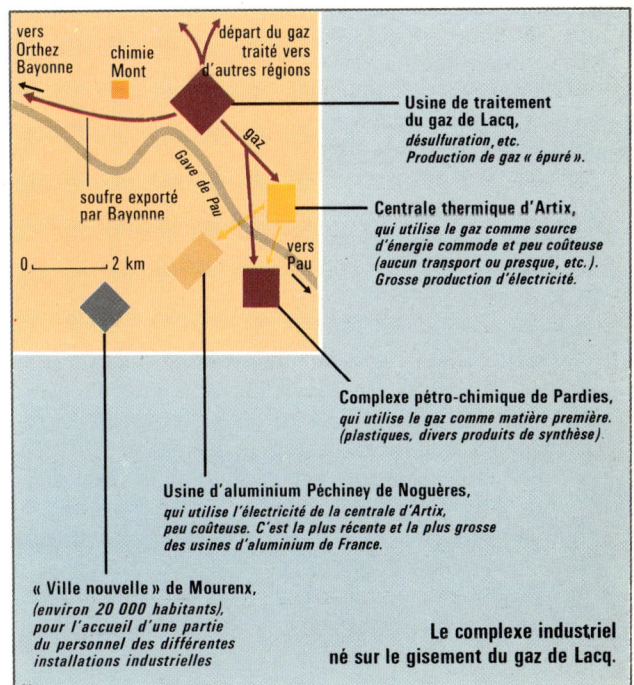

Le complexe industriel né sur le gisement du gaz de Lacq.

237

Le littoral du Sud-Ouest

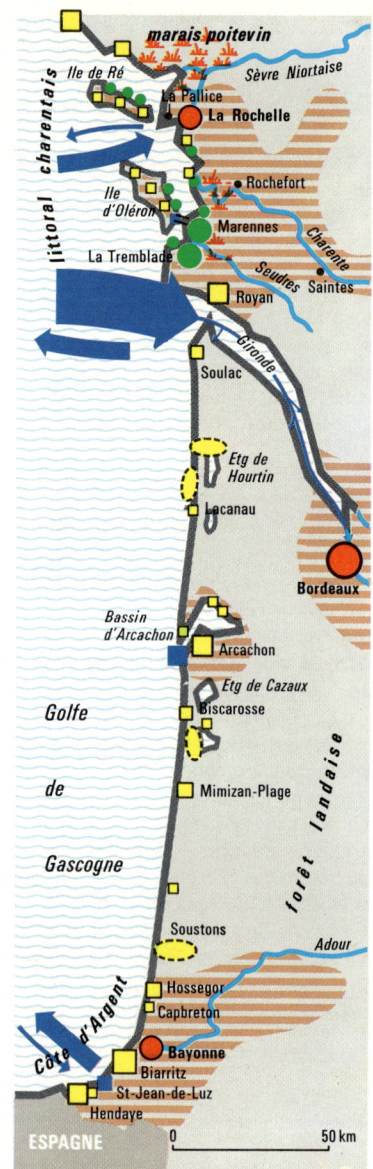

115-Bordeaux, Toulouse et le Sud-Ouest

L'armature urbaine du Sud-Ouest est déséquilibrée : deux grosses métropoles régionales, Bordeaux et Toulouse, une foule de petites villes et un vide urbain entre ces deux extrêmes. Dans le meilleur cas, s'interpose une ville de 100 000 habitants : Pau (125 000 hab.), à la rigueur Bayonne ou Angoulême. En réalité, la croissance des deux métropoles releva davantage pendant longtemps de facteurs négatifs (éloignement de Paris, faiblesse générale des autres villes du Sud-Ouest) que d'une efficacité propre à Bordeaux ou Toulouse. Ces dernières ne jouent qu'imparfaitement leur rôle de métropoles régionales d'équilibre. Leur équipement en services rares (universités, etc.) est excellent mais leur pouvoir de commandement industriel et financier est très limité. On peut même se demander si leur forte croissance démographique, nourrie d'exode rural, n'a pas anémié un peu plus certaines régions.

L'agglomération de Bordeaux (plus de 600 000 hab.) est la plus grosse de toute la façade atlantique française. A l'origine, Bordeaux est un port de fond d'estuaire, situation qui n'est plus adaptée aux exigences de la navigation moderne. La prospérité bordelaise date du XVIIIᵉ siècle, époque du fructueux commerce triangulaire avec l'Afrique et les Antilles. La fonction industrielle, longtemps réduite aux activités issues du commerce colonial (raffineries de sucre, etc.) et du vignoble, s'est étoffée depuis vingt ans : aéronautique (Dassault), chimie, usines Ford et Michelin. Ces implantations nouvelles choisissent les espaces libres des rives de la Gironde et du nord de la plaine landaise. Mais tout cela n'a pas la diversité et la puissance qu'on pourrait attendre. Bordeaux domine un **Sud-Ouest atlantique** qui ne coïncide pas tout à fait avec la région administrative Aquitaine. Au sud, les pays de l'Adour constituent une « sous-région » dotée de sa propre personnalité et animée par une série de villes moyennes actives : Bayonne, Tarbes, et surtout Pau qui est un authentique centre régional.

L'agglomération de Toulouse (500 000 habitants) est au centre d'un vaste Sud-Ouest intérieur qui correspond à peu près à la région Midi-Pyrénées. La faiblesse du peuplement régional et des autres villes est ici particulièrement frappante. Toulouse est encore moins que Bordeaux une ville d'affaires. Bien située, elle a longtemps vécu de services, d'administration, avant de connaître une industrialisation résolument moderniste mais d'origine totalement extérieure à la ville elle-même. Les usines modernes de Toulouse proviennent d'opérations de décentralisation ou de la venue de firmes multinationales. Il n'en reste pas moins que **Toulouse est peu à peu devenue un des centres français des industries de pointe** : chimie, et surtout aéronautique, espace, électronique (Motorola, Honeywell). L'ensemble s'appuie sur une recherche fondamentale très développée, sur plusieurs grands établissements universitaires, et sur des services publics décentralisés (direction des Télécommunications). Tout cela finira bien par avoir un effet d'entraînement positif.

Quelle action régionale* pour le Sud-Ouest ? Il est souhaitable que la politique d'aménagement du territoire soit conduite dans le cadre d'un **Grand Sud-Ouest** qui dépasse les limites des seules circonscriptions d'action régionale Aquitaine et Midi-Pyrénées. Les problèmes de l'hydraulique agricole, de la Garonne, de la montagne pyrénéenne, de la diversification industrielle, des relations avec l'Espagne et d'un éventuel élargissement de la C.E.E. à la péninsule ibérique se posent à l'échelle du Sud-Ouest français tout entier, et dépassent la rivalité Bordeaux/Toulouse. Le plan du Grand Sud-Ouest élaboré pour les années 80 incluait le Languedoc-Roussillon. A cette logique discutable, on pourrait préférer l'intégration de tout ou partie des régions Poitou-Charentes et même Limousin.

reconversion des ports coloniaux
plan du Grand Sud-Ouest

L'ouverture du Sud-Ouest sur l'océan ne s'accompagne pas d'une vie maritime active : le peuplement et les activités de la zone littorale sont médiocres.

Le littoral charentais fait figure d'exception. Bien peuplé, il associe étroitement activités continentales et maritimes. Localement, les hommes ont transformé les anses en polders (Marais poitevin, Anse de l'Aiguillon plus récemment). Élevage et cultures maraîchères se partagent ces marais humanisés. De La Rochelle à Royan, l'élevage des huîtres et des moules occupe des centaines d'entreprises familiales. Le tourisme balnéaire, tant sur le continent que dans les îles est actif.

Les 200 km rectilignes et souvent déserts du littoral landais sont bien différents. Il est vrai que cette côte sableuse, se prête assez mal à la vie maritime. Depuis 1967, existe une « Mission interministérielle » chargée de développer un tourisme jusqu'ici limité. Mais les objectifs ambitieux du début ont été sérieusement révisés. Le souci de la mesure, la nécessité de préserver des équilibres naturels fragiles (forêts, étangs, dunes) semblent l'avoir emporté.

A l'approche de l'Espagne, le littoral s'anime à nouveau. Bayonne est le port des pays de l'Adour (exportations de soufre etc.). Le tourisme, né dans le cadre aristocratique du Second Empire (Biarritz), est devenu un phénomène de masse.

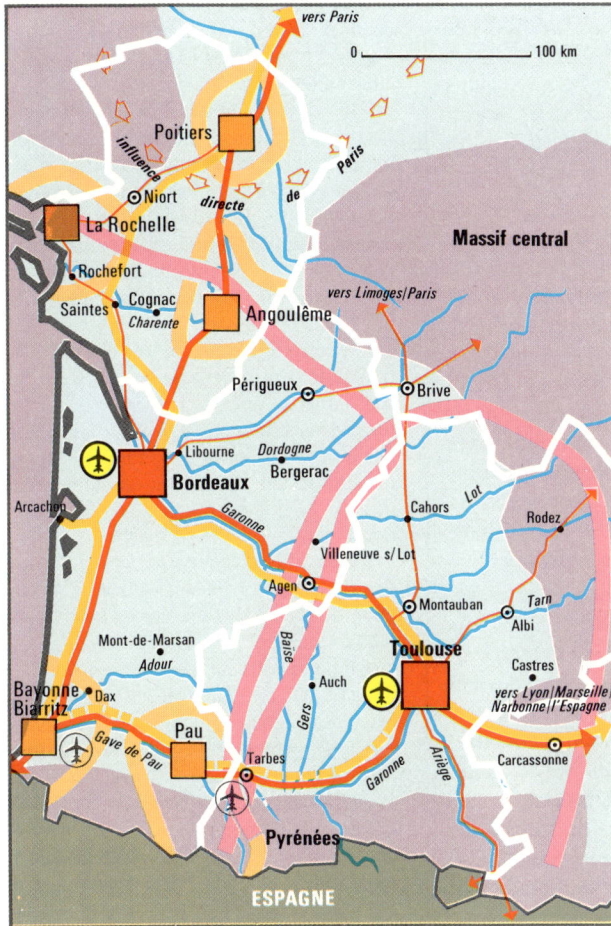

Villes et communications

- • agglomération de 20 000 à 50 000 hab.
- ◉ agglomération de 50 000 à 80 000 hab.
- centre régional moyen (environ 100 000 hab.) et son aire d'influence
- métropole régionale et sa zone d'influence
- limites administratives des Régions
- axes de communication
- autoroute
- autoroute en chantier ou en projet
- ✈ aéroport important (lignes internationales)
- ✈ aéroport secondaire (liaisons avec Paris seulement)

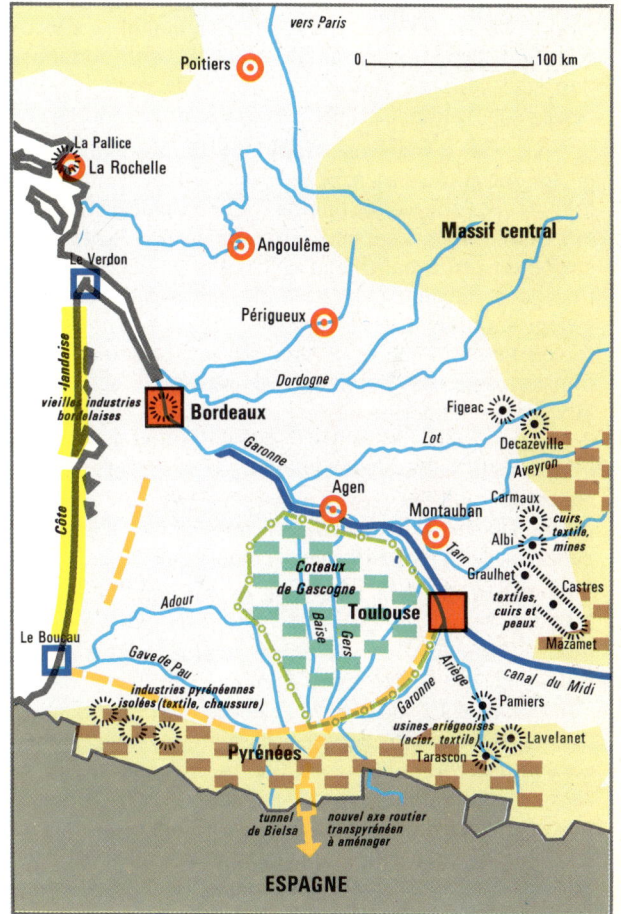

Chantiers et opérations d'aménagement du territoire en cours ou prévus

- renforcement des métropoles régionales (décentralisation tertiaire)
- ◉ villes moyennes appelées à se développer
- autoroute en projet ou chantier
- amélioration de la navigation fluviale
- grands aménagements industriels et portuaires
- projets d'expansion touristique
- rénovation rurale en montagne
- achèvement de l'aménagement des coteaux de Gascogne (irrigation, etc.)
- périmètre d'intervention de la Cie d'Aménagement des coteaux de Gascogne
- emplois et industries menacés

Entre Bordeaux et Toulouse, la vallée de la Garonne n'a fixé qu'une seule agglomération de plus de 50 000 habitants. Les zones d'influence de Bordeaux et Toulouse semblent vastes, mais sont modérément peuplées. Elles traduisent surtout le fait que les habitants de certains secteurs dépourvus de ville moyenne n'ont pas le choix : même éloignés et mal reliés à Toulouse, les habitants des Pyrénées centrales ou du Rouergue n'ont que cette grande ville à leur disposition. Cela ne veut pas dire que Toulouse anime vraiment sa région.

En plus des opérations ponctuelles qui figurent dans la légende, tout le Sud-Ouest, sans exception, bénéficie d'aides publiques pour l'implantation d'industries nouvelles, comme le Midi méditerranéen ou l'Ouest français. Le développement de l'hydraulique agricole ne concerne pas que les coteaux de Gascogne ; simplement, dans ce secteur, l'irrigation a été intégrée dans un plan d'ensemble qui comprend aussi des restructurations foncières.

116-Les Pyrénées

Les Pyrénées s'élèvent brutalement au-dessus du Bassin aquitain. La France ne possède que le versant Nord, étroit et raide, de cette chaîne qui s'étale largement en Espagne. Les Pyrénées résultent d'un soulèvement assez ancien, amorcé dès le secondaire, qui porta en altitude un vieux noyau cristallin. Les sommets sont des pyramides lourdes qui dominent de hautes surfaces bosselées, les *plas*, souvent parsemées de petits lacs d'origine glaciaire. Dans l'ensemble, l'altitude est forte mais les formes moins vives que dans les Alpes.

La vie pyrénéenne traditionnelle s'organisait à l'échelle de vallées profondes, encaissées, mais courtes. Certaines sont dans l'axe de la chaîne (dans les Pyrénées ariégeoises plissées), mais la plupart sont tranversales et butent en amont sur un passage non carrossable vers l'Espagne. La partie centrale de la chaîne est peu échancrée et ne comporte aucun col à moins de 2 000 mètres. Cependant, ce qui est aujourd'hui un obstacle aux trafics de masse n'était guère gênant autrefois. La frontière avec l'Espagne, qui ne correspond d'ailleurs pas forcément à la ligne de partage des eaux, a toujours vu passer des troupeaux transhumants, des hommes, migrants ou réfugiés, des marchandises. Quant aux entités culturelles basque et catalane, elles chevauchent la frontière à ses deux extrémités. Mais les vallées des Pyrénées centrales, communiquant difficilement entre elles, n'aèrent pas un relief massif. Elles furent autrefois autant de cellules isolées, occupées par des communautés montagnardes indépendantes. L'existence de la principauté d'Andorre montre que certains particularismes ont survécu, y compris sur le plan politique et juridique.

Aujourd'hui, la montagne pyrénéenne* a perdu beaucoup d'hommes. L'élevage bovin et ovin est devenu la principale activité des exploitants pyrénéens, mais sous une forme de plus en plus sédentaire, les mouvements pastoraux ayant beaucoup diminué. L'effectif des troupeaux ne devient important qu'à l'ouest, avec l'élevage ovin des montagnes basques. L'importante production d'électricité (nombreux équipements de haute chute) est consommée hors des Pyrénées et n'a fixé qu'un petit nombre d'usines électrométallurgiques ; rien de commun avec les Alpes du Nord. La plupart des mines et carrières qui assuraient un complément de ressources ont fermé. Le tourisme hivernal anime quelques stations (La Mongie, Barèges, Saint-Lary, Soulan, Cauterets) concentrées dans les hautes Pyrénées cristallines. Leur fréquentation est freinée par l'éloignement des grands centres urbains et la médiocrité des accès routiers et ferroviaires. L'attrait de Lourdes (plusieurs millions de pèlerins par an) et du thermalisme (Luchon, Ax-les-Thermes) sont de plus sûres ressources.

Hommes et activités se concentrent au débouché des vallées sur l'avant-pays, en une série de petites villes, Foix, Pamiers, Bagnères-de-Bigorre, Oloron..., marchés entre plaine et montagne parfois animés par une industrie, ou même carrément hors de la chaîne, sur le piémont, à Pau ou Tarbes.

Nature et vie humaine se combinent pour donner une personnalité propre à chaque fraction de la chaîne pyrénéenne. Les Pyrénées orientales sont des montagnes méditerranéennes, lumineuses, très ensoleillées, qui regardent vers le Roussillon. Dans les Pyrénées centrales, orientées vers Toulouse, la désolation des montagnes ariégeoises, très dépeuplées, contraste avec l'activité essentiellement touristique des hautes Pyrénées cristallines. Les Pyrénées occidentales, très humides, sont beaucoup plus basses. Les collines basques se fondent doucement dans leur avant-pays. Ces Pyrénées occidentales regardent vers Pau et Bayonne. Au total, les Pyrénées ne constituent pas un espace humain et économique organisé comme le sont les Alpes du Nord. Elles sont bien davantage dépendantes de leur avant-pays.

Le Sud-Ouest et la péninsule ibérique. Le Sud-Ouest doit-il espérer ou redouter l'élargissement prévisible de la C.E.E. à l'Espagne et au Portugal ? Peut-il tirer profit de ce contexte nouveau, comme la région Rhône-Alpes l'a fait de sa position entre le Bassin parisien d'une part, l'Italie du Nord et les rivages méditerranéens d'autre part. Jusqu'ici, les Pyrénées ont bien été une barrière, même si elles n'ont jamais entravé les menus trafics locaux. D'autre part, jusqu'aux années 60, la faiblesse de l'économie espagnole comme la pauvreté de certaines régions frontalières (l'Aragon), ne pouvaient engendrer des échanges massifs. Tout cela explique qu'on ne retrouve pas de part et d'autre de la chaîne l'équivalent de Lyon ou Turin, pas plus qu'un équipement routier et ferroviaire comparable à celui des Alpes. Les incitations étaient trop faibles. Mais le développement économique contemporain de l'Espagne modifie cette perspective.

Les agriculteurs aquitains, comme ceux du Midi méditerranéen, redoutent l'élargissement de l'Europe verte. Leurs problèmes ne sont pourtant pas tout à fait identiques : ceux des producteurs de maïs d'Aquitaine ne sont pas les mêmes que ceux des vignerons languedociens. L'inquiétude vaut surtout pour les cultures légumières et fruitières. Dans l'industrie, à bien des égards, l'activité du Pays basque espagnol paraît plus vigoureuse et entreprenante que celle du Sud-Ouest, tout comme celle de la Catalogne face au Bas-Languedoc. Il est vrai que ce dynamisme repose partiellement sur une main-d'œuvre peu exigeante. Mais l'Espagne achète des équipements industriels que le Sud-Ouest ne produit pas, tandis qu'elle est exportatrice dans des branches traditionnelles (textile, chaussure, cuirs et peaux, meubles) qui tiennent une place relativement importante dans le Sud-Ouest et y sont déjà parfois en difficulté. L'industrie régionale devrait donc se diversifier pour profiter du marché espagnol. Mais on oublie trop souvent que l'Espagne bénéficie déjà depuis 1970 d'un accord commercial avec la C.E.E. qui lui octroie de gros avantages douaniers. Paradoxalement, certains disparaîtraient avec l'adhésion : ainsi le protectionnisme industriel espagnol. Finalement, si l'on ajoute la longue période transitoire qui ne manquera pas d'être organisée, on s'aperçoit qu'il n'y aura pas vraiment irruption de l'Espagne dans la C.E.E.

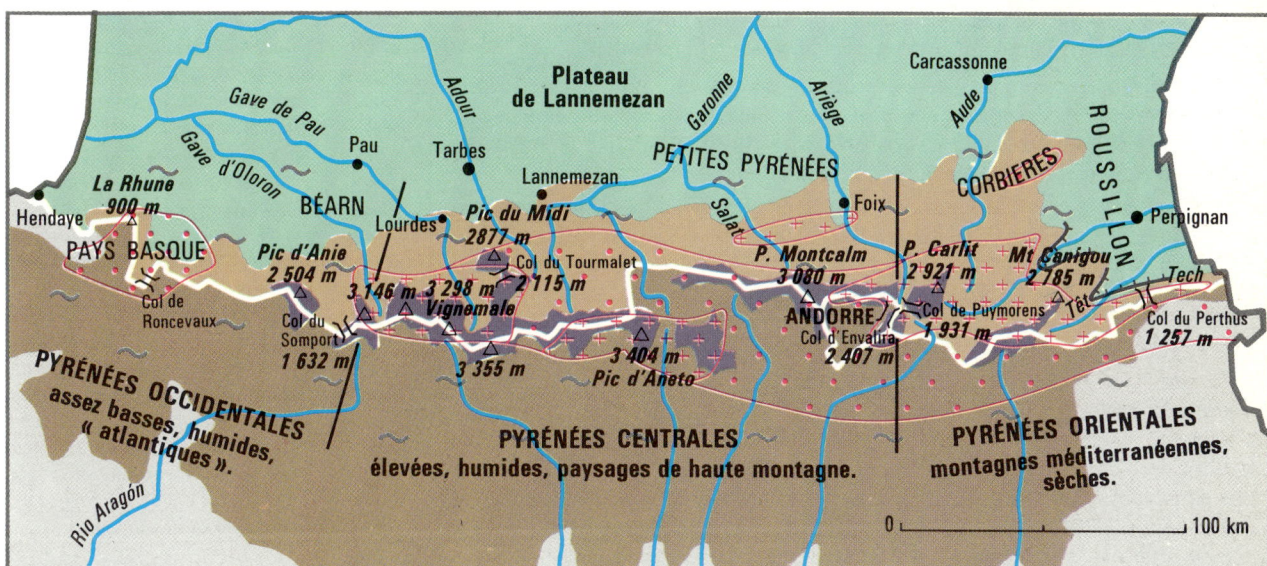

Carte 1 (La chaîne pyrénéenne)

vers Toulouse — Carcassonne
vers Bilbao Madrid — Bayonne — Hendaye
Gave de Pau — Gave d'Oloron — Adour — Pau — Tarbes — Lannemezan — St-Gaudens — Garonne — Ariège — Aude — Tét
Mauléon — Oloron Ste-Marie — Lourdes — Bagnères-de-Bigorre — St Girons — Pamiers — Foix — Lavelanet — Quillan — Perpignan
PAYS BASQUE — 923 m — Argelès — Cauterets — La Mongie — PYRÉNÉES ARIÈGEOISES — Ax-les-Thermes — ROUSSILLON
2 504 m — Eaux-Bonnes — Barèges — St-Lary-Soulon — Luchon — Auzat — Col de Puymorens — 2 785 m — Col du Perthus
Col du Somport — 3 298 m — 3 404 m — Andorre — Col d'Envalira — Font-Romeu — Col d'Ares — CATALOGNE
HAUTES-PYRÉNÉES CRISTALLINES
Rio Aragon — vers Lérida — Rio Segre — PYRÉNÉES ORIENTALES
vers Saragosse — vers Barcelone Lérida — vers Barcelone

ESPAGNE

0 — 100 km

Carte 2 (Les régions)

Carcassonne
Gave de Pau — Adour — Plateau de Lannemezan — Garonne — Ariège — Aude — ROUSSILLON
Gave d'Oloron — Pau — Tarbes — Lannemezan — PETITES PYRÉNÉES — CORBIÈRES
La Rhune 900 m — BÉARN — Pic du Midi 2877 m — Salat — Foix — Perpignan
Hendaye — Lourdes — Col du Tourmalet 2 115 m — P. Montcalm 3 080 m — P. Carlit 2 921 m — Mt Canigou 2 785 m — Tech
PAYS BASQUE — Pic d'Anie 2 504 m — 3 146 m — 3 298 m — Vignemale — ANDORRE — Col de Puymorens 1 931 m — Col du Perthus 1 257 m
Col de Roncevaux — Col du Somport 1 632 m — 3 355 m — 3 404 m Pic d'Anèto — Col d'Envalira 2 407 m — Tét
Rio Aragón
PYRÉNÉES OCCIDENTALES assez basses, humides, « atlantiques ».
PYRÉNÉES CENTRALES élevées, humides, paysages de haute montagne.
PYRÉNÉES ORIENTALES montagnes méditerranéennes, sèches.

0 — 100 km

La chaîne pyrénéenne.

- au-dessus de 500 m
- haute montagne (au-dessus de 2 500 m)
- terrains sédimentaires plissés, secondaires ou tertiaires
- failles et bassins d'effondrement

matériel ancien de la « zone axiale », porté en altitude lors du soulèvement.

- granites, et autres roches cristallines
- sédiments anciens (schistes, grés)

Les activités pyrénéennes.

- électro-chimie ou électro-métallurgie
- petites industries traditionnelles (textile, chaussure)
- tourisme estival, thermalisme
- tourisme hivernal
- élevage bovin ou ovin
- principaux axes de communication
- parc naturel des Htes Pyrénées

Le piémont pyrénéen à Montréjeau.

Contraste entre les lignes surbaissées de l'avant-pays et la barrière montagneuse. Le piémont (ou piedmont) est une accumulation de débris arrachés à la montagne.

Les carrières de talc de Luzenac sont aujourd'hui la principale richesse du sous-sol pyrénéen. Situées dans la haute Ariège, à plus de 1 500 m d'altitude, elles sont les plus importantes du monde. Du broyage de millions de tonne de roche, effectué à la belle saison seulement, on retire annuellement 300 000 t de talc.

241

colonisation : 51
départementalisation : 58, 59, 60
tertiaire : 20

117-Les D.O.M. et leurs problèmes

Les trois îles de la Réunion, la Martinique et la Guadeloupe, malgré leur éloignement, partagent un destin commun depuis leur colonisation*. Ce sont des îles petites, d'origine volcanique (phénomène toujours menaçant : les « événements » de la Soufrière de Guadeloupe en 1976 contraignirent à l'évacuation d'une partie de l'île), montagneuses, où l'espace cultivable est mesuré. Leur climat tropical à deux saisons est nuancé par l'insularité et le relief qui permet de distinguer les façades « au vent », exposées au flux humide de l'alizé, très arrosées, et les régions « sous le vent », plus sèches parce qu'en position d'abri. Une belle forêt tropicale, peu exploitée, occupe les versants. Plusieurs fois par siècle, les trois îles sont sur la trajectoire de cyclones dévastateurs, qui peuvent causer d'énormes dommages aux infrastructures ou anéantir à 80 % certaines cultures, les bananeraies en particulier.

Leur peuplement a des origines géographiques et ethniques multiples. Les premiers colons européens, les esclaves africains, les travailleurs indiens, les nouveaux venus métropolitains, ont ainsi construit une population mélangée mais non exempte de tensions inter-communautaires.

Elles ont été colonisées et mises en valeur dans le cadre de la plantation esclavagiste, le plus souvent consacrée à une quasi-monoculture de **la canne à sucre**. En 1848 l'esclavage fut aboli. Le salariat et le métayage lui succédèrent mais les grands domaines subsistèrent et se concentrèrent. Aux XVIIIe et XIXe siècles, la canne à sucre s'imposa pour diverses raisons : forte demande européenne, facilité et rentabilité de la culture dans le cadre esclavagiste. Mais cette monoculture d'exportation plaça les îles dans une dépendance totale du marché du sucre, fit négliger les autres cultures, y compris vivrières, et ne laissa sur place aucune richesse durable. Aujourd'hui, le contexte a changé : la culture de la canne est en difficulté car la Réunion et les Antilles ne sont plus que de petits producteurs, aux prix de revient élevés, face aux géants du sucre de canne ou de betterave apparus depuis. Pourtant, le sucre représente encore avec le rhum et les bananes l'essentiel des exportations des trois îles.

Les objectifs de la départementalisation* de 1946 : faire de ces vieilles colonies des départements comme les autres, ont été atteints dans plusieurs domaines mais ne le sont pas encore en matière de développement économique : fort taux de chômage, émigration massive vers la métropole. La départementalisation a bien créé des infrastructures modernes ainsi qu'un secteur tertiaire nombreux et prospère (administration, enseignement, santé...), mais elle n'a pas suscité une économie de production moderne. L'agriculture est encore trop peu diversifiée, les cultures vivrières insuffisantes, la mer et la forêt sous-exploitées. L'industrialisation, qui part d'un niveau très bas, est gênée par l'éloignement ou l'étroitesse des marchés, des coûts assez élevés, et surtout l'absence d'investissements locaux ou métropolitains. Ses récents progrès, ainsi que ceux du tourisme, ne suffisent pas à occuper les milliers de jeunes qui pendant plusieurs années encore vont parvenir à l'âge du travail, au terme de l'explosion démographique des années 1950-1970.

Il en résulte une économie et des habitudes de consommation, beaucoup plus que de production. Le tertiaire* fournit 70 % des revenus, pour une bonne partie sous forme de transferts depuis la métropole (salaires, prestations sociales, investissements publics, etc.). De ce fait, dans leur zone géographique respective, les Antilles ou l'océan Indien, les départements d'outre-mer font figure de riches. Mais cette dépendance à l'égard de la métropole est parfois durement ressentie. Et dans les paysages comme dans les structures économiques et sociales, les signes du sous-développement (habitat précaire, très fortes inégalités) côtoient ceux du développement.

Départements d'Outre-Mer et Territoires d'Outre-Mer : *qualifiés par les uns de « français à part entière », par les autres d'« oubliés de la décolonisation », des îles ou territoires dispersés dans le monde, peuplés d'environ 1 500 000 habitants, évoluent toujours dans le cadre français. L'existence de ces D.O.M. et T.O.M. a des origines diverses : ancienneté de l'influence française, solidarités économiques, volonté des populations ou intérêts stratégiques. En 1946, les îles de la Réunion, de la Martinique et de la Guadeloupe, ainsi que la Guyane française, sont devenues des départements. Les structures administratives et politiques y sont les mêmes qu'en métropole (maires, préfet, conseil général, députés). Les T.O.M. sont dotés d'institutions propres (assemblées territoriales, conseils de gouvernement) qui leur donnent une certaine autonomie et la possibilité de s'orienter ultérieurement vers d'autres voies : ainsi le Territoire français des Afars et des Issas, devenu République indépendante de Djibouti en 1977, ou les Nouvelles-Hébrides, ancien condominium franco-britannique devenu indépendant en 1980 sous le nom de Vanuatu. Autres évolutions originales : Saint-Pierre-et-Miquelon, devenu département, et l'île de Mayotte qui refusa en 1975 de suivre les autres parties de l'archipel des Comores (océan Indien) dans l'indépendance, et a depuis un statut un peu ambigu. Quoi qu'il en soit, le statut de certains D.O.M. et T.O.M. est l'objet de critiques, politiques et économiques.*

héritage colonial : *caractères géographiques, économiques, sociaux, etc., qui sont directement hérités du temps où un pays était sous domination coloniale. Ces survivances, tant en matière de relations humaines que de structures économiques, se manifestent encore, longtemps après la fin de la période coloniale, car les mentalités, comme certains caractères géographiques de base (grandes orientations agricoles, tracé des routes ou des voies ferrées, etc.) ne se modifient que très lentement. Dans les D.O.M. par exemple, « vieilles colonies » devenues départements en 1946, le statut colonial a pris fin juridiquement depuis 35 ans. Mais de nombreux traits des Antilles ou de la Guyane actuelles relèvent de ce qu'on peut appeler l'héritage colonial : principales cultures, relations commerciales privilégiées avec la métropole, faible développement industriel, grandes disparités sociales, état d'esprit de certains groupes, tensions socio-ethniques avivées par le souvenir des épisodes pénibles de l'histoire coloniale, etc. L'héritage colonial a en effet une dimension culturelle.*

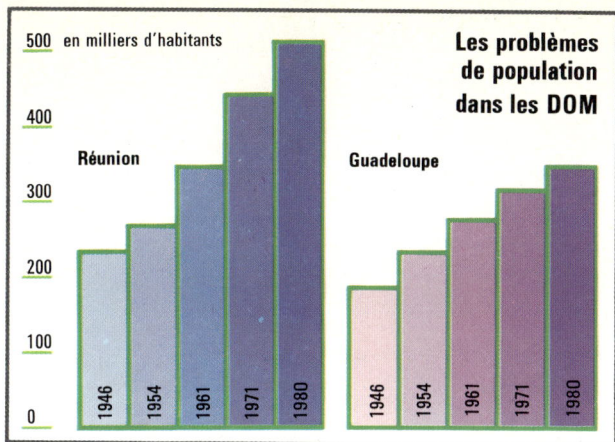

Les problèmes de population dans les DOM

500 en milliers d'habitants

Réunion — 1946, 1954, 1961, 1971, 1980

Guadeloupe — 1946, 1954, 1961, 1971, 1980

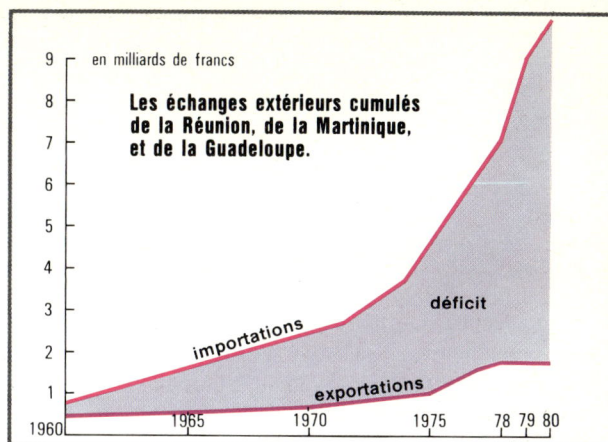

Les échanges extérieurs cumulés de la Réunion, de la Martinique, et de la Guadeloupe.

en milliards de francs

importations — déficit — exportations

1960 1965 1970 1975 78 79 80

La population réunionnaise a plus que doublé en une trentaine d'années. Cette explosion démographique provient d'une natalité restée très élevée pendant que la mortalité chutait. A la Réunion, de 1954 à 1967, le taux annuel moyen d'accroissement naturel fut de + 3,6 %, l'un des plus élevés du monde. En Guadeloupe, les rythmes étaient à peine inférieurs. Toutefois, dans les deux cas, la fécondité a considérablement baissé depuis 1970, en partie du fait d'une active propagande en ce sens. En Guadeloupe et Martinique, les taux de natalité sont désormais inférieurs à 20 ‰. Du coup, la population résidente ne s'accroît plus car l'émigration est intense. En Guadeloupe, depuis 1974, l'émigration annule l'excédent naturel, avec des taux annuels énormes de 1,5 à 2 %. Mais les conséquences de la période d'explosion démographique demeurent : extrême jeunesse (55 à 60 % de moins de 20 ans), vives tensions sur le marché de l'emploi, émigration souvent obligatoire, alourdissement des densités humaines déjà élevées, héritées du système colonial esclavagiste.

L'évolution révèle une lente croissance des exportations, faites pour 90 % de sucre, rhum et bananes, productions qui restent stables, dont les prix sont modestes parce que ce sont des denrées brutes ou peu élaborées. La sensibilité aux accidents climatiques (cyclones de 1979 aux Antilles, de 1980 à la Réunion) explique les tassements de ces 2 années. La montée des importations (produits manufacturés, énergie, denrées alimentaires, etc.) correspond à une consommation parfois artificiellement stimulée. L'aggravation permanente du déficit commercial est signe de dépendance car les recettes invisibles du tourisme ne suffisent pas. Les exportations couvraient 70 % des importations en 1960, mais moins de 20 % en 1980. Pour les 3/4, les échanges s'effectuent avec la seule métropole. L'ouverture sur des partenaires géographiquement plus proches (les pays de la Caraïbe par exemple pour les D.O.M. antillais) est difficile à la fois à cause des dissemblances (en matière de niveaux de vie, de coûts, etc.) et des ressemblances : les exportations agricoles de la Guadeloupe ou de la Martinique ne peuvent intéresser des voisins qui sont aussi producteurs de sucre, bananes, fruits, etc.

Pointe-à-Pitre, quartier du Lauricisque.
La conjonction de fortes densités (178 hab./km²), d'un dynamisme démographique encore sensible et d'un afflux d'immigrants dominicains ou haïtiens explique le maintien des « cases » à toit de tôle, face aux immeubles modernes dont le rythme de construction n'arrive pas à suivre le rythme de croissance de la population urbaine. Mais le heurt des deux types d'habitat est également révélateur d'un développement difficile. ▼

Après le passage du cyclone David (septembre 1979).
Les plantations de bananiers ont été littéralement déchiquetées et il faudra deux ans pour réparer les dégâts et rétablir le courant d'exportation. Les dégâts ont pourtant été moins considérables que sur l'île voisine de la Dominique dont l'économie a été gravement perturbée. ▼

118-Réunion, Martinique et Guadeloupe

La Réunion, située dans l'hémisphère austral à 800 km de Madagascar, est une construction volcanique dans laquelle l'érosion a taillé de profonds « cirques ». La densité moyenne de 200 hab./km² dit mal l'entassement des hommes dans la plaine côtière (500 à 600 hab./km²). Entre celle-ci et les hauteurs volcaniques grises et calcinées existe un habitat d'altitude original, fait de « petits Blancs » agriculteurs. Plus que les Antilles françaises, **la Réunion reste une île à sucre**. Café, vanillier, géranium, ananas, comptent peu face à la canne toute-puissante qui couvre 60 % des surfaces agricoles et fournit 85 % des exportations. Mais à la différence des Antilles françaises, la production sucrière se maintient, appuyée sur de bons rendements. Les autres activités sont embryonnaires : petite industrie agro-alimentaire, tourisme fortement concurrencé dans l'océan Indien par des îles plus conformes à l'imagerie tropicale (Maurice, les Seychelles). Aussi l'émigration vers la métropole, qui est pourtant à 12 000 km, est-elle active, officiellement encouragée et alimentée par l'extraordinaire jeunesse de la population.

La Martinique a davantage diversifié ses activités. C'est une île très accidentée. La densité moyenne de 300 hab./km² révèle comme dans bien d'autres Antilles la pression sur le milieu engendrée par l'accumulation humaine esclavagiste d'abord, l'explosion démographique contemporaine ensuite, même si elle a désormais pris fin. La canne à sucre s'est repliée sur les rares terres planes et le rhum, servi par une politique de qualité, est devenu plus important que le sucre. **La banane, exportée vers la France, est désormais la culture dominante.** Assurant des revenus à l'hectare supérieurs grâce à de bons rendements et permettant surtout un emploi permanent des hommes (contrairement à la canne qui est une culture saisonnière), les bananeraies des petits exploitants comme des grandes plantations forment souvent l'essentiel du paysage rural. Élevage et plantations d'ananas, d'avocatiers ou d'agrumes, complètent cette diversification agricole. En outre, l'agriculture a des prolongements (conserveries, jus de fruits) dans une industrie née plus tôt qu'ailleurs (raffinerie de pétrole à Fort-de-France). Des complexes touristiques luxueux attirent une clientèle nord-américaine et européenne. Bien équipée en services, Fort-de-France regroupe 1/3 de la population et fait un peu figure de métropole dans l'arc des petites Antilles.

La Guadeloupe (325 000 hab.) est faite en réalité de deux îles pratiquement jointes : l'une est volcanique et montagneuse ; l'autre, Grande-Terre, est basse, calcaire et plus sèche. Deux cultures assurent 90 % des exportations : la canne, qui décline mais domine encore Grande-Terre au travers de vastes domaines usiniers (c'est-à-dire exploités en faire-valoir direct par l'usine à sucre) contrôlés de l'extérieur, et la banane qui l'a remplacée dans les secteurs humides et accidentés de la Basse-Terre, sans toutefois connaître le même essor qu'en Martinique. La diversification agricole est engagée, élevage et cultures maraîchères sont en progrès. Comme en Martinique ou en Réunion, la pêche, exclusivement artisanale et côtière, ne couvre pas la consommation locale. L'industrie, étoffée depuis quelques années (zone portuaire moderne à Pointe-à-Pître, minoterie, cimenterie, etc.) ne procure tout de même que 10 % des emplois. Le tourisme lutte difficilement contre d'autres Antilles. Comme dans les autres D.O.M., le tertiaire est essentiel ; comme partout aux Antilles, l'émigration est forte : il y a 650 000 hab. en Guadeloupe et Martinique, mais certainement 300 000 à 400 000 Guadeloupéens et Martiniquais en métropole. L'agglomération de Pointe-à-Pître regroupe 1/3 de la population. Dotée d'outils modernes (port adapté à la conteneurisation, etc.) elle étouffe un peu les autres secteurs de l'île.

Le sucre de canne des DOM.

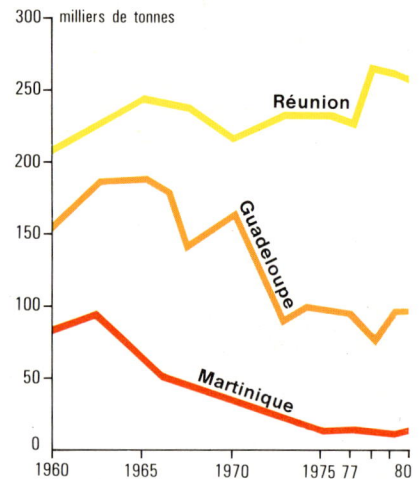

Dans les trois vieilles îles à sucre, la canne est cultivée soit sur les terres appartenant aux sucreries (les « usines »), grands domaines capitalistes, soit sur les lots de petits planteurs pauvres (propriétaires ou métayers appelés « colons »), qui vendent alors leur canne à l'usine ; ces rapports très inégaux causent de multiples tensions sociales, surtout au moment de la coupe, lorsque sont fixés salaires et prix de la canne. Le sucre est désormais vendu dans le cadre de la C.E.E. à un prix supérieur au cours mondial moyen du marché libre. Bien qu'un quota soit réservé à chaque D.O.M., il y a déclin ou stagnation de la production pour de nombreuses raisons : handicaps du transport mal pris en compte par la C.E.E., rendements seulement moyens, sociétés sucrières tentées par d'autres investissements. Partout la canne se replie sur les terres mécanisables, les « usines » se concentrent (à la Réunion, 13 en 1965, 6 en 1978) et la suppression des emplois pousse à l'exode rural. Malgré les apparences, le cas martiniquais n'est pas le plus grave car il n'y a pas eu abandon mais diversification agricole.

Mais l'héritage géographique de la culture de la canne à sucre est énorme. Il est perceptible dans les densités humaines (la canne était une culture peuplante au temps de l'esclavage), les structures agraires, les mentalités (la canne est le symbole du passé colonial et esclavagiste). Même aux Antilles, où la place du sucre a beaucoup diminué, tout ce qui touche à la canne (fixation du prix, fermeture d'usine, etc.) trouve un écho immédiat dans l'opinion.

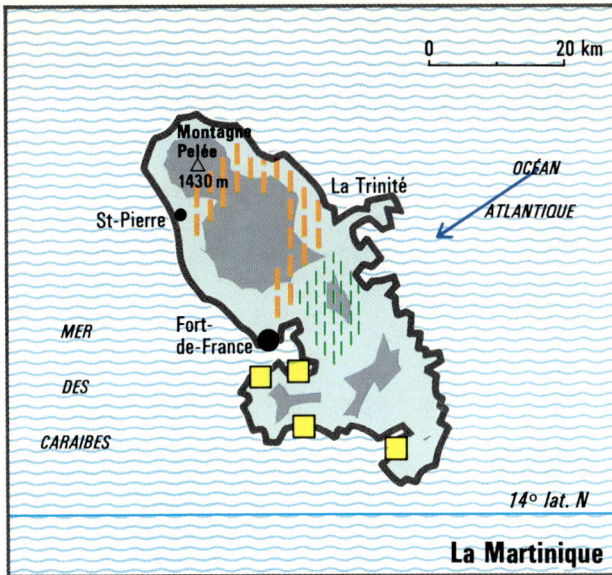

La Martinique

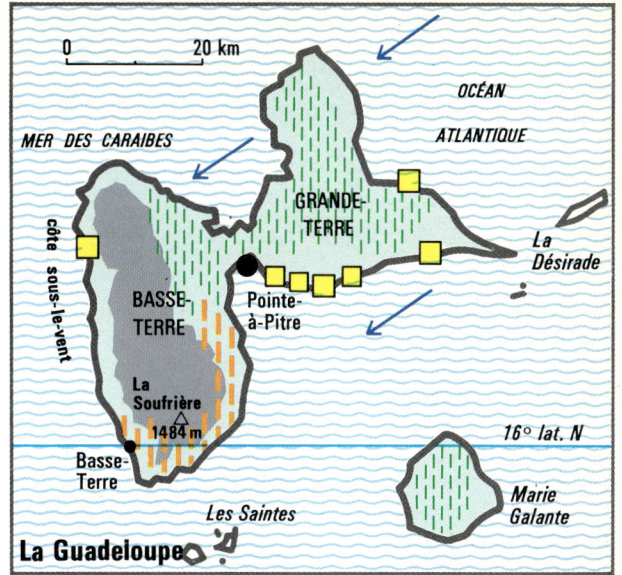

La Guadeloupe

Légende:

- zones montagneuses au-dessus de 400 m
- cirques
- culture dominante de la canne à sucre
- bananeraies
- principales implantations touristiques
- trajectoire de l'alizé
- principale agglomération

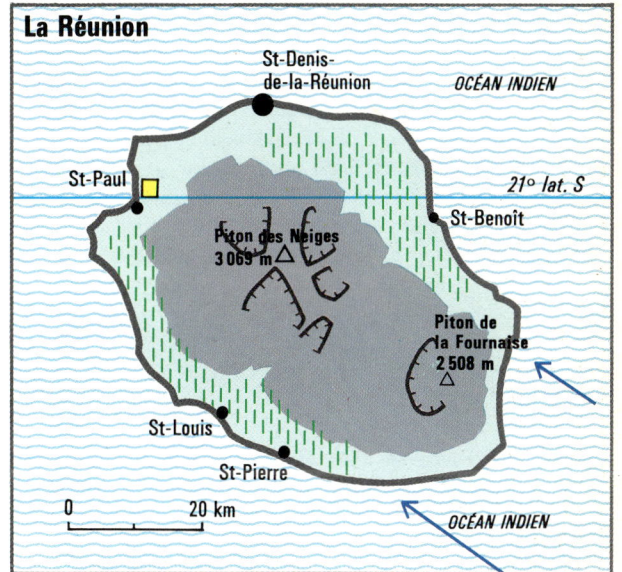

La Réunion

Un hangar de conditionnement des bananes aux Antilles.

Les fruits sont ici lavés dans un bain fongicide. Ils sont ensuite emballés dans des cartons et expédiés vers l'Europe dans les cales fraîches des bananiers. Le transport se fait désormais par conteneurs réfrigérés. Martinique et Guadeloupe fournissent environ la moitié de la consommation française de bananes.

L'introduction du conteneur dans le transport de la banane révèle les difficultés qu'on éprouve à intégrer une économie encore modestement efficace à une économie riche et technicienne : cette nouveauté, tout en permettant un usage plus rationnel du matériel de transport (cela évite aux conteneurs de revenir à vide en France) a remis en cause la situation des petits transporteurs (seuls de gros camions peuvent acheminer le conteneur jusqu'au port) et du 2e port de la Guadeloupe, où seule Pointe-à-Pitre peut recevoir les porte-conteneurs modernes. ▼

Club Méditerranée : « Les Boucaniers ».

Type d'équipement récent, peu ou pas intégré au contexte régional, mais suscitant un important trafic de voyageurs à partir de l'Europe et de l'Amérique du Nord, notamment le Québec. ▼

119-La Guyane et les T.O.M.

La Guyane française est un département sous-peuplé et sous-exploité. Sous un climat sub-équatorial, la Guyane n'a que 60 000 habitants, pour l'essentiel installés dans la plaine côtière (dont la moitié dans la seule ville de Cayenne). Explicable à la rigueur dans l'intérieur, domaine de la forêt dense, cette faible occupation humaine (moins de 1 hab./km²) ne peut se justifier sur la côte par des raisons physiques ; elle contraste avec les densités beaucoup plus fortes des États voisins, Guyane et Surinam. C'est l'histoire du peuplement, succession d'échecs, qui en rend compte. Aux différentes périodes de son histoire, la Guyane n'a reçu que peu d'hommes, au service de projets souvent mal définis, avant d'être desservie par son image de colonie pénitentiaire. On attendait de l'installation du C.N.E.S. (Centre National d'Études Spatiales) en 1968 à Kourou un effet d'entraînement sur toute l'économie. Mais si Kourou est bien aujourd'hui une active et précieuse base de lancement de fusées et satellites, seuls le commerce et les infrastructures en général en ont profité. L'exploitation en grand de la forêt par l'industrie papetière, celle de gisements de bauxite, ou encore la poldérisation de terres littorales à des fins agricoles, restent des projets. Les plans de développement de la Guyane suscitent toujours des enthousiasmes, car c'est un territoire où l'aventure humaine et économique est encore possible, mais ils se traduisent rarement par des réalisations effectives. Il ne fait pas de doute que les ressources guyanaises sont grandes, sur le plan agricole, forestier et minier. Mais la mobilisation massive de ces ressources exigerait également la venue d'immigrants nombreux, ce qui pourrait bouleverser le subtil équilibre entre les différentes composantes actuelles de la population guyanaise (asiatique, africaine, antillaise, amérindienne, européenne...). En attendant, la Guyane reste très dépendante de la métropole.

Saint-Pierre-et-Miquelon, petit archipel au large de Terre-Neuve et du Canada, est devenu à son tour un département et vit surtout de la pêche.

Les T.O.M. du Pacifique.

La **Polynésie** française, composée de centaines d'îles volcaniques ou coralliennes, les atolls, compte 140 000 habitants. Les activités traditionnelles (pêche, exploitation du cocotier, du vanillier, etc.) s'effacent devant les genres de vie « à l'occidentale », surtout à Tahiti et dans sa capitale Papeete. L'installation du Centre d'Expérimentation du Pacifique (zone de tirs atomiques), unique dispensateur d'une fragile prospérité, les contacts permis par l'aviation ainsi que le tourisme international ont contribué à cette évolution. Le petit archipel de Wallis-et-Futuna est au contraire resté plus mélanésien qu'occidental.

La Nouvelle-Calédonie est le territoire le plus important économiquement. Elle possède 1/5 des réserves mondiales de nickel. L'extraction du minerai en fait le 3e producteur mondial de nickel après le Canada et l'U.R.S.S. La prospérité de l'île dépend fortement du nickel mais la stagnation de la demande mondiale depuis 1974/1975 freine les projets de nouvelles mines. Canaques et Européens (140 000 habitants au total), constituent deux communautés socialement et économiquement très éloignées l'une de l'autre.

Dans tous ces territoires, la vie économique serait plus équilibrée si des ressources locales, comme celles de la mer, étaient mieux mobilisées. En outre, le contact entre un modernisme parfois brutalement importé de France et des populations locales en pleine renaissance démographique, ne se fait pas sans heurts : revendications culturelles et politiques, lutte pour les terres en Nouvelle-Calédonie...

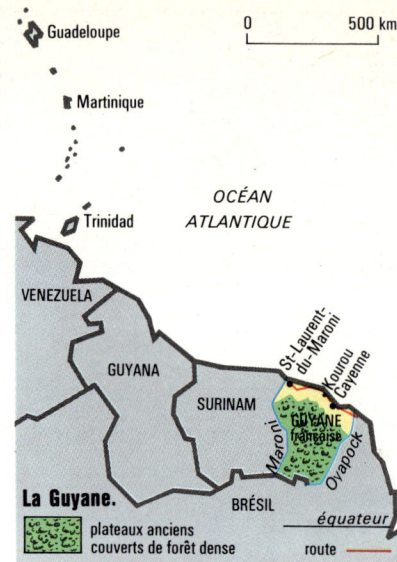

La Guyane.
plateaux anciens couverts de forêt dense
route

La superficie du Bassin aquitain, mais une seule route. Le long des fleuves entrecoupés de rapides, quelques villages indiens constituent les seules implantations humaines de l'intérieur.

La population de la Nouvelle-Calédonie. La population néo-calédonienne est très composite. Les Mélanésiens autochtones en représentent environ 45 %. Les Européens ou descendants d'Européens environ 35 %. Ce sont soit des colons ou descendants de colons, qui se sentent néo-calédoniens, installés à Nouméa ou dans la brousse où ils sont éleveurs sur de grands domaines, soit des métropolitains d'origine (fonctionnaires, etc.), dont la présence est plus récente. Pendant longtemps, la population européenne s'est accrue plus rapidement que l'ensemble, situation rare due à une immigration soutenue (fonctionnaires, travailleurs du nickel, etc.).

Entre ces deux groupes, les différences sont profondes : les Mélanésiens n'occupent pratiquement aucun poste de responsabilité. La réforme foncière entreprise en 1981 s'efforce de redistribuer des terres au profit des tribus mélanésiennes qui avaient été refoulées au XIXe siècle. Enfin, presque 1/5 de la population est composé d'originaires d'Asie ou d'autres archipels océaniens : Vietnamiens ou Indonésiens venus pour travailler autrefois dans les mines ou les plantations, souvent reconvertis dans le commerce, et surtout Tahitiens et Wallisiens. Les richesses du territoire (nickel) et le haut niveau de vie de la population européenne procurent des opportunités (emplois, etc.) qui ont attiré tous ces immigrants. Tous ces contrastes économiques, sociaux, ethniques et culturels posent de délicats problèmes pour l'avenir politique du territoire.

▲
Une rue de Saint-Pierre (St-Pierre-et-Miquelon).

Avec leur double vitrage et leur sas, les maisons de bois évoquent le Canada plus que la France, à laquelle l'île est liée : port de relâche des chalutiers atlantiques, station avancée sur les bancs poissonneux de l'Atlantique Nord, Saint-Pierre-et-Miquelon constitue le dernier maillon entre la France et le Canada.

Mines de nickel en Nouvelle-Calédonie : plateau de Thio.

La production néo-calédonienne s'est élevée à 90 000 t en 1980, soit un peu plus du dixième de la production mondiale (780 000 t). Les tonnages extraits varient d'une année sur l'autre, en fonction de la demande, ce qui explique l'ampleur des variations de la production entre 80 000 t (1979) et 140 000 t (1970). En dépit de ces fluctuations, l'activité minière reste l'une des ressources fondamentales de l'île et intéresse de grandes sociétés françaises (le Nickel) et américaines (Amax). ▶

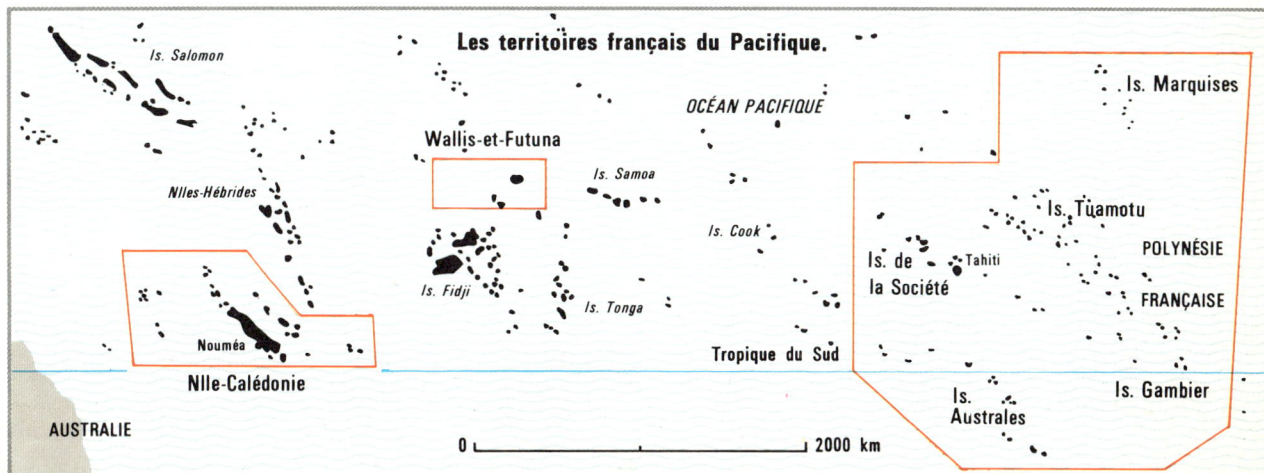

Les territoires français du Pacifique.

Is. Salomon

OCÉAN PACIFIQUE

Is. Marquises

Wallis-et-Futuna

Is. Samoa

Nlles-Hébrides

Is. Tuamotu

POLYNÉSIE

Is. Cook

Is. de la Société   Tahiti   FRANÇAISE

Is. Fidji

Is. Tonga

Tropique du Sud

Nouméa

Nlle-Calédonie

Is. Australes   Is. Gambier

AUSTRALIE

0 ⊢————————————————⊣ 2000 km

120-Vieille nation et jeune État

De tous les États européens, la République fédérale allemande est − avec la République démocratique allemande − **l'entité politique la plus récente**. Fondée en 1949, la R.F.A. ne représente qu'une fraction de la nation (61 millions d'habitants contre 17 millions pour la R.D.A.) et de l'espace allemands (respectivement 250 000 et 107 000 km²). Cette situation découle directement de la défaite du Reich hitlérien en 1945, l'« année zéro » de l'Allemagne contemporaine.

Après la guerre, le territoire allemand, considéré dans ses limites de 1937, c'est-à-dire antérieurement à l'*Anschluss* de l'Autriche et aux autres annexions hitlériennes, est amputé à l'est de la Prusse-Orientale, de la Poméranie et de la Silésie, soit 120 000 km². Le reste du territoire est divisé en quatre zones d'occupation placées sous la responsabilité des grandes puissances (États-Unis, Grande-Bretagne, France, U.R.S.S.). Mais rapidement, le déclenchement de la guerre froide incite les Occidentaux à fusionner leurs zones, d'où naîtra la R.F.A., tandis que la zone soviétique se transforme, quelques mois après, en R.D.A. Entre autres conséquences, la partition de l'espace allemand est responsable de trois singularités territoriales :

− **L'allongement du territoire sur 800 km juxtapose tous les paysages* classiques de l'Europe moyenne :** la haute montagne alpine, dont seule la frange septentrionale est incluse dans les frontières allemandes, puis le vaste piémont détritique bavarois, limité au nord par le cours du Danube, auquel succèdent les vigoureux plateaux sédimentaires de Souabe et de Franconie, flanqués à l'ouest et à l'est par les massifs anciens de la Forêt-Noire et des monts de Bohème ; au nord du Main et jusqu'aux plaines de Basse-Saxe, c'est l'Allemagne des vieux massifs hercyniens : Massif schisteux rhénan, Bergland hessois et westphalien, avec leurs croupes forestières, leurs vallées encaissées (Rhin entre Bingen et Bonn, Moselle, Lahn), leurs bassins abrités et fertiles (fossé rhénan, bassins de Cologne et de Münster) ; au pied septentrional des moyennes montagnes hercyniennes (Harz), l'écharpe loessique des Börde, aux sols fertiles, assure la transition avec les grandes plaines morainiques et marécageuses de Basse-Saxe et du Holstein, qui s'ouvrent sur deux étroites façades littorales, basses et découpées. Dans cette succession de régions naturelles sans réelle unité, seul le Rhin constitue un trait d'union, une sorte d'épine dorsale, latérale et incomplète.

− Circonstance aggravante, **la frontière interallemande**, qui coupe les unités naturelles à l'emporte-pièce, **s'oppose hermétiquement à toute relation transversale** entre des régions voisines et barre l'arrière-pays traditionnel du grand port de Hambourg, dont le trafic s'est en grande partie détourné vers les ports est-allemands et polonais de la Baltique. De ce fait, l'ombre portée du « rideau de fer » stérilise partiellement les régions adjacentes.

− Enfin, **le statut particulier de Berlin-Ouest**, ancienne capitale du Reich, en fait une enclave occidentale au cœur du monde soviétique, reliée artificiellement par des couloirs aériens et terrestres à la R.F.A.

Au plan démographique*, la fin des hostilités et les années suivantes ont vu affluer des masses considérables de réfugiés et d'expulsés ; au total, le territoire ouest-allemand a accueilli plus de 13 millions de personnes déplacées depuis 1945, et, en 1961, un Allemand de l'Ouest sur quatre était un réfugié. L'intégration réussie de ces populations fut la preuve tangible de la réalité nationale allemande, le premier succès du jeune État et la manifestation initiale de ce que l'on a appelé le « miracle allemand ». Aujourd'hui, la R.F.A. est le pays le plus peuplé, le plus industrialisé et le plus riche de la C.E.E.

Rapportées au territoire français : les superficies des territoires allemands, après la Seconde Guerre mondiale.
Surfaces équivalentes des territoires cédés :

− la partie en rouge correspond à la même superficie que les territoires cédés à la Pologne et à l'U.R.S.S. ;
− la partie en violet a une superficie égale à la R.D.A. ;
− la partie en bleu a une superficie égale à celle de la R.F.A.

frontière : *la frontière qui sépare depuis la fin de la Seconde Guerre mondiale l'Allemagne de l'Ouest et l'Allemagne de l'Est matérialise la coupure de l'Europe en deux blocs politiques, militaires et économiques hostiles, au moment même où, paradoxalement, les vieilles frontières nationales « historiques » tendent à s'estomper.*

réfugiés et expulsés : *au plan juridique, l'administration ouest-allemande distingue les réfugiés (Flüchtlinge) qui ont fui les régions où ils vivaient antérieurement pour des raisons politiques (R.D.A.) et les personnes expulsées (Vertriebene) des anciens territoires allemands annexés par la Pologne et l'U.R.S.S. (Silésie, Poméranie, Prusse orientale).*

géopolitique : *science qui étudie les rapports entre les faits géographiques et les phénomènes politiques (frontières, rapports entre États, groupes nationaux ou ethniques). La plupart des grands mouvements impérialistes ont fait appel à la géopolitique pour justifier leurs objectifs territoriaux.*

Les régions naturelles d'Allemagne.

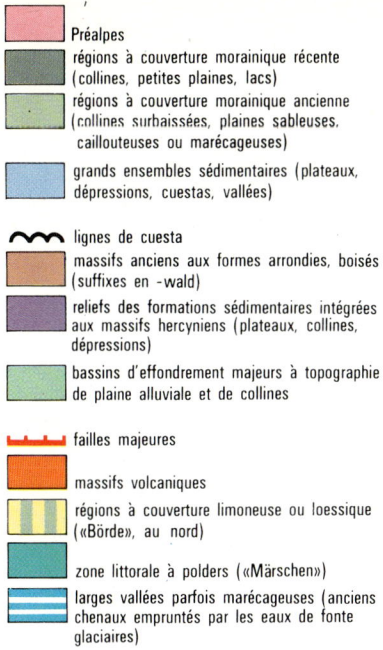

Légende (régions naturelles) :

- Préalpes
- régions à couverture morainique récente (collines, petites plaines, lacs)
- régions à couverture morainique ancienne (collines surbaissées, plaines sableuses, caillouteuses ou marécageuses)
- grands ensembles sédimentaires (plateaux, dépressions, cuestas, vallées)
- ～～ lignes de cuesta
- massifs anciens aux formes arrondies, boisés (suffixes en -wald)
- reliefs des formations sédimentaires intégrées aux massifs hercyniens (plateaux, collines, dépressions)
- bassins d'effondrement majeurs à topographie de plaine alluviale et de collines
- failles majeures
- massifs volcaniques
- régions à couverture limoneuse ou loessique («Börde», au nord)
- zone littorale à polders («Märschen»)
- larges vallées parfois marécageuses (anciens chenaux empruntés par les eaux de fonte glaciaires)

T **Tournant géopolitique :** l'analyse de différents documents cartographiques, démographiques, économiques, militaires relatifs à la situation en Europe en 1939 et en 1945 permet de montrer que cette période constitue un tournant géopolitique majeur.

Labels sur la carte : MER DU NORD, MER BALTIQUE, HOLSTEIN, MECKLEMBOURG, POLONAISE, Hambourg, Brême, PAYS-BAS, PLAINE GERMANO, Elbe, Oder, Aller, Ems, Hanovre, Berlin, R.D.A., Neisse, Monts de la Weser, Weser, bassin de Munster, Essen, Harz, Cassel, HESSE, bassin de Thuringe, Saale, Düsseldorf, bassin de Cologne, Westerwald, Ruhr, Cologne, Bonn, MASSIF SCHISTEUX RHÉNAN, Lahn, Vogelsberg, Thuringe, MONTS MÉTALLIFÈRES, Eifel, Taunus, Francfort, Spessart, Main, Hunsrück, Mannheim, Odenwald, Nuremberg, Jura franconien, BASSIN DE SOUABE-FRANCONIE, FORÊT DE BAVIÈRE, Ardennes, Moselle, Sarre, Hardt, FOSSE RHÉNAN, FORÊT-NOIRE, Stuttgart, Neckar, Jura souabe, Danube, Isar, PIEMONT BAVAROIS, Lech, Inn, VOSGES, FRANCE, lac de Constance, PRÉALPES DE BAVIÈRE, Zugspitze 2963, Munich, AUTRICHE, 0 100 km

Réfugiés et expulsés allemands après 1945.

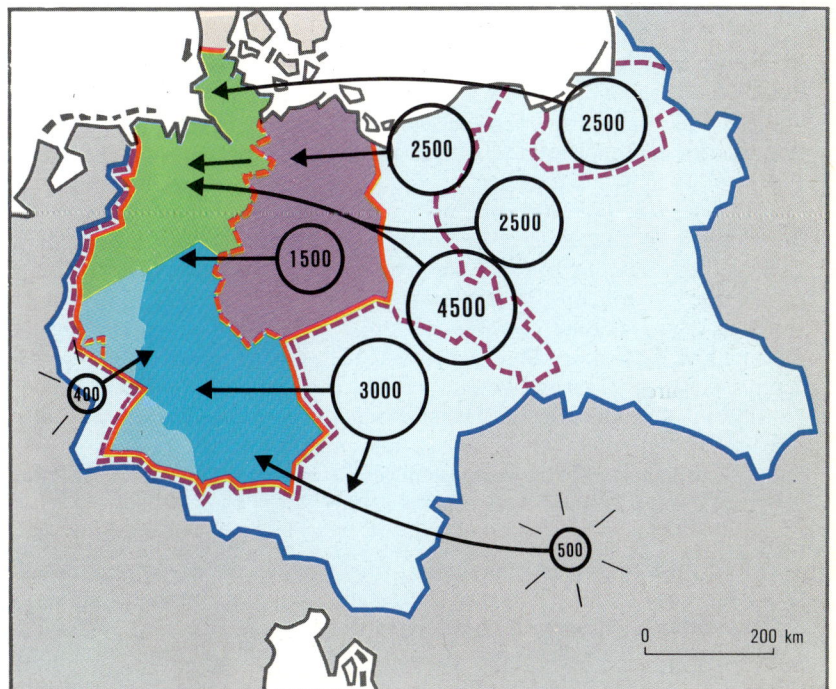

Légende :

- – – – frontières du Reich en 1937
- ——— frontières du «Grand-Reich» en 1942
- ——— frontières de l'Allemagne en 1945
- 2500 contingent régional de personnes déplacées (en milliers)
- zone d'occupation soviétique
- zone d'occupation américaine
- zone d'occupation britannique
- zone d'occupation française
- – – – frontière interallemande

Valeurs sur la carte : 2500, 2500, 2500, 1500, 4500, 400, 3000, 500

0 200 km

rurbanisation : 46
région urbaine : 64, 131
centre d'affaires : 89, 128

121-Une urbanisation envahissante

La population nationale de la R.F.A. est la plus nombreuse d'Europe occidentale : de 43 millions en 1939 sur le territoire correspondant à celui de l'État fédéral, elle passe à 46 en 1946 et à plus de 60 millions d'habitants en 1980. Ce très fort accroissement résulte pour l'essentiel de l'afflux des réfugiés consécutif à la guerre ; appréciable jusqu'aux années 60, le croît naturel s'est considérablement ralenti, puis inversé, et l'immigration de nombreux travailleurs étrangers ne l'a que partiellement relayé. Parallèlement, les densités de peuplement ont doublé entre 1939 et 1980, passant de 170 à plus de 240 : seuls les pays du Benelux offrent des densités supérieures, en Europe.

L'étoffement des noyaux urbains et villageois ainsi qu'une rurbanisation* généralisée matérialisent cette densification de la couverture humaine : sur de larges fractions du territoire allemand, **l'opposition classique entre paysages urbains et ruraux tend à se diluer au sein de véritables régions urbaines***, particulièrement spectaculaires au droit des grandes confluences rhénanes (Rhin-Neckar, Rhin-Main, Rhin-Ruhr), mais que l'on retrouve aussi en Sarre, dans le bassin du Neckar moyen (Stuttgart - Heilbronn), dans les Börde (Hanovre, Brunswick) et autour des grands centres isolés (Munich, Nuremberg, Brême, Hambourg). Ces zones d'accumulation démographique, appelées « condensations régionales » (Verdichtungsraüme) par les géographes allemands, rassemblent la moitié de la population du pays sur moins de 10 % de la superficie totale, alors qu'un Allemand sur cinq réside dans une commune rurale.

L'urbanisation et la vie urbaine ont des racines très anciennes. Les premières villes ont été fondées par les Romains dans les régions rhénanes : Cologne (Colonia), Trèves (Augusta Treverorum), Bonn (Bonna), Coblence (Confluentes)... Au Moyen Age et à l'époque moderne, elles connurent des périodes de grande prospérité et de rapide développement à l'initiative des bourgeoisies commerçantes et financières (Francfort, Augsbourg) et des princes locaux, laïcs (Mannheim, Munich, Stuttgart) ou ecclésiastiques (Cologne, Mayence), dont l'empreinte architecturale a souvent survécu aux transformations et aux bombardements. Au XIXe siècle, l'industrialisation provoque une véritable explosion urbaine là où surgissent usines et chevalements de mines : la Ruhr devient pour plusieurs décennies la plus grande concentration industrielle et urbaine du monde. Cependant, et paradoxalement, les paysages urbains de la R.F.A. sont jeunes, directement issus des énormes destructions par bombardements de la Seconde Guerre mondiale et du renouvellement consécutif du capital immobilier. Si l'on a assez fréquemment procédé à d'heureuses et étonnantes restaurations, le plus souvent, cependant on leur a préféré des solutions plus radicales, guidées par trois impératifs : le réaménagement systématique des centres villes, correspondant aux vieux noyaux historiques en centres d'affaires* (Francfort) ou de commerce (Essen), spontanément qualifiés de cities ; la création d'un habitat fonctionnel et agréable ; l'aménagement de réseaux de communication urbains et interurbains adaptés à une circulation automobile intense. Enfin, l'extension des tissus urbains et la rurbanisation achèvent d'effacer les paysages urbains hérités.

Il est évident qu'une couverture urbaine aussi dense, où s'entrecroisent et se superposent zones d'influence et réseaux de villes, implique des **types d'organisation de l'espace fort différents de ceux que l'on peut observer en France**.

Le centre de Francfort en 1945.

Le centre de Francfort en 1980.

city
conurbation (R₂)

région urbaine : région fortement urbanisée, où les villes sont contiguës ou très proches les unes des autres. A la différence des agglomérations ou des conurbations, au sens strict, les régions urbaines sont polycentriques et correspondent soit à des processus d'urbanisation monogénique et homogène (ex. : la Ruhr, les vieux bassins industriels britanniques), soit à la coalescence polygénique de complexes urbains à l'origine distincts (Mégalopolis américaine).

Densités et urbanisation en R.F.A.

- densités inférieures à 200 hab./km2 (zones rurales, forestières, montagneuses)
- densités supérieures à 200 hab. /km2 (zones urbaines, zones rurales à grosses bourgades)
- • villes ayant plus de 250 000 hab.
- • autres villes importantes
- régions urbaines multipolaires (conurbations)
- agglomérations à pôle dominant dépassant 1 million d'hab.
- autres agglomérations importantes

les contours des régions urbaines de la R.D.A. sont figurés à titre de comparaison

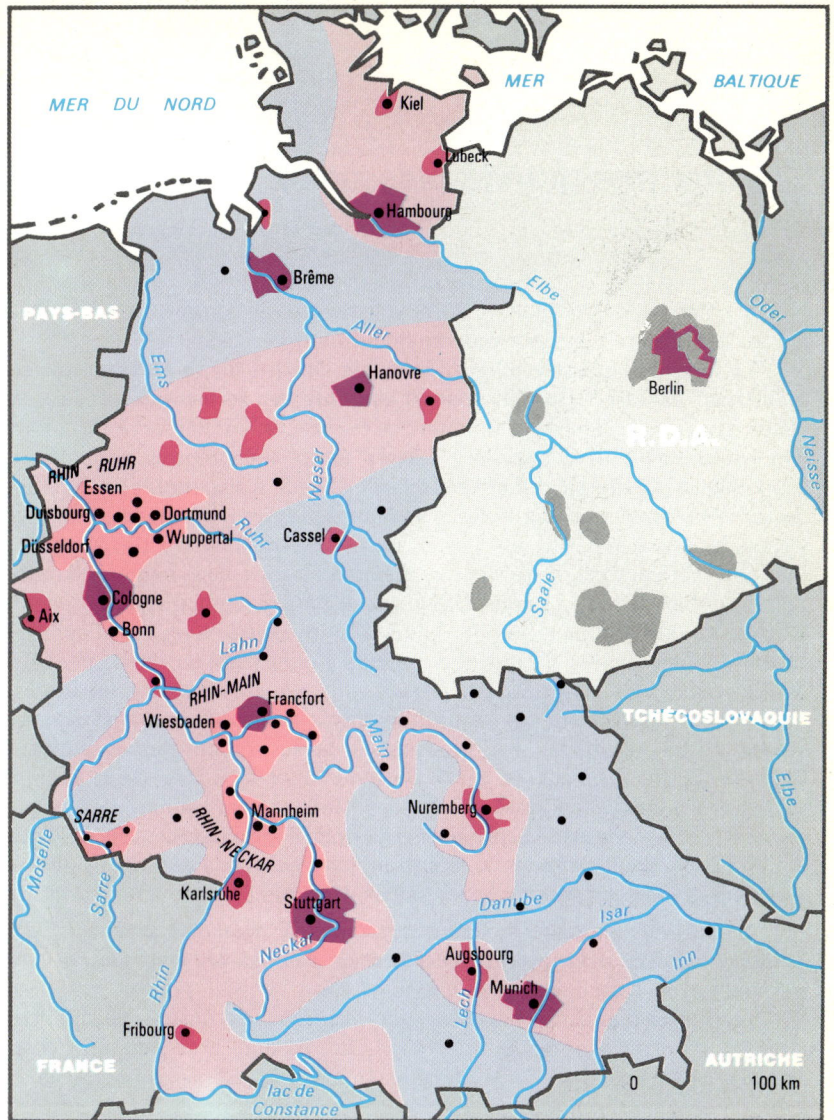

T La comparaison des cartes de la répartition des villes et de leur influence régionale met en lumière les différences fondamentales séparant les structures urbaines et leur rôle économique, administratif et régional en France et en R.F.A.

MER DU NORD · MER BALTIQUE · Kiel · Lübeck · Hambourg · Brême · Hanovre · Berlin · R.D.A. · PAYS-BAS · Ems · Aller · Weser · Elbe · Oder · Neisse · RHIN - RUHR · Essen · Duisbourg · Dortmund · Düsseldorf · Wuppertal · Cassel · Ruhr · Cologne · Aix · Bonn · Lahn · Saale · TCHÉCOSLOVAQUIE · RHIN-MAIN · Francfort · Wiesbaden · Main · Elbe · SARRE · RHIN-NECKAR · Mannheim · Nuremberg · Moselle · Sarre · Karlsruhe · Stuttgart · Danube · Isar · Rhin · Neckar · Augsbourg · Munich · Lech · Inn · Fribourg · FRANCE · lac de Constance · AUTRICHE · 0 100 km

La région urbaine Rhin-Ruhr.

- zones densément urbanisées
- zones en cours d'urbanisation («mitage urbain»)
- → principaux axes d'urbanisation
- espaces agricoles et forestiers
- autoroutes
- ▲ centre d'extraction houillère
- △ centre d'extraction du lignite
- ■ sidérurgie
- ● industrie métallurgique et constructions mécaniques
- ‡ industrie textile
- △ industrie chimique

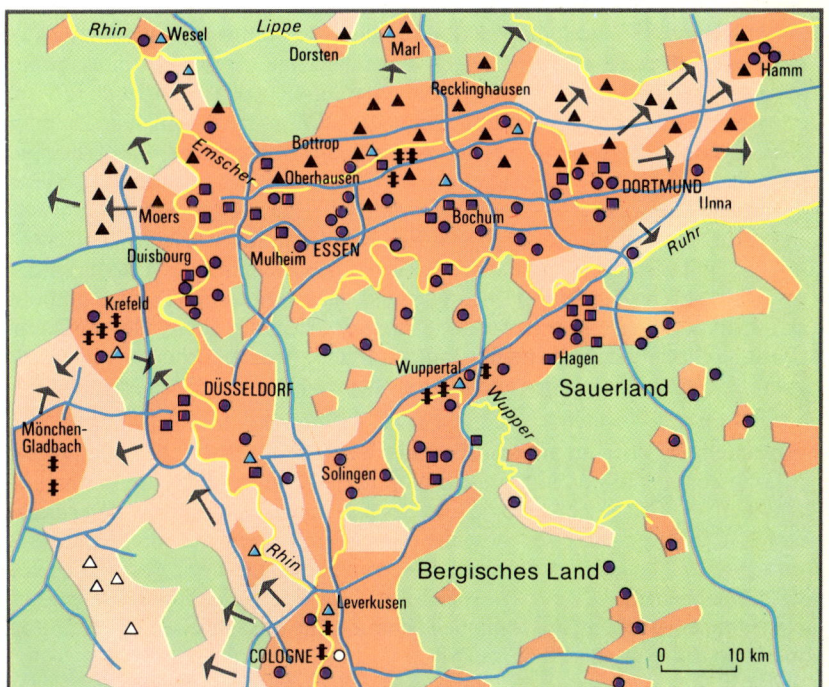

Rhin · Wesel · Lippe · Dorsten · Marl · Hamm · Recklinghausen · Emscher · Bottrop · Oberhausen · DORTMUND · Unna · Moers · Bochum · Duisbourg · Mulheim · ESSEN · Ruhr · Krefeld · Wuppertal · Hagen · Sauerland · DÜSSELDORF · Wupper · Mönchen-Gladbach · Solingen · Bergisches Land · Rhin · Leverkusen · COLOGNE · 0 10 km

251

puissance industrielle : 33, 34
firmes : 29
implantation de l'industrie : 30

122-Une très grande puissance économique

Sa vitalité industrielle alliée à une intense activité commerciale font de la R.F.A. la première puissance économique d'Europe occidentale.

La force de l'industrie allemande repose d'abord sur **la puissance de ses industries* de base et sur un éventail équilibré des secteurs de production**. Industries métallurgiques et chimiques, en particulier, ont conservé et renforcé leur prééminence traditionnelle à travers toutes les tempêtes politiques et économiques. Les bassins charbonniers, et en tête la Ruhr, furent les berceaux des grandes entreprises sidérurgiques aux noms prestigieux : Hoesch, Klöckner, Krupp, Mannesmann, Thyssen ; mais l'appel des ports fluviaux (Duisbourg) et maritimes (Brême), par où arrivent les minerais à forte teneur importés d'outre-mer (Venezuela, Brésil, Afrique), suscite un glissement des implantations vers le Rhin et les littoraux de la mer du Nord. L'autre grand secteur est l'industrie chimique, dans lequel l'Allemagne a toujours eu une place de choix, avec trois firmes* géantes : B.A.S.F. *(Badische Anilin und Soda Fabrik)*, Bayer et Hoechst. Très souvent intégrées à ces groupes, d'actives industries de transformation valorisent au maximum les productions brutes : industries mécaniques (matériel de chantier, engins, machines-outils dont la R.F.A. est le premier exportateur mondial), industrie automobile (Volkswagen, Daimler-Benz, Opel, Ford, B.M.W.), industrie électrique et électronique (groupes Siemens et Bosch, A.E.G.-Telefunken, Grundig...), industrie pharmaceutique dépendant directement des grandes firmes chimiques (Bayer, Hoechst).

L'industrie allemande doit son exceptionnelle résistance aux aléas de la conjoncture à des **structures efficaces héritées de l'histoire mais toujours très vivaces**, qui se caractérisent par une intégration verticale poussée : le même groupe *(konzern)* englobe, par toute une hiérarchie de filiales, les différents niveaux d'élaboration d'une production, du produit brut aux articles de consommation : de ce fait, la production connaît une valorisation optimale. Ce type de structure s'explique par la puissance initiale de la firme, un large autofinancement volontiers relayé par les banques, ainsi que par une recherche appliquée qui n'a d'équivalent qu'au Japon.

Pourtant, **l'implantation spatiale actuelle de l'industrie* allemande s'est largement affranchie des héritages d'avant-guerre** ; certes, les plus grands foyers correspondent encore aux bassins charbonniers de la Ruhr et de la Sarre, ainsi qu'à certains centres traditionnels (B.A.S.F. à Ludwigshafen, Daimler-Benz à Stuttgart), mais depuis la guerre, toutes les grandes villes rhénanes (Cologne, Düsseldorf, Karslruhe) ou intérieures (Munich, Nuremberg, Hanovre) sont devenues de grands pôles d'activités. Plus généralement, le travail industriel connaît une extrême diffusion dans les milieux urbains et ruraux.

Si l'industrie est la locomotive de l'économie allemande, le secteur agricole est loin d'être négligeable, et, bien que la surface agricole utile ait été amputée des deux tiers par la perte des territoires orientaux, dans de nombreux domaines, la production a atteint l'autosuffisance (viande, produits laitiers, blé, sucre), et permet même des exportations appréciables (10 % des exportations).

Toutes ces activités s'adressent à un marché intérieur actif ; elles alimentent en outre un puissant commerce extérieur : la R.F.A. est le premier exportateur et le second importateur mondial (10 % du commerce mondial). Ce commerce s'effectue pour moitié avec les partenaires de la C.E.E., le principal étant la France, mais ses besoins en matières premières (hydrocarbures, minerais) font de la R.F.A. un partenaire commercial privilégié des pays en voie de développement et des pays socialistes. Une balance commerciale presque constamment excédentaire explique la bonne santé du deutsche-mark, l'une des monnaies les plus solides du monde.

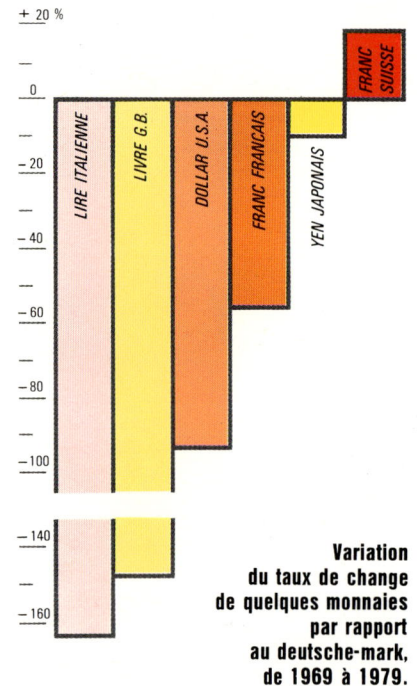

Variation du taux de change de quelques monnaies par rapport au deutsche-mark, de 1969 à 1979.

konzern : *mot allemand, parfois traduit par le terme « consortium », désignant un groupe d'entreprises industrielles et commerciales, juridiquement indépendantes mais réunies en fait sous une direction unique, constituant un ensemble qui intègre verticalement des productions situées à l'amont (ex. : charbon) et à l'aval (ex. : machines) du secteur originel de l'entreprise-noyau (ex. : production d'acier). L'exemple le plus célèbre est la firme Krupp. Le konzern doit être distingué du* **trust,** *qui est un groupe d'entreprises réunies sous une même direction, mais ne comportant pas nécessairement une* **intégration verticale** *aussi poussée.*

Les principaux partenaires commerciaux de la R.F.A. en 1978.

échanges chiffrés en milliards de DM

pays exportateurs		pays importateurs	
30,7	PAYS-BAS	FRANCE	34,9
28,3	FRANCE	PAYS-BAS	28,4
23,2	ITALIE	BELG-LUX.	23,7
20,5	BELG-LUX.	ETATS-UNIS	20,2
17,4	ETATS-UNIS	ITALIE	19,4
12,1	GRANDE-BRETAGNE	GRANDE-BRETAGNE	16,9
9,5	SUISSE	AUTRICHE	14,6
7,2	JAPON	SUISSE	14,4
7,1	AUTRICHE	SUEDE	7,7
5,4	U.R.S.S.	IRAN	6,8
5,1	SUEDE	DANEMARK	6,3
4,2	IRAN	U.R.S.S.	6,3

L'économie allemande en quelques chiffres (1979).

Énergie
Houille	87 Mt
Lignite	130 Mt
Électricité	366 milliards de kWh

Production industrielle
Acier	46 Mt
Aluminium	0,74 Mt
Caoutchouc	0,44 Mt
Plastiques	7,1 M
Automobiles	3,9 M
Camions, camionnettes	0,3 M

Agriculture
Population agricole active	1 656
Nombre d'exploitations	860
Superficie moyenne	14 ha
Surface agricole utile	12 M ha
Valeur ajoutée par actif	35 400 F
Valeur ajoutée par hectare	4 800 F

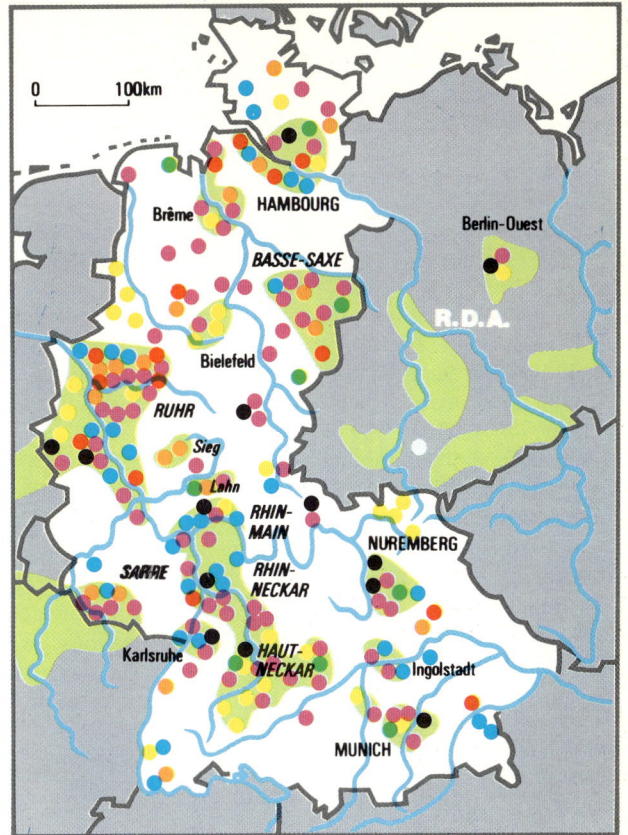

Les foyers industriels de la R.F.A.

- sidérurgie
- métallurgie de métaux non ferreux
- construction mécanique/ automobile/navale
- mécanique fine/optique
- industrie électrique et électronique
- industrie chimique
- industrie textile
- limites des grandes concentrations industrielles

T A l'aide des données figurant ci-contre, composer un diagramme permettant de comparer les situations économiques de la France et de l'Allemagne fédérale.

La balance commerciale de la R.F.A et des principaux Etats occidentaux (en 1977, 78,79).

d'après Le Monde

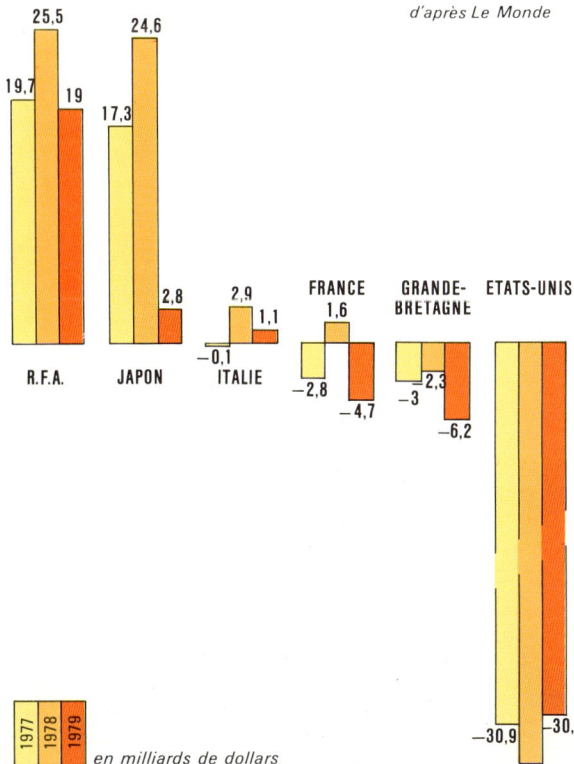

1977 · 1978 · 1979

en milliards de dollars

R.F.A. : 19,7 · 25,5 · 19
JAPON : 17,3 · 24,6 · 2,8
ITALIE : −0,1 · 2,9 · 1,1
FRANCE : −2,8 · 1,6 · −4,7
GRANDE-BRETAGNE : −3 · −2,3 · −6,2
ETATS-UNIS : −30,9 · −30,1 · −34,2

L'inflation de la R.F.A comparée à celles de ses principaux partenaires commerciaux (en 1977, 78, 79).

en pourcentages   d'après Le Monde

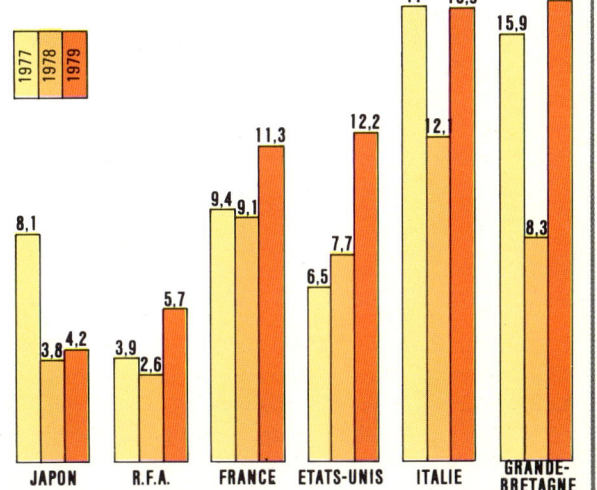

1977 · 1978 · 1979

JAPON : 8,1 · 3,8 · 4,2
R.F.A. : 3,9 · 2,6 · 5,7
FRANCE : 9,4 · 9,1 · 11,3
ETATS-UNIS : 6,5 · 7,7 · 12,2
ITALIE : 17 · 12,1 · 16,9
GRANDE-BRETAGNE : 15,9 · 8,3 · 17,2

absence de centralisation : 58, 59, 60

123-Des structures régionales originales

L'histoire n'a pas désigné de capitale à l'Allemagne avant la fin du XIXᵉ siècle, et Berlin n'a joué ce rôle que pendant une période trop brève (1871 à 1945) pour acquérir un poids comparable à ceux de Paris ou de Londres. Après la Seconde Guerre mondiale, on a choisi une petite ville universitaire rhénane – choix symbolique – pour accueillir « provisoirement » le gouvernement de la jeune république, plutôt que Munich ou Francfort. Le Reich wilhelmien puis la république de Weimar étaient restés des agrégats territoriaux hérités de l'histoire et dotés d'une multitude de capitales régionales ou locales. De ce passé sont demeurés trois caractères originaux de l'organisation régionale ouest-allemande.

– **Une absence totale de centralisation***, institutionnalisée et renforcée par la structure fédérale de la République, dont le territoire est divisé en huit *Länder* auxquels s'ajoutent les villes de Brême, Hambourg et Berlin-Ouest, qui disposent de pouvoirs autonomes assez larges, notamment sur le plan de l'aménagement de l'espace.

– **La puissance des villes** bien organisées en réseaux qui quadrillent étroitement l'espace fédéral : à la différence de la France, où le foyer parisien rayonne directement sur la majeure partie des régions septentrionales, et sur de vastes régions situées au sud de la Loire, la distribution des aires d'influence urbaine en R.F.A. fait apparaître une bande rhénane caractérisée par des réseaux serrés de villes importantes disposant de zones d'influence exiguës, et des espaces orientaux moins densément urbanisés, mais encore bien contrôlés par de grandes villes telles que Munich ou Nuremberg au sud, Hanovre, Brême ou Hambourg au nord, que relaient des cohortes de villes moyennes dotées de fortes personnalités.

– **La décentralisation joue aussi au plan économique,** et si certaines villes se distinguent par une vocation bancaire ou financière plus marquée (Francfort), aucune ne peut prétendre à la suprématie ; à l'opposé de la concentration parisienne, la répartition des sièges sociaux des grandes entreprises ne dénote aucune préférence exagérée : Francfort (AEG-Telefunken), Munich (Siemens), Stuttgart (Daimler-Benz), Essen (Krupp), Wolfsbourg (Volkswagen), Ludwigshafen (B.A.S.F.)...

Cette organisation régionale très intégrée, associée à la puissance économique et à la charge démographique, implique une vie de relation très intense. De ses origines, le réseau ferré a conservé sa structure maillée, que l'on a cependant renforcée sur les grands axes transversaux (Aix-la-Chapelle - Berlin, Karslruhe - Munich...) ou longitudinaux, rhénans (Bâle - Ruhr - Pays-Bas) ou intérieurs (Hambourg - Hanovre - Munich). Les aspects les plus originaux concernent la politique routière et les voies d'eau : le régime hitlérien avait doté l'Allemagne d'autoroutes stratégiques transversales, mais depuis la fin de la guerre, la priorité est allée aux liaisons nord-sud (autoroutes rhénanes, « HAFRABA » reliant Hambourg, Francfort et Bâle) ainsi qu'aux liaisons inter et intra-urbaines. Par ailleurs, reprenant une tradition, la R.F.A. a poursuivi le développement des voies d'eau à grand gabarit (canalisation du Neckar, de la Moselle, du Main, du Danube supérieur ; construction des canaux de l'Elbe et du Main-Danube, en cours d'achèvement).

Aujourd'hui, le problème régional allemand ne se pose pas en termes de décentralisation, mais de désenclavement de régions relativement marginalisées par leur éloignement des grands axes, leur ruralité jugée excessive (Haute-Franconie, près de Rothenburg) ou la proximité du rideau de fer (Göttingen, Fürth...).

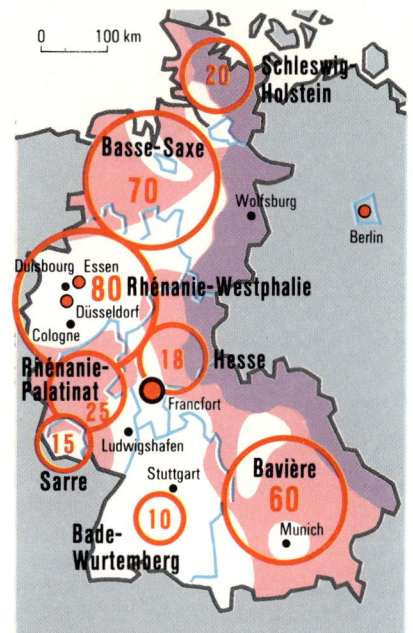

Aménagement de l'espace et structures économiques en R.F.A.

- zones de moindre développement (zones rurales)
- zone marginalisée par la proximité de la frontière inter-allemande («Zonenrandgebiet»)
- • siège social de l'une des 15 premières grandes firmes de R.F.A.
- ● siège social de deux des 15 premières grandes firmes de R.F.A.
- ⬤ siège social de plus de deux des 15 premières grandes firmes de R.F.A.
- ⑤ création d'emplois nouveaux de 1978 à 1981 (en milliers, par Land)
- — limites des Länder

État fédéral : *un État fédéral résulte de l'association d'États dits fédérés, qui délèguent à cette entité politique superposée leur représentation extérieure et internationale (diplomatie, défense, certaines prérogatives économiques et culturelles). La R.F.A., la Suisse, les U.S.A. et l'U.R.S.S. sont des États fédéraux.*

Land *(pl. : Länder) : en R.F.A. ce terme désigne les États issus des anciennes principautés, reconstitués et remaniés après la Seconde Guerre mondiale sous l'impulsion des particularismes régionaux et des Alliés vainqueurs, et réunis au sein de la République fédérale allemande. Les Länder disposent de larges pouvoirs en matière d'administration, de police, d'instruction et de planification.*

Rôle régional des centres urbains en R.F.A.

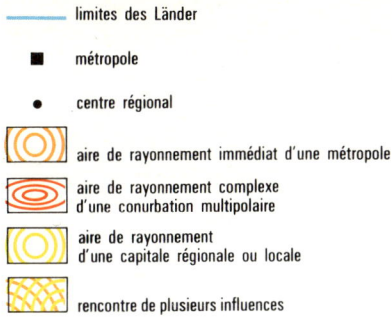

— limites des Länder

■ métropole

● centre régional

aire de rayonnement immédiat d'une métropole

aire de rayonnement complexe d'une conurbation multipolaire

aire de rayonnement d'une capitale régionale ou locale

rencontre de plusieurs influences

L'urbanisation très poussée conjuguée à l'autonomie traditionnelle des capitales régionales rend compte du maillage serré des réseaux urbains et de la juxtaposition étroite de leurs aires d'influence, très denses et structurées dans les régions rhénanes, moins strictes et plus vacuolaires dans les régions rurales du Sud et du Nord-Ouest. ▶

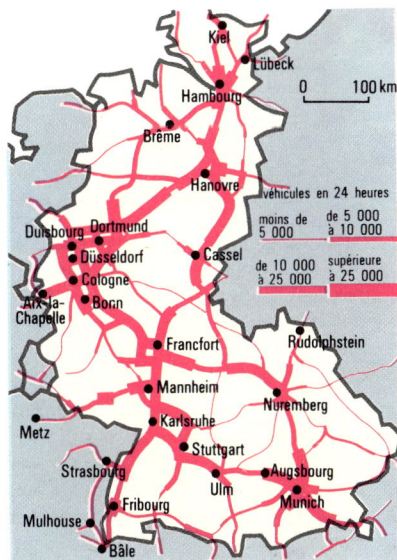

La circulation autoroutière.

◀ On voit très nettement apparaître les grands axes méridiens (axe rhénan moyen, HaFraBa, Aix-Ruhr-Hanovre-Berlin, Francfort-Nuremberg-Munich, Stuttgart-Munich). La largeur des tracés est proportionnelle aux trafics enregistrés.

Le trafic fluvial s'effectue pour l'essentiel sur le Rhin et sur les voies d'eau de l'Allemagne septentrionale (Mittelland Kanal, canal de Kiel, Elbe inférieur). L'activité batelière du Rhin supérieur et moyen augmentera lorsque seront achevés le canal du Main au Danube, le canal du Rhin au Rhône ainsi que la canalisation de la Moselle. Duisbourg est le plus grand port fluvial du monde. ▶

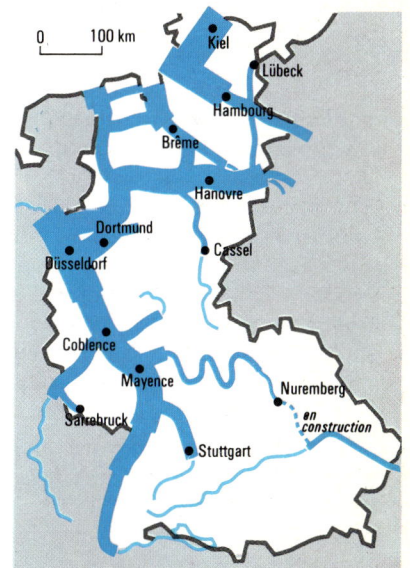

Le trafic fluvial en R.F.A.

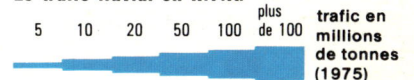

5   10   20   50   100   plus de 100   trafic en millions de tonnes (1975)

partage entre deux blocs : 2
importations énergétiques : 35, 37
démographie : 16

124-Les grands problèmes actuels

La République fédérale allemande jouit aujourd'hui d'une situation économique et sociale favorable. Cependant l'époque du « miracle allemand » des années 50 et du début des années 60 est révolue : les problèmes d'origine extérieure conjugués aux difficultés internes rendent la conjoncture moins sereine.

Le problème géopolitique, certainement le plus obsédant, est une constante de l'histoire allemande contemporaine. **Le partage de l'espace allemand entre les deux blocs* en a fait un enjeu permanent de leur rivalité.** La R.F.A. est membre de l'O.T.A.N. depuis 1955 et elle en est l'un des piliers les plus sûrs, mais aussi le plus exposé. De plus, le poids des charges militaires se fait sentir de plus en plus lourdement dans un contexte de malaise économique. Par ailleurs, le peuple allemand ressent toujours péniblement la coupure de la nation en deux États hostiles. Aussi n'est-il pas étonnant que la R.F.A. ait inauguré à partir de 1972 une politique de *modus vivendi* avec le bloc soviétique *(Ostpolitik)*, dont elle espère retirer des garanties politiques pour le statut de Berlin et les relations avec la R.D.A., et des facilités économiques. Si les échanges commerciaux se sont notablement accrus avec la R.D.A. et l'Union soviétique, aucune solution durable n'est apparue et le statut de Berlin-Ouest demeure précaire : l'isolement de la ville et son éloignement du reste de la R.F.A., à laquelle elle n'est reliée que par des couloirs terrestres et aériens vulnérables, obligent les autorités ouest-allemandes à pallier cette situation artificielle par des subventions permanentes fort coûteuses.

L'ouverture de l'économie allemande sur le monde apparaît largement positive, dans la mesure où elle entretient un mouvement commercial largement excédentaire ; mais, inversement, **elle expose l'économie nationale aux fluctuations incessantes qui agitent les marchés internationaux.** Pour répondre à la concurrence extérieure, notamment à la redoutable concurrence japonaise, la R.F.A. a dû installer de nombreuses usines de sous-traitance en Asie, en Afrique, en Amérique, car la main-d'œuvre nationale est maintenant trop coûteuse dans le domaine de certaines productions : les légendaires « Coccinelles » Volkswagen actuellement vendues en R.F.A. et dans toute l'Europe sont fabriquées au Mexique.

D'autre part, **l'Allemagne doit importer* des masses croissantes de matières premières et énergétiques** ; premier consommateur d'énergie de la C.E.E. (35 % du marché, soit une fois et demie la part française), la R.F.A. est dans une position de plus en plus dépendante. Certes, les gisements de houille (Ruhr, Sarre, bassin d'Aix-la-Chapelle) et de lignite (gisement de Cologne-Düren) représentent encore d'énormes réserves (24 et 35 milliards de tonnes), et si la R.F.A. possède quelques ressources en pétrole et gaz naturel (Basse-Saxe), l'essentiel de l'énergie consommée provient des hydrocarbures importés. Dans le même temps, sous la pression des mouvements écologistes, les pouvoirs publics ont dû freiner l'ambitieux programme électronucléaire lancé dans les années 70 : le problème énergétique demeure donc préoccupant, même s'il apparaît moins aigu qu'en France.

Enfin, **la démographie* allemande elle-même donne des signes de faiblesse** ; durement atteinte par les pertes de la guerre (plus de 6 millions de morts), elle connaît depuis une quinzaine d'années une dénatalité prononcée, accompagnée d'un vieillissement généralisé des structures démographiques et d'un déficit des tranches actives. Terre d'accueil pour de nombreux travailleurs étrangers jusque vers 1972, la R.F.A. décourage maintenant cette immigration et prend même des mesures de refoulement, devant la montée d'un vieux péril que l'on redécouvre : le chômage.

Consommation d'énergie primaire de la R.F.A.

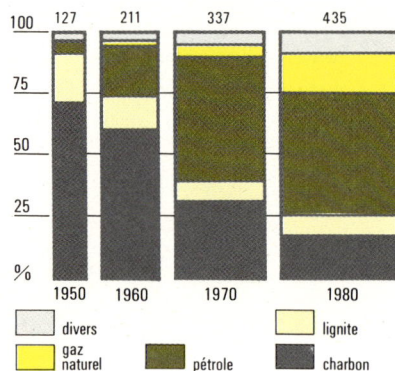

divers
gaz naturel
lignite
pétrole
charbon

Evolution de la production et des importations des principales sources d'énergie.

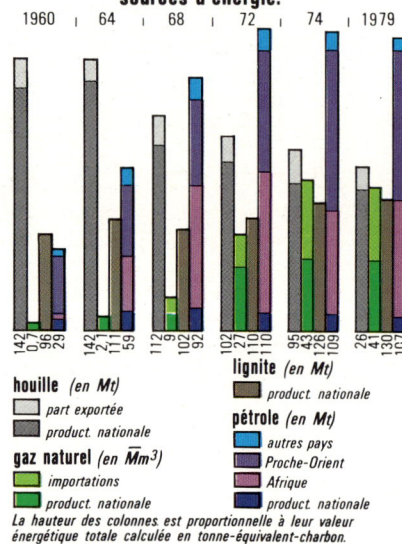

houille *(en Mt)*
part exportée
product. nationale

gaz naturel *(en M̄m³)*
importations
product. nationale

lignite *(en Mt)*
product. nationale

pétrole *(en Mt)*
autres pays
Proche-Orient
Afrique
product. nationale

La hauteur des colonnes est proportionnelle à leur valeur énergétique totale calculée en tonne-équivalent-charbon.

Les quantités de charbon, de pétrole et de lignite sont indiquées en millions de tonnes, les volumes de gaz en milliards de mètres-cubes ; la hauteur des colonnes expriment ces quantités transcrites en tec, ce qui permet des comparaisons directes.

T On peut comparer avec les documents la situation démographique, énergétique, etc. en France et en R.F.A.

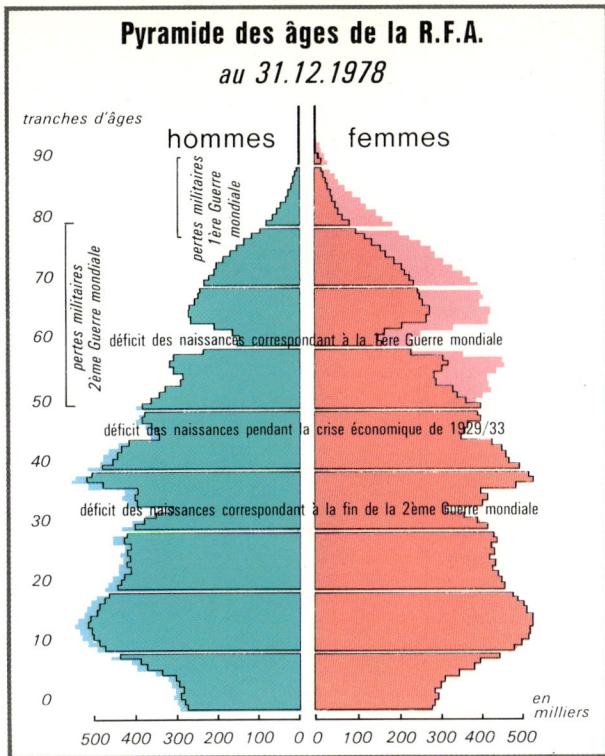

Pyramide des âges de la R.F.A.
au 31.12.1978

tranches d'âges

hommes | femmes

pertes militaires 1ère Guerre mondiale

pertes militaires 2ème Guerre mondiale

déficit des naissances correspondant à la 1ère Guerre mondiale

déficit des naissances pendant la crise économique de 1929/33

déficit des naissances correspondant à la fin de la 2ème Guerre mondiale

en milliers

500 400 300 200 100   0   0 100 200 300 400 500

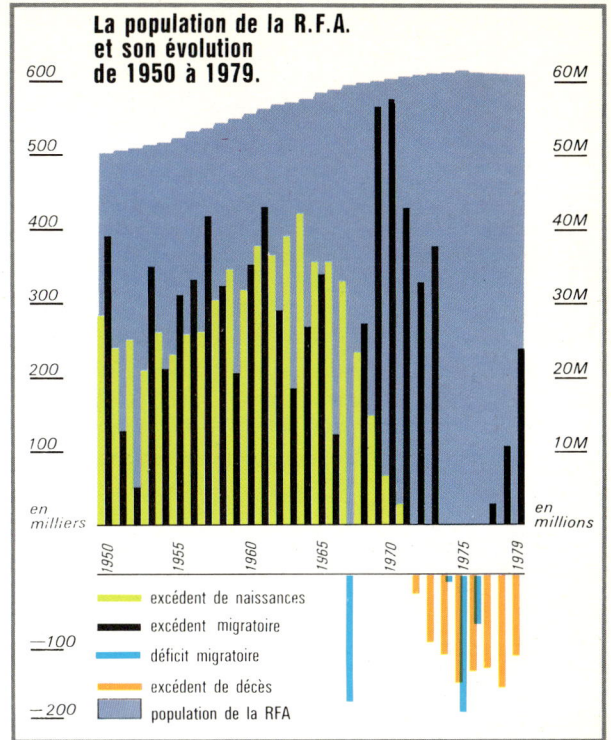

La population de la R.F.A. et son évolution de 1950 à 1979.

en milliers — en millions

- excédent de naissances
- excédent migratoire
- déficit migratoire
- excédent de décès
- population de la RFA

La pyramide démographique de la R.F.A. porte la marque des événements politiques et économiques majeurs de la première moitié du XXe siècle. Elle témoigne aussi du net déclin démographique qui s'est affirmé au cours des années : 1960 à 1965, s'est accentué dans la période suivante, avant de se stabiliser à un niveau très bas. Important jusque vers 1973, l'excédent migratoire a rapidement disparu avec la récession économique, et sa remontée au cours des trois dernières années, bien que sensible, demeure modeste. A la différence de la France, où l'immigration est surtout d'origine ibérique et nord-africaine, la R.F.A. recrute l'essentiel de ses travailleurs étrangers en Europe sud-orientale (Yougoslavie, Grèce) et en Asie mineure (Turquie).

Deux aspects du rideau de fer.
A gauche, le « mur » de Berlin ; à droite la frontière interallemande.

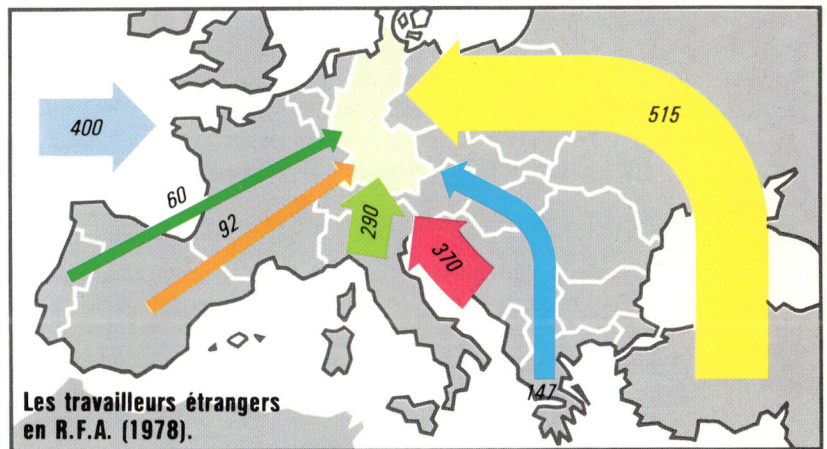

Les travailleurs étrangers en R.F.A. (1978).

- Turcs
- Grecs
- autres
- Yougoslaves
- Espagnols
- Italiens
- Portugais
- 290 *nombre de personnes en milliers*

données naturelles : 6
agriculture moderne : 24

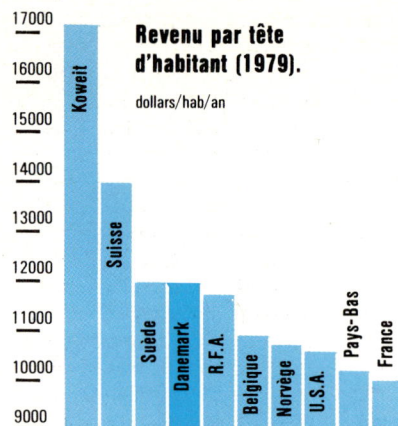

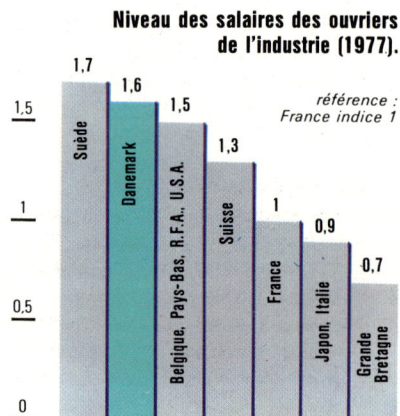

125-Le Danemark, un petit pays industrieux

Le Danemark est le seul État scandinave membre de la C.E.E. : les politiques neutralistes de la Suède et de la Finlande les maintiennent à l'écart, et le peuple norvégien a récemment rejeté par référendum le projet d'adhésion qui lui était soumis. Modeste par sa superficie (43 000 km²) et par le nombre de ses habitants (5 millions), le Danemark n'en occupe pas moins une place de choix dans la vie politique et économique de l'Europe.

Les conditions naturelles sont pourtant bien partagées. Le Danemark est un archipel constitué d'un ensemble péninsulaire, le Jutland *(Jylland)*, flanqué principalement à l'est de plusieurs centaines d'îles, dont les principales, Fionie *(Fyn)* et Sjaelland, contrôlent les détroits donnant accès à la mer Baltique *(Belt)*, qui font de ce pays un carrefour économique et stratégique de premier plan.

Pays de transition par sa position, le Danemark l'est aussi par les données naturelles*. S'il bénéficie d'un climat moins froid et de conditions pédologiques plus favorables que la Suède voisine, la nature n'y est cependant pas aussi accueillante que dans les grandes plaines sédimentaires de l'Europe centrale ou méridionale ; le sol, en particulier, avec ses argiles et ses sables d'origine morainique, demande beaucoup de soins culturaux. Ces conditions peu favorables associées à une situation exceptionnelle éclairent le fait que ces régions aient été le berceau de nombreuses peuplades dont les migrations ont fait trembler l'Europe (Cimbres et Teutons au IIe siècle avant J.-C., Angles et Vikings aux Ve et IXe siècles).

Pourtant, l'agriculture danoise moderne* est la plus solide d'Europe. Elle est tournée essentiellement vers l'élevage pour le lait et pour la viande (bovins, porcs, volailles). Cette prospérité agricole repose sur quatre bases : des structures foncières de taille moyenne mais parfaitement adaptées aux types de productions et permettant une intensivité optimale, une excellente organisation du monde rural guidé par un enseignement agricole éclairé, par de nombreuses publications et d'actifs conseillers techniques, un très fort mouvement coopératif corrigeant, le cas échéant, les inconvénients de la petite propriété, enfin, le souci de l'exportation dans un esprit d'émulation.

En dépit de la déficience de ses ressources naturelles, le Danemark a su développer une industrie fondée sur l'importation de matières premières : industrie textile, métallurgique, navale, alimentaire animent tous les ports. Aussi, malgré sa place remarquable, l'agriculture ne fournit-elle que le tiers des exportations en valeur. Ce commerce intense se fait, pour l'essentiel, avec les pays voisins (Grande-Bretagne, Suède, Allemagne).

Sa prospérité place le Danemark en tête des pays européens pour le revenu national par habitant et offre un haut niveau de vie à une population nombreuse, dont la moitié seulement réside dans les villes, particulièrement rapprochées sur le littoral oriental du Jutland (Alborg, Randers, Arhus, Vejle, Kolding) et dans les îles baltes, où les plus importantes jouent le rôle de capitales régionales (Odense en Fionie, Helsingor et Copenhague en Sjaelland). Parmi elles, Copenhague, dont l'agglomération a mordu sur deux îles, rassemble le tiers de la population danoise ; principal port et centre industriel du pays, son influence déborde sur une partie de la Suède méridionale.

Revenu par tête d'habitant (1979).

dollars/hab/an

Niveau des salaires des ouvriers de l'industrie (1977).

référence : France indice 1

Le Danemark, champion de la C.E.E.

		France	Autres pays	
Pêche[1]	1,75	0,8	GB :	1,1
Bovins[2]	3,05	23,5	PB :	5,1
			RFA :	14,9
Lait[1]	5,3	33	PB :	11,5
Beurre[1]	0,140	0,57	PB :	0,21
Fromage[1]	0,180	1,04	PB :	0,43
Porcins[2]	9,35	11,7	PB :	9,7
			RFA :	22,7
Viande[1]	1,25	5,2	PB :	1,9
Constructions navales[1]	0,56	0,92	GB :	0,98
Exportations[3]	57	428	GB :	434
			RFA :	728
			PB :	269

1. en millions de tonnes
2. en millions d'unités
3. en milliards de francs
(F = France ; GB = Grande-Bretagne ; PB = Pays-Bas)

La carte des régions économiques du ▶
Danemark fait apparaître une dissymétrie
fondamentale, qui est d'abord agricole :
les régions les plus riches se situent à l'est
(frange balte du Jylland et îles baltes),
avec des sols argileux et limoneux développés sur les derniers dépôts glaciaires
contemporains du stationnement ultime
de l'inlandsis scandinave. A l'opposé, les
régions occidentales, antérieurement dé-
senglacées, comportent des terrains plus
sableux (dunes et landes, cultures médiocres). Par ailleurs, les eaux de fonte sous-
glaciaires ont creusé de larges vallées,
envahies par les eaux marines lors de la
remontée générale du niveau des mers,
consécutive au réchauffement climatique
et à la fusion des grands inlandsis. Ces
vallées appelées *förden* (même racine que
fjord) échancrent profondément le littoral ; elles ont fixé le site de nombreux
ports (Lübeck et Kiel en R.F.A., Kolding,
Veile, Arhus, Randers et beaucoup d'autres ports au Danemark).

Cette dissymétrie est encore accentuée par
la position des différentes régions danoi-
ses dans l'espace européen : alors que les
îles baltes (Fyn, Lolland, Sjaelland) constituent un véritable pont entre l'Allemagne septentrionale et la Suède méridionale, et que la capitale danoise renforce de
tout son poids la vitalité de ces régions
baltes, la péninsule jyllandaise, sauf dans
sa frange orientale et méridionale, apparaît plutôt comme un cul-de-sac.

Une ferme danoise.

*Sous des apparences modestes et accueil-
lantes, l'exploitation agricole danoise est
d'une remarquable efficacité économique,
malgré des conditions naturelles pas toujours très favorables, comme en témoignent sur cette photographie les dépôts
morainiques que l'on aperçoit au second
plan.* ▼

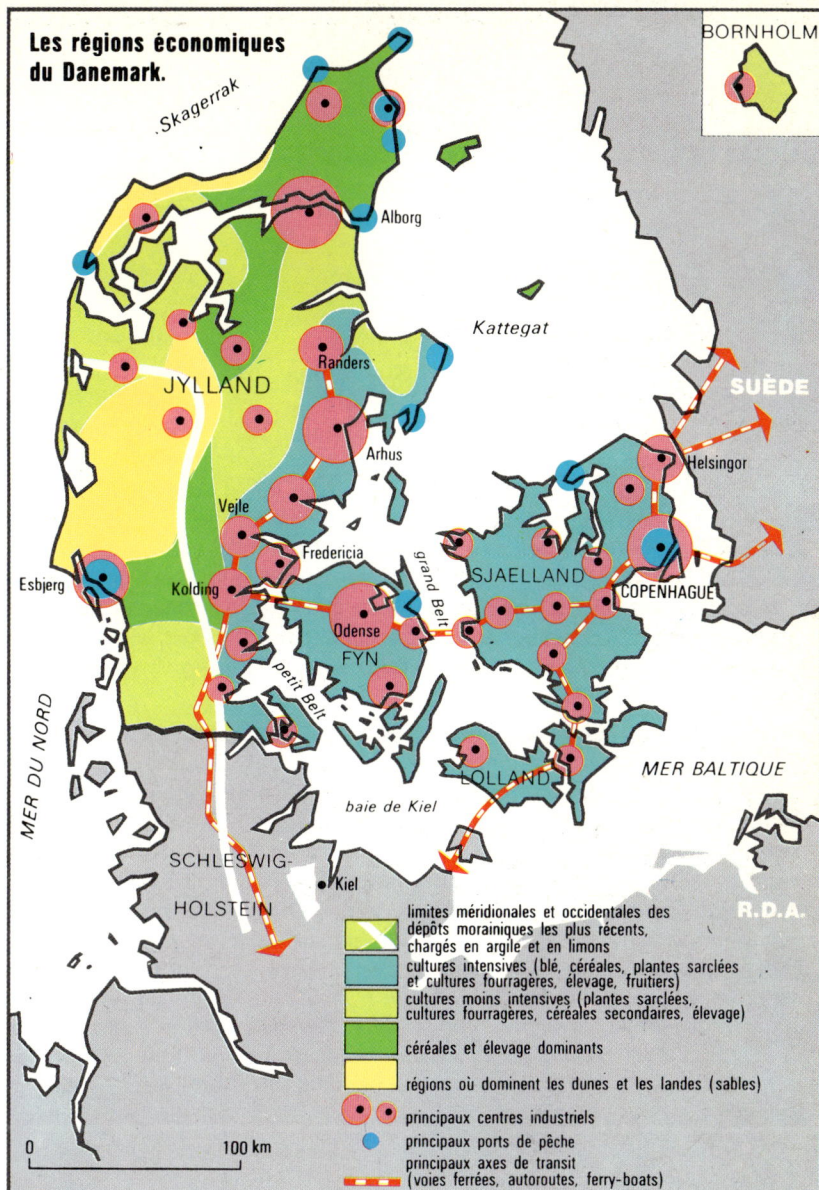

Les régions économiques du Danemark.

limites méridionales et occidentales des
dépôts morainiques les plus récents,
chargés en argile et en limons

cultures intensives (blé, céréales, plantes sarclées
et cultures fourragères, élevage, fruitiers)

cultures moins intensives (plantes sarclées,
cultures fourragères, céréales secondaires, élevage)

céréales et élevage dominants

régions où dominent les dunes et les landes (sables)

principaux centres industriels

principaux ports de pêche

principaux axes de transit
(voies ferrées, autoroutes, ferry-boats)

influence de la mer : 4, 11
relief : 6
particularisme : 81, 99

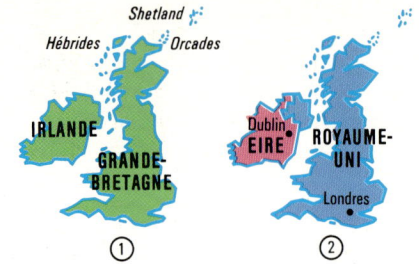

126-Des milieux compartimentés et contrastés

La Grande-Bretagne et l'Irlande sont des îles d'étendue modeste soumises à l'influence constante de la mer* : 230 000 km² pour la Grande-Bretagne, les îles Britanniques n'excédant pas au total 315 000 km². Compte tenu de l'allongement nord-sud de la Grande-Bretagne (1 000 km) et du tracé profondément indenté des côtes (canal de Bristol, Firth of Clyde...), on y est rarement situé à plus de 100 km de la mer. Son influence se manifeste par un **climat très océanique**, d'autant plus que les îles Britanniques sont un fragment avancé de l'Europe dans l'Atlantique, exposé à des flux d'ouest qu'aucune terre n'a encore modérés. Les amplitudes thermiques sont donc faibles (10º), les hivers doux et les étés frais : 4º en janvier et 15º en juillet en moyenne, peu de gels hivernaux. Le rôle régulateur de la masse d'eau et la forte nébulosité de l'air expliquent aisément cette situation, de même que l'abondance des précipitations (1 000 mm en moyenne) et surtout le nombre élevé de jours de pluie (200 à 250). L'ensoleillement est modeste, les cieux souvent noyés de brumes en été et sujets à d'épais brouillards en hiver (fog).

De profonds contrastes régionaux sont dus à l'altitude et à la disposition des reliefs*. Deux grandes unités topographiques et géologiques s'opposent en Grande-Bretagne : **au sud-est, s'étend le bassin sédimentaire de Londres** (sables, argiles, calcaires) et dont l'altitude ne dépasse guère 250 m ; **au nord-ouest, les massifs anciens** pour l'essentiel d'âge anté-primaire sont d'altitude médiocre : 800 à 1 000 m dans la chaîne pennine ; 1 000 à 1 300 m dans les monts Grampian en Écosse. Ces « hautes terres » (highlands), fortement arasées depuis le primaire et modelées par l'érosion glaciaire au quaternaire, sont faillées. Des fossés d'effondrement comme le Glen More et des dépressions dégagées en roches de faible résistance (Midland Valley en Écosse) ont compartimenté les reliefs et opposé aux highlands des « basses terres » (lowlands). Celles-ci sont individualisées aussi bien par le relief que par le climat et la nature de leurs sols : climat moins humide, sols moins lessivés et moins acides.

De façon générale, les highlands sont très arrosés (plus de 2 000 mm), plus froids, plus ventés avec tempêtes fréquentes, des sols peu épais et très acides (podzols atlantiques). Ils sont couverts de landes et de tourbières, car la forêt de chênes sessiles, de bouleaux et de pins ne dépasse pas 300 m d'altitude : un climat hyper-océanique produit en Écosse un **milieu montagnard de basse altitude**, peu propice au développement des activités humaines. Cela explique que les highlands aient connu au XIXᵉ siècle un sévère exode rural, vidant les campagnes d'une population déjà maigre. Aujourd'hui, 50 à 80 % des terres sont incultes et le peuplement très lâche.

Historiquement, highlands et lowlands offrent donc des **aptitudes très diverses à l'implantation humaine** qui, même au XXᵉ siècle, demeure très contrastée. En effet, la densité de population du Royaume-Uni est forte (230 hab./km²), mais très inégale selon les régions : 65 en Écosse et 375 en Angleterre. En fait, **les différences s'organisent suivant une double opposition : highlands-lowlands et villes-campagnes**. En Écosse, par exemple, la seule agglomération de Glasgow regroupe 35 % de la population ; les lowlands ont une densité supérieure à 200, contre 20 au plus pour les highlands. Au total, 40 % de la population du Royaume-Uni sont concentrés dans 7 agglomérations de plus de 500 000 hab. et un tiers du territoire peut être considéré comme un quasi désert humain. Ces contrastes et ce compartimentage expliquent que **l'unification ethnique, politique et religieuse reste toujours incomplète au XXᵉ siècle** : Celtes refoulés dans les highlands et les îles occidentales, Écosse presbytérienne, Angleterre anglicane, groupes nationaux conscients de leur particularisme*, maintien de langues diverses...

Les îles britanniques.
① **deux îles** IRLANDE : 84 000 km2 G-B : 230 000 km2
② **deux États** EIRE : 3 millions d'habitants R-U : 54,3 millions d'habitants
③ **cinq nations**

Les grands traits de la répartition de la population peuvent être mis en rapport avec les données naturelles, topographiques, climatiques et géologiques représentées sur les cartes voisines.

Le climat de la Grande-Bretagne.

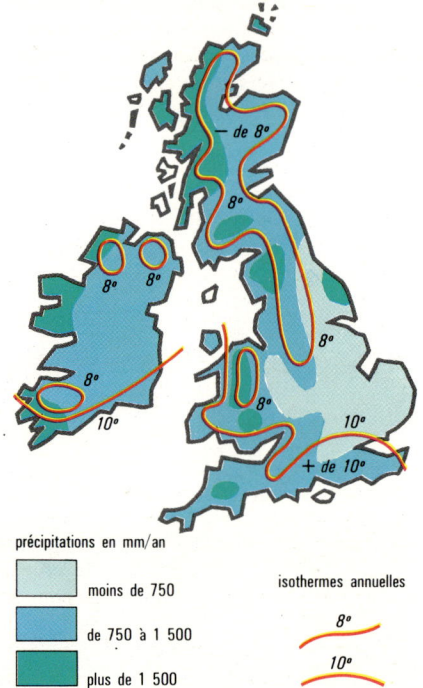

précipitations en mm/an
moins de 750
de 750 à 1 500
plus de 1 500
isothermes annuelles 8º 10º

climat hyper-océanique

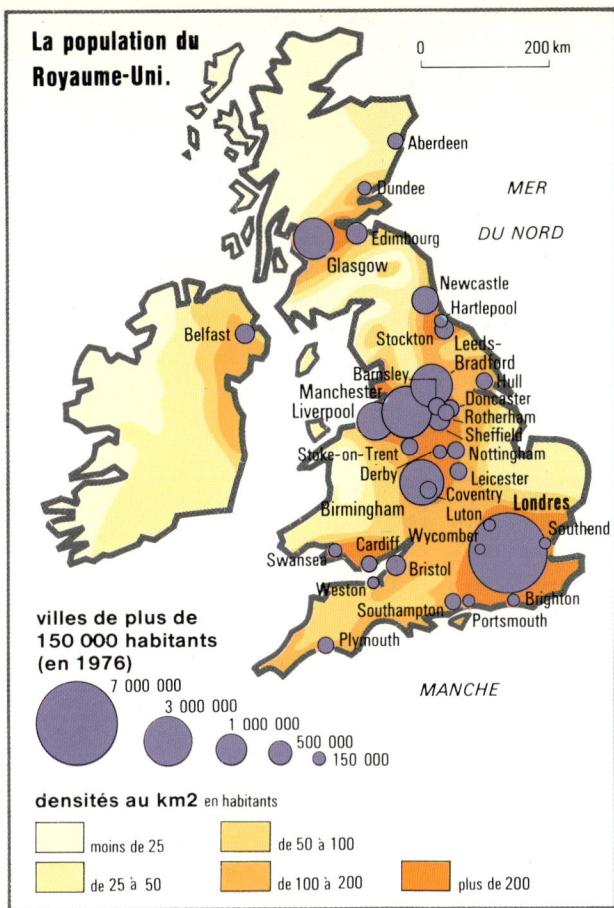

La population du Royaume-Uni.

MER DU NORD

Aberdeen
Dundee
Edimbourg
Glasgow
Newcastle
Hartlepool
Belfast
Stockton
Leeds-Bradford
Barnsley
Hull
Manchester
Doncaster
Liverpool
Rotherham
Sheffield
Stoke-on-Trent
Nottingham
Derby
Leicester
Coventry
Londres
Birmingham
Luton
Cardiff
Wycomber
Southend
Swansea
Bristol
Weston
Brighton
Southampton
Portsmouth
Plymouth

MANCHE

villes de plus de 150 000 habitants (en 1976)

7 000 000
3 000 000
1 000 000
500 000
150 000

densités au km2 en habitants

moins de 25
de 25 à 50
de 50 à 100
de 100 à 200
plus de 200

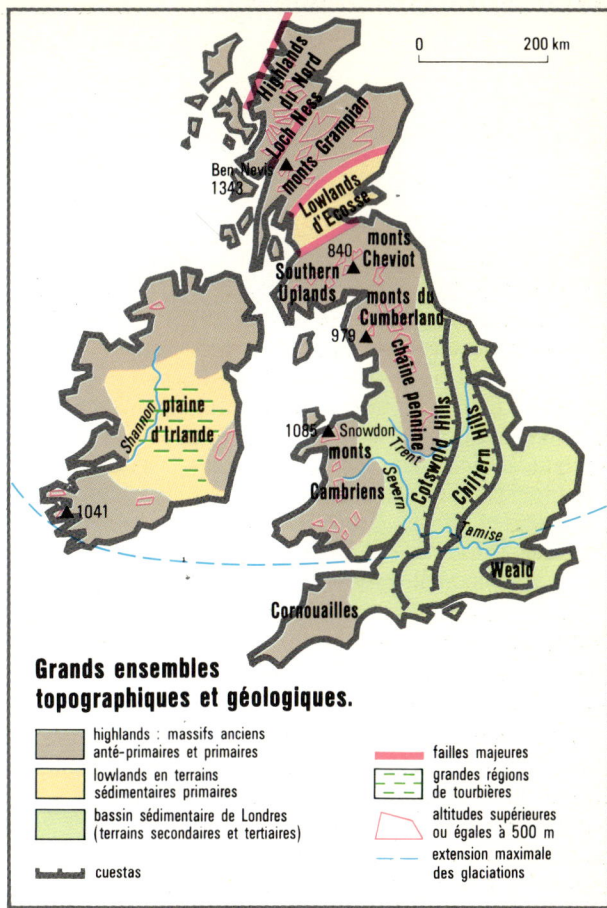

Grands ensembles topographiques et géologiques.

Highlands du Nord
Loch Ness
monts Grampian
Ben Nevis 1343
Lowlands d'Écosse
Southern Uplands
monts Cheviot 840
monts du Cumberland 979
plaine d'Irlande
Shannon
chaîne pennine
Snowdon 1085
monts Cambriens
Trent
Severn
Cotswolds Hills
Chiltern Hills
Tamise
1041
Weald
Cornouailles

highlands : massifs anciens anté-primaires et primaires
lowlands en terrains sédimentaires primaires
bassin sédimentaire de Londres (terrains secondaires et tertiaires)
cuestas

failles majeures
grandes régions de tourbières
altitudes supérieures ou égales à 500 m
extension maximale des glaciations

Le Ben Nevis (1 343 m), point culminant des monts Grampian. ▶
La neige persistante et l'absence de forêt à une altitude moyenne révèlent des conditions climatiques rigoureuses malgré un climat hyper-océanique, principalement sur les reliefs situés à l'ouest de l'île.

Langues et nationalismes.

« Les langues qui, avec les religions, sont l'une des expressions principales des nationalismes britanniques, reflètent la pluralité des entités humaines forgées par la nature et par l'histoire. C'est ainsi qu'il existe deux familles d'idiomes celtiques : le groupe breton, auquel appartiennent le gallois et le cornois, et le gaélique avec ses variantes irlandaise, écossaise et mannoise. Certains sont maintenant des langues mortes. La dernière personne capable de parler le cornois mourut à Penzance en 1778. (...) Le gaélique n'est parlé en Écosse que dans les montagnes et les îles du Nord-Ouest et par moins de 2 % de la population totale. Seul le gallois, connu de 26 % des habitants du pays, fait encore figure de moyen d'expression national. Il reste que la toponymie atteste par sa richesse l'usage ancien et le caractère élaboré de ces langues. »

A. Reffay, *Royaume-Uni et Irlande,* Masson, 1979.

Immigration et question raciale.

Les anciennes colonies britanniques sont la source d'un intense mouvement d'immigration au Royaume-Uni depuis la Seconde Guerre mondiale, succédant à une longue période durant laquelle de nombreux Britanniques partirent pour assurer l'encadrement administratif et l'exploitation économique de ces pays. Bien que l'immigration soit aujourd'hui sévèrement contrôlée, le Royaume-Uni compte une communauté raciale non blanche très composite de plus de 2,5 millions de personnes, originaires du Pakistan, de l'Inde, de la Jamaïque... Les capacités d'intégration raciale et économique de ces populations sont très réduites, ce qui explique les émeutes qui éclatent parfois dans les quartiers les plus pauvres des grandes villes.

Cotswolds de Broadway Hill dans le bassin de Londres. ▼

chômeurs : 22
crise régionale : 61, 62

127-Crise nationale, crises régionales

L'économie du Royaume-Uni a vécu une longue période de prospérité : la révolution industrielle de l'Europe occidentale y connaît des origines précoces, liées à une richesse commerciale acquise dès le XVIIIe siècle par l'échange de produits manufacturés dans l'île (tissus) contre les matières premières importées (coton par exemple). La révolution technique du XIXe siècle fait passer la production au stade industriel, grâce à la mécanisation que permet d'assurer l'usage systématique de la machine à vapeur. Jusqu'à la guerre de 1914-18, le Royaume-Uni demeure la première puissance industrielle et commerciale du monde. Durant tout le XIXe siècle, Londres en est la première place financière et le produit des investissements à l'étranger contribue à la stabilité de la balance commerciale, en dépit d'importations nombreuses. Pourtant, depuis l'entre-deux-guerres et plus particulièrement depuis 1945, **l'économie du pays est en état de crise**, malgré de courtes périodes de redressement. En outre, **de profondes crises régionales accentuent les difficultés de l'économie nationale**, d'abord dans les highlands en cours de désertification économique, ensuite dans les pays noirs *(blackcountries)*, vieux bassins charbonniers et industriels hérités du XIXe siècle.

Après la Seconde Guerre mondiale, alors que les autres pays européens bénéficient d'une période de croissance accélérée, l'économie du Royaume-Uni stagne et la crise s'amplifie. La croissance du P.N.B. est plus lente que dans les autres pays européens : entre 1960 et 1970, elle n'est que de 3 % contre 5,5 % pour les pays de l'O.C.D.E. Les exportations ont augmenté faiblement et la part du Royaume-Uni dans le commerce international s'est dégradée : 13 % en 1930, 9 % en 1950 et 4,5 % en 1980, ce qui signifie que le pays n'a pas résisté à la concurrence des autres nations industrialisées. La situation sociale reflète bien l'anémie relative de l'économie. Le nombre des chômeurs* se maintient au-dessus d'1 million de 1921 à 1939 (entre 5 et 10 % de la population active), et s'élève en 1980 à 2,2 millions, soit 6,8 % des actifs.

Les raisons de cette situation sont multiples : jusqu'au milieu du XIXe siècle, les industries se sont auto-financées, d'autant que les salaires étaient bas. Mais la concurrence de pays plus tardivement industrialisés s'ajoute dès l'entre-deux-guerres à **la baisse de la productivité du travail**, plaçant les produits britanniques en position difficile sur le marché international. Cette perte de compétitivité peut s'expliquer par le vieillissement des moyens de production, peu touchés par les guerres, par l'action intransigeante de syndicats puissants, mais surtout par **l'insuffisance d'investissements et l'absence d'intérêt que les banques de la City portent aux entreprises nationales**. Paradoxalement, dans un pays dont la richesse a reposé au siècle dernier sur l'avance des sciences et des techniques, la puissance du capitalisme britannique à l'étranger se paye aujourd'hui *at home* par un retard technologique générateur de stagnation économique.

La crise régionale* que connaissent certains des vieux bassins charbonniers et industriels est associée au déclin de ces industries de base (charbon, sidérurgie, textile) aujourd'hui concurrencées aussi bien par les pays industrialisés que par ceux du Tiers monde. La production charbonnière a diminué de 60 % depuis 1913 (120 millions de tonnes en 1977) et les charbonnages ont perdu les 3/4 de leurs effectifs (240 000 en 1975). Dans le Lancashire, le déclin de l'industrie cotonnière s'est traduit par la suppression de 80 % des emplois entre 1913 et 1970 et la fermeture de 500 usines dans les seules années 60. Partout apparaissent des paysages marqués par l'abandon des terrains industriels *(derelict lands)* et des cités ouvrières où prolifèrent ruines et logements insalubres *(slums)*, qui traduisent, après la misère du siècle passé, le chômage, l'émigration et le déclin démographique contemporains.

Croissances comparées de la production industrielle entre 1939 et 1980.
(indice 100 en 1930)

Pays	1950	1960	1970	1980
Royaume-Uni	160	200	275	294
R.F.A.	100	290	460	584
France	125	200	440	515

Quelques productions et leur rang mondial.

Productions	1938	1980
Charbon	230 millions de t (2e rang)	123 MT (5e rang)
Acier	10,5 millions de t (4e rang)	21,5 MT (8e rang)
Filés de laine	212 000 tonnes (2e rang)	174 000 tonnes (4e rang)
Filés de coton	476 000 tonnes (5e rang)	86 000 tonnes (13e rang)

Les capitaux britanniques dans le monde.

« Héritage de l'Empire, puis choix politique et financier délibéré, l'exportation de capitaux reste la caractéristique majeure du capitalisme britannique contemporain. Pour prendre quelques exemples, en 1970 les investissements directs à l'étranger (non compris les investissements de portefeuille) représentaient pour la France 370 millions de dollars, pour l'Allemagne 686, pour la Grande-Bretagne 1 166, et pour les États-Unis 4 445. Entre la Grande-Bretagne et les États-Unis, le rapport était donc de 1 à 4, alors que leurs P.N.B. respectifs étaient en 1970 dans le rapport de 1 à 8 (121 milliards de dollars contre 993). Les Britanniques investissent donc à l'extérieur de leur pays proportionnellement deux fois plus que les Américains. (...)
C'est en quelque sorte la puissance internationale du capitalisme britannique qui est la cause principale de la stagnation interne, les détenteurs de capitaux préférant investir dans les régions du monde où la rentabilité est la plus élevée, souvent en se fondant sur le bon marché ou la docilité de la main-d'œuvre (...). »

B. Cassen, *Le Monde diplomatique,* mai 1973.

friche industrielle : *installation industrielle (usine, mine...) abandonnée, laissée en l'état depuis la fin de l'exploitation ; en général dans les vieilles régions industrielles du XIXe siècle.*

zone déprimée : *région en crise économique et par conséquent répulsive au plan démographique (solde migratoire négatif) ; contraire : dynamique.*

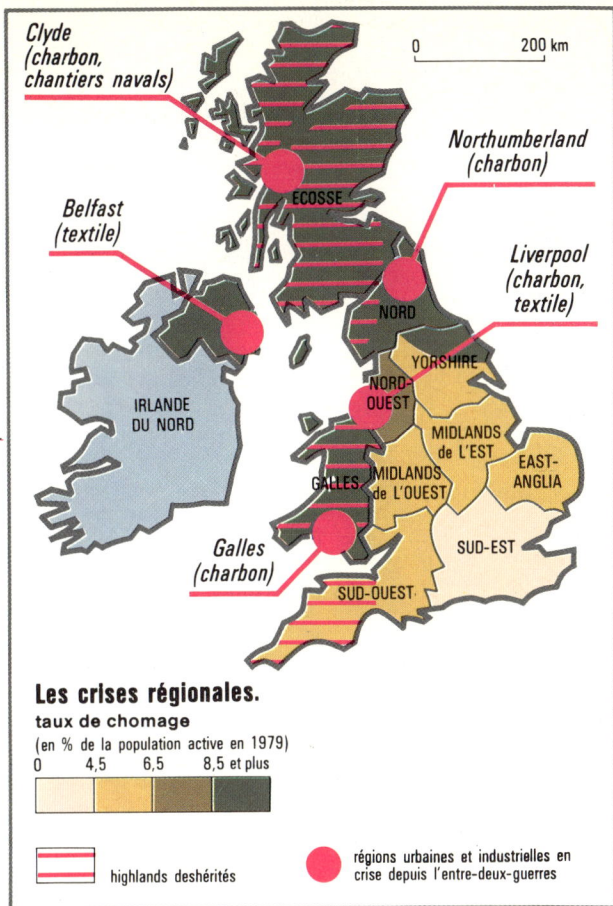

Les crises régionales.

Clyde (charbon, chantiers navals)

Belfast (textile)

Northumberland (charbon)

Liverpool (charbon, textile)

ÉCOSSE

IRLANDE DU NORD

NORD

YORSHIRE

NORD-OUEST

MIDLANDS de L'EST

EAST-ANGLIA

GALLES

MIDLANDS de L'OUEST

SUD-EST

Galles (charbon)

SUD-OUEST

0   200 km

taux de chomage
(en % de la population active en 1979)

0   4,5   6,5   8,5 et plus

highlands deshérités

régions urbaines et industrielles en crise depuis l'entre-deux-guerres

Ferme abandonnée dans les Highlands. ▲
L'exode rural s'est traduit par une forte déprise rurale (habitat et cultures) mais l'élevage extensif des ovins persiste ici.

Les Highlands déshérités.

« Le réseau des communications est peu dense. Dans les Galles centrales par exemple, une enquête réalisée au cours des années 1960 a révélé que 39 % des exploitations agricoles se situaient à l'écart d'une route goudronnée et que, parmi elles, 29 % seulement étaient accessibles par une voie carrossable tout au long de l'année. (...)

Les incultes recouvrent en moyenne 50 % du sol ; dans les Highlands écossais, la proportion atteint 85 %. »

A. Reffay, *Le Royaume-Uni et l'Irlande,* Masson, 1979.

Friche industrielle au Pays de Galles.

Les mines abandonnées, comme ici au premier plan, sont parfois rasées et les carreaux replantés en résineux (réhabilitation des friches industrielles). ▼

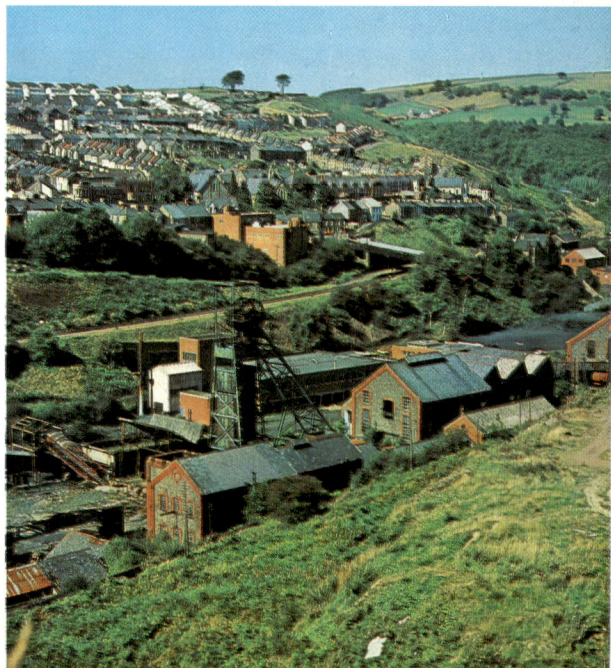

La productivité dans les charbonnages.

« L'amélioration de la production et de la productivité souffre (...) de l'attitude des mineurs. L'exploitation la plus rationnelle de l'équipement exigerait son utilisation ininterrompue.

Le personnel refuse de travailler non seulement le dimanche mais (...) aussi le samedi. Dans une mine, le roulement a été étendu à titre expérimental au samedi, mais les mineurs n'ont pas voulu poursuivre ce régime, invoquant des « motifs sociaux » : ils tiennent à pouvoir passer le week-end entier en famille ou avec les amis, ou encore à ne pas rater le match de football du samedi après-midi. L'équipement minier, très onéreux, est donc inactif deux jours sur sept. (...)

L'absentéisme est élevé. Craignant un jour ou l'autre la fermeture du puits et le chômage, les mineurs quittent la mine à la première occasion. »

J. Declemy, *Le Monde,* 5/1/1971.

Physionomie des pays noirs.

« Avec leurs rangées de maisons basses et jointives accolées dos à dos par leurs arrière-cours, les corons britanniques, les *slums*, ont tous un air de famille. Ils ont répondu aux mêmes besoins ; celui d'économiser les matériaux de construction et celui de loger le plus grand nombre possible de gens sur une surface donnée ; (...) ces corons, construits à la hâte et sans plan d'ensemble par une multitude d'entrepreneurs privés, offraient des logements exigus et insalubres et composaient des agglomérations informes et sans âme. Le voisinage des charbonnages ou des usines a été recherché, sans que soient envisagés les inconvénients résultants : rues et cours boueuses des fonds de vallée marécageux (le mot *slum* signifiait, du reste, à l'origine, bourbier) ; façades noircies et dégradées, atmosphère polluée par les fumées ; murs lézardés par les tassements et effondrements souterrains affectant le toit des galeries de mines. »

A. Reffay, *Le Royaume-Uni et l'Irlande,* Masson, 1979.

intervention de l'État : 19, 59, 60

128-Vers un renouveau économique ?

A côté des régions déprimées, blackcountries et highlands, **le Royaume-Uni présente des régions dynamiques aux activités diversifiées**, coïncidant pour l'essentiel avec le bassin de Londres : agglomération londonienne, estuaires récemment industrialisés, correspondant à des localisations mieux adaptées au XXᵉ siècle que les vieux bassins charbonniers : Solent, Severn, Humber, Tamise. Ces régions drainent une abondante main-d'œuvre provenant des zones déprimées (mouvement migratoire appelé *drift to the South*) ; elles disposent de moyens de communication rapides avec la capitale, dont la proximité compte en matière financière, administrative ou commerciale. Enfin, les façades littorales sont un lieu privilégié pour la transformation des matières premières et énergétiques importées : pétrole (raffineries, pétroléochimie, centrales électriques), minerais (sidérurgie, métallurgies diverses).

Toutefois, les pouvoirs publics ont tenté de lutter contre l'accroissement des disparités régionales dès 1928, alors que commençait à décliner fortement l'économie des pays noirs, en créant des **aires d'assistance** dont le nombre, le statut et l'étendue ont beaucoup varié depuis cette date. L'objectif poursuivi n'a pourtant pas changé : empêcher que l'hémorragie démographique des pays noirs ne s'ajoute à celle des highlands, au profit exclusif d'une région londonienne menacée de saturation. Une panoplie complète de moyens administratifs et financiers est ainsi mise au service des régions en difficulté (*distressed*, puis *special areas*) : outre la nationalisation de grandes branches de l'économie, mesure de portée générale (charbonnages, chantiers navals, automobile...) ou des avantages fiscaux aux entreprises qui viennent s'y installer, ces régions offrent des indemnités aux chômeurs et bénéficient de la création de zones industrielles équipées par l'État (*trading estates*), de routes rapides et enfin de la limitation autoritaire des créations d'emplois dans les régions dynamiques (Londres surtout).

L'État peut même intervenir* dans la localisation d'usines nouvelles : la British Steel Corporation s'est ainsi vue contrainte de moderniser de vieilles installations promises à la fermeture au pays de Galles, au détriment de la construction d'un établissement neuf en bordure de la Severn. Dans l'automobile, les implantations dans les vieilles régions industrielles de Glasgow et Liverpool répondent à la même volonté de maintenir des emplois sur place. La saturation croissante de l'agglomération londonienne et l'insalubrité d'organismes urbains démesurés construits anarchiquement au XIXᵉ siècle (Manchester ou Liverpool) sont combattues dès 1946 par la création de **villes nouvelles** et l'extension planifiée de villes moyennes d'équilibre (*expanded towns*), situées dans la périphérie londonienne pour la plupart. Il existe aujourd'hui 33 *new towns*, dont la première, Stevenage, fut construite en 1946.

Au plan national, **les secteurs agricole et énergétique**, relativement en marge des difficultés économiques, **donnent aux Britanniques l'espoir d'augmenter l'indépendance de leur économie** vis-à-vis de l'étranger et de rétablir ainsi l'équilibre de la balance du commerce extérieur. **L'agriculture,** longtemps délaissée, s'est renouvelée dans les années 60. C'est aujourd'hui une activité à haute productivité, puisque moins de 3 % des actifs, sur 15 % du territoire, couvrent en moyenne la moitié des besoins alimentaires du pays. **Dans le domaine énergétique,** le charbon représente le tiers de la consommation et produit 85 % de l'électricité. L'énormité des réserves, l'existence de bassins d'exploitation aisée (Yorkshire et Midlands de l'Est) et les possibilités futures d'utilisation du charbon (liquéfaction) lui conservent une place confortable pour l'avenir. Les hydrocarbures et le gaz de la mer du Nord assurent 70 % de la consommation nationale et permettent même le développement d'un courant d'exportation, comme jadis le charbon.

Nationalisation des pertes et privatisation des profits.
Les nationalisations ont été considérées, depuis la Seconde Guerre mondiale surtout, comme le meilleur moyen d'empêcher la liquidation pure et simple de grosses entreprises au bord de la faillite, quand il ne s'agissait pas de sauvegarder des branches entières de l'activité économique. Durant la dernière décennie, les sociétés de construction automobile Rolls Royce et Leyland, la quasi-totalité de la construction et de la réparation navales et même des secteurs de pointe technologiques comme l'aéronautique ou la machine-outil ont été incorporés au secteur public. En d'autres termes, les activités florissantes demeurent privées (telle la branche « voitures de prestige » chez Rolls Royce, qui a échappé à la nationalisation), tandis que les activités déficitaires ne survivent que grâce au budget de la nation. Ce dernier ne prend guère à son compte que les pertes, afin d'éviter l'accroissement du chômage et de la dépendance nationale de l'économie.

Quelques activités industrielles britanniques.

En déclin	En progression technologique et relativement à l'abri des difficultés financières
Charbonnages Sidérurgie Textile Chantiers navals Automobile	Chimie (multinationale I.C.I.) Aéronautique et espace Énergie nucléaire Activités liées à l'extraction du pétrole et du gaz

La Clyde.
« Pendant les années 1960, la Clyde bénéficia de toute la panoplie des aides régionales. Or, à la fin de cette même décennie, la région Centre-Ouest de l'Écosse se retrouvait avec 60 000 emplois en moins que dix ans auparavant. En conséquence il n'y eut dans aucune région de Grande-Bretagne un exode aussi massif. Durant ces mêmes années 1960, plus de 214 000 personnes durent aller chercher du travail ailleurs qu'en Clyde, et seulement 40 000 réussirent à en trouver dans le reste de l'Écosse. Quant aux autres, ou bien ils suivirent le mouvement de migration intérieure vers le Sud-Est prospère (82 000), ou bien ils émigrèrent outre-mer (92 000). »
The Economist, 25/01/1975.

new towns

Politique de développement régional.

Map labels: ECOSSE, Glasgow, Edimbourg, Newcastle-upon-Tyne, IRLANDE DU NORD, Belfast, Bradford, Leeds, Liverpool, Manchester, Nottingham, Wolverhampton, Birmingham, PAYS DE GALLES, Cardiff, Bristol, Londres, ANGLETERRE

- ● principaux centres urbains
- ● villes nouvelles
- [rose foncé] régions spéciales de développement à aide renforcée
- [rose] régions de développement
- [rose clair] régions intermédiaires à aide atténuée
- [rose vif] régions recevant une aide pour la remise en état des sites dégradés

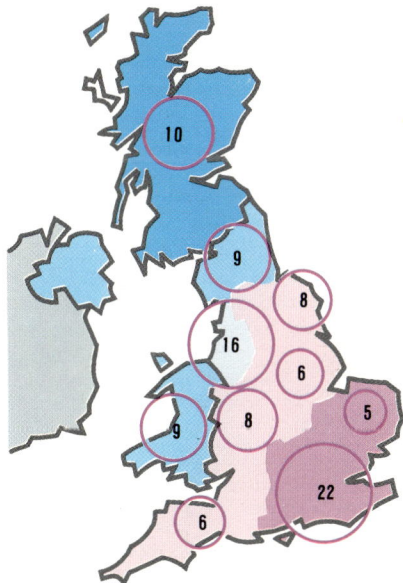

Bilan de la politique de localisation volontaire des industries.

Map circle values: 10, 9, 8, 16, 6, 9, 8, 5, 22, 6

évolution de l'emploi salarié dans les années 60
- [bleu foncé] forte diminution
- [bleu] diminution moyenne
- [gris] stabilité
- [rose clair] faible augmentation
- [rose] forte augmentation

répartition régionale des surfaces industrielles créées
- ○ ○ en pourcentages

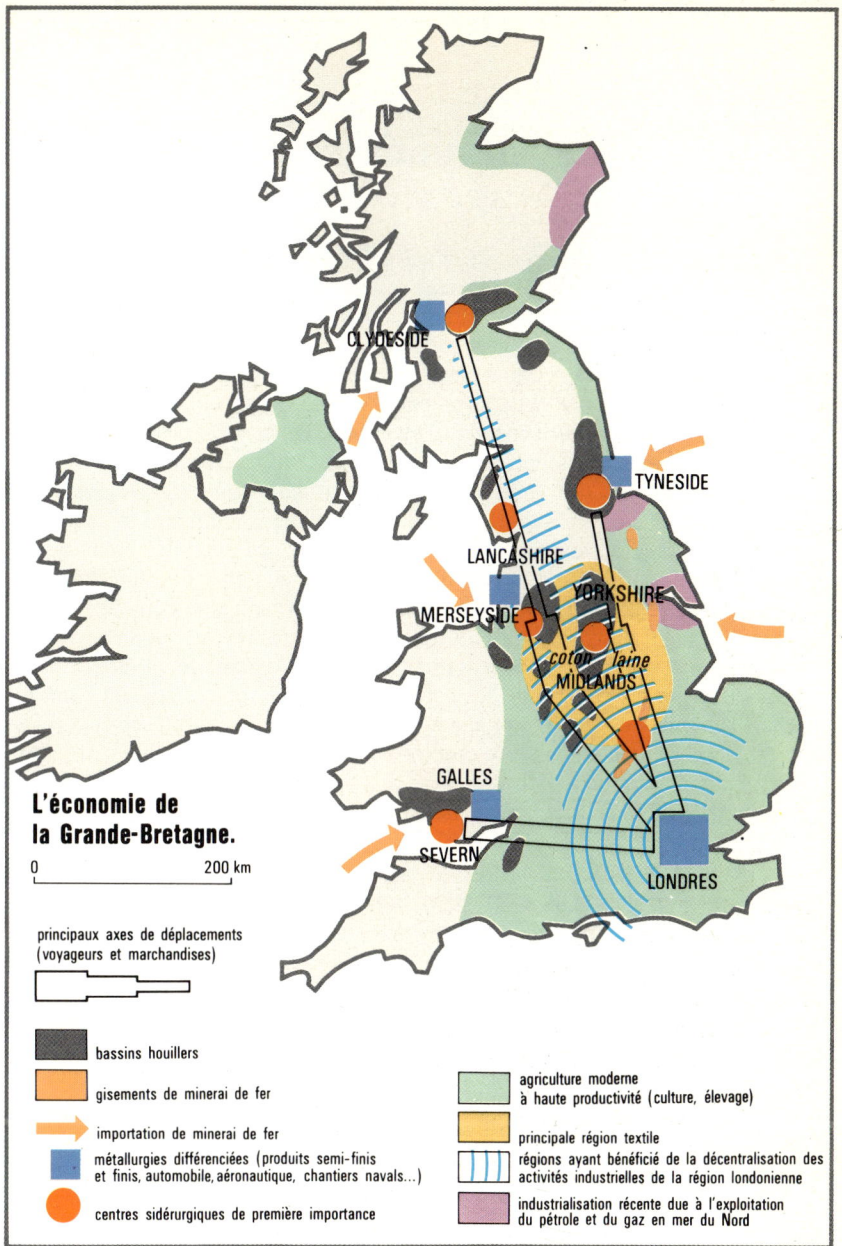

L'économie de la Grande-Bretagne.

0 _____ 200 km

Map labels: CLYDESIDE, TYNESIDE, LANCASHIRE, YORKSHIRE, MERSEYSIDE, coton, laine, MIDLANDS, GALLES, SEVERN, LONDRES

- principaux axes de déplacements (voyageurs et marchandises)
- [noir] bassins houillers
- [orange] gisements de minerai de fer
- → importation de minerai de fer
- [bleu] métallurgies différenciées (produits semi-finis et finis, automobile, aéronautique, chantiers navals...)
- ● centres sidérurgiques de première importance
- [vert] agriculture moderne à haute productivité (culture, élevage)
- [jaune] principale région textile
- [hachures bleues] régions ayant bénéficié de la décentralisation des activités industrielles de la région londonienne
- [rose] industrialisation récente due à l'exploitation du pétrole et du gaz en mer du Nord

Vue aérienne de la « new town » de Stevenage.
(Construite à moins de 100 km au nord de Londres.) ▼

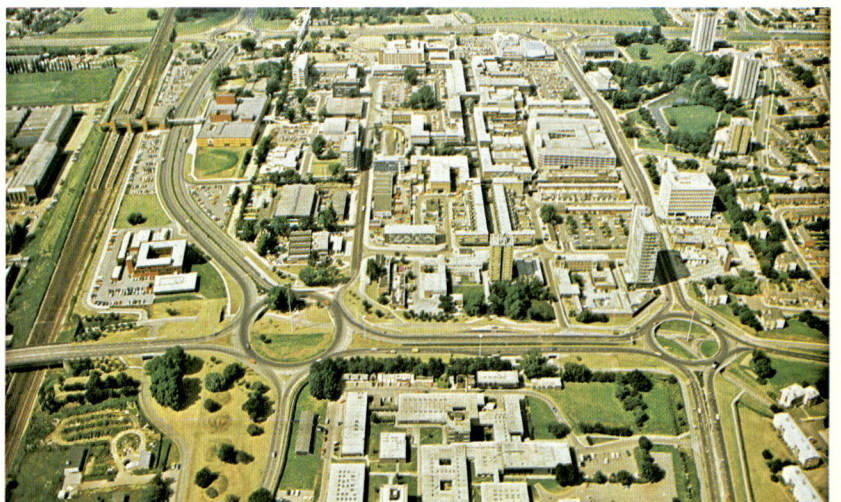

129-Une tradition maritime en déclin

Une partie importante de l'activité économique du Royaume-Uni s'effectue hors du territoire national et concerne des pays étrangers. Cette particularité est héritée d'une histoire industrielle et commerciale fondée sur l'échange de biens avec l'étranger, qui fit la richesse du pays dès le XVIIIᵉ siècle. Le Royaume-Uni a d'ailleurs disposé de la première flotte mondiale jusqu'au début du XXᵉ siècle. De cette suprématie passée, il conserve aujourd'hui de nombreuses activités tournées vers l'extérieur. La part de ces activités dans l'économie, la balance financière et la tenue de la livre est vitale.

Le rôle de la City* londonienne s'exerce dans trois grands domaines. Tout d'abord, elle est un important marché de matières premières et de métaux précieux. Échanges, ventes et achats y sont pratiqués pour des biens qui ne toucheront pas forcément le territoire national et entre des interlocuteurs totalement étrangers au Royaume-Uni, qui n'intervient que comme intermédiaire. Ensuite, l'assurance : la City traite 10 % du marché mondial et assure en particulier de nombreuses compagnies de transport dans le monde (c'est la spécialité de la Lloyd). Enfin, les activités bancaires sont largement tournées vers l'extérieur, puisque la moitié des dépôts et une part plus élevée encore des placements sont réalisés pour le compte de tiers étrangers. Les investissements de capitaux britanniques ou étrangers à travers le monde et notamment en Europe occidentale l'emportent nettement sur les placements en Grande-Bretagne même.

Les échanges extérieurs du pays demeurent importants, si l'on considère que 2 % seulement de la population mondiale réalisent 10 % des échanges mondiaux. Mais la part du Commonwealth a beaucoup diminué depuis la guerre en raison de l'industrialisation de plusieurs pays membres et de la perte du contrôle politique sur nombre d'entre eux. Les échanges pratiqués avec la zone sterling ne représentent plus en effet que 10 % du total des échanges. En outre, la dépendance économique du pays s'est accrue, car les exportations sur lesquelles reposait la prospérité de l'île se sont effondrées : le charbon n'atteint pas 1 % des exportations en valeur et les produits textiles n'en réalisent que 5 % (contre 25 % avant guerre). Et si la part des biens manufacturés (90 % des exportations en valeur) reste élevée, ces mêmes biens constituent 50 % des importations, ce qui traduit les difficultés de l'économie nationale à satisfaire la demande intérieure.

Cette situation est à l'origine d'un **déficit chronique de la balance du commerce extérieur***, que les revenus dits invisibles procurés par les activités de la City ne compensent plus que partiellement. La stabilité de la livre, menacée par le déficit budgétaire, et la fuite des capitaux étrangers qui en découle sont une obsession constante pour les gouvernements, dont la politique économique à court terme a surtout consisté depuis les années 50 à maintenir une confiance internationale dans la monnaie, au détriment de la croissance intérieure (hausse du taux de crédit). On comprend alors clairement le rôle prédominant que joue encore le domaine international et maritime dans l'économie, ainsi d'ailleurs que les répercussions de son déclin, provoqué par l'impossibilité de recourir, comme avant-guerre, à un sévère protectionnisme douanier et au repli sur le Commonwealth.

En contrepartie, **les échanges avec l'Europe* se sont accrus** : les investissements britanniques sur le continent ont été multipliés par 5 entre 1970 et 1975 et le Royaume-Uni est entré dans la C.E.E. en 1973. Pourtant, sûr d'avoir perdu désormais la puissance internationale que lui conférait son empire, le Royaume-Uni n'a pas achevé encore son intégration à l'économie continentale, comme en témoignent les difficultés, réticences et hésitations qui accompagnent ses relations avec la C.E.E. (agriculture, prix à la consommation, taxes douanières, eaux territoriales disputées, méfiance devant le système monétaire européen).

L'Angleterre est-elle libre-échangiste ?
« – Quelle solution voyez-vous au problème anglais ?
– N'est-il pas étonnant de voir un économiste anglais défendre aujourd'hui des positions protectionnistes ?
– Moins qu'il n'y paraît. L'Angleterre est devenue libre-échangiste au début du XIXᵉ siècle, à une époque où elle a commencé à transformer le coton du sud des États-Unis et à inonder le monde de ses tissus. La chute des barrières était la condition de l'expansion et le libre-échange reflétait la position d'avantage technologique où se trouvait la Grande-Bretagne. Contrairement à ce qu'ont voulu faire croire ses partisans, le libre-échange n'assure pas le développement harmonieux de tous les pays qui y prennent part. L'Angleterre par exemple a entièrement ruiné des pays comme l'Inde ou comme l'Irlande. Comme je crois l'avoir montré, elle n'a plus intérêt aujourd'hui au libre-échangisme, mais l'idéologie est demeurée, alors qu'elle n'est plus justifiée. »
Interview de lord Kaldor, *Le Figaro,* 18 et 19/02/1978.

Entre les deux guerres, l'économie du Royaume-Uni est très protégée contre la concurrence des autres pays industrialisés par des tarifs douaniers élevés. Le Commonwealth fournit les matières premières à bon compte et représente un important débouché. Mais cette situation est modifiée après 1945 par la dislocation politique du Commonwealth et l'industrialisation de certains de ses membres. Enfin, avec les accords internationaux sur l'abaissement des barrières douanières (1964) et l'entrée dans la C.E.E. (1973), le Royaume-Uni se trouve en concurrence directe avec les autres pays industrialisés.

Évolution de la structure
des importations en valeur.

	1938	1975
Produits alimentaires	45 %	20 %
Matières premières	28 %	12 %
Énergie	5 %	12 %
Produits manufacturés	22 %	56 %

A travers ces chiffres, l'ensemble des problèmes économiques du Royaume-Uni est perceptible, et en particulier la modification profonde du fonctionnement de l'économie depuis le XIXᵉ siècle.

Commonwealth : *terme historique désignant l'ensemble des territoires faisant partie de la communauté britannique à travers le monde.*

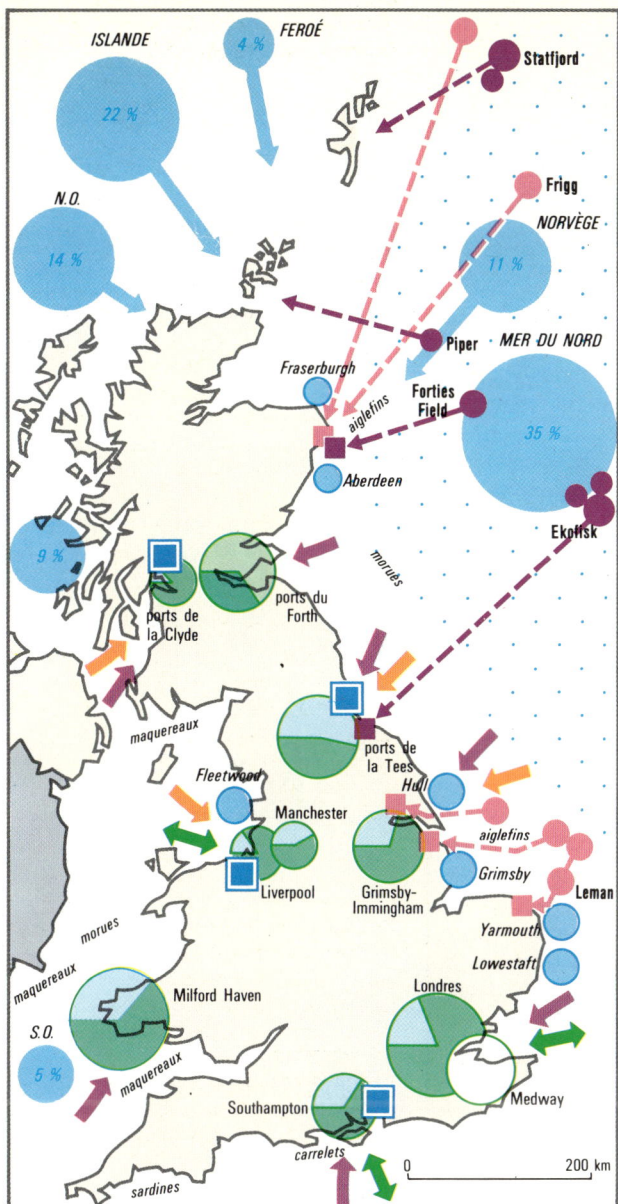

Le commerce, l'énergie, la pêche.

La City londonienne.

Monuments historiques, tours modernes de bureaux, transports en commun : un paysage de centre urbain où les activités tertiaires ont évincé les autres fonctions et où convergent chaque jour des milliers de travailleurs.

▶

Partenaires commerciaux du Royaume-Uni.
(en % des exportations et des importations en valeur)

Exportations

	1938	1950	1973
Zone sterling	42 %	47 %	18 %
Europe	27 %	26 %	50 %
U.S.A.-Canada	10 %	11 %	16 %
Autres	21 %	16 %	16 %

Importations

	1938	1950	1973
Zone sterling	31 %	38 %	18 %
Europe	24 %	25 %	50 %
U.S.A.-Canada	22 %	15 %	15 %
Autres	23 %	22 %	17 %

Une difficile intégration à l'Europe.

« Pour de multiples raisons, parfois confuses, voire contradictoires, une fraction non négligeable de l'opinion et de la classe politique demeurait hostile à cette adhésion. Elle n'a pas changé. (...) Jusqu'en 1960, les Anglais refusèrent résolument de s'associer aux premières tentatives d'unification de l'Europe. Ils considéraient que l'essentiel de leurs liens se situait hors du vieux continent ; les partenaires privilégiés du Royaume-Uni, c'étaient d'abord les pays du Commonwealth et les États-Unis. Corollaire de cette attitude, les Britanniques s'employèrent activement à saboter les initiatives de leurs voisins continentaux. Ainsi agirent-ils en 1950 à l'égard de la C.E.C.A. (Communauté européenne du charbon et de l'acier), puis bientôt à l'encontre du Marché commun. »

D. Lemaître, *La Nouvelle économie britannique,* Le Monde Enquête.

130-L'Eire

Limiter une émigration persistante depuis le début du XIXe siècle, freiner le puissant exode qui draine vers Dublin les populations rurales du nord-ouest du pays, augmenter la productivité d'une agriculture pauvre et archaïque, créer de toutes pièces un secteur industriel destiné à satisfaire le marché intérieur : tels sont les objectifs constants de l'État irlandais depuis sa constitution en république indépendante en 1922. A cette date, en effet, la croissance démographique, appuyée sur un taux de natalité élevé, dépasse comme depuis près d'un siècle les capacités de l'agriculture à nourrir tous les hommes. L'émigration se poursuit d'ailleurs tardivement, puisque, pour la seule année 1960, 44 000 Irlandais quittent encore l'île. De fait, ce mouvement permet de maintenir la population de l'Eire à un niveau à peu près stable depuis 1925 (moins de 3 millions d'habitants en 1971), après une baisse de 50 % entre 1850 et cette date. Mais les tranches d'âge frappées par l'émigration sont les plus actives.

D'autre part, avec l'indépendance, **la république d'Irlande ne peut plus être seulement un fragment déshérité du Royaume-Uni.** Aussi l'Eire doit-elle forger une économie indépendante de l'étranger, d'où la priorité accordée à la modernisation de l'agriculture. L'augmentation de la productivité agricole est en effet nécessaire pour nourrir une part croissante de la population employée dans les secteurs secondaire et tertiaire. Or les sols sont lessivés et pauvres, les landes et les tourbières couvrent la majeure partie du territoire ; les prairies naturelles sont peu productives et les labours n'occupent que 15 % de la surface du pays. Exploitations trop petites, population agricole excédentaire, usage rare des engrais et des machines : la situation initiale explique la lenteur d'une évolution pourtant considérable. En 1980, l'agriculture emploie encore 20 % de la population pour 14 % du P.N.B. ; en 1966, il y avait encore deux fois plus de chevaux de labour que de tracteurs. L'exode en direction des villes côtières et l'émigration restent importants dans les régions du Nord et de l'Ouest, faute d'emplois secondaires sur place.

Toutefois, **la politique protectionniste pratiquée entre 1930 et 1958 a pour but de favoriser l'éclosion de petites industries totalement indépendantes de l'étranger,** protégées de la concurrence, valorisant les productions agricoles et les matières premières nationales et fournissant le marché intérieur en biens courants. Mais, d'une part, les capitaux privés irlandais sont insuffisants et la part des capitaux d'État est prédominante (sociétés nationales dans l'énergie, les transports, les industries alimentaires...), et d'autre part, les échanges avec l'extérieur sont tout de même nécessaires, faute de matières premières et énergétiques en suffisance (l'Eire ne couvre que 40 % de ses besoins). Le pays reçoit donc 45 % de ses importations du Royaume-Uni, y destine 60 % de ses exportations et signe même un accord de libre-échange avec lui en 1965.

A la période protectionniste, dont le bilan est médiocre faute de capitaux nationaux, a succédé depuis 1958 **une période d'ouverture aux capitaux et aux entreprises étrangères.** Enfin, en 1973, l'Eire entre dans la C.E.E. Des avantages fiscaux et techniques (zones industrielles équipées par l'État) et le coût modéré de la main-d'œuvre, abondante et peu syndiquée, incitent près de 600 entreprises étrangères à s'installer entre 1958 et 1975, créant 60 000 emplois secondaires. Entre 1950 et 1970, la production industrielle triple et, à partir de 1976, sa part dans les exportations dépasse 50 %. Mais les installations concernent des industries légères (mécanique, électricité, électronique), dont les fabrications sont surtout destinées au marché européen, plaçant l'emploi industriel sous la dépendance de firmes multinationales (comme Philips, par exemple) attirées par des avantages conjoncturels. En outre, la localisation des emplois a accentué les déséquilibres régionaux.

Évolution de la population de l'Eire.

1851	1 442 000 hab.
1871	1 359 000 hab.
1891	1 236 000 hab.
1911	1 250 000 hab.
1936	1 279 000 hab.
1951	1 370 000 hab.
1971	1 536 000 hab.

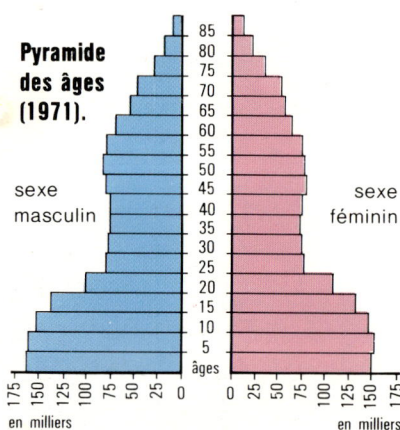

Pyramide des âges (1971).

sexe masculin — sexe féminin

en milliers — en milliers

L'émigration.

« De 1815 à 1890, l'émigration fut un mouvement de masse provoqué par la misère, elle-même résultant des évictions de tenanciers et des famines engendrées en série par les maladies de la pomme de terre. Elle était encouragée par l'abaissement du prix des transports maritimes qu'avait autorisé la navigation à vapeur. Cette émigration du désespoir n'était autre qu'un exode rural massif qui n'avait pu trouver sur place, comme en Grande-Bretagne, les structures urbaines et industrielles capables de l'absorber. Il se dirigea donc vers l'île voisine et surtout vers les États-Unis d'Amérique. »

A. Reffay, *Le Royaume-Uni et l'Irlande*, Masson, 1979.

Évolution de l'industrie irlandaise.
(indice 100 en 1953)

	1953	1966	1973
Valeur de la production	100	217	604
Main-d'œuvre	100	123	142

On comparera cette évolution à celle des autres pays européens au cours du XIXe siècle.

L'économie de l'Irlande.

population

- ● ville de plus de 200 000 hab.
- • ville de 50 à 200 000 hab.

densités en habitants au km2

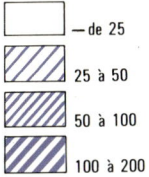

- ☐ — de 25
- ▨ 25 à 50
- ▨ 50 à 100
- ▨ 100 à 200

paysages agricoles

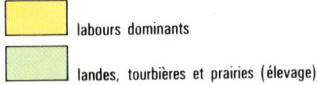

- ☐ labours dominants
- ☐ landes, tourbières et prairies (élevage)

énergie et industrie

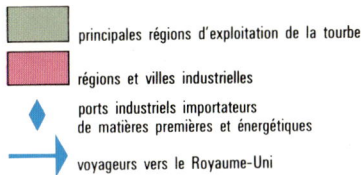

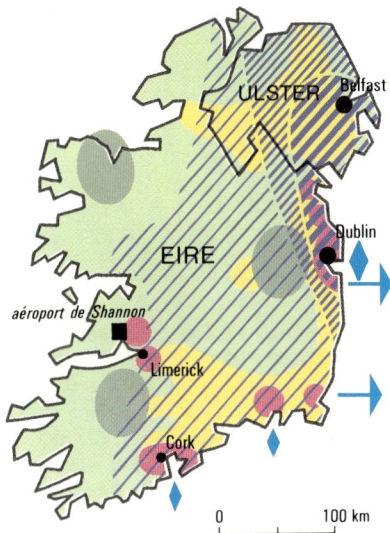

- ☐ principales régions d'exploitation de la tourbe
- ☐ régions et villes industrielles
- ◆ ports industriels importateurs de matières premières et énergétiques
- → voyageurs vers le Royaume-Uni

ULSTER — Belfast
EIRE
aéroport de Shannon — Dublin
Limerick
Cork

0   100 km

Origine du capital étranger investi en Irlande entre 1958 et 1975.

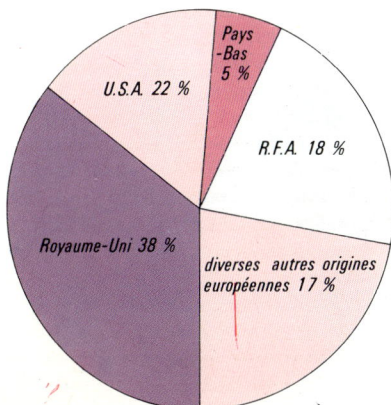

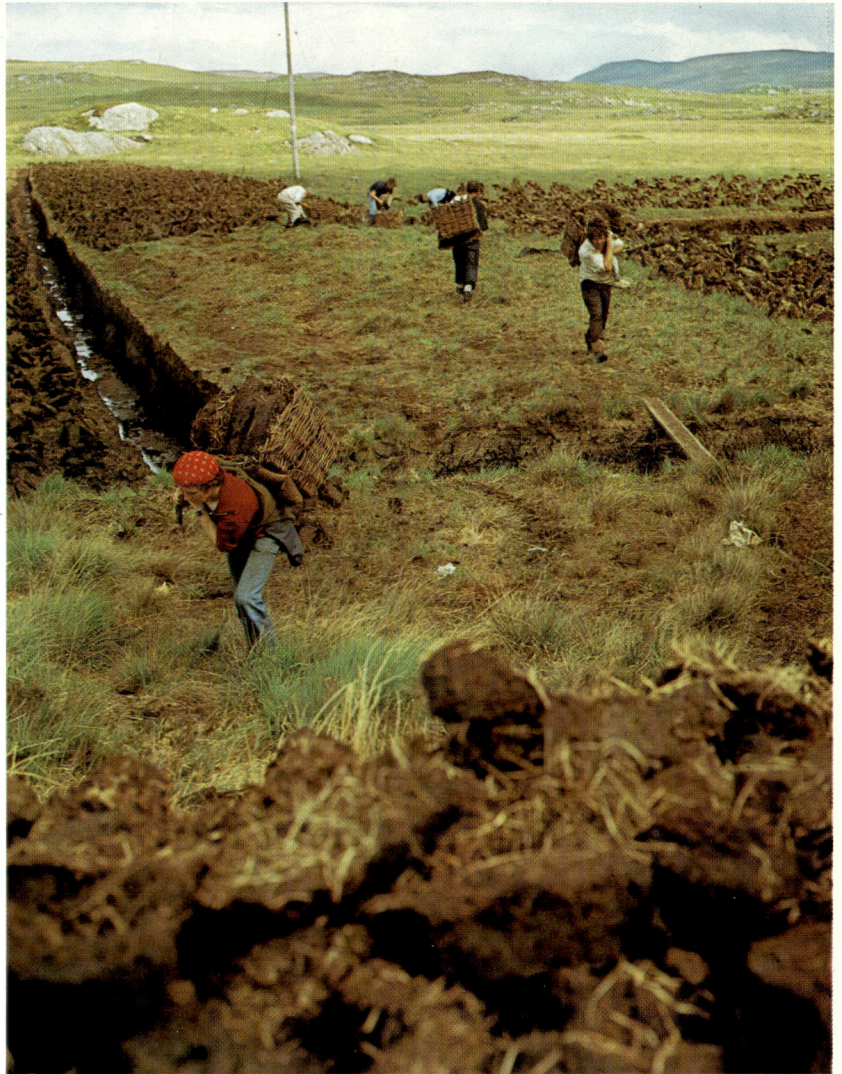

Pays-Bas 5 %
U.S.A. 22 %
R.F.A. 18 %
Royaume-Uni 38 %
diverses autres origines européennes 17 %

Exploitation de la tourbe. ▲
Défonçage et séchage des mottes (à l'arrière-plan). Mais de nombreuses exploitations sont modernes et très mécanisées.

Eire et Ulster.

Au début du XXᵉ siècle, les protestants constituent une minorité religieuse dans l'île irlandaise, fortement concentrée dans le nord autour de Belfast. Ils sont très attachés au Royaume-Uni et s'opposent à la majorité des nationalistes irlandais catholiques, qui luttent pour l'indépendance de l'île. Lorsque celle-ci est consentie par le Royaume-Uni en 1920, l'Irlande est en fait partagée en deux parties, l'Irlande du Nord à majorité protestante (ou Ulster) continuant de faire partie du Royaume-Uni. Mais les catholiques nationalistes y représentent 35 % de la population et la lutte pour l'indépendance s'y poursuit. A cette opposition religieuse et nationaliste, s'ajoute depuis la Seconde Guerre mondiale une opposition sociale qui alimente l'actuelle guerre civile, où le prolétariat à large dominante catholique, frappé par un sévère chômage, se dresse contre une classe dirigeante protestante fidèle à la couronne britannique.

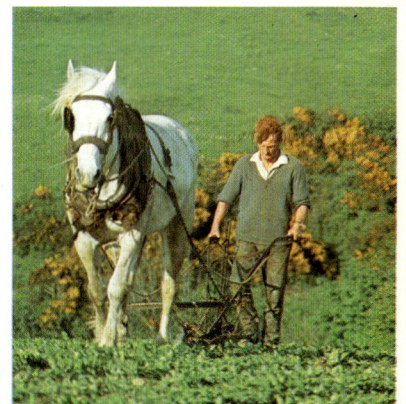

Une scène en voie de disparition progressive en Eire. ▲
Le labourage se fait avec un outillage archaïque et utilise la traction animale. Au second plan, les genêts rappellent l'omniprésence de la lande.

269

port : 86, 98, 129

131-La mer et le commerce

Autour des estuaires du Rhin, de la Meuse et de l'Escaut, les trois pays du Benelux rassemblent plus de 24 millions d'habitants sur 35 000 km². Cela représente une densité moyenne de 360, l'une des plus fortes à l'échelle mondiale pour une telle superficie. Mais à la différence de ce qui se passe en Asie, la charge humaine s'accompagne ici d'une opulence attestée par le niveau élevé des P.N.B. Elle est associée à un niveau exceptionnel des activités dans tous les secteurs de l'économie. Elle explique le caractère des paysages, plus transformés par l'action humaine que dans n'importe quel autre pays, tout en restant le plus souvent harmonieux.

Cette richesse et cette originalité reposent essentiellement sur une longue tradition maritime et commerciale, affirmée et affinée depuis le Moyen Age et la grande époque des ports hanséatiques. La richesse des sols et l'abondance – nullement négligeable au demeurant – des matières premières comptent moins ici que les ressources tirées de la mer, qu'il s'agisse de la pêche aux harengs qui a fait la fortune d'Amsterdam ou de l'exploitation de domaines coloniaux aujourd'hui émancipés : Congo belge, Indonésie, Antilles néerlandaises et Surinam. D'une époque à l'autre, l'activité portuaire reste une constante, fondée sur le carrefour des routes continentales et des voies maritimes : vallées du Rhin, de l'Escaut et de la Meuse, inflexions du littoral vers la Baltique et l'Atlantique nord. Cette situation, exploitée autrefois par Amsterdam et Zeebrugge, fait actuellement la fortune de Rotterdam et d'Anvers.

Rotterdam est le port* du Rhin, remodelé à partir de 1863, par creusement d'une embouchure artificielle, le *Nieuwe Waterweg*. Chenaux et bassins se sont progressivement déplacés vers l'ouest, au fur et à mesure de l'accroissement des jauges : le vieux port de Waalhaven reçoit des navires de 40 000 tjb, alors que Maasvlakt, dont l'aménagement n'est pas encore achevé, accueille des supertankers de 250 000 tjb. L'amplitude très faible de la marée et le creusement dans un sol meuble ont facilité les aménagements successifs : les bassins sont creusés par dragage et dépourvus d'écluses. Comme l'espace ne manque pas, cinq grandes raffineries de pétrole ont pu s'installer dans le port, ainsi que de nombreuses unités pétrochimiques, des usines de construction mécanique, des chantiers de construction navale. Premier port du monde avec un trafic de 280 Mt en 1980, Rotterdam-Europort s'oriente vers le trafic des hydrocarbures et des conteneurs. La majeure partie des marchandises transite par le Rhin et les canaux, mais ces facilités comptent moins que la qualité et le prix avantageux des services.

Le trafic relativement modeste d'Anvers (81 Mt en 1980), ne doit pas être sous-évalué : il s'agit essentiellement d'un trafic de marchandises emballées et de conteneurs que le port reçoit et expédie dans le monde entier sur 300 lignes avec une rapidité et des tarifs exceptionnellement avantageux : pour la France, le port concurrence Le Havre dans la région parisienne et supplante facilement Marseille dans la région lyonnaise. Pourtant, les conditions d'exploitation sont difficiles ; l'estuaire de l'Escaut est peu profond mais sinueux, ce qui exclut les gros tonnages. Les travaux d'approfondissement sont entravés par le fait que la partie aval de l'estuaire est située en territoire néerlandais. Malgré cela, de nouveaux bassins sont en cours d'aménagement sur la rive gauche et le port abrite quelques grosses usines. Les canaux jouent un moindre rôle dans la desserte du port que les camions et la voie ferrée qui acheminent des masses de conteneurs sur toute l'Europe.

L'intensité des échanges explique la répartition très particulière des actifs dans les deux pays : le secteur tertiaire occupe 57 % des actifs en Belgique et 60 % aux Pays-Bas. Ainsi s'explique également la présence de quelques grandes firmes multinationales dans les deux pays.

Évolution des trafics (en millions de tonnes).

	Rotterdam	Anvers
1931	29	15
1938	42	21
1951	37	28
1961	90	38
1971	230	80
1973	310	72
1976	290	66
1980	280	81

Les multinationales néerlandaises.

	C.A. 1979 (en milliards de F)	Branche	Rang dans la branche
Royal Dutch-Shell	185	Pétrole	2e
Unilever	80	Lessive	1er
Philips	65	Construction électrique	2e
Estel	21	Sidérurgie	6e
AKZO	20	Chimie	11e
D.S.M.	19	Chimie	12e

Les multinationales belges

	C.A. 1979 (en milliards de F)	Branche	Rang dans la branche
Pétrofina	24	Pétrole	20e
Cockerill	13	Sidérurgie	16e
Solvay	13	Chimie	15e

ligne de navigation : *une ligne de navigation assure une liaison régulière entre deux ou plusieurs ports. L'importance commerciale d'un port est d'autant plus grande qu'il commande des lignes nombreuses avec des dessertes fréquentes. Sur ce plan, Anvers est beaucoup plus important que Marseille, en dépit de l'infériorité apparente de son trafic.*

complexe industrialo-portuaire : *un complexe comme celui de Rotterdam, associe l'importation de matières premières, leur transformation sur place et l'expédition de produits finis ou semi-finis. Ce processus de transformation nécessite souvent l'importation de nouveaux produits, donc l'accroissement des tonnages manipulés. Économiquement avantageux, ce système exige beaucoup de place, de bonnes liaisons maritimes et continentales ainsi que la réalisation de quais spécialisés proches des usines de transformation : appontement pétrolier et raffinerie, quai minéralier et usine sidérurgique... A terme, l'essentiel de l'activité maritime se concentre sur quelques ports privilégiés, Rotterdam, Anvers, Le Havre, Marseille-Fos, Basse-Tamise pour l'Europe. Gênes est desservie par le manque d'espace et Tarente par un excès de spécialisation.*

Rotterdam.

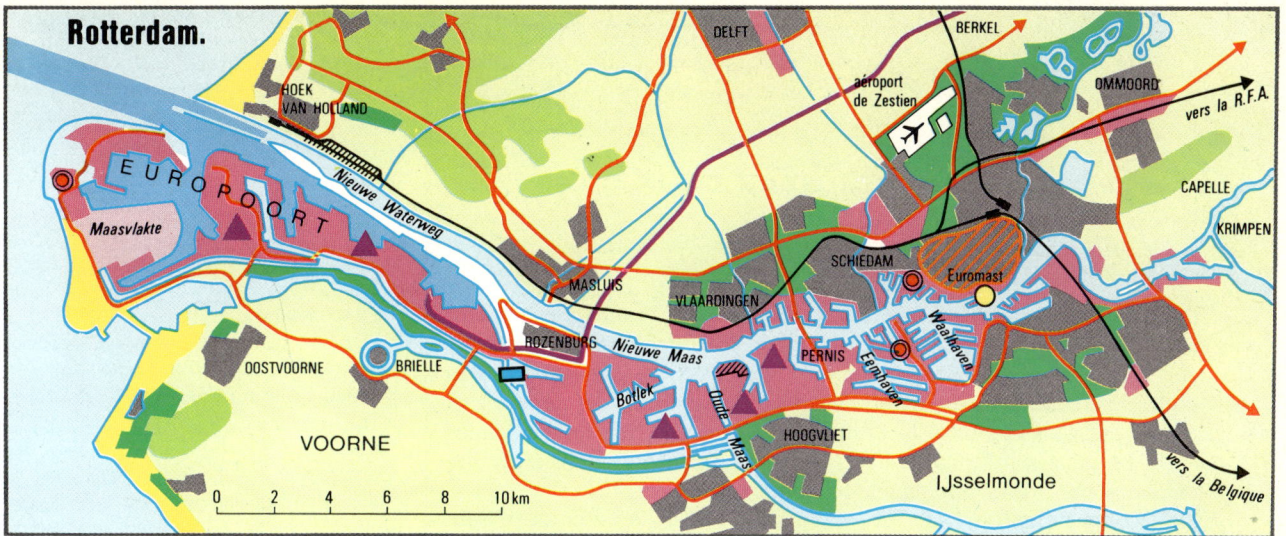

Labels on the Rotterdam map: DELFT, BERKEL, aéroport de Zestien, OMMOORD, vers la R.F.A., CAPELLE, KRIMPEN, HOEK VAN HOLLAND, EUROPOORT, Nieuwe Waterweg, Maasvlakte, MASLUIS, SCHIEDAM, Euromast, VLAARDINGEN, Waalhaven, OOSTVOORNE, BRIELLE, ROZENBURG, Nieuwe Maas, PERNIS, Eemhaven, Botlek, Oude Maas, HOOGVLIET, VOORNE, IJsselmonde, vers la Belgique

0 2 4 6 8 10 km

Anvers.

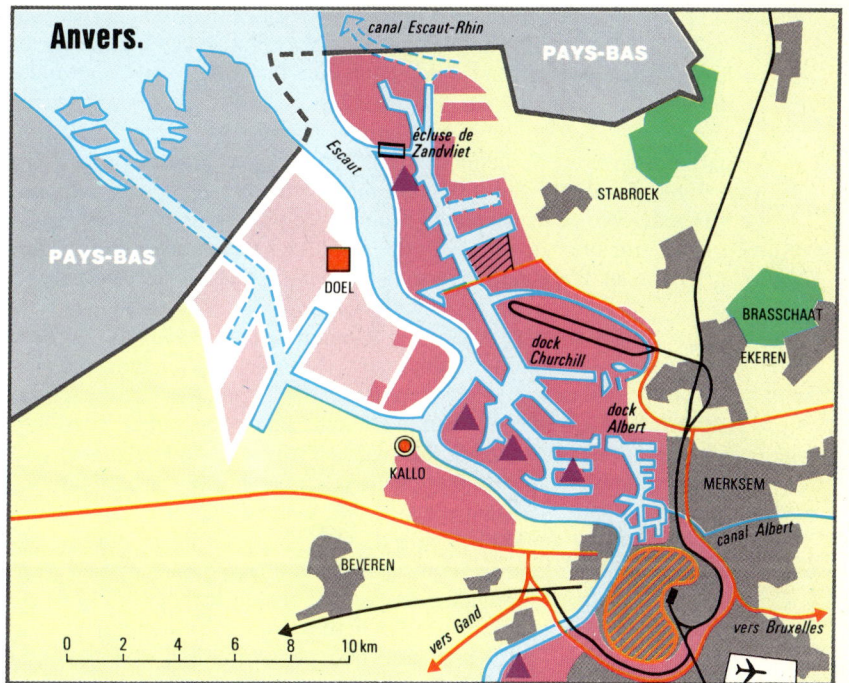

Labels on the Anvers map: canal Escaut-Rhin, PAYS-BAS, écluse de Zandvliet, Escaut, STABROEK, PAYS-BAS, DOEL, dock Churchill, BRASSCHAAT, EKEREN, KALLO, dock Albert, MERKSEM, BEVEREN, canal Albert, vers Gand, vers Bruxelles, vers Gand

0 2 4 6 8 10 km

Légende

- bassins en projet
- espaces bâtis
- espaces industriels et portuaires
- centre des affaires
- bois, espaces de loisirs
- cultures en serres
- champs
- sable-dunes-plages
- chenal et darses accessibles aux supertankers
- écluses
- espaces industriels en cours d'aménagement
- centrale thermique
- centrale nucléaire
- raffineries de pétrole
- quais à conteneur
- principales voies ferrées
- principaux axes routiers
- oléoducs

Bassin du Waalhaven dans le port de Rotterdam.

Ce bassin, situé vers l'amont de la Nieuwe Maas, reçoit des navires de tonnage moyen, les grandes unités de plus de 300 000 tjb n'accédant qu'aux bassins d'aval (Mississippihaven, Beneluxhaven). Depuis son aménagement en 1930, il a reçu successivement des cargos classiques, puis des porte-conteneurs utilisant un quai spécialisé équipé avec un portique facilement identifiable sur la photo. Depuis quelques années, arrivent également des cargos LASH comme celui que l'on voit ici décharger des allèges — sorte de grands cadres flottant remplis de marchandises en vrac ou de colis — qui sont regroupées et acheminées vers l'amont par des pousseurs qui mettent Rotterdam en relation avec le port de Bâle et bientôt avec le Danube. ▸

132-La Belgique : un État pour deux groupes

Deux communautés bien différentes, Flamands et Wallons, cohabitent non sans difficulté dans ce jeune État, né de la Révolution de 1830 après avoir été tour à tour bourguignon, espagnol, autrichien et néerlandais. Ces vicissitudes sont celles d'un espace stratégique, ouvert sur la mer du Nord, et offrant un passage facile entre la France et l'Allemagne. Espace longtemps disputé, la Belgique souffre aujourd'hui d'une crise d'identité avivée par des problèmes culturels, démographiques, économiques.

L'affrontement culturel, de part et d'autre d'une ligne est-ouest passant légèrement au sud de Bruxelles, est symbolisé par l'expulsion des francophones hors de la prestigieuse université de Louvain : l'enseignement doit se faire en flamand au nord de la frontière linguistique, en français au sud, l'application de cette règle très stricte ne souffrant d'exception qu'à Bruxelles. Mais la querelle dépasse le plan linguistique : les Flamands sont conservateurs et votent chrétien-démocrate ; les Wallons sont plutôt libéraux et votent socialiste. Chaque parti politique est d'ailleurs dédoublé entre une fédération flamande et une autre francophone, Bruxelles faisant, une fois de plus, figure d'exception.

La différence des comportements démographiques accentue la différence culturelle : pour un taux de natalité moyen de 12,7‰, on mesure 15‰ en Flandre et 10,5‰ en Wallonie ; inversement on compte 12 % de vieillards en Flandre contre 19 % dans les provinces francophones. Cette tendance est ancienne, de sorte que si les deux groupes étaient à peu près égaux au moment de l'indépendance, on compte maintenant 5 millions de flamingants et 3 millions de francophones, pour une population de 9,9 millions d'habitants : le caractère imprécis de ces données tient à la francisation opérée par Bruxelles, ville principalement de langue française bien que située en terre flamande.

La crise économique affecte toute la Belgique mais elle est particulièrement grave en Wallonie. Globalement, si le P.N.B. par habitant est supérieur à celui de la France, soit 46 000 F contre 42 000, le déficit de la balance des paiements est chronique, cependant que le taux de chômage est le plus élevé de la C.E.E., soit 8,4 % de la population active. Régionalement*, la Wallonie est défavorisée : sur le plan agricole, par l'abondance des terres acides sous le climat rude des Ardennes ; sur le plan industriel, par son avance technologique au XIXe siècle qui lui vaut une prépondérance d'industries en crise (sidérurgie, laine, houillères en voie d'épuisement) et d'usines vieillies ; sur le plan des échanges par son enclavement et le manque de façade maritime. Inversement, la Flandre est favorisée sinon par ses sols, du moins par la douceur relative de son climat. Son essor industriel, tout récent, a été facilité par l'installation de puissantes zones industrielles dans les ports d'Anvers, de Gand et de Zeebrugge ; par la concentration des moyens de communication ; par les qualités d'une main-d'œuvre réputée docile. Au demeurant, l'industrie intéresse surtout des secteurs en développement : pétrochimie, électronique, textiles synthétiques, sidérurgie sur l'eau à Zelzate.

On peut donc parler d'un déclin de la Wallonie, accentué par le ressentiment des Flamands qui, pour avoir été longtemps tenus dans une position subalterne, refusent aujourd'hui d'assumer les frais du redressement wallon. Les querelles entre Liège et la région du Borinage n'améliorent pas sensiblement cette situation.

Dans cet ensemble discordant, Bruxelles joue un rôle très particulier, en raison de l'attachement que lui portent les deux communautés. Sa primauté de capitale économique et culturelle est renforcée par son rôle européen et l'importance que lui vaut le siège de la Communauté européenne. Reste à savoir si le poids et l'influence de Bruxelles suffiront longtemps à stabiliser et à unir deux communautés qui se veulent de plus en plus distinctes.

Le Luxembourg.
Le plus petit des États européens (2 500 km² et 365 000 habitants) doit à sa position stratégique au cœur de l'Europe, à sa législation sur les sociétés et à l'utilisation de son aéroport par des charters, une activité sans rapport avec sa taille. Il doit également à son rôle de cofondateur de la C.E.E. d'être le siège de plusieurs institutions européennes, dont la cour de justice des Communautés européennes, la Banque européenne d'investissement, la Cour des comptes de la Communauté et le secrétariat général du Parlement.

Rien d'étonnant dans ces conditions, si les Luxembourgeois occupent de nombreux postes administratifs internationaux et si les services occupent plus de 53 % des actifs. Cela explique également que le P.I.B. par habitant soit l'un des plus élevés du monde (60 000 F, 5e rang mondial).

Ce résultat global flatteur ne suffit pas à soustraire le Luxembourg aux problèmes économiques de l'heure : la production de minerai de fer s'est effondrée en quelques années et malgré une production élevée (4,2 millions de tonnes d'acier) la société sidérurgique Arbed connaît de grosses difficultés. Comme cette société occupe à elle seule 15 % de la main-d'œuvre nationale, on comprend que ce petit pays riche soit aussi un pays inquiet, en quête d'investissements industriels que le niveau élevé des salaires décourage actuellement.

frontière linguistique : *ligne de séparation entre deux aires linguistiques, réunies à l'intérieur d'un même État. La coïncidence entre frontière linguistique et frontière politique est rarement parfaite en Europe, que ce soit en Belgique, en France, en Suisse ou en Italie avec le Sud-Tirol peuplé de germanophones. A l'intérieur d'un État, la frontière linguistique ne coïncide même pas toujours avec des limites administratives nettes, ce qui crée parfois des tensions comme celles que connaît en Belgique, le pays fouron, largement francophone mais rattaché à la province flamande du Limbourg.*

Dynamique et densité du peuplement en Belgique.

PAYS-BAS

Bruges • ■ Anvers

Gand ■

■ Bruxelles

R.F.A.

FRANCE

La Louvière ■ ■ Liège

Mons ■ ■ Charleroi

Luxembourg ■

0   50   100 km

■ agglomération de plus de 100 000 hab

nombre d'habitants au km2 par arrondissement

	50
	100
	322
	500

taux d'accroissement de la population de 1955 à 1978 en %

	0
	+ 5
	+ 10
	+ 15
	+ 20

━━ limite du peuplement (flamand au nord et wallon au sud)

- - - limite orientale du peuplement wallon

Industrie et agriculture.

MER DU NORD

0   50   100 km

Ostende • Bruges • Zelzate • Anvers • Mol

Dunkerque • Gand • Malines • I 7,3 Genk

Lys • Escaut • Bruxelles • Hasselt

Tourcoing • Liège • Aix-la-Chapelle

Lille • la Louvière • I 0,9

Roubaix • Mons • Meuse • Verviers

2,2 I • Charleroi

Sambre • Marcinelle

FRANCE • Moselle • Luxembourg

R.F.A.

industrie

◯ bassin houiller

$I_{0,9}$ tonnage extrait en millions de tonnes

△ haut-fourneaux

⬭ région d'industrie sidérurgique et mécanique

⬭ région d'industrie textile

agriculture

	blé/betterave
	prairies artificielles

	prairies naturelles, forêts
	cultures spéciales, serres

canaux
voies ferrées
autoroutes
autoroutes en construction

▲

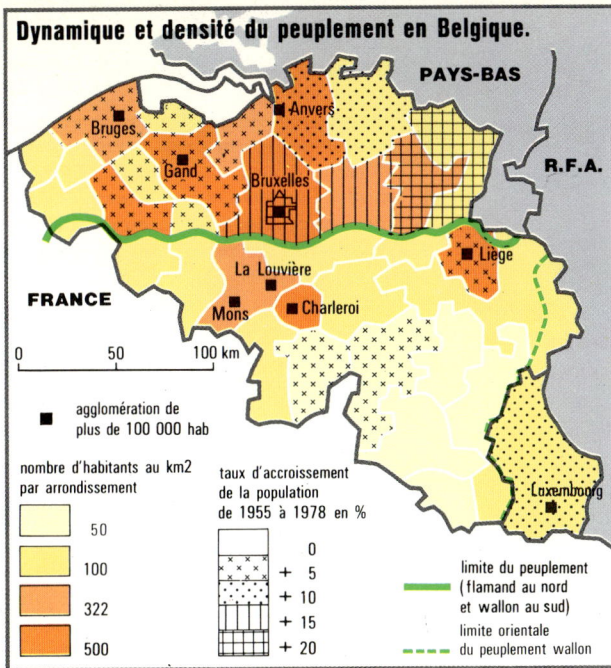

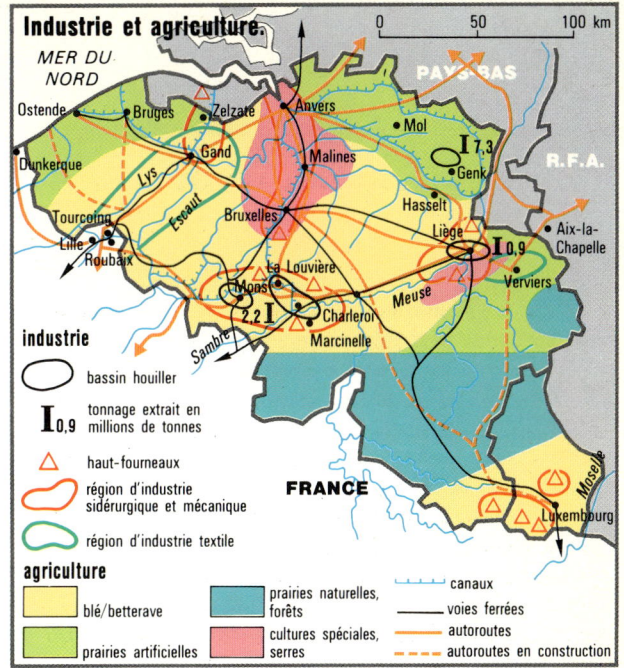

La frontière linguistique passe à travers des régions densément peuplées mais dont les dynamismes démographiques ne sont pas identiques, les provinces flamandes ayant une population plus jeune et plus féconde. Le massif ardennais, plus froid et moins bien pourvu de sols agricoles ou de richesses minières que les autres provinces, fait figure de zone déshéritée, bien qu'il soit plus densément peuplé que le Massif central français.

▲

Le sillon Sambre-Meuse, jalonné par des bassins houillers en voie d'épuisement, s'oppose, par la vétusté de ses équipements, à la zone d'industries nouvelles, centrée sur l'axe Bruxelles-Anvers. Cette situation est-elle comparable à celle qu'on observe de l'autre côté de la frontière française ?

Terrils à Beringem (Campine). ▲

La majeure partie de la production charbonnière belge provient maintenant des mines de la Campine mises en exploitation depuis le début du XXᵉ siècle. Les paysages sont ici très différents de ceux de l'Europe hercynienne, avec ses corons, ses hauts fourneaux, ses paysages industriels vieillis mais densément peuplés. Le charbon n'a pas entraîné ici un vaste mouvement d'industrialisation ni provoqué de grandes concentrations d'hommes : les terrils s'enlèvent sur un paysage agricole monotone. La Campine est un pays sableux, pauvre, mais cultivé à grand renfort d'engrais. Quelques essais de transformation par l'industrie ont donné des résultats assez médiocres, en dépit du creusement du canal Albert, accessible aux automoteurs de 1300 t. Seuls les abords des grandes villes, Anvers ou Hasselt, profitent de l'industrialisation et du desserrement urbain.

273

production agricole : 28
production d'énergie : 37
estuaire rhénan : 73, 122

133-Les Pays-Bas : un modèle et ses limites

Avec 14 millions d'habitants et une densité de 416, les Pays-Bas supportent la plus forte charge humaine d'Europe. Encore faut-il préciser que 40 % des habitants sont concentrés sur le Randstad Holland, région urbaine développée autour de Rotterdam, La Haye, Amsterdam. Cette situation résulte d'une longue période de croissance naturelle, amorcée dès le XVIIe siècle. En 1950 encore, le taux de natalité atteignait 28‰ alors que le taux de mortalité n'était que de 13‰. Aujourd'hui, ces taux sont plus proches des valeurs européennes (12,5 et 8,1) mais le taux d'accroissement atteint tout de même 4,1‰, de sorte que les Pays-Bas restent le seul pays d'émigration régulière en Europe. Cependant, le niveau de vie est plus élevé qu'en France, avec un P.N.B. par habitant de 48 000 F en 1980 et un taux de chômage de 4,9 % seulement.

La prospérité de ce groupe dynamique repose pourtant sur des bases naturelles médiocres : un climat humide, avec une faible insolation et des hivers rudes ; une prédominance de sols sableux, tourbeux, coupés par de larges vallées marécageuses. Vers l'ouest, le cordon de dunes qui protège les terres basses contre les tempêtes de la mer du Nord a subi une dislocation progressive et les flots ont envahi le Zuiderzee depuis le début de l'ère chrétienne : en février 1956, la grande tempête a encore submergé 160 000 hectares et provoqué la mort de 1 800 personnes.

C'est pour lutter contre la menace de submersion que les Hollandais ont construit la digue du Zuiderzee (devenu la mer d'IJssel) et réalisé, depuis 1953, le Plan Delta. La tradition est ancienne : depuis le Moyen Age, les terres endiguées et situées en-dessous du niveau de la mer ont été progressivement vidées de leurs eaux, drainées et aménagées. Ces polders occupent au total 17 000 km² pour une superficie totale de 34 000 km².

Cette accumulation d'hommes et ce gigantesque effort d'aménagement s'expliquent, tout comme la fortune du port de Rotterdam, par l'importance de l'estuaire rhénan*. Mais l'effort d'aménagement va bien au-delà de l'exploitation de cette situation favorable.

En dépit de leur forte population, les Pays-Bas exportent plus de produits agricoles* qu'ils n'en importent. La production de bulbes et la culture de fleurs ou de produits de contre-saison (concombres et salades d'hiver) sous serres alterne sur les terres les mieux asséchées avec la culture des betteraves, des pommes de terre et des légumes de plein champ. Sur les terres basses, des exploitations assez vastes (plus de 40 hectares en moyenne) sont couchées en herbe pour un élevage plus tourné vers la production de lait que vers celle de la viande.

L'industrie a reçu depuis quelques années le renfort du gaz naturel (90 millions de m³), de sorte que le bilan énergétique est positif : la production d'énergie* primaire équivaut à 86 M de tep, la consommation à 69 M de tep. Cette abondance justifie la présence d'industries de base comme la sidérurgie. Mais ni celle-ci ni les industries traditionnelles comme le textile n'ont de réelle importance à côté de ces grandes réussites que sont les industries électrique et électronique, symbolisées par Philips, qui rayonne sur le monde entier à partir d'Eindhoven, ou encore les industries de la peinture, des engrais, de la chimie fine.

Cet étonnant palmarès fait des Pays-Bas une sorte d'État modèle pour l'Europe. Mais cette économie d'échanges subit plus que toute autre, les contrecoups de la crise qui affecte ses clients et fournisseurs : l'activité économique stagne et va sans doute régresser, à l'instar du trafic de Rotterdam. L'aménagement toujours différé du dernier grand polder, le Markerwaard, montre bien ce que peuvent être les limites de la croissance dans ce pays qui est pourtant mieux aménagé que tout autre au monde.

la maîtrise des eaux : *on appelle **polders** les terres basses, soustraites par endiguement à l'occupation permanente ou temporaire des eaux fluviales ou marines. La construction des digues ne suffit d'ailleurs pas à leur aménagement : il faut les vider de leur eau, les soustraire au déversement des eaux de drainage venues des terres voisines, évacuer l'eau de pluie et empêcher les infiltrations en provenance des digues ou du sous-sol. C'est dire que les fossés de drainage et surtout les pompes, tiennent un rôle essentiel dans ce système complexe.*

Les premiers polders hollandais datent du Moyen Age et de l'introduction du moulin à vent. La capacité de pompage de ceux-ci étant très faible, les polders sont restés petits, jusqu'à l'invention de la pompe à vapeur à laquelle a succédé la pompe électrique. Ainsi s'explique la progression des superficies poldérisées, de 700 km² au début du XVe siècle à 3 500 km² au début du XIXe siècle et à 17 000 km² actuellement.

Peut-on prévoir de nouvelles extensions ? La mise en valeur des grands polders modernes du Zuidersee a permis d'obtenir des résultats remarquables, comme la création du polder du Nord-Est dont les 48 000 ha sont aménagés à partir de la ville d'Emmeloord créée ex-nihilo ou comme la mise en valeur plus récente des deux ensembles du Flevoland. Mais les résultats économiques sont assez décevants : les coûts d'aménagement et d'entretien sont trop élevés pour être rentabilisés par la production agricole. C'est ce qui explique la suspension de la réalisation du dernier grand polder, le Markerwaard. Peut-être sera-t-il utilisé pour l'extension urbaine d'Amsterdam ; peut-être constituera-t-il une réserve naturelle et une zone de loisirs ; il se pourrait même qu'il soit constitué en réserve d'eau douce, denrée rare aux Pays-Bas, dont les eaux sont le plus souvent polluées ou saumâtres.

*A l'origine des polders, on trouve moins le manque de terres que la nécessité de lutter contre les crues du Rhin, le tassement des tourbières et la remontée du niveau de la mer. Ils ne doivent pas être dissociés d'un système de digues protégeant l'ensemble du « pays creux », notamment les ouvrages du **Plan Delta** entrepris depuis 1950 pour empêcher l'invasion des chenaux du delta lors des grandes tempêtes. Pour cela, toutes les embouchures échelonnées entre Rhin et Escaut ont été progressivement fermées et transformées en réserves d'eau.*

*Tous ces travaux sont ordonnés et financés par l'État dans le cadre du Ministère des Eaux ou **Waterstaat**.*

Economie des Pays-Bas.

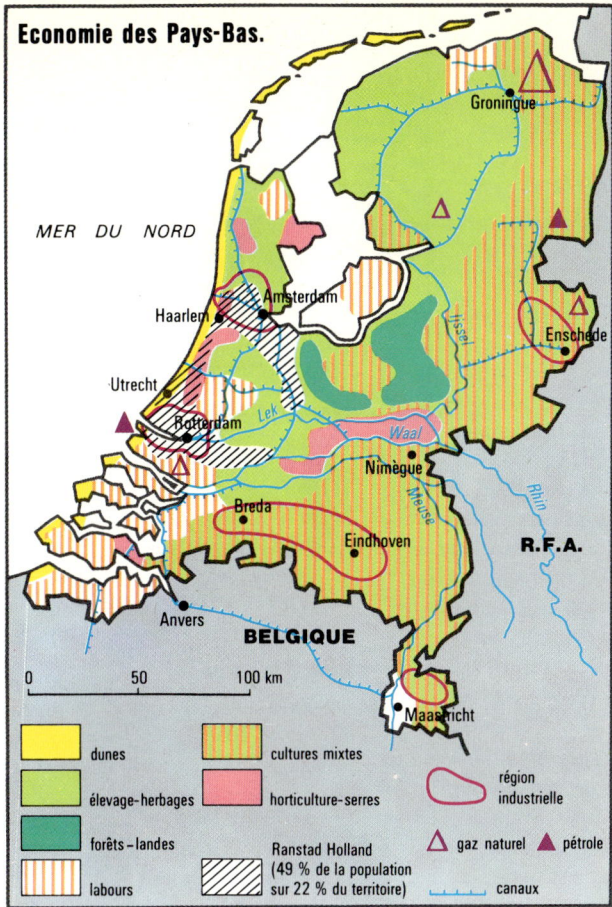

MER DU NORD

Groningue

Haarlem
Amsterdam
Utrecht
Rotterdam
Nimègue
Breda
Eindhoven
Anvers
Maastricht
Enschede
BELGIQUE
R.F.A.

Lek
Waal
Meuse
Rhin
Yssel

0   50   100 km

- dunes
- cultures mixtes
- élevage-herbages
- horticulture-serres
- forêts-landes
- région industrielle
- labours
- Ranstad Holland (49 % de la population sur 22 % du territoire)
- △ gaz naturel ▲ pétrole
- canaux

Digues et polders aux Pays-Bas.

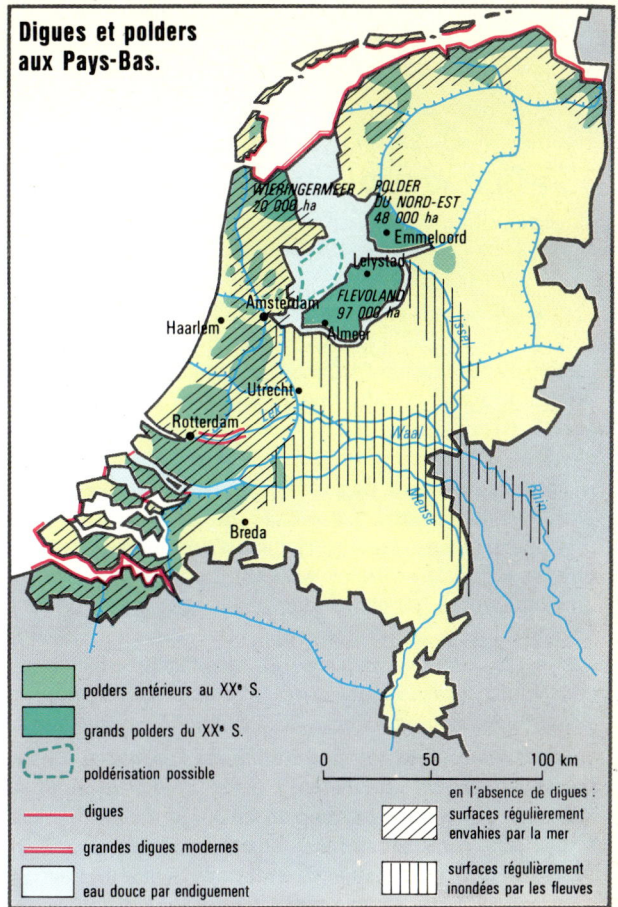

WIERINGERMEER 20 000 ha
POLDER DU NORD-EST 48 000 ha
FLEVOLAND 97 000 ha
Emmeloord
Lelystad
Almere

Amsterdam
Haarlem
Utrecht
Rotterdam
Breda

Yssel
Waal
Meuse
Rhin

0   50   100 km

- polders antérieurs au XXᵉ S.
- grands polders du XXᵉ S.
- poldérisation possible
- digues
- grandes digues modernes
- eau douce par endiguement

en l'absence de digues :
- surfaces régulièrement envahies par la mer
- surfaces régulièrement inondées par les fleuves

Exploitations agricoles dans le polder du Nord-Est.

Exploitations relativement grandes (40 hectares) conformément aux recommandations du plan Mansholt. Prédominance des prairies artificielles, adaptées aux sols argileux. Géométrie rigoureuse des parcelles, commandée par les fossés de drainage. ▼

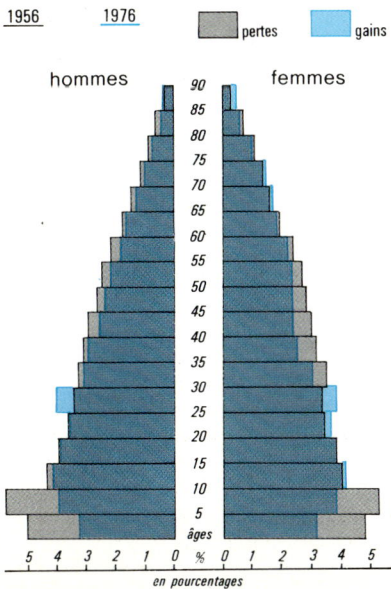

Pyramide des âges en 1956 et 1976.

1956   1976   pertes   gains

hommes   femmes

90 85 80 75 70 65 60 55 50 45 40 35 30 25 20 15 10 5 âges

5 4 3 2 1 0 % 0 1 2 3 4 5

en pourcentages

climat : 4, 7
comportement démographique : 16

134-Beaucoup d'hommes, peu de terres

L'Italie est un pays de relief tourmenté. Au nord, le grand fossé d'effondrement de la plaine padane est une heureuse exception. C'est la seule région où les champs, les villes et les activités de relation peuvent s'épanouir sans contrainte spatiale. Encore faut-il se protéger localement des inondations du Pô. Partout ailleurs, l'obstacle du relief est réel. L'Apennin est une chaîne continue qui tombe parfois directement dans la mer. Fractionnées à l'extrême, les plaines littorales ne prennent quelque ampleur que dans les Pouilles, le Latium et la Toscane. Le passage du versant adriatique au versant tyrrhénien n'est jamais facile. La construction d'un exceptionnel réseau d'autoroutes a dû vaincre tout cela : certains parcours sont des enfilades presque ininterrompues de viaducs et de tunnels (traversée des Abruzzes, riviera ligure de la frontière à La Spezia, etc.). Dans l'Apennin central et méridional, la fréquence des argiles et des marnes, la violence des pluies méditerranéennes et les excès des hommes se combinent pour déclencher des processus d'érosion qui emportent les sols : les pentes s'éboulent et glissent en « frane ».

La douceur du climat* italien est à nuancer. Le rythme climatique de la plaine du Pô est continental : hiver froid, brouillards fréquents, été moite. Ailleurs, le climat méditerranéen présente son mélange bien connu de séductions, d'excès et d'irrégularités. A la douceur et au charme des lacs du Nord, de Capri et du rivage Nord de la Sicile (où l'agrumiculture est possible), s'oppose la trop longue sécheresse qui peut menacer les régions les plus méridionales. Malgré tout, il faut souligner la diversité des aptitudes agricoles qu'autorise l'étirement en latitude.

Au total, l'Italie offre un cadre plus avenant au touriste qu'aux entreprises permanentes des hommes. L'espace cultivable y est mesuré. Le relief italien est jeune, non achevé : aux volcans actifs (Vésuve, Etna, Stromboli) s'ajoutent de fréquentes manifestations sismiques. Depuis 1968, trois tremblements de terre ont frappé la Sicile, le Frioul et la Campanie.

L'Italie est densément peuplée. La densité moyenne de 190 hab./km² est élevée pour un territoire aussi accidenté. La charge humaine des campagnes est considérable (300 à 400 hab/km²) en Campanie, en Sicile et en Calabre. Sur les rivieras escarpées de Calabre et de Ligurie, on se demande de quoi peuvent vivre les villages suspendus entre le ciel et la mer.

Les comportements démographiques* italiens s'alignent désormais sur les normes communes aux pays industrialisés : l'accroissement naturel a chuté et n'a plus rien à voir avec l'abondance d'enfants qui soutenait tout à la fois une forte croissance de la population (l'Italie de l'Unité n'avait que 28 M d'hab.) et un courant d'émigration. Mais dans ce domaine comme dans bien d'autres, les disparités régionales sont nettes : au Nord, devenu malthusien dans des proportions étonnantes, s'oppose un Sud moins anémié.

L'Italie n'est plus une terre d'émigration. Le temps n'est plus où les Italiens quittaient leur pays massivement pour l'Amérique, la France, ou la Suisse. Aujourd'hui, les retours excèdent même les départs. C'est que l'excédent naturel est désormais très supportable, et l'économie italienne mieux assurée. Enrichie, l'Italie accueille à son tour des immigrés voués aux travaux pénibles : Tunisiens, Égyptiens, Éthiopiens, Somaliens...

Trente ans d'intenses migrations intérieures ont modifié la répartition de la population. L'exode rural a grossi les grandes cités. Surtout, un puissant courant a porté vers les villes industrielles du Nord (Turin, Milan) des millions de Méridionaux. Le départ vers l'Italie du Nord a remplacé le départ à l'étranger. Ce grand courant humain a accompagné le développement industriel de l'Italie. Quoique ralenti, il se poursuit aujourd'hui.

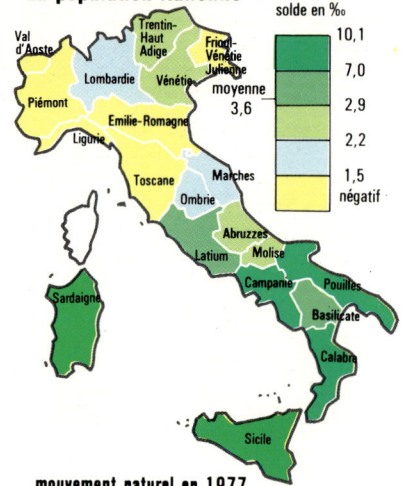
La population italienne
mouvement naturel en 1977

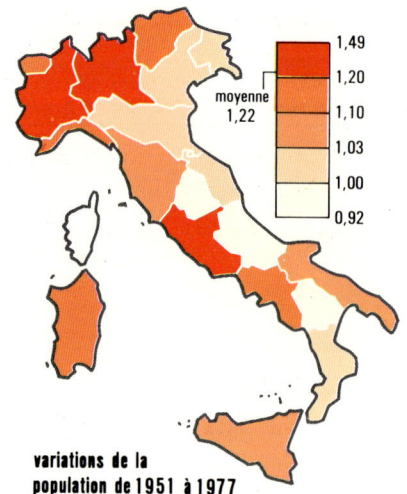
variations de la population de 1951 à 1977

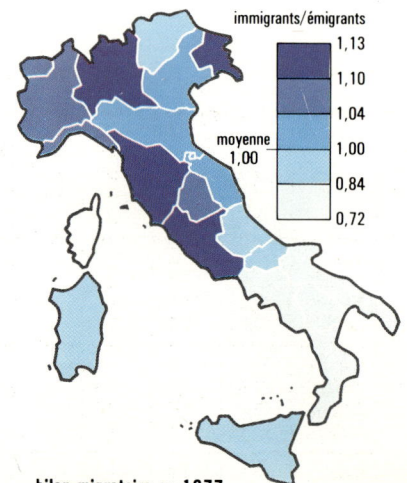
bilan migratoire en 1977

La carte des variations de population 1977/1951 montre que quelques régions montagneuses commencent à se dépeupler. Toutefois, ce mouvement est beaucoup plus récent et beaucoup moins accentué que dans les régions françaises comparables, Alpes du Sud ou Massif central. Actuellement, ce sont les grandes régions urbaines qui connaissent un accroissement supérieur à la moyenne nationale : Turin, Milan, Rome et, dans une moindre mesure, Gênes et Naples.

Les deux autres cartes montrent que ces variations recouvrent en fait deux mouvements de sens contraire : seule, une émigration intense à partir des provinces pauvres du Mezzogiorno, compense l'extraordinaire faiblesse de la fécondité dans le nord du pays. Il est facile de comprendre que dans quelques années, le Sud privé de ses éléments les plus jeunes et les plus dynamiques, connaîtra une situation démographique catastrophique.

T A partir de ces trois cartes, il est possible de dresser une carte des régions de peuplement avec les catégories suivantes :

1. zones fortement attractives à bilan naturel positif.
2. zones de départs largement compensés par le mouvement naturel.
3. zones de départs à peu près compensés par l'accroissement naturel en voie d'atténuation.
4. situation difficile – mouvement naturel légèrement négatif ou faiblement positif – attraction faible ou modérée.
5. situation critique – mouvement naturel fortement négatif – solde migratoire légèrement positif.

Le relief de l'Italie.

Légende :
- au dessus de 1 000 m
- de 200 à 1 000 m
- moins de 200 m

LIGURIE nom de région
— isothermes de janvier
zones de climat méditerranéen à sécheresse d'été très prononcée (3 à 4 mois secs)
— autoroutes

0   100 km

Citta della Pieve (Ombrie).

Paysage classique de l'Italie centrale : habitat groupé sur une hauteur avec une tendance très récente au desserrement ; versants aménagés en terrasses où dominent les cultures arbustives ; vallons encaissés boisés pour limiter le risque d'érosion. L'ensemble est peu apte à la modernisation et seule la charge humaine explique le maintien de l'agriculture.

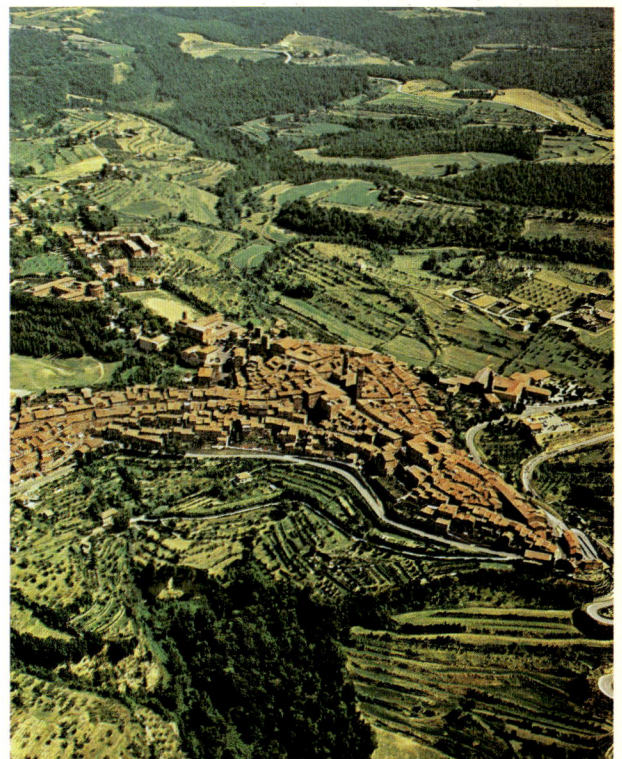

Contrastes démographiques entre régions du nord et du sud de l'Italie (1977).

	Taux de natalité ‰	Taux de mortalité ‰	Mouvement naturel ‰	Solde migratoire	Mouvement global 1977/1951	Pop. active employée dans le secteur en %		
						I	II	III
Nord								
Lombardie	11,9	9,7	+ 2,2	+	+ 36 %	5	54	41
Piémont	10,8	11,8	– 1	+	+ 29 %	11	51	38
Ligurie	8,6	13,2	– 4,6	+	+ 19 %	8	32	60
Sud								
Campanie	18,0	8,2	+ 9,8	–	+ 23 %	24	28	48
Calabre	15,8	7,6	+ 8,2	=		30	26	44
Sicile	15,8	8,8	+ 7	–	+ 10 %	26	26	48
Italie	13,2	9,6	+ 3,6		+ 22 %	16	38	46

firmes d'État : 19
productions méditerranéennes : 28, 94, 95

135-Le développement économique

L'Italie a connu un développement économique rapide. Vers 1950, c'était un pays pauvre, dont certaines régions étaient misérables, où l'agriculture employait près d'un actif sur deux. Aujourd'hui, l'Italie est un pays industrialisé, pourvu d'un niveau de vie qui la range parmi les nations riches, même si l'on tient compte des fortes disparités sociales et régionales qui se cachent derrière les moyennes. L'accomplissement de ce « miracle italien », s'explique en réalité par des raisons parfaitement identifiables qui rendent la formule excessive.

L'Italie a su mobiliser au bon moment, et utiliser adroitement, d'une part les atouts dont elle disposait, d'autre part les perspectives qui s'offraient sur la scène internationale. L'Italie a valorisé une main-d'œuvre abondante, active, et pendant longtemps bon marché, ses attraits touristiques (un climat, une histoire, des paysages), son méthane, et un incontestable esprit d'entreprise, tant au sein du capitalisme privé que parmi les firmes d'État* dont les premiers dirigeants (Mattei, etc.) étaient animés d'un grand sens du développement économique national. L'Italie a su profiter des crédits du Plan Marshall. Elle a tiré tout le parti possible de son « ancrage » à l'Europe à travers la C.E.C.A. (qui aida la constitution d'une sidérurgie) puis la C.E.E. débouché privilégié pour le textile, les fruits, les légumes, etc. Le développement italien s'est effectué dans une atmosphère de néo-libéralisme, l'État intervenant là où le secteur privé risquait d'être peu enthousiaste : actions en faveur du Sud pauvre, création d'industries de base (complexes sidérurgiques de Finsider/Italsider), mise en place d'infrastructures modernes. C'est ainsi que la construction de milliers de kilomètres d'autoroutes favorisa tout à la fois le développement du tourisme, de l'industrie automobile et du Midi italien.

L'agriculture italienne s'est beaucoup transformée. Le modernisme, la mécanisation, l'irrigation, ne se limitent plus à la plaine du Pô. Ils gagnent peu à peu les régions méridionales. Globalement, la pauvreté du monde agricole a beaucoup diminué, tandis que se modifient progressivement les rapports sociaux souvent archaïques entre les grands propriétaires et leurs fermiers ou leurs ouvriers agricoles. De grands travaux de bonification (drainage, irrigation) ont permis la valorisation de deltas (Pô) et de plaines littorales marécageuses, gains appréciables dans un pays où les terres planes sont rares, où sept hectares sur dix sont en zone de collines ou de montagne. Pourtant, l'agriculture italienne abrite encore de forts îlots d'archaïsmes. Dans l'Apennin méridional ou au cœur de la Sicile, bien des paysans vivent encore chichement d'un peu de blé, de quelques arbres (oliviers, etc.) et de quelques moutons. Dans d'autres cas, l'agriculture a beau être très intensive (Campanie), la charge humaine est telle et les exploitations si petites que le revenu individuel reste bas. Malgré tout, les différents indices du progrès agricole (rendements, etc.) rapprochent petit à petit l'Italie des moyennes européennes.

L'Italie a mis l'accent sur les productions méditerranéennes* intensives (vins, fruits, légumes) qui utilisent pleinement les avantages climatiques, la main-d'œuvre abondante des campagnes et le marché de la C.E.E. C'est par bateaux et trains entiers que sont exportés vers la France, la Suisse ou l'Allemagne le vin de la Sicile et des Pouilles, les tomates de la Campanie, les fruits de l'Émilie-Romagne et des nouveaux grands vergers du Sud (Métaponte, Sicile, Calabre). Mais l'Italie doit importer autant de céréales, de viande et de produits laitiers, car dans ces domaines, la production reste insuffisante malgré l'efficacité des exploitations piémontaises ou lombardes vouées à la grande culture (maïs, riz, blé) et à l'élevage bovin.

Le bilan global est largement positif, puisque l'Italie est devenue la 6e puissance industrielle et commerciale du monde occidental.

Le textile de la région de Prato, près de Florence.

« De la laine, il y en a partout, en tas, en cartons, en tout 3 millions de kilos de chiffons crasseux, déchirés, hors d'âge ou parfois presque neufs, s'entassent dans les vastes hangars. Ramassés dans le monde entier par les collecteurs patentés, ils arrivent par containers entiers. Triés, mijotés dans l'acide, débarrassés des doublures, des fils et des boutons, puis déchiquetés, lavés, parfois teints, pressés en balles compactes, les précieux chiffons retrouvent une seconde jeunesse pour devenir cette laine mécanique moitié moins chère que la laine vierge, qui entre pour près de moitié dans les flanelles colorées dont l'industrie pratésienne inonde le monde (...) Chiffons, laines, bobines, métiers, on ne voit que ça. Dans les rues grouillantes de camions, de breaks, de tricycles, (...) dans les milliers d'ateliers de toutes tailles éparpillés du cœur de la ville au fin fond des campagnes. »

Les structures industrielles de Prato sont originales ; les patrons y sont à mi-chemin entre le négoce et l'industrie :

« (...) sans usines, sans machines, et sans ouvriers, c'est lui qui prospecte, qui programme, qui conçoit la collection et fait les échantillons, qui choisit et achète la matière première et la fait transformer selon ses besoins par une multitude de sous-traitants (...) qui contrôle le produit, le vend et empoche l'essentiel de la valeur ajoutée.

S'il se trompe, s'il rate une collection, il n'entraîne dans sa chute que lui-même. Les exécutants, artisans pour la plupart, n'en ont cure, qui se gardent bien en général de mettre tous leurs œufs dans le même panier : "jamais plus de 40 % du travail avec le même donneur d'ordre", telle est la règle d'or. A la souplesse des structures correspond la souplesse de la production. (...) Dans un rayon de 10 km sont disponibles tous les moyens, matière première, machines, main-d'œuvre, pour répondre en un temps record à toute demande textile. (...) La spécialisation des tâches joue aussi beaucoup. Certain artisan n'a par exemple d'autre tâche que d'ôter les restants de doublure. Il traite ainsi en 10 et 12 heures sans autre instrument qu'une paire de ciseaux, de 10 à 50 quintaux de chiffons. (...) L'extrême qualification de la main-d'œuvre et l'"auto-exploitation" qui s'exerce au sein des familles d'artisans expliquent aussi pour une bonne part ce haut niveau de rendement. (...) Enfin, dernier facteur de productivité, le niveau technique élevé des ateliers. »

d'après « L'économie italienne sans miracle »,
Le Monde, Économica, 80.

Les transformations de l'Italie contemporaine vues à travers la composition de sa population active.

	1951	1961	1971	1981
Agriculture	42 %	30 %	19 %	13 %
Industrie	32 %	37 %	42 %	36 %
Tertiaire	26 %	33 %	39 %	51 %

Ce tableau doit être regardé avec prudence, car c'est à des tâches industrielles que sont employés la plupart des travailleurs italiens non déclarés. Il faut donc augmenter ces chiffres pour s'approcher de la réalité.

L'Italie est un pays ouvert au monde extérieur.

Cette ouverture se traduit notamment :

– par l'intensité des échanges, tant sur le plan maritime que sur le plan terrestre. L'Italie est une nation maritime, particulièrement engagée dans certains domaines (Bassin méditerranéen, croisières, etc.). Surtout, l'Italie est solidement ancrée à l'Europe du Nord et de l'Ouest, par une impressionnante série de percées alpines routières, ferroviaires et autoroutières, axes de transport de forte capacité qui la relie à la France, à la R.F.A., à la Suisse et à l'Autriche ;

– par l'importance du commerce extérieur. Les importations d'énergie et de matières premières sont indispensables. Les exportations textiles, mécaniques ou agricoles ne le sont pas moins. Malgré tout, le déficit commercial, presque permanent, doit être compensé par d'autres formes d'échanges ;

– par une fréquentation touristique unique au monde. Les conséquences économiques du phénomène sont énormes : l'excédent des recettes touristiques (sur les dépenses des Italiens à l'étranger) représente près de 10 % des exportations de marchandises. Cela comble le déficit commercial italien.

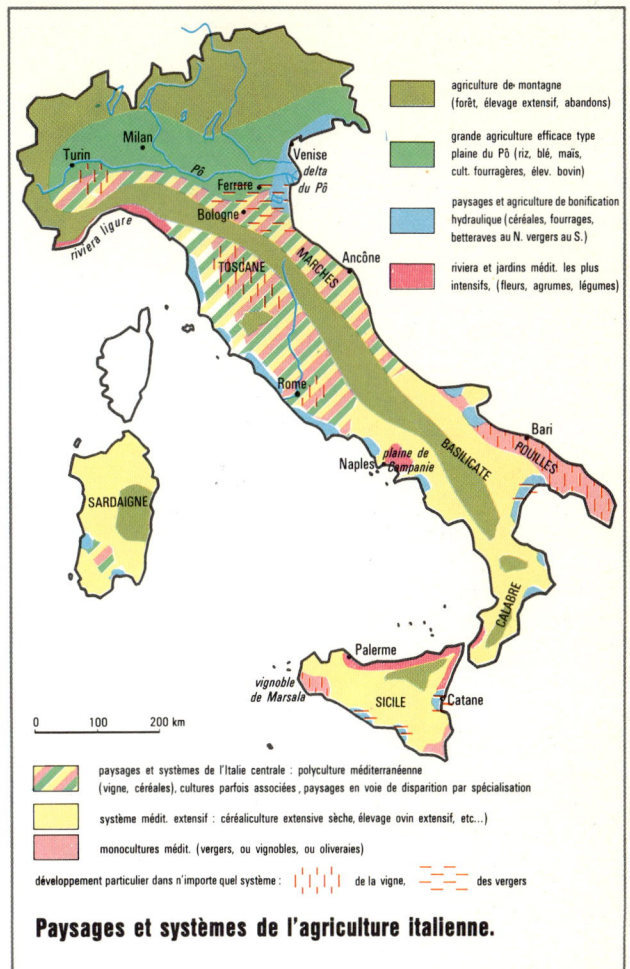

Paysages et systèmes de l'agriculture italienne.

Le secteur public italien touche pratiquement tous les secteurs. Il a été constitué au fil du temps, soit pour intervenir massivement dans certains secteurs (acier, pétrole, autoroutes), soit pour secourir des entreprises en difficulté qui passèrent sous contrôle public (Alfa-Roméo, etc.). Le secteur public est fait de plusieurs *enti* qui sont des sociétés financières (des holdings) qui gèrent les participations de l'État dans un secteur donné ou qui agissent directement (l'E.N.E.L.). L'I.R.I. (*Istituto per la Ricostruzione Industriale*) est le plus important des *enti*. A l'I.R.I. et à l'E.N.I. s'ajoutèrent l'E.G.A.M. puis l'E.F.I.M. (Office pour le Financement de l'Industrie Manufacturière), etc. Au total, sur les 15 plus grandes entreprises italiennes, 9 sont contrôlées par l'État.

Le secteur public a été en son temps un remarquable outil de développement industriel et d'aménagement du territoire, l'I.R.I. et l'E.N.I. étant incités à investir dans le Sud. Mais aujourd'hui, le secteur public italien, hétéroclite et tentaculaire, accumule des pertes financières colossales qui sont un des gros problèmes de l'État italien. C'est que la complexité des structures, la cascade des niveaux de responsabilité et le clientélisme politique rendent la gestion de l'ensemble malaisée.

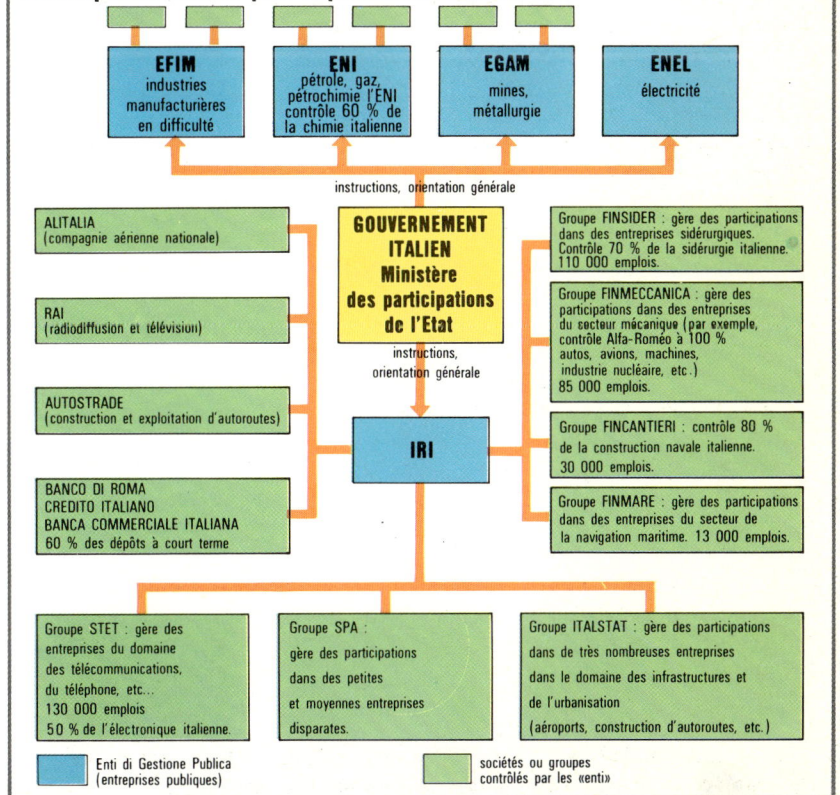

Intervention de l'Etat dans la vie économique italienne.
L'exemple de l'IRI, le plus important des «enti».

faiblesses de l'industrie : 33
bilan énergétique : 37

136-L'Italie est devenue une puissance industrielle

Malgré la faiblesse de ses ressources énergétiques et minières, l'Italie s'est constitué une industrie de base assez puissante. De gros complexes sidérurgiques et pétrochimiques ont été construits très souvent sur des sites littoraux. Ils jouent au mieux des facilités du ravitaillement maritime en fer, pétrole ou charbon importé.

L'originalité de l'industrie italienne réside dans ses structures, qui font coexister un secteur public présent dans pratiquement toutes les branches, de très grandes firmes privées (Fiat, Olivetti, Pirelli, Montedison) et une foule d'entreprises petites et moyennes dont l'inventivité, la souplesse et l'efficacité surprennent, y compris dans des secteurs qu'on croyait réservés aux grandes firmes, comme la sidérurgie. Certaines P.M.E. sont tout à fait officielles, beaucoup travaillent en sous-traitance pour les grandes firmes. Mais d'autres ont un fonctionnement semi-clandestin, ne déclarant qu'une partie de leur main-d'œuvre. Car la législation sociale italienne, très avancée, restreint la marge de manœuvre des grandes firmes. C'est pour échapper aux charges sociales, au fisc et aux lois du travail, que s'est développée ces dernières années toute une « économie immergée » dont la contribution à l'économie italienne est naturellement difficile à chiffrer. Le phénomène traduit aussi un esprit d'entreprise et un désir d'indépendance très vifs parmi les travailleurs italiens. Ces P.M.E. semi-clandestines prospèrent dans les secteurs où la main-d'œuvre compte beaucoup : textile, jouet, fabrication de petits objets, chaussure, etc. Elles emploient souvent des travailleuses à domicile, parfois des enfants. Mais elles ne s'éloignent guère de l'Italie du Nord, du centre et de la région de Naples, car elles ont besoin d'un « milieu industriel » : ce sont des entreprises classiques et « officielles » qui donnent les ordres, écoulent les produits.

Les spécialités industrielles de l'Italie sont des secteurs où le travail, l'adaptation au marché et le sens de la mode tiennent une grande place, ce qui n'exclut pas un haut niveau technique. Les succès du textile italien doivent autant à ses machines ultra-modernes qu'à l'efficacité de son organisation commerciale. Et l'Italie fabrique d'excellentes machines textiles. L'industrie italienne s'est installée avec succès dans tous les créneaux ouverts par l'élévation générale du niveau de vie des années 1950-1975 : automobile, électro-ménager, chaussure, ameublement, agro-alimentaire, etc. Ces développements ont été soutenus par des succès à l'exportation. La mécanique italienne, la « ligne » des produits italiens sont réputées.

Mais l'industrie italienne n'est pas sans faiblesses*. Elle a évité le coût de certaines opérations industrielles de prestige, mais elle a négligé du même coup la plupart des industries de pointe, comme le nucléaire ou l'aéronautique. Dans le domaine des technologies de pointe, la Fiat et Olivetti (mécanique de précision, micro-électronique) sont des exceptions. D'autre part, l'importance des industries de main-d'œuvre expose inéluctablement l'Italie à la concurrence des nouveaux pays industriels.

Enfin, le grave déficit du bilan énergétique* italien, longtemps masqué par le bas prix du pétrole, s'avère de plus en plus lourd à supporter. Des grands pays de la C.E.E., l'Italie est à la fois le plus démuni de sources nationales et le plus dépendant du pétrole, qui représente encore 66 % de l'énergie consommée (pourcentage français d'il y a dix ans). L'Italie entreprend tardivement la diversification de son système énergétique. Les programmes nucléaires ont été entravés par les oppositions locales et régionales qui l'ont toujours emporté sur le pouvoir central. Si bien qu'après un départ aussi précoce qu'ailleurs, l'Italie n'a pas une seule centrale nucléaire moderne de grande puissance, n'en aura pas avant 1985, et doit, situation rare en Europe, songer à maintenir, voire augmenter, ses importations de pétrole brut d'ici là.

La Fiat.
La Fiat (Fabrique Industrielle d'Automobiles de Turin) produit 90 % des véhicules italiens. Les usines Lancia, Autobianchi et Ferrari sont passées sous son contrôle. C'est la première entreprise italienne et l'un des 4 « grands » de l'automobile européenne avec Volkswagen, Renault et Peugeot. Le groupe est encore largement contrôlé par la famille Agnelli. Turin et le Piémont, où se trouvent les plus grandes usines, vivent au rythme de Fiat, qui a également investi dans le Midi (Sicile, Pouilles, Naples). La Fiat est une multinationale particulièrement bien implantée en Amérique du Sud. Elle se distingue des autres grands constructeurs par l'importance de sa coopération industrielle avec les pays de l'Est : en Pologne et surtout en U.R.S.S. (900 000 Lada) on produit des véhicules dérivés d'anciens modèles Fiat sur des chaînes de montage construites avec l'assistance technique de la firme de Turin (usine géante de Togliattigrad sur la Volga).

Mais la Fiat est bien plus qu'un constructeur automobile : Fiat est un groupe industriel géant, le 4e en Europe, qui tient une place de choix dans tout ce qui touche à la mécanique. L'automobile ne représente que 40 % du chiffre d'affaires du groupe et elle n'en est pas le secteur le plus prospère. Fiat c'est aussi 100 % des poids lourds italiens (Iveco, 2e rang européen), le premier fabricant européen de tracteurs et de matériel de travaux publics, la fabrication de machines, de matériel ferroviaire, de moteurs d'avions, de matériel pour l'industrie nucléaire, des activités d'ingénierie etc.

Symbole du capitalisme italien, Fiat est aussi un terrain privilégié pour toutes les expériences sociales.

foyer industriel

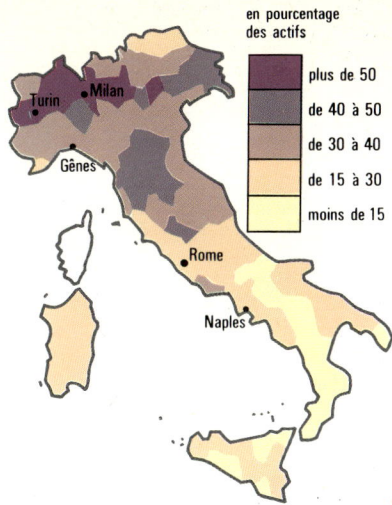

Carte 1 : Part de l'industrie dans l'emploi total

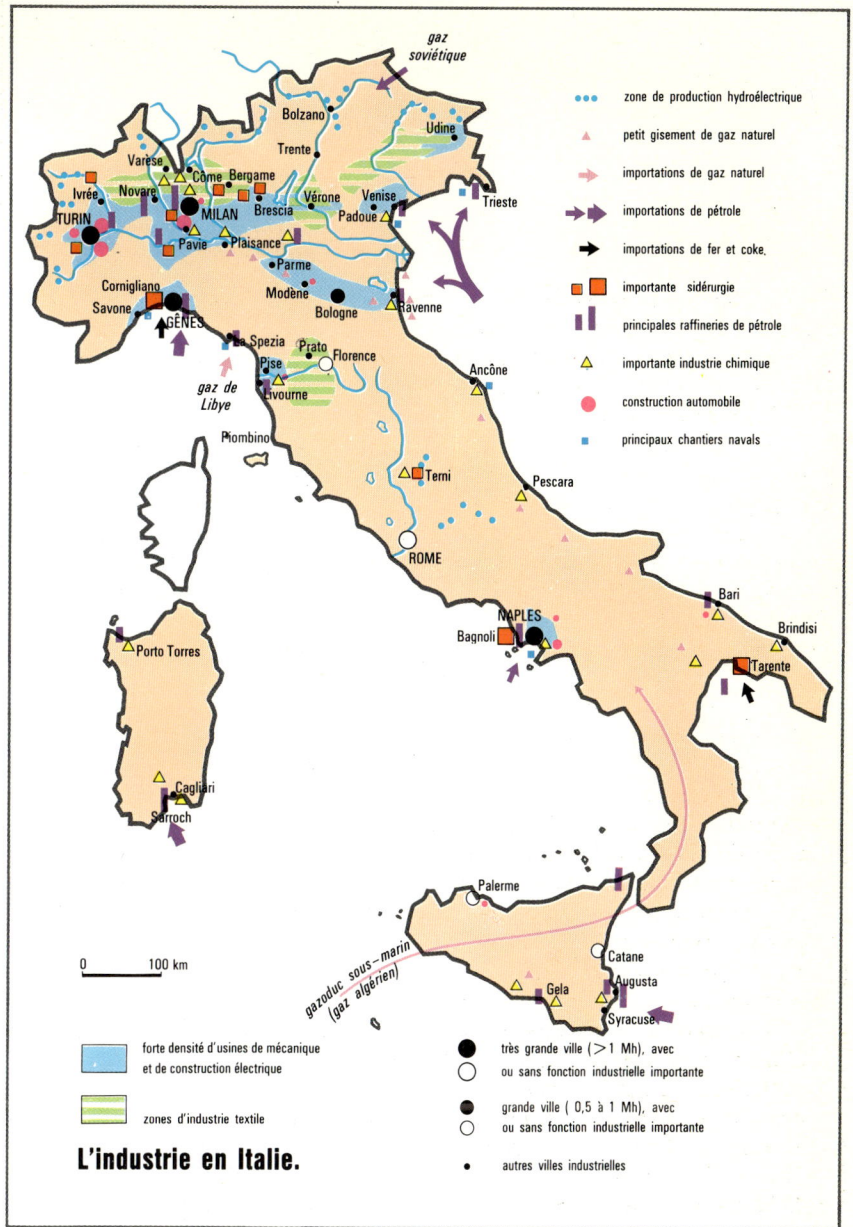

en pourcentage
des actifs

- plus de 50
- de 40 à 50
- de 30 à 40
- de 15 à 30
- moins de 15

Turin · Milan
Gênes
Rome
Naples

Part de l'industrie dans l'emploi total

Carte 2 : L'industrie en Italie

gaz soviétique

Légende :
- ••• zone de production hydroélectrique
- ▲ petit gisement de gaz naturel
- → importations de gaz naturel
- ⇒ importations de pétrole
- → importations de fer et coke
- ▮ importante sidérurgie
- ▮▮ principales raffineries de pétrole
- △ importante industrie chimique
- ● construction automobile
- ▪ principaux chantiers navals

Villes et lieux : Bolzano, Trente, Udine, Varese, Côme, Bergame, Trieste, Ivrée, Novare, Vérone, Venise, TURIN, MILAN, Brescia, Padoue, Pavie, Plaisance, Cornigliano, Parme, Savone, Modène, GÊNES, Bologne, Ravenne, La Spezia, Prato, Florence, Ancône, Pise, Livourne, Piombino, Terni, Pescara, ROME, Bari, NAPLES, Bagnoli, Brindisi, Porto Torres, Tarente, Cagliari, Sarroch, Palerme, Catane, Augusta, Gela, Syracuse

gaz de Libye

gazoduc sous-marin (gaz algérien)

0   100 km

- forte densité d'usines de mécanique et de construction électrique
- zones d'industrie textile

- ● très grande ville (> 1 Mh), avec
- ○ ou sans fonction industrielle importante
- ● grande ville (0,5 à 1 Mh), avec
- ○ ou sans fonction industrielle importante
- • autres villes industrielles

L'industrie en Italie.

Des sidérurgistes originaux : les Bresciani.

« Les Bresciani sont-ils ces "pirates de l'acier" (...) que dénoncent leurs concurrents malheureux ? Ou au contraire, (de) prodigieux entrepreneurs à l'italienne, "magiciens" du rond à béton, représentants valeureux de cette économie souterraine qui fait la prospérité de la Péninsule ? On les a accusés de mal payer leurs ouvriers, (...) de pratiquer un dumping effréné, bref de ne pas jouer du tout le jeu industriel et commercial de l'Europe des Neuf. Qu'en est-il ?

Comme leur nom l'indique, ce sont des fabricants de produits sidérurgiques implantés principalement dans la province de Brescia, la plus industrialisée de la péninsule après celles de Milan et de Turin, mais on les trouve aussi à Bergame, à Verone, à Udine et même à Naples. Leur originalité est de n'employer d'acier qu'en provenance de "petits" fours électriques alimentés en ferraille de toute provenance, le plus souvent importée. Le métal brut ainsi obtenu est étiré sur de petits et moyens laminoirs intégrés, et transformé illico en "petits fers marchands", ronds à béton, poutrelles minces etc. pour être expédiés dans le monde entier. Point de hauts fourneaux monstrueux, de laminoirs longs d'un kilomètre, (...) mais des installations réduites et disséminées. (...) Quant aux ronds à béton, ils sont fabriqués selon les procédés les plus modernes dans des unités parfois relativement puissantes. La "miniaturisation" toutefois demeure la règle. (...) La productivité ? C'est la plus forte d'Italie avec 4 heures à la tonne d'acier contre 6 à 8 heures ailleurs. Évidemment, explique-t-on chez les concurrents européens, les Bresciani travaillent dans des conditions "italiennes" : ils sous-paient leurs ouvriers, échappent aux cotisations sociales... Exclu, répondent les responsables patronaux et syndicaux de la province : "Nos salaires sont supérieurs à ce qui se pratique dans les autres branches de la métallurgie." (...) La vérité oblige à dire que les conditions d'emploi connaissent une certaine souplesse, avec des ouvriers suremployés, d'abondantes heures supplémentaires, le travail se pratiquant parfois "en famille". Vilipendés ou pas, les Bresciani n'en sont pas moins arrivés à produire 7 à 8 millions de tonnes d'acier sur les 24 millions qu'élaborent annuellement les usines italiennes. Ils ont chassé tous les autres producteurs du secteur du rond à béton et de la petite poutrelle y compris Italsider, le "grand" nationalisé, avec ses 10 millions de tonnes par an, son usine géante de Tarente et ses aciéries côtières alimentées en minerai étranger à haute teneur. »

« L'économie italienne sans miracle » Le Monde, Economica, 1980.

question régionale : 58/60, 61/62, 127, 132

137-Les problèmes régionaux

La question régionale* tient une grande place en Italie. Les disparités régionales sont très fortes et nul autre pays de la C.E.E. n'enregistre des écarts aussi grands entre les plus pauvres et les plus riches. D'autre part, l'unité italienne, récente, n'a pas été un plein succès, de sorte que l'État manque de prestige aux yeux des Italiens. Pour toutes ces raisons, la région est très importante dans la vie italienne, en particulier quand il s'agit d'aménager le cadre de vie urbain ou provincial. Mais les grands problèmes de l'organisation du territoire italien se posent à une autre échelle.

Le retard du Midi italien, le Mezzogiorno, sur le tiers Nord du pays, reste l'une des préoccupations de l'Italie contemporaine. Le Sud commence à peu près à la latitude de Rome. Il s'identifie par de multiples indices qui l'opposent au Nord : faible industrialisation (à peine 20 % de l'industrie italienne), médiocre niveau de vie, chômage, originalité des structures et des comportements sociaux (prolifération du tertiaire urbain parasitaire, clientélisme, attitudes de rejet face à l'État...), équipements ruraux défectueux, intense dégradation des vieux centres urbains à Palerme comme à Naples... La plupart des usines du Mezzogiorno sont commandées depuis Turin ou Milan. Sur le plan économique, la capacité d'initiative et d'autonomie du Sud est minime. Cette infériorité se double d'un certain mépris des gens du Nord, Lombards ou Piémontais, pour leurs compatriotes méridionaux moins avancés sur le chemin du progrès. Le problème du Sud a donc un contenu à la fois économique, géographique et culturel. Le Mezzogiorno n'est cependant pas homogène. Les régions montagneuses de la Calabre, du Basilicate et de la Campanie intérieure forment un « Sud profond » où tous les caractères du Midi sont accentués.

Le problème du Mezzogiorno est ancien mais ce n'est que vers 1950 qu'une action vigoureuse a été engagée en sa faveur. Depuis trente ans, un flot considérable d'investissements publics, décidés par voie législative, gérés et répartis par des organismes financiers spécialement mis en place (*Cassa per il Mezzogiorno*, etc.), touche le Midi. Ces interventions publiques massives ont concerné l'agriculture : irrigation, conservation des sols, action sur les pentes, plantations forestières ; puis la construction d'infrastructures modernes en particulier un réseau d'autoroutes et de voies rapides parfois surdimensionnées ; enfin la mise en place de pôles industriels lourds (grands complexes chimiques ou métallurgiques) à Naples, dans les Pouilles (Bari, Brindisi, Tarente) et en Sicile (Augusta-Syracuse). Dans cette action, les entreprises publiques ont joué un rôle moteur. Les groupes privés ont parfois suivi : après Alfa-Roméo (I.R.I.), la Fiat est venue à Naples, en Sicile et dans les Pouilles. Mais ce sont des exceptions. On espérait qu'autour des raffineries et des aciéries qui n'occupent pas beaucoup d'ouvriers viendraient des industries plus différenciées. Cette diffusion ne s'est pas produite, d'où le reproche de « cathédrales dans le désert » adressé aux usines géantes de Tarente ou Augusta-Syracuse. Il manque encore au Sud le tissu d'entreprises moyennes et d'industries mécaniques et électriques qui est la marque du développement industriel.

Malgré ces réserves, la politique en faveur du Mezzogiorno a obtenu des résultats réels : le Mezzogiorno n'a pas rattrapé le Nord, mais il a beaucoup progressé. Le niveau de vie s'est considérablement élevé. Encore pauvre à l'échelle de l'Europe, le Sud n'est plus globalement sous-développé. D'autant qu'il a été allégé de millions d'habitants partis travailler dans la plaine du Pô. Des constructions nouvelles ont surgi partout, les maux les plus profonds ont reculé, des emplois ont été créés tandis qu'augmentait partout la production, tant agricole qu'industrielle. Il reste que le Nord lui aussi s'est enrichi et qu'en valeur relative, l'écart n'a pas beaucoup diminué.

L'agriculture

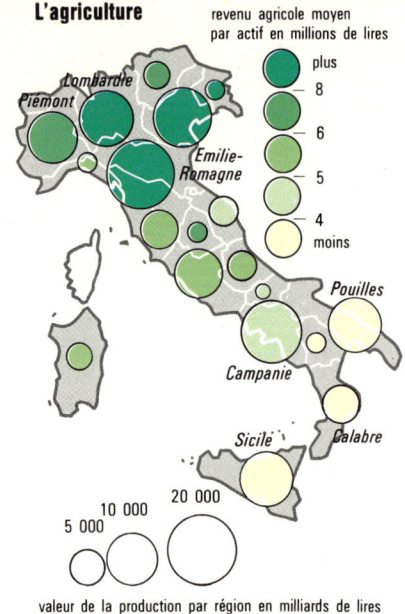

revenu agricole moyen par actif en millions de lires
plus / 8 / 6 / 5 / 4 / moins

Lombardie
Piémont
Émilie-Romagne
Pouilles
Campanie
Sicile
Calabre

valeur de la production par région en milliards de lires
5 000 / 10 000 / 20 000

Le revenu (1978)

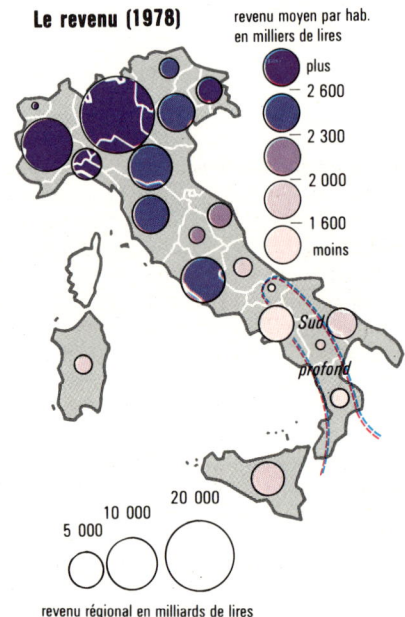

revenu moyen par hab. en milliers de lires
plus / 2 600 / 2 300 / 2 000 / 1 600 / moins

Sud profond

revenu régional en milliards de lires
5 000 / 10 000 / 20 000

clientélisme : *mode de fonctionnement d'une société où prédominent des rapports de clientèle entre un homme puissant, riche, influent, et ceux qui lui sont entièrement dévoués (politiquement, électoralement, etc.) en échange de la protection et des avantages (travail, passe-droits, postes intéressants...) que leur procure le « patron ». Ces comportements où les liens purement personnels l'emportent sur toute considération de mérite ou de compétence caractérisèrent la Rome antique. Aujourd'hui encore, ils sont répandus autour du Bassin méditerranéen.*

Dans la vie politique italienne, les 20 régions constituent un ▶
important échelon. Leurs dirigeants sont élus, elles peuvent
légiférer dans quelques domaines à condition de ne pas contredire
la loi nationale. Sur bien des questions, l'échelon local et régional
tient tête à l'État (implantation des centrales nucléaires, etc.).
L'insularité et les particularismes linguistiques et culturels de
certaines régions frontalières ont justifié des statuts spéciaux
d'autonomie. Mais toutes les régions n'ont pas le même poids et
leurs limites ne rendent pas compte des vrais problèmes
régionaux de l'Italie. On ne peut pas dire non plus que le territoire
italien s'organise autour de grandes villes. Parmi celles-ci, seules
les métropoles du Nord (dans l'ordre Milan, Turin et Gênes)
organisent et stimulent vraiment leur région. Les deux plus
grandes agglomérations d'Italie sont très différentes : Milan est la
capitale économique et industrielle, c'est une métropole d'affaires
de dimension européenne, riche et active. Rome est une capitale
politique, religieuse et touristique, presque dépourvue d'industrie.
Par opposition aux cités industrielles de la plaine du Pô, c'est la
ville tertiaire par excellence, peuplée d'employés et de fonctionnaires.

L'espace italien.

◀ Cette carte montre qu'en matière agricole, le problème du
Mezzogiorno n'est plus tellement aujourd'hui un problème de
production, mais de répartition de cette production entre un
nombre d'actifs agricoles encore trop nombreux. Surtout lorsque
l'essentiel du prix final du produit se perd dans une cascade
d'intermédiaires et même de coopératives qui abusent parfois
(c'est le cas des cultures légumières de Campanie) de la faiblesse
des paysans.

Pourquoi le retard économique et social du Sud italien par rapport au Nord ?

Les handicaps physiques que nous avons constatés ne peuvent
tout expliquer. D'ailleurs, en d'autres temps, les villes et les
campagnes du Sud furent prospères. Et si plusieurs plaines
littorales du Mezzogiorno étaient encore malsaines et malariennes
il n'y a pas si longtemps, ce n'était pas un effet des « conditions
naturelles » mais tout simplement la conséquence de techniques
d'encadrement de l'espace insuffisantes. Les bonifications y ont
remédié. Mais d'où venaient ces insuffisances ? Au fil des siècles,
les structures sociales, foncières et mentales du Sud se sont peu à
peu figées tandis que s'alourdissait la pression démographique :
grands domaines mal exploités, classes dirigeantes « féodales ».
La révolution industrielle du XIXe siècle ne peut qu'effleurer un
Midi dépourvu de fer, de charbon, et surtout privé d'une
bourgeoisie urbaine entreprenante qui existait au contraire au
Nord depuis la fin du Moyen Age. Au moment de l'Unité, ce Midi
fragile a été confronté sans ménagement au Nord padan qui était
déjà entré dans la révolution industrielle. Cette confrontation ne
pouvait que tourner au profit du Nord, de ses produits, de ses
entreprises. Déjà assez peu porté sur la grande industrie du fait de
ses structures sociales paralysantes (grands propriétaires fonciers,
clientélisme, etc.) le Sud en fut encore davantage dissuadé par la
brutale concurrence de la plaine du Pô qui anéantit les quelques
développements industriels qui avaient pu se faire jour à Naples.
Le Sud fut alors un marché, une annexe pour le Nord. Le
problème n'est donc pas nouveau mais ce n'est qu'au lendemain
de la Seconde Guerre mondiale, qui a cruellement mis en lumière
la misère méridionale, qu'on décida de s'attaquer vraiment à cette
inégalité.

🅣 A l'aide des documents présentés sur l'Italie, il est possible de
faire une étude régionale sur le Mezzogiorno et la plaine du Pô.

Milan.

*Les grands immeubles d'affaires comme le Pirelli, bien connu par
son architecture moderne et identifiable sur la photo, rappellent
que Milan est la véritable capitale économique de l'Italie, siège des
grandes banques et de la principale bourse de valeurs. Le tracé
rectiligne des rues, l'ordonnance froide et rigoureuse d'un
urbanisme qui se veut fonctionnel, sont assez peu conformes à
l'image d'une cité méditerranéenne : la proximité de l'Europe
centrale est sensible. Milan doit d'ailleurs sa fortune − comme
Munich ou Zürich − au trafic alpin.* ▼

138-La Grèce s'intègre à l'Europe

La Grèce contemporaine est l'héritière d'une des plus anciennes et des plus importantes civilisations de l'histoire européenne. Mais elle est aussi l'héritière de l'Empire byzantin. Après 400 ans de domination turque, la Grèce a acquis son indépendance en 1821. La Grèce est aussi un très vieux pays et un État récent. Elle est entrée en 1980 dans la Communauté économique européenne avec un statut particulier lui permettant de fortifier son économie. La géographie physique de la Grèce est à l'origine d'un certain nombre de désavantages de ce pays. 70 % de son territoire sont composés de montagnes escarpées (2 987 m au mont Olympe). Les plaines cultivables sont peu étendues et morcelées ; le morcellement est encore accru par la multitude des îles dont la superficie représente 20 % du pays. Le climat méditerranéen laisse au pays une longue saison sèche, plus longue et plus sévère au sud-est qu'au nord-ouest. A ces désavantages se joint la relative faiblesse des ressources minérales : au titre des sources d'énergie, la Grèce ne dispose, à côté de quelques possibilités hydrauliques, que d'un peu de pétrole (1 Mt) et de lignite (23 Mt) qui lui permet de produire la plus grande partie de son électricité. Les autres ressources minérales sont la bauxite et quelques minerais secondaires comme la chromite ou la magnésite.

Toutefois, si le terroir cultivé est exigu, la proximité des montagnes permet de l'irriguer et la Grèce est devenue un producteur important de fruits (pêches, pommes, oranges), de légumes (tomates...), de coton. Ces productions relativement nouvelles s'ajoutent aux raisins secs, aux olives pour l'huile et la table, au tabac, aux vins que le pays produit depuis longtemps.

L'industrie de la Grèce reste secondaire, mais elle a beaucoup progressé. Outre l'extraction minière, la Grèce a équipé une sidérurgie qui lui permet d'exporter du fer à béton, une industrie du ciment (2e exportateur européen) mais surtout des industries légères (textile, alimentation...), si bien que les produits industriels l'emportent désormais en valeur sur les produits agricoles.

Toutefois, les exportations de la Grèce ne représentent en valeur que 40 % des importations. **La Grèce compte donc sur d'autres ressources :** elle accueille par an plus de 5 millions de **touristes** étrangers en provenance d'Europe occidentale, des États-Unis, de Yougoslavie, attirés à la fois par son climat estival et par les témoignages de son histoire. Elle bénéficie en outre des envois des Grecs émigrés à l'étranger, aux États-Unis, Canada, Australie et surtout en Allemagne. Enfin les armateurs grecs disposent de la première marine du monde. Sous pavillon grec sont immatriculés des navires qui jaugent 37 millions de tonnes (2e rang). En outre, la plus grande partie des flottes du Liberia (81 Mt) et de Panama (22 Mt) ainsi que d'autres pavillons de complaisance appartiennent à des Grecs. La possession de cette flotte ne profite pas seulement à l'État grec (la plupart des sociétés d'affrètement sont à Londres ou à New York), mais elle fournit des emplois nombreux et de très importantes entrées de devises.

La Grèce souffre de graves déséquilibres régionaux. L'agglomération d'Athènes (3 millions d'habitants) regroupe le tiers des Grecs et les régions dynamiques se rassemblent autour d'un axe qui va de Patras dans le Péloponnèse à Salonique (800 000 hab.) en passant par Athènes, cependant que les régions montagneuses sont abandonnées.

L'entrée de la Grèce dans la C.E.E. pose un problème : cette adhésion permettra-t-elle à ce pays de rejoindre le niveau de développement des pays industriels d'Europe de l'Ouest, ou bien restera-t-elle fournisseur de main-d'œuvre pour les usines allemandes et de soleil pour les touristes septentrionaux ? Les Grecs vont s'efforcer d'utiliser le Marché commun pour se donner une économie plus solide et plus complète.

L'agglomération athénienne.
Elle groupe aujourd'hui 3 millions d'habitants. Elle n'avait que 5 000 habitants en 1830, groupés au pied de l'Acropole (au centre de la photo). De nos jours, il n'y a plus de solution de continuité entre Athènes et le Pirée (dans le fond à droite) et la ville couvre toute la vallée jusqu'à la mer. Athènes a peu de bâtiments très élevés, mais des immeubles moyens, et très peu d'espaces verts. C'est le principal centre industriel et commercial de la Grèce. La ville souffre d'une importante pollution atmosphérique. ▶

Les échanges de la Grèce.
(en millions de dollars)

Importations	− 7 341
Exportations	+ 2 999

	Recettes	Dépenses
Tourisme	+ 1 326	− 223
Marine marchande	+ 1 177	− 178
Envois de fonds	+ 985	−
Intérêts, dividendes, profits	+ 126	− 269
Autres services	+ 512	− 252

Les flottes de commerce.
(en millions de tonnes de jauge brute)

Liberia	81
Japon	39
Grèce	37
Royaume-Uni	27
U.R.S.S.	22
Norvège	22
Panama	22

armateur : *celui (personne ou société) qui fait construire, équipe et exploite des navires.*

pavillon de complaisance : *celui de pays qui autorisent facilement l'immatriculation chez eux de navires appartenant à des étrangers, sans impôt important, sans contrôle de la législation du travail pour les équipages.*

revenu touristique

L'évolution de la population (1971-1981).

- 16,6	- 10	0	+10	+20	

en pourcentages

L'économie de la Grèce est encore peu industrialisée. Elle peut cependant compter sur quelques ressources énergétiques : le lignite surtout et le pétrole de Thassos qui vient en 1982 d'être mis en exploitation. La bauxite du mont Parnasse est transformée en aluminium par une filiale de la société française Péchiney. Les industries les plus nombreuses sont toutefois les industries légères, surtout à Athènes et Salonique. L'agriculture a accompli des progrès considérables grâce à l'irrigation : mais ses fruits et légumes trouvent des débouchés plutôt vers l'Europe orientale. La Grèce tente de valoriser sa position en faisant de Salonique et Volos des débouchés des pays danubiens vers le Proche-Orient.

▲
Une partie importante du territoire grec, notamment les montagnes et les îles, se dépeuple, cependant que la population se concentre autour d'Athènes, Salonique et de quelques villes provinciales moyennes.

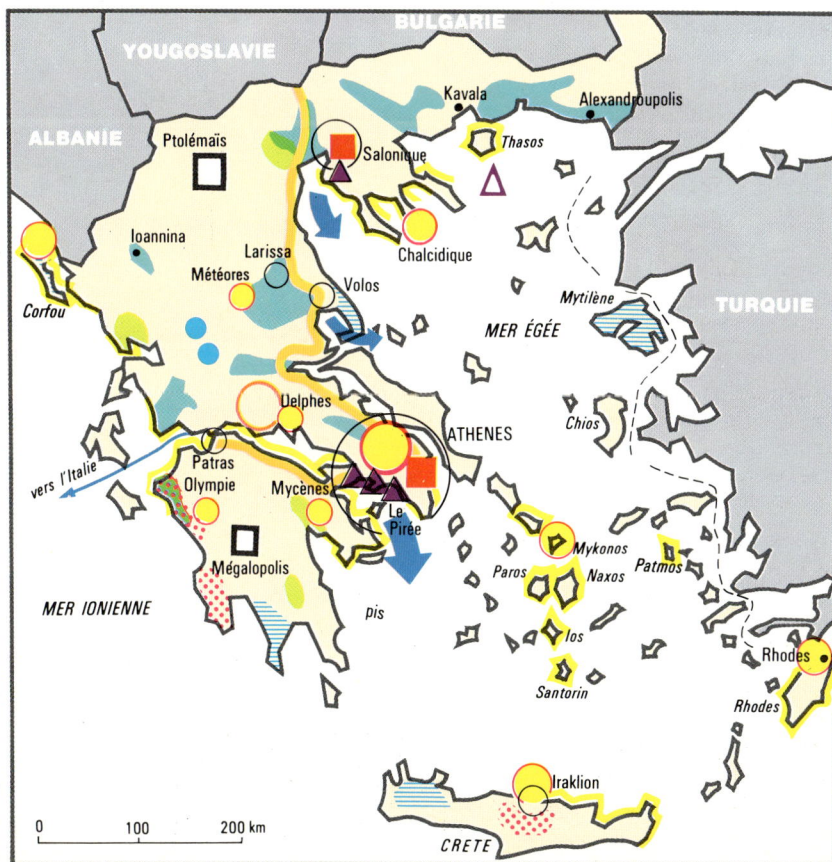

L'économie de la Grèce.

▬	grande voie routière
◼	sidérurgie
△	pétrole
▲	raffinerie de pétrole
◯	bauxite et aluminium
☐	lignite
●	centrale hydraulique (plus d'1 milliard kWh)
➡	port maritime important
▬	littoral touristique
◯	centres touristiques importants
▦	raisins secs
▤	principales olivettes
▩	huertas légumiers
▩	huertas d'agrumes (Sud) et de pommes (Nord)
▥	plaines partiellement irriguées : céréales, coton, betterave, tabac

villes
3 000 000 hab.

500 000 hab.

100 000 hab.

Mots-clés

La compréhension de ces mots est indispensable à la démarche géographique. Cela n'implique nullement qu'ils doivent tous être retenus de mémoire. A chacun d'établir une hiérarchie et de faire des choix. Certains de ces mots-clés ont fait l'objet d'une définition précise. Pour d'autres, la définition ressort à la lecture du texte mais peut donner lieu à un travail de rédaction soutenu par des exemples. Certains cheminements dans l'ouvrage peuvent être menés à partir de mots-clés selon la méthode préconisée pour les corrélats.

Travaux et démarches

RÉFÉRENCES DES PHOTOGRAPHIES

f.P.45

Couverture : « L'écho », aquarelle de Michel Granger (1979)
© by Michel Granger, 1982.
Ph. Michel Didier © Photeb.

P. 9 : Ph © IGN (autor. N° 090147) Paris, 1982 - Photeb.
P. 19 : 1. Ph © C. Molyneux. - 2. Ph © L. Salou - Explorer. - 3. Ph © C. Delu - Explorer. - 4. © F. Beaucire.
P. 20 : 1. Ph © IGN - O.P.I.T. - Phobeb. 2. Ph © J.-M. Voge -Pix. - 3. Ph © B. Beaujard.
P. 21 : 1. Ph © L. Jahan. - 2. Ph © L. Jahan. - 3. Ph © CAT - CEDRI.
P. 22 : Ph © IGN Paris, 1982 - Photeb.
P. 23 : 1 et 2 Ph © « Vu du Ciel » par alain perceval.
P. 28 : Ph © « Vu du Ciel » par alain perceval.
P. 29 : 1. Ph © J. Lang - Rapho. - 2. Ph © L. Salou - Explorer.
P. 31 : Ph © IGN (autor. N° 090081) Paris, 1982 - Photeb.
P. 41 : 1. Ph © M.U.L. - 2. Ph © C. Rives - CEDRI.
P. 45 : Ph © A. Roux - Explorer.
P. 53 : Ph © B. et C. Desjeux/T.
P. 55 : Ph © « Vu du Ciel » par alain perceval
P. 57 : Ph © « Vu du Ciel » par alain perceval/T.
P. 61 : Ph © B. et C. Desjeux.
P. 71 : 1. Ph © B. Beaujard. - 2. Ph © B. Charlon - Gamma.
P. 83 : Ph © P. Lebaube - Atlas Photo.
P. 85 : Ph © J. Lang - Rapho/T.
P. 87 : 1. Ph © J.-J. Bernier - Gamma. - 2. Ph © G. Morel - Gamma.
P. 89 : 1. Ph © L. Jahan. - 2. Ph © Couchat - S.N.C.F.
P. 91 : 1 et 2 Ph © S.N.C.F.
P. 95 : Ph © E. Berne - Fotogram.
P. 99 : 1 et 2 Ph © F. Beaucire.
P. 103 : Ph © D.R.E. d'Ile-de-France - Relations extérieures.
P. 109 : Ph © H. Bureau - Sygma.
P. 115 : Ph © INBEL/T.
P. 119 : Ph © J.-C. Meauxsoone.
P. 133 : Ph © Fabian - Sygma.
P. 135 : Ph © R. Bossu - Sygma.
P. 137 : Ph © L. Salou - Explorer.
P. 139 : 1. Ph © E. Berne - Fotogram. - 2. Ph © Phot'r.

P. 141 : Ph © B. Beaujard.
P. 143 : 1. Ph © B. Beaujard. - 2. Ph © Phot'r/T.
P. 145 : 1. Ph © B. et J. Dupont - Explorer. - 2, 3 et 4. Ph © « Vu du Ciel » par alain perceval.
P. 147 : 1. Ph © M. Nikelé/T. - 2. Ph © B. Beaujard.
P. 151 : 1 et 2 Ph © « Vu du Ciel » par alain perceval.
P. 153 : Ph © R. Berli - Rapho.
P. 155 : 1. Ph © De Zorzi - Pix. - 2. Ph © Candelier - Lauros - Atlas Photo.
P. 156 : 1. Ph © Feher - Rapho. - 2. Ph © Langiaux - Fotogram.
P. 157 : Ph © « Vu du Ciel » par alain perceval.
P. 159 : Ph © I.G.N. (autor. N° 090081) Paris, 1982 - Photeb.
P. 160 : Ph © B. Beaujard.
P. 161 : Ph © P. Hinous - Top/T.
P. 163 : Ph © P. Lorne - Explorer/T.
P. 165 : 1. Ph © H. Veiller - Explorer. - 2. Ph © P. Lorne - Explorer/T.
P. 167 : Ph © Port autonome de Nantes - St-Nazaire.
P. 169 : Ph © D. Tuppin - Pix.
P. 171 : Ph © A. Weiss - Explorer/T.
P. 173 : Ph © Halary - Pix.
P. 175 : 1. Ph © B. Beaujard/T. - 2. Ph © « Vu du Ciel » par alain perceval/T.
P. 176 : Ph © D. Ruth - Fotogram.
P. 177 : 1. Ph © « Vu du Ciel » par alain perceval/T. - 2. Ph © B. Beaujard/T.
P. 181 : Ph © L. Salou - Explorer.
P. 183 : Ph © C. Sappa - CEDRI/T.
P. 185 : Ph © Pix.
P. 187 : 1. Ph © Meury - Explorer. - 2. Ph Jeanbor © Photeb.
P. 193 : Ph © B. Beaujard.
P. 197 : 1 et 2 Ph © « Vu du Ciel » par alain perceval.
P. 199 : 1. Ph Cdt Josso © Marché d'intérêt n.al de Cavaillon - Photeb. - 2. Ph © L. Jahan.
P. 201 : Ph © « Vu du Ciel » par alain perceval.
P. 203 : Ph © B. Beaujard.

P. 205 : Ph © B. Beaujard.
P. 207 : 1. Ph © M. Sivignon/T. - 2. Ph © P. Tetrel - Explorer.
P. 211 : Ph Brigaud © SODEL, photothèque E.D.F. - Arch. Photeb.
P. 213 : 1 et 2 Ph © « Vu du Ciel » par alain perceval.
P. 215 : Ph © « Vu du Ciel » par alain perceval/T.
P. 217 : Ph © J.-M. Chourgnoz - Vloo.
P. 219 : Ph © P. Tetrel - Explorer.
P. 221 : Ph © Pix.
P. 223 : 1. Ph © B. Beaujard. - 2. Ph © « Vu du Ciel » par alain perceval/T.
P. 227 : Ph © Pix - La cigogne.
P. 229 : Ph © Le Bastard - Explorer/T.
P. 235 : 1. Ph © C. Sappa - CEDRI. - 2. Ph © C. Sappa - CEDRI/T.
P. 241 : Ph © « Vu du Ciel » par alain perceval.
P. 243 : 1. Ph © J.-M. Breuil/T. - 2. Ph © J. Pavlovsky - Sygma.
P. 245 : 1. Ph © M. Moisnard - Explorer. - 2. Ph © P. Bastin - Explorer.
P. 247 : 1. Ph © J. Salé - Explorer. - 2. Ph © Société métallurgique le Nickel - SLN.
P. 250 : 1. Ph © Hessische Landeszentrale für Politische Bildung, Francfort/T. - 2. Ph © E. Supp - Rapho/T.
P. 257 : 1. Ph © Y. Jeanmougin - Viva. - 2. Ph © R. Bossu - Sygma.
P. 259 : Ph © G.-M. Guillou - Explorer.
P. 261 : 1 et 2 Ph © Spectrum Colour library.
P. 263 : 1 et 2 Ph © C. Molyneux.
P. 265 : Ph © Aerofilms Ltd.
P. 267 : Ph © R. Estall.
P. 269 : 1. Ph © Spectrum Colour Library. - 2. © H. Gloaguen - Viva.
P. 271 : Ph © K.L.M. Aerocarto.
P. 273 : Ph © INBEL, Bruxelles/T.
P. 275 : Ph © Office néerlandais du Tourisme/T.
P. 277 : Ph © Publi Aer Foto, Milan.
P. 283 : Ph © Publi Aer Foto, Milan.
P. 285 : Ph © Cauchetier - Pix.

Maquette : Michèle Billerey
Cartes, dessins et graphiques : Gilles Alkan
Recherche iconographique : Immédiate 2

Centre for Modern
Languages
Plymouth Campus

Imprimé en Italie par G.E.A. - Milan
Dépôt légal 1er tirage : Mai 1982
Dépôt légal de ce tirage : Juillet 1983